文／白／对／照

綱鑑易知錄

五

〔清〕吳乘權 編撰
张宏儒 主编

目 录

纲鉴易知录卷五七

唐纪 穆宗皇帝 ······ 2558

敬宗皇帝 ······ 2570

文宗皇帝 ······ 2578

纲鉴易知录卷五八

唐纪 文宗皇帝 ······ 2606

武宗皇帝 ······ 2612

宣宗皇帝 ······ 2626

懿宗皇帝 ······ 2640

纲鉴易知录卷五九

唐纪 僖宗皇帝 ······ 2652

昭宗皇帝 ······ 2680

纲鉴易知录卷六十

唐纪 昭宗皇帝 ································· 2700
　　　　昭宣帝 ································· 2708
五代·后梁纪 太祖皇帝 ························· 2714
　　　　梁主瑱 ································· 2724

纲鉴易知录卷六一

后唐纪 庄宗皇帝 ································· 2744
　　　　明宗皇帝 ································· 2764
　　　　闵帝 ································· 2772
　　　　废帝 ································· 2776

纲鉴易知录卷六二

后晋纪 高祖皇帝 ································· 2790
　　　　出帝 ································· 2800
后汉纪 高祖皇帝 ································· 2810
　　　　隐帝 ································· 2816
后周纪 太祖皇帝 ································· 2826
　　　　世宗皇帝 ································· 2832

纲鉴易知录卷六三

后周纪 世宗皇帝 ································· 2838
　　　　恭帝 ································· 2852

纲鉴易知录卷六四

宋纪 太祖神德皇帝 ······ *2862*

　　太宗皇帝 ······ *2918*

纲鉴易知录卷六五

宋纪 太宗皇帝 ······ *2928*

纲鉴易知录卷六六

宋纪 真宗皇帝 ······ *2978*

纲鉴易知录卷六七

宋纪 真宗皇帝 ······ *3022*

　　仁宗皇帝 ······ *3040*

纲鉴易知录卷六八

宋纪 仁宗皇帝 ······ *3070*

纲鉴易知录卷六九

宋纪 仁宗皇帝 ······ *3120*

　　英宗皇帝 ······ *3146*

纲鉴易知录卷五七

唐纪

穆宗皇帝

【纲】辛丑,穆宗皇帝长庆元年,春正月,诏河北诸道各均定两税。

【纲】萧俛罢。

【纲】段文昌罢,以杜元颖同平章事。

【纲】以王播为盐铁使。

【纲】卢龙节度使刘总弃官为僧,以张弘靖代之。

【纲】夏四月,贬钱徽、李宗闵为远州刺史,杨汝士为开江令。
【目】翰林学士李德裕,吉甫之子也,以中书舍人李宗闵尝对策,讥切其父,恨之。宗闵又与翰林学士元稹争进取有隙。右补阙杨汝士与礼部侍郎钱徽掌贡举,西川节度使段文昌、翰林学士李绅,各以书属所善进士;及榜出,二人所属皆不预,而郑覃弟朗、裴度子撰、宗闵婿苏巢、汝士弟殷士及第。文昌言于上曰:"今岁礼部殊不公,所取皆以关节得之。"上以问诸学士,德裕、稹、绅皆以为然。上乃命覆试,黜朗等十人而贬徽等。或劝徽奏二人属书,上必寤,徽曰:"苟无愧心,得丧一致。奈何奏人私书,岂士君子所为邪!"取而焚之,时人多之。自是德裕、宗闵各分朋党,更相倾轧,垂四十年。

【纲】秋七月,卢龙军乱,囚节度使张弘靖,推朱克融为留后。
【目】幕僚韦雍出,逢小将策马冲其前导,雍命杖之,不服。雍白弘靖,系治之。是夕,士卒连营呼噪作乱,囚弘靖,杀雍等,迎朱克融为

穆宗皇帝

【纲】唐穆宗李恒长庆元年（辛丑，821），春正月，唐穆宗下诏命河北诸道勘定两税税额。

【纲】萧俛罢官。

【纲】段文昌罢官，唐穆宗任命杜元颖为同平章事。

【纲】唐穆宗任命王播为盐铁使。

【纲】卢龙（治幽州，今北京西南）节度使刘总弃官出家为僧，任命张弘靖代替他。

【纲】夏四月，唐穆宗将钱徽、李宗闵贬为边远州郡刺史，杨汝士为开江（今四川开县）令。【目】翰林学士李德裕是李吉甫的儿子，因为中书舍人李宗闵曾在对策中讥刺他的父亲，对李宗闵十分忌恨。而李宗闵又因为和翰林学士元稹争夺得到提拔使用的机会而产生矛盾。右补阙杨汝士和礼部侍郎钱徽掌管科举考试，西川节度使段文昌、翰林学士李绅分别写信推荐他们看重的进士。等到张榜时，两人推荐的进士都落选，可是郑覃的弟弟郑朗、裴度的儿子裴撰、李宗闵女婿苏巢、杨汝士弟弟杨殷士却都入选。段文昌对唐穆宗说："今年科举考试，礼部太不公正，所录取的都是凭着各种关系，疏通关节才入选的。"唐穆宗问诸学士，李德裕、元稹、李绅也都认为是这样。于是唐穆宗命令重新考试，罢黜郑朗等十人，而且贬斥钱徽等人。有人劝钱徽将段文昌、李绅两人书信奏上，皇上一定会醒悟，钱徽说："假如做到问心无愧，不论得失都是一样的。为什么还要去揭发人家的私信，这哪里是君子的行为呢！"将信取出焚掉，博得当时很多人称赞。从此，李德裕、李宗闵各自聚集朋党，相互倾轧，持续了近四十年。

【纲】秋七月，卢龙军变乱，囚禁节度使张弘靖，推举朱克融为留后。【目】幕僚韦雍出行，遇上下级将官骑马冲撞了他的仪仗，韦雍下命杖责，将官不服，韦雍对张弘靖说了这件事，将其逮捕治罪。当天晚

留后。众以判官张彻长者，不杀。彻骂曰："汝何敢反？行且族灭！"众共杀之。

【纲】贬张弘靖为吉州刺史。

【纲】成德兵马使王庭凑杀节度使田弘正，起复田布为魏博节度使，讨之。　【目】初，田弘正自魏博徙镇成德，自以久与镇人战，有父兄之仇，乃以魏兵二千自卫，请度支供其粮赐。户部侍郎崔俊，刚褊无远虑，恐开事例，不肯给。弘正不得已，遣魏兵归。都知兵马使王庭凑，果悍阴狡，潜谋作乱，以魏兵故，不敢发。及魏兵去，夜结牙兵杀弘正，自称留后。

魏博节度使李愬闻变，素服流涕，令将士曰："魏人所以得通圣化，安宁富乐者，田公之力也。今镇人不道，辄敢害之，是轻魏以为无人也。诸君受田公恩，宜如何报之？"众皆恸哭。深州刺史牛元翼，成德良将也，愬使以宝剑、玉带遗之，曰："昔吾先人以此剑立大勋，吾又以之平蔡州，今以授公，努力翦庭凑。"元翼以剑、带徇于军，报曰："愿尽死！"会愬疾作，不果出兵。乃起复田布为魏博节度使，讨之。

【纲】诏诸道讨王庭凑，以牛元翼为深冀节度使。庭凑围深州。

【纲】九月，诏两税皆输布、丝、纩。　【目】自定两税法以来，钱日重，物日轻，民所输三倍其初。户部尚书杨於陵言："钱者，所以权百货，贸迁有无，所宜流散，不应蓄聚，今税百姓钱藏之公府。又开元中天下铸钱七十余炉，岁入百万，今才十余炉，岁入十五万，又积于富家，流入四夷。如此，则钱焉得不重，物焉得不轻！今宜使天下输税课者皆用谷、帛，广铸钱而禁滞积及出塞者，则钱日滋矣。"从

上，士兵的营房接连鼓噪发生变乱，囚禁了张弘靖，杀了韦雍等人，推举朱克融为留后。人们认为判官张彻年长，没有杀害他。张彻骂道："你们竟敢造反？这种行为是要招致灭族的！"人们一拥而上将他杀了。

【纲】唐穆宗将张弘靖贬为吉州刺史。

【纲】成德兵马使王庭凑杀节度使田弘正，朝廷启用田弘正儿子田布为魏博节度使征讨王庭凑。　【目】当初，田弘正从魏博迁官镇守成德，觉得自己长期和镇州（即恒州，成德节度使治）人交战，结下杀父杀兄的冤仇，于是用两千魏博士兵作为自己的卫兵，请度支供给他们粮饷。户部侍郎崔俊，刚愎自用，缺少远见，恐怕开此先例，没有应允。田弘正不得已，将魏博的士兵打发回去。都知兵马使王庭凑，凶悍狡猾，暗中策划叛乱，只是因为惧怕魏博士兵，没敢起事。等到魏博士兵离开，夜里勾结牙兵杀死田弘正，自称为留后。

魏博节度使李愬听说发生变乱，换上白色衣服，流泪号令将士说："魏博人能够得到圣上的教化，享受安宁、富贵和快乐，都是田公的功劳。如今，镇州人大逆不道，竟敢加害于他，这是轻视魏博，认为魏博无人。大家领受田公的恩惠，该如何报答呢？"大家都放声痛哭。深州（治陆泽，今河北深县北）刺史牛元翼，是成德的优秀将领，李愬赠送他宝剑、玉带，说："我的父亲凭着这柄宝剑立下很大功勋，我又拿着它平定蔡州，现在把它送给你，希望你努力剪除王庭凑。"牛元翼拿着宝剑、玉带巡视全军，并回报李愬说："愿拼死尽力。"适逢李愬发病，无法带兵。于是启用田布为魏博节度使，征讨王庭凑。

【纲】唐穆宗下诏诸道征讨王庭凑，任命牛元翼为深冀节度使。王庭凑围困深州。

【纲】九月，唐穆宗下诏两税全部缴纳布、丝、绵。　【目】自从制定两税法以来，钱的价值越来越高，实物价值越来越低，百姓所纳税是当初的三倍。户部尚书杨於陵说："钱是用来衡量百货价值的，促进贸易，互通有无，应该让它流通，不应让它积蓄。现在，百姓的税钱都收藏在官府。开元年间，铸钱七十余炉，每年收入百万，如今才铸十余炉，年收入十五万，并且又集中在富裕人家，以及周边少数民族手中。这样，钱的价值怎么会不越来越重，实物怎能不越来越不值钱呢！现在，

之。

【纲】冬十月，以王播同平章事。 【目】播为相，专以承迎为事，未尝言国家安危。

【纲】以裴度为镇州行营都招讨使。

【纲】以魏弘简为弓箭库使，元稹为工部侍郎。 【目】翰林学士元稹与知枢密魏弘简相结，求为宰相，由是有宠。稹无怨于裴度，但以度先达重望，恐其复有功大用，妨己进取，故度所奏军事，多与弘简从中沮之。度上表曰："河朔逆贼，祇乱山东；禁闱奸臣，必乱天下。是则河朔患小，禁闱患大。小者臣与诸将必能翦灭，大者非陛下觉寤制断无以驱除。臣蒙陛下委付之意不轻，遭奸臣抑损之事不少。但欲令臣失所，而于天下理乱，山东胜负，悉不之顾。若朝中奸臣尽去，则河朔逆贼不讨自平；若奸臣尚存，则逆贼纵平无益。"表三上，上虽不悦，以度大臣，不得已，罢弘简枢密，解稹翰林，而恩遇如故。

【纲】十二月，深州行营节度使杜叔良讨王庭凑，大败。诏以李光颜代之。

【纲】以朱克融为平卢节度使。

【纲】壬寅，二年，春正月，魏博将史宪诚杀其节度使田布，诏以宪诚为节度使。

【纲】二月，以王庭凑为成德节度使，遣兵部侍郎韩愈宣慰其军。 【目】庭凑围牛元翼于深州，官军三面救之，皆以乏粮不能进，虽李光颜亦闭壁自守。朝廷不得已，以庭凑为成德节度使，而遣韩愈宣慰其军。诏愈至境，更观事势，勿遽入。愈曰："止，君之仁；死，臣之义。"遂往。至镇，庭凑拔刃弦弓以逆之。及馆，甲士罗

应该让天下都用谷、帛来缴纳赋税,多铸钱并且禁止积蓄阻滞以及流出塞外,那么钱就能日益滋生了。"唐穆宗听从了他的建议。

【纲】冬十月,唐穆宗任命王播为同平章事。【目】王播做宰相,专干逢迎媚上的事,从不谈及国家的安危。

【纲】唐穆宗任命裴度为镇州行营都招讨使。

【纲】唐穆宗任命魏弘简为弓箭库使,元稹为工部侍郎。【目】翰林学士元稹和知枢密魏弘简相互勾结,谋求出任宰相,从此很得宠幸。元稹和裴度本没有什么怨仇,但是因为裴度在他得到重用之前就已经获得了很高威望,恐怕他以后立功得到进一步重用,妨碍自己的迁升,因此,裴度上奏请求的军国大事,元稹和魏弘简大多从中阻拦。裴度上表说:"河北的叛逆,只能祸乱山东。宫廷里的奸臣,必定会祸乱天下。所以说,河北的祸患是小,宫廷中的隐患为大。小的,我和各位将领一定能够翦除。大的,除非您能够醒悟,当机立断,别人是无法翦除的。我承蒙您的委托,责任不轻,但受到奸臣的阻挠和从中破坏的事,也的确不少。奸臣们一心想将我排挤出朝廷,对天下的治乱,山东的胜负,全然不顾。如果朝中的奸臣全部除掉,那么河北的叛逆就会不讨自平。若是奸臣还存在于朝中,那么判逆即使被讨平也无益于事。"前后三次上表,唐穆宗虽然很不高兴,但因为他是朝廷重臣,迫不得已,罢免魏弘简枢密使,解除元稹翰林学士,但仍和过去一样受到恩宠。

【纲】十二月,深州行营节度使杜叔良征讨王庭凑,大败。唐穆宗下诏由李光颜取代他。

【纲】唐穆宗任命朱克融为平卢节度使。

【纲】长庆二年(壬寅,822),春正月,魏博将领史宪诚杀掉节度使田布,唐穆宗下诏任命史宪诚为节度使。

【纲】二月,唐穆宗任命王庭凑为成德节度使,派兵部侍郎韩愈前去慰劳。【目】王庭凑将牛元翼围困在深州,官军从三面前来援救,都因为缺乏粮草,无法前进。就是李光颜也紧闭营门自保。朝廷不得已,任命王庭凑为成德节度使,并派韩愈前去慰劳。唐穆宗诏命韩愈,到达成德节度使辖境,要注意观望事态的发展,不要马上入境。韩愈说:"皇上阻止我,令我不要马上入境,这是做君主的仁义;去执行皇

于庭。庭凑言曰："所以纷纷者，乃此曹所为，非庭凑心。"愈厉声曰："天子以尚书有将帅材，故赐之节钺，不知尚书乃不能与健儿语邪！"甲士前曰："先太师为国击走朱滔，血衣犹在，此军何负朝廷，乃以为贼乎！"愈曰："汝曹尚能记先太师则善矣。夫逆顺之为祸福岂远邪！自禄山、思明以来，至元济、师道，其子孙有今尚存者乎！田令公以魏博归朝廷，子孙孩提，皆为美官；王承元以此军归朝廷，弱冠建节；刘悟、李祐，皆为节度使；汝曹亦闻之乎！"庭凑恐众心动，麾之使出，谓愈曰："侍郎来，欲何为？"愈曰："神策诸将如牛元翼者不少，但朝廷顾大体，不可弃之耳！尚书何为围之不置？"庭凑曰："即当出之。"因与愈宴礼而归之。未几，元翼将十骑突围出深州。

【纲】崔植罢，以元稹同平章事。

【纲】以裴度为司空、东都留守。　【目】元稹怨裴度，欲解其兵柄，故劝上雪王庭凑而罢兵。以度为司空、平章事、东都留守。谏官争上言："时未偃兵，度有将相全才，不宜置之散地。"上乃命度入朝。

【纲】以李听为河东节度使。　【目】初，听为羽林将军，有良马，上为太子，遣左右讽求之，听以职总亲军，不敢献。及河东缺帅，上曰："李听不与朕马，是必可任。"遂用之。

【纲】三月，诏留裴度辅政。
【纲】王播罢。

上的命令而不畏死,这是为臣的义务。"于是动身前往。到了镇州,王庭凑带人张弓搭箭,刀枪出鞘前去迎接。到达住处后,披甲的武士将韩愈团团围在院中。王庭凑说:"之所以这样纷乱无礼,都是这些人要这样做,不是我王庭凑的心愿。"韩愈厉声说道:"天子认为尚书有将帅之材,所以才赐给节钺大权,想不到你连这些武士也指挥不动啊!"武士们围上前来说:"先太师为国家击败朱滔,血衣还在,这支军队有什么亏负朝廷的地方,竟被朝廷视为叛贼!"韩愈说:"你们这么些人倘若还记得先太师,那就好了。顺逆与祸福之间难道相差很远吗!从安禄山、史思明,到吴元济、李师道,他们的子孙还有活到现在的吗!田令公率魏博归顺朝廷,子孙后代,都在朝廷为官。王承元带领这支军队归顺朝廷,刚刚到行弱冠礼的年龄就被授予节度使的节钺。刘悟、李祐都做了节度使,你们这些人也都听说了吧!"王庭凑怕人心动摇,赶快命令他们退下,对韩愈说:"侍郎来这里想干什么?"韩愈说:"神策军中,像牛元翼这样的将领不少,只是朝廷为顾全大局,不能抛弃他不管就是了!你现在为什么还围困着不放他出来?"王庭凑说:"我这就放他出来。"于是设宴招待韩愈,礼节周全地将他送走。不久,牛元翼率十名骑兵从深州城突围而走。

【纲】崔植被罢免,唐穆宗任命元稹为同平章事。

【纲】唐穆宗任命裴度为司空、东都留守。 【目】元稹怨恨裴度,想解除他的兵权,所以劝唐穆宗为王庭凑雪洗罪名,停止用兵。任命裴度为司空、平章事、东都留守。谏官争相对唐穆宗说:"这时不应该停止用兵,裴度兼有宰相和将帅的才能,不应该只授予他闲散的官职。"于是唐穆宗将裴度召回朝中。

【纲】唐穆宗任命李听为河东节度使。 【目】当初,李听任羽林将军,有匹好马。唐穆宗还是太子的时候,曾派身边的人去讨要这匹马。李听认为自己身为禁军统帅,职位重要,不敢答应要求献出宝马。后来河东缺少统帅,唐穆宗说:"李听当初不肯将宝马献给我,他一定可以担当这个职位。"于是下诏任命为河东节度使。

【纲】三月,唐穆宗诏命裴度留任朝中,辅助自己处理政事。

【纲】王播被罢官。

【纲】夏四月,诏免江州逃户欠钱。

【纲】六月,裴度罢为右仆射,元稹罢为同州刺史。
【纲】以李逢吉同平章事。
【纲】冬十一月,太后幸华清宫,上畋于骊山。
【纲】十二月,立景王湛为皇太子。
【纲】癸卯,三年,春三月,以牛僧孺同平章事。 【目】户部侍郎牛僧孺素为上所厚,至是,遂以为相。时僧孺与李德裕皆有入相之望;德裕出为浙西观察使,八年不迁,以为李逢吉排己而引僧孺,由是怨愈深。

【纲】夏四月,以郑权为岭南节度使。 【目】翼城人郑注,巧谲倾诡,善揣人意,以医游四方。李愬饵其药颇验,署为牙推,浸预军政,妄作威福,军府患之。监军王守澄请去之,愬曰:"注奇才也,将军试与之语,苟无可取,去之未晚。"乃使注见守澄,守澄不得已见之,坐语未久,大喜,促膝恨相见之晚。守澄入知枢密,挈注以西;荐于上,上亦厚遇之。自上有疾,守澄专制国事,势倾中外;注日夜出入其家,与之谋议,人莫能窥其迹。始则微贱巧宦之士,或因以进,数年之后,达官车马满其门矣。工部尚书郑权,家多姬妾,禄薄不能赡,因注通于守澄以求节镇;遂得岭南。

【纲】五月,以柳公绰为山南东道节度使。 【目】公绰过邓县,有二吏,一犯赃,一舞文,众谓公绰必杀犯赃者。公绰判曰:"赃吏犯法,法在;奸吏乱法,法亡。"竟诛舞文者。

【纲】夏四月，唐穆宗下诏免除江州（治浔阳，今江西九江）逃亡人户拖欠的税钱。

【纲】六月，裴度被罢为右仆射，元稹被罢为同州刺史。

【纲】唐穆宗任命李逢吉为同平章事。

【纲】冬十一月，太后驾临华清宫，唐穆宗在骊山打猎。

【纲】十二月，唐穆宗册立景王李湛为皇太子。

【纲】长庆三年（癸卯，823），春三月，唐穆宗任命牛僧孺为同平章事。　【目】户部侍郎牛僧孺向来被唐穆宗厚待，到现在，终于任命为宰相。当时牛僧孺和李德裕都有入朝为相的希望。李德裕出任浙西观察使，八年没有得到升迁，他认为是李逢吉在排挤自己而引荐了牛僧孺，从此，李德裕怨愤更深了。

【纲】夏四月，唐穆宗任命郑权为岭南节度使。　【目】翼城（今山西翼城东南）人郑注，为人乖巧诡谲，善于谄媚、揣摸别人心理，凭借医术周游四方。李愬服用了他的药，很灵验，让他做了牙推（官名），逐渐参预军政大事，作威作福，军府的人都很担忧。监军王守澄请求将他赶走，李愬说："郑注是个奇才，将军可试着和他谈谈，假如没有可取之处，赶走他也不晚。"于是，安排郑注去见王守澄，王守澄不得已和他相见，坐下来谈了没多久，便感到十分高兴，两人促膝而谈，相见恨晚。王守澄入朝任知枢密时，将郑注也带到京城，并推荐给唐穆宗，唐穆宗也很厚待他。自从唐穆宗患病，王守澄专断国事，权倾朝野。郑注不分昼夜，频繁地与其来往，日夜密谋，别人无法窥测其踪迹。开始那些地位卑贱，投机取巧的官吏，有的通过巴结他，得到升迁。几年以后，达官显宦的车马就停满他家门前了。工部尚书郑权，家里蓄养很多姬妾美女，但俸禄太少，无法供养，便通过郑注，巴结王守澄，请求出任藩镇，于是得到岭南节度使的职位。

【纲】五月，唐穆宗任命柳公绰为山南东道（治襄州，今湖北襄阳襄阳镇）节度使。　【目】柳公绰途经邓县（今湖北襄樊北），有两个官吏，一个贪赃，一个玩弄法令条文以行奸诈。大家都认为柳公绰一定会杀掉贪赃的那一个。柳公绰说："官吏贪赃枉法，法令条文还存在。奸佞的官吏扰乱法令，法令就不复存在了。"出人意料地杀掉了那

【纲】六月,以韩愈为京兆尹。 【目】愈为京兆,六军不敢犯法,私相谓曰:"是尚欲烧佛骨,何可犯也!"

【纲】秋八月,以裴度为司空、山南西道节度使。 【目】李逢吉恶度,出之山南,不兼平章事。

【纲】九月,复以韩愈为吏部侍郎,李绅为户部侍郎。 【目】李逢吉结王守澄,势倾朝野,惟翰林学士李绅常排抑之。逢吉患之,而上遇绅厚,不能远也。会御史中丞缺,逢吉荐绅清直,宜居风宪之地;上以中丞亦次对官,可之。会绅与京兆尹韩愈争台参,文移往来,辞语不逊;逢吉奏二人不协,以愈为兵部侍郎,绅为江西观察使。愈、绅入谢,上问其故,乃寤,故有是命。

【纲】甲辰,四年,春正月,帝崩,太子即位。 【目】上饵金石之药,处士张皋上疏曰:"神虑澹则血气和,嗜欲胜则疾疹作。药以攻疾,无疾不可饵也。先帝信方士妄言,饵药致疾,岂得复循其覆辙乎!"上善其言,而求之不获。既而疾作,命太子监国。是夕上崩,敬宗即位。

【纲】二月,贬李绅为端州司马。
【纲】尊皇太后为太皇太后,上母王妃为皇太后。

【纲】幸中和殿击球。 【目】自是,数游宴、击球、奏乐,赏赐宦官、乐人,不可悉纪。
【纲】三月,以刘栖楚为起居舍人;不拜。 【目】上视朝每晏,左拾遗刘栖楚进言曰:"陛下富于春秋,嗣位之初,当宵衣求理,而嗜寝乐色,日晏方起。梓宫在殡,鼓吹日喧。令闻未彰,恶声遐布,

个玩弄法令条文的官吏。

【纲】六月，唐穆宗任命韩愈为京兆尹。　【目】韩愈任京兆尹，六军中没有人敢于犯法，都在私下里说："他连佛骨尚且要烧掉，可不敢去触犯他！"

【纲】秋八月，唐穆宗任命裴度为司空、山南西道（治梁州，今陕西汉中东）节度使。　【目】李逢吉憎恶裴度，使他出任山南，不兼任平章事。

【纲】九月，唐穆宗重新任命韩愈为吏部侍郎，李绅为户部侍郎。【目】李逢吉勾结王守澄，权倾朝野，只有翰林学士李绅时常摈斥贬抑他，李逢吉对此十分担忧。可是唐穆宗很厚待李绅、李逢吉，无法使唐穆宗疏远他。适逢御史中丞职位空缺，李逢吉推举李绅清廉正直，应该由他执掌御史台。唐穆宗认为御史中丞也是次对官，便应允了。适逢李绅和京兆尹韩愈因参谒台臣的事发生争执，两人文书往来，语辞多有不逊。李逢吉便上奏说两人不能协调，任命韩愈为兵部侍郎，李绅为江西（治洪州，今江西南昌）观察使。韩愈、李绅入朝叩谢，唐穆宗问清原委，才有所醒悟，因而有此任命。

【纲】长庆四年（甲辰，824），春正月，唐穆宗去世，太子即位。【目】唐穆宗服用金石丹药，有个隐居未仕叫做张皋的人上疏说："思虑澹泊就能气血平和，欲望太甚，就会引发疾病。药是用来治病的，没有病是不应该服用的。先帝因为听信方士的胡言乱语，服药致病，怎能再重蹈覆辙呢！"唐穆宗很赞赏他的话，派人去找，没有找到。不久，疾病发作，命太子监国。当晚，唐穆宗去世，唐敬宗即位。

【纲】二月，唐敬宗将李绅贬为端州（治高要，今广东高要）司马。

【纲】唐敬宗尊奉皇太后为太皇太后，尊奉自己的母亲王妃为皇太后。

【纲】唐敬宗驾临中和殿，击毬游戏。　【目】从此，多次游乐宴会、击毬、奏乐、赏赐宦官、乐人，不可胜数。

【纲】三月，唐敬宗任命刘栖楚为起居舍人，刘栖楚拒不拜受。【目】唐敬宗上朝很晚，左拾遗刘栖楚进言说："您现在正值年少，即位之初，应当勤于政事，以求治理天下。可是您现在却贪睡好色，日头已

臣恐福祚之不长。请碎首玉阶以谢谏职之旷。"遂以额叩龙墀，见血不已，响闻阁外。上命中使宣慰令归。寻擢栖楚为起居舍人，栖楚辞疾不拜。

【纲】夏四月，以李虞为拾遗。　【目】李逢吉用事，所亲厚者张又新、李仲言、李虞、刘栖楚等八人，又有从而附丽之者，时人目之为"八关、十六子"。

【纲】五月，以李程、窦易直同平章事。

【纲】六月，加裴度同平章事。

【纲】夏绥节度使李祐进马百五十匹，却之。　【目】侍御史温造弹祐违敕进奉，请论如法，诏释之。祐谓人曰："吾夜半入蔡州城取吴元济，未尝心动，今日胆落于温御史矣！"

【纲】冬十月，赐韦处厚锦彩银器。　【目】翰林学士韦处厚谏上宴游曰："先帝以酒色致疾损寿，臣时不死谏者，以陛下年已十五故也。今皇子才一岁，臣安敢畏死而不谏乎！"上感其言，故有是赐。

【纲】十一月，葬光陵。

【纲】十二月，以刘栖楚为谏议大夫。

敬宗皇帝

【纲】乙巳，敬宗皇帝宝历元年，春正月，赦。　【目】先是鄠令崔发闻五坊人殴百姓，命擒以入，曳之于庭。诘之，乃中使也。上怒，收发，系台狱。是日，与诸囚立金鸡下，忽有品官数十人执梃乱捶发，气绝；数刻始苏，诏复系之。给事中李渤上言："县令曳中人，中人殴御囚，其罪一也。然县令所犯在赦前，中人所犯在赦后。中人

经很高才起身，梓宫还没有安葬，却每天吹打喧闹。政令尚未彰明，恶名已经远扬，我担心您的福份以及国运不会长久。请让我撞死在您面前的台阶上，作为对我身为谏官却没有尽职劝谏的惩罚。"说着便用头去撞地上的台阶，头已经碰得流血还没有停止，声音传出宫殿。唐敬宗命中使安慰他并将他劝回去，不久，提升他为起居舍人，刘栖楚推辞有病，不接受任命。

【纲】夏四月，唐敬宗任命李虞为拾遗。 【目】李逢吉得势，他和张又新、李仲言、李虞、刘栖楚等人十分亲密，再加上追随他们的人，被当时人视为"八关、十六子"。

【纲】五月，唐敬宗任命李程、窦易直为同平章事。

【纲】六月，唐敬宗加封裴度为同平章事。

【纲】夏绥节度使（治夏州，今陕西米脂西）李祐进贡一百五十匹马，唐敬宗没有接受。 【目】侍御史温造弹劾李祐违反敕令进贡马匹，请求依法治罪。唐敬宗下诏为其开释。李祐对人说："我半夜进蔡州城捉拿吴元济，也没有如此心惊肉跳，今天在温侍御史面前我真是吓破了胆！"

【纲】冬十月，唐敬宗赏赐韦处厚锦彩银器。 【目】翰林学士韦处厚劝阻唐敬宗游玩欢宴，说："先帝贪恋酒色，导致疾病，缩短了寿命，我当时没有拼死劝阻，就是因为您已经十五岁了。而今皇子才一岁，我怎敢怕死贪生而不劝阻呢！"唐敬宗被他的话感动，于是赏赐了他。

【纲】十一月，将唐穆宗安葬在光陵（在今陕西蒲城县北尧山）。

【纲】十二月，唐敬宗任命刘栖楚为谏议大夫。

敬宗皇帝

【纲】唐敬宗宝历元年（乙巳，825），春正月，大赦天下。 【目】先前，鄠县（鄠县，今陕西鄠县）县令崔发听说五坊里的人殴打百姓，命人将打人凶手捉来，拖在院中，加以责问，发现是中使。唐敬宗大怒，将崔发关进大狱。这天，崔发和囚犯们一起站在金鸡下等待赦罪，突然几十名宦官手执大棒冲过来，对崔发乱棒殴打，崔发当场昏死。过了很久，崔发才苏醒，唐敬宗下诏重新将他押入狱中。给事中李渤对

横暴，若不早正刑书，臣恐四夷藩镇闻之，则慢易之心生矣。"谏议大夫张仲方亦上言曰："鸿恩将布于天下而不行御前，霈泽遍被于昆虫而独遗崔发。"上皆不听。李逢吉从容言于上曰："崔发辄曳中人，诚大不敬，然其母年垂八十，自发下狱，积忧成疾。陛下方以孝理天下，所宜矜念。"上乃愍然曰："比谏官但言发冤，未尝言其不敬，亦不言有老母。如卿所言，朕何为不赦之！"即命中使释其罪，送归家。仍慰劳其母。母对中使杖发四十。

【纲】牛僧孺罢为武昌节度使。【目】牛僧孺以上荒淫，嬖幸用事，又畏罪不敢言，但素表求出。乃升鄂岳为武昌军，以僧孺为节度使。僧孺过襄阳，节度使柳公绰服橐鞬候于馆舍。将佐曰："襄阳地望高于夏口，此礼太过！"公绰曰："奇章公甫离台席，方镇重宰相，所以尊朝廷也。"竟行之。

【纲】二月，浙西观察使李德裕献丹扆六箴。【目】上游幸无常，昵比群小，视朝月不再三，大臣罕得进见。德裕献丹扆六箴：一曰《宵衣》，以讽视朝稀晚；二曰《正服》，以讽服御乖异；三曰《罢献》，以讽征求玩好；四曰《纳诲》，以讽侮弃谠言；五曰《辨邪》，以讽信任群小；六曰《防微》，以讽轻出游幸。上优诏答之。

唐敬宗说："县令捆绑宦官，宦官殴打御犯，罪行是一样的。但是县令犯罪在大赦之前，宦官犯罪在大赦之后。宦官蛮横强暴，如果不尽早地绳之以法，我担心周边的少数民族以及藩镇知道此事后，就会慢慢滋生出轻视慢待君主的念头了。"谏议大夫张仲方也说："您的恩惠遍布天下，却单单忽略了您的眼前；您的恩德惠及昆虫，却唯独遗漏了崔发。"唐敬宗一律不予理睬。李逢吉不慌不忙地对唐敬宗说："崔发妄自捆绑宦官，这种行为固然是对您太不敬重。但他的老母已年近八十，自从崔发被押入狱中，日夜忧愁，以致患病。您现在要依靠忠孝来治理天下，所以对这种情况还望能加以体谅和怜悯。"唐敬宗于是很同情地说："近日谏官们只说崔发冤枉，但从未提到他对我的不敬，也没有提及他还有年迈的母亲。正像你说的那样，我为什么不赦免他呢！"当即命中使免罪，送他回家，并劝慰他的母亲，他母亲当着中使，杖责崔发四十。

【纲】牛僧孺被罢免为武昌（治鄂州城，今湖北武昌）节度使。【目】牛僧孺因为唐敬宗荒淫无道，宠臣奸佞得势，又害怕被唐敬宗治罪，所以不敢进言劝谏，只是多次上表请求出镇藩镇。于是唐敬宗将鄂岳升格为武昌军，任命牛僧孺为节度使。牛僧孺途经襄阳，节度使柳公绰身背弓和箭囊在牛僧孺下榻的地方迎候。将佐们对柳公绰说："襄阳的地位名望比夏口（指武昌军）高，这样的礼节太重了！"柳公绰说："奇章公（牛僧孺祖先牛弘相隋，封奇章公，唐人因以称之）刚刚离开宰相的位置，方镇尊重宰相，就是尊重朝廷。"终于按照迎宰相的礼节迎接牛僧孺。

【纲】二月，浙西观察使李德裕献《丹扆六箴》。【目】唐敬宗游乐巡幸毫无节制，亲昵小人，每月临朝听政不超过三次，大臣们都难以见到他。李德裕进献《丹扆六箴》，第一是《宵衣箴》，规劝他上朝不要太少太晚；第二是《正服箴》，规劝他服饰要符合礼法；第三是《罢献箴》，规劝他不要一心征求奇珍异宝；第四是《纳诲箴》，规劝他不要辱弄、抛弃忠直的规谏；第五是《辨邪箴》，规劝他不要信任围着他团团转的奸佞小人；第六是《防微箴》，规劝他不要轻易地外出游玩。唐敬宗下诏，委婉曲折地予以回答。

【纲】秋七月,盐铁使王播进羡余绢百万匹。

【纲】造竞渡船。 【目】诏王播造竞渡船二十艘,计用转运半年之费。张仲方等力谏,乃减其半。

【纲】八月,昭义节度使刘悟卒。

【纲】冬十一月,幸骊山温汤。 【目】上欲幸骊山温汤,左仆射李绛、谏议大夫张仲方等屡谏不听,拾遗张权舆伏紫宸殿下,叩头谏曰:"昔周幽王幸骊山而为犬戎所杀;秦始皇幸骊山而国亡;玄宗幸骊山而禄山乱;先帝幸骊山而享年不长。"上曰:"骊山若此之凶邪?我宜一往以验彼言。"幸温汤,还,谓左右曰:"彼叩头者之言,安足信哉!"

【纲】十二月,以刘从谏为昭义留后。

【纲】以李绛为太子少师分司。 【目】仆射李绛好直谏,李逢吉恶之。至是,以绛有足疾,出之东都。

【纲】丙午,二年,春二月,以裴度为司空、同平章事。 【目】言事者多称裴度贤,不宜弃之藩镇,上数遣使劳问,度因求入朝;逢吉之党大惧,百计毁之。先是民间谣云:"绯衣小儿坦其腹,天上有口被驱逐。"又长安城中有横亘六冈,如乾象,度宅偶居第五冈。张权舆上言:"度名应图谶,宅占冈原,不召而来,其旨可见。"上虽年少,悉察其诬谤,待度益厚。

度至京师,复知政事。左右忽白失中书印,闻者失色。度饮酒自如;顷,复白已得之,度亦不应。或问其故,度曰:"此必吏人盗之以印书券耳。急之则投诸水火,缓之则复还故处。"人服其识量。

【纲】秋七月，盐铁使王播进贡额外的绢帛一百万匹。

【纲】建造竞渡船。　【目】唐敬宗下诏，令王播督造二十艘竞渡船，估计要花费转运使半年的收入。张仲方等人极力劝阻，唐敬宗才答应减少一半。

【纲】八月，昭义节度使刘悟去世。

【纲】冬十一月，唐敬宗驾临骊山温泉华清池。　【目】唐敬宗想去骊山温泉华清池，左仆射李绛、谏议大夫张仲方等多次劝谏都没有奏效。拾遗张权舆跪在紫宸殿下，叩头劝谏说："当年周幽王临幸骊山而被犬戎所杀；秦始皇临幸骊山而国家败亡；玄宗临幸骊山而发生安禄山的叛乱；先帝临幸骊山而寿命不长。"唐敬宗说："骊山果真如此凶险邪恶吗？我应该亲自去一次验证你的话。"去过温泉华清池，回来后，唐敬宗对身边的人说："那个叩头的人，他所说的话怎么能信以为真呢！"

【纲】十二月，唐敬宗任命刘从谏为昭义留后。

【纲】唐敬宗任命李绛为太子少师、分司。　【目】仆射李绛好直言劝谏，李逢吉很讨厌他。到现在，以李绛有脚病为由，将他挤出朝廷，赴任东都。

【纲】宝历二年（丙午，826），春正月，唐敬宗任命裴度为司空、同平章事。　【目】议论政事的人，大都称道裴度的贤能，认为不应该将他抛弃在藩镇。唐敬宗多次派人慰问他，于是他便趁机请求入朝。李逢吉的党羽们十分恐惧，千方百计地诋毁他。先前，民间流传谚语说："绯衣小儿坦其腹，天上有口被驱逐。"此外，长安城里横卧着六座高岗，样子就像《易经》中的乾卦，而裴度的住处正在第五道岗上。于是张权舆对唐敬宗说："裴度的名字正好应验了图谶，宅院占据高岗，没有得到召见就来，他的企图显而易见。"唐敬宗虽然年少，也完全明白他是在诽谤，反而更加厚待裴度。

裴度回到京城，重新掌管朝政。有天身边的人忽然报告说中书省的官印不见了，听说的人都大惊失色，裴度却依然神态自如地在饮酒。不久，又得到报告说又找到了，裴度也不说话。有人问他原因，裴度说："这一定是小吏盗走印制书券去了。追查太急，就会被投入水中或火

【纲】三月,罢修东都。 【目】上欲幸东都,谏者甚众,上皆不听,已使按修宫阙。裴度从容言曰:"国家本设两都以备巡幸,然自多难以来,宫阙、营垒、百司廨舍率已荒弛。陛下傥欲行幸,宜命有司徐加完葺,然后可往。"上曰:"从来言事者皆云不当往,如卿所言,不往亦可。"乃敕罢之。

【纲】秋九月,李程罢为河东节度使。

【纲】冬十一月,李逢吉罢。

【纲】十二月,宦官刘克明等弑帝于室内,立绛王悟。王守澄等讨克明,杀悟,立江王涵。 【目】上游戏无度,狎昵群小,善击球,好手搏,又好深夜自捕狐狸。性复褊急,宦官小过,动遭捶挞,皆怨且惧。夜猎还宫,与宦官刘克明、击球军将苏佐明等二十八人饮酒。上酒酣,入室更衣,殿上烛灭,克明等弑帝于室内。

克明矫称上旨,命学士路隋草遗制,以绛王悟权句当军国事。又欲易置内侍之执权者。于是枢密使王守澄、杨承和、中尉魏从简、梁守谦定议,以衙兵迎江王涵入宫,发左右神策、飞龙兵进讨贼党,尽斩之。绛王为乱兵所害。明日,江王即位,更名昂,是为文宗。

【纲】尊母萧氏为皇太后。以韦处厚同平章事。

【纲】出宫人,放鹰、犬,省冗食,罢别贮、宣索。 【目】上自为诸王,深知两朝之弊,及即位,励精求治,去奢从俭。诏宫女非有职事者,出三千余人。放五坊鹰、犬。省教坊、总监冗食千二百余员。近岁别贮钱谷,悉归之有司。宣索组绣、雕镂之物,悉罢之。敬宗之世,每月视朝不过一二,上始复旧制,每奇日视朝,对宰相群臣延访政事,久之方罢。待制官旧虽设之,未尝召对,至是屡蒙延问。中外

里，缓一缓就会放回原处。"人们都佩服他的见识和气度。

【纲】三月，停止修建东都。　【目】唐敬宗想临幸东都，劝谏的人很多，唐敬宗一律不予理睬，并已派人修葺宫殿。裴度从容不迫地对唐敬宗说："国家本来设置两都，就是为了巡游临幸做准备。但是，自从国家多难变乱以来，宫殿、营垒以及百官的官舍大都已经荒芜了。您如果想去，应该先命令有关部门加以修葺，然后再行前往。"唐敬宗说："历来议论政事的人都说不该前去，如果像你所说的那样，不去也罢。"于是下令停止修葺东都。

【纲】秋九月，李程被罢免为河东节度使。

【纲】冬十一月，李逢吉被罢官。

【纲】十二月，宦官刘克明等将唐敬宗杀死在宫中，拥立绛王李悟。王守澄等人征讨刘克明，杀死李悟，拥立江王李涵。　【目】唐敬宗游乐嬉戏毫无节制，亲近身边的奸佞小人，善击球，爱好徒手搏斗，又爱好深夜自己外出捕捉狐狸。性情褊狭急躁，宦官有小的过错，动辄遭到鞭笞，宦官们都很怨恨又很惧怕。唐敬宗夜里捕猎回到宫中，和宦官刘克明、击球军将苏佐等二十八人饮酒。唐敬宗喝到酣畅时，到内室更衣，这时，殿上的灯烛熄灭了，刘克明等人将其杀死在内室。

刘克明假称诏旨，命学士路隋起草遗制，任命绛王李悟暂时代管军政大事。并且想更换掌权的内侍。这时候，枢密使王守澄、杨承和、中尉魏从简、梁守谦定下计策，率卫兵迎接江王李涵入宫，调集左右神策军、飞龙兵征讨刘克明等人，将他们全部斩杀。绛王李悟混乱之中被乱兵杀死。第二天，江王李涵即位，改名李昂，这就是唐文宗。

【纲】唐文宗尊奉母亲萧氏为皇太后，任命韦处厚为同平章事。

【纲】释放宫女，放掉鹰、犬，精简冗员，罢除别贮、宣索。　【目】唐文宗还是江王的时候，就深知前朝和当朝的弊端。即位后，励精图治，避免奢侈，追求俭朴。下诏将没有职事的宫女三千人释放。放掉五坊中饲养的鹰、犬。精简教坊、总监一千二百余名吃白食的冗员。近年来别贮的钱、谷，全部归还有关职能部门，下诏索求组绣、雕镂的器物，也全部免除。唐敬宗一朝，每月上朝不过一、二次，唐文宗恢复原来制度，每逢单日上朝，同宰相大臣议论政事，很久才退朝。过去，虽然设待

翕然相贺，以为太平可冀。

文宗皇帝

【纲】丁未，文宗皇帝太和元年，夏四月，韦处厚请避位，不许。　【目】上虽虚怀听纳而不能坚决，与宰相议事已定，寻复中变。韦处厚于延英极论之，因请避位；上再三慰劳之。

【纲】六月，以王播同平章事。
【纲】秋七月，葬庄陵。
【纲】戊申，二年，春三月，亲策制举人。　【目】自元和之末，宦官益横，建置天子在其掌握，威权出人主之右，人莫敢言。贤良方正刘蕡对策，极言其祸，其略曰："陛下宜先忧者，宫闱将变、社稷将危、天下将倾、海内将乱。"又曰："陛下将杜篡弑之渐，则居正位而近正人，远刀锯之贱，亲骨鲠之直，辅相得以专其任，庶职得以守其官，奈何以亵近五、六人总天下大政！祸稔萧墙，奸生帷幄，臣恐曹节、侯览复生于今日。"又曰："忠贤无腹心之寄，阍寺恃废立之权，陷先君不得正其终，致陛下不得正其始。"又曰："陛下何不塞阴邪之路，屏褒狃之臣，制侵陵迫胁之心，复门户扫除之役，戒其所宜戒，忧其所宜忧！"又曰："陛下诚能揭国权以归相，持兵柄以归将，则心无不达，行无不孚矣。"

考官散骑常侍冯宿等见蕡策，皆叹服，而畏宦官，不敢取。裴休、李郃、杜牧、崔慎由等二十二人中第，皆除官，物论嚣然称屈。李郃曰："刘蕡下第，我辈登科，能无厚颜！"乃上疏曰："蕡所对策，汉、魏以来无与为比。今有司以蕡指切左右，不敢以闻，恐忠良道

制官，但从未得到召见，现在则多次得到召见、问询。朝廷内外，人们纷纷相互祝贺，认为天下太平有了指望。

文宗皇帝

【纲】唐文宗太和元年（丁未，827），夏四月，韦处厚请求辞职，唐文宗不许。　【目】唐文宗虽然能做到虚心纳谏，但不够坚决果断，和宰相已经商议确定的事，没过多久便中途变卦。韦处厚在延英殿极力批评唐文宗的这种做法，并请求辞职。唐文宗再三安慰劝阻他。

【纲】六月，唐文宗任命王播为同平章事。

【纲】秋七月，将唐敬宗安葬在庄陵（在今陕西三原东北）。

【纲】太和二年（戊申，828），春三月，唐文宗亲自策问参加科举的举子。　【目】自从元和末年，宦官日益骄横，甚至掌握天子的废立，权势甚至超过君主，没有人敢于指责。贤良方正刘蕡在策论中，极力论证宦官专权的祸害。大略是说："您现在应该首先感到忧患的是：宫中要发生变乱，社稷将发生危险，天下将要被倾覆，海内要发生祸乱。"又说："您要想杜绝篡位和弑君的危险，就应该首先端正自己并且亲近正派的人，疏远宦官而亲近正直忠诚的大臣，让宰相能够独自承担起他的职责，各级官吏能够各司其职，为什么要把天下大政都交给身边的五、六个亲信！祸乱渐起于萧墙，奸佞滋生于帷幄，我担心曹节、侯览这类的人如今又要出现了。"又说："忠良贤臣的赤胆忠心无所寄托，宦官把持了废立大权，使先帝敬宗不能堂堂正正地终了一生，致使您不能光明正大地亲政即位。"又说："您为什么不堵塞奸佞小人专权揽政的途径，避开狎昵谄媚的大臣，控制宦官胁迫君主的企图，恢复以往宦官不得干预政事，只能在宫中守门扫除的制度，戒除应当戒除的，忧虑该当忧虑的！"又说："您如果确实能把国家大政交由宰相执掌，将兵权归还将帅，那么您的心愿没有得不到实现的，行动没有得不到落实的。"

考官散骑常侍冯宿等看见刘蕡的对策，无不感慨佩服，但因惧怕宦官，不敢录取。裴休、李郃、杜牧、崔慎由等二十二人中等，并且都授给官职，舆论纷纷为刘蕡鸣冤。李郃说："刘蕡落第，我们这些人却能登科，能不感到汗颜吗！"于是上疏说："刘蕡的对策，汉魏以来无人可

穷,纲纪遂绝。况臣所对不及贲远甚,乞回臣所授,以旌贲直。"不报。

【纲】冬十二月,中书侍郎、同平章事韦处厚卒。

【纲】以路隋同平章事。

【纲】己酉,三年,秋八月,以李宗闵同平章事。 【目】征李德裕为兵部侍郎,裴度荐以为相。会宗闵有宦官之助,遂以宗闵同平章事。宗闵恶德裕逼己,出之滑州。

【纲】九月,命宦官毋得衣纱縠绫罗。 【目】上性俭素,听朝之暇,惟以书史自娱,声乐游畋未尝留意。驸马韦处仁着夹罗巾,上谓曰:"朕慕卿门地清素,故有选尚。如此巾服,听其他贵戚为之,卿不须尔。"

【纲】冬十一月,禁献奇巧及织纤丽布帛。

【纲】庚戌,四年,春正月,以牛僧孺同平章事。 【目】李宗闵引僧孺为相,相与排摈李德裕之党,稍稍逐之。

【纲】夏六月,以裴度为司徒、平章军国重事。 【目】度以老疾辞位,故有是命;仍诏三五日一入中书。

【纲】秋七月,以宋申锡同平章事。 【目】上患宦官强盛,元和、宝历逆党犹在;而中尉王守澄尤专横,尝密与申锡言之,申锡请渐除其逼。上以申锡沉厚忠谨,可倚以事,擢为宰相。

【纲】九月,以裴度为山南东道节度使。 【目】初,裴度往淮西,奏李宗闵为判官,由是渐获进用。至是,怨度荐李德裕,因其谢病,出之。

以相比。现在有司却因为他的对策抨击了您身边的亲信宦官，不敢让您见到。我担心这样做，就等于断绝了忠正贤良的人入仕的途径，朝纲国法就会荡然无存。何况我的对策远远不如刘蕡，请把授予我的职位，改授刘蕡，以表彰他的忠直。"没有得到答复。

【纲】冬十二月，中书侍郎、同平章事韦处厚去世。

【纲】唐文宗任命路隋为同平章事。

【纲】太和三年（己酉，829），秋八月，唐文宗任命李宗闵为同平章事。　【目】唐文宗征调李德裕为兵部侍郎，裴度推举他做宰相。而李宗闵这时得到了宦官的支持，于是唐文宗任命李宗闵为同平章事。李宗闵憎恨李德裕危及自己，将他调出朝廷，赴任滑州。

【纲】九月，唐文宗下令，宦官不得穿着纱縠、绫罗。　【目】唐文宗性情俭朴，上朝听政的余暇，只以读书读史为乐，对美色、华美的音乐，游玩、打猎，都不留意。驸马韦处仁头戴夹罗巾，唐文宗对他说："我敬慕你出身清廉朴素，因此才将公主嫁给你，这样的服饰，让那些贵戚穿戴好了，你不要这样。"

【纲】冬十一月，唐文宗命令禁止贡献新奇精巧的东西以及华丽的绢帛制品。

【纲】太和四年（庚戌，830），春正月，唐文宗任命牛僧孺为同平章事。　【目】李宗闵引荐牛僧孺担任宰相，联合起来排斥李德裕及其党羽，渐渐地斥逐他们。

【纲】夏六月，唐文宗任命裴度为司徒，管理军国大事。　【目】裴度借口年老辞职，因而有此任命。唐文宗仍命他每隔三、五天去中书省管理政事。

【纲】秋七月，唐文宗任命宋申锡为同平章事。　【目】唐文宗担心宦官势力过于强大。元和、宝历年间叛逆的势力仍然存在，中尉王守澄尤为专横，曾和宋申锡秘密地商讨此事，宋申锡请求逐渐翦除宦官的权势。唐文宗认为宋申锡沉稳忠厚、谨慎，可以信赖，便提升他为宰相。

【纲】九月，唐文宗任命裴度为山南东道节度使。　【目】当初，裴度前往淮西，上奏请求任命李宗闵为判官，从此，李宗闵逐渐赢得信任。现在，李宗闵怨恨裴度引荐李德裕，趁他称病的机会，将他排挤出

【纲】冬十月，以李德裕为西川节度使。 【目】蜀自南诏入寇，一方残弊。德裕至镇，作筹边楼，图蜀地形，南入南诏，西达吐蕃。日召老于军旅、习边事者，访以山川、城邑，道路险易，广狭远近，未踰月，皆若身尝涉历。乃练士卒，葺堡鄣，积粮储以备边，蜀人粗安。

【纲】辛亥，五年，春三月，贬漳王凑为巢县公，宋申锡为开州司马。 【目】上与申锡谋诛宦官，申锡引王璠为京兆尹，以密旨谕之。璠泄其谋，王守澄、郑注知之，使人诬告申锡谋立漳王。上怒，漳王、申锡皆坐贬，申锡竟卒于贬所。

【纲】夏五月，李德裕索南诏所掠百姓，得四千人。
【纲】秋九月，吐蕃将悉怛谋以维州来降，不受。 【目】吐蕃维州副使悉怛谋请降，尽帅其众奔成都；李德裕遣兵据其城。具奏其状，事下尚书省，集百官议，皆请如德裕策。牛僧孺以为不可，上诏德裕以其城及悉怛谋等悉归之吐蕃。吐蕃诛之于境上，极其惨酷。德裕由是怨僧孺益深。

【纲】壬子，六年，冬十月，立鲁王永为太子。

【纲】十二月，牛僧孺罢为淮南节度使。 【目】西川监军王践言入知枢密，数为上言："缚送悉怛谋以快虏心，绝降者，非计也。"上亦悔之，尤僧孺失策。僧孺内不自安。会上谓宰相曰："天下何时当太平，卿等亦有意于此乎？"僧孺对曰："太平无象。今四夷不至交侵，百姓不至流散，虽非至理，亦谓小康。陛下若别求太平，非臣所及。"因累表请罢。乃出镇淮南。

朝廷。

【纲】冬十月，唐文宗任命李德裕为西川节度使。 【目】蜀地自从南诏入侵，残破凋弊。李德裕赴任后，修建筹边楼，绘制蜀地地图，南到南诏境内，西至吐蕃。每天召见军中熟悉边事的老兵，询问山川、地势、城镇，以及道路的险易、宽狭、远近等事，不到一个月，就完全熟悉，好像曾亲临其境一样。于是训练士兵，修建城堡，储备粮草，防守边疆，蜀地才开始安定下来。

【纲】太和五年（辛亥，831），春三月，将漳王李凑贬为巢县公，宋申锡为开州（治开江，今四川开县）司马。 【目】唐文宗和宋申锡密谋清除宦官，宋申锡引荐王璠为京兆尹，并把唐文宗的密旨告诉他。王璠将密谋泄露给了宦官王守澄、郑注，王守澄和郑注等人便密告说，宋申锡等人企图拥立漳王李凑。唐文宗大怒，漳王李凑和宋申锡都因此被贬，宋申锡最终死在被贬的地方。

【纲】夏五月，李德裕向南诏索要被掠去的百姓，索回四千人。

【纲】秋九月，吐蕃将领悉怛谋率维州（治薛城，今四川茂汶薛城镇）归降唐廷，唐廷不予接受。 【目】吐蕃维州副使悉怛谋请求归降，率部众投奔成都。李德裕派兵占据维州，并将具体情况上奏。事情下达到尚书省，召集百官商议，人们都请求依照李德裕的计策行事。牛僧孺却认为不行。唐文宗下诏李德裕，将维州及悉怛谋及部众全部归还吐蕃。吐蕃将悉怛谋等全部杀死在边境上，极为惨酷。李德裕因此更加怨恨牛僧孺。

【纲】太和六年（壬子，832），冬十月，唐文宗册立鲁王李永为太子。

【纲】十二月，牛僧孺被罢为淮南（治扬州城，今江苏扬州）节度使。 【目】西川监军王践言入朝任枢密使，多次对唐文宗说："将投降的悉怛谋捆上送回吐蕃，令吐蕃人心大快，以后就不会有人归降了，这实在不是个好办法。"唐文宗也很后悔，埋怨牛僧孺此事的失策。牛僧孺心中不安。适逢唐文宗对宰相说："天下什么时候才能太平，你们有意为此努力吗？"牛僧孺说："太平没有固定的征象。如今，周边的少数民族不至进犯，百姓不至流离失所，虽不能说已经达到天下大治，也可以

【纲】以李德裕为兵部尚书。　【目】初,李宗闵与德裕有隙,及德裕还自西川,上注意甚厚,朝夕且为相。宗闵百方沮之不能,深以为忧。京兆尹杜悰谓曰:"德裕有文学而不由科第,常用此为慊慊,若使之知举,则可以平宿憾矣!"宗闵曰:"更思其次。"悰曰:"不则用为御史大夫。"宗闵曰:"可矣。"悰乃诣德裕,告之。德裕惊喜泣下,寄谢重沓。宗闵复与给事中杨虞卿谋之。事遂中止。

【纲】癸丑,七年,春二月,以李德裕同平章事。　【目】德裕入谢,上与之论朋党事。时给事中杨虞卿与从兄中书舍人汝士等善交结,依附权要,上闻而恶之,故与德裕言首及之,德裕因得以排其所不悦者。他日,上复言及朋党,李宗闵曰:"臣素知之,故虞卿辈,臣皆不与美官。"李德裕曰:"给、舍,非美官而何?"宗闵失色。

【纲】夏六月,以郑覃为御史大夫。　【目】初,李宗闵恶覃在禁中数言事,奏罢其侍讲。上从容谓宰相曰:"殷侑经术,颇似郑覃。"宗闵对曰:"覃、侑经术诚可尚,然论议不足听。"李德裕曰:"覃、侑议论,他人不欲闻,惟陛下欲闻之,幸甚。"后旬日,宣出,除覃御史大夫。宗闵谓枢密使崔潭峻曰:"事皆宣出,安用中书!"潭峻曰:"八年天子,听其自行事亦可矣!"宗闵愀然而止。

【纲】李宗闵罢。

【纲】秋七月,以王涯同平章事,兼度支、盐铁、转运使。

说达到了小康。您如果还要追求别的什么太平盛世，那就不是臣下的能力所能达到的了。"并多次上表，请求罢官，于是，出镇淮南。

【纲】唐文宗任命李德裕为兵部尚书。　【目】当初，李宗闵和李德裕有矛盾。后来李德裕自西川被征入朝，唐文宗十分看重并且厚待他，朝夕相伴并任用为宰相。李宗闵千方百计从中阻拦却不能达到目的，因此十分忧虑。京兆尹杜悰对他说："李德裕擅长文学，但却不是科举出身，他自己也常常为此恨恨不已。如果能让他掌管科举，就可以平服他一向的遗憾了！"李宗闵说："再想一个其他的办法。"杜悰说："不行的话就任用他做御史大夫。"李宗闵说："可以了。"杜悰到李德裕那儿，告诉他这个消息。李德裕喜极而泣，连连请求转达他对李宗闵的感谢。李宗闵又和给事中杨虞卿商量此事，此事便半途而废。

【纲】太和七年（癸丑，833），春二月，唐文宗任命李德裕为同平章事。　【目】李德裕入朝谢恩，唐文宗和他讨论有关朋党的事。当时给事中杨虞卿和从兄中书舍人杨汝士等人善于拉帮结党，巴结权贵，唐文宗对此十分厌恶，因此和李德裕首先谈及此事，李德裕趁机排挤他所不喜欢的人。后来有一天，唐文宗又谈及朋党的事，李宗闵说："我一向很了解这些，因此，杨虞卿这些人，我一直不给他们好的官职。"李德裕说："给事中、中书舍人还不是好的官职，那什么才是？"李宗闵大惊失色。

【纲】夏六月，唐文宗任命郑覃为御史大夫。　【目】当初，李宗闵厌恶郑覃多次在朝中谈论政事，上奏罢免了他的侍讲学士职位。唐文宗从容地对宰相说："殷侑精通经学，水平接近郑覃。"李宗闵回答说："郑覃和殷侑的经学水平固然值得称道，但对政事的议论却不足听取。"李德裕说："郑覃、殷侑的议论，别人不想听，只有陛下想听，真是国家的大幸。"过了十来天，朝廷宣布诏命，提升郑覃为御史大夫。李宗闵对枢密使崔潭峻说："事情都由皇上决定，还要中书省有什么用！"崔潭峻说："已经做了八年天子，可以听任他自行决断政事了！"李宗闵神情忧惧地不再说话。

【纲】李宗闵被罢官。

【纲】秋七月，唐文宗任命王涯为同平章事，兼度支、盐铁转运使。

【纲】八月，诏诸王出阁，停进士试诗赋。　【目】上患近世文士不通经术，李德裕请依杨绾议，罢诗赋。又言："昔玄宗以临淄王定内难，疑忌宗室，不令出阁；议者以为幽闭骨肉，亏伤人伦。天宝之末、建中之初，所以悉为安禄山、朱泚所鱼肉者，由聚于一宫故也。陛下诚能听其年高属疏者出阁，又除诸州上佐，使携其男女出外昏嫁，此则百年弊法，一旦去之，海内孰不欣悦！"上曰："兹事朕久知其不可，今诸王岂无贤才，无所施耳！"于是下诏并停诗赋。然诸王出阁，竟以议所除官不决而罢。

【纲】加卢龙节度使杨志诚右仆射。　【目】初，以志诚为吏部尚书，志诚怒不得仆射，留官告使。朝廷不得已，加志诚仆射，别遣使慰谕之。

杜牧愤河朔三镇之桀骜，而朝廷议者专事姑息，乃作《罪言》，曰："上策莫如先自治；中策莫如取魏；最下策为浪战，不计地势，不审攻守是也。"

又伤府兵废坏，作《原十六卫》，曰："贞观中，内以十六卫蓄养戎臣，外开折冲果毅府五百七十四以储兵伍，有事则戎臣提兵居外，无事则放兵居内。其居内也，富贵恩泽以奉养之，所部之兵散舍诸府，三时耕稼，一时治武，籍藏将府，伍散田亩，力解势破，人人自爱，虽有蚩尤为帅，亦不可使为乱耳。及其居外也，缘部之兵，被檄乃来，斧钺在前，爵赏在后，飘暴交捽，岂暇异略，虽有蚩尤为帅，亦无能为叛也。自贞观至于开元，百三十年间，戎臣兵伍，未始逆篡，此大圣人所以柄统轻重，制郭表里，圣算神术也。至于开元末，愚儒请罢府兵，武夫请搏四夷，于是府兵内铲，边兵外作，尾大

【纲】八月，唐文宗下诏命诸王出宫。停止进士科考试诗赋。
【目】唐文宗对近年来的文士不通晓经学十分忧虑，李德裕请求依照杨绾的建议，停止考试诗赋。又说："当年，玄宗以临淄王的身份，平定宫内的叛乱，因而疑猜宗室，不让他们出宫任职。有人议论说这样禁闭骨肉宗亲，有伤人伦。天宝末年、建中初年，宗室都成为安禄山和朱泚案上的鱼肉，就是因为都聚在宫里的缘故啊。您如果确实能令年龄大而且关系较远的宗亲出宫，并授予他们诸州长官的职位，让他们携带男女眷属出外婚嫁，就可以使百年以来的弊法，一下子废掉，天下人谁会不感到欢欣鼓舞呢！"唐文宗说："这件事，很久以来我就知道其弊端，如今，诸王当中，怎能说一个德才兼备的都没有呢，只是还没下决心实行罢了！"于是下诏，停止考试诗赋。但对诸王出宫的事，终于因为没有商定授予什么官职而作罢了。

【纲】唐文宗加封卢龙节度使杨志诚为右仆射。 【目】当初，唐文宗任命杨志诚为吏部尚书，杨志诚因为没有得到仆射的职位而恼怒，因此扣留朝廷派来宣布任命的使者。朝廷迫不得已，加封他为仆射，并另外派使臣前去安慰他。

杜牧十分忧愤河朔三镇的桀骜不驯，可是朝中当权的人却一味姑息，于是杜牧作《罪言》，说："上策莫过于首先整顿内部；中策莫过于攻取魏博；下策就是草率出兵，不论地形地势如何，也不考虑攻守的策略。"

他还很忧伤府兵的废弛，作《原十六卫》，说："贞观年间，对内设十六卫蓄养武将，对外设折冲、果毅等五百七十四府储备兵源。发生战事，武将率兵出征，和平时期，武将交出兵权位列朝中。武将在朝中的时候，享受朝廷给予的富贵以及皇上的恩德，所统帅的士兵则分散在诸府，一年三季耕作，一季训练，名册收藏在诸府，士兵分散在田野中。力量分散，人人自爱，即使蚩尤来作统帅，也难以发动叛乱。等到将帅出征时，他们统帅的兵马，都是根据朝廷的命令征调的，斧钺惩罚于前，官禄的奖赏在后，恩威并施，哪里有余暇作叛乱的打算，即使蚩尤来作统帅也不可能使他们叛乱。自贞观到开元一百三十年中，武将士兵从未发生叛乱，这都是大圣人太宗掌握权柄，权衡轻重，制御内外，

中干，成燕偏重，而天下掀然，根萌烬燃矣！盖兵居外则叛，居内则篡。使外不叛。内不篡，其置府立卫乎！呜呼！文皇帝十六卫之旨，其谁原而复之乎！"

又作《战论》，曰："河北视天下，犹珠玑也；天下视河北，犹四支也。河北气俗温厚，果于战耕，加以土息健马，便于驰敌，是以出则胜，处则饶，不窥天下之产，自可封殖，亦犹大农之家，不待珠玑然后以为富也。国家无河北，则精甲、锐卒、良弓、健马无有也。河东、盟津、滑台、大梁、彭城、东平，尽宿厚兵，不可他使。六镇之师，低首仰给。咸阳西北，戎夷大屯，赤地尽取，始能应费，四支尽解，头腹兀然，其能以是久为安乎！诚能治其五败，则一战可定，四支可生。战士离落，兵甲钝弊，是不搜练之过，其败一也；百人荷戈，千夫仰食，此不责实之过，其败二也；小胜则张皇邀赏，贵极富溢则不肯搜奇出死以勤于我！此厚赏之过，其败三也；多丧兵士，跳身而来，回视刀锯，气色甚安，此轻罚之过，其败四也；大将兵柄不得自专，恩臣、敕使迭来挥之，此不专任之过，其败五也。今诚欲调持干戈，洒扫垢污，以为万世安，而乃踵前非是，不可为也。"

【纲】九月，以郑注为右神策判官。

【纲】冬十二月，上有疾。 【目】上始得风疾，不能言。王守澄荐郑注，上饮其药，颇有验，遂有宠。然上自是神识耗减，不能复

英明地计划高明地指挥的结果。到了开元末年，迂腐的儒生建议撤销府兵，武将请求征伐周边少数民族，于是内削府兵，外扩边兵，尾大不掉，造成燕地偏重的势态，造成天下动荡，祸根萌生，死灰复燃了！一般来说，将帅居朝廷以外就发生叛乱，将帅居于朝廷之内就会篡权，若想在外的不叛乱，在内的不篡权，设立府兵不是最好的办法吗！呜呼！太宗文皇帝当初设置十六卫的良苦用心，谁能真正理解并能重新实现呢！"

又作《战论》，说："天下对于河北来说，就好比珠玑一般。而河北对于天下来说，犹如人的四肢。河北民俗淳厚，善于耕种作战，加上当地出产战马，便于驰骋作战，所以出征则胜，安居则很富饶，不必依靠天下的物产，完全可以自给自足，就好比家大业大的农户，即使没有珠玑珍宝仍然十分富足。国家如果没有河北，那么精良的盔甲，精锐的士兵，良弓、宝马就都没有了。河东、盟津、滑台、大梁、彭城、东平，屯驻重兵，却不能调作他用。六镇的兵马，完全依靠国家供养。咸阳西北，为防范戎夷，屯驻重兵，尽取土地中生长的粮草，才勉强能供应重兵的耗费。四肢都被分割没有了，只剩下光秃秃的头腹，靠这个能长治久安吗！如果能整治现在的五大弊端，那么一战即可安定天下，恢复被肢解的四肢。战士逃散，兵器盔甲损坏，这是不进行检查和训练造成的，是弊端之一；一百人荷枪作战，却有一千人吃饷，这是不核实情况造成的，是弊端之二；获得小小的胜利，就大张旗鼓，邀功请赏，将士们追求的高官厚禄，金银财宝很容易就得到极大的满足，那么谁还肯出生入死为朝廷效力，这是优厚地奖赏造成的，是弊端之三；将帅出征，损失很多士兵，只身逃回，然而面对军法国法却神态自若，这是惩罚太轻造成的，是弊端之四；大将不能自主掌握兵权，什么恩臣、敕使，接二连三代替指挥，造成大将不能掌握指挥大权，这是弊端之五。现在朝廷虽然确实想调动军队，洗刷耻辱，以保万世安宁，但却仍然沿袭过去的种种弊端，是不可能达到目的的。"

【纲】九月，唐文宗任命郑注为右神策判官。

【纲】冬十二月，唐文宗患病。 【目】唐文宗中风，不能说话。王守澄推荐郑注。唐文宗吃了他配制的药，非常灵验，于是得到宠信。但唐

故。

【纲】甲寅,八年,冬十月,以李宗闵同平章事,李德裕罢为山南西道节度使,以李仲言为翰林侍读学士。 【目】初,李仲言流象州,遇赦,还东都。会留守李逢吉思复入相,仲言自言与郑注善,逢吉使仲言厚赂之。注引仲言见王守澄,守澄荐于上。上见之,大悦,欲以为谏官,寘之翰林。李德裕以为不可,上曰:"逢吉荐之,朕不欲食言。"对曰:"逢吉身为宰相,乃荐奸邪以误国,亦罪人也。"上曰:"然则别除一官。"对曰:"亦不可。"上顾王涯,涯对曰:"可。"德裕挥手止之,上回顾适见,不怿而罢。仲言及注皆恶德裕,以宗闵与德裕不相悦,引宗闵以敌之。上遂相宗闵,而出德裕于兴元。是日,以仲言为侍读,寻改名训。

【纲】令进士复试诗赋。

【纲】以李德裕为兵部尚书。 【目】德裕见上,请留京师故也。

【纲】十一月,成德节度使王庭凑卒,子元逵自知留后。 【目】元逵改父所为,事朝廷甚谨。

【纲】以李德裕为镇海节度使。 【目】李宗闵言德裕制命已行,不宜自便。诏复以德裕镇浙西。时德裕、宗闵各有朋党,互相挤援,上患之,每叹曰:"去河北贼易,去朝中朋党难。"

【纲】以王璠为尚书左丞。

【纲】乙卯,九年,春正月,以王元逵为成德节度使。

【纲】浚曲江及昆明池。 【目】郑注言秦地有灾,宜兴役以禳之也。

文宗的神智却日益模糊，不能恢复到从前的水平。

【纲】太和八年（甲寅，834），冬十月，唐文宗任命李宗闵为同平章事，李德裕被罢免为山南西道节度使，任命李仲言为翰林侍读学士。 【目】当初，李仲言被流放象州（治阳寿，今广西象州），遇到大赦，回到东都，适逢留守李逢吉想再次入朝为相。李仲言自己说他和郑注很友善，李逢吉通过李仲言重金贿赂他。郑注引荐李仲言见王守澄，王守澄将他推荐给唐文宗。唐文宗见到李仲言，非常高兴。想任命他为谏官，安置在翰林院。李德裕认为不行。唐文宗说："是李逢吉推荐的，我不想食言。"李德裕说："李逢吉身为宰相，却引荐奸邪误国，也是有罪的人。"唐文宗说："那么就改授其他的官职。"李德裕说："也不行。"唐文宗转向王涯，王涯说："可以。"李德裕却在一旁挥手制止他，唐文宗转身时，恰好看见，不高兴地作罢了。李仲言和郑注都很厌恶李德裕，看到李宗闵和李德裕两人相互敌对，便引荐李宗闵以对抗李德裕。于是唐文宗任命李宗闵为宰相，而命李德裕出任兴元（山南西道节度使治所）。同时任命李仲言为侍读，不久，改名李训。

【纲】唐文宗诏命进士科恢复考试诗赋。

【纲】唐文宗任命李德裕为兵部尚书。 【目】这是李德裕面见唐文宗，请求留任京城的缘故。

【纲】十一月，成德节度使王庭凑去世，他的儿子王元逵自行接任留后。 【目】王元逵一改其父所作所为，事奉朝廷十分恭谨。

【纲】唐文宗任命李德裕为镇海（治润州，今江苏镇江）节度使。【目】李宗闵说李德裕出任的诏命已经颁行，不应该听其自便。于是唐文宗下诏，仍命李德裕出镇浙西。当时，李德裕、李宗闵各自都纠集朋党，支持声援自己，唐文宗对此很忧虑，常常叹息说："除掉河北的叛贼容易，除掉朝中的朋党很难。"

【纲】唐文宗任命王瑶为尚书左丞。

【纲】太和九年（乙卯，835），春正月，唐文宗任命王元逵为成德节度使。

【纲】疏浚曲江（在今陕西西安东南）和昆明池（在今西安西南）。 【目】郑注说，秦地将有灾祸，应该征发劳役，以消灾避祸。

【纲】夏四月,以李德裕为宾客分司。

【纲】以郑注守太仆卿,兼御史大夫。 【目】注举李款自代曰:"加臣之罪,虽于理而无辜;在款之诚,乃事君而尽节。"人皆哂之。

【纲】路隋罢为镇海节度使。

【纲】以贾𫗧同平章事。 【目】𫗧性褊躁轻率,与李德裕有隙,而善于宗闵、郑注,故上用之。

【纲】贬李德裕为袁州长史。

【纲】五月,以仇士良为神策中尉。 【目】初,宋申锡获罪,宦官益横,上不能堪。李训、郑注揣知上意,数以微言动上。上意其可与谋大事,遂密以诚告之。训、注遂以诛宦官为己任,二人言无不从,声势烜赫。上之立也,仇士良有功,王守澄抑之,由是有隙。训、注为上谋,进擢士良以分守澄之权。

【纲】六月,贬李宗闵为明州刺史。秋七月,以李固言同平章事。 【目】京城讹言郑注为上合金丹,须小儿心肝,民间惊惧。郑注素恶京兆尹杨虞卿,与李训共构之,云此语出于虞卿家人。上怒,下虞卿狱。注求为两省官,李宗闵不许,注毁之于上。会宗闵救虞卿,上怒,叱出,贬之。虞卿亦贬虔州司马,而以李固言为相。训、注为上画太平之策,以为当先除宦官,次复河、湟,次清河北,开陈方略,如指诸掌。上以为信,宠任日隆。连逐三相,威震天下,于是平生丝恩发怨无不报者。

【纲】以郑注为翰林侍读学士,贬李珏江州刺史? 【目】注之初得幸,上尝问翰林学士李珏曰:"卿知有郑注乎?"对曰:"臣岂

【纲】夏四月,唐文宗任命李德裕为宾客分司。

【纲】唐文宗任命郑注为太仆卿,兼任御史大夫。 【目】郑注推举李款接替自己原来的职务,说:"李款指责过我,虽然符合情理,但我的确是无辜的。对李款来说,这是他对君主尽忠。"人们都嘲笑他。

【纲】路隋被罢免为镇海节度使。

【纲】唐文宗任命贾𫗧为同平章事。 【目】贾𫗧性情褊狭,急躁而且轻率,他和李德裕有矛盾,但却和李宗闵、郑注很要好,所以唐文宗启用他。

【纲】唐文宗将李德裕贬为袁州(治宜春,今江西宜春)长史。

【纲】五月,唐文宗任命仇士良为神策中尉。 【目】当初,宋申锡获罪,宦官更加骄横,唐文宗也无法忍受。李训、郑注揣摸到了唐文宗的心意,多次用婉转的语言打动唐文宗。唐文宗认为可以同他们商议大事,便把心里的想法完全告诉了他们。李训、郑注便把诛除宦官当作自己的责任,唐文宗对他们二人言无不从,两人声势显赫。唐文宗被拥立,仇士良有很大功劳,但王守澄一直贬抑仇士良,由此发生矛盾。李训、郑注给唐文宗出主意,擢用仇士良以瓜分王守澄的权力。

【纲】六月,唐文宗将李宗闵贬为明州(治鄮县,今浙江宁波)刺史。秋七月,任命李固言为同平章事。 【目】京城中传言郑注为唐文宗配制金丹,需要小孩子的心肝,百姓十分惊恐。郑注一向憎恶京兆尹杨虞卿,便和李训共同陷害他,说这话是杨虞卿家人传出去的。唐文宗大怒,将杨虞卿打入监牢。郑注请求作中书和门下两省长官,李宗闵不同意,郑注便在唐文宗面前诋毁他。适逢李宗闵营救杨虞卿,唐文宗大怒,将其叱出,接着贬官。杨虞卿也被贬为虔州(治赣县,今江西赣州)司马,而任命李固言为宰相。李训、郑注为唐文宗谋划达到天下太平的计策,认为应当先清除宦官,其次是收复河湟地区,然后再清除河北。两人陈述治国方略,犹如对自己的手掌一样熟悉。唐文宗认为可信,对他们的宠信与日俱增,接连斥逐三位宰相,威震天下,于是两人对从前的恩恩怨怨无不一一回报。

【纲】唐文宗任命郑注为翰林侍读学士,贬李珏为江州刺史。 【目】郑注刚刚得到宠幸时,唐文宗曾问翰林学士李珏说:"你了解郑

不知。其人奸邪，陛下宠之，恐无益圣德。臣忝在近密，安敢与此人交通！"至是以注为工部尚书、翰林侍读学士，珏贬江州。时注、训所恶，皆目为二李之党，贬逐无虚日，班列殆空。

【纲】陈弘志伏诛。

【纲】李固言罢为山南西道节度使，以郑注为凤翔节度使。
【目】初，注求镇凤翔，固言不可。乃出固言镇兴元，而以注为凤翔帅。李训虽因注得进，及势位俱盛，心颇忌注，托以中外协势以诛宦官，故出注于凤翔，其实俟既诛宦官，并图注也。

【纲】以舒元舆、李训同平章事。
【纲】冬十月，杀王守澄。
【纲】训、注请除守澄，遣中使就第赐鸩杀之。训、注本因守澄以进，卒谋而杀之，人皆快守澄之受佞，而疾训、注之阴狡，于是元和之逆党略尽矣。

【纲】加裴度兼中书令。 【目】李训所奖拔，率皆狂险之士，然亦时取天下重望以顺人心，如裴度、令狐楚、郑覃皆累朝耆俊，久在散地，训皆引居崇秩。由是士大夫亦有望其真能致太平者，不惟天子惑之也。

【纲】十一月，李训、舒元舆、郑注等谋诛宦官，不克。以郑覃、李石同平章事，仇士良杀训、注、元舆及王涯、覃餗等。 【目】始郑注与李训谋，至镇，选壮士数百为亲兵。奏请入护王守澄葬，仍请令内臣尽集送之，因令亲兵杀之，使无遗类。约既定，训与其党谋："如此事成，则注专有其功。"乃以郭行余镇邠宁，王璠镇河东，使多募壮士为部曲，以罗立言知京兆府事，韩约为金吾卫大将军，

注吗?"回答说:"我哪会不了解他!此人奸佞邪恶,您宠幸信任他,恐怕于您的德行名誉没有益处。我位列您的亲信大臣,怎敢和这种人结交!"到了现在,郑注被任命为工部尚书,翰林侍读学士,李珏被贬江州。当时,凡李、郑二人所憎恶的人,便被指为二李的朋党,每天都有人被贬,朝官班列为之一空。

【纲】陈弘志伏罪被斩。

【纲】李固言被罢为山南西道节度使,任命郑注为凤翔节度使。【目】当初,郑注请求出镇凤翔,李固言不同意。于是将李固言调出,镇守兴元,任命郑注为凤翔节度使。李训虽然依靠郑注得以授官,可是等到后来,他的地位和势力都得到发展,因此心里很忌妒郑注,借口要朝廷内外联合起来共同清除宦官,将郑注调出朝中,任职于凤翔,其实际用心是等到清除宦官后,将郑注也一块除掉。

【纲】唐文宗任命舒元舆、李训为同平章事。

【纲】冬十月,杀王守澄。

【纲】李训、郑注请求除掉王守澄,派中使到他家中赐给他毒酒,令其自裁。李训、郑注本来是靠王守澄入朝为官的,最后反而策划杀掉了他,人们都为王守澄因奸佞被杀而称快,又十分痛恨李训、郑注的阴险狡猾。这样,元和年间谋害唐宪宗的逆党差不多被清除干净了。

【纲】唐文宗加封裴度兼任中书令。【目】李训所奖掖提拔的,大都是狂妄阴险的人,但有时也任用一些众望所归的人以顺应人心,如裴度、令狐楚、郑覃,都是历朝的元老贤才,他们长期担任散官,李训则一一授予他们高官厚禄。这样一来,士大夫中有不少人希望他真的能辅佐唐文宗达到天下太平,不只是天子一人受到了他的迷惑。

【纲】十一月,李训、舒元舆、郑注等人策划清除宦官,没有成功。唐文宗任命郑覃、李石为同平章事。仇士良杀掉李训、郑注、舒元舆以及王涯、贾𫗧等人。【目】开始,郑注和李训计划:待郑注到凤翔后,选数百武士为亲兵,然后上奏,请求让亲兵入朝,护卫王守澄入葬,并请唐文宗下令宦官集体前去送葬,趁机令亲兵将他们全都杀掉,一个也不遗漏。约定好了以后,李训和党羽们商议:"此事如果成功,郑注就会占有全部功劳。"于是,任命郭行余镇守邠宁,王璠镇守河东,让他们大

及与御史中丞李孝本谋并注去之。宰相惟舒元舆与其谋，他人莫知也。

及是日，上御紫宸殿。百官班定，韩约奏："左金吾听事后石榴夜有甘露。"因蹈舞再拜，宰相亦帅百官称贺。训、元舆劝上往观，以承天贶，上许之。先命宰相视之，训还奏："非真，未可宣布。"上顾仇士良帅诸宦者往视之。宦者既去，训召行余、璠受敕。时二人部曲数百，皆执兵立丹凤门外，训召之入。士良等至，韩约变色流汗，士良怪之，俄风吹幕起，执兵者甚众。士良等惊走，诣上告变。训呼金吾卫士上殿，宦者即举软舆迎上，决殿后罘罳，疾趋北出。罗立言帅京兆逻卒三百，李孝本帅御史台从人二百，皆登殿纵击，宦官死伤者十余人。训知事不济，走马而出。王涯、贾餗、舒元舆还中书，士良等命左、右神策兵五百人露刃出讨贼。杀金吾吏卒千六百余人，擒舒元舆、王涯、王璠、罗立言等，皆系两军。

明日，百官入朝。上御紫宸殿，问："宰相何为不来？"仇士良曰："王涯等谋反系狱。"命左右仆射令狐楚、郑覃参决机务。使楚草制宣告中外；楚叙涯等反事浮泛，仇士良等不悦，由是不得为相，而以郑覃、李石同平章事。擒获贾餗、李孝本。李训为人所杀，传其首，左、右神策出兵以训首引涯、璠、立言、餗、元舆、孝本徇于两市，腰斩于独柳之下，亲属皆死。数日之间，杀生除拜皆决于中尉，上不豫知也。

郑注将兵至扶风，知训已败，复还凤翔。监军伏甲斩之，灭其家，僚属皆死。右军获韩约，斩之。士良等进阶迁官有差。自是天下

量召募武士作为部曲。任命罗立言掌握京兆地区政事,韩约为金吾卫大将军,并和御史中丞李孝本密谋将郑注一并除掉。宰相中只有舒元舆参与密谋,别人都不知道。

到了约定的那天,唐文宗驾临紫宸殿。百官列班站定,韩约上奏说:"左金吾卫衙门后院石榴树上,昨夜有甘露降临。"于是舞蹈行礼再拜,宰相也率百官道贺。李训、舒元舆请唐文宗前往观看,以便接受上天赐予的祥瑞。唐文宗同意,并命宰相先去观察。李训回来后上奏,说:"好像不是真的,不可向全国宣布。"唐文宗当即命仇士良率宦官前去观察。宦官走后,李训召郭行余、王璠前来听命。当时,两人带来的数百名部曲,都手执兵刃站在丹凤门外,李训将他们召进来。仇士良等人到了以后,韩约神色紧张,流下冷汗,仇士良觉得十分奇怪。一会儿,风将幕布掀起,露出了藏在后面的手执武器的士兵,仇士良等吃惊逃走,向唐文宗报告发生变乱。李训招呼金吾卫士上殿,宦官当抬出软轿,将唐文宗抬上,踢倒殿后屏风,向北奔逃。罗立言率京兆巡逻的士兵三百人,李孝本率御史台侍从二百人,冲上大殿,宦官当场死伤十余人。李训知道事情败露,策马逃出。王涯、贾餗、舒元舆回到中书省,仇士良等命左、右神策兵五百人,亮出兵刃,冲出宫殿,追杀对手,杀掉金吾士卒一千六百余人,捉住舒元舆、王涯、王璠、罗立言等人,全都押在神策军中。

第二天,百官上朝。唐文宗驾临紫宸殿,问道:"宰相为什么不来?"仇士良说:"王涯等人谋反已被关押。"唐文宗命左、右仆射令狐楚、郑覃参预决断机密要务,让令狐楚起草诏命,向朝廷内外宣布。令狐楚对王涯等谋反,轻描淡写,仇士良等很不高兴,因此,没能当上宰相,而任命郑覃、李石为同平章事。捉住贾餗、李孝本。李训被人杀死,首级传到京城。左、右神策军出兵,以李训首级引导王涯、王璠、贾餗、舒元舆、李孝本在东市、西市中游行示众。然后在独柳树下腰斩,亲属也都被处死。一连数日,生杀以及拜官,都由中尉(仇士良)决断,唐文宗都不能预先知道。

郑注率兵到扶风(今陕西兴平西北),得知李训已经失败,便返回凤翔。监军埋伏甲士,将他杀掉,抄灭其家,亲属、幕僚都被杀死。右军

事皆决于北司，宰相行文书而已。宦官自是气益盛，迫胁天子，下视宰相，陵暴朝士如草芥。每延英议事，士良等动引训、注折宰相。郑覃、李石曰："训、注诚为乱首，但不知训、注始因何人得进？"宦者稍屈，搢绅赖之。

【纲】十二月，诏六道巡边使还京师。　【目】初，王守澄恶宦者田全操等六人，李训、郑注因遣分诣盐、灵等道巡边，诏六道使杀之。会训败，六道得诏，皆废不行。至是，召之，全操等追忿训、注之谋，在道扬言："我入城，凡儒服者，尽杀之！"乘驿疾驱而入。京城讹言寇至，民惊走，诸司奔散，郑覃、李石在中书，覃谓石曰："耳目颇异，宜出避之！"石曰："宰相位尊望重，人心所属，不可轻也！今事虚实未可知，坚坐镇之，庶几可定。若宰相亦走，则中外乱矣。且果有祸乱，避亦不免！"覃然之。石坐视文案，沛然自若。

【纲】以薛元赏为京兆尹。　【目】时禁军暴横，京兆尹张仲方不敢诘，以薛元赏代之。元赏尝诣李石第，闻石方坐听事与一人争辩甚喧，元赏使觇之，云有神策军将诉事。元赏趋入，责石曰："相公纪纲四海，不能制一军将，使无礼如此，何以镇服四夷！"即命左右擒出。士良召之，元赏曰："属有公事，行当至矣。"乃杖杀之，而白服以见士良，曰："中尉、宰相，皆大臣也，宰相之人若无礼于中尉，如之何？中尉之人无礼于宰相，庸可恕乎！中尉与国同体，为国惜法，元赏已囚服而来，惟中尉死生之！"士良无可如何，乃呼酒与元赏欢饮而罢。

捉到韩约，将他杀了。仇士良等人加官进爵不等。从此国家大事都取决于北司，宰相只不过是收发文书而已。宦官从此气焰日益嚣张，胁迫天子，傲视宰相，凌辱朝士，就像对待草芥一样。每当在延英殿议事，仇士良等动辄引用李训、郑注的事，羞辱宰相。郑覃、李石说："李训、郑注确实是祸乱的首领，只是不知道他们依靠什么人入朝作官？"宦官气焰才稍稍收敛，百官们都依赖他们两人。

【纲】十二月，唐文宗下诏命六道巡边使回京城。【目】当初，王守澄讨厌宦官田全操等六人，李训、郑注便将他们分别调任盐（治五原，今宁夏盐池北）、灵（治回乐，今宁夏灵武西南）等道为巡边使，并诏命六道将他们杀掉。这时，恰逢李训失败，六道便拒不执行诏命。到现在将他们召回，田全操等人追究李训、郑注企图谋杀他们的阴谋，在途中便扬言："进城后，凡是儒生打扮的人，全部杀掉！"乘驿马赶赴京城。京城传言说强盗来了，百姓惊慌逃走，各部门的大小官吏也都逃散。郑覃、李石在中书省，郑覃对李石说："现在局势混乱，人心难测，应该外出躲避！"李石说："宰相地位尊贵，责任重大，天下瞩目，不可轻举妄动！现在，事情虚实还没有了解，坚定地坐镇于此，人心就可以安定。如果宰相也跑掉了，就会在朝廷内外酿成大乱。况且要是真的发生祸乱，躲也是躲不掉的！"郑覃认为有道理。李石便继续坐在那里审阅公文，神态自若。

【纲】唐文宗任命薛元赏为京兆尹。【目】当时，禁军横行霸道，京兆尹张仲方不敢责问，便任命薛元赏取代他。薛元赏曾经到李石家里，听到李石正在厅里和一个人高声争辩。薛元赏让人去窥探，回来报告说，有一名神策军将在向李石诉说事情。薛元赏快步赶到厅中，责备李石说："相公职责是治理天下，但却连一名普通军将都制不服，让他如此失礼，怎么能威震周边四夷！"当即命人将那名军将拿下。仇士良召见他，薛元赏说："我现在正处理公务，等一会儿就去。"随即将军将乱棍打死，穿上白衣去见仇士良，说："中尉、宰相，都是大臣。宰相的下属，如果对中尉失礼，该如何处理？中尉的下属，对宰相失礼，难道就可以宽恕吗！中尉同国家一体，请为国家珍重法令，我已穿上囚服来了，生死就由中尉决定吧！"仇士良无可奈何，便吩咐摆酒席，和薛元赏痛

【纲】丙辰，开成元年，春二月，加刘从谏检校司徒。 【目】昭义节度使刘从谏上表请王涯等罪名，且言："涯等荷国荣宠，安肯构逆！训等实欲讨除内臣，两中尉遂诬以反逆，横被杀伤。臣欲身诣阙庭，面陈臧否，恐并陷孥戮，事亦无成。谨当修饬封疆，训练士卒，如奸臣难制，誓以死清君侧！"士良等惧，乃加从谏检校司徒。从谏复表让曰："臣之所陈，系国大体。可听则涯等宜蒙湔洗，不可听则赏典不宜妄加，安有死冤不申而生者荷禄！"因暴扬仇士良等罪恶，士良等惮之。由是郑覃、李石粗能秉政，天子倚之亦差以自强。

【纲】夏四月，以李固言同平章事。 【目】固言荐崔球为起居舍人，郑覃以为不可，上曰："公事莫相违！"覃曰："若宰相尽同，则事必有欺陛下者矣！"上与宰相语，患四方表奏华而不典。李石对曰："古人因事为文，今人以文害事。"上与宰相论诗，覃曰："诗之工者无若三百篇，皆国人作之以刺美时政，王者采之以观风俗耳，不闻王者为诗也。陈后主、隋炀帝皆工于诗，不免亡国，陛下何取焉。"覃笃于经术，上甚重之。上尝欲置诗学士，李珏曰："诗人浮薄，无益于理。"乃止。上谓宰相曰："荐人勿问亲疏。朕闻窦易直为相，未尝用亲故，若亲故果才，避嫌而弃之，是亦不为至公也。"

【纲】闰月，以李听为河中节度使。 【目】上尝叹曰："付之兵不疑，置之散地不怨，惟听为可以然。"

饮作罢。

【纲】开成元年（丙辰，836），春二月，加封刘从谏为检校司徒。
【目】昭义节度使刘从谏上表质问王涯等人的罪名，并说："王涯等人和国家荣辱与共，怎么肯叛逆！李训等实际是要讨除内臣宦官，两中尉便诬蔑他要造反，横加杀戮。我本想亲自到朝廷，当面陈述朝政得失，恐怕同样遭到诬陷杀戮，事情也不能成功。因此，我最好还是谨守自己的职责，训练士兵，整饬边防，如果奸臣难以治取，我誓死要清君侧！"仇士良等十分害怕，便加刘从谏为检校司徒。刘从谏再次上表指责说："我所陈述的，都有关国家大体。如果认为还有道理，得到采纳，就应该为王涯等人洗刷耻辱冤情，如果不采纳，也不该妄加奖赏。怎么能不为冤死的大臣申冤，反而为活着的人升官加赏！"于是，他猛烈地揭发仇士良等人的罪恶，仇士良等人才感到畏惧。从此，郑覃、李石开始能够主持朝政，天子也依赖他得以加强自己的权威。

【纲】夏四月，唐文宗任命李固言为同平章事。【目】李固言推荐崔球为起居舍人，郑覃认为不行。唐文宗说："国家大事，不要意见不统一！"郑覃说："若是宰相们意见完全相同，那么必然会有欺骗您的了！"唐文宗和宰相说，自己十分忧虑四方上表华而不实。李石说："古时候的人，根据具体的事情来作文章，而现在的人却为了作文章而不顾事情的本来面目。"唐文宗和宰相们谈论诗歌，郑覃说："优秀的诗歌，没有比得上《诗经》三百篇的，《诗经》中都是讽刺或赞美时政的作品。君主将其采集起来，以便了解民俗风情。没有听说君主自己作诗的。陈后主、隋炀帝都善长作诗，结果都不免亡国之祸，他们有什么值得您效法的！"郑覃精通经学，唐文宗很看重他。唐文宗曾想设置诗学士，李珏说："诗人轻浮浅薄，无益于国家的治理。"因此便作罢了。唐文宗还对宰相说："推举人不要考虑远近亲疏。我听说窦易直作宰相，没有任用过亲朋故旧。如果亲朋好友确有才干，却为了避嫌而舍弃，这也不是一心为公的精神。"

【纲】闰月，唐文宗任命李听为河中（治蒲州，今山西芮城西北）节度使。【目】唐文宗曾慨叹说："交给兵权而不用怀疑，身为散官而没有怨言，只有李听能做得到。"

【纲】秋七月,以魏謩为补阙。 【目】李孝本二女配没右军,上取之入宫。拾遗魏謩上疏曰:"窃闻数月以来,教坊选试以百数,庄宅收市犹未已;又召李孝本女人避宗姓,大兴物论,臣窃惜之。"上即出之。擢謩为补阙,谓曰:"朕选市女子,以赐诸王耳。怜孝本女孤露,故收养宫中。謩于疑似之间皆能尽言,可谓爱我,不忝厥祖矣!"

后謩为起居舍人,上就取记注观之,謩不可,曰:"记注兼书善恶,所以儆戒人君,陛下但力为善,不必观史。"上曰:"朕向尝观之。"对曰:"此向日史官之罪也。若陛下自观史,则史官必有所讳避,何以取信于后!"上乃止。又尝命謩献其祖文贞公笏,郑覃曰:"在人不在笏。"上曰:"亦甘棠之比也。"

【纲】秋七月,唐文宗任命魏謩为补阙。 【目】李孝本的两个女儿被官府抄没配给了神策军,唐文宗将二人选入宫中。拾遗魏謩上疏说:"我听说几个月来,教坊挑宫女已经上百人,庄宅使还在继续挑选。现在又诏命选入李孝本的女儿,不避讳同宗同姓,以致议论纷纷,我私下里感到十分遗憾。"唐文宗当即命令将李孝本女儿放出宫,提升魏謩为补阙,并说:"我挑选民间女子,本来要赐给诸王。可怜李孝本女儿孤身在外,因此收养在宫中。魏謩虽对此事不太清楚,却能尽忠直言,可见对我爱护备至,无愧于他的祖先!"

后来,魏謩为起居舍人,唐文宗前去察看起居注,魏謩不许,说:"起居注好事坏事都要记录,用以警戒君主。您只要尽力做好事,不必观看史官如何记载。"唐文宗说:"我以前曾经看过。"回答说:"那是前任史官的错误,如果您要亲自察看,那史官必定会有所避讳,那么如何取得后人信任呢!"唐文宗这才作罢。还曾命魏謩献出祖先文贞公的笏板,郑覃说:"关键在于人而不在于笏。"唐文宗说:"我的意思是,看见笏就好像看见魏征,就好像周人思念周公,因而便赞美他曾经乘凉的甘棠树一样。"

纲鉴易知录卷五八

唐纪

文宗皇帝

【纲】丁巳,二年,春三月,彗星出。

【纲】夏四月,以柳公权为谏议大夫。 【目】上对中书舍人柳公权等于便殿,上举衫袖示之曰:"此衣已三浣矣!"时众皆美上之俭德,公权独无言。上问其故,对曰:"陛下贵为天子,富有四海,当进贤退不肖,纳谏诤,明赏罚,乃可以致雍熙。服浣濯之衣,乃末节耳。"上曰:"朕知舍人不应复为谏议,以卿有诤臣风采,须屈卿为之。"故有是命。

【纲】以陈夷行同平章事。

【纲】秋七月,太子侍读韦温罢。 【目】温晨诣东宫,日中乃得见,因谏曰:"太子当鸡鸣而起,问安视膳,不宜专事宴安!"太子不能用其言,温乃辞侍读。

【纲】冬十月,国子监《石经》成。

【纲】李固言罢。

【纲】戊午,三年,春正月,盗射伤李石。

【纲】以杨嗣复、李珏同平章事,李石罢为荆南节度使。【目】李石承甘露之乱,人情危惧,宦官恣横,忘身殉国,故纪纲粗立。仇士良深恶之,潜遣盗杀之,不果。石惧,辞位;上深知其故而无如之何,从之。

【纲】以李宗闵为杭州刺史。

【纲】夏五月,禁诸道言祥瑞。 【目】太和之末,杜悰镇凤翔时,有诏沙汰僧尼。会有五色云见于岐山,近法门寺,民间讹言佛

文宗皇帝

【纲】唐文宗开成二年（丁巳，837），春三月，彗星出现。

【纲】夏四月，唐文宗任命柳公权为谏议大夫。 【目】唐文宗在便殿召见中书舍人柳公权等人时，举起一只衣袖说："这件衣服已经洗过三次了！"当时，众人都赞美唐文宗俭朴的美德，只有柳公权一言不发。唐文宗问他为什么不说话，他回答说："您处于天子这样尊贵的地位，拥有天下，应当提拔贤才，贬退庸人，采纳规谏，严明赏罚，这样才能达到天下太平。穿洗过的衣服，不过是细枝末节罢了。"唐文宗说："我本来不想再让你做谏议大夫，但是你实在是太具备诤臣的风采了，只好委屈你再任此职了。"因此有这个任命。

【纲】唐文宗任命陈夷行为同平章事。

【纲】秋七月，太子侍读韦温罢官。 【目】韦温早晨就来到东宫，中午才见到太子，便规劝说："太子应当闻鸡起舞，去向皇上问安，检查饭食是否准备好了，不该整天游乐饮宴！"太子不听他的规劝，韦温辞去侍读职位。

【纲】冬十月，国子监《石经》刻成。

【纲】李固言罢官。

【纲】开元三年（戊午，838），春正月，强盗射伤李石。

【纲】唐文宗任命杨嗣复、李珏为同平章事，李石罢免为荆南（治荆州，今湖北江陵）节度使。 【目】李石在"甘露之乱"发生后，人心恐惧不安，宦官肆意横行的情况下，为国事舍生忘死，朝纲法纪得到初步恢复。仇士良对此十分痛恨，暗中指使强盗杀害李石，没有成功。李石很害怕，辞职。唐文宗明知其中的奥妙但毫无办法，只得同意。

【纲】唐文宗任命李宗闵为杭州刺史。

【纲】夏五月，禁止诸道报告祥瑞。 【目】太和末年，杜悰镇守凤翔时，朝廷曾发布诏令，淘汰减少僧尼。适逢岐山（在今陕西凤翔东

骨降祥，以僧尼不安之故。监军欲奏之，惊曰："云物变色，何常之有！"未几，获白兔，监军又欲奏之，惊曰："野兽未驯，且宜畜之。"旬日而毙；监军不悦，画图献之。及郑注代惊，奏紫云见，又献白雉。是岁，遂有甘露之变。及惊判度支，河中奏驺虞见，百官称贺。上谓惊曰："李训、郑注皆因瑞以售其乱，乃知瑞物非国之庆。卿在凤翔，不奏白兔，真先觉也。"对曰："昔河出图，伏羲以画八卦；洛出书，大禹以叙九畴，皆有益于人，故足尚也。至于禽兽草木之瑞，何时无之！愿陛下专以百姓富安为国庆，自余不足取也。"上善之。遂诏"诸道有瑞，皆勿以闻。"

【纲】冬十月，太子永卒。

【纲】己未，四年，春三月，司徒、中书令、晋文忠公裴度卒。【目】度镇河东，以疾求归东都，诏入知政事。正月至京师，不能入见，劳赐旁午。至是薨，上怪度无遗表，问其家，得半稿，以储嗣未定为忧，言不及私。度身貌不踰中人，而威望远达四夷，四夷见唐使，辄问度老少用舍。以身系国家轻重如郭子仪者，二十余年。

【纲】夏五月，郑覃罢为右仆射，陈夷行罢为吏部侍郎。

【纲】以姚勖检校礼部郎中。　【目】上以盐铁推官姚勖能鞫疑狱，命权知职方员外郎，右丞韦温奏："郎官朝廷清选，不宜以赏能吏。"上乃以勖检校礼部郎中，仍充旧职。杨嗣复曰："温志在澄清流品，若有吏能者皆不得清流，则天下之事孰为陛下理之！恐似衰

北)出现五色云,距法门寺很近,民间传言说佛骨降下祥瑞,是因为僧尼恐惧不安。监军想上报此事,杜悰说:"云雾变色,是再平常不过的事了!"没过多久,又捉到白兔,监军又想上报,杜悰说:"野兽没有驯服,暂时蓄养起来。"过了十来天,死了,监军很不高兴,自己将五色云和白兔绘成图献上。后来,郑注取代杜悰,又上奏说紫云出现,又献上白色野鸡。当年,就发生了"甘露之变"。后来杜悰任判度支,河中节度使上奏说发现驺虞,百官道贺。唐文宗对杜悰说:"李训、郑注都假借祥瑞,兜售奸计,由此可知,所谓祥瑞之物出现并不意味着国家的喜庆。你在凤翔,不上奏发现白兔,真是先知先觉。"杜悰答道:"过去黄河中发现符图,伏羲根据它设计八卦;洛水中发现天书,大禹根据它制定九种法则。这些都是对人有益处的,因此值得崇尚。至于禽兽草木这类祥瑞,什么时代没有!希望您一心一意地把百姓的安宁作为国家的喜庆,其他的都不足效法。"唐文宗很赞赏,便下诏说:"诸道发现祥瑞,都不要上报。"

【纲】冬十月,太子李永去世。

【纲】开成四年(己未,839),春三月,司徒、中书令晋文忠公裴度去世。　【目】裴度镇守河东(治并州,今山西太原西南),因患病请求返回东都。唐文宗诏命他入朝参与朝政。闰正月,到达京城,但不能入朝觐见,唐文宗接连派人前去慰劳。直到现在去世。唐文宗奇怪裴度没有给朝廷遗表,向他的家人询问,才找到一份没有完成的手稿,手稿中对储君尚未确定表示忧虑,但没有谈及私事。裴度的身材相貌连中等的人也比不上,但威望远播周边少数民族,他们见到唐廷使臣,总是询问裴度的年寿以及是否还被重用。像当年的郭子仪一样,国家的安危寄托在他身上,有二十多年。

【纲】夏五月,郑覃被罢为右仆射,陈夷行被罢为吏部侍郎。

【纲】唐文宗任命姚勖为检校礼部郎中。　【目】唐文宗认为盐铁推官姚勖善长审理疑案,便命他暂且担任职方员外郎,右丞韦温上奏说:"郎官,是朝廷授予出身名门有地位名望的人担任的,而不适合用于奖赏有才干的官吏。"唐文宗便任命他为检校礼部郎中,并仍然担任原来的职务。杨嗣复说:"韦温的目的是要澄清朝官的出身和品级。如

晋之风。"然上素重温,终不夺其所守。

【纲】秋七月,以崔郸同平章事。

【纲】冬十月,立陈王成美为皇太子。 【目】杨妃请立皇弟安王溶为嗣,上谋于宰相,李珏非之,乃立敬宗少子成美为皇太子。上伤太子之死,旧疾遂增。十一月,疾少间,坐思政殿,召当直学士周墀问曰:"朕可方前代何主?"对曰:"陛下尧、舜之主也。"上曰:"朕岂敢比尧、舜!所以问卿者,何如周赧、汉献耳?"墀惊曰:"彼亡国之主,岂可比圣德!"上曰:"赧、献受制于强诸侯,今朕受制于家奴,以此言之,殆不如也!"因泣下沾襟,墀伏地流涕。自是不复视朝。

【纲】庚申,五年,春正月,立颍王瀍为皇太弟,废太子成美为陈王。 【目】上疾甚,欲命太子监国。中尉仇士良、鱼弘志以太子之立,功不在己,矫诏立瀍为太弟。以成美冲幼,复封陈王。

【纲】帝崩。太弟杀陈王成美,遂即位。

【纲】夏五月,杨嗣复罢,以崔珙同平章事。

【纲】秋八月,葬章陵。

【纲】李珏罢。九月,以李德裕同平章事。 【目】初,上之立,非宰相意,故杨嗣复、李珏相继罢去,召德裕而相之。德裕入谢,言于上曰:"致理之要,在于辨群臣之邪正。夫邪正二者,势不相容,正人指邪人为邪,邪人亦指正人为邪,人主辨之甚难。臣以为正人如松柏,特立不倚;邪人如藤萝,非附他物不能自起。故正人一心事君,而邪人竞为朋党。先帝深知朋党之患,然所用卒皆朋党之人,良

果有才干的官吏不能担任名望高的官职,那么谁来替您管理天下人事!我想这有点像导致晋朝没落的只看重出身门第的风气。"但唐文宗一向看重韦温,终于没有违背他的请求。

【纲】秋七月,唐文宗任命崔郸为同平章事。

【纲】冬十月,唐文宗册立陈王李成美为皇太子。 【目】杨妃请求册立皇弟安王李溶为太子。唐文宗和宰相商议,李珏反对,因此便册立了唐敬宗的小儿子李成美为太子。唐文宗为了原来的太子李永的死十分伤心,原来患的病便更加严重。十一月,病况稍有好转,在思政殿,召见当直学士周墀询问:"我可以和前代哪位君主相比?"回答说:"你就像贤明的尧、舜。"唐文宗说:"我哪里能和尧、舜相比!我所要问的是,我能否和周赧王与汉献帝相比?"周墀吃惊地说:"那都是亡国的君主,怎能和圣上的德行相比!"唐文宗说:"周赧王、汉献帝受制于强大的诸侯,我如今受制于家奴,这样说来,我还不如他们!"说着泪如泉涌,打湿了衣襟,周墀也趴在地上痛哭流涕。从此唐文宗便不再上朝。

【纲】开成五年(庚申,840),春正月,唐文宗册立颍王李瀍为皇太弟,将太子李成美废为陈王。 【目】唐文宗病重,想命太子监国。中尉仇士良、鱼弘志觉得太子的册立,没有自己什么功劳,便假传诏命,立李瀍为太弟。因为李成美年龄幼小,又将他封为陈王。

【纲】唐文宗去世。皇太弟李瀍便杀掉了陈王李成美,随即即皇帝位。

【纲】夏五月,杨嗣复被罢免,任命崔珙为同平章事。

【纲】秋八月,将唐文宗安葬在章陵(在今陕西铜川南天乳山)。

【纲】李珏被罢免。九月,任命李德裕为同平章事。 【目】当初,唐武宗得到册立,并不是宰相的意思。因此,杨嗣复、李珏相继被罢免,而命李德裕为相。李德裕入朝谢恩,并说:"治理天下,达到大治的关键,在于区别大臣的奸邪和忠正。邪正如同水火一样,不能相容。忠正的人指斥奸邪的人为邪佞,奸邪的人也指斥忠正的人为邪佞。作为君主很难辨别。我认为,正人君子就好比松柏一样,卓然挺立,不需正依靠其他的东西。奸邪小人就好比藤萝,不依靠其他的东西就不能站立。因

由执心不定，故奸邪得乘闲而入也。夫宰相不能人人忠良，或为欺罔，主心始疑，于是旁询小人以察执政。如德宗末年，所听任者惟裴延龄辈，宰相署敕而已，此政事所以日乱也。陛下诚能慎择贤才以为宰相，有奸罔者立黜去之，常令政事皆出中书，推心委任，坚定不移，则天下何忧不理哉！"又曰："先帝于大臣好为形迹，小过皆含容不言，日累月积，以至祸败。兹事大误，愿陛下以为戒！臣等有罪，陛下当面诘之。小过则容其悛改，大罪则加之诛谴，如此，君臣之际无疑间矣。"上嘉纳之。

【纲】冬十一月，以李中敏为婺州刺史。　【目】内谒者监仇士良请以开府荫其子为千牛，给事中李中敏判云："开府阶诚宜荫子，谒者监何由有儿？"士良惭恚。李德裕亦以中敏为杨嗣复之党，恶之，出为刺史。

武宗皇帝

【纲】辛酉，武宗皇帝会昌元年，春三月，以陈夷行同平章事。

【纲】杀知枢密刘弘逸、薛季稜，贬杨嗣复、李珏远州刺史，裴夷直驩州司马。　【目】刘弘逸、薛季稜有宠于文宗，仇士良恶之。上之立，非二人及宰相意，故嗣复、珏既罢，士良屡谮弘逸等，劝上除之。于是赐二人死，仍遣中使就诛嗣复及珏。杜悰奔马见李德裕曰："天子年少，新即位，兹事不宜手滑！"德裕乃与崔珙、崔郸、陈夷行三上奏，愿开延英赐对。遂入，泣涕极言。上乃追还二使，更贬

此，正人君子一心辅佐君主，而奸佞小人则竞相结为朋党。先帝对朋党造成的祸害体会很深，但所任用还是免不了都是拉帮结党的人，实在是由于决心不够坚定，因此奸佞小人得以乘虚而入。宰相不可能人人都是忠正善良之辈，有的做了欺瞒君主的事，于是君主心中疑虑，便向身边的小人询问，了解执政的情况。比如德宗末年，所信任的只是裴延龄这类的人，宰相不过签署一下诏命而已，这就是政事日益混乱的原因。如果您真的能谨慎地选择贤能的人担任宰相，发现欺瞒君主的奸佞便立即将其贬斥，经常做到全部由中书省掌管政事，推心置腹，委以重任，坚定不移，那么还用担心天下会不安定吗！"又说："先帝在大臣面前拘于形迹，大臣犯了小错都容忍不言，这样日积月累，以致酿成灾祸。这实在是极大的失误，希望您能引以为戒！大臣们如果有了过错，您应该当面责问。对于小错则应容许其改正，犯下大罪则应加以谴责或诛杀。只有这样，君臣之间才不会产生嫌隙，相互猜疑了。"唐武宗嘉许并采纳了他的意见。

【纲】冬十一月，唐武宗任命李中敏为婺州（治金华，今浙江金华）刺史。　　【目】内谒者监仇士良请求根据他开府仪同三司的官品授予他儿子千牛的官职。给事中李中敏批示说："按照开府仪同三司的官品理应授予其子官职，但是宦官哪会有儿子？"仇士良十分羞惭愤怒。李德裕也因为李中敏是杨嗣复一党，很憎恶他，令其出任为刺史。

武宗皇帝

【纲】唐武宗会昌元年（辛酉，841），春三月，唐武宗任命陈夷行为同平章事。

【纲】杀知枢密刘弘逸、薛季棱，将杨嗣复、李珏贬为边远州郡州史，裴夷直为骧州（治九德，今越南北境）司马。　　【目】刘弘逸、薛季棱得宠于唐文宗，仇士良很厌恶他们。由唐武宗继承帝位，并不是他们俩人以及宰相的意愿，因此，杨嗣复、李珏罢相后，仇士良便多次在唐武宗面前说刘弘逸等人的坏话，劝唐武宗除掉他们，直至现在将两人处死，同时又派中使将杨嗣复、李珏就地处死。杜悰知道后赶快骑马去见李德裕，说："天子年轻，又刚刚即位，这件事不能放手蛮干！"李德

嗣复等。

【纲】夏六月,诏群臣言事,毋得乞留中。 【目】诏:"臣下言人罪恶,并应请付御史台按问,毋得乞留中,以杜谗邪。"

【纲】上受法箓于赵归真。

【纲】秋九月,以牛僧孺为太子太师。 【目】先是僧孺镇襄阳,汉水溢,坏民居。李德裕以为僧孺罪而废之。

【纲】冬十一月,崔郸罢。

【纲】壬戌,二年,春二月,以李绅同平章事。

【纲】以柳公权为太子詹事。 【目】散骑常侍柳公权素与李德裕善,崔珙奏为集贤学士;德裕以恩非己出,因事左迁之。

【纲】夏五月,陈夷行罢。秋七月,以李让夷同平章事。

【纲】八月,以白敏中为翰林学士。 【目】上闻白居易名,欲相之,以问李德裕。德裕素恶居易,乃言:"居易衰病,不任朝谒。其从弟敏中,辞学不减居易,且有器识。"故有是命。

【纲】癸亥,三年,春二月,崔珙罢。

【纲】三月,赠悉怛谋右卫将军。 【目】李德裕言:"维州据高山绝顶,三面临江,在戎虏平川之冲,是汉地入兵之路。自为吐蕃所陷,号曰'无忧城'。从此得以并力西边,凭陵近甸。臣到西蜀,空壁来归,南蛮震慑,山西八国,皆愿内属。可减八处镇兵,坐收千余里旧地。当时不与臣者,望风疾臣,诏执送悉怛谋等令彼自戮,绝忠款之路,快凶虐之情。乞追奖忠魂,各加褒赠。"故有是命。

裕便和崔珙、崔郸、陈夷行三次上奏请求开延英殿当面问对。于是李德裕等人奉召入见，痛哭流涕，竭力劝阻。唐武宗才追回二名使者，将杨嗣复再次加以贬斥。

【纲】夏六月，唐武宗下诏说，群臣入朝奏事，不得请求留在宫中。 【目】诏书说："臣下议论他人的罪恶，应同时将犯人交付御史台审问。不得请求留在宫中审问，以杜绝谗言。"

【纲】唐武宗接受赵归真进献的法箓。

【纲】秋九月，唐武宗任命牛僧孺为太子太师。 【目】以前，牛僧孺镇守襄阳（今湖北襄阳），汉水泛滥，冲毁了百姓的住宅。李德裕认为是牛僧孺的过失，便将他废掉。

【纲】冬十一月，崔郸罢官。

【纲】会昌二年（壬戌，842），春二月，唐武宗任命李绅为同平章事。

【纲】唐武宗任命柳公权为太子詹事。 【目】散骑常侍柳公权一向和李德裕十分友善，崔珙上奏推举他为集贤殿学士，但李德裕因为柳公权升迁不是由自己施加的恩惠，便借故将其贬官。

【纲】夏六月，陈夷行罢官。秋七月，任命李让夷为同平章事。

【纲】八月，唐武宗任命白敏中为翰林学士。 【目】唐武宗耳闻白居易的声名，想任命为宰相，向李德裕征询意见。李德裕一向讨厌白居易，便说："白居易体弱多病，不堪朝谒的负担。他的从弟白敏中，辞章学问不亚于白居易，并且有见识、器量。"因而有此任命。

【纲】会昌三年（癸亥，843），春二月，崔珙罢官。

【纲】唐武宗赠悉怛谋右卫将军职。 【目】李德裕说："维州（治薛城，今四川茂汶薛城镇）位于山高路险、形势险峻的地方，三面临江，是吐蕃进入西川的交通要道，也是我们进兵的必经之地。自从被吐蕃攻陷，号称为'无忧城'。从此，吐蕃得以全力攻击西部边境，侵凌京畿。我到西川后，吐蕃倾城来降，南诏也受到震慑，邛崃山以西的八国，也都表示愿意归顺，这样就可以减免八处需要派兵镇守之地，不费吹灰之力就可以收复千里失地。当时不赞同我的人，都对我进攻攻击，于是文宗诏命将悉怛谋等送回吐蕃，令其自相杀戮，断绝效忠朝廷的

【纲】夏四月,昭义节度使刘从谏薨,其子稹自为留后;诏诸道发兵讨之。　【目】初从谏累表言仇士良罪恶,遂与朝廷相猜恨。及疾病,与幕客张谷等谋效河北诸镇,以弟之子稹为都知兵马使。至是薨,稹秘不发丧,逼监军崔士康奏称从谏疾病,请命其子稹为留后。宰相谏官多以为:"回鹘余烬未灭,边鄙犹须警备,复讨泽潞,国力不支。"李德裕独曰:"泽潞事体与河朔三镇不同。河朔习乱已久,人心难化,是故累朝以来,置之度外。泽潞近处腹心,一军素称忠义。如李抱真成立此军,德宗犹不许承袭。敬宗不恤国务,宰相又无远略,刘悟之死,因授从谏,使其跋扈,垂死之际,复以兵权擅付竖子。若又因而授之,则诸镇谁不思效其所为,天子威令不复行矣!"上曰:"卿以何术制之?果可克否?"对曰:"稹所恃者三镇。但得镇、魏不与之同,则稹无能为也。若遣重臣往谕王元逵、何弘敬,以河朔自艰难以来,列圣许其传袭,已成故事,与泽潞不同。今将加兵泽潞,不欲更出禁军,其山东三州,委两镇攻之;贼平之日,将士并当厚加官赏。苟两镇听命,不从旁沮挠官军,则稹必成擒矣!"上喜曰:"吾与德裕同之,保无后悔。"遂决意讨稹,群臣言者不复入矣。

上命德裕草诏赐元逵、弘敬曰:"泽潞一镇,与卿事体不同,勿为子孙之谋,欲存辅车之势。但能显立功效,自然福及后昆。"上曰:"当如此直告之是也!"又赐卢龙节度使张仲武诏,令专御回鹘。元

途径,而令凶残的吐蕃人心大快。请追念奖励悉怛谋等人的忠魂,分别加以表彰追赠。"因而有此诏命。

【纲】夏四月,昭义节度使刘从谏去世。他的侄儿刘稹自命为留后。唐武宗命诸道加以征讨。 【目】当初,刘从谏多次上表,揭露仇士良的罪行,并从此和朝廷相互猜忌怨恨。后来刘从谏患病,便和幕僚策划仿效河北诸镇的做法,任命其侄刘稹为都知兵马使。到现在,刘从谏死了,刘稹秘不发丧,逼迫监军崔士康上奏,说刘从谏患病,请求任命刘稹为留后。宰相和谏官们多数人认为:"回鹘余部尚未完全讨平,边地仍必须有所防备,如果再征讨泽潞(即昭义),恐怕国力不支。"只有李德裕一人上奏说:"泽潞的情况和河北三镇有所不同。河北叛乱时间很长,人心难以感化,因此,历朝以来,都不把他们放在需要考虑、加以讨伐的范围之内。泽潞地处国家的心腹地区,全军向来以忠义著称。李抱真最初创建的这支军队,德宗尚且不允许由他的儿子承袭其职位。敬宗不务朝政,宰相又没有雄才远略,所以刘悟死后,便让他的儿子刘从谏承袭了职务,以致其飞扬跋扈,死到临头了,还要擅自将兵权交付给他的侄子。如果又就势让他承袭了这个职位,那么诸镇谁会不想去仿效他的做法,天子的威信和命令就难以得到认可和推行了!"唐武宗说:"你用什么办法制止他呢?而且一定能够奏效吗?"李德裕回答说:"刘稹所仗恃的就是河北三镇,只要其中的成德和魏博节度使不与他同心协力,刘稹就无计可施了。如果朝派朝廷重臣对王元逵、何弘敬(两人分别为成德、魏博节度使)宣布说,自从安史之乱以来,历朝天子允许他们承袭职位,已经成为定例,这和泽潞有所不同。现在,朝廷要兴兵征讨泽潞,但不想动用禁军,其中山东的三个州,委托两镇攻击。讨平叛逆的时候,朝廷将予以将士们优厚的奖赏并加封官爵。假如两镇听从命令,不从中阻挠官军,那刘稹一定会成为瓮中之鳖了!"唐武宗高兴地说:"我和德裕意见相同,保证以后不反悔。"当即决定讨伐刘稹,大臣们再有人劝阻,唐武宗也不予理睬了。

唐武宗命李德裕起草给王元逵、何弘敬的诏书,说:"泽潞一镇,和你们的情况不同,不必为子孙后代担心,害怕会出现唇亡齿寒的形势,因而想保存唇齿相依的局面。只要能为朝廷建立卓越的功勋,你

逵、弘敬得诏，悚息听命。

德裕又以分司宾客李宗闵与刘从谏交通，不宜寘之东都，奏以为湖州刺史。制削夺从谏及稹官爵，以王元逵、何弘敬为招讨使，与河东节度使刘沔、河阳节度使王茂元合力攻讨。

【纲】以崔铉同平章事。

【纲】筑望仙观于禁中。

【纲】六月，内侍监仇士良致仕。　【目】上外尊宠士良，内实忌之。士良颇觉，遂以老病致仕。其党送归私第，士良教之曰："天子不可令闲，常宜以奢靡娱其耳目，使日新月盛，无暇更及他事，然后吾辈可以得志。慎勿使之读书，亲近儒生，彼见前代兴亡，心知忧惧，则吾辈疏斥矣。"其党开谢而去。

【纲】秋七月，遣御史中丞李回宣慰河北三镇。　【目】诏遣御史中丞李回宣慰河北，令幽州早平回鹘，镇、魏早平泽潞。回至河朔，弘敬、元逵、仲武皆具橐鞬效迎，立于道左，不敢令人控马，让制使先行，自兵兴以来，未之有也。回明辩有胆气，三镇无不奉诏。

【纲】甲子，四年，春三月，以赵归真为道门教授先生。

【纲】夏六月，诏削仇士良官爵，籍其家。

【纲】秋七月，以杜悰同平章事。　【目】上闻扬州倡女善为酒令，敕监军选而献之。监军请节度使杜悰，不从。监军怒，表其状。左右因请敕悰同选，上曰："敕藩方选倡女入宫，岂圣天子所为！杜悰得大臣体，朕甚愧之！"遽敕勿选，召悰入相，劳之曰："卿不从监

们的福份自然会推及子孙后代。"唐武宗说:"应当这样对他们直言相告!"又赐卢龙节度使张仲武诏书,命令他专门防御回鹘。王元逵、何弘敬接到诏命,都惊恐地表示听从朝廷的命令。

李德裕又借口分司、宾客李宗闵和刘从谏有来往,不适合再回到东都,向唐武宗上奏将其调任湖州(治乌程,今浙江湖州)刺史。下令削夺刘从谏和刘稹的官爵,任命王元逵、何弘敬为招讨使,同河东节度使刘沔、河阳节度使王茂元并力进讨。

【纲】唐武宗任命崔铉为同平章事。

【纲】在宫中修筑望仙观。

【纲】六月,内侍监仇士良退休。 【目】唐武宗表面上尊宠仇士良,但内心对他十分忌恨。仇士良对此颇有警觉,因此便推托年老多病而退休。他的党羽将他送回他的私宅,仇士良告诫他们说:"不要让天子有闲暇的时间,不断地用声色犬马讨他的欢心,并且日新月异,花样翻新,让他没有时间考虑别的事情,这样我们这些人才能得志。特别要注意不要让他读书,不要让他亲近儒生。他知道了前代兴衰荣辱,心里就会忧虑恐惧,那样,我们这些人就会被疏远排斥了!"他的党羽拜谢离去。

【纲】秋七月,唐武宗派遣御史中丞李回宣抚河北三镇。 【目】唐武宗下诏派御史中丞李回宣抚慰问河北,命令幽州(即指卢龙节度使)早日平定回鹘,镇州、魏博早日平定泽潞。李回来到河北,何弘敬、王元逵、张仲武都背弓挎上箭囊在郊外迎候,并且站立在道左,不敢让别人为他们牵马,让朝廷派来的使臣先走,自从藩镇兴起,这种情况从未有过。李回明察善辨、有胆略、气魄,三镇无不尊奉诏命。

【纲】会昌四年(甲子,844),春三月,唐武宗任命赵归真为道门教授先生。

【纲】夏六月,唐武宗下诏削夺仇士良官职爵位,抄没家产。

【纲】秋七月,唐武宗任命杜悰为同平章事。 【目】唐武宗听说扬州歌伎善行酒令,命监军挑选进贡。监军请求杜悰亲自挑选,杜悰没有答应。监军很恼怒,上表告杜悰的状。唐武宗身边的人请求让杜悰和监军一同挑选,唐武宗说:"命令藩镇选送歌伎入宫,哪里像一个圣明

军之言，朕知卿有致君之心。今相卿，如得一魏徵矣！"

【纲】八月，邢、洺、磁三州降，郭谊斩刘稹以降。 【目】刘稹年少懦弱，押牙王协、兵马使李士贵用事，专聚货财，府库充溢，而将士有功无赏，由是人心离怨。邢州将裴问请降于王元逵。洺州守将王钊、磁州守将安玉闻之，皆请降于何弘敬。李德裕曰："昭义根本，尽在山东，三州降则上党不日有变矣。"上曰："郭谊必枭刘稹以自赎。"德裕曰："诚如圣料。"潞人闻三州降，大惧。郭谊、王协谋，说刘稹以兵授谊，束身归朝。稹许之。遂杀稹，灭其族，函首遣使奉表降于王宰。宰以状闻，宰相入贺，上曰："郭谊宜如何处之？"德裕对曰："刘稹孺子耳，阻兵拒命，皆谊为之谋主；及势孤力屈，又卖稹以求赏。此而不诛，何以惩恶！宜及诸军在境，并谊等诛之！"上曰："朕意亦以为然。"乃诏石雄将七千人入潞州。雄至潞州，尽执郭谊、王协等送京师，皆斩之。

【纲】加李德裕太尉，赐爵卫国公。 【目】加李德裕太尉、卫国公，德裕辞，上曰："恨无官赏卿耳！"

初，德裕以比年将帅出兵屡败，其弊有三：一者，诏令下军前者，日有三四，宰相多不预闻；二者，监军各以意见指挥军事，将帅不得专进退；三者，每军各有宦者为监使，悉选军中骁勇数百为牙队，其有战陈，斗者皆怯弱之士，每战，视事势小却，辄引旗先走，

的天子所做的事！杜悰这样做很符合大臣的身份,我很惭愧！"当即下令停止选送,将杜悰召入朝中任命为宰相,并安慰他说:"你没有顺从监军的话,我知道你有爱护君主的心意。如今,我得到你这样的大臣为宰相,就像是又得到一个魏征！"

【纲】八月,邢（治龙冈,今河北邢台西南）、洺（治永年,今河北永年东南）、磁（治滏阳,今河北磁县）三州归降,郭谊杀掉刘稹投降。
【目】刘稹年轻懦弱,部下押牙王协、兵马使李士贵掌握实权,专事聚敛财物,府库充盈,可是,有战功的将士却得不到赏赐,因此人心离散怨恨。邢州将领裴问请求投降王元逵。洺州守将王钊、磁州守将安玉闻讯后,都请求投降何弘敬。李德裕说:"昭义节度使立足的根基,全都在山东,这三个州投降,那么上党（今山西长治,时为昭义节度使治）发生变化就指日可待了。"唐武宗说:"郭谊必定会砍刘稹的头以减轻自己的罪责。"李德裕说:"肯定不会出您所料。"泽潞人得知三州已降,大为恐惧。郭谊和王协相互勾结,劝说刘稹将兵权交给郭谊,然后自缚,投降朝廷。刘稹答应了。于是他们杀掉刘稹,捕杀其族人,将刘稹首级装在匣中,派使者带着降表,去投降王宰。王宰将情况上报。宰相们入朝庆贺,唐武宗说:"对郭谊该如何处理？"李德裕说:"刘稹不过是个傻小子罢了,率兵抗拒朝命的,郭谊是首谋。等到山穷水尽了,又想靠出卖刘稹以求封赏。这种人不杀掉,还谈什么惩办首恶！应该趁此大兵压境的机会,将郭谊等一并杀掉！"唐武宗说:"我也是这么想。"于是诏命石雄率七千人进入潞州。石雄到达潞州,将郭谊、王协等全部捕获,送到京城,斩首。

【纲】唐武宗加封李德裕为太尉,赐爵卫国公。　【目】唐武宗加封李德裕为太尉、卫国公,李德裕推辞。唐武宗说:"遗憾的是没有更高的官职赐给你！"

当初,李德裕因为将帅连年出征,屡遭失败,便分析其中的弊端,认为有三:其一,诏命下达给军队之前,有三四天的时间,宰相不能预先知道;其二,监军一意孤行地指挥军事行动,将帅没有指挥进退的权利;其三,每支军队都有宦官担任监军,他们将士兵中勇敢善战的数百人挑选出来,组成牙队,每次发生战斗,参加的都是胆小懦弱的士

陈从而溃。德裕乃与枢密使杨钦义、刘行深议，约敕监军不得预军政，每兵千人听取十人自卫，有功随例沾赏。二枢密皆以为然，白上行之。自非中书进诏意，更无他诏自中出者。号令既简，将帅得以施其谋略，故所向有功。

河北三镇每遣使者至京师，德裕常面谕之曰："河朔兵力虽强，不能自立，须藉朝廷官爵威命以安军情。语汝使：与其使大将邀敕使以求官爵，何如自奋忠义，立功立事，结知明主乎！且李载义为国家平沧景，及为军中所逐，不失作节度使；杨志诚遣大将遮敕使马求官，及为军中所逐，朝廷竟不赦其罪。此二人祸福足以观矣。"由是三镇不敢有异志。

【纲】冬十一月，贬牛僧孺为循州长史，流李宗闵于封州。
【目】李德裕言于上曰："刘从谏据上党十年，太和中入朝，僧孺、宗闵执政，不留之，加宰相纵去，以成今日之患。"上遂贬僧孺等。

【纲】乙丑，五年，夏五月，杜悰、崔铉罢，以李回同平章事。

【纲】秋七月，诏天下佛寺僧尼并勒归俗。

【纲】冬十月，以道士刘玄静为崇玄馆学士，【目】玄静固辞还山，许之。

【纲】十二月，贬韦弘质为某官。【目】李德裕秉政日久，好徇爱僧，人多怨之。左右言其太专，上亦不悦。给事中韦弘质上疏，言宰相权重，不应更领三司钱谷。德裕奏曰："制置职业，人主之柄。弘质受人教导，所谓贱人图柄臣，非所宜言。"弘质贬官，由是众怨

兵，每次交战，看到稍有退却，就拖着战旗先逃跑，阵形随之崩溃。李德裕因此和枢密使杨钦义、刘行深商议，约束命令监军不得干预军事行动，军中每一千人，听凭其挑选十人自卫，有战功则监军同样得到奖赏。二位枢密使都认为不错，上奏唐武宗，在军中推行。如果不是中书省宰相们向皇帝进言颁布诏旨，便再没有诏书自宫中由宦官颁布。号令简明，将帅们得以施展谋略，因此，所到之处都建立了战功。

河北三镇不时派使者到京城，李德裕经常当面训谕说："河朔虽然兵力强大，但却不能仗此自立，必须凭借朝廷委任官爵、威信、命令来稳定军心。告诉你们的节度使：与其派大将邀朝廷派敕使前往宣慰，以求得官爵，怎比自己发奋尽忠，建功立业，取得明主的知遇呢！当初李载义为国家平定沧景（指横海节度使，治沧州城，今河北沧县东南），后来虽被军队赶走，但仍然能担任节度使；杨志诚派大将拦住朝廷使臣的马，请求任官，后来也被军队赶走，朝廷终于没有赦免他的罪责。这两个人的安危祸福，足以说明问题了。"从此，三镇不敢对朝廷有不轨企图。

【纲】冬十一月，唐武宗将牛僧孺贬为循州（治归善，今广东惠阳东北）长史。将李宗闵流放封州（治封川，今广东封川）。 【目】李德裕对唐武宗说："刘从谏占据上党十年，太和年间入朝，当时牛僧孺、李宗闵执政，不将他留在朝中，反而加任他为宰相，并将他放回去，以致酿成今天的祸患。"唐武宗便贬斥了牛僧孺等人。

【纲】会昌五年（乙丑，845），夏五月，杜悰、崔铉罢官，唐武宗任命李回为同平章事。

【纲】秋七月，唐武宗诏命佛寺中的僧尼全部还俗。

【纲】冬十月，唐武宗任命道士刘玄静为崇玄馆学士。 【目】刘玄静坚决推辞，并请求归回山林，唐武宗准允。

【纲】十二月，唐武宗贬韦弘质为某官。 【目】李德裕执政时间已久，做事全凭自己的好恶，很多人都很怨恨。唐武宗身边的宦官说他太独断专横，唐武宗也很不高兴。给事中韦弘质上疏，说宰相权力已经很大，不应该再统领三司的钱谷。李德裕上奏说："设置官职，是君主的权力。韦弘质受人教唆，正是所谓贱人却企图谋取执政大臣的权柄；

愈甚。

【纲】诏罢来年正旦朝会。 【目】初，上饵方士金丹，性加燥急，喜怒不常。问李德裕以外事，对曰："陛下威断不测，外人颇惊惧。天下既平，愿陛下以宽理之，使得罪者无怨，为善者不惊，则天下幸甚。"上自秋来，已觉有疾，而道士以为换骨。至是，诏罢正旦朝会。

【纲】丙寅，六年，春三月，立光王忱为皇太叔。帝崩，太叔即位。 【目】初，宪宗纳李绮妾郑氏，生光王怡。幼时宫中皆以为不慧，太和以后，益自韬匿。及上疾笃，诸宦官密于禁中定策，下诏以皇子冲幼，立怡为皇太叔，更名忱，令权句当军国政事。太叔见百官，哀戚满容；裁决庶务，咸当于理，人始知有隐德焉，上崩，以李德裕摄冢宰。宣宗即位，德裕奉册，既罢，上谓左右曰："适近我者，非太尉邪？每顾我，使我毛发洒淅！"

【纲】夏四月，尊帝母郑氏为皇太后。
【纲】李德裕罢为荆南节度使。 【目】德裕秉权日久，位重有功，众不谓其遽罢，闻之莫不惊骇。

【纲】赵归真等伏诛。五月，诏上京增置八寺，复度僧、尼。

【纲】以白敏中同平章事。
【纲】六月，定太庙为九代十一室。
【纲】秋八月，葬端陵。
【纲】以牛僧孺为衡州长史，李宗闵为郴州司马。 【目】僧孺、宗闵及崔珙、杨嗣复、李珏等五相，皆武宗所贬逐，至是，同日北迁。宗闵未行而卒。

这样的话哪里是这种人可以说的呢!"韦弘质被贬官,从此,众人怨愤更加重了。

【纲】唐武宗下诏更加急躁,喜怒无常。向李德裕询问宫廷以外的事,李德裕回答说:"您的威武果决深不可测,外面的人都十分震惊惧怕。现在已经天下太平,希望您能够宽松地治理天下,让犯了错误的人不至于怨恨,做了好事的人不受到惊吓,那就是天下的幸运了。"唐武宗自从秋天以来,已经感觉到身体有病,可道士却认为这是在脱胎换骨。到现在下诏停止元旦的朝会。

【纲】会昌六年(丙寅,846),春三月,唐武宗册立光王李忱为皇太叔。唐武宗去世,李忱即位。 【目】当初,唐宪宗娶李绮的妾郑氏,生下光王李怡。李怡小时候,宫里的人都认为他不聪明。太和年以后,李怡更加韬光晦迹。后来,等到唐武宗病重,宦官们在宫中定下计策,下诏,借口皇子年幼,立李怡为皇太叔,改名为李忱,命他暂且掌理军国大事。李忱召见百官,满面哀容,但裁决政务,却都得当入理,人们才知道他很内秀。唐武宗去世后,李德裕代理吏部尚书。唐宣宗即位时,李德裕手捧册封诏书。仪式结束后,唐宣宗问身边的人说:"刚才在我身边的,莫非就是太尉吗?他每次看我,都令我毛骨悚然!"

【纲】夏四月,唐宣宗尊奉母亲郑氏为皇太后。

【纲】李德裕被罢为荆南节度使。 【目】李德裕执政时间已久,地位尊宠,功高望重,众人都没有想到他突然被罢官,消息传出,人们都很惊骇。

【纲】赵归真等人伏罪被杀。五月,唐宣宗下诏在上京增设八座寺院,原来被迫还俗的僧尼得以重新回到寺院,出家为僧、尼。

【纲】唐宣宗任命白敏中为同平章事。

【纲】六月,定太庙为九代十一室。

【纲】秋八月,将唐武宗安葬于端陵(在今陕西三原东北)。

【纲】唐宣宗任命牛僧孺为衡州(治衡阳,今湖南衡阳)长史,李宗闵为郴州(治郴县,今湖南郴县)司马。 【目】牛僧孺、李宗闵、崔珙、杨嗣复、李珏等五位宰相,都是被唐武宗所贬斥的,到现在,五人同时北迁入朝。李宗闵尚未上路便去世了。

【纲】九月,郑肃罢,以卢商同平章事。

【纲】以李景让为浙西观察使。 【目】初,景让母郑氏,姓严明,早寡,家贫。子幼,每自教之。宅后墙陷,得钱盈船,母祝之曰:"吾闻无劳而获,身之灾也。天必以先君余庆,矜其贫而赐之,则愿诸孤学问有成,此不敢取!"遽命掩而筑之。景让宦达,发已斑白,小有过,不免捶楚;弟景庄,老于场屋,每被黜,母辄挞景让。然景让终不肯属主司,曰:"朝廷取士自有公道,岂可效人求关节乎!"

【纲】冬十月,上受三洞法箓。

宣宗皇帝

【纲】丁卯,宣宗皇帝大中元年,春二月,以李德裕为太子少保分司。 【目】初,德裕引白敏中入翰林;及德裕失势,敏中竭力排之,使其党讼德裕罪,故有是命。

【纲】卢商罢。以崔元式、韦琮同平章事
【纲】闰月,敕复废寺。
【纲】夏六月,以令狐绹为考功郎中、知制诰。
【纲】秋八月,李回罢。
【纲】冬十二月,贬李德裕为潮州司马。
【纲】戊辰,二年,春正月,贬丁柔立为南阳尉。 【目】初,李德裕执政,有荐丁柔立清直可任谏官者,德裕不能用。至是,为右补阙,上疏讼德裕冤。坐阿附,贬。

【纲】二月,以令狐绹为翰林学士。 【目】上尝以太宗所撰《金镜》授绹,使读之,"至乱未尝不任不肖,至治未尝不任忠贤",

【纲】九月,郑肃被罢官,唐宣宗任命卢商为同平章事。

【纲】唐宣宗任命李景让为浙西观察使。 【目】当初,李景让的母亲为人严谨明理,很早就守寡,家里清贫。孩子幼年时,常常言传身教。住宅后面的墙塌陷后,发现其中有许多钱,能装满一船,李母祷告说:"我知道不劳而获,会给自己招来灾祸。上天一定是因为我过世的丈夫积德,怜悯他的清贫而赐给钱财。我只希望他的遗孤学问有成,这些钱却是万万不敢取用的!"当即命人将钱原处埋掉并在上面重新筑墙。李景让做了大官,两鬓都已斑白,但是即使有小小的过错,仍然免不了要挨母亲的板子。弟弟李景庄,科举连年不中,每次下第,李母就责打李景让。但李景让却始终不敢嘱托主考官,并说:"朝廷录取士子自有公道,哪能效仿别人去疏通关节呢!"

【纲】冬十月,唐宣宗接受三洞法箓。

宣宗皇帝

【纲】唐宣宗大中元年(丁卯,847),春二月,唐宣宗任命李德裕为太子少保、分司。 【目】当初,李德裕引荐白敏中进入翰林院。后来李德裕失势,白敏中便竭力排挤他,指使党羽指责李德裕的罪责,因而有此任命。

【纲】卢商被罢官。唐宣宗任命崔元式、韦琮为同平章事。

【纲】闰月,唐宣宗下令恢复废掉的寺院。

【纲】夏六月,唐宣宗任命令狐绹为考功郎中、知制诰。

【纲】秋八月,李回被罢官。

【纲】冬十二月,唐宣宗将李德裕贬为潮州司马。

【纲】大中二年(戊辰,848),春正月,唐宣宗将丁柔立贬为南阳(南阳,今河南南阳)尉。 【目】当初,李德裕执政,有人推荐丁柔立,说他清廉正直可以担任谏官,但李德裕不予启用。现在,丁柔立官右补阙,上疏说李德裕冤枉,被冠以阿谀依附的罪名,遭贬。

【纲】二月,唐宣宗任命令狐绹为翰林学士。 【目】唐宣宗曾把唐太宗撰写的《金镜录》拿给令狐绹,让他读到"天下大乱不曾不任用不肖之徒,天下大治不曾不委任忠贤之士",打断他说:"凡致力于天下

止之曰:"凡求致太平,当以此言为首。"又书《贞观政要》于屏风,每正色拱手而读之。

【纲】夏五月,崔元式罢,以周墀、马植同平章事。 【目】初,墀为义成节度使,辟韦澳为判官,及为相,谓澳曰:"何以相助?"澳曰:"愿相公无权。"墀愕然,澳曰:"官赏刑罚,与天下共其可否,勿以己之爱憎喜怒移之,天下自理,何权之有!"墀深然之。

【纲】秋九月,贬李德裕为崖州司户。

【纲】冬十一月,韦琮罢。

【纲】己巳,三年,春正月,以韦宙为御史。【目】上与宰相论元和循吏孰为第一,周墀曰:"臣尝守土江西,闻观察使韦丹功德被于八州,没四十年,老穉歌思,如丹尚存。"诏史馆修撰杜牧撰《丹遗爱碑》,仍擢其子宙为御史。

【纲】夏四月,周墀罢为东川节度使。 【目】墀谏上开边,忤旨,遂罢。翰林学士郑颢言于上曰:"周墀以直言入相,亦以直言罢。"上深感悟,加检校右仆射。

【纲】以崔弦、魏扶同平章事。

【纲】秋七月,克复河、湟。

【纲】冬闰十一月,加顺宗、宪宗谥号。 【目】宰相以克复河、湟,请上尊号。上曰:"宪宗尝有志复河、湟,未遂而崩,今乃克成先志耳。其议加顺、宪二庙尊谥,以昭功烈。"

【纲】李德裕卒。

【纲】庚午,四年,夏四月,贬马植为常州刺史。

太平的人，应以这句话为首要的信条。"并将《贞观政要》书写在屏风上，常常很认真地拱手诵读。

【纲】夏五月，崔元式被罢官，唐宣宗任命周墀、马植为同平章事。　【目】当初，周墀担任义成（治滑州，今河南滑县东北）节度使，征辟韦澳为判官。后来周墀官至宰相，对韦澳说："你如何来帮助宰相？"韦澳回答说："但愿相公无权。"周墀十分惊愕。韦澳说："封官加赏，处刑责罚，都和天下人持相同意见，不要根据自己的爱憎喜怒加以干预，天下就自然得到治理，还要什么权力！"周墀深表赞同。

【纲】秋九月，唐宣宗将李德裕贬为崖州（治舍城，今广东琼山东南）司户。

【纲】冬十一月，韦琮被罢官。

【纲】大中三年（己巳，849），春正月，唐宣宗任命韦宙为御史。【目】唐宣宗和宰相讨论元和年间的循吏谁排在首位，周墀说："我曾在江西任职，听说观察使韦丹的功德在洪、江、鄂、岳、虔、吉、袁、抚八州广为传诵，死后四十年，无论老幼，还在歌颂思念，就像他还活着一样。"唐宣宗于是诏命史馆修撰杜牧撰写韦丹《遗爱碑》，并提拔其子韦宙为御史。

【纲】夏四月，周墀被罢为东川（治梓州，今四川三台）节度使。【目】周墀劝唐宣宗开发边地，违背了唐宣宗的心愿，没有实施。翰林学士郑颢对唐宣宗说："周墀因为直言得以入朝为相，也是因为直言被罢免。"唐宣宗有所感触、醒悟，加封其检校右仆射。

【纲】唐宣宗任命崔弦、魏扶为同平章事。

【纲】秋七月，收复河湟地区（今甘肃青海二省及邻近地区）。

【纲】冬季，闰十一月，为唐顺宗、唐宪宗追加谥号。　【目】宰相们以收复河湟地区为由，请求加唐宣宗尊号。唐宣宗说："宪宗曾有志于收复河湟地区，未能实现便去世了，现在总算完成遗愿。应讨论追加顺宗、宪宗两庙的尊号，用以昭彰前辈的功烈。"

【纲】李德裕去世。

【纲】大中四年（庚午，850），夏四月，唐宣宗将马植贬为常州（治晋陵，今江苏常州）刺史。

【纲】六月,魏扶卒。以崔龟从同平章事。

【纲】秋九月,贬孔温裕为柳州司马。【目】党项为边患,发兵讨之,连年无功;补阙孔温裕上疏切谏,上怒,贬之。温裕,戣之子也。既而戣弟子吏部侍郎温业亦求补外,白敏中谓同列曰:"我辈须自点检,孔吏部不肯居朝廷矣。"

【纲】冬十月,以令狐绹同平章事。

【纲】辛未,五年,冬十月,以魏謩同平章事。【目】时上春秋已高,尚未立太子,群臣莫敢言。謩入谢,因言:"今海内无事,惟未建储副,使正人辅导,臣窃以为忧。"且泣,时人重之。

【纲】冬十一月,崔龟从罢。

【纲】壬申,六年,夏六月,以毕諴为邠宁节度使。【目】党项复扰边,上欲择帅而难其人,从容与翰林毕諴论边事,諴援古据今,具陈方略。上悦曰:"不意颇、牧近在禁庭。卿其为朕行乎!"諴欣然奉命。

【纲】秋八月,以裴休同平章事。

【纲】冬十月,毕諴招谕党项,降之。

【纲】十二月,复禁私度僧尼。

【纲】甲戌,八年,春正月朔,日食,罢元会。

【纲】秋九月,以高少逸为陕虢观察使。【目】有敕使过硖石,怒饼黑,鞭驿吏见血;少逸以闻。上责敕使,谪配恭陵。其后,上召翰林学士韦澳,屏左右问之曰:"近日内侍权势如何?"对曰:"陛下威断,非前朝之比。"上闭目摇首曰:"全未,全未!尚畏之在。策将安出?"对曰:"若与外庭议之,恐有太和之变,不若就其中择有

【纲】六月，魏扶去世。唐宣宗任命崔龟从为同平章事。

【纲】秋九月，唐宣宗将孔温裕贬为柳州（治马平，今广西柳州）司马。　【目】党项成为边地祸患，朝廷调兵征讨，接连几年均未奏效。补阙孔温裕上疏直切劝谏，唐宣宗恼怒，孔温裕遭贬。孔温裕就是孔戣的儿子。接着，孔戣的弟子吏部侍郎温业也请求到地方任职，白敏中对同僚说："我们这些人该自己多加检点，否则孔吏部也不肯在朝为官了。"

【纲】冬十月，唐宣宗任命令狐绹为同平章事。

【纲】大中五年（辛未，851），冬十月，唐宣宗任命魏扶为同平章事。　【目】这时唐宣宗年事已高，还没有册立太子，群臣中没人敢于提起此事。魏扶入朝谢恩，趁机说："现在天下平安无事，只是还没有册立储君，让正派的人加以辅导，我为此私下里很是担忧。"说着，流下泪来。为此，当时的人们十分敬重魏扶。

【纲】冬十一月，崔龟从被罢官。

【纲】大中六年（壬申，852），夏六月，唐宣宗任命毕諴为邠宁节度使。　【目】党项人再次袭扰边地。唐宣宗想挑选一名担任统帅的人，苦于找不到合适的人，便从容地和翰林学士毕諴讨论边事，毕諴援引古今，具体地陈述自己的方略，唐宣宗高兴地说："没想到廉颇、李牧近在宫中。你就为我去执行吧！"毕諴欣然接受命令。

【纲】秋季，八月，唐宣宗任命裴休为同平章事。

【纲】冬十月，毕諴招抚党项人，使其全部归降。

【纲】十二月，再次禁止私自剃度僧尼。

【纲】大中八年（甲戌，854），春季，正月初一，日食。停止元旦大会。

【纲】秋九月，唐宣宗任命高少逸为陕虢（治陕州，今河南陕县陕县镇）观察使。　【目】有名敕使路过硖石（今河南陕县硖石镇），因为给他食用的饼太黑，十分恼怒，将驿卒鞭打出血，高少逸将此事上奏，唐宣宗责罚了敕使，将他贬配恭陵。此后，唐宣宗召见翰林学士韦澳，屏退左右问道："最近人们对内侍的权势有什么说法？"回答说："您威猛果断，前朝无法与您相比。"唐宣宗闭目摇头说："全不是那么回事，

才识者与之谋。"上曰:"此乃末策,朕已试之矣!"上又与令狐绹谋尽诛宦官,绹恐滥及无辜,密奏曰:"但有罪勿舍,有阙勿补,自然渐耗,至于尽矣。"宦者窃见其奏,由是益与朝士相恶,南北司如水火矣。

【纲】冬十月,以李行言为海州刺史。 【目】上猎于苑北,遇樵夫,问其:"县令为谁?"曰:"李行言。""为政如何?"曰:"性执。有强盗数人匿军家,索之,竟不与,尽杀之。"上归,帖其名于寝殿之柱。及除刺史,入谢,上赐之金紫,取帖示之。

【纲】乙亥,九年,春二月,以李君奭为怀州刺史。 【目】初,上校猎渭上,有父老十数,聚于佛寺,上问之,对曰:"醴泉百姓也。县令李君奭有异政,考满当罢,诣府乞留,故此祈佛,冀谐所愿耳。"及怀州刺史阙,上手笔除君奭。

上聪察强记,天下奏狱吏卒姓名,一览皆记之。尝密令翰林学士韦澳纂次州县境土风物及诸利害为一书,号曰《处分语》。他日,邓州刺史薛弘宗入谢,出谓澳曰:"上处分本州事惊人。"澳询之,皆《处分语》中事也。

【纲】秋七月,崔铉罢为淮南节度使。
【纲】冬十一月,以柳仲郢为盐铁转运使。
【纲】丙子,十年,春正月,以郑朗同平章事。

全不是那么回事！我对他们尚且十分畏惧，你有什么好办法？"回答说："如果与朝臣议论此事，恐怕会酿成太和年间的变乱。不如选择其中有才干有见识的人共同商议。"唐宣宗说："这是下策，我已经试过了！"唐宣宗又和令狐绹谋划将宦官斩尽杀绝。令狐绹恐怕会滥伤无辜，秘密上奏说："只要宦官中有人犯了错误不要放过，有了空缺也不要再行补充，自然会逐渐消耗，直至耗尽了。"宦官偷看了他的上奏，从此和朝臣的关系更加恶化，南衙北司，势同水火，不能相容。

【纲】冬十月，唐宣宗任命李行言为海州（治朐山，今江苏连云港西南）刺史。　【目】唐宣宗在宫苑北边打猎，遇到一名樵夫，便问他："县令是谁？"他回答说："是李行言。"又问："政绩如何？"答道："性情执拗。县衙关押了几名强盗，禁军前来要人，李行言就是不给，到底将几名强盗全部杀掉。"唐宣宗回到宫中，将李行言的名字和行事书写在帖上，挂在寝殿的柱子上。后来李行言升任刺史，入朝谢恩，唐宣宗赐他金紫鱼袋，并将帖子取出给他看。

【纲】大中九年（乙亥，855），春二月，唐宣宗任命李君奭为怀州刺史。【目】当初，唐宣宗在渭水上游猎，看见几十位父老聚集在佛寺。唐宣宗向他们询问，回答说："我们是醴泉（在今陕西乾县东）的百姓。县令李君奭政绩优异，但任期已满，应当下任了，我们到县府请求他留任，并为此祈祷佛祖，希望能达成我们的愿望。"后来怀州刺史出现空缺，唐宣宗亲笔书诏提升李君奭。

唐宣宗聪敏明察，记忆力极好，地方奏上朝廷的狱吏、卒的姓名，他看一遍便都能记住。曾经命翰林学士韦澳将各州县的风土人情、风物产以及诸般利害纂为一书，名为《处分语》。有天，邓州（治穰县，今河南邓县）刺史薛弘宗入朝拜谢，出来后对韦澳说："皇上对本州事物了如指掌，处理分析令人惊叹！"韦澳一问，才知道，都是《处分语》中提及的事情。

【纲】秋七月，崔铉被罢为淮南节度使。

【纲】冬十一月，唐宣宗任命柳仲郢为盐铁转运使。

【纲】大中十年（丙子，856），春正月，唐宣宗任命郑朗为同平章事。

【纲】夏五月,以韦澳为京兆尹。

【纲】六月,裴休罢为宣武节度使。 【目】初,上命休极言时事,休请早建太子,上曰:"若建太子,则朕遂为闲人。"休不敢复言。以疾辞位,从之。

【纲】冬十一月,以崔慎由同平章事。

【纲】丁丑,十一年,春正月,以韦澳为河阳节度使。 【目】澳尝奏事,上欲以澳判户部,以"心力衰耗,难处繁剧"为辞,上不悦。及归,其甥柳玭尤之,澳曰:"主上不与宰相金议,私欲用我,人必谓我以他歧得之,何以自明!且尔知时事浸不佳乎?由吾曹贪名位所致耳。"遂出镇河阳。

【纲】二月,魏謩罢为西川节度使。 【目】上乐闻规谏,凡谏官论事,门下封驳,苟合于理,多屈意从之。得大臣章疏,必焚香盥手而读之。尝欲幸华清宫,谏官论之,上为之止。謩为相,每议事,正言无所避,上每叹曰:"謩绰有祖风,我心重之。"然竟以刚直为令狐绹所忌而出之。

【纲】秋七月,以萧邺同平章事。冬十月,郑朗罢。

【纲】遣使迎道士轩辕集于罗浮山。 【目】上好神仙,迎轩辕集至长安,问曰:"长生可学乎?"对曰:"王者屏欲而崇德,则自然受天遐福,何处更求长生!"留数月,求还山,乃遣之。

【纲】戊寅,十二年,春正月,以刘瑑同平章事。

【纲】二月,崔慎由罢。 【目】上欲御楼肆赦,令狐绹曰:"御楼所费甚广,事须有名,且赦不可数。"上不悦,曰:"遣朕于何得

【纲】夏五月,唐宣宗任命韦澳为京兆尹。

【纲】六月,裴休被罢为宣武(治汴州,今河南开封)节度使。
【目】当初,唐宣宗让裴休尽情谈论时政,裴休请求早日册立太子。唐宣宗说:"如果册立太子,那我就成了闲人了。"裴休便不敢再提此事。后来便借口生病辞职,得到准许。

【纲】冬十一月,唐宣宗任命崔慎由为同平章事。

【纲】大中十一年(丁丑,857),春正月,唐宣宗任命韦澳为河阳节度使。　【目】韦澳曾上朝奏事,唐宣宗想任命他为判户部,韦澳以"心神不济,体力不支,难以处理繁重复杂的公务"为由推辞,唐宣宗很不高兴。回家后,外甥柳玭责怪他,韦澳说:"主上不和宰相商议,便私下里想任用我,人们一定会议论说我是靠不正当的途径得官,我如何为自己明辩!况且,你知道时政现在正逐渐走下坡路吗?这都是我们这种地位的人贪图名位造成的。"于是出镇河阳。

【纲】二月,魏謩被罢为西川节度使。　【目】唐宣宗乐于听取规谏,凡是谏官议论的事情,或门下省批驳反对的,只要合乎情理,大多能说服自己而顺从规劝。得到大臣的奏章上疏,必定要焚香、洗手后才能阅读。有次唐宣宗想去华清宫,谏官们议论此事,唐宣宗因此打消了这个念头。魏謩任宰相,每次论事都直言不讳,唐宣宗每当此时便慨叹说:"魏謩颇有先祖遗风,我从心里敬重他。"可是魏謩的刚直却为令狐绹所忌恨,因而将他排挤出朝廷。

【纲】秋七月,唐宣宗任命萧邺为同平章事。冬十月,郑朗被罢官。

【纲】唐宣宗派使者去罗浮山迎接道士轩辕集。　【目】唐宣宗好神仙事,轩辕集到了长安,唐宣宗问他说:"长生的法术能学吗?"回答说:"为王者只要抛弃欲望,崇尚德行,自然会得到上天的赐福,还要去哪里求得长生呢!"逗留数月,请求归回山林,于是将其送回。

【纲】大中十二年(戊寅,858),春正月,唐宣宗任命刘瑑为同平章事。

【纲】二月,崔慎由被罢官。　【目】唐宣宗想登楼大赦,令狐绹说:"登楼花费太大,必须事出有名,何况需要赦免的事不可胜数。"唐

名！"慎由曰："陛下未建储宫，四海属望。若举此礼，虽郊祀亦可，况于御楼！"时上饵方士药，已觉燥渴，疑忌方深，闻之，俛首不复言。旬日，慎由罢相。

【纲】夏四月，以夏侯孜同平章事。

【纲】五月，刘瑑卒。

【纲】秋七月，河南、北、淮南大水。

【纲】冬十月，以于延陵为建州刺史。 【目】延陵入谢，上曰："建州去京师几何？"对曰："八千里。"上曰："卿到彼为政善恶，朕皆知之，勿谓其远！此阶前则万里也，卿知之乎？"

令狐绹拟李远杭州刺史，上曰："吾闻远诗云'长日惟消一局棋'，安能理人！"绹曰："诗人托此为高兴耳，未必实然。"上曰："且令往，试观之。"

诏刺史毋得外徙，必令至京师，面察其能否，然后除之。令狐绹尝徙其故人为邻州刺史，便道之官。上以问绹，对曰："以其道近，省送迎耳。"上曰："朕以刺史多非其人，为百姓害，故欲一一访问，知其优劣以行黜陟。而诏命既行，直废格不用，宰相可谓有权！"时方寒，绹汗透重裘。

上临朝，接对群臣如宾客，虽左右近习，未尝见其有惰容。每宰相奏事，旁无一人立者，威严不可仰视。奏事毕，忽怡然曰："可以闲语矣！"因问闾阎细事，或谈宫中游宴，无所不至。一刻许，复整容曰："卿辈善为之，朕常恐卿辈负朕，后日不复得再相见。"乃

宣宗很不高兴地说："那我该使用什么名目才算合适呢！"崔慎由说："您现在还没有建立储副，全国上下对此都很关切盼望。如果是举行册封太子的典礼，就是进行郊祀也不为过，何况登楼！"当时，唐宣宗服用方士的丹药，已经感到十分焦燥，猜忌之心很重，听了崔慎由的话，便低头不语。十几天后，崔慎由被罢相。

【纲】夏四月，唐宣宗任命夏侯孜为同平章事。

【纲】五月，刘瑑去世。

【纲】秋七月，河南北、淮南发生水患。

【纲】冬十月，唐宣宗任命于延陵为建州（治建安，今福建建瓯）刺史。　【目】于延陵入朝谢恩，唐宣宗说："建州距京城多远？"回答说："八千里。"唐宣宗又说："你到了那里，政绩好坏，我都知道，不要认为距离很遥远！你就是距我万里之遥也不过就像是在这台阶前一样，你懂了吗？"

令狐绹准备让李远担任杭州刺史，唐宣宗说："我知道李远有句诗说'长日惟消一局棋'，他若是如此，怎能管理百姓！"令狐绹说："这不过是作诗的人借此表达高兴的心情而已，实情未必如此。"唐宣宗说："姑且让他去试试看。"

唐宣宗下诏，各州刺史不得直接调任他处为官，必须首先到京城，当面考察其能力，然后再行升迁。令狐绹曾将他的一个朋友调到邻近的州任刺史，并且抄近路，没有经过京城，直接赴任。唐宣宗向令狐绹询问此事，令狐绹说："这样做是为了路途近便，且可以免掉迎送的麻烦。"唐宣宗说："我看到很多刺史都不称职，为害百姓，所以想逐一考察，了解其才干优劣后，再加以升迁或贬斥。我的诏命已经颁布实行，却被你抛在一边不予施行，宰相的权力可真大呀！"当时，天气还很寒冷，可是令狐绹的汗把他厚厚的皮服都湿透了。

唐宣宗上朝，接待朝臣像对待客人一样，即使是常在身边的侍从，也没见到他对此有所倦怠。每当宰相上奏论事时，旁边一个站着的人也没有，其仪表威严，令人不敢抬头仰视。群臣奏事完毕后，唐宣宗便一下换上一副轻松亲切的神态，说："可以聊聊闲话了！"接着便询问市井村里一些琐细小事，或者是谈论宫中的游乐宴筵，谈论的内容无所不

起入宫。令狐绹谓人曰："吾十年秉政，最承恩遇；每延英奏事，未尝不汗沾衣也。"

【纲】十二月，以蒋伸同平章事。 【目】伸从容言于上曰："近日官颇易得，人思徼幸。"上惊曰："如此，则乱矣！"对曰："乱则未乱，但徼幸者多，乱亦非难。"上称叹再三，曰："异日不复得独对卿矣。"伸不谕。寻拜相。

【纲】己卯，十三年，秋八月，帝崩，郓王漼即位。 【目】初，上长子郓王温无宠，爱第三子夔王滋，欲以为嗣，为其非次，故久不建东宫。上饵李玄伯等药，疽发于背，宰相不得见。上密以夔王属王归长等三人，使立之。独左军中尉王宗实素不同心，三人相与谋，出宗实为淮南监军。宗实已受敕，将出，左军副使亓元实谓曰："圣人不豫踰月，中尉何不一见圣人而出乎？"宗实惑悟，复入，至寝殿，上已崩。宗实叱归长等，责以矫诏；皆捧足乞命。乃迎郓王立为太子，权句当军国政事，更名漼。取归长等杀之。太子即位，是为懿宗。

宣宗性明察沉断，用法无私，从谏如流，重惜官赏，恭谨节俭，惠爱民物，故大中之政，讫于唐亡，人思咏之，谓之小太宗。

【纲】尊皇太后为太皇太后。
【纲】李玄伯等伏诛。
【纲】冬十一月，萧邺罢。十二月，以杜审权同平章事。

到。这样大约一刻钟左右,便又板起脸来,说:"你们要好自为之,我常常担心你们会辜负了我,过几天便不能再见面了。"说完便起身回宫。令狐绹对人说:"我执政十年,蒙受皇恩最多。每次在延英殿奏事,没有一次不被汗打湿衣服。"

【纲】十二月,唐宣宗任命蒋伸为同平章事。 【目】蒋伸从容地对唐宣宗说:"近来官位轻易就可以得到,人们因此都心怀侥幸。"唐宣宗吃惊地说:"要是这样可就乱了!"蒋伸回答说:"乱,怕未必会乱,可是抱着侥幸态度得官的人多了,要乱也是不难的。"唐宣宗一再称赞、慨叹,说:"以后就不能再与你单独谈话了。"蒋伸没明白唐宣宗话里的含意,不久,拜任宰相。

【纲】大中十三年(己卯,859),秋八月,唐宣宗去世,郓王李漼即位。 【目】当初,唐宣宗不喜欢长子郓王李温,而喜爱三儿子夔王李滋,有心立为太子,但按礼法,还轮不到立他为太子,因此,迟迟不立太子。唐宣宗吃了李玄伯的药,背上生疽,宰相也见不到皇上。唐宣宗暗中将夔王托付给王归长等三人,让他们拥立夔王。只有左军中尉王宗实历来和他们意见相左,不能同心协力,三人一商量,便将王宗实调任为淮南监军。王宗实接受命令,就要出发,左军副使亓元实对他说:"皇上卧病已一个多月了,中尉为什么不见皇上一面再走呢?"王宗实有所醒悟,重新回到宫中,来到寝殿,发现唐宣宗已经去世。王宗实厉声喝斥王归长等人,责问他们为什么假称诏命。三人都抱着王宗实的脚请求饶命。于是郓王李温被迎立为太子,暂且处置军国大事,并改名为李漼。将王归长等人杀掉。太子即位,就是唐懿宗。

唐宣宗生性聪明,目光敏锐,沉稳果断,用法不徇私情,从谏如流,珍惜重视官爵赏赐,恭谨节俭,爱护百姓,珍惜财物,因此,大中年间的政治清明,直到唐朝灭亡了,人们还在怀念、歌颂,赞美唐宣宗为"小太宗"。

【纲】唐懿宗尊皇太后为太皇太后。

【纲】李玄伯等人伏罪被杀。

【纲】冬十一月,萧邺被罢官。十二月,唐懿宗任命杜审权为同平章事。

【纲】令狐绹罢,以白敏中同平章事。

懿宗皇帝

【纲】庚辰,懿宗皇帝咸通元年,春正月,浙东贼裘甫作乱。【目】初,裘甫攻陷象山,观察使郑祗德遣兵讨之,大败;甫遂陷剡县。开府库,募壮士,众至数万人。

【纲】葬贞陵。

【纲】三月,以王式为浙东观察使,发诸道兵讨裘甫,破之。

【纲】夏六月,王式擒裘甫,送京师,斩之。【目】诸将还越,式大置酒。诸将请曰:"某等生长军中,久更行陈,今幸得从公破贼,然私有所不谕者。敢问:"公之始至,军食方急,而遽散之,何也?"式曰:"此易知耳。贼聚谷以诱饥人,吾给之食,则彼不为盗矣。且诸县无守兵,贼至,则仓谷适足资之耳。""不置烽燧,何也?"式曰:"烽燧所以趣救兵也,今兵尽行,无以继之,徒惊士民,使自溃乱耳。""使懦卒为候骑而少给兵,何也?"式曰:"彼勇卒操利兵,遇敌且不量力而斗;斗死,则贼至不知矣。"皆拜曰:"非所及也!"

【纲】秋九月,以白敏中为司徒、中书令。
【纲】冬十月,追复李德裕官爵,赠左仆射。
【纲】夏侯孜罢,以毕諴同平章事。
【纲】辛巳,二年,春正月,白敏中罢,以杜惊同平章事。

【纲】壬午,三年,春正月,蒋伸罢。
【纲】夏四月,置戒坛,度僧尼。

【纲】令狐绹被罢官，唐懿宗任命白敏中为同平章事。

懿宗皇帝

【纲】唐懿宗咸通元年（庚辰，860），春正月，浙东（浙江东道，治越州，今浙江绍兴）入裘甫叛乱。 【目】当初，裘甫攻陷象山（今浙江象山），观察使郑祗德派兵讨伐，大败。裘甫趁势攻陷剡县（今浙江嵊县），打开府库，招募壮士，聚集了数万人。

【纲】唐懿宗将唐宣宗安葬在贞陵（在今陕西三原西仲山下）。

【纲】三月，唐懿宗任命王式为浙东观察使，调诸道兵征讨裘甫，大败裘甫。

【纲】夏六月，王式擒获裘甫，送到京城，处斩。 【目】诸将回到越州，王式大办酒宴，诸将请教说："我们这些人从小长在军中，久经战阵，今天有幸跟从您打败叛贼，但私下里还有不明白的事。敢问您："您刚刚来到时，军中正急需粮草，您却当即下令将府库的粮食散发给百姓，为什么？"王式说："这个道理很浅易。叛贼聚集粮食引诱饥饿的百姓，我给他们粮食，那他们就不会去做强盗了。何况，诸县没有守军，叛贼到了，仓库中的粮食正好可以被他们利用。""不设烽燧，又为什么？"王式说："烽燧是为了催促救兵，现在，全部兵马都在这里，没有跟在后面援助的，置烽燧，徒然惊扰士民，使他们自己溃乱罢了。""派胆小懦弱的士兵充当尖兵，只配给少量武器，为什么？"王式说："那些勇猛的士兵带着锋利的兵器，遇到敌兵就会不自量力上前搏斗。如果全部战死，没有人逃回来，那么，敌人来了我就不知道了。"诸将拜谢说："我们比不上您！"

【纲】秋九月，唐懿宗任命白敏中为司徒、中书令。

【纲】冬十月，追复李德裕官职、爵位，赠左仆射。

【纲】夏侯孜被罢官，唐懿宗任命毕諴为同平章事。

【纲】咸通二年（辛巳，861），春正月，白敏中被罢官，唐懿宗任命杜悰为同平章事。

【纲】咸通三年（壬午，862），春正月，蒋伸被罢官。

【纲】夏四月，设置戒坛，剃度僧尼。

【纲】秋七月,以夏侯孜同平章事。

【纲】癸未,四年,夏四月,毕諴罢为兵部尚书。

【纲】五月,以杨收同平章事。杜审权罢。

【纲】六月,杜悰罢,以曹确同平章事。

【纲】秋八月,以吴德应为馆驿使。 【目】台谏上言:"故事,御史巡驿,不应忽以内臣代之。"上谕以"敕命已行,不可复改。"左拾遗刘蜕上言:"自古明君所尚者,从谏如流,岂有已行而不改!且敕自陛下出之,自陛下改之,何为不可!"弗听。

【纲】冬十月,以令狐滈为詹事司直。 【目】初,以令狐滈为左拾遗。拾遗刘蜕上言:"滈专家无子弟之法,布衣行公相之权。"起居郎张云言:"滈父绹用李涿为安南,致南蛮至今为梗,由滈纳贿,陷父于恶。绹执政时,人号滈'白衣宰相'。"滈亦引避,故有是命。

【纲】甲申,五年,春三月,彗星出。 【目】彗出于娄,长三尺。司天监奏:"按《星经》,是名含誉,瑞星也,主大喜。请宣示中外,于是编诸史策。"从之。

【纲】夏四月,以萧寘同平章事。

【纲】冬十一月,夏侯孜罢,以路岩同平章事。

【纲】乙酉,六年,春正月,以杜宣猷为宣歙观察使。 【目】宦官多闽人,宣猷为福建观察使,每寒食遣吏分祭其先垄,宦官德之,故有是命,时人谓之"敕使墓户"。

【纲】三月,萧寘卒。夏四月,以高璩同平章事。

【纲】六月,高璩卒,以徐商同平章事。

【纲】秋七月，唐懿宗任命夏侯孜为同平章事。

【纲】咸通四年（癸未，863），夏四月，毕诚罢为兵部尚书。

【纲】五月，唐懿宗任命杨收为同平章事。杜审权罢官。

【纲】六月，杜悰被罢官，唐懿宗任命曹确为同平章事。

【纲】秋八月，唐懿宗任命吴德应为馆驿使。　【目】御史台和谏官劝谏说："按照定例，应由御史管理驿站，不应该突然间由内臣取代。"唐懿宗下诏说："敕令已经颁行，不可再行更改。"左拾遗刘蜕说："自古以来，圣明君主所崇尚的是从谏如流，哪里有已经颁行就不可再行更改的道理！况且诏敕由您发出，又由您更改，有什么不可以的呢！"唐懿宗不听。

【纲】冬十一月，唐懿宗任命令狐滈为詹事司直。　【目】当初，唐懿宗任命令狐滈为左拾遗。拾遗刘蜕上奏说："令狐滈在家中专权，没有管理族中子弟的家法，任命他犹如平民行使王公将相的权力。"起居郎张云说："令狐滈的父亲任用李涿为安南（今越南）都护，致使南蛮至今仍未归顺，这都是因为令狐滈收取贿赂，将他父亲置于邪恶的境地造成的。令狐绹执政时，人们称滈令狐滈为'白衣宰相'。"令狐滈也上疏请求回避，因而有此任命。

【纲】咸通五年（甲申，864），春三月，彗星出现。　【目】彗星出现在娄宿，长三尺。司天监上奏说："根据《星经》，这颗彗星的名字含有赞誉的意味，是颗吉祥之星，表示有大喜。请向朝廷内外宣布，并载入史册。"唐懿宗准许。

【纲】夏四月，唐懿宗任命萧寘为同平章事。

【纲】冬十一月，夏侯孜被罢官，唐懿宗任命路岩为同平章事。

【纲】咸通六年（乙酉，865），春正月，唐懿宗任命杜宣猷为宣歙（治宣州，今安徽宣城）观察使。　【目】宦官中有许多闽人，杜宣猷任福建（治福州，今福建福州）观察使时，每逢寒食节都派官吏分别去祭扫闽籍宦官的祖坟，宦官为此感激不尽，因而有此任命。当时人称他为"敕使的守墓户"。

【纲】三月，萧寘去世。夏四月，唐懿宗任命高璩为同平章事。

【纲】六月，高璩去世，唐懿宗任命徐商为同平章事。

【纲】丙戌,七年,冬十月,杨收罢。

【纲】丁亥,八年,秋七月,以于琮同平章事。

【纲】戊子,九年,秋七月,桂州戍卒作乱,判官庞勋将之。冬十月,陷宿、徐州,囚观察使崔彦曾。十一月,诏遣康承训发诸道兵讨之。十二月,贼陷滁、和州,攻泗州,不克。 【目】初,南诏陷安南,敕徐泗募兵二千赴援,分八百人别戍桂州,初约三年一代,至是,戍桂者已六年,屡求代还。徐泗观察使崔彦曾,性严刻,押牙尹勘等用事,以军帑空虚,不能发兵,请令更留戍一年,彦曾从之。戍卒闻之,怒。都虞候许佶等作乱,推粮料判官庞勋为主,劫库兵北还,所过剽掠,州县不能御。朝廷屡救崔彦曾慰抚之。彦曾遣使谕以敕意,道路相望。勋至徐城,乃言于众曰:"吾辈擅归,思见妻子耳。今闻已有密敕下本军,至则灭族!与其自投网罗,曷若相与戮力同心,赴汤蹈火,岂徒脱祸,富贵可求也。"众皆呼跃称善。遂于递中申状,乞停尹勘等职任。

彦曾命都虞候元密等将三千人讨勋,复命宿、泗州出兵邀之。密至任山,顿兵不进,欲俟贼入馆,乃击之。贼调知之,夜遁。官军引退。贼至符离,宿州戍卒出战,望风奔溃,贼遂攻城,陷之。贼知彭城无备,还聚彭城。彦曾始选城中丁壮为守备,内外震恐,无复固志。贼至,城陷,囚彦曾,杀尹勘等。即日城中愿从者万余人。

诏以将军康承训为行营都招讨使,王晏权、戴可师为南、北面招讨使,大发诸道兵以讨之。承训奏乞沙陀三部落使朱邪赤心帅以自随,诏许之。

【纲】咸通七年（丙戌，866），冬十月，杨收被罢官。

【纲】咸通八年（丁亥，867），秋七月，唐懿宗任命于琮为同平章事。

【纲】咸通九年（戊子，868），秋七月，桂州（治临桂，今广西桂林）戍卒叛乱，以判官庞勋为首领。冬十月，攻陷宿（治符离，今安徽宿县）、徐（治彭城，今江苏徐州）二州，囚禁观察使崔彦曾。十一月，唐懿宗下诏派康承训调集诸道军队征讨。十二月，叛兵攻陷滁州（治清流，今安徽滁县）和和州（治历阳，今安徽和县），又进攻泗州（治临淮，今安徽泗县东），没有攻克。　【目】当初，南诏攻陷安南，唐懿宗下令在徐泗招募两千士兵前去援助，并分出八百人守卫桂州，开始时，大约每三年便派兵替换，到现在，戍守桂州的士兵已经六年没替换了，多次要求派兵替换。徐泗观察使崔彦曾，性情严酷刻板。押牙尹勘等人掌握实权，以军费储备空虚为由，拒不派兵，请下令再留守一年，崔彦曾准许。戍守桂州的士兵闻讯，十分愤怒。都虞候许佶等人发起叛乱，推举粮料判官庞勋为首，抢劫了库存的兵器北上，所到之处肆意劫掠，州县无力抵挡。朝廷多次命崔彦曾前去安抚。崔彦曾接连派出使者，前往宣布朝廷旨意，派出的使者接连不断，前后相望。庞勋到达徐城（今江苏盱眙西），对众人说：“我们这些人擅自返回家乡，不过是想和妻儿团聚罢了。现在，听说朝廷颁下密令，凡回去的便会被全族杀掉。与其自投罗网，不如大家同心协力，赴汤蹈火，不只可以免掉灾祸，还可以谋求富贵。”大家都欢呼叫好。并递交申诉的状文，请求罢去尹勘等人职务。

崔彦曾命都虞候元密等率三千人征讨庞勋，又命令宿州、泗州出兵挑战。元密到达任山（在今江苏徐州西南），屯兵不前，想等叛贼宿营后，进行袭击。叛兵刺探到这个情报，连夜逃走。官军也撤兵。叛兵到达符离，宿州守兵出城交战，但都望风而逃，叛兵便趁势攻城，将宿州城攻陷。叛兵得知彭城没有防备，便回兵屯聚彭城城下。崔彦曾急忙挑选城里的壮丁防守，城内城外一片惊恐，无人有固守的决心。叛兵到达后，城被攻陷，崔彦曾被囚禁，尹勘等被杀。当天，城中愿意跟从的有万余人。

唐懿宗下诏任命将军康承训为行营招讨使，王晏权、戴可师为南、北面招讨使，大量调集诸道军队进行讨伐。康承训上奏请求允许沙陀三部落使朱邪赤心率众跟随，唐懿宗下诏准许。

勋以李圆攻泗州久不克,遣其将吴迥代攻,昼夜不息。十二月,贼陷都梁城,据淮口,漕驿路绝。承训军新兴,兵才万人,以众寡不敌,退屯宋州。勋乃遣其将攻陷滁州,杀刺史高锡望。又寇和州,刺史崔雍引贼入城,贼遂大掠。

泗州援绝粮尽,辛谠以浙西军至楚州,贼水陆布兵,锁断淮流。谠募敢死士数十人,先以四舟乘风直进,死战,斧断其锁,帅众扬旗鼓噪而前。贼见其势猛锐,避之,遂得入城。

【纲】己丑,十年,春二月,康承训大败贼将王弘立于鹿塘。

【纲】夏四月,庞勋杀崔彦曾,自称"天册将军",与官军战,大败。

【纲】马举救泗州,杀贼将王弘立,泗州围解。

【纲】六月,徐商罢,以刘瞻同平章事。

【纲】秋八月,贼将张玄稔以宿州降。引兵进平徐州。

【纲】冬十月,以张玄稔为骁卫大将军;康承训为河东节度使;杜慆为义成节度使;朱邪赤心为大同军节度使,赐姓李,名国昌;辛谠为亳州刺史。

【纲】庚寅,十一年,春正月,贬康承训为恩州司马。

【纲】三月,曹确罢,夏四月,以韦保衡同平章事。

【纲】秋九月,贬刘瞻为骧州司户,温璋为振州司马。【目】刘瞻罢为荆南节度使。温璋贬振州司马,璋叹曰:"生不逢时,死何足惜!"仰药卒。韦保衡又与路岩共谮刘瞻,云与医官通谋,投毒药;贬康州刺史。翰林学士承旨郑畋草制曰:"安数亩之居,仍非己有;却四方之赂,惟畏人知。"岩谓畋曰:"侍郎乃表荐刘相也!"坐贬梧

庞勋见李圆迟迟不能攻克泗州,便派吴迥取代李圆,昼夜进攻不止。十二月,叛兵攻陷都梁城(在今江苏盱眙东北都梁山下),占据淮口,将漕运和驿路切断。康承训驻扎在新兴,只有万余人的兵力,便以寡不敌众为由,退守宋州(治守城,今河南商丘南)。庞勋便派部将攻陷滁州,杀掉刺史高锡望。接着又骚扰和州,刺史崔雍将叛兵引入城中,叛兵在城里大肆抢掠。

泗州断绝了粮草和外援。辛谠率浙西援军到达楚州(治山阳,今江苏淮安),叛兵在水路和陆路都布兵设防,并截断淮水。辛谠招募数十人为敢死队,以四艘船打头乘风势向前挺进,拼死作战,砍断了封锁淮水的栅栏,率众高举旗帜,叫喊冲锋。叛兵见其气势锐不可当,纷纷避让,辛谠率众趁势冲入城中。

【纲】咸通十年(己丑,869),春二月,康承训在鹿塘(寨名,在今安徽宿县西北)大败叛将王弘立。

【纲】夏四月,庞勋杀掉崔彦曾,自封"天册将军",与官军交战,大败。

【纲】马举援救泗州,杀掉叛将王弘立,泗州之围被解。

【纲】六月,徐商罢官,唐懿宗任命刘瞻为同平章事。

【纲】秋八月,叛兵将帅张玄稔率宿州投降,率兵平定徐州。

【纲】冬十月,唐懿宗任命张玄稔为骁卫大将军;康承训为河东节度使;杜慆为义成节度使;朱邪赤心为大同军(治云州城,今山西大同)节度使,赐姓李,名国昌;辛谠为亳州(治谯县,今安徽亳县)刺史。

【纲】咸通十一年(庚寅,870),春正月,唐懿宗将康承训贬为恩州(治恩平,今广东恩平北)司马。

【纲】三月,曹确罢官。夏四月,唐懿宗任命韦保衡为同平章事。

【纲】秋九月,唐懿宗将刘瞻贬为驩州(治九德,在今越南北境)司户,温璋为振州(治宁远,今广东崖县西)司马。【目】刘瞻被罢为荆南节度使,温璋贬为振州司马,温璋悲叹说:"生得不是时候,死了又有什么可惜!"服药而死。韦保衡又和路岩共同诬陷刘瞻,说他与医官合谋,投放毒药,刘瞻被贬为康州(治端溪,今广东德庆)刺史。翰林学士承旨郑畋起草制书,说:"安居于数亩之地,却不是自己所有;拒绝四方

州刺史。岩素与瞻论议不协，既贬，犹不快，阅《十道图》，以骧州去长安万里，再贬之。

【纲】冬十一月，以王铎同平章事。
【纲】十二月，以李国昌为振武节度使。

【纲】辛卯，十二年，夏四月，路岩罢。
【纲】五月，上幸安国寺。
【纲】以刘邺同平章事。
【纲】壬辰，十三年，春二月，于琮罢，以赵隐同平章事。

【纲】秋七月，以李璋为宣歙观察使。【目】初，韦保衡欲以其党裴条为郎官，惮左丞李璋方严，恐其不授，乃先遣人达意。璋曰："朝廷迁除，不应见问。"保衡怒，出之。

【纲】癸巳，十四年，春正月，遣使迎佛骨；夏四月，至京师。【目】上遣敕使诣法门寺迎佛骨，群臣谏者甚众，至有言宪宗迎佛骨寻晏驾者。上曰："朕生得见之，死亦无恨！"及至京师，仪卫之盛，过于郊祀。

【纲】六月，王铎罢。
【纲】秋七月，帝崩，普王俨即位。【目】上疾大渐，中尉刘行深、韩文约立上少子普王俨为皇太子，权句当军国政事。帝崩，太子即位，时年十二，是为僖宗。

【纲】八月，关东、河南大水。
【纲】九月，贬韦保衡为贺州刺史，寻赐死。

【纲】冬十月，以萧仿同平章事。
【纲】十一月，贬路岩为新州刺史。

贿赂，只怕被人知道。"路岩对郑畋说："侍郎这是在表荐刘相！"郑畋由此获罪，遭贬为梧州（治苍梧，今广西梧州）刺史。路岩和刘瞻对政事观点历来不同，刘瞻已经被贬，路岩仍觉不够痛快，查阅《十道图》后，见驩州距长安万里之遥，便将刘瞻再次贬斥到驩州。

【纲】冬十一月，唐懿宗任命王铎为同平章事。

【纲】十二月，唐懿宗任命李国昌为振武（治单于都护府，今内蒙古和林格尔西北）节度使。

【纲】咸通十二年（辛卯，871），夏四月，路岩被罢官。

【纲】五月，唐懿宗临幸安国寺。

【纲】唐懿宗任命刘邺为同平章事。

【纲】咸通十三年（壬辰，872），春二月，于琮被罢官，唐懿宗任命赵隐为同平章事。

【纲】秋七月，唐懿宗任命李璋为宣歙观察使。【目】当初，韦保衡想任命其党羽裴条为郎官，但忌惮左丞李璋的方正威严，担心他不会答应授官，便事先派人向李璋透露其意图。李璋说："朝廷大臣的升迁，不应该来向我打听。"韦保衡很恼怒，将李璋挤出朝廷。

【纲】咸通十四年（癸巳，873），春正月，唐懿宗派使者迎接佛骨。夏四月，佛骨到京城。【目】唐懿宗派敕使到法门寺迎佛骨，大臣们纷纷劝阻，有人甚至提起唐宪宗迎佛骨后不久去世的事。唐懿宗说："我活着时能见到，死了也没有遗憾！"等到佛骨送到京城，迎接的仪式十分隆重，甚至超过郊祀。

【纲】六月，王铎被罢官。

【纲】秋季，唐懿宗去世，普王李儇（初名李俨）即位。【目】唐懿宗病情加重，中尉刘行深、韩文约拥立唐懿宗的小儿子普王李儇为皇太子，暂且掌管军国大政。唐懿宗去世，太子即位，当时年仅十二岁，就是唐僖宗。

【纲】八月，关东、河南发生水灾。

【纲】九月，唐僖宗将韦保衡贬为贺州（治临贺，今广西贺县）刺史，不久，赐死。

【纲】冬十月，唐僖宗任命萧仿为同平章事。

【纲】十一月，唐僖宗将路岩贬为新州（治新兴，今广东新兴）刺史。

纲鉴易知录卷五九

唐纪

僖宗皇帝

【纲】甲午,僖宗皇帝乾符元年,春正月,关东旱、饥。

【纲】赐路岩死。

【纲】二月,葬简陵。

【纲】赵隐罢。以裴坦同平章事;夏五月卒。

【纲】以刘瞻同平章事,秋八月卒。 【目】瞻之贬也,人无贤愚,莫不痛惜。及还长安,两市人率钱顾百戏迎之。瞻闻之,改期由他道而入,初,瞻南迁,刘邺附于韦、路,共短之。至是,邺惧,延瞻,置酒。瞻归而薨,人以为邺鸩之也。

【纲】以崔彦昭同平章事。

【纲】冬十月,刘邺罢,以郑畋、卢携同平章事。

【纲】十一月,濮州人王仙芝作乱。 【目】自懿宗以来,奢侈日甚,用兵不息,赋敛愈急。关东连年水旱,州县不以实闻,百姓流殍,无所控诉,相聚为盗,所在蜂起。是岁,王仙芝聚众数千人,起于长垣。

【纲】乙未,二年,春正月,以田令孜为中尉。 【目】上之为普王也,小马坊使田令孜有宠,及即位,使知枢密,遂擢为中尉。上专事游戏,政事一委令孜,呼为"阿父"。令孜颇读书,多巧数,纳贿除官,不复关白。

【纲】夏五月,萧仿卒。六月,以李蔚同平章事。

【纲】王仙芝陷濮、曹州,冤句人黄巢聚众应之。 【目】仙芝

僖宗皇帝

【纲】唐僖宗乾符元年（甲午，874），春正月，关东旱灾，闹饥荒。

【纲】唐僖宗赐路岩死。

【纲】二月，唐僖宗将唐懿宗安葬在简陵（在今陕西铜川南）。

【纲】赵隐被罢官。唐僖宗任命裴坦为同平章事。夏五月，裴坦去世。

【纲】唐僖宗任命刘瞻为同平章事，秋八月，刘瞻去世。【目】对于刘瞻遭贬，无论是贤能还是愚笨的人，无不痛惜。后来，刘瞻回到长安，东西两市百姓募钱设百戏欢迎。刘瞻得讯，改变行期，从另外一条路回到京城。当初，刘瞻遭贬南迁，刘邺依附于韦保衡、路岩，随声附和，说刘瞻的坏话。现在，刘邺很害怕，设酒宴款待刘瞻。刘瞻回来后去世，人们都认为是刘邺在酒中投毒所致。

【纲】唐僖宗任命崔彦昭为同平章事。

【纲】冬十月，刘邺被罢官，唐僖宗任命郑畋、卢携为同平章事。

【纲】十一月，濮州（治鄄城，今山东鄄城北）人王仙芝叛乱。【目】自唐懿宗以来，朝廷日益奢侈，连年用兵，赋敛征用更加急迫。关东地区连年发生水、旱灾害。可是州县都不上报实情，百姓流离失所，饿死道旁，但无处控诉，便啸聚山林，落草为盗，全国各地，蜂拥而起。这年，王仙芝聚集数千人，在长垣（今河南长垣西南）起事。

【纲】乾符二年（乙未，875），春正月，唐僖宗任命田令孜为中尉。【目】唐僖宗做普王的时候，小马坊使田令孜很受宠爱。等唐僖宗即位后，任命田令孜为知枢密使，这时又提升为中尉。唐僖宗只知嬉戏游乐，朝政全都委托给田令孜，称他"阿父"。田令孜读过几本书，心术乖巧，收贿授官，从不告知唐僖宗。

【纲】夏五月，萧仿去世。六月，唐僖宗任命李蔚为同平章事。

【纲】王仙芝攻陷濮州、曹州（治济阳，今山东曹县西北），冤句人

及其党尚君长攻陷濮、曹州。冤句人黄巢,善骑射,喜任侠,粗涉书传,屡举进士不第,遂与仙芝共贩私盐。至是,聚众应之,攻掠州县,民之困于重敛者争归之,数月之间,众至数万。

【纲】秋七月,大蝗。 【目】飞蝗蔽日,所过赤地。京兆尹杨知至奏:"蝗不食稼,皆抱荆棘而死。"宰相以下皆贺。

【纲】冬十二月,以宋威为诸道行营招讨使。 【目】王仙芝寇沂州,平卢节度使宋威请帅兵讨贼,故有是命。

【纲】丙申,三年,春三月,崔彦昭罢,以王铎同平章事。

【纲】夏六月,雄州地震裂,水涌出。

【纲】秋七月,宋威击王仙芝于沂州,大破之。
【纲】诏忠武节度使崔安潜发兵讨王仙芝。

【纲】丁酉,四年,春二月,王仙芝陷鄂州。

【纲】黄巢陷郓州。
【纲】秋七月,王仙芝、黄巢围宋州。
【纲】戊戌,五年,春正月,招讨副使曾元裕大破王仙芝于申州,诏以为招讨使,张自勉副之。

【纲】大同军乱,杀防御使段文楚,推李克用为留后。 【目】振武节度使李国昌之子克用,为沙陀副兵马使,戍蔚州。时河南盗贼蜂起,沙陀兵马使李尽忠与牙将康君立、薛志勤、程怀信、李存璋等谋曰:"今天下大乱,朝廷号令不复行于四方,此乃英雄立功名

黄巢聚众与之呼应。【目】王仙芝和同党尚君长攻陷濮、曹州。冤句人黄巢，善于骑马射箭，喜欢行侠仗义，粗通史传经书，但参加科举，屡试不中，便和王仙芝贩盐为生。至今，聚众与王仙芝呼应，攻取州县，被沉重的赋敛所压迫的百姓，争先恐后地投奔他，几个月时间，人数达到数万。

【纲】秋七月，发生蝗灾。【目】飞蝗遮天蔽日，所过之处，尽为赤地，草木五谷都被吃尽。京兆尹杨知至上奏说："蝗虫不吃庄稼，都趴在草秆上饿死了。"宰相以下的朝臣都向唐僖宗道贺。

【纲】冬十二月，唐僖宗任命宋威为诸道行营招讨使。【目】王仙芝进袭沂州（治临沂，今山东临沂）。平卢节度使宋威请求率兵征讨，因而有此任命。

【纲】乾符三年（丙申，876），春三月，崔彦昭被罢官，唐僖宗任命王铎为同平章事。

【纲】夏六月，雄州（治所不详，旧说在今宁夏灵武西南）发生地震，地裂，水从中涌出。

【纲】秋七月，宋威在沂州大败王仙芝。

【纲】唐僖宗下诏命忠武（即陈许节度使，治许州城，今河南许昌）节度使崔安潜率兵征讨王仙芝。

【纲】乾符四年（丁酉，877），春二月，王仙芝攻陷鄂州（治江夏，今湖北武汉武昌）。

【纲】黄巢攻陷郓州（治须昌，今山东东平西北）。

【纲】秋七月，王仙芝、黄巢围困宋州（治宋城，今河南商丘南）。

【纲】乾符五年（戊戌，878），春正月，招讨副使曾元裕在申州（治信阳，今河南信阳南）大破王仙芝，唐僖宗下诏，任命曾元裕为招讨使，张自勉为招讨副使。

【纲】大同军（治云州城，今山西大同）叛乱，杀死防御使段文楚，推举李克用为留后。【目】振武节度使李国昌的儿子李克用官沙陀兵马使，戍守蔚州（治兴唐，今河北蔚县西南旧蔚县城）。当时，河南盗贼蜂拥而起，沙陀兵马使李尽忠和牙将康君立、薛志勤、程怀信、李存璋等商议说："现在天下大乱，朝廷已经失掉了号令四方的权威，这是

取富贵之秋也。李振武功大官高，名闻天下，其子勇冠诸军，若辅以举事，代北不足平也。"众以为然。会代北荐饥，漕运不继，防御使段文楚颇减军士衣、米，军士怨怒。尽忠遣君立潜诣蔚州说克用起兵，除文楚而代之。克用曰："吾父在振武，俟我禀之。"君立曰："今机事已泄，缓则生变。"于是尽忠夜执文楚系狱。克用帅其众趣云州，行收兵，众且万人。尽忠送符印，请克用为留后，而杀文楚，克用遂入府视事。表求敕命，朝廷不许。国昌上言："请速除防御使；若克用违命，臣请帅本道兵讨之，终不爱一子以负国家。"朝廷乃以卢简方为防御使。诏国昌语克用，令迎候如常仪，除克用官，必令称惬。

【纲】二月，曾元裕大破王仙芝于黄梅，斩之。

【纲】黄巢自称冲天大将军，陷沂、濮，掠宋、汴。

【纲】夏四月，以李国昌为大同节度使，国昌不奉诏。 【目】朝廷以克用据云中，以李国昌为大同节度使，以为克用必无以拒也。国昌欲父子并据两镇，得制书，毁之，杀监军，与克用合兵，进击宁武及岢岚军。

【纲】五月，郑畋、卢携罢。

【纲】以豆卢瑑、崔沆同平章事。 【目】时宰相有好施者，常以囊贮钱自随，行施匄者，每出，褴褛盈路。有朝士以书规之曰："今百姓疲弊，寇盗充斥，相公宜举贤任能，纪纲庶务，捐不急之费，杜私谒之门，使万物各得其所，何必如此行小惠乎！"宰相大怒。

英雄好汉博取功名富贵的时候。李振武（指李国昌）功大官高，天下闻名，他的儿子勇冠三军，如果我们辅佐他来起事，横扫代州（今山西代县）以北是不成问题的。"众人都以为不错。适逢代北连年闹饥荒，漕运中断，防御使段文楚大量克扣士兵的服装、口粮，士兵们十分怨愤。李尽忠派康君立偷偷地来到蔚州，劝说李克用起兵，除掉段文楚，取而代之。李克用说："我父亲还在振武，容我先去禀告他。"康君立说："现在事机已经泄露，行动迟缓就会出现意外。"于是李尽忠连夜将段文楚捉住关入监牢。李克用率众赶往云州，边走边收罗兵马，将近万人。李尽忠送来兵符官印，请李克用担任留后，并杀掉段文楚。李克用便入军府掌权，并上表请求朝廷任命，朝廷不批准。李国昌向朝廷上奏说："请朝廷尽快派人任防御使，如果李克用违抗朝命，我请求率本道兵马征伐，绝不会因为爱惜自己的儿子而辜负国家。"于是朝廷任卢简方为防御使。诏命李国昌宣谕李克用，命他按规定的礼仪迎接，答应授给令李克用称心如意的职位。

【纲】二月，曾元裕在黄梅（今湖北黄梅西北）大败王仙芝，将王仙芝斩杀。

【纲】黄巢自称"冲天大将军"，攻陷沂、濮二州，劫掠宋、汴二州。

【纲】夏四月，唐僖宗任命李国昌为大同节度使，李国昌拒不接受。　【目】朝廷让李克用占据云中，任李国昌为大同节度使，认为李克用必然不会拒绝。李国昌想由父子二人占据两镇，得到朝廷的任命诏书，当场毁掉，并杀掉监军，同李克用合兵，进攻宁武（今山西宁武西南宁化堡）军和岢岚（今山西岢岚）军。

【纲】五月，郑畋、卢携被罢官。

【纲】唐僖宗任命豆卢瑑、崔沆为同平章事。　【目】当时，有的宰相喜好施舍，身上常常带着一个钱袋，走在路上，施舍给乞讨者。因此，每次出门，衣衫褴褛的乞讨者便布满经过的道路。有的朝臣上书规劝说："如今百姓困苦疲乏，到处都是强盗。做宰相的应该推举贤才，任用有才干的人，整顿朝纲政务，捐出不急需的费用，杜绝私人拜谒的途径，使万事万物各得其所，何必施此小恩小惠呢！"宰相大怒。

【纲】六月,以高骈为镇海节度使。 【目】王仙芝余党剽掠浙西,朝廷以西川节度使高骈先在天平,有威名,仙芝党多郓人,乃徒骈镇浙西。

【纲】秋七月,黄巢寇宣州,入浙东。

【纲】九月,李蔚罢,以郑从谠同平章事。

【纲】冬十二月,黄巢陷福州。

【纲】曹师雄寇掠二浙。 【目】王仙芝余党曹师雄寇掠二浙。杭州募兵,使石镜都将董昌等将兵讨之。临安人钱镠以骁勇事昌,为兵马使。

【纲】己亥,六年,春正月,高骈遣将分道击黄巢,大破之。巢趣广南。

【纲】岭南西道节度使辛谠遣使如南诏。 【目】初,辛谠遣贾宏等使南诏,相继道死。时谠已病风痹,召摄巡官徐云虔,执其手曰:"遣使入南诏,而相继物故,吾子既仕,则思徇国,能为此行乎?谠恨风痹不能拜耳。"因呜咽流涕。云虔曰:"士为知己死,敢不承命!"谠喜,厚其资装而遣之。

云虔至善阐城,骠信见之与抗礼,使人谓曰:"贵府牒欲使骠信称臣,奉表贡方物;骠信已遣人与唐约为兄弟,不则舅甥,何表贡之有?"云虔曰:"骠信之先,由大唐之命,得合六诏为一,恩德深厚,中间小忿,罪在边鄙。今骠信欲修旧好,岂可违祖考之故事乎!顺祖考,孝也;事大国,义也;息战争,仁也;审名分,礼也。四者,皆令德也,可不勉乎!"骠信待云虔甚厚,授以木夹遣还,然犹未肯奉表称贡。

【纲】六月,唐僖宗任命高骈为镇海(治润州城,今江苏镇江)节度使。 【目】王仙芝余党劫掠浙西,朝廷认为西川节度使高骈原先在天平(治郓州)时,很有威信、名望,而王仙芝党羽中有很多人是郓州籍,于是调高骈镇守浙西。

【纲】秋七月,黄巢袭击宣州(治宣城,今安徽宣城),进入浙东。

【纲】九月,李蔚被罢官,唐僖宗任命郑从谠为同平章事。

【纲】冬十二月,黄巢攻陷福州。

【纲】曹师雄袭扰浙西、浙东。 【目】王仙芝余部曹师雄袭扰二浙。朝廷在杭州募兵,派石镜(镇名,今浙江临安南)都将董昌等人率兵征讨。临安(今浙江临安)人钱镠为董昌部下,因骁勇善战,升任为兵马使。

【纲】乾符六年(己亥,879),春正月,高骈派将帅分道出击,大败黄巢。黄巢逃往广南(即岭南)。

【纲】岭南西道节度使(治邕州,今广西南宁)辛谠派使者前往南诏国(都羊苴咩城,今云南大理)。 【目】当初,辛谠派贾宏等出使南诏,相继死在途中。当时辛谠已患风痹病,召见摄巡官徐云虔,拉着他的手说:"派使者入南诏,却相继病故。你既然已经入仕为官,就应该想着为国殉职,能否出使南诏呢?我只恨自己身患风痹,不能下拜了。"说着哽咽流泪。徐云虔说:"士为知己者死,我怎敢不接受命令!"辛谠很高兴,为他准备了丰厚的钱财和行装,送他出使。

徐云虔来到善阐城(即柘东城,今云南昆明旧昆明县城南门外),南诏国骠信(即国王)不肯行附属国对宗主国使臣的礼节,派人对徐云虔说:"贵使带来的牒文想让骠信称臣,上表贡献方物。骠信已派人和唐相约结为兄弟,不然就结为舅甥,为何上表进贡?"徐云虔说:"骠信的祖先,是由大唐国册命,才得以将六诏合而为一,大唐对南诏德厚恩深。其间虽小有摩擦,罪责在边地官吏。现在骠信想与大唐重修旧好,怎可违背祖先定下的惯例呢?顺从祖先,这是孝顺;事奉大国,合于道义;平息战争,这是仁爱;明确名分,合乎礼义。这四条,都是最高的美德,怎可不勉力实现呢!"骠信很厚待徐云虔,赠给他刻字木夹两片,将他送回。但仍然不肯上表称贡。

【纲】夏四月,以王铎为行营招讨都统。

【纲】秋七月,黄巢陷广州。 【目】黄巢上表求广州节度使;朝廷不许,巢遂急攻广州,陷之。执节度使李迢,使草表,迢曰:"予代受国恩,亲戚满朝,腕可断,表不可草。"巢杀之。

高骈奏:"请遣兵马使张磷将兵五千于郴州守险,留后王重任将兵八千于循、潮二州邀遮,自将万人自大庾岭趣广州击黄巢。巢必逃遁,乞敕王铎以兵三万守梧、昭、桂、永四州之险。"不许。

【纲】冬十月,以高骈为淮南节度使。

【纲】黄巢陷潭州。 【目】巢士卒罹瘴疫死者什三四,其徒劝之北还,以图大事,巢乃自桂州编筏沿湘而下,抵潭州,攻陷之。

【纲】王铎罢,以卢携同平章事。

【纲】庚子,广明元年,春正月,沙陀寇忻、代,逼晋阳。

【纲】二月,杀左拾遗侯昌业。 【目】昌业以盗贼满关东,而上专务游戏,赏赐无度,田令孜专权无上,社稷将危,上疏极谏。上大怒,召昌业至内侍省,赐死。

上善骑射、剑槊、法算,至于音律、蒲博,无不精妙,好蹴鞠、斗鸡,尤善击球。尝谓优人石野猪曰:"朕若应击球进士举,须为状元。"对曰:"若遇尧、舜作礼部侍郎,恐陛下不免驳放。"上笑而已。

【纲】三月,以高骈为诸道行营都统。

【纲】夏六月,黄巢陷宣州。

【纲】秋七月,黄巢渡江。

【纲】夏四月，唐僖宗任命王铎为行营招讨都统。

【纲】秋七月，黄巢攻陷广州（治南海，今广东广州）。 【目】黄巢上表求任广州节度使，朝廷不批准。黄巢便急攻广州，攻陷后，捉住节度使李迢，让他起草上表，李迢说："我世代蒙受国家恩情，为官的亲戚遍布朝廷，我的腕可断，也绝不为你起草上表。"黄巢将他杀了。

高骈上奏："请派兵马使张璘领兵五千在郴州（治郴县，今湖南郴县）据险扼守，留后王重任率兵八千在循州（治归善，今广东惠阳东北）、潮州（治海阳，今广东潮安）一带拦阻，我自己率兵一万人通过大庾岭赶往广州攻击黄巢，黄巢一定要逃跑，请命令王铎用三万士兵在梧州（治苍梧，今广西梧州）、昭州（治平乐，今广西平乐西南）、桂州、永州（治零陵，今湖南零陵）据险扼守。"朝廷不许。

【纲】冬十月，唐僖宗任命高骈为淮南节度使。

【纲】黄巢攻陷潭州。 【目】黄巢的士兵有十分之三四死于瘴疫。他的部下都劝他北归，以图大事。于是黄巢从桂州，扎筏沿湘水顺流而下，到达潭州，攻陷了潭州。

【纲】王铎被罢官，唐僖宗任命卢携为同平章事。

【纲】唐僖宗广明元年（庚子，880），春正月，李国昌父子袭扰忻、代，逼迫晋阳（今山西太原西南）。

【纲】二月，杀左拾遗侯昌业。 【目】侯昌业因为看到关东盗贼遍地，可是皇上只知寻欢作乐，赏赐毫无节制，田令孜大权独揽，目无主上，国家面临危亡，便上疏极言劝谏。唐僖宗大怒，将侯昌业召至内侍省，赐死。

唐僖宗善于骑射、舞剑弄槊及阴阳算学，对音律、博艺也无不精通，爱好蹴鞠、斗鸡，最善击球。他曾对优人石野猪说："我要是想参加击球进士考试，必定成为状元。"石野猪说："如果尧、舜作礼部侍郎，恐怕您免不了要驳斥他们的过错，并将他们放逐。"唐僖宗听后一笑了之。

【纲】三月，唐僖宗任命高骈为诸道行营都统。

【纲】夏六月，黄巢攻陷宣州。

【纲】秋七月，黄巢渡江。

【纲】李可举讨李克用，大破之。李琢讨李国昌，败之。国昌、克用亡走达靼。

【纲】黄巢渡淮。

【纲】冬十一月，黄巢陷东都。

【纲】十二月，黄巢入潼关。

【纲】以王徽、裴澈同平章事，卢携自杀。【目】田令孜闻巢已入关，恐天子责己，乃归罪于携，贬为宾客分司，而荐徽、澈为相。携仰药死。

【纲】黄巢入长安，上走兴元。【目】凤翔、博野援兵至渭桥，见新军衣裘温鲜，大怒，掠之，更为巢向导以趋长安。既入城，令孜帅神策兵五百奉帝自金光门出，惟福、穆、泽、寿四王及妃嫔数人从行，百官皆莫之知。

上趋骆谷，凤翔节度使郑畋谒于道次，请留凤翔。上曰："朕不欲密迩巨寇，且幸兴元征兵以图收复。卿可纠合邻道，勉建大勋。"畋曰："道路梗涩，奏报难通，请得便宜从事。"许之。

【纲】黄巢僭号。【目】巢杀唐宗室在长安者无遗类。遂入宫，自称大齐皇帝，改元金统。以其将尚让为太尉。

巢将砀山朱温屯东渭桥。温少孤贫，与兄存、昱依萧县刘崇家，崇数笞辱之，崇母独怜之，戒家人曰："朱三非常人，汝曹善遇之。"

【纲】凤翔节度使郑畋合邻道兵讨贼。

【纲】车驾至兴元，诏诸道出兵收复京师。

【纲】义武节度使王处存举兵入援。

【纲】黄巢遣朱温攻河中，节度使王重荣与战，大破之，遂入

【纲】李可举征伐李克用,将其打败。李琢讨伐李国昌,也将其击败。李国昌、李克用父子逃往鞑靼。

【纲】黄巢渡淮水。

【纲】冬十一月,黄巢攻陷东都。

【纲】十二月,黄巢入潼关(今陕西渭南东)。

【纲】唐僖宗任命王徽、裴澈为同平章事,卢携自杀。 【目】田令孜听说黄巢已经入关,恐怕天子责罚,便将罪责推给卢携,将其贬为宾客、分司,而又推荐王徽、裴澈为宰相。卢携服毒自杀。

【纲】黄巢攻入长安,唐僖宗出走兴元(即梁州,治南郑,今陕西汉中东)。 【目】凤翔(治岐州,今陕西凤翔)、博野(今河北高阳西南)的援兵到达中渭桥(今陕西咸阳东),看见新召募的唐兵衣着光鲜,大怒,劫掠了新军,并为黄巢作向导直逼长安。黄巢进入长安城后,田令孜率五百名神策兵护卫着唐僖宗从金光门出逃,只有福王、穆王、泽王、寿王以及几名妃嫔跟随,文武百官都不知道。

唐僖宗向骆谷(今陕西周至西南)逃去,凤翔节度使郑畋在路上拜见唐僖宗,请他留在凤翔。唐僖宗说:"我不想离贼寇太近,暂且到兴元去,再设法收复失地。你可以联合诸道,努力为国建立巨大的功勋。"郑畋说:"道路阻塞不通,难于向您奏报请示,请准允我见机行事。"唐僖宗应允了他的要求。

【纲】黄巢称帝。 【目】黄巢将留在长安的李唐宗室全部杀掉,无一遗漏。并驻进皇宫,自称"大齐皇帝",改元金统,任命部将尚让为太尉。

黄巢部将砀山(今安徽砀山东)人朱温屯驻在东渭桥(今陕西西安西北)。朱温少年丧父,家里很贫困,和兄长朱存、朱昱寄居萧县(今安徽萧县西北)刘崇家,刘崇多次鞭打欺侮他。只有刘崇的母亲怜悯他,告诫家人说:"朱三是个不寻常的人,你们要好好待他。"

【纲】凤翔节度使郑畋联合诸道郓人征讨黄巢。

【纲】唐僖宗逃到兴元,诏命诸道收复长安。

【纲】义武节度使王处存率兵入朝支援。

【纲】黄巢派朱温攻取河中(治蒲州,今山西芮城西北),节度使王

援。

【纲】辛丑,中和元年,春正月,帝幸成都。　【目】西川节度使陈敬瑄遣兵奉迎,请幸成都。田令孜亦劝上,上从之。

【纲】以萧遘同平章事。

【纲】以乐朋龟为翰林学士。　【目】裴澈自贼中奔诣行在。时百官未集,乏人草制,右拾遗乐朋龟谒田令孜而拜之,由是擢为翰林学士。兵部郎中张浚先亦拜令孜。至是,令孜召朝贵饮酒,浚耻于众中拜之,乃先谒令孜谢酒。及宾客毕集,令孜言曰:"令孜与张郎中清浊异流,尝蒙不外,既虑玷辱,何惮改更,今日于隐处谢酒则又不可。"浚惭惧无所容。

【纲】二月,以王铎同平章事。

【纲】加高骈东面都统。　【目】上遣使趣骈讨黄巢,道路相望,骈终不出兵。

【纲】三月,以郑畋为京城四面诸营都统。

【纲】赦李克用,遣李友金召之。　【目】沙陀李友金入援。至绛州,刺史瞿稹谓曰:"贼势方盛,未可轻进。"乃俱还代州。募兵得三万人,皆北方杂胡,稹与友金不能制。友金乃说监军陈景思曰:"吾兄司徒父子,勇略过人,为众所服;请奏天子赦其罪,召以为帅,则代北之人一麾响应,贼不足平也!"景思遣使言之,诏如所请。友金以五百骑迎之,克用帅达靼诸部万人赴之。

【纲】郑畋传檄天下,合兵讨贼。

【纲】夏五月,高骈移檄讨贼,出屯东塘。　【目】有双雉集广陵府舍,占者以为城邑将空之兆。骈恶之,乃移檄四方,云将入讨

重荣与之交战，将朱温打败，接着便入朝增援。

【纲】唐僖宗中和元年（辛丑，881），春正月，唐僖宗驾临成都（今四川成都）。　【目】西川节度使陈敬瑄派兵迎接唐僖宗，请他去成都，田令孜也从中劝说，唐僖宗便答应了。

【纲】唐僖宗任命萧遘为同平章事。

【纲】唐僖宗任命乐朋龟为翰林学士。　【目】裴澈从黄巢占领地区逃到成都。当时百官尚未能齐集于行宫，缺少能起草诏制的人，右拾遗乐朋龟拜见田令孜，因此被提升为翰林学士。兵部郎中张浚先前曾拜谒田令孜。现在，田令孜召集朝中显贵饮酒，张浚不肯当众向田令孜下拜，便事先拜谒田令孜谢酒。等宾客都到了，田令孜说："田令孜和张郎中分属清流浊流，我曾蒙他不见外，事先向我谢酒。不过既然害怕有辱清名，又何必改在事先谢酒，今天在隐蔽处偷偷谢酒是不行的。"张浚满面羞惭，无地自容。

【纲】二月，唐僖宗任命王铎为同平章事。

【纲】唐僖宗加封高骈为东面都统。　【目】唐僖宗派使者督促高骈征讨黄巢。但是派出的使者接二连三，在道路上前后相望，高骈就是不肯出兵。

【纲】三月，唐僖宗任命郑畋为京城四面诸营都统。

【纲】唐僖宗赦免李克用，派李友金召见他。　【目】沙陀人李友金入朝增援，来到绛州（治正平，今山西侯马西北），刺史瞿稹对他说："贼寇气势正盛，不可轻易进兵。"于是两人一起撤回代州。招募三万士兵，全都是北方的胡人，瞿稹和李友金无法控制他们。于是李友金劝说监军陈景思："我兄长司徒父子（指李国昌、李克用父子），勇猛和谋略超人，很被众人佩服。请上奏天子，赦了他们的罪，任命他们为统帅，那么代北人就可以一呼百应，讨平贼寇是不成问题的！"陈景思便派人向唐僖宗转述此意，唐僖宗下诏准其所请。李友金便率五百骑兵前往迎接，李克用率鞑靼部众万余人前往增援。

【纲】郑畋向全国发布檄文，征讨贼寇。

【纲】夏五月，高骈传布檄文征讨贼寇，出兵屯驻东塘（今江苏扬州东）。　【目】有一对野鸡飞落在广陵府（今江苏扬州）的屋舍上，占卜

黄巢，发兵八万，舟二千艘，出屯东塘。诸将数请行期，骈托风涛为阻，竟不发。

【纲】六月，以郑畋为司空、同平章事，都统如故。

【纲】秋七月，以韦昭度同平章事。

【纲】杀左拾遗孟昭图。　【目】上日夕专与宦官同处，议天下事，待外臣殊薄。左拾遗孟昭图上疏曰："天下者，高祖、太宗之天下，非北司之天下；天子者，九州四海之天子，非北司之天子。北司未必尽可信，南司未必尽无用。若天子与宰相了无关涉，朝臣皆若路人，臣恐收复之期，尚劳宸虑。"疏入，令孜屏不奏，矫诏贬昭图嘉州司户，遣人沉于蟇颐津，闻者气塞。

【纲】八月，星光交流如织，或大如杯碗。

【纲】寿州人王绪作乱，陷光州。　【目】寿州屠者王绪，与妹夫刘行全聚众五百，盗据本州。月余，复陷光州，有众万余人。蔡州刺史秦宗权表为光州刺史。固始县佐王潮及弟审邽、审知，皆以材气知名，绪以潮为军正，信用之。

【纲】九月，高骈罢兵还府。　【目】骈与镇海节度使周宝俱出神策军，骈以兄事宝，及封壤相邻，数争细故，遂有隙。骈留东塘百余日，诏屡趣之，骈上表托以宝将为后患，复罢兵还府。其实无赴难心，但欲襄雉集之异耳。

【纲】以董昌为杭州刺史。　【目】高骈召董昌至广陵，钱镠说昌曰："观高公无讨贼心，不若去之。"昌从之，自石镜引兵入据杭州；周宝表为杭州刺史。

【纲】冬十月，裴澈罢，郑畋赴行在。

者认为这是城镇要空无一人的征兆。高骈很讨厌,于是便传布檄文,说要入朝征讨黄巢,征调了八万人,两千艘船,出兵屯驻在东塘。将士们多次询问启程日期,高骈推说风浪太大,始终不肯发兵。

【纲】六月,唐僖宗任命郑畋为司空、同平章事,并仍担任都统。

【纲】秋七月,唐僖宗任命韦昭度为同平章事。

【纲】杀左拾遗孟昭图。 【目】唐僖宗和宦官们朝夕相处,议论天下大事,因此对待朝臣很薄。左拾遗孟昭图上疏说:"天下是高祖、太宗打下的天下,并不是北司的天下;天子是天下九州四海的天子,不是北司的天子。北司未必人人都可以信任,南司未必都没有用处。如果天子和宰相毫无关系,与朝臣仿佛路人一般,我恐怕收复失地的日期,还需天子多多操劳。"奏疏被田令孜压下不予上达,田令孜伪称诏命将孟昭图贬为嘉州(治龙游,今四川乐山)司户,随即派人将其溺死在蟆头津(在今四川眉山东蟆头山下),听说此事的人无不为之气愤填膺。

【纲】八月,流星飞落如织,有的大如碗口。

【纲】寿州(治寿春,今安徽寿县)人王绪叛乱,攻陷光州(治定城,今河南潢川)。 【目】寿州人王绪和妹夫刘行全聚集五百人,占据寿州,一个多月后,又攻陷光州,聚众万余人。蔡州(治汝阳,今河南汝南)刺史秦宗权上表举为光州刺史。固始县(今河南固始)县佐王潮和弟弟审邽、审知,都以才气知名。王绪任命王潮为军正,并且很信任,重用他。

【纲】九月,高骈收兵回府。 【目】高骈和镇海节度使周宝都出身于神策军,高骈以对兄长的礼节对待周宝。后来,两人的封地相邻,多次因小事相争,产生矛盾。高骈在东塘停留百余天,唐僖宗屡次下诏督促出兵,高骈上表推托说周宝会成为自己的后患,撤兵回府。实际上,高骈没有为君赴难的心意,只不过是想消除野鸡停留在府舍的不祥之兆罢了。

【纲】唐僖宗任命董昌为杭州刺史。 【目】高骈召董昌到广陵。钱镠劝董昌说:"我看高公并没有讨贼的诚意,不如离开他。"董昌听从他的建议,自石镜镇带兵进驻杭州。周宝上表推举为杭州刺史。

【纲】冬十月,裴澈被罢官。郑畋赴成都行在。

【纲】壬寅,二年,春正月,以王铎为诸道行营都统。

【纲】二月,朱温据同州。
【纲】以郑畋为司空、同平章事。
【纲】夏四月,王铎以诸道兵逼长安。
【纲】秋九月,朱温以华州降,王铎以为同华节度使。 【目】朱温见巢兵势日蹙,知其将亡,遂举州降。

【纲】冬十月,以朱温为河中行营招讨副使,赐名全忠。
【纲】十一月,李克用将沙陀趣河中。 【目】黄巢兵势尚强,王重荣谋于都监杨复光,复光曰:"雁门李仆射,骁勇,有强兵,素有徇国之志;所以不来者,以与河东结隙耳。若以朝旨喻郑公而召之,必来,来则贼不足平矣!"时王铎在河中,乃以墨敕召克用,喻郑从谠。克用遂将沙陀万七千人趣河中,不敢入太原境,独以数百骑过晋阳城下别从谠,从谠厚赠之。

【纲】十二月,以李克用为雁门节度使。
【纲】李克用将兵四万至河中,皆衣黑,贼惮之曰:"鸦军至矣,当避其锋。"
【纲】癸卯,三年,夏五月,李克用破黄巢,收复长安。 【目】李克用与忠武将庞从、河中将白志迁等引兵先进,与黄巢军战于渭南,一日三捷;义成、义武等诸军继之,贼众大奔。克用等入京师,巢焚宫室遁去。诏克用同平章事。克用时年二十八,于诸将最少,而兵势最强,破黄巢,复长安,功第一,诸将皆畏之。克用一目微眇,时人谓之"独眼龙"。

【纲】六月,黄巢取蔡州,节度使秦宗权降之,合兵围陈州。

【纲】秋七月,以朱全忠为宣武节度使。

【纲】中和二年(壬寅,882),春正月,唐僖宗任命王铎为诸道行营都统。

【纲】二月,朱温占据同州(治冯翊,今陕西大荔)。

【纲】唐僖宗任命郑畋为司空、同平章事。

【纲】夏四月,王铎率诸道兵逼近长安。

【纲】秋九月,朱温率华州(治郑县,今陕西渭南东)投降,王铎任命他为同华节度使(治同州)。　【目】朱温见黄巢日益困窘,知道他必定灭亡,便率华州投降。

【纲】冬十月,唐僖宗任命朱温为河中行营招讨副使,赐名全忠。

【纲】十一月,李克用率沙陀部众赶赴河中。　【目】黄巢兵势还很强盛,王重荣和都监杨复光商议,杨复光说:"雁门(代州治)李仆射(指李克用)十分骁勇,掌握强兵,向来有报国的志愿。他不肯前来赴援,是因为与河东节度使郑从谠结下了怨仇。如果以朝廷的名义晓谕郑从谠并征召他,他一定会来,那么,贼寇就不难平定了!"当时,王铎还在河中,便用墨敕召抚李克用,并宣谕郑从谠。李克用便率沙陀部众七千人赶赴河中,但不敢进入太原境内,只派数百骑兵经过晋阳城,向郑从谠告别,郑从谠很丰厚地馈赠他们。

【纲】十二月,唐僖宗任命李克用为雁门节度使。

【目】李克用率兵四万到河中,士兵都穿黑衣,贼寇胆怯地说:"鸦军来了,应当避其锋芒。"

【纲】中和三年(癸卯,883),夏五月,李克用打败黄巢,收复长安。　【目】李克用和忠武将庞从、河中将白志迁等率兵领先,和黄巢在渭南交战,一天三战三胜。义成、义武(治定州,今河北定县)等军随后,黄巢溃败。李克用等进入京城,黄巢放火焚烧宫室后逃走。唐僖宗下诏任命李克用为同平章事。李克用当时二十八岁,在诸多将领中,最年轻,而兵势最强,击破黄巢,收复长安,功居首位,诸将都很惧怕他。李克用有一只眼几乎失明,当时人称他"独眼龙"。

【纲】六月,黄巢攻取蔡州,节度使秦宗权投降,联合围困陈州(治宛丘,今河南淮阳)。

【纲】秋七月,唐僖宗任命朱全忠为宣武(治大梁,今河南开封)节

【纲】郑畋罢为太子太保。以裴澈同平章事。

【纲】甲辰,四年,夏四月,李克用会许、汴、徐、兖之军于陈州,黄巢退走。

【纲】五月,黄巢趣汴州,李克用等追击,大破之。尚让帅众降,巢收余众奔兖州。

【纲】李克用至汴州,朱全忠袭之,克用走还。

【纲】六月,尚让败黄巢于瑕丘,贼党斩巢以降。 【目】尚让追黄巢至瑕丘,败之。巢众殆尽,巢甥林言斩巢兄弟妻子首,将诣时溥,沙陀军夺之,并斩言以献。

【纲】秋七月,时溥献黄巢首。

【纲】李克用表乞讨朱全忠,诏谕解之。 【目】李克用还晋阳,大治甲兵,奉表自陈为朱全忠所图,将佐三百余人,并牌印皆没不返,乞遣使按问,发兵讨之。"朝廷方务姑息,得表,大恐,但优诏和解之。克用终郁郁不平。时藩镇相攻者,朝廷不复为之辨曲直。由是互相吞噬,惟力是视,皆无所禀受矣!

【纲】八月,进李克用爵为陇西郡王。

【纲】冬十一月,田令孜杀内常侍曹知悫。 【目】初,宦者曹知悫有胆略。黄巢陷长安,知悫集壮士据嵯峨山。数遣人变服夜入长安攻贼营,贼惊疑不自安。朝廷闻而嘉之,就除内常侍。田令孜恶之,矫诏使邠宁节度使王行瑜袭杀之。令孜由是益骄横,禁制天子,不得有所主断,上时语左右而流涕。

【纲】乙巳,光启元年,春正月,诏招抚秦宗权。 【目】黄巢虽

度使。

【纲】郑畋被罢为太子太保。唐僖宗任命裴澈为同平章事。

【纲】中和四年(甲辰,884),夏四月,李克用在陈州与许(治长社,今河南许昌)、汴、徐(治彭城,今江苏徐州)、兖(治瑕丘,今山东滋阳西)诸州军队会合,黄巢败退。

【纲】五月,黄巢赶往汴州,李克用等追击,大败黄巢。尚让率众投降。黄巢收集余部奔向兖州。

【纲】李克用到汴州,朱全忠袭击他,李克用撤回。

【纲】六月,尚让在瑕丘击败黄巢,黄巢部下将其斩首,投降。【目】尚让追击黄巢到瑕丘,击败黄巢。黄巢人马损失殆尽,他的外甥林言将黄巢兄弟、妻子斩首,想向感化军节度使时溥投降。沙陀军将林言斩首献上。

【纲】秋七月,时溥献上黄巢首级。

【纲】李克用上表请讨伐朱全忠,唐僖宗下诏为他们调解。【目】李克用回晋阳,大张旗鼓,修甲练兵,并上表为自己申诉说:"我被朱全忠暗算,三百将士连同朝廷颁给他们的牌印全军覆没,请朝廷派使臣调查此事,并发兵讨伐朱全忠。"朝廷正一心寻求苟且偷安,接到上表,大为惊恐,只是下诏慰劳李克用并为他和朱全忠调解。李克用始终愤愤不平。当时藩镇之间相互攻击,朝廷也不再为他们明辨是非曲直。因此,藩镇之间相互侵吞,全凭各自的实力,都没有什么可向朝廷禀告的了!

【纲】八月,唐僖宗进封李克用为陇西郡王。

【纲】冬十一月,田令孜杀死内常侍曹知悫。【目】当初,宦官曹知悫很有胆略。黄巢攻陷长安,曹知悫招募壮士占据嵯峨山(在今陕西三原西),多次派人改变装束,夜里潜入长安城,袭击黄巢军营,搅得黄巢军惊恐不安。朝廷闻讯很是赞赏,便升任曹知悫为内常侍。田令孜很讨厌他,假称诏旨,命邠宁(治邠州,今陕西邠县)节度使王行瑜将其暗中杀掉。从此田令孜更加骄横,挟制唐僖宗,使他不能自己做主处理政事。唐僖宗常常和身边的人谈起,每次都痛哭流涕。

【纲】唐僖宗光启元年(乙巳,885),春正月,唐僖宗下诏安抚秦

平,宗权复炽,寇掠焚蕙,其残暴又甚于巢。上将还长安,畏宗权为患,诏招抚之。

【纲】车驾发成都。

【纲】王绪陷汀、漳二州。 【目】秦宗权责租赋于光州刺史,王绪不能给。宗权怒,发兵击之。绪惧,悉举光、寿二州兵五千人渡江,转掠江、洪、虔州,是月,陷汀、漳,然皆不能守也。

【纲】三月,车驾至京师。

【纲】秦宗权僭号,诏以时溥为行营都统,讨之。

【纲】夏四月,田令孜自兼两池榷盐使。 【目】先是,安邑、解县两池皆隶盐铁,中和以来,河中节度使王重荣专之。令孜奏复旧制,自兼两池使,收其利以赡军。重荣论诉不已,令孜乃徙重荣为泰宁节度使,以王处存代之,仍诏李克用以河东兵援处存赴镇。重荣自以有复京城功,为令孜所摈,不肯之衮州,累表数令孜十罪;令孜结邠宁节度使朱玫、凤翔节度使李昌符以抗之。

【纲】秋八月,王绪前锋将擒绪,奉王潮为将军。 【目】王绪至漳州,以道险粮少,令军中:"无得以老弱自随,犯者斩!"惟王潮兄弟扶其母以从,绪责之曰:"军皆有法,未有无法之军。汝违吾令而不诛,是无法也。"潮等曰:"人皆有母,未有无母之人;将军奈何使人弃其母乎!"绪怒,命斩其母。潮等曰:"潮等事母如事将军,既杀其母,安用其子!请先母死。"将士皆为之请,乃舍之。有望气者谓绪曰:"军中有王者气。"于是绪见将卒有勇略及气质魁岸者皆杀之,众皆自危。行至南安,潮说其前锋将,伏壮士篁竹中,擒绪,反

宗权。　【目】黄巢虽然平定,可秦宗权又开始猖狂作乱,到处抢掠烧杀,凶狠残暴超过黄巢。唐僖宗要回长安,又畏惧秦宗权成为祸患,便下诏安抚他。

【纲】唐僖宗车马从成都启程。

【纲】王绪攻陷汀州（治长汀,今福建长汀）、漳州（治漳浦,今福建漳州）。　【目】秦宗权向光州刺史索要租赋,王绪不肯给。秦宗权很恼怒,调兵袭击他。王绪很惧怕,带领光、寿二州五千兵马渡江,在江州（治浔阳,今江西九江）、洪州（治豫章,今江西南昌）、虔州（治赣县,今江西赣州）等地辗转抢掠。当月,攻陷汀州、漳州,但都不能守住。

【纲】三月,唐僖宗的车马到达京城。

【纲】秦宗权称帝。唐僖宗下诏任命时溥为行营都统,征讨秦宗权。

【纲】夏四月,田令孜自兼安邑（今山西运城东北安邑镇）、解县（今山西运城西南）两盐池的榷盐使。　【目】原先,安邑、解县两盐池都隶属盐铁使。中和年间以来,由河中节度使王重荣专有其权。田令孜上奏恢复旧制,自兼两池榷盐使,收取盐利以供军费。王重荣不断申诉议论此事,田令孜便将其调任为泰宁节度使（治兖州）,以王处存取代其原来职务,并命李克用以河东兵援助王处存赴任。王重荣认为自己有收复京城的功劳,却被田令孜所排挤,便不肯去兖州赴任,多次上表历数田令孜的十条罪状。田令孜勾结邠宁节度使朱玫、凤翔节度使李昌符与之对抗。

【纲】秋八月,王绪的前锋将领扣押王绪,拥戴王潮为将军。【目】王绪到漳州,借口道路险要,粮草少,下令军中:"不得拖老带幼,违者斩!"只有王潮兄弟搀扶老母随于军中。王绪责怪他们说:"军中都有军法,没有无法的军队。你违抗我的军令,要是不予处斩,就等于军中无法了。"王潮等人说:"人都有母亲,没有无母之人,将军为什么逼人抛弃母亲呢!"王绪很恼怒,下令处斩他的母亲。王潮等人说:"王潮等事奉母亲就同事奉将军一样,既然杀了他母亲,何必再用其子!请让我死在母亲前头。"将士都为他求情,王绪才没有坚持己见。有看气的人对王绪说:"军中有王者气。"于是王绪发现将士中勇敢而

缚以徇。遂奉潮为将军，引兵围泉州。

【纲】冬十月，田令孜遣朱玫、李昌符攻河中，李克用救之。十二月，进逼京城，上奔凤翔。 【目】十月，王重荣求救于李克用，克用方怨朝廷不罪朱全忠，聚结诸胡，议攻汴州，报曰："待吾先灭全忠，还扫鼠辈如秋叶耳！"重荣曰："待公自关东还，吾为虏矣！不若先除君侧之恶，退擒全忠易矣。"时朱玫、李昌符亦阴附于全忠，克用乃上言："玫、昌符与全忠相表里，欲共灭臣，臣不得不自救，已集蕃、汉兵十五万，决以来年济河，北讨二镇。不近京城，保无惊扰。还灭全忠，以雪雠耻。"上遣使者谕释，冠盖相望。

令孜遣玫、昌符将本军及神策等军合三万人屯沙苑，以讨王重荣。重荣发兵拒之，告急于克用，克用引兵赴之。十一月，与重荣俱壁沙苑，表请诛令孜及玫、昌符；诏和解之，克用不听。十二月，合战，玫、昌符大败，克用进逼京城，令孜奉天子幸凤翔。

【纲】丙午，二年，春正月，田令孜劫上如宝鸡。 【目】李克用还军河中，与王重荣同表请上还宫，因罪状田令孜，请诛之。令孜引兵入宫，劫上幸宝鸡。时令孜弄权，再致播迁，天下共忿疾之；朱玫、李昌符亦耻为之用，且惮蒲、晋之强，更与之合。

【纲】朱玫、李昌符追逼车驾，上复走入大散关。 【目】玫攻散关，不克。襄王煴，肃宗之玄孙也，为玫所得，与之俱还凤翔。克用还太原，重荣与玫、昌符表请诛田令孜。

有胆略或气质伟岸的,便将其杀掉,以至于人人自危。部队行军到南安(今福建南安东晋江北岸旧南安县城),王潮说服前锋将领,在竹林中埋伏武士,将王绪捉住,反绑双手,游行军中。于是众人都推举王潮为将军,带兵围困泉州。

【纲】冬十月,田令孜派朱玫、李昌符进攻河中,李克用前往援救。十二月,李克用进逼京城,唐僖宗逃往凤翔。 【目】十月,王重荣向李克用求救,李克用正在怨恨朝廷不治朱全忠罪,聚集各部胡人,商议攻汴州,便回答王重荣说:"待我先灭了朱全忠,回来后再消灭这些鼠辈就像扫除秋天的落叶一样了!"王重荣说:"等你从关东回来,我已经成了俘虏了!不如先清除皇上身边的恶徒,回来再捉朱全忠就容易了。"当时,朱玫、李昌符也暗中依附朱全忠,李克用便上言说:"朱玫、李昌符互为表里,想联合消灭我。为臣不得不兴兵自救,已经集中藩、汉兵马十五万,决心来年渡河,北上讨伐二镇。绝不靠近京城,保您不受惊扰。回来后,再消灭朱全忠,以洗刷耻辱。"唐僖宗派使者安抚解释,派出的使者接二连三,乘用车马的顶盖都能相互看见。

田令孜派朱玫、李昌符率本镇军队和神策军共三万人屯驻在沙苑(今陕西大荔南),征讨王重荣。王重荣调兵抵抗,并向李克用告急。李克用率兵赴援,十一月,和王重荣共同在沙苑设置营垒,上表请求杀掉田令孜和朱玫、李昌符,唐僖宗下诏调解,李克用不听。十二月,双方交战,朱玫、李昌符大败。李克用逼近京城,田令孜带天子逃往凤翔。

【纲】光启二年(丙午,886),春正月,田令孜将唐僖宗劫持到宝鸡(今陕西宝鸡)。 【目】李克用撤军到河中,和王重荣共同上表,请天子回到京城宫中,并数说田令孜罪状,请求将其杀掉。田令孜带兵入宫,将唐僖宗劫持到宝鸡。当时,田令孜玩弄权柄,以致唐僖宗再次出逃,天下人都很怨恨他。朱玫、李昌符也耻于供其驱使,并且畏惧王重荣、李克用的强大,便改弦更张,转而与他们联合。

【纲】朱玫、李昌符追逼唐僖宗车驾,唐僖宗再次逃入大散关(即散关,在今陕西宝鸡西南)。 【目】朱玫攻打散关,没有攻克。襄王李煴,就是唐肃宗的玄孙,被朱玫捉到,朱玫带他一同回到凤翔。李克用回到太原。王重荣、朱玫、李昌符上表请求杀掉田令孜。

【纲】二月，至兴元。

【纲】三月，以孔纬、杜让能同平章事。

【纲】夏四月，朱玫奉襄王煴权监军国事，还京师。以郑昌图同平章事。

【纲】秋七月，朱玫遣王行瑜寇兴州，诏神策都将李茂贞拒之。

【纲】八月，王潮陷泉州。

【纲】冬十月，朱玫立襄王煴称帝，改元。

【纲】十一月，董昌取越州。

【纲】十二月，王行瑜还长安，斩朱玫。煴奔河中，王重荣杀之，传首行在。 【目】中尉杨复恭传檄关中曰："得朱玫首者，以静难节度使赏之。"王行瑜战数败，与其下谋曰："今无功，归亦死；曷若与汝曹斩玫首，定京城，迎大驾，取邠宁节钺乎？"遂引兵归长安，擒玫斩之。裴澈、郑昌图奉襄王奔河中；重荣执煴，杀之，传首行在。

【纲】田令孜自为西川监军。

【纲】丁未，三年，春正月，以王行瑜为静难军节度使，李茂贞领武定节度使，杨守亮为山南西道节度使。

【纲】以董昌为浙东观察使，钱镠为杭州刺史。

【纲】二月，流田令孜于端州。 【目】令孜依陈敬瑄，竟不行。

【纲】代北节度使李国昌卒。

【纲】三月，车驾至凤翔。

【纲】夏六月，以李罕之为河阳节度使，张全义为河南尹。【目】初，东都荐经寇乱，居民不满百户。全义选麾下十八人材器可任者，人给一旗一榜，谓之屯将，使诣十八县故墟落中，植旗张榜，招怀流散，劝之树艺，蠲其租税，惟杀人者死，余但笞杖而已，由是民归之者如市。又选壮者，教之战陈，以御寇盗。数年之后，都城

【纲】二月，唐僖宗到兴元。

【纲】三月，唐僖宗任命孔纬、杜让能为同平章事。

【纲】夏四月，朱玫拥立襄王李煴，暂且监管军国大事，回到京城，任命郑昌图为同平章事。

【纲】秋七月，朱玫派王行瑜侵扰兴州（治顺政，今陕西略阳），唐僖宗下诏神策都将李茂贞抵抗。

【纲】八月，王潮攻陷泉州。

【纲】冬十月，朱玫拥立襄王李煴称帝，更改纪年。

【纲】十一月，董昌攻取越州（治会稽，今浙江绍兴）。

【纲】十二月，王行瑜回到长安，杀掉朱玫。李煴逃奔河中，被王重荣杀掉，将首级送到行在。　【目】中尉杨复恭在关中传布檄文说："取朱玫首级，赏静难节度使职位。"王行瑜屡战屡败，便和部下商议说："如今，我们劳而无功，怎比大家齐心杀朱玫斩首，平定京城，迎接圣驾，谋取颁宁节度使职位呢？"于是率兵回长安，捉到朱玫，斩首。裴澈、郑昌图带襄王李煴逃奔河中。王重荣捉住李煴，将其杀掉，首级送到行在。

【纲】田令孜自任为西川监军。

【纲】光启三年（丁未，887），春正月，唐僖宗任命王行瑜为静难军节度使，李茂贞代理武定节度使，杨守亮为山南西道节度使。

【纲】唐僖宗任命董昌为浙东观察使，钱镠为杭州刺史。

【纲】二月，将田令孜流放到端州（治高要，今广东肇庆）。　【目】田令孜依附于陈敬瑄，竟然拒不启程。

【纲】代北节度使李国昌去世。

【纲】三月，唐僖宗到凤翔。

【纲】夏六月，唐僖宗任命李罕之为河阳节度使（治河阳，今河南孟县西），张全义为河南尹。　【目】当初，东都屡经战乱，居民不足百户。张全义从部下中挑选了十八名有才可信任的人，每人给一旗一榜，称为屯将，派他们到已经荒芜了的十八个县中，竖旗张榜，招集流民，劝其落户耕作，免除租税，除了杀人者处死，其他罪犯，仅仅杖责而已，从此，重返故里的百姓越来越多，热闹如市。张全义从中挑选身

坊曲，渐复旧制，诸县户口，率皆归复，桑麻蔚然，野无旷土。全义明察，人不能欺，而为政宽简。出，见田畴美者，辄下马与僚佐共观之，召田主，劳以酒食；有蚕、麦善收者，或亲至其家，悉呼出老幼，赐以茶彩衣物。民间言："张公不喜声伎，见之未尝笑；独见佳麦、良茧则笑耳。"有田荒秽者，则集众杖之。或诉以乏人牛，乃召其邻里，责使助之。由是邻里有无相助，比户丰实，凶年不饥，遂成富庶焉。

【纲】秋九月，以张浚同平章事。

【纲】戊申，文德元年，春正月，以朱全忠为蔡州四面行营都统。

【纲】二月，以杨行密为淮南留后。

【纲】帝至长安。

【纲】三月朔，日食既。

【纲】立寿王杰为皇太弟。帝崩，太弟即位。【目】上疾大渐，观军容使杨复恭请立皇弟寿王杰；是日，下诏，立杰为皇太弟。中尉刘季述遣兵迎杰。上崩，遗制太弟即位，更名敏，以韦昭度摄冢宰。

昭宗体貌明粹，有英气，喜文学。以僖宗威令不振，朝廷日卑，有恢复前烈之志，尊礼大臣，梦想贤豪，践阼之始，中外忻忻焉。

【纲】冬十月，葬靖陵。

【纲】十二月，蔡将申丛执秦宗权以降。

强体壮的，教给他们作战的方法，抵御强盗。几年之后，城郭坊市，逐渐恢复旧貌，各县的户口，也大多恢复，桑麻遍布，野外没有荒芜的土地。张全义精明仔细，没人能骗得了他。他为政宽松不繁。外出时，看到有长势良好的田地，就下马和僚属共同观看，并召来田地的主人，赐给酒食，加以慰劳；发现蚕、麦收成好的人家，就亲自前往，将其全家老少都叫到一起，赐给茶叶、丝绸、衣物等。百姓们中间流传着这样的话："张公不喜好歌伎舞女，看见这些从来没有笑过；只有见到丰收的麦田，上等的蚕茧才会满面笑容。"有人将田地荒芜了，他就召集众人，当众责计。有人向他诉说缺乏劳力、畜力，他就召集乡亲邻里，责成他们予以帮助。从此，乡亲邻里，互助有无，户户粮食充实，荒年也不会挨饿，成为富庶的地方。

【纲】秋九月，唐僖宗任命张浚为同平章事。

【纲】唐僖宗文德元年（戊申，888），春正月，唐僖宗任命朱全忠为蔡州四面行营都统。

【纲】二月，唐僖宗任命杨行密为淮南留后。

【纲】唐僖宗回到长安。

【纲】三月初一，日全食。

【纲】唐僖宗册立寿王李杰为皇太弟。唐僖宗去世，皇太弟李杰即位。　【目】唐僖宗病情加剧，观军容使杨复恭请求册立皇弟寿王李杰。当天，唐僖宗下诏，册立李杰为皇太弟。中尉刘季述派兵迎接李杰。唐僖宗去世，遗诏由皇太弟李杰继位，改名李敏，任命韦昭度代理宰相。

唐昭宗精明强干，气概英武，爱好文学。鉴于唐僖宗法令不行，威武不振，朝廷地位日益卑下，遂生恢复前辈功业的大志，尊重礼遇大臣，渴望贤才豪杰，即位之初，朝廷内外，颇有起色。

【纲】冬十月，唐昭宗将唐僖宗安葬于靖陵（在今陕西乾县东北）。

【纲】十二月，蔡州将领申丛擒获秦宗权投降。

昭宗皇帝

【纲】己酉,昭宗皇帝龙纪元年,春正月,以刘崇望同平章事。

【纲】二月,秦宗权伏诛。

【纲】三月,进朱全忠爵东平郡王。

【纲】夏六月,以杨行密为宣歙观察使。

【纲】冬十一月,上更名晔。

【纲】庚戌,大顺元年,春二月,李克用攻云州。 【目】克用将兵攻云州,克其东城。防御使赫连铎求救于卢龙,李匡威将兵三万赴之。克用引还。

【纲】夏四月,诏削夺李克用官爵属籍,以张浚为招讨制置使,会诸道兵讨之。 【目】赫连铎、李匡威请讨克用。朱全忠亦上言:"克用终为国患,臣请与河北三镇共除之。乞朝廷命大臣为统帅。"

初,张浚因杨复恭以进,复恭中废,更附田令孜而薄复恭。复恭再用事,深恨之。上知浚与复恭有隙,特亲倚之;浚亦以功名为己任,每自比谢安、裴度。克用薄其为人,闻其作相,私谓诏使曰:"张公好虚谈而无实用,倾覆之士也。主上采其名而用之,他日交乱天下,必是人也。"浚闻而衔之。

及全忠请讨克用,上命三省、御史台四品以上议之,以为不可者十六七。浚欲倚外势以挤复恭,乃曰:"先帝再幸山南,沙陀所为也。臣常虑其与河朔相表里,致朝廷不能制。今两河藩镇共请讨之,此千载一时也。但乞陛下付臣兵柄,旬月可平。"孔纬曰:"浚言是也。"上曰:"克用有兴复大功,今乘其危而攻之,天下其谓我何?"纬曰:"陛下所言,一时之体也;张浚所言,万世之利也。"上以二相言协,俛倪从之,曰:"兹事付卿二人,无贻朕羞!"乃以浚为河东行营都招讨制置使,孙揆副之。

昭宗皇帝

【纲】唐昭宗龙纪元年（己酉，889），春正月，唐昭宗任命刘崇望为同平章事。

【纲】二月，秦宗权伏罪处斩。

【纲】三月，唐昭宗进封朱全忠东平郡王。

【纲】夏六月，唐昭宗任命杨行密为宣歙观察使。

【纲】冬十一月，唐昭宗改名李晔。

【纲】唐昭宗大顺元年（庚戌，890），春二月，李克用进攻云州（治云中，今山西大同）。 【目】李克用率兵进攻云州，攻克东城。防御使赫连铎向卢龙求救，李匡威率兵三万救援，李克用撤回。

【纲】夏四月，唐昭宗下诏削夺李克用的官职爵位和属籍。任命张浚为招讨制置使，会同诸道兵马征讨李克用。 【目】赫连铎、李匡威请求征讨李克用。朱全忠也对唐昭宗说："李克用早晚是国家的祸患，我请求联合河北三镇共同除掉他。请朝廷指派大臣作为统帅。"

当初，张浚依靠杨复恭才得以晋升，杨复恭后来被废，他便转而依附田令孜而疏远杨复恭。杨复恭再次掌权后，便对他十分痛恨。唐昭宗知道张浚和杨复恭有矛盾，便特别器重张浚。张浚也孜孜于功名，常自比谢安、裴度。李克用很鄙薄其为人，得知他当了宰相，便私下里对传达诏命的使臣说："张公好空谈，不务实事，是个会使朝廷倾覆的人。主上信其虚名而任用他，将来导致天下大乱的，一定是这个人。"张浚得知，怀恨在心。

后来，朱全忠请求讨伐李克用，唐昭宗命三省和御史台四品以上官员商议此事，认为不可以的有十分之六七。张浚想凭借朝廷以外的势力排挤杨复恭，便说："先帝第二次临幸山南东道，是由于沙陀人的逼迫。我常常耽心沙陀人和河朔藩镇，互为表里，相互呼应，致使朝廷无法控制。如今，河南、河北的藩镇共同请求讨伐沙陀，这是千载难逢的机会。只求您能把兵权交给我，一个月就可以讨平李克用。"孔纬说："张浚说得对。"唐昭宗说："李克用有兴复社稷的大功，现在却乘其处境危急去攻打他，天下会如何议论我呢？"孔纬说："您所说的是一时的体面，张浚所说的，则是世世代代的长远利益。"唐昭宗被二人一唱

【纲】昭义军乱，杀留后李克恭。朱全忠取潞州，李克用遣兵围之。诏以孙揆领昭义节度使。

【纲】六月，以朱全忠为宣武、宣义节度使。

【纲】秋八月，李克用执招讨副使孙揆以归，杀之。　【目】张浚恐昭义遂为汴人所据，使孙揆将兵二千趣潞州。八月，发晋州，李存孝闻之，以三百骑伏于长子西谷中，擒揆及中使韩归范献于克用。克用欲以揆为河东副使，揆曰："吾天子大臣，兵败而死，分也，岂能复事镇使邪！"克用怒，命锯之，不能入。揆骂曰："死狗奴！锯人当用板夹，汝岂知邪！"乃以板夹而锯之，至死，骂不绝声。

【纲】九月，朱全忠遣兵围泽州；李克用养子存孝与战，破之，复取潞州。

【纲】李匡威攻蔚州，李克用养子嗣源击走之。

【纲】冬十月，李克用遣兵拒官军于赵城。官军溃，张浚、韩建遁还。

【纲】辛亥，二年，春正月，孔纬、张浚罢，以崔昭纬、徐彦若同平章事。贬孔纬、张浚远州刺史。复李克用官爵。

【纲】二月，加李克用中书令，贬张浚绣州司户。　【目】张浚奔华州依韩建，与孔纬密求援于朱全忠。全忠表讼其冤，朝廷不得已，并听自便。

【纲】夏四月，彗星见，赦天下。　【目】彗星出三台，入太微，长十丈余。

【纲】冬十月，以王建为西川节度使。

【纲】壬子，景福元年，春三月，以郑延昌同平章事。

一和所胁迫,勉强依从了他们。说:"这事就交给你们俩人,不要给我带来羞辱!"于是任命张浚为河东行营都招讨制置使,孙揆为副。

【纲】昭义军叛乱,杀留后李克恭。朱全忠攻取潞州,李克用派兵包围他。唐昭宗下诏任命孙揆兼领昭义节度使。

【纲】六月,唐昭宗任命朱全忠为宣武、宣义节度使。

【纲】秋八月,李克用将招讨副使孙揆捉住,带回去杀掉。 【目】张浚担心昭义被汴人朱全忠占据,派孙揆带三千人赶往潞州。八月,从晋州出发。李存孝闻讯,用三百名骑兵埋伏在长子(在今山西长子西)西边的山谷中,擒获孙揆和中使韩归范献给李克用。李克用想任命孙揆为河东副使,孙揆说:"我是天子的大臣,兵败而死,是我份内的事。岂能事奉一个节度使呢!"李克用很恼怒,命人锯孙揆的身体,可是锯不进去。孙揆骂道:"狗东西!锯人应当用板夹住身体,你哪里会知道!"于是用木板夹住,一直到死,孙揆骂不绝口。

【纲】九月,朱全忠派兵围困泽州(治晋城,今山西晋城东)。李克用养子李存孝与他交战,将朱全忠打败。再次攻取潞州。

【纲】李匡威攻打蔚州,李克用养子李嗣源将其打退。

【纲】冬十月,李克用派兵在赵城(今山西洪洞赵城镇西南)抵抗官军,官军溃败,张浚、韩建逃了回去。

【纲】大顺二年(辛亥,891),春正月,孔纬、张浚被罢官,唐昭宗任命崔昭纬、徐彦若为同平章事。将孔纬、张浚贬为边远州郡刺史。恢复李克用官职、爵位。

【纲】二月,唐昭宗加封李克用为中书令,贬张浚为绣州(治常林,今广西桂平西南)司户。 【目】张浚逃奔华州投靠韩建,和孔纬秘密地向朱全忠求救。朱全忠上表为他们申诉冤情,朝廷没有办法,只好听其自便。

【纲】夏四月,彗星出现,唐昭宗大赦天下。 【目】彗星自三台出,入于太微,长十余丈。

【纲】冬十月,唐昭宗任命王建为西川节度使。

【纲】唐昭宗景福元年(壬子,892),春三月,唐昭宗任命郑延昌为同平章事。

【纲】夏六月，杨行密击孙儒，斩之，遂归扬州。

【纲】秋八月，以杨行密为淮南节度使。 【目】淮南被兵六年，士民转徙几尽，行密能以勤俭足用，非公宴，未尝举乐。招抚流散，轻徭薄敛，未及数年，公私富庶，几复承平之旧。

【纲】癸丑，二年，春正月，以柳玭为泸州刺史。 【目】柳氏自公绰以来，世以孝悌礼法为士大夫所宗。玭为御史大夫，上欲以为相，宦官恶之，故出之于外。玭尝戒其子弟曰："凡门地高，可畏不可恃也。立身行己，一事有失，则得罪重于他人，死无以见先人于地下，此其所以可畏也。门高则骄心易生，族盛则为人所嫉；懿行实材，人未之信，小有疵颣，众皆指之；此其所以不可恃也。故膏粱子弟，学宜加勤，行宜加励，仅得比他人耳！"

【纲】夏五月，王潮取福州。

【纲】秋七月，杨行密克庐州。 【目】先是庐州刺史蔡俦发杨行密父祖墓，遣使求救于朱全忠。全忠恶其反覆，牒报行密；行密遣李神福将兵讨俦。至是，克而斩之。左右请发俦父母冢，行密曰："此俦之罪也，吾何为效之！"

【纲】九月，以钱镠为镇海节度使。

【纲】以韦昭度、崔胤同平章事。

【纲】冬十月，以李茂贞为凤翔兼山南西道节度使。 【目】于是茂贞尽有凤翔、兴元、洋、陇、秦十五州之地。

【纲】以王潮为福建观察使。

【纲】十一月，以王行瑜为太师，号"尚父"，赐铁券。

【纲】夏六月,杨行密袭击孙儒,将其杀掉,回到扬州。

【纲】秋八月,唐昭宗任命杨行密为淮南节度使。 【目】淮南遭受六年战乱,百姓辗转迁移,人口流失殆尽。杨行密因为能勤俭节约,所以用度充足,如果不是因公设宴,绝不举办歌舞宴乐。招抚流民,轻徭薄赋,没有几年,官府百姓都富裕了,几乎恢复到了太平年景的水平。

【纲】景福二年(癸丑,893),春正月,唐昭宗任命柳玭为泸州(治泸州,今四川泸川)刺史。 【目】柳氏家族自柳公绰以来,世世代代因为尊老爱幼,遵守礼法而为士大夫所推崇。柳玭任御史大夫,唐昭宗想升任他为宰相,宦官厌恶他,因此将他调出朝廷到外地任职。柳玭曾告诫宗族子弟说:"门第高贵,是可怕而不可仗恃的事。立身处世,一件事有闪失,招来的罪过就比别人严重,死后无颜去见地下的先人,这就是所以说它可怕的原因。门第高贵,就易于产生骄横的心理,家族兴盛,就容易被人嫉妒。即使品行良好,有真才实学,别人未必肯信。而一旦有了小毛病,就会遭到众人指摘,这就是说它不可以仗恃的原因。因此,高门子弟,学习应更加勤奋,品行应多加砥砺,即使这样,也仅仅是为了能与普通人相比而已!"

【纲】夏五月,王潮攻取福州。

【纲】秋七月,杨行密攻克庐州。 【目】起初,庐州(治合肥,今安徽合肥)刺史蔡俦刨杨行密的祖坟,派人向朱全忠求救。朱全忠讨厌此人反复无常,便发文书将此事告诉了杨行密。杨行密派李神福征讨蔡俦,到现在,攻克庐州,将蔡俦处斩。杨行密身边的人请求挖开蔡俦父母的坟墓,杨行密说:"这只是蔡俦一人的罪过,我何必效仿他呢!"

【纲】九月,唐昭宗任命钱镠为镇海节度使。

【纲】唐昭宗任命韦昭度、崔胤为同平章事。

【纲】冬十月,唐昭宗任命李茂贞为凤翔兼山南西道节度使。
【目】这样,李茂贞就占有了凤翔、兴元、洋、陇、秦共十五州。

【纲】唐昭宗任命王潮为福建观察使。

【纲】十一月,唐昭宗任命王行瑜为太师,号称"尚父",赐给铁券。

【纲】甲寅，乾宁元年，春二月，以郑綮同平章事。【目】綮好诙谐，多为歇后诗，讥嘲时事；上以为有所蕴，手注班簿，命以为相，闻者大惊。堂吏往告之，綮笑曰："诸君大误，使天下更无人，未至郑綮！"吏曰："特出圣意。"綮曰："果如是，奈人笑何！"既而贺客至，綮搔首言曰："歇后郑五作宰相，时事可知矣！"累让不获，乃视事。

【纲】夏五月，郑延昌罢。六月，以李溪同平章事，寻罢之。秋七月，郑綮致仕，以徐彦若同平章事。

【纲】八月，杨复恭等伏诛。【目】李茂贞献复恭与杨守亮书，诉致仕之由，云："承天门乃隋家旧业，大侄但积粟训兵，勿贡献。吾于荆榛中立寿王，才得尊位，废定策国老，有如此负心门生天子！"

【纲】以刘隐为封州刺史。

【纲】乙卯，二年，春正月，以陆希声同平章事。二月，复以李溪同平章事，三月罢。

【纲】以刘仁恭为卢龙节度使。

【纲】崔胤罢，以王搏同平章事。

【纲】杨行密取濠州。【目】行密攻濠州，拔之。掠得徐州李氏子，生八年矣，养以为子，其长子渥憎之。行密谓其将徐温曰："此儿质状性识，颇异于人，吾度渥必不能容，今赐汝为子。"温名之曰知诰。知诰勤孝过诸子，温爱之，及长，喜书善射，识度英伟。行密谓温曰："知诰俊杰，诸将子皆不及也。"

【纲】夏四月，陆希声罢。

【纲】唐昭宗乾宁元年（甲寅，894），春二月，唐昭宗任命郑綮为同平章事。　【目】郑綮言谈诙谐，作了许多歇后诗，嘲讽时事。唐昭宗认为他蕴含才干，亲手将他的名字添入朝臣名册，任命他为宰相，人们闻讯都很吃惊。宫里的官吏去向他通报任命，郑綮笑道：''大家一定犯了一个大错，即使天下再缺乏人才，也还轮不到我郑綮！''宫里的官吏说：''这是皇上特别关照过的意思。''郑綮说：''果真如此，招人嘲笑也没有办法！''接着前来贺喜的客人到了，郑綮抓抓头说：''作歇后诗的郑五居然当了宰相，据此也可窥时事之一斑了！''多次推辞也没有获准，只好上任。

【纲】夏五月，郑延昌被罢官。六月，唐昭宗任命李溪为同平章事，不久被罢官。秋七月，郑綮退休，唐昭宗任命徐彦若为同平章事。

【纲】八月，杨复恭等伏罪处死。　【目】李茂贞献上杨复恭给杨守亮的信，信中诉说自己退休的缘由，说：''唐朝的江山，本是隋家的基业，大侄只管积聚粟米训练士兵，不要向朝廷贡献。我在十分艰难的处境中，披荆斩棘，拥立寿王，他才得以登上皇帝的宝座，而他却将确立国策的元老废掉，竟有这样负心的门生天子！''

【纲】唐昭宗任命刘隐为封州（治封川，今广东封川）刺史。

【纲】乾宁二年（乙卯，895），春正月，唐昭宗任命陆希声为同平章事。二月，再次启用李溪为同平章事，三月，又将其罢免。

【纲】唐昭宗任命刘仁恭为卢龙节度使。

【纲】崔胤被罢官，唐昭宗任命王抟为同平章事。

【纲】杨行密攻取濠州（治钟离，今安徽凤阳东北）。　【目】杨行密攻打濠州，将其攻陷。抢到了徐州一个李姓人家孩子，已经八岁了，收为养子，杨行密的长子杨渥很憎恶他。杨行密对部将徐温说：''这孩子资质性情，和别的孩子大不相同，我揣度杨渥一定不会容忍他，现在把他赐给你做儿子吧。''徐温为他取名''知诰''。徐知诰勤奋孝顺，超过另外几个孩子，徐温很宠爱他。长大以后，徐知诰喜欢读书，善于射箭，见识不凡，气度英武伟岸。杨行密对徐温说：''徐知诰英俊不凡，各位将领的儿子都赶不上他。''

【纲】夏四月，陆希声被罢免。

【纲】以刘建锋为武安节度使。【目】建锋以马殷为内外马步军都指挥使。

【纲】五月,王行瑜、李茂贞、韩建举兵犯阙,杀韦昭度、李溪。【目】初,王行瑜求为尚书令,不得,怨朝廷。王珂、王珙争河中,行瑜及韩建、李茂贞皆为珙请,不能得,耻之。行瑜、茂贞、建各将精骑兵数千人入朝,奏称:"南北司互有朋党,隳紊朝政,韦昭度讨西川失策,李溪作相不合众心,请诛之。"上未之许,行瑜等辄杀之。请除王珙河中,上许之。三帅皆还本镇。

【纲】秋七月,以崔胤同平章事。

【纲】制削夺王行瑜官爵,以李克用为招讨使,讨之。【目】诏李克用讨王行瑜。克用遣其子存勖诣行在,年十一,上奇其状貌,抚之曰:"儿方为国之栋梁,他日宜尽忠于吾家。"

【纲】崔昭纬罢。冬十月,以孙偓同平章事。

【纲】十一月,李克用克邠州,王行瑜伏诛。

【纲】十二月,进李克用爵晋王。

【纲】李克用还晋阳。

【纲】丙辰,三年,夏四月,河涨。

【纲】武安军乱,杀刘建锋,推马殷为留后。

【纲】秋七月,崔胤罢。八月,以朱朴同平章事。

【纲】九月,以王潮为威武军节度使。

【纲】以崔胤、崔远同平章事。

【纲】冬十月,以钱镠为镇海、镇东节度使。

【纲】以刘隐为清海行军司马。

【纲】丁巳,四年,春正月,立德王裕为皇太子。冬十月,立淑妃何氏为皇后。

【纲】唐昭宗任命刘建锋为武安（治潭州，今湖南长沙）节度使。

【目】刘建锋任命马殷为内外马步军都指挥使。

【纲】五月，王行瑜、李茂贞、韩建兴兵进犯京城，杀掉韦昭度、李溪。　【目】当初，王行瑜向朝廷请求担任尚书令，没有获准，因而对朝廷很是怨恨。王珂、王珙争夺河中，王行瑜、韩建、李茂贞都为王珙说话，但未获准许，引为耻辱。王行瑜、李茂贞、韩建分别率精兵数千人入朝，上奏说："南司宰相，北司宦官，各自培植朋党，败坏朝政。韦昭度征讨西川，决策失误。李溪任宰相，不符合众人的心愿。请将他们杀掉。"唐昭宗还没有应允，王行瑜已经将他们杀了。并请求由王珙任河中节度使。唐昭宗答应了。于是三人都回到自己的藩镇。

【纲】秋七月，唐昭宗任命崔胤为同平章事。

【纲】唐昭宗颁下制书，削夺王行瑜官职爵位，任命李克用为招讨使，征伐王行瑜。　【目】唐昭宗诏命李克用证讨王行瑜。李克用派儿子李存勖到行在。李存勖当时年仅十一岁，唐昭宗对他身材相貌很是惊奇，抚摸着他说："你是国家的栋梁之材，将来要对我李唐尽忠。"

【纲】崔昭纬被罢免。冬十月，唐昭宗任命孙偓为同平章事。

【纲】十一月，李克用攻克邠州，王行瑜伏罪处死。

【纲】十二月，唐昭宗进封李克用为晋王。

【纲】李克用返回晋阳。

【纲】乾宁三年（丙辰，896），夏四月，黄河涨水。

【纲】武安军叛乱，杀死刘建锋，推举马殷为留后。

【纲】秋七月，崔胤被罢免。八月，唐昭宗任命朱朴为同平章事。

【纲】九月，唐昭宗任命王潮为威武军节度使。

【纲】唐昭宗任命崔胤、崔远为同平章事。

【纲】冬十月，唐昭宗任命钱镠为镇海、镇东（治越州，今浙江绍兴）节度使。

【纲】唐昭宗任命刘隐为清海（即岭南，治在今广东广州）行军司马。

【纲】乾宁四年（丁巳，897），春正月，唐昭宗册立德王李裕为皇太子。冬十一月，册立淑妃何氏为皇后。

【纲】十二月，威武节度使王潮卒。 【目】王潮以弟审知为观察副使，有过，犹加捶挞，审知无怨色。潮寝疾，舍其子而命审知知军府事。

【纲】戊午，光化元年，春三月，以朱全忠为宣武、宣义、天平节度使。

【纲】以马殷知武安留后。秋九月，以王审知为威武节度使。

【纲】己未，二年，春正月，崔胤罢，以陆扆同平章事。

【纲】秋九月，以李茂贞为凤翔、彰义节度使。

【纲】庚申，三年，夏六月，以崔胤同平章事，杀司空、同平章事王抟。 【目】王抟明达有度量，时称良相。上素疾枢密使宋道弼、景务修专横，崔胤日与上谋去之。由是南北司益相憎疾，各结藩镇以相倾。抟恐其致乱，从容言于上曰："宦官擅权之弊，其势未可猝除，宜俟多难渐平，以道消息。"胤闻之，潜抟"为道弼辈外应"，上疑之。及胤罢相，意抟排己，恨之。遗未全忠书，使表论之。上不得已，召胤复相之。贬抟崖州司户，流道弼驩州，务修爱州，皆赐自尽。于是胤专制朝政，势震中外，宦官皆侧目。

【纲】秋九月，以徐彦若为清海节度使。

【纲】崔远罢，以裴贽同平章事。

【纲】冬十一月，中尉刘季述幽上于少阳院而立太子裕。【目】自宋道弼、景务修死，宦官皆惧。中尉刘季述、王仲先、枢密王彦范、薛齐偓等阴相与谋立太子。至是，上猎苑中，夜醉归，手杀黄门、侍女数人。明旦，日加辰巳，宫门不开。季述帅禁兵千人，破门

【纲】十二月，威武节度使王潮去世。　【目】王潮的弟弟王审知官福建观察副使，有了过错，仍会受到王潮的责打，而王审知毫无怨言。有鉴于此，王潮病重时，舍弃自己的儿子而命王审知掌握军事大权。

【纲】唐昭宗光化元年（戊午，898），春三月，唐昭宗任命朱全忠为宣武、宣义、天平节度使（即郓曹濮节度使，治郓州城）。

【纲】唐昭宗任命马殷为武安留后。秋十月，任命王审知为威武节度使。

【纲】光化二年（己未，899），春正月，崔胤被罢免，唐昭宗任命陆扆为同平章事。

【纲】秋九月，唐昭宗任命李茂贞为凤翔、彰义节度使。

【纲】光化三年（庚申，900），夏六月，唐昭宗任命崔胤为同平章事，杀掉司空、同平章事王抟。　【目】王抟明智通达，有度量，被当时人誉为"良相"。唐昭宗一向痛恨枢密使宋道弼、景务修专横跋扈，崔胤每天和唐昭宗商议除掉他们。因此，南衙北司之间仇恨更深，都各自勾结藩镇，相互倾轧。王抟耽心如此下去导致动乱，便从容地对唐昭宗说："宦官专权的弊端，由来已久，要想消除，势必难以一蹴而就，应等待国难渐渐平息，通过正常途径逐渐加以消灭。"崔胤得知后，诬陷王抟"是宋道弼等人的外应"，唐昭宗因而产生疑心。后来，崔胤被罢相，他认为是王抟对自己的排斥，便怀恨在心，写信给朱全忠，让他上表议论此事。唐昭宗不得已，恢复崔胤宰相职位。将王抟贬为崖州（治舍城，今广东琼山东南）司户，将宋道弼流放到驩州（治九德，在今越南北境），景务修流放到爱州（治九真，今越南清化），并赐他们自尽。从此，崔胤专断朝政，声势震动朝廷内外，宦官们对他侧目相视。

【纲】秋九月，唐昭宗任命徐彦若为清海节度使。

【纲】崔远被罢免，唐昭宗任命裴贽为同平章事。

【纲】冬十一月，中尉刘季述将唐昭宗幽囚于少阳院，拥立太子李裕。　【目】自宋道弼、景务修被赐死后，宦官们都十分害怕。中尉刘季述、王仲光，枢密使王彦范、薛齐偓等阴谋策划拥立太子。到现在，唐昭宗在宫苑中打猎，夜里，酒醉回宫，亲手杀死数名宦官、宫女。第二天，时辰已至辰、巳左右，宫门仍然紧闭不开。刘季述率禁兵千人，破门

而入，具得其状。出谓崔胤曰："主上所为如此，岂可理天下！废昏立明，自古有之，为社稷大计，非不顺也。"胤不敢违。季述召百官，陈兵殿庭，作胤等状，请太子监国，胤及百官皆署之。将士大呼入思政殿，上惊起，季述等出状白之，曰："此非臣等所为，皆南司众情，不可遏也。"即扶上与何后同辇，嫔御才十余人，适少阳院。季述以银挝画地数上罪数十，乃手锁其门，镕铁固之，穴墙以通饮食。季述迎太子入宫，矫诏立之。

崔胤密致书朱全忠，使兴兵图返正。季述遣其养子希度诣全忠，许以唐社稷输之。全忠犹豫未决，副使李振独曰："王室有难，霸者之资也。公为唐桓、文，安危所属。宦竖囚废天子，不能讨，何以复令诸侯！且幼主位定，则天下之权尽归宦官矣。"全忠大悟，即因希度，遣亲吏蒋玄晖如京师，与崔胤谋之。

【纲】辛酉，天复元年，春正月朔，神策指挥使孙德昭等讨刘季述等，皆伏诛。上复于位，黜太子裕为德王。　【目】神策指挥使孙德昭自季述等废立，常愤惋不平。崔胤闻之，遣判官石戬说之曰："今反者独季述、仲先尔，公诚能诛此二人，迎上皇复位，则富贵穷一时，忠义流千古；苟狐疑不决，则功落他人之手矣！"德昭曰："相公有命，不敢爱死。"遂结右军都将董彦弼、周承诲，谋以除夜伏兵安福门外以俟之。正旦，仲先入朝，德昭擒斩之。崔胤迎上御长乐门楼，帅百官称贺。周承诲擒刘季述、王彦范继至，方诘责，已为乱梃所毙。薛齐偓赴井死，出而斩之。上曰："裕幼弱，非其罪。"黜为德王。赐德昭姓名李继昭，承诲姓名李继诲，彦弼亦赐姓，皆以使相留宿卫，时人谓之"三使相"。上宠待胤益厚。朱全忠由是亦益重李振。

而入，了解到了发生的事情。出宫后对崔胤说："君主如此作为，怎能治理天下！废昏君，立明君，自古就有，为国家大计考虑，这样做并不是叛逆。"崔胤不敢违抗。刘季述召集百官，在宫中庭院里布列军队，起草崔胤等联名状，请求由太子监国。崔胤和百官都在上面签了名。将士们大声呐喊，冲入思政殿，唐昭宗惊慌起身，刘季述等拿出联名状给唐昭宗，并说："这并不是我们这些宦官所为，都是南司官员，群情激昂，不可遏止。"随即，将唐昭宗和何皇后扶上轿子，同十几名嫔妃，送到少阳院。刘季述用银挝画地，历数唐昭宗数十条罪责，然后亲手将门锁上，化铁水将锁眼填实，在墙上挖洞，用来送饭。刘季述将太子迎入宫中，假传诏书，立为天子。

　　崔胤秘密写信给朱全忠，想促使他兴兵拨乱反正。刘季述派养子刘希度去见朱全忠，许愿将唐室江山奉送。朱全忠犹豫不定，只有副使李振劝他说："王室有难，正是称霸的资本。您就好比大唐的齐桓公、晋文公，安危系于一身。阉宦竟敢囚禁天子，自行废立，您不加讨伐，如何号令诸侯！况且一旦幼主地位确立，天下大权就尽归宦官了。"朱全忠恍然大悟，当即关押刘希度，派亲信蒋玄晖到京城，和崔胤商议策划。

　　【纲】唐昭宗天复元年（辛酉，901），春季，正月初一，神策指挥使孙德昭等讨伐刘季述等，刘季述等全都伏罪处死。唐昭宗复位，将太子贬为德王。　【目】神策指挥使孙德昭自从刘季述擅行废立，常愤愤不平。崔胤知道后，派判官石戬劝说他："如今谋反的只是刘季述、王仲先二人而已，您要是能杀掉这二人，迎皇上复位，就可以富贵穷极当代，忠义流芳千古。假如狐疑不决，功劳就要旁落他人之手了！"孙德昭说："相公有所指派，德昭不敢惜命。"于是联合右军都将董彦弼、周承诲，议定于除夕夜里在安福门外伏兵等候。正月初一，王仲先入朝，孙德昭将其擒住处斩。崔胤迎接唐昭宗临幸长乐门楼，率百官道贺。周承诲捉住刘季述、王彦范后紧接着来到，唐昭宗刚刚开始责问，他们就被乱棍打死。薛齐偓投井而死，捞出后斩首。唐昭宗说："李裕年幼，没有什么罪过。"将其贬为德王，赐孙德昭姓李名继昭，周承诲姓李名继诲，董彦弼也赐姓李，都以节度使职兼任宰相，留在朝中值宿警卫，当

【纲】进朱全忠爵为东平王，李茂贞为岐王。

【纲】以韩全诲、张彦弘为中尉，袁易简、周敬容为枢密使。

【目】崔胤、陆扆上言："祸乱之兴，皆由中官典兵。乞令胤主左军，扆主右军，则诸侯不敢侵陵，王室尊矣！"上召李继昭等谋之，皆曰："臣等累世在军中，未闻书生为军主；若属南司，必多所变更，不若归之北司为便。"于是复以宦者为中尉。胤以宦官终为肘腋之患，欲以外兵制之，会李茂贞入朝，胤讽茂贞留兵宿卫，以假子继筠将之。谏议大夫韩偓以为不可，胤不从。

【纲】二月，以王溥、裴枢同平章事。

【纲】夏五月，以朱全忠为宣武、宣义、天平、护国节度使。

【纲】李茂贞入朝。　【目】茂贞至京师，韩全诲深与相结，崔胤始惧，益厚朱全忠而与茂贞为仇敌矣。

【纲】六月，解崔胤盐铁使。　【目】时上悉以军国事委崔胤，宦官侧目，胤欲尽除之。上独召翰林学士韩偓问之，对曰："今不若择其尤无良者数人，明示其罪，寘之于法；然后抚谕其余，有善则奖，有罪则惩，则咸自安矣。此曹任公私者以万数，岂可尽诛邪！夫帝王之道，当以重厚镇之，公正御之，至于琐细机巧，此机生则彼机应矣，终不能成大功。况今朝廷之权，散在四方；苟能先收此权，则事无不可为者矣。"上深以为然，曰："此事终以属卿。"

胤复请尽诛宦官。宦官得胤密谋，日夜谋所以去胤者。时胤领

时人称之为"三使相"。唐昭宗更加宠爱崔胤。朱全忠也因此更加器重李振。

【纲】唐昭宗进封朱全忠为东平王,李茂贞为岐王。

【纲】唐昭宗任命韩全诲、张彦弘为中尉,袁易简、周敬容为枢密使。　【目】崔胤、陆扆上书说:"祸乱的兴起,都是由于宦官掌握禁兵军权。请命令由崔胤掌管左军,陆扆掌管右军,那么诸侯不敢加以欺凌,王室地位就很受尊敬了。"唐昭宗与李继昭等商议此事,他们都说:"我们世代都在行伍之中,从没听说由书生担任一军主帅。如果将军队交给南司,一定会有很多变更,不如交给北司更为方便。"于是,唐昭宗仍以宦官为中尉。崔胤认为宦官迟早都是身边的祸患,想依靠朝廷以外的军队加以制约。适逢李茂贞入朝,崔胤便委婉地劝说李茂贞留下部门兵马护卫朝廷,由养子李继筠代理他的职务。谏议大夫韩偓认为不可以,崔胤不听。

【纲】二月,唐昭宗任命王溥,裴枢为同平章事。

【纲】夏五月,唐昭宗任命朱全忠为宣武、宣义、天平、护国节度使。

【纲】李茂贞入朝。　【目】李茂贞到京城,韩全海与他深深地结交。崔胤开始害怕,因而更加厚待朱全忠,而认李茂贞为仇敌了。

【纲】六月,唐昭宗解除崔胤盐铁使职务。　【目】当时,唐昭宗将国家军政大事全部委托给崔胤,宦官对他侧目相视,崔胤想将宦官全部除掉。唐昭宗单独召见翰林学士韩偓询问此事,韩偓回答说:"现在不如从中选择几个尤其令人痛恨的,当众明确宣布罪行,绳之以法。然后,安抚其余的人,有善行的就加以奖励,有罪过的就加以惩罚,那么这些人就都安心了。宦官们官府和私家任职做事的有数万人,哪里可能都杀光呢!按照帝王之道,应当以重罚厚赏来镇抚他们,以公正无私驾驭他们。至于琐细机巧的手段,此生彼应,终究难以成就大事。何况当今朝廷大权,旁落于四方藩镇。假如能先收回这些权力,就没有不可以做的事了。"唐昭宗对韩偓的话十分赞同,说:"这件事终归要交给你来处理。"

崔胤再次请求杀掉所有宦官。宦官们得知消息,日夜策划除掉崔

三司，韩全诲等教禁军对上喧噪，诉胤减损冬衣；上不得已，解胤盐铁使。时朱全忠、李茂贞各有挟天子令诸侯之意，胤知谋泄，事急，遗全忠书，称被密诏，令全忠以兵迎车驾。

【纲】冬十月，朱全忠举兵发大梁。

【纲】十一月，韩全诲等劫帝如凤翔。朱全忠取华州。 【目】韩全诲等闻全忠将至，令李继诲、李彦弼等勒兵劫上，请幸凤翔。全忠至河中，表请车驾幸东都，京师大骇。全诲等陈兵殿前，言于上曰："全忠欲劫天子幸洛阳，求传禅；臣等请奉陛下幸凤翔，收兵拒之。"上不许，拔剑登乞巧楼。全诲等逼上下楼，上不得已，与后、妃、诸王百余人皆上马，恸哭而出。

李茂贞出迎，上下马慰接之。还入凤翔。

全忠议引兵还，张浚说之曰："韩建，茂贞之党，不取之，必为后患。"乃引兵逼其城，建单骑迎谒，全忠以建为忠武节度使，以兵送之。

【纲】朱全忠引兵至凤翔城东而还。 【目】朱全忠至长安，宰相帅百官班迎。至凤翔，军于城东。李茂贞登城谓曰："天子避灾，非臣下无礼；逸人误公至此。"全忠报曰："韩全诲劫迁天子，今来问罪，迎扈还宫。岐王若不预谋，何烦陈谕！"上屡诏全忠还镇，全忠乃拜表奉辞，移兵趣邠州。节度使李继徽请降，复姓名杨崇本。李茂贞以诏命征兵河东，李克用遣李嗣昭将五千骑趣晋州，与汴兵战于平阳北，破之。

【纲】以卢光启参知机务，崔胤、裴枢罢。

【纲】十二月，清海节度使徐彦若卒。 【目】彦若遗表荐刘隐权留后。

胤的办法。当时崔胤统领三司,韩全海等令禁军对唐昭宗鼓噪,诉说崔胤减少冬衣。唐昭宗不得已,解除崔胤盐铁使职务。当时,朱全忠、李茂贞都有挟天子以令诸侯的企图,崔胤得知自己的密谋泄露,事态很急迫,便写信给朱全忠,声称自己得到密诏,令朱全忠率兵迎接皇上车驾。

【纲】冬十月,朱全忠自大梁发兵。

【纲】十一月,韩全诲将唐昭宗劫到凤翔。朱全忠攻取华州。【目】韩全诲听说朱全忠要来了,便令李继海、李彦弼等率兵劫持唐昭宗,请求去凤翔。朱全忠到河中,上表请唐昭宗临幸东都,京城大为惊骇。韩全诲在宫殿前列兵,对唐昭宗说:"朱全忠想劫持天子去东都洛阳,以求得传位禅让。我们请求您去凤翔,招集军队进行抵抗。"唐昭宗不应允,拔出剑,登上乞巧楼。韩全诲逼唐昭宗下楼,唐昭宗不得已,和皇后、妃子、诸王百余人上马,痛哭而出。

李茂贞前往迎接,唐昭宗下马接见并慰劳他,一块进入凤翔。

朱全忠想率兵返回,张浚劝说道:"韩建是李茂贞的同党,不攻取他,必为后患。"于是率兵逼近华州城,韩建单骑迎接拜见。朱全忠任韩建为忠武节度使,派兵护送上任。

【纲】朱全忠率兵到凤翔城东而后撤回。 【目】朱全忠到长安,宰相率百官班列相迎。到凤翔,驻军城东。李茂贞登上城墙对他说:"天子躲避灾祸,并不是臣子无礼劫来的,谗佞的小人诱使您错误地率兵来此。"朱全忠回答说:"韩全海劫走天子,我现在前来问罪,迎接并护卫天子回京师宫中。岐王若是没有参预阴谋,何必陈述表白自己!"唐昭宗屡次下诏命朱全忠撤回藩镇,朱全忠才拜受诏命,移兵到邠州。节度使李继徽请求归降,恢复本名杨崇本。李茂贞以诏命向河东征兵。李克用派李嗣昭率五千人马赶往晋州,和汴兵在平阳(今山西临汾南)以北交战,大败汴兵。

【纲】唐昭宗任命卢光启参与机要政务,崔胤、裴枢被罢免。

【纲】十二月,清海节度使徐彦若去世。 【目】徐彦若遗表荐举刘隐权且充任留后。

纲鉴易知录卷六十

唐纪

昭宗皇帝

【纲】壬戌,二年,春正月,以韦贻范同平章事。

【纲】三月,汴兵围晋阳。 【目】朱全忠还河中,遣氏叔琮、朱友宁攻河东,围晋阳。李克用召诸将议走保云州,李嗣昭、周德威及李嗣源皆曰:"儿辈在此,必能固守。王勿为此谋,摇人心。"克用乃止。会大疫,汴兵引还。

克用以贮粮、缮兵、修城利害问于幕府,掌书记李袭吉曰:"国富不在仓储,兵强不由众寡,霸国无贫主,强将无弱兵。愿大王崇德爱人,去奢省役,设险固境,训兵务农。如此,则国不求富而自富,不求安而自安矣。"

克用以封疆日蹙,忧形于色,存勖进言曰:"朱氏穷凶极暴,人怨神怒,今其极也,殆将毙矣!吾家代袭忠贞,大人当遵养时晦,以待其衰,奈何轻为沮丧,使群下失望乎!"克用悦。

刘夫人无子。克用宠姬曹氏生存勖,幼警敏,有勇略,刘夫人待曹氏加厚。

【纲】以杨行密为行营都统,赐爵吴王。

【纲】夏四月,卢光启罢。

【纲】五月,朱全忠至东渭桥。 【目】崔胤诣河中,泣诉于朱全忠,请以时迎奉。全忠与之宴,胤亲执板歌以侑酒。全忠乃将兵五万发河中。

【纲】韦贻范罢。

昭宗皇帝

【纲】唐昭宗天复二年（壬戌，902），春正月，唐昭宗任命韦贻范为同平章事。

【纲】三月，汴兵（指朱全忠）围困晋阳。【目】朱全忠回到河中（治蒲城，今山西芮城西北），派氏叔琮、朱友宁进攻河东，围困晋阳。李克用召集诸将商议退守云州，李嗣昭、周德威、李嗣源都说："您的儿子们都在这里，一定可以固守。大王不要作此打算，以免动摇人心。"李克用便放弃了退守云州的企图。适逢瘟疫流行，朱全忠撤兵。

李克用向幕府僚佐咨询贮粮、修缮甲兵、修筑城墙等方面的利害，掌书记李袭吉说："国家富庶与否不在于仓库中储存多少粮食，军事力量是否强大不在于士兵数量多少，能称霸的国家没有贫穷的君主，强将手下没有怯懦的士兵。希望大王能崇尚德政，爱护百姓，去奢从简，减省赋役，凭借险要，防卫州境，训练士兵，致力农业。这样，国家不必强去追求自然会富裕起来，不用强求安定自然会安定下来了。"

李克用见封地日益紧缩，忧形于色。李存勖进言道："朱氏穷凶极恶，天怒人怨，如今已作恶到了极点，就要完蛋了！我们家世代忠贞不二，大人应韬光养晦，等待其衰败。何必轻易流露出沮丧的情绪，而令部下们失望呢！"李克用很高兴。

刘夫人没有儿子。李克用的宠妾曹氏生下李存勖。李存勖自幼机警聪敏，勇敢且有胆略，刘夫人更加厚待曹氏。

【纲】唐昭宗任命杨行密为行营都统，赐爵吴王。

【纲】夏四月，卢光启被罢免。

【纲】五月，朱全忠到东渭桥。【目】崔胤到河中，向朱全忠哭诉，请他及时地迎奉唐昭宗。朱全忠设宴招待他。崔胤手执牙板，打着拍子唱歌劝酒。朱全忠率兵五万自河中出发。

【纲】韦贻范被罢免。

【纲】进钱镠爵为越王。

【纲】以苏检同平章事。

【纲】朱全忠围凤翔。 【目】全忠朝服向城而泣曰:"臣但欲迎车驾还宫耳,不与岐王角胜也。"

【纲】秋八月,起复韦贻范同平章事。 【目】贻范之为相也,多受人赂,许以官;既而以丧罢去,日为债家所噪,故汲汲于起复,日遣人诣两中尉、枢密及李茂贞求之。上命韩偓草制,偓曰:"吾腕可断,此制不可草!"即上疏论之,上命罢草。明日,班定,无白麻可宣;宦官喧言韩侍郎不肯草麻。茂贞入见,曰:"陛下命相而学士不肯草麻,与反何异!"上曰:"学士所陈,事理明白,若之何不从!"茂贞不悦而出,语人曰:"我实不知书生礼数,为贻范所误。"贻范乃止。至是,竟起复贻范,使姚洎草制。贻范不让,即表谢;明日视事。

【纲】冬十月,韦贻范卒。

【纲】癸亥,三年,春正月,李茂贞杀韩全诲等,帝幸朱全忠营。遂发凤翔,复以崔胤为司空、同平章事。 【目】李茂贞独见上,请诛全诲等,与全忠和解,奉车驾还京。上喜,即收全诲等斩之。又斩李继筠、继诲、彦弼等十六人,而以第五可范、仇承坦为中尉,王知古、杨虔朗为枢密使。时凤翔所诛宦官已七十二人,全忠又密令京兆捕诛九十人。车驾幸全忠营,全忠素服待罪,顿首流涕。上亦泣,亲解玉带以赐之。少休,即行。全忠命朱友伦将兵扈从。驾至兴平,崔胤帅百官迎谒,复以为相,领三司如故。

【纲】车驾至长安,大诛宦官,以崔胤判六军十二卫事。 【目】车驾入长安,崔胤奏:"以宦官典兵预政,倾危国家;不翦其根,祸

【纲】唐昭宗进封钱镠为越王。

【纲】唐昭宗任命苏检为同平章事。

【纲】朱全忠围困凤翔。　【目】朱全忠身着朝服面向城中,哭着说:我不过是想迎圣驾回宫罢了,并不想与岐王一争胜负。"

【纲】秋八月,唐昭宗重新启用韦贻范为同平章事。　【目】韦贻范担任宰相时,接受了许多人的贿赂,封官许愿。后来因为母丧罢官离任,每天都有讨债的人上门吵闹,因此,急于起复,每天派人去两位中尉、枢密使和李茂贞处求情。唐昭宗命韩偓起草诏命,韩偓说:"我的腕可以砍断,这个制书绝不起草!"随即上书议论此事,唐昭宗下令停止起草。第二天,朝臣班列已定,却没有诏制宣布,宦官们吵吵嚷嚷,说韩侍郎不肯起草诏制。李茂贞入宫对唐昭宗说:"您任命宰相可翰林学士竟不肯起草诏制,这与造反有什么不同!"唐昭宗说:"翰林学士陈述的理由,于事于理,明明白白,为什么不听从!"李茂贞不高兴地退了出来,对人说:"我实在不知道书生的礼数,被韦贻范所误。"韦贻范这才作罢。现在,唐昭宗竟然起复了韦贻范,命姚洎起草诏制。韦贻范也不辞让,当即上表称谢,第二天,便上朝执政。

【纲】冬十月,韦贻范去世。

【纲】天复三年(癸亥,903),春正月,李茂贞杀掉韩全诲等人。唐昭宗驾临朱全忠军营,于是自凤翔出发,重新任崔胤为司空、同平章事。　【目】李茂贞单独面见唐昭宗,请杀掉韩全诲等人,与朱全忠和解,护卫车驾返回京城。唐昭宗很高兴,当即收捕韩全海等人处斩,又杀掉了李继筠、李继诲、李彦弼等十六人,而任命第五可范、仇承坦为中尉,王知古、杨虔朗为枢密使。当时,在凤翔已经杀掉七十二名宦官,朱全忠又密令京兆尹捕杀九十人。唐昭宗驾临朱全忠军营,朱全忠身着白衣等待治罪,见到唐昭宗叩头流泪不止。唐昭宗也流下泪来,他解下玉带亲手赐给朱全忠。稍事休息,便出发了。朱全忠命朱友伦率兵跟随护卫。唐昭宗车驾到兴平,崔胤率百官迎候,唐昭宗仍命他担任宰相,统领三司。

【纲】唐昭宗回到长安,大规模处死宦官。任命崔胤掌管六军十二卫。　【目】唐昭宗回到长安,崔胤上奏:"使用宦官掌握军权,干预朝

终不已。请悉罢内诸司使,其事务尽归之省、寺,诸道监军俱召还阙下。"上从之。全忠遂以兵驱第五可范已下数百人,尽杀之,冤号之声,彻于内外。其出使外方者,诏所在诛之,止留黄衣幼弱者三十人以备洒扫。以崔胤兼判六军十二卫事。

【纲】二月,赐朱全忠号"回天再造竭忠守正功臣"。以辉王祚为诸道兵马元帅,朱全忠守太尉以副之,进爵梁王,崔胤为司徒兼侍中。

【纲】贬韩偓为濮州司马。 【目】上尝谓偓曰:"崔胤虽忠,然颇用机数。"对曰:"凡为天下者,万国皆属之耳目,安可以机数欺之!莫若推诚直致,虽日计之不足而岁计之有余也。"上欲用偓为相,偓荐赵崇、王赞自代。胤恶其分己权,使朱全忠白上曰:"赵崇轻薄,王赞不才,韩偓何得妄荐!"上不得已贬偓。上与泣别,偓曰:"是人非复向来之比,臣得贬死为幸,不忍见篡弑之辱!"

【纲】梁王全忠辞归镇。
【纲】以裴枢同平章事。
【纲】秋八月,进王建爵为蜀王。
【纲】冬十月,山南东道节度使赵匡凝取荆南,表其弟匡明为留后。 【目】时天子微弱,诸道多不上供,惟匡凝兄弟委输不绝。

【纲】李茂贞、李继徽举兵逼京畿。 【目】朱全忠之克邠州也,执节度使杨崇本妻于河中而私焉。崇本怒,使谓李茂贞曰:"唐室将灭,父忍坐视之乎!"遂相与连兵侵逼京畿,复姓名李继徽。全忠恐其复有劫迁之谋,乃发兵屯河中。

政，倾覆社稷，危害国家，不彻底除掉其根源，祸乱便不会停止。请将内侍诸使全部罢免，将原由他们掌握的权力全部划归省、寺，将诸道监军全部召回宫中。"唐昭宗听从了他的话。朱全忠便率兵驱赶第五可范以下数百宦官，将他们全部杀掉。冤号之声，响彻宫廷内外。出使在外的，便诏命就地处绝。只留下三十名幼弱宦官用于洒扫杂役。任命崔胤掌握六军十二卫。

【纲】二月，唐昭宗赐朱全忠号"回天再造竭忠守正功臣"。任命辉王李祚为诸道兵马元帅。朱全忠兼任太尉，作为副将，进爵为梁王。崔胤为司徒兼侍中。

【纲】唐昭宗将韩偓贬为濮州（治鄄城，今山东鄄城）司马。【目】唐昭宗曾对韩偓说："崔胤虽然很忠诚，但爱耍弄机巧权术。"韩偓说："凡是统治天下的人，天下万国都在耳闻目睹之中，岂能是机巧权数所能欺骗的！不如推诚布公更加直接了当，这样做短期看来有所不足，长远观之则富富有余。"唐昭宗想任命韩偓为宰相，韩偓举荐赵崇、王赞代替自己。崔胤讨厌他分散了自己的权力，便指使朱全忠对唐昭宗说："赵崇轻薄，王赞缺乏才干，韩偓怎可妄加举荐呢！"唐昭宗不得已，贬斥韩偓。唐昭宗哭着与韩偓告别，韩偓说："这个人不能再与从前相比了，我能被贬斥一直到死，已是很幸运了，实在不忍心看到您遭到篡位，弑君的耻辱！"

【纲】梁王朱全忠辞职回到藩镇。

【纲】唐昭宗任命裴枢为同平章事。

【纲】秋八月，加封王建为蜀王。

【纲】冬十月，山南东道节度使赵匡凝攻取荆南，上表由其弟赵匡明为留后。　【目】当时，天子地位衰微，诸道多数都不上贡，只有赵匡凝兄弟输送贡赋从未间断。

【纲】李茂贞、李继徽率兵进逼京畿。　【目】朱全忠攻克邠州，捉到节度使杨崇本的妻子并与之私通。杨崇本很恼怒，派人对李茂贞说："唐室要被消灭了，父亲忍心坐视不管吗！"于是与李茂贞联合进逼京畿，又改姓名为李继徽。朱全忠担心他们有再次将皇上劫走的企图，便派兵屯驻河中。

【纲】十一月,以独孤损同平章事,裴贽罢。

【纲】甲子,天祐元年,春正月,梁王全忠杀崔胤,以崔远、柳璨同平章事。 【目】初,崔胤假朱全忠兵力以诛宦官,全忠既破李茂贞,威震天下,遂有篡夺之志。胤惧,与全忠外虽亲厚,私心渐异。至是,全忠欲迁天子都洛,恐胤立异,密表胤等专权乱国,请并其党郑元规等诛之,诏皆贬之,而以裴枢、独孤损分判六军、三司。全忠密令朱友谅杀胤及元规等数人。

【纲】梁王全忠屯河中,表请迁都。上发长安,二月,至陕。【目】朱全忠引兵屯河中,遣牙将奉表称:"邠、岐兵逼畿甸,请上迁都洛阳。"时上御延喜楼。及下,裴枢已促百官东行。驱徙士民,号哭满路,骂曰:"贼臣崔胤,召朱温来倾覆社稷,使我曹流离至此!"上遂发长安,全忠以张廷范为御营使,毁长安宫室百司及民间庐舍,长安遂墟。上至华州,民夹道呼万岁,上泣曰:"勿呼万岁,朕不复为汝主矣!"馆于兴德宫,谓侍臣曰:"鄙语去:'纥干山头冻杀雀,何不飞去生处乐?'朕今漂泊,不知竟落何所!"因泣下沾襟,左右莫能仰视。二月,至陕,全忠来朝,上延入寝室,见何后。后泣曰:"自今大家夫妇,委身全忠矣!"

【纲】三月,梁王全忠赴洛阳。

【纲】遣间使以密诏告难于四方。 【目】上复遣间使以绢诏告急于王建、杨行密、李克用等,令纠率藩镇以图匡复,曰:"朕至洛阳,则为全忠所幽闭,诏敕皆出其手,朕意不得复通矣!"

【纲】夏四月,上至洛阳。

【纲】更封钱镠为吴王。

【纲】十一月，唐昭宗任命独孤损为同平章事，裴贽被罢免。

【纲】唐昭宗天祐元年（甲子，904），春正月，梁王朱全忠杀死崔胤，任命崔远、柳璨为同平章事。　【目】当初，崔胤依靠朱全忠的军事力量除掉宦官。朱全忠打败李茂贞，威震天下，便产生了篡权的野心。崔胤很害怕，和朱全忠表面上十分亲密，暗里却逐渐产生二心。现在，朱全忠想将天子迁往洛阳，恐怕崔胤提出异议，从中阻拦，便秘密上表，说崔胤专权乱国，请求将其及党羽郑元规杀掉。唐昭宗下诏将他们贬斥，任命裴枢、独狐损分别统领六军、三司。朱全忠密令朱友谅杀掉崔胤和郑元规等数人。

【纲】梁王朱全忠屯驻河中，上表请求迁都。唐昭宗从长安出发，二月，到陕（今河南陕县陕县镇）。　【目】朱全忠率兵屯驻河中，派牙将上表声称：邠、岐军队逼近京畿，请皇上迁都洛阳。当时，唐昭宗在延喜楼，等到下来时，裴枢已经在催促百官东行。士子百姓也被驱赶迁徙，哭号之声满路，人们骂道："贼臣崔胤，引来朱温，颠覆社稷，以至于让我们流离失所！"唐昭宗只好离开长安。朱全忠任命张廷范为御营使，拆毁长安城中的宫室以及官府百姓的屋舍，长安城一片废墟。唐昭宗到达华州，百姓夹道，高呼万岁，唐昭宗哭着说："不要喊万岁，我已经不是你们的君主了！"唐昭宗在兴德宫住下，对侍臣说："俗话说：'纥干山（在今山西大同东）头要冻死的雀儿，为什么不去能活命的地方去快乐？'如今我漂泊流浪，不知最后会流落何方！"说着，泪湿衣襟，身边的人不忍抬头观看。二月，到达陕。朱全忠来朝见，唐昭宗将他请到内室，见何皇后。何皇后哭着说："从今以后，皇上和我，夫妇二人就托身给你朱全忠了！"

【纲】三月，梁王朱全忠奔赴洛阳。

【纲】唐昭宗派密使带着密诏向四方通报危难。　【目】唐昭宗再次派密使带着绢诏向王建、杨行密、李克用等人告急，命他们纠合各藩镇设法匡复国家，说道："我如果到洛阳，就会被朱全忠幽禁，诏敕命令都出自他手，我的意愿再也无法得以通达四方了！"

【纲】夏四月，唐昭宗到达洛阳。

【纲】改封钱镠为吴王。

【纲】五月,梁王全忠还镇。

【纲】六月,李茂贞、王建、李继徽合兵讨朱全忠,全忠拒之河中。

【纲】秋八月,全忠弑帝于椒殿,太子柷即位。 【目】帝自离长安,日忧不测,与何后终日沉饮,或相对悲泣。时李茂贞等移檄往来,皆以兴复为辞。全忠方西讨,以帝有英气,恐变生于中,欲立幼君,易谋禅代。乃遣判官李振至洛阳,与蒋玄晖及朱友恭、氏叔琮等图之。玄晖遣牙官史太等百人夜叩宫门,杀宫人裴贞一。帝在椒殿,方醉,遽起,单衣绕柱走,太追弑之、立辉王祚为皇太子,更名柷,于柩前即位,时年十三。全忠闻之,阳惊哭,自投于地曰:"奴辈负我,令我受恶名于万代!"至东都,伏梓宫恸哭,杀友恭、叔琮。友恭临刑大呼曰:"卖我以塞天下之谤,如鬼神何!"全忠遂辞赴镇。

【纲】冬十二月,以刘隐为清海节度使。

昭宣帝

【纲】乙丑,昭宣帝天祐二年。

【纲】春二月,朱全忠杀德王裕等九人。 【目】全忠使蒋玄晖邀德王裕九人,置酒九曲池,悉缢杀之,投尸池中。皆昭宗之子也。

【纲】葬和陵。

【纲】三月,以王师范为河阳节度使。

【纲】独孤损、裴枢、崔远并罢,以张文蔚、杨涉同平章事。【目】涉为人和厚恭谨,闻当为相,泣谓其子凝式曰:"此吾家之不幸也,以为汝累。"

【纲】五月,梁王朱全忠回到藩镇。

【纲】六月,李茂贞、王建、李继徽联合征讨朱全忠,朱全忠在河中抵抗。

【纲】秋八,朱全忠将唐昭宗杀死在椒殿。太子李柷即位。【目】唐昭宗自从离开长安,日夜担忧发生不测,与何皇后俩人终日消沉对饮,或相对而泣。当时,李茂贞等人檄文往来,都声称要恢复唐室江山。朱全忠正全力西讨,因为唐昭宗气质英武,恐怕宫中发生变故,便想拥立幼主,以便易于谋求禅位。于是派判官李振到洛阳,和蒋玄晖、朱友恭以及氏叔琮等进行策划。蒋玄晖派牙官史太等百余人,夜里敲开宫门,杀死宫人裴贞一。唐昭宗正在椒殿,已经喝醉,急忙起身,只穿着单衣,绕着柱子跑,史太追上将他杀死。拥立辉王李祚为皇太子,改名李柷,在唐昭宗的灵柩前即位,时年十三。朱全忠闻讯,假装吃惊痛哭,自己卧在地上说:"奴才们辜负了我,让我千秋万代背负恶名!"来到东都,伏在棺木上痛哭,杀朱友恭、代叔琮。朱友恭临刑时喊道:"出卖我以堵住天下诅骂之口,对鬼神如何交待!"朱全忠便辞归藩镇。

【纲】冬十二月,任命刘隐为清海节度使。

昭宣帝

【纲】昭宣帝天祐二年。

【纲】春二月,朱全忠杀掉德王李裕等九人。 【目】朱全忠命蒋玄晖去邀请德王李晖等九人,说是在九曲池设酒宴,李裕等来后,朱全忠将他们全都吊死,尸体就抛在池子里。这九个人都是唐昭宗的儿子。

【纲】昭宣帝将唐昭宗葬在和陵(在今河南偃师太平山)。

【纲】三月,昭宣帝任命王师范为河阳(治河阳,今河南孟县西)节度使。

【纲】独孤损、裴枢、崔远同时被罢免,昭宣帝任命张文蔚、杨涉为同平章事。 【目】杨涉为人谦和、敦厚、恭谨,得知自己被选为宰相,哭着对儿子杨凝式说:"这是我们家的不幸,势必会连累于你。"

【纲】夏四月，彗星出西北，长竟天。

【纲】六月，杀裴枢、独孤损、崔远、陆扆、王溥等三十余人。【目】柳璨恃朱全忠之势，恣为威福。会有星变，占者曰："君臣俱灾，宜诛杀以应之。"璨因疏其素所不快者于全忠曰："此曹皆怨望腹非，宜以之塞灾异。"李振因言于全忠曰："王欲图大事，此曹皆朝廷之难制者也，不若尽去之。"全忠以为然。贬独孤损、裴枢、崔远、陆扆、王溥、赵崇、王赞等官有差。自余或门胄高华，或科第自进，以名检自处者，皆指以为浮薄，贬之。六月朔，聚枢等三十余人于白马驿，一夕尽杀之，投尸于河。初，李振屡举进士不中第，故深疾缙绅之士，言于全忠曰："此辈常自谓清流，宜投之黄河，使为浊流！"全忠笑而从之。振自汴至洛，朝臣必有窜逐者，时谓之"鸱枭"。

【纲】秋八月，征前礼部员外司空图诣阙，寻放还山。【目】初，图弃官，居虞乡王官谷，昭宗屡征之，不起。柳璨以诏书征之，图惧，入见，阳为衰野，坠笏失仪。璨复下诏曰："养高钓名，匪夷匪惠，难居公正之朝。可放还山。"

【纲】冬十一月，吴王杨行密卒，子渥代为淮南节度使。

【纲】以梁王全忠为相国，封魏王，加九锡；全忠不受。

【纲】十二月，朱全忠弑太后何氏，杀蒋玄晖、柳璨、张廷范。【目】初，柳璨与玄晖、廷范相结，为全忠谋禅代事。何太后使宫人达意，求传禅之后，子母生全。王殷、赵殷衡谮玄晖，云："与璨、廷范与太后夜宴，焚香为誓，兴复唐祚。"全忠信之，诛玄晖，令殷等弑太后于积善堂，斩柳璨于上东门，车裂廷范于都市。璨临刑呼曰：

【纲】夏四月,彗星自西北出现,尾长贯穿天空。

【纲】六月,将裴枢、独孤损、崔远、陆扆、王溥等三十多人杀掉。

【目】柳璨依仗着朱全忠,恣意作威作福。适逢出现彗星,占卜的人说:"君臣都要遭灾,应该杀人以应天意。"柳璨趁机将他一向不喜欢的人报告给朱全忠,说:"这都是些心怀不满的人,应该用他们遏止天灾。"李振对朱全忠说:"你想成就大业,这些人都是朝臣中难以制服的人,不如将他们全都除掉。"朱全忠深以为然。将独孤损、裴枢、崔远、陆扆、王溥、赵崇、王赞等降职贬官不等。从此开始,或高门贵胄,或科举登第,凡以名节自居者,都指斥为浮华轻薄,加以贬逐。六月初一,将裴枢等三十人召集在一块,一夜之间,全都杀掉,尸体投入黄河。当初,李振屡次科举,没有中进士,因此,十分嫉恨科举出身的官员,对朱全忠说:"这些家伙常常自诩为'清流',应该把他们都扔进黄河,让他们成为'浊流'!"朱全忠笑着答应了。李振从汴州到洛阳,朝臣中必有被放逐的官员,时人称他"猫头鹰"。

【纲】秋八月,征召前礼部员外郎司空图到朝廷,不久又放归山林。 【目】当初,司空图弃官,住在虞乡王官谷(今山西运城西南虞乡镇。王官谷在虞乡东南中条山),唐昭宗多次征召,均被拒绝。柳璨用诏书征召,司空图很害怕,入朝觐见,装作衰老的村野俗人,大失仪态,将笏板也掉到地上。柳璨便又下诏说:"故作清高,沽名钓誉,即非伯夷,也非柳下惠,难以在公正的朝廷里做官。还是放他归山吧。"

【纲】冬季十一月,吴王杨行密去世,其子杨渥接替他任淮南节度使。

【纲】昭宣帝命梁王朱全忠为相国,封为魏王,加九锡;朱全忠不接受。

【纲】十二月,朱全忠杀死何太后,又杀掉蒋玄晖、柳璨、张廷范。 【目】当初,柳璨和蒋玄晖、张廷范相勾结,替朱全忠策划谋求禅让取代帝位的事。何太后使宫人透露意愿,请求传位禅让后,保全母子生命。王殷、赵殷衡诬陷蒋玄晖说:"他和柳璨、张廷范与太后夜里设宴,焚香发誓,要兴复唐室江山。"朱全忠信以为真,杀蒋玄晖,命王殷将何太后杀死在积善堂,将柳璨在上东门处斩,在都市中将张廷范车

"负国贼柳璨,死其宜矣!"

　　右唐二十一帝,共二百八十九年。

裂。柳璨临刑时高喊说:"负国贼柳璨,死得应该呀!"
以上唐朝二十一帝,共二百八十九年。

五代·后梁纪

太祖皇帝

【纲】丁卯,四年,春正月,淮南牙将张颢、徐温作乱。【目】杨渥骄侈日甚,居丧,酣饮作乐,燃十围之烛以击球。或单骑出游,从者不知所之。左右牙指挥使张颢、徐温泣谏,渥怒。颢、温潜谋作乱。一日帅牙兵二百,露刃直入庭中,渥曰:"尔果欲杀我邪?"对曰:"非敢然也,欲诛王左右乱政者尔!"因数渥所亲信十余人之罪,曳下,击杀之,谓之"兵谏"。

【纲】三月,唐遣使奉册宝如梁。【目】帝下诏禅位于梁,遣宰相张文蔚、杨涉及薛贻矩、苏循、张策、赵光逢等奉玉册、传国宝,帅百官备法驾,诣大梁。杨涉子直史馆凝式言于涉曰:"大人为唐宰相,而国家至此,不可谓之无过。况手持天子玺绶与人,虽保富贵,奈千载何!盍辞之!"涉大骇曰:"汝灭吾族!"神色为之不宁者数日。

【纲】夏四月,卢龙节度使刘仁恭为其子守光所囚。【目】仁恭骄侈贪暴,以大安山四面悬绝,筑馆其上,极壮丽。实以美女,与方士炼药其中。有爱姬罗氏,其子守光通焉,仁恭杖守光而斥之。至是,梁遣李思安击之,直抵城下。仁恭在大安,城几不守。守光自外引兵入,登城拒守,却之。遂自称节度使,令部将李小喜攻大安,虏仁恭以归,囚于别室。守光弟守奇奔河东。

【纲】梁王全忠更名晃,称皇帝。奉唐帝为济阴王。【目】张文蔚等至大梁。梁王更名晃,即皇帝位。文蔚等升殿读册宝已,降,

太祖皇帝

【纲】后梁太祖开平元年（丁卯，907），春正月，淮南牙将张颢、徐温作乱。　【目】杨渥日益骄横奢侈，服丧期间，还饮酒作乐，点燃十围粗的大蜡烛照明击球。或者是单人独骑外出游玩，侍从们都不知他的去向。左右牙指挥使张颢、徐温哭泣着规谏，杨渥很恼怒。于是张颢、徐温策划作乱。一天，两人率牙兵二百名，提刀径直闯入内庭，杨渥说："你们真想杀死我吗？"回答说："并不敢这样做，只不过是想杀掉大王身边败坏政事的人而已！"接着历数杨渥十多名亲信的罪状，拉出去杀掉，称为"兵谏"。

【纲】三月，唐廷使者带着封册、传国宝玺到达大梁。　【目】昭宣帝下诏禅位于梁，派宰相张文蔚、杨涉以及薛贻矩、苏循、张策、赵光逢等带着玉册、传国宝玺，率领文武百官，备好皇帝的车驾仪仗前往大梁。杨涉的儿子，直史馆杨凝式对杨涉说："大人身为唐廷宰相，国家沦落到这般地步，您不能说没有责任。更何况还手持天子的宝玺送给他人，虽然可以保全富贵，如何面对青史！为什么不辞职！"杨涉大惊道："你会灭我全族的！"接连几天，为此神色不安。

【纲】夏四月，卢龙节度使刘仁恭被其子刘守光囚禁。　【目】刘仁恭骄横奢侈，贪婪残暴，仗着大安山（在今北京房山西北）地形险要，四面均为绝壁，在上面筑起宫馆，广收美女，和方士在里面炼制丹药。他有个爱妾罗氏，和他的儿子刘守光私通，刘仁恭为此杖责刘守光。到如今，朱全忠派李思安进攻他，直逼幽州城下。刘仁恭还在大安山内，幽州几乎失守。刘守光在外率兵攻入，登城抗拒，将李思安击退。于是刘守光便自称节度使，命部将李小喜攻击大安山，将刘仁恭俘获，囚禁在另外的屋中。刘守光的弟弟刘守奇逃奔河东。

【纲】梁王朱全忠改名为晃，称帝。尊奉唐帝为济阴王。　【目】张文蔚等来到大梁。梁王改名为晃，即帝位。张文蔚等上殿宣读封册

帅百官舞蹈称贺。梁王与之宴，举酒劳之曰："此皆诸公推戴之力也。"文蔚等皆惭，伏不能对，独苏循、薛贻矩盛称功德，宜应天顺人。

梁王复与宗戚饮博宫中，其兄全昱谓曰："朱三，汝本砀山一民也，从黄巢为盗，天子用汝为四镇节度使，富贵极矣，奈何一旦灭唐家三百年社稷，他日得无灭吾族乎！"梁主不怿而罢。

奉唐帝为济阴王，迁于曹州，使甲士守之。

【纲】梁以汴州为东都、开封府，洛阳为西都，长安为大安府、佑国军。

【纲】梁以马殷为楚王。

【纲】梁以敬翔知崇政院事。

【纲】淮南、西川移檄兴复唐室。　【目】时惟河东、凤翔、淮南称"天祐"，西川称"天复"年号，余皆禀梁正朔。蜀王建与杨渥移檄诸道，云"欲与岐王、晋王会兵兴复唐室"，卒无应者。建乃谋称帝，遗晋王书云："请各帝一方。"晋王复书不许，曰："誓于此生，靡敢失节。"

【纲】岐王李茂贞开府。　【目】茂贞治军宽简，无纪律。兵羸地蹙，不敢称帝，但开岐王府，置百官，宫殿、号令皆拟帝者。

【纲】契丹遣使如梁。　【目】是岁，契丹耶律阿保机，帅众三十万寇云州，晋王与之连和，约为兄弟，延之帐中，纵酒尽欢，约共击梁。或劝晋王擒之，王曰："雠敌未灭而失信夷狄，自亡之道也。"留之旬日，厚赠遗之。阿保机既归而背盟，更附于梁，晋王由是恨之。

【纲】梁以钱镠为吴越王。　【目】镇海节度判官罗隐说镠举兵

已毕,退下,带领文武百官舞蹈称贺。梁王为此举办宴会,举酒慰劳说:"这都是诸公推戴有功啊。"张文蔚等都满面羞惭,只有苏循、薛贻矩盛赞梁王功德,理应顺应天意人心。

后梁太祖又和皇亲国戚在宫中饮宴博艺,他的哥哥朱全昱说:"朱三,你本来不过是砀山(在今安徽砀山东)一介草民,附庸黄巢,落草为寇,天子任用你为四镇节度使,极尽富贵。你为什么把大唐的江山社稷一下子就毁了呢,将来岂不是要招致灭族之灾吗!"后梁太祖很不高兴,宴会不欢而散。

后梁太祖尊唐帝为济阴王,迁居曹州,派武装士兵看守。

【纲】后梁以汴州为东都、开封府,洛阳为西都,长安为大安府、佑国军。

【纲】后梁封马殷为楚王。

【纲】后梁任命敬翔主管崇政院事务。

【纲】淮南、淮西转布檄文,号召兴复唐室社稷。 【目】当时,只有河东晋王李克用、凤翔岐王李茂贞、淮南吴王杨渥仍然尊奉唐昭宗天祐年号,西川蜀王王建尊奉唐昭宗天复年号,其余则一律尊奉后梁正朔。蜀王王建和杨渥向诸道发布檄文说是"打算与岐王、晋王联合起来,兴复唐室",最终无人响应,于是王建便谋求称帝,给晋王写信说:"让我们各占一方称帝。"晋王回信没有同意,说:"我发誓这一生中,不敢失去节操。"

【纲】岐王李茂贞设置王府。 【目】李茂贞对军队的管理宽松、简约,没有严格的纪律。他的军队士兵羸弱,地盘局促,因此不敢称帝,只开设了岐王府,设置百官,宫殿、号令都仿效帝王。

【纲】契丹人派使者到后梁。 【目】这一年,契丹人耶律阿保机,率三十万人袭扰云州,晋王与契丹人联合,结盟为兄弟,并请他们到自己的营帐中,饮酒欢宴,约定共同对付后梁。有人劝晋王趁机将他们擒住,晋王说:"仇敌还没有消灭,却失信于夷狄,这是自取灭亡。"留他们住了十几天,赠给大量财宝将他们送走,耶律阿保机回去后却背叛了盟约,转而依附后梁,晋王因此对他十分痛恨。

【纲】后梁太祖封钱镠为吴越王。 【目】镇海节度判官罗隐劝说

讨梁，谓："纵无成功，犹可退保杭、越，自为'东帝'。奈何交臂事贼，为终古之羞乎！"镠始以隐为不遇于唐，必有怨心；及闻其言，虽不能用，心甚义之。

【纲】梁以高季昌为荆南节度使。　【目】依政进士梁震，唐末登第。归蜀，过江陵，高季昌爱其才识，留之，欲奏为判官。震耻之，欲去，恐及祸，乃曰："震素不慕荣宦，明公不以为愚，必欲使参谋议，但以白衣侍樽俎可也。"季昌许之。震终身止称"前进士"，不受高氏辟署。季昌甚重之，以为谋主，呼曰"先辈"。

【纲】梁主封其兄全昱为广王。　【目】全昱不乐在京师，常居砀山故里，三子皆封王。

【纲】梁礼部尚书苏循等致仕。　【目】循及其子楷，自谓有功于梁，朝夕望为相。梁主薄其为人，敬翔、李振亦鄙之，言于梁主曰："苏循，唐之鸱枭，卖国求利，不可以立于维新之朝。"诏循等十五人并勒致仕，楷斥归田里。

【纲】秋七月，梁以刘守光为卢龙节度使。

【纲】九月，蜀王王建称帝。

【纲】戊辰，春正月，晋王李克用卒，子存勖立。　【目】晋王病笃，命其弟克宁、监军张承业、大将李存璋、吴珙、掌书记卢质立其子存勖为嗣，曰："此子志气远大，必能成吾事，尔曹善教导之。"又谓克宁等曰："以亚子累汝！"亚子，存勖小名也。言终而卒。存勖袭位。

【纲】二月，梁主晃弑济阴王。

【纲】夏五月，晋王攻梁夹寨，破之，潞州围解。　【目】李思安攻潞州，久不下。晋王与诸将谋曰："上党，河东之藩蔽，无上党，是无河东也。且朱温所惮者先王尔，闻吾新立，以为童子未闲军旅，

钱镠兴兵讨伐后梁，说："纵然不能成功，还可以退而据守杭、越，自称为'东帝'，为什么拱手事奉逆贼，成为永久的羞耻呢！"钱镠起初认为罗隐在唐不得重用，一定心怀不满。后来听到他这番话，虽然没有采纳，但心里非常钦佩他的节义。

【纲】后梁太祖任命高季昌为荆南节度使。　【目】依政（今四川邛崃东南）进士梁震，唐朝末年科举登第。在回蜀途中，经过江陵，高季昌很爱重他的才能见识，挽留他，想奏请任命他为判官。梁震引以为耻，想离开，又怕招致灾祸，便说："我向来不喜仕宦，您不认为我很愚钝，一定要我参与谋划的话，让我穿着白衣，侍奉于酒席间就行了。"高季昌答应了他的要求。梁震终身只称"前进士"，不接受高季昌授予的官位。高季昌很看重他，把他当作自己出谋划策的心腹，称他为"先辈"（唐人称进士为先辈）。

【纲】后梁太祖封其兄朱全昱为广王。　【目】朱全昱不愿留在京城，经常住在故乡砀山，他的三个儿子也都封王。

【纲】后梁礼部尚书苏循等人退休。　【目】苏循和他的儿子苏楷自觉有功于梁，日夜盼望能被任用为宰相。后梁太祖很鄙视其为人，敬翔、李振也很看不起他，对后梁太祖说："苏循，好比是唐朝的鸱枭，卖国求荣，这种人不应当让他在新的朝廷中立足。"后梁太祖下诏，勒令苏循等十五人辞官，将苏楷斥归田里。

【纲】秋七月，后梁任命刘守光为卢龙节度使。

【纲】九月，蜀王王建称帝。

【纲】开平二年（戊辰，908），春正月，晋王李克用去世，子李存勖继立。　【目】晋王病重，命其弟李克宁、监军张承业、大将李存璋、吴珙、掌书记卢质拥立他的儿子李存勖为继承人，说："这孩子志向远大，一定能成就我的事业，你们要好好地教导他。"又对李克宁说："亚子就麻烦你了！"亚子，是李存勖的小名。说罢去世。李存勖袭位。

【纲】二月，后梁太祖杀掉了济阴王。

【纲】夏五月，晋王攻破后梁围攻潞州军队的寨垒，潞州之围被解。　【目】李思安围攻潞州，久攻不下。晋王和诸将商议说："上党是河东的屏障，没有上党，就没有河东。朱温所畏惧的是先王，见我刚

必有骄怠之心。若简精兵倍道趣之，出其不意，破之必矣。取威定霸，在此一举，不可失也！"乃大阅士卒，以丁会为都招讨使，帅周德威等发晋阳。五月朔，晋王伏兵三垂冈下，诘旦大雾，进兵直抵夹寨。梁军无斥候，将士尚未起，晋王命周德威、李嗣源分兵为二道，填堑烧寨，鼓噪而入。梁兵大溃，南走，失亡将士万计，委弃资械山积。梁主闻夹寨不守，大惊，既而叹曰："生子当如李亚子，克用为不亡矣！至如吾儿，豚犬尔！"

【纲】晋王归晋阳。 【目】晋王归晋阳，休兵行赏。命州县举贤才，黜贪残，宽租税，抚孤穷，伸冤滥，禁奸盗，境内大治。

【纲】淮南张颢、徐温弑其节度使杨渥，温复攻颢，杀之。

【纲】秋七月，淮南将吏推杨隆演为节度使。
【纲】己巳，春正月，梁迁都洛阳。
【纲】淮南徐温自领升州刺史。 【目】徐温以金陵形胜，战舰所聚，乃自以淮南行军副使领升州刺史，留广陵，以其假子、元从指挥使知诰为升州防遏兼楼船副使，往治之。

【纲】夏四月，梁以王审知为闽王。 【目】审知俭约，常蹑麻履，府舍卑陋，未尝营葺。宽刑薄赋，公私富实，境内以安。

【纲】秋七月，梁以刘守光为燕王。
【纲】庚午，春二月，岐王承制，加杨隆演嗣吴王。

【纲】夏四月，梁宋州献瑞麦。 【目】梁宋州节度使衡王友谅献瑞麦，一茎三穗，梁主曰："丰年为上瑞。今宋州大水，安用此为！"诏除本县令名，遣使诘责友谅，以惠王友能代之。

刚继立,认为小孩子不了解军队行军作战的事,一定会产生骄傲的心理。如果派精兵火速前往,出其不意,一定会打败他。树立威势,确立霸业,在此一举,机不可失!"于是隆重地检阅士兵,任命丁会为都招讨使,率领周德威等从晋阳出发。五月初一,晋王将士兵埋伏在三垂冈下,第二天,大雾,率兵直逼梁兵的寨垒下面,梁军没有设岗哨,将士们还没有起床。晋王命周德威、李嗣源分兵两路,填平堑壕,放火烧寨,高声呐喊着冲进去。梁兵大败,向南败退,损兵折将,数以万计,丢弃的物资器械堆成小山。后梁太祖听说寨垒失守,大惊,尔后叹息说:"生儿子应当像李亚子,李克用的事业不会灭亡了!至于说我的儿子,猪狗罢了!"

【纲】晋王回到晋阳。【目】晋王回到晋阳,休兵行赏。命州县推举贤才,罢黜贪婪残暴的官吏,放宽租税,抚恤孤寡贫困,昭雪冤屈,禁绝奸盗,境内获得大治。

【纲】淮南张颢、徐温杀掉节度使杨渥,徐温又袭击张颢,将他杀掉。

【纲】秋七月,淮南将士推举杨隆演为节度使。

【纲】开平三年(己巳,909),春正月,后梁迁都洛阳。

【纲】淮南徐温自行兼任升州刺史。【目】徐温认为金陵(即升州,今江苏南京)地势优越,战舰聚集,便以淮南行军副使身份,自行兼任升州刺史,留驻广陵,任命养子、元从指挥使徐知诰为升州防遏兼楼船副使,前往治理。

【纲】夏四月,后梁封王审知为闽王。【目】王审知十分俭朴,常穿着麻鞋,住处也很简陋,没有进行过修整。他用刑宽松,薄取赋敛,官府百姓都很富足,辖境因而十分安定。

【纲】秋七月,后梁封刘守光为燕王。

【纲】开平四年(庚午,910),春二月,岐王接受制命,加封杨隆演承继吴王。

【纲】夏四月,后梁宋州进贡瑞麦。【目】后梁宋州节度使衡王朱友谅进贡瑞麦,一茎三穗,后梁太祖说:"如果是丰收年景,这便是最上等的祥瑞。今年宋州发大水,要这些东西有什么用!"下诏除掉宋

【纲】辛未,春正月,朔,日食。

【纲】三月,梁清海节度使刘隐卒,弟岩知留后。

【纲】秋八月,燕王刘守光称帝。

【纲】冬十月,晋遣李承勋使于燕。 【目】晋王闻刘守光称帝,大笑曰:"俟彼十年,吾当问其鼎矣。"张承业请遣使致贺以骄之,晋王遣太原少尹李承勋往,用邻藩通使之礼。燕典客欲使称臣庭见,承勋曰:"吾受命于唐朝为太原少尹,燕王岂得而臣之乎!"守光怒,囚之,数日,竟不能屈。

【纲】十一月,幽州参军冯道奔晋。 【目】刘守光攻赵易、定,道以为未可,系狱。得免,亡奔晋,张承业荐之晋王,以为掌书记。

【纲】刘守光寇易、定,晋遣兵救之。

【纲】壬申,春正月,晋师及镇、定之兵伐幽州。二月,梁主救之,大败,走还。

【纲】夏五月,梁主至洛阳。 【目】梁主至洛阳,疾甚,谓近臣曰:"我经营天下三十年,不谓太原余孽更昌炽如此!吾观其志不小,天复夺我年,我死,诸儿非彼敌也,吾无葬地矣!"因哽咽,绝而复苏。

【纲】六月,梁郢王友珪弑其主晃而自立。 【目】梁主长子友裕早卒。次假子博王友文,梁主特爱之,常留守东都。次郢王友珪,其母娼也,为控鹤指挥使,无宠。次均王友贞,为东都指挥使。初,张后严整多智,梁主敬惮之。后殂,梁主恣意声色,诸子虽在外,常征其妇入侍,友文妇王氏色美,尤宠之,欲以友文为太子。友珪心不平。梁主疾甚,命王氏召友文,欲付以后事。友珪妇张氏知之,密告

州出产瑞麦那个县的好名声,派使者责问朱友谅,并用惠王朱友能取代他。

【纲】后梁太祖乾化元年(辛未,911),春季,正月初一,日食。

【纲】三月,后梁清海节度使刘隐去世,弟刘岩为留后。

【纲】秋八月,燕王刘守光称帝。

【纲】冬十月,晋派遣李承勋出使燕。 【目】晋王得知刘守光称帝,大笑道:"等到他占卜在位年头的时候,我应当已经取而代之了。"张承业请求派使节致贺,使他骄横自负,晋王派太原少尹李承勋前去,并对他执邻国使节来往的礼节。燕掌管接待事务的官员,想让他在朝见刘守光时,执臣子之礼,李承勋说:"我接受唐朝的任命,做太原少尹,燕王怎能让我称臣呢!"刘守光大怒,将他囚禁了很多天,但始终未能使他屈服。

【纲】十一月,幽州参军冯道投奔晋。 【目】刘守光进攻赵王王镕的辖地易州和定州,冯道认为不行,便被囚入监牢。后来得到赦免,便投奔于晋,张承业将他推荐给晋王,被晋王任命为掌书记。

【纲】刘守光袭击易州、定州,晋王派兵救援。

【纲】乾化二年(壬申,912),春正月,晋军和镇州、定州军队攻伐幽州。二月,后梁太祖派兵援救,大败而回。

【纲】夏五月,后梁太祖到洛阳。 【目】后梁太祖到达洛阳,病重,对亲近大臣说:"我经营天下三十年,没想到太原余孽如此兴盛猖狂。我看他志向不小,老天又削夺我的年寿,我死后,我的儿子们都不是他的敌手,我没有葬身之地了!"说着哽咽不止,昏厥过去,过一会儿才苏醒了。

【纲】六月,后梁郢王朱友珪杀死后梁太祖朱晃自立为帝。 【目】后梁太祖的长子朱友裕很早就死掉了。次养子朱友文很得后梁太祖的宠爱,常常留守东都。次子郢王朱友珪,母亲原是一名娼妓,朱友珪官控鹤指挥使,不得宠爱。次子均王朱友贞,任东都指挥使。当初,张后端正严整,聪明机智,后梁太祖对她既敬重,又畏惧。张后死后,后梁太祖纵情女色。诸子即使远在外地,后梁太祖也常常将他们的妻子召入宫中侍奉。博王朱友文的妻子王氏貌美,尤其得到后梁太祖的宠爱,

友珪。珪与统军韩勍合谋，以牙兵杂控鹤士中，夜斩关入，至寝殿，梁主惊起曰："我固疑此贼，恨不早杀之。汝悖逆如此，天地岂容汝乎！"友珪曰："老贼，万段！"友珪仆夫冯廷谔刺梁主腹，刃出于背。以败毡裹之，瘗于寝殿。遣供奉官丁昭溥驰诣东都，命友贞杀友文。矫诏称："友文谋逆，赖友珪忠孝，将兵诛之，宜令友珪权主军国之务。"韩勍为友珪谋，多出金帛赐诸军及百官以取悦。乃发丧即位。

【纲】秋七月，梁以杨师厚为天雄节度使。

【纲】梁遣兵击河中，节度使朱友谦降晋。

【纲】梁以敬翔同平章事。

【纲】冬十月，晋王救河中，梁兵败走。

梁主瑱

【纲】癸酉，春二月，梁均王友贞起兵讨贼。友珪伏诛，友贞立于大梁，更名瑱。友谦复归梁。　【目】友珪遽为荒淫，内外愤怒。驸马都尉赵岩，太祖之婿也；龙虎统军袁象先，太祖之甥也。岩奉使至大梁，均王友贞密与之谋诛友珪，岩曰："此事成败，在杨令公。得其一言谕禁军，吾事立办。"均王乃遣腹心说师厚曰："郢王篡弑，人望属在大梁，公若因而成之，此不世之功也。"师厚乃遣其将王舜贤至洛阳，阴与袁象先谋。岩归洛阳，亦与象先定计。象先等帅禁兵数千人突入宫中。友珪令冯廷谔先杀妻，次杀己，廷谔亦自刭。均王即位于大梁，更名瑱。加杨师厚兼中书令，赐爵邺王。遣使招抚朱友谦，友谦复称藩。

后梁太祖想将朱友文立为太子,朱友珪心里愤愤不平。后梁太祖病重,命王氏召见朱友文,想将后事托付给他。朱友珪的妻子张氏闻讯,密告朱友珪。朱友珪和统军韩勍策划,由韩勍领牙兵混杂在控鹤指挥使朱友珪军中,夜里,斩断门闩,闯入宫中,直取寝殿。后梁太祖吃惊起身道:"我早就怀疑你这个贼子,遗憾的是没有早早地把你杀掉。你如此悖逆,天地岂能容你呢!"朱友珪说:"老贼,恨不能将你碎尸万段!"朱友珪的仆夫冯廷谔一刀刺入后梁太祖的肚子,刀尖从背后透出来。然后,用破毡子将尸体裹上,埋在寝殿。派供奉官丁昭溥驰往东都,命朱友贞杀掉朱友文。假称诏命说:"朱友文谋反,幸亏朱友珪忠孝,率兵将其杀掉。当命朱友珪暂且主持军国大政。"韩勍替朱友珪出主意,从府库中多拿些金银帛绢赏赐诸军以及百官,以取得他们的欢心。于是为后梁太祖发丧,朱友珪即位。

【纲】秋七月,后梁任命杨师厚为天雄节度使。

【纲】后梁派兵袭击河中,节度使朱友谦降晋。

【纲】后梁任命敬翔为同平章事。

【纲】冬十月,晋王救援河中,梁兵败退。

梁主瑱

【纲】后梁乾化三年(癸酉,913),春二月,后梁均王朱友贞起兵讨伐朱友珪,朱友珪伏罪被杀。朱友贞在大梁即位,改名为瑱。朱友谦重又归顺于后梁。 【目】朱友珪荒淫无道,朝廷内外都十分痛恨。驸马都尉赵岩,是后梁太祖的女婿。龙虎统军袁象先,是后梁太祖的外甥。赵岩奉使来到大梁。均王朱友贞和赵岩密谋除掉朱友珪,赵岩说:"这件事成败与否,取决于杨令公。有他一句话调动禁军,我们的事立刻就成功。"均王朱友贞便派心腹游说杨师厚说:"郢王朱友珪杀主篡位,人们把希望都寄托在大梁,您如果顺应人心促成此事,这是盖世的功劳。"杨师厚便派部将王舜贤到洛阳,暗中与袁象先策划。赵岩回到洛阳,也和袁象先定下计策。袁象先等人率数千禁兵冲入宫中。朱友珪命冯廷谔先杀掉妻子,然后杀死自己,冯廷谔也自刎而死。均王朱友贞在大梁即位,改名为瑱。加封杨师厚为中书令,赐爵为邺王。派使者

【纲】夏四月,晋师逼幽州。拔平、营州。

【纲】六月,梁赐高季昌爵渤海王。

【纲】冬十一月,晋王入幽州,执刘仁恭及守光以归。

【纲】甲戌,春正月,刘仁恭、刘守光伏诛。【目】晋王以练绵刘仁恭父子,凯歌入于晋阳,献于太庙,自临斩刘守光。械仁恭于代州,刺其心血以祭先王墓,然后斩之。

【纲】高季昌攻蜀夔州,不克。

【纲】秋八月,蜀以毛文锡判枢密院。【目】峡上有堰,或劝蜀主乘夏秋江涨,决之以灌江陵。文锡谏曰:"季昌不服,其民何罪!陛下方以德怀天下,忍以邻国之民为鱼鳖食乎!"蜀主乃止。

【纲】乙亥,春正月,梁分天雄为两镇。夏四月,魏人降晋。六月,晋王入魏。

【纲】秋七月,梁刘鄩引兵袭晋阳,不至,还守莘城。【目】刘鄩以晋兵尽在魏州,晋阳必虚,欲袭取之,乃潜引兵自黄泽西去。晋人怪鄩军数日不出,遣骑觇之,时见旗帜循堞往来,晋王曰:"吾闻刘鄩用兵,一步百计,此必诈也。"更使觇之,乃缚刍为人,执旗乘驴在城上尔。晋王曰:"鄩长于袭人,短于决战,计彼行才及山下。"亟发骑兵追之。晋将李嗣恩倍道先入晋阳,城中知之,勒兵为备。鄩粮尽,又闻晋有备,追兵在后,众惧,将溃,郭谕止之。

周德威闻鄩西上,自幽州引千骑救晋阳。鄩知临清有蓄积,欲据之以绝晋粮道。德威急追至南宫,擒其斥候者,断腕而纵之,使

招抚朱友谦，朱友谦重又称臣于后梁。

【纲】夏四月，晋军逼迫幽州，攻克平州（治卢龙，今河北卢龙）、营州（治柳城，今辽宁朝阳）。

【纲】六月，后梁赐高季昌为渤海王。

【纲】冬十一月，晋王进入幽州，将刘仁恭和刘守光捉回。

【纲】乾化四年（甲戌，914），春正月，刘仁恭、刘守光被杀。【目】晋王用绳捆绑刘仁恭父子，凯旋回到晋阳，在太庙献祭，晋王亲临，斩杀刘守光。将刘仁恭解至代州（治雁门，今山西代县），用他的血祭奠先王坟墓，然后斩首。

【纲】高季昌攻打蜀的夔州（治奉节，今四川奉节东北），没有攻克。

【纲】秋八月，蜀任命毛文锡主持枢密院事。【目】三峡上有水坝，有人劝蜀王乘夏秋江水上涨，决坝淹灌江陵，毛文锡谏阻说："高季昌不服罪，可是百姓有什么罪过！您现在正想用德政感化天下，怎么忍心让邻国百姓成为鱼鳖的食物呢！"蜀主便放弃了这个打算。

【纲】后梁贞明元年（乙亥，915），春正月，后梁将天雄分为两镇。夏四月，魏人降晋。六月，晋王入魏。

【纲】秋七月，后梁刘鄩带兵袭击晋阳，还没有到晋阳，便退守莘城（今山东冠县东南）。【目】刘鄩认为晋军全在魏州，晋阳必定空虚，想偷袭攻取，于是偷偷带兵自黄泽（今山西左权东南黄泽关）西进。刘鄩军接连几天不出城作战，晋军十分奇怪，便派骑兵前去窥探。只见旗帜沿着城墙堞垛来来往往。晋王说："我听说刘鄩用兵，每一步行动都有百般计谋，其中一定有诈。"再派人窥探，结果发现，刘鄩命人扎稻草人，举着旗帜，骑着驴在城上来回走动。晋王说："刘鄩善长偷袭，不善决战，估计他现在才走到山下。"立即派骑兵追击。同时，晋将李嗣恩抢先赶回晋阳，晋阳城中闻讯，集合兵马，加强防备。刘鄩粮草耗尽，又得知晋阳已有防备，后面又有追兵，士兵们都很害怕，眼看就要溃逃，刘鄩下令制止。

周德威得知刘鄩西进，便自幽州率千余骑兵奔赴晋阳。刘鄩得知临清（今山东临清南）有积蓄的粮草，便想占据临清断绝晋军的粮道。

言曰："周侍中已据临清矣！"诘朝，略郭营而过，入临清。郭引军趋贝州，军堂邑，德威攻之，不克。翌日，军于莘县，堑而守之。晋王营莘西三十里，一日数战。

晋王爱元行钦骁健，从李嗣源求之，赐姓名曰李绍荣。王复欲求高行周，重于发言，密使人以官禄啖之，行周辞曰："代州养壮士，亦为大王尔，行周事代州，亦犹事大王也。代州脱行周兄弟于死，行周不忍负之。"乃止。

【纲】八月，梁刘鄩攻镇、定营，晋击败之。

【纲】冬十月，梁康王友敬作乱，伏诛。 【目】梁德妃张氏卒，将葬，友敬使腹心数人匿于寝殿。梁主觉之，召宿卫兵索殿中，得而手刃之。捕友敬，诛之。由是疏忌宗室，专任赵岩及妃兄弟汉鼎、汉杰、从兄弟汉伦、汉融。岩等依势弄权，卖官鬻狱，离间旧将相。敬翔、李振虽为执政，所言多不用。振每称疾不预事，政事日紊，以至于亡。

【纲】丙子，春正月，梁以李愚为左拾遗。 【目】梁主闻李愚学行，召为左拾遗，充崇政院直学士。衡王友谅贵重，李振等见皆拜之，愚独长揖，梁主让之曰："衡王，朕兄也，朕犹拜之，卿长揖可乎？"对曰："陛下以家人礼见衡王，拜之宜也。振等陛下家臣；臣于王无素，不敢妄有所屈。"久之，竟以抗直罢。

【纲】秋九月，晋王还晋阳。 【目】王性孝，虽经营河北，而数还晋阳省曹夫人，岁再三焉。

【纲】冬十二月，晋以张瑾为麟州刺史。 【目】张承业治家甚严，有侄为盗，杀贩牛者，承业斩之。晋王以其侄瑾为麟州刺史，承

周德威急忙追到南宫（今河北南宫西北），捉到刘鄩的哨兵，将他们砍断手腕后放回去，说："周侍中已经占据临清了！"第二天，周德威劫掠了刘鄩的军营后，进入临清。刘鄩率军逃往贝州（治清河，今河北南宫东南），驻扎在堂邑（今山东聊城西北），周德威进攻，未能攻克。第二天，刘鄩驻扎在莘县，挖好堑壕驻守。晋王在莘西三十里扎营，双方一天数次交战。

晋王喜爱元行钦的勇猛矫健，便向李嗣源索求，并赐姓名为李绍棠。晋王又想要高行周，但难于启齿，便暗地派人用官位利禄引诱，高行周推辞说："代州供养壮士，也是为了大王您啊。高行周事奉代州，就好比在事奉大王。代州曾将行周兄弟从死亡中解脱，行周不忍心辜负他。"晋王只得作罢。

【纲】八月，后梁刘鄩进攻镇、定军营，晋军将其击败。

【纲】冬十月，后梁康王友敬作乱，伏罪被斩。　【目】后梁德妃张氏去世，快要安葬时，朱友敬派心腹数人藏匿在寝殿。梁帝发觉，召来宿卫兵在殿中搜索，捉到后，全部被梁帝亲手杀死。后又捕获朱友敬，杀掉。从此疏远疑忌宗室，只信任赵岩和妃子的兄弟汉鼎、汉杰、从兄弟汉伦、汉融。赵岩等依仗得宠，专权跋扈，卖官鬻爵，离间旧有的将相。敬翔、李振虽然身为执政，但所说的多不被采纳。李振常称病不参与朝政，政事日益紊乱，以至后梁灭亡。

【纲】贞明二年（丙子，916），春正月，后梁任李遇为左拾遗。【目】后梁帝闻知李遇的学识品行，将他召为左拾遗，充任崇政院直学士。衡王朱友谅地位尊贵重要，李振等人见了都行跪拜礼，李愚见他只是作揖而已。后梁帝责怪他说："衡王是我的哥哥，我尚且要跪拜他，你却只拱手作揖，这样行吗？"李愚回答说："您按照家人的礼节见衡王，跪拜是应该的。李振等人是您的家臣，我与衡王素无来往，不敢妄自屈尊。"时间长了，竟因此被罢官。

【纲】秋九月，晋王回到晋阳。　【目】晋王生性孝顺，即使忙于经营河北，还是多次返回晋阳探望曹夫人，一年三四次。

【纲】冬十二月，晋王任张瑾为麟州刺史。　【目】张承业治家十分严格，他有个侄子做了强盗，杀死牛贩子，张承业将其处斩。晋王任用他

业谓曰:"汝本为贼,惯为不法,今若不悛,死无日矣!"由此瑾所至,不敢贪暴。

【纲】契丹称帝改元。 【目】契丹主阿保机自称皇帝,国人谓之天皇王。以妻述律氏为皇后,置百官,改元神册。晋王方经营河北,欲结契丹为援,常以叔父事阿保机,以叔母事述律后。刘守光末年衰困,遣参军韩延徽求援于契丹,阿保机怒其不拜,留之,使牧马于野。延徽有智略,颇知属文。述律后曰:"延徽能守节不屈,此今之贤者,奈何辱以牧圉?宜礼而用之。"阿保机召与语,悦之,遂以为谋主。延徽始教契丹建牙开府,筑城郭,立市里,以处汉人,使各有配偶,垦蓺荒田。由是汉人安业,逃亡者少。契丹威服诸国,延徽有功焉。顷之,逃奔晋阳。晋王欲置之幕府,掌书记王缄疾之。延徽不自安,求归省母,遂复入契丹,阿保机待之益厚。至是,以为相。延徽寄书于晋王曰:"非求恋英主,非不思故乡,所以不留,正惧王缄之谗尔。"因以老母为托,且曰:"延徽在此,契丹必不南牧。"故终同光之世,契丹不深入为寇,延徽之力也。

【纲】晋王如魏州。

【纲】丁丑,春二月,晋新州裨将卢文进杀其防御使李存矩,亡奔契丹。

【纲】三月,契丹陷新州,晋师攻之,不克。

【纲】契丹围幽州,夏四月,晋王遣李嗣源将兵救之。 【目】契丹乘胜进围幽州,卢文进教之攻城。周德威遣使告急,晋王与梁相持河上,欲分兵则兵少,欲勿救恐失之,谋于诸将,独李嗣源、李存审、阎宝劝王救之。王喜曰:"昔太宗得一李靖犹擒颉利,今吾有

的侄子张瑾为麟州刺史（治新秦，今陕西神木北），张承业对张瑾说："你本来是个盗贼，惯作违法的事，今后若是不改，死期就到了！"从此，张瑾每到一处，都不敢贪财暴虐。

【纲】契丹称帝改元。　【目】契丹主耶律阿保机自称皇帝，契丹国人称他为"天皇王"。以妻子述律氏为皇后，设置百官，改元神册。晋王正忙于经营河北，想结纳契丹作为后援，因此常把耶律阿保机当作叔父来侍奉，把述律后当作叔母来侍奉。刘守光末年衰败困窘，派参军韩延徽向契丹求援，耶律阿保机恼恨他不下拜，将他扣留，让他到野外牧马。韩延徽机智，有谋略，很会写文章。述律后说："韩延徽能恪守节操威武不屈，是当今贤能的人，为何让他去牧马，羞辱于他呢？应该以礼相待，任用他。"耶律阿保机将他召来，同他谈话，很喜欢他，便让他做了自己主要的谋士。于是，韩延徽便教契丹人设置官府，建筑城郭，建立市肆里巷，用以安置汉人，让他们各寻配偶，开垦荒地。从此，汉人安居乐业，逃亡的人减少了。契丹能在各国中树立威望，韩延徽有很大功劳。不久，韩延徽逃回晋阳。晋王想将他安排在幕府中，掌书记王缄十分嫉恨。韩延徽不能感到安心，便请求回家探望母亲，趁机又逃回契丹，阿保机待他更加优厚，到如今，便拜他为相。韩延徽写信给晋王说："我并非不留恋英明的君主，也不是不思念故乡，我所以不愿留下，都是因为惧怕王缄的谗言啊。"并将老母相托付，并且说："有韩延徽在此，契丹一定不会南犯。"因此，整个同光年间，契丹都不曾深入南犯，这都是韩延徽的力量。

【纲】晋王到魏州。

【纲】贞明三年（丁丑，917），春二月，晋新州副将卢文进杀掉防御使李存矩，逃奔契丹。

【纲】三月，契丹攻新州，晋军反攻，没有成功。

【纲】契丹围困幽州。夏四月，晋王派李嗣源率兵救援。　【目】契丹人乘胜围攻幽州，卢文进教给他们攻城的方法。周德威派人告急。晋王正与后梁隔黄河对峙，想分兵则兵力太少，想不去救援，又怕幽州失守，便和诸将商议，只有李嗣源、李存审、阎宝三人劝晋王前去救援。晋王高兴地说："当年，唐太宗得到一个李靖便捉住了颉利可汗，如今我

猛将三人，复何忧哉！"存审、宝以为虏无辎重，势不能久，不若俟其还而击之。李嗣源曰："德威，社稷之臣，今朝夕不保，恐变生于中，何暇待虏之衰！臣请身为前锋以赴之。"王曰："公言是也。"即日，命治兵。四月，命嗣源将兵先进，宝以镇、定之兵继之。

【纲】五月，吴徐温徙治升州。

【纲】秋八月，刘岩称越帝于广州。

【纲】晋师击契丹，败之，幽州围解。

【纲】冬十月，晋王还晋阳。　【目】王连岁出征，凡军府政事一委监军使张承业，承业劝课农桑，畜积金谷，收市兵马，征租行法不宽贵戚，由是军民肃清，馈饷不乏。王或时须钱蒱博及给赐伶人，而承业靳之。王乃置酒库中，令其子继岌为承业舞，指钱欲赐之，承业曰："此钱，大王所以养战士也，承业不敢以为私礼。"王不悦，语侵之，承业怒曰："仆老敕使尔！非为子孙计，惜此库钱，所以佐王成霸业也；不然，王自取用之，何问仆为！不过财尽人散，一无所成尔。"王怒，顾李绍荣索剑。承业起挽王衣，泣曰："仆受先王顾托之命，誓为国家诛汴贼，若以惜库物死于王手，仆下见先王无愧矣。"曹太夫人闻之，遽令召王，王惶恐叩头谢，请承业痛饮以分其过，承业不肯。王入宫，太夫人使人谢承业曰："小儿忤特进，已笞之矣。"明日，与王俱至承业第谢之。未几，承制授承业开府仪同三司、左卫上将军、燕国公。承业固辞不受，但称唐官终身。

卢质嗜酒轻傲，王衔之。承业恐其及祸，乘间言曰："质数无礼，请为大王杀之。"王曰："吾方招纳贤士以就功业，七哥何言之

有三员猛将，还有什么可担忧的呢！"李存审、阎宝认为契丹人没有带辎重，势必无法持久，不如等他撤退时加以攻击。李嗣源说："周德威是社稷重臣，如今幽州时刻都有陷落的危险，恐怕城内会发生变乱，哪有时间等到契丹人攻势衰败呢！我请求担任前锋，前往救援。"晋王说："你说得对。"当天，便下令准备兵马。四月，命李嗣源率兵为前锋，阎宝率镇、定士兵随后。

【纲】五月，吴国徐温将治所迁徙到升州。

【纲】秋八月，刘岩在广州称越帝。

【纲】晋军进攻契丹军，将契丹军击败，幽州之围被解。

【纲】冬十月，晋王返回晋阳。　【目】晋王连年出征作战，军府政事全都委托给监军使张承业。张承业积极督促农桑种植积蓄财产粮食，收购兵马，征收租赋，推行法治，宗室贵戚也不宽限，因此，军民平静，粮饷不乏。晋王有时需要钱博艺游戏或赏赐唱戏的伶人，张承业便劝阻不给。晋王便在府库里设酒宴，让儿子李继岌为张承业跳舞，然后，指着钱帛要张承业赏赐李继岌。张承业说："这些钱，是大王用以供养战士的，张承业不敢用它来当做馈赠私人的礼物。"晋王不高兴，用话来讥刺他，张承业生气地说："我是皇上的老臣了！我并不是为自己的儿孙打算，吝惜这库里的钱帛，是因为这是用来辅佐大王成就霸业的。不然的话，大王只管自行取用，何必来问老臣！最终不过是财尽人散，一无所成罢了！"晋王很恼怒，回头向李绍荣要剑。张承业起身，拉住晋王衣服，哭着说："老臣接受先王的托付，发誓要为国家诛除汴贼（指朱全忠）。如果因为吝惜这库里的财物而死在大王手下，老臣在地下见到先王也可以无愧了。"曹夫人闻讯，马上下令召见晋王。晋王惶恐地叩头谢罪，请求与张承业痛饮以向他道歉，张承业不肯。晋王入宫，太夫人派人向张承业谢罪说："小儿忤犯特进（张承业官特进），我已经答责他了。"第二天，和晋王一同到张承业家里谢罪。不久，按照先帝遗旨，授张承业开府仪同三司、左卫上将军、燕国公。张承业坚决推辞，终身只称唐官。

卢质嗜酒，轻狂傲慢，晋王很嫉恨他。张承业恐怕他会惹祸，找机会说："卢质多次言行无礼，请让我为大王杀掉他。"晋王说："我正

过也！"承业起贺曰："王能如此，何忧不得天下！"质由是获免。

【纲】十一月，晋王如魏州。

【纲】戊寅，春正月，晋师掠梁濮、郓而还。 【目】梁敬翔上疏曰："国家连年丧师，疆土日蹙。陛下所与计事者皆左右近习，岂能量敌国之胜负乎！宜询访黎老，别求异策；不然，忧未艾也。"疏奏，赵、张之徒言翔怨望，梁主遂不用。

【纲】夏六月，蜀主建殂，太子宗衍立。

【纲】秋七月，吴以徐知诰为淮南行军副使，辅政。 【目】吴徐温入朝于广陵，以知诰为行军副使，知谏权润州团练事。温还金陵，庶政皆决于知诰。知诰事吴王尽恭，接士大夫以谦，御众以宽，约身以俭。蠲逋税，求贤才，纳规谏，除奸猾，杜请托。于是士民归心，宿将悦服。以宋齐丘为谋主。

先是吴有丁口钱，又计亩输钱，钱重物轻，民甚苦之。齐丘请蠲丁口钱，余税悉输谷帛，知诰从之。由是江、淮间旷土益辟，桑柘满野，国以富强。

知诰欲进用齐丘，而徐温恶之。知诰夜引齐丘于水亭屏语，常至夜分，或居高堂，悉去屏障，独置大炉，以铁筋画灰为字，随以匕灭去之，故其所谋，人莫得而知也。

【纲】八月，晋王大举伐梁。 【目】晋王谋大举伐梁，周德威将幽州步骑三万，李存审、李嗣源及王处直遣将各将步骑万人，及诸部落奚、契丹、室韦、吐谷浑皆以兵会之。并河东、魏博之兵，大阅于魏州，军于麻家渡。梁贺瓌、谢彦章屯濮州北，相持不战。

在招贤纳士,以成就事业,七哥(张承业行七)为何说如此过份的话!"张承业起身道贺说:"大王能这样,何愁得不到天下!"卢质因此得以免祸。

【纲】十一月,晋王到魏州。

【纲】贞明四年(戊寅,918),春正月,晋军掠后梁濮、郓后撤回。
【目】后梁敬翔上疏说:"国家战事连年失利,疆土日益缩小。和您商议大事的都是您身边宠幸的人,怎能估量到敌国之间的胜负呢!应该广泛地寻访黎民元老,另求对策。不然的话,忧患还是没有平息。"奏疏递上后,赵岩、张归霸之流都说敬翔在发泄不满,后梁帝便不再信用敬翔了。

【纲】夏六月,蜀主王建去世,太子王宗衍即位。

【纲】秋七月,吴国以徐知诰为淮南行军副使,辅佐政事。【目】吴国徐温回到广陵朝中,任命徐知诰为行军副使,徐知谏主持润州(治丹徒,今江苏镇江)团练事。徐温回到金陵,政事都由徐知诰决定。徐知诰事奉吴王极尽恭谨,对待士大夫很谦恭,统治众人宽和,约束自己起居俭朴,免除拖欠的赋税,招纳贤才,接受规谏,除去奸猾,杜绝请托。士子、百姓人人归心,国家的老将也心悦诚服。任宋齐丘为主要的谋士。

先前,吴国有丁口钱,同时还计亩交钱,钱重物轻,百姓十分困苦。宋齐丘请求免掉丁口钱,其余的赋税,则交纳谷物绢帛,徐知诰采纳他的建议。从此,江淮之间的荒地得到广泛的开垦,野外遍植桑树,国家因而富强。

徐知诰想进一步提拔宋齐丘,但徐温讨厌这个人。徐知诰夜里将宋齐丘找到水亭密谈,常常谈到深夜。有时在殿堂上,将屏障撤掉,中间放一个大火炉,用铁筋在灰上写字,并随时用勺子涂掉,因此,他们所密谋的事,别人都不得而知。

【纲】八月,晋王大举讨伐后梁。【目】晋王准备大举讨伐后梁,周德威率幽州步兵、骑兵三万,李存审、李嗣源和王处直派将领各领步骑万人,以及奚、契丹、室韦、吐谷浑诸部,都率兵前来会合,加上河东、魏博兵马,在魏州大规模阅兵,屯驻在麻家渡(在今山东鄄城境

晋王好自引轻骑迫敌营挑战，危窘者数四，赖李绍荣力战，得免。赵王镕及王处直皆遣使致书曰："元元之命系于王，本朝中兴系于王，奈何自轻如此！"王笑谓使者曰："定天下者，非百战何由得之？安可深居帷房以自肥乎！"一旦将出，李存审扣马泣谏曰："大王当为天下自重。先登陷阵，存审之职也。"王为之揽辔而还。他日，伺存审不在，策马急出，以数百骑抵梁营，谢彦章伏精甲五千，围王数十重。王力战，仅得出，始以存审之言为忠。

【纲】冬十一月，越改国号汉。

【纲】十二月，晋王与梁战于胡柳陂，周德威败死。晋王收兵复战，大破梁军。

【纲】己卯，春三月，晋以郭崇韬为中门副使。【目】孟知祥荐教练使雁门郭崇韬能治剧，王以为中门副使。崇韬倜傥有智略，临事敢决，王宠待日隆。知祥称疾辞位，崇韬专典机密。

【纲】夏四月，吴王隆演建国改元。

【纲】秋七月，吴越攻吴常州，吴人与战，破之。【目】吴越王镠遣钱传瓘将兵三万攻吴常州，徐温帅诸将拒之，战于无锡。吴越兵败，杀其将何逢，传瓘遁去。

温募生获叛将陈绍者赏钱百万，获之。绍勇而多谋，温复使之典兵。初，吴将曹筠亦奔吴越，温厚遇其妻子，遣间使告之曰："使汝不得志而去，吾之过也。"及是役，筠复奔吴。温自数昔日不用筠言者三，而不问其罪，归其田宅，复其军职。筠内愧而卒。

吴越王镠见何逢马，悲不自胜，故将士心附之。镠自少在军中，

内)。后梁贺瑰、谢彦章屯驻在濮州北,双方形成对峙局面。

晋王好自带骑兵迫近敌营挑战,多次身陷困境,仗着李绍荣奋力拼斗,得免于难。赵王李镕和王处直都派人送信说:"黎民百姓的命运都寄托在大王身上,本朝中兴的重担也寄担在大王身上,为什么自己却如此轻率!"晋王笑着对使者说:"平定天下的人,不身经百战,如何夺得天下?怎能深居帷房之中,将自己养得肥肥胖胖的呢!"一天,晋王要出营作战,李存审拉住晋王战马哭着规谏说:"大王应当为天下保重自己。冲锋陷阵,是李存审的职责。"晋王只好揽辔而归。过几天,趁李存审不在,晋王打马冲出,只带几百骑兵直逼后梁营垒。谢彦章埋伏精甲兵五千,将晋王团团围住。晋王拚死作战,仅以身免,这才开始认识到李存审一番话里的忠心。

【纲】冬十一月,越国将国号改为汉。

【纲】十二月,晋王与后梁在胡柳坡(在今山东鄄城)交战,周德威战败阵亡。晋王收拢部队再次投入战斗,大败后梁军队。

【纲】贞明五年(己卯,919),春三月,晋任郭崇韬为中门副使。【目】孟知祥推荐教练使雁门人郭崇韬,说他善于处理棘手的事情,晋王任命他为中门副使。郭崇韬倜傥潇洒,机智有谋略,临事果决,晋王对他日益宠幸。孟知祥称病辞官,便由郭崇韬典掌机密。

【纲】夏四月,吴王隆演建国改元。

【纲】秋七月,吴越攻打吴国常州(治晋陵,今江苏常州),吴国人与之交战,将其打败。 【目】吴越王钱镠派钱传瓘率兵三万进攻吴国常州,徐温率诸将抵抗,双方在无锡交战。吴越战败,大将何逢被杀,钱传瓘逃走。

徐温悬赏百万捉拿叛将陈绍,结果将其抓获。陈绍勇猛多谋,徐温重新让他带兵。当初,吴国大将曹筠也逃奔吴越,徐温厚待他的妻子,并秘密派人对他说:"让你不得志而离开,这是我的过错。"等到此次双方交战时,曹筠便又逃回吴国。徐温再三自责当初不能采用曹筠的意见,而且也不怪罪他,归还他的田地住宅,恢复他的军职。曹筠内心羞愧而死。

吴越王钱镠看到何逢的战马,悲不自胜,将士们都归心依附于

夜未尝寐，倦极则就圆木小枕，或枕大铃，寐熟辄攲而寤，名曰"警枕"。置粉盘于卧内，有所记则书盘中，比老不倦。

【纲】晋王以冯道掌书记。

【纲】八月，吴与吴越连和。

【纲】冬十二月，吴团结民兵。　【目】吴禁民私畜兵器，盗贼益繁。御史台主簿卢枢言："今四方分争，宜教民战，且善人畏法禁而奸民弄干戈，是欲偃武而反招盗也。宜团结民兵，使之习战，自卫乡里。"从之。

【纲】庚辰，夏五月，吴宣王隆演卒，弟溥立。　【目】王疾，温自金陵入朝，议当为嗣者。或曰："蜀先主谓武侯：'嗣子不才，君宜自取。'"温正色曰："吾果有意取之，当在诛张颢之初，岂至今日邪！使杨氏无男，有女亦当立之。敢妄言者斩！"乃以王命迎丹阳公溥监国。王殂，溥即位。

【纲】辛巳，春正月，晋得传国宝。　【目】蜀主、吴王屡以书劝晋王称帝，晋王以示僚佐曰："昔王太师亦尝遗先王书，劝以自帝一方。先王语余云：'昔天子幸石门，吾发兵诛贼臣，当是之时，威振天下，吾若挟天子据关中，自作九锡禅文，谁能禁我！顾吾家世忠孝，立功帝室，誓死不为耳。他日当务以复唐社稷为心，慎勿效此曹所为！'言犹在耳，此议非所敢闻也。"因泣。既而将佐及藩镇劝进不已，乃令有司市玉造法物。

黄巢之破长安也，魏州僧得传国宝，至是，以为常玉，将鬻之。或识之，曰："传国宝也。"乃诣行台献之，将佐皆奉觞称贺。张承

他。钱锡自幼就在军中，夜里从未在床上睡过觉，困极了就枕着一段圆木或一只大铃铛打盹，一睡着木头和铃就歪斜滚动，他就会被惊醒，他把这叫"警枕"。他还在卧室内放一只粉盘，有需要记录的就写在盘中，一直到老都是这样毫不厌倦。

【纲】晋王任命冯道为掌书记。

【纲】八月，吴国和吴越和解。

【纲】冬十二月，吴国组织训练民兵。　【目】吴国禁止百姓私藏武器，盗贼日益增多。御史台主簿卢枢说："如今四方动荡纷争，应训练百姓作战。况且好人畏惧法律禁令，奸盗则好舞刀弄枪，所以本想偃武修文反而招致盗贼。应组织训练民兵，让他们练习作战，自己来保卫乡里。"吴主采用了他的建议。

【纲】贞明六年（庚辰，920），夏五月，吴宣王杨隆演去世，弟杨溥继位。　【目】吴宣王病重，徐温从金陵入朝，商议应当由谁继位。有人说："蜀先主曾对武侯说：'嗣子如果缺乏才能，你可以取而代之。'"徐温严肃郑重地说："我若是有心取得王位，那也是在杀掉张颢的时候，哪里用得着等到今日！即使杨家没有儿子，有女儿也应当拥立为王。有敢胡说八道的就杀掉！"于是按吴宣王的命令迎接丹阳公杨溥监国。吴宣王死后，杨溥即位。

【纲】后梁龙德元年（辛巳，921），春正月，晋得到传国宝玺。【目】蜀主、吴王多次写信劝晋王称帝，晋王将信拿给臣僚看，并说："从前，王太师（指蜀王王建）也曾写信给先王，劝他称帝一方。先王对我说：'当年天子临幸石门（在今陕西西安西），我发兵征讨贼臣，那时，威振天下，要是想挟天子占据关中，自己起草封赐九锡和禅让的诏书，谁能挡得住我！只是顾及我们家世代忠孝，为朝廷建立功勋，誓死不这样做罢了。你以后要一心一意恢复唐室社稷，当心不要效法这些人的所做所为！'这话尤在耳边，这种建议我岂敢听从。"说着流下泪来。后来将佐和藩镇屡次劝进不已，于是下令有关部门购买玉石制造帝王使用的器物。

当年，黄巢攻陷长安，传国玺被魏僧人得到，现在，僧人们以为是块普通的玉石，想将其卖掉，有人识货，说："这是传国宝玺。"于是送

业闻之，亟诣魏州谏曰："吾王世世忠于唐室，救其患难，所以老奴三十余年为王掊拾财赋，召补兵马，誓灭逆贼，复本朝宗社耳。今河北甫定，朱氏尚存，而王遽即大位，殊非从来征伐之意，天下其谁不解体乎！王何不先灭朱氏，复列圣之深雠，然后求唐后而立之，南取吴，西取蜀，汛扫宇内，合为一家，当是之时，虽使高祖、太宗复生，谁敢居王上者？让之愈久则得之愈坚矣。老奴之志无他，但以受先王大恩，欲为王立万年之基耳。"王曰："此非余所愿，奈群下意何。"承业知不可止，恸哭曰："诸侯血战，本为唐家，今王自取之，误老奴矣！"即归晋阳，邑邑成疾，不复起。

【纲】秋七月，晋以苏循为节度副使。　【目】晋王既许藩镇之请，求唐旧臣。朱友谦遣苏循诣行台。循至魏州，望府即拜，谓之"拜殿"。见王呼万岁舞蹈，泣而称臣。翌日，又献大笔三十枚，谓之"画日笔"。王大喜，即命循为河东节度副使。张承业深恶之。

【纲】壬午，冬十一月，唐特进、河东监军使张承业卒。　【目】曹太夫人诣其第，为之行服，如子侄之礼。晋王闻之，亦不食者累日。

右后梁二主，共十七年。

到行台献上。将帅们都举杯称贺。张承业闻讯,赶快到魏州规谏说:"大王世代忠于唐室,解危救难,所以老奴三十多年为大王积聚财宝,招兵买马,发誓消灭叛贼,恢复唐朝宗庙社稷。如今河北刚刚安定,朱氏还在,而大王却急忙登上帝位,大大违背了向来征伐的目的,天下怎会不人心离散呢!大王为何不先消灭朱氏,为列圣报仇,然后再寻求唐室后代拥立为主,南攻取吴,西攻取蜀,横扫天下,合为一家!到那时,就是唐高祖、唐太宗再生,谁敢凌驾于大王之上?推让时间越长,得到后就越牢固。老奴没有别的志愿,只是因为领受了先王的恩情,想为大王创立万世的基业罢了。"晋王说:"这并不是我的意思,无奈这是臣下们的愿望!"张承业知道无法阻止,恸哭道:"诸侯浴血奋战,本来是为了恢复唐朝江山。现在大王却自己取得帝位,欺骗了老奴啊!"当即返回晋阳,抑郁成疾,一病不起。

【纲】秋七月,晋王任命苏循为节度副使。【目】晋王答应了藩镇劝进的请求后,便寻找唐室旧臣。朱友谦派苏循到行台。苏循到了魏州,看到官府,就躬身下拜,称为"拜殿"。见到晋王,口呼万岁,手舞足蹈,哭着对晋王称臣。第二天,又献上大笔三十枝,称之为"画日毛"。晋王大喜,当即任命苏循为河东节度副使。张承业十分厌恶他。

【纲】龙德二年(壬午,922),冬十一月,唐朝特进、河东监军使张承业去世。【目】曹太夫人亲临其府第,为他服丧,并执子侄辈的礼节。晋王闻讯,也几天没有吃饭。

以上后梁二主,共十七年。

纲鉴易知录卷六一

后唐纪

庄宗皇帝

【纲】癸未,夏四月,晋王存勖称皇帝于魏州,国号唐。

【纲】唐以豆卢革、卢程同平章事,郭崇韬、张居翰为枢密使。

【纲】闰月,唐遣李嗣源袭梁郓州,取之。以嗣源为节度使。

【纲】秋七月,唐卢程罢。

【纲】八月,梁以段凝为招讨使,遣王彦章、张汉杰攻郓州。

【纲】梁将康延孝奔唐。 【目】唐主引兵屯朝城。康延孝来奔,唐主解锦袍玉带赐之,以为招讨指挥使。问以梁事,对曰:"梁朝地不为狭,兵不为少;然主既暗懦,赵、张擅权。段凝智勇俱无,近又闻欲数道出兵,令董璋趣太原,霍彦威寇镇、定,王彦章攻郓州,段凝当陛下,决以十月大举。臣窃观梁兵,聚则不少,分则不多。愿陛下养勇蓄力以待其分,帅精骑五千自郓州直抵大梁,擒其伪主,旬月之间,天下定矣。"唐主大悦。

【纲】冬十月,唐主救郓州。梁师败绩,王彦章死之。唐主入大梁,梁主瑱自杀。唐遂灭梁。 【目】唐主闻梁人欲大举,数道入寇,深以为忧。召郭崇韬问之,对曰:"梁今悉以精兵授段凝,决河自固,恃此不复为备。凝非将材,不足畏。降者皆言大梁无兵,陛下若留兵守魏,固保杨刘,自以精兵与郓州合势,长驱入汴,伪主授首,则诸将自降矣。"唐主曰:"此正合朕志。丈夫得则为王,失则为虏,

庄宗皇帝

【纲】后唐庄宗同光元年（癸未，923），夏四月，晋王李存勖在魏州（治贵乡，今河北大名东）称帝，国号唐。

【纲】后唐任命豆卢革、卢程为同平章事，郭崇韬、张居翰为枢密使。

【纲】闰月，后唐派李嗣源袭击后梁郓州（治须昌，今山东东平西北），将它攻取。任命李嗣源为节度使。

【纲】秋七月，后唐卢程被罢官。

【纲】八月，后梁任段凝为招讨使，派王彦章、张汉杰进攻郓州。

【纲】后梁将领康延孝逃奔后唐。 【目】后唐庄宗率兵屯驻朝城（今山东范县东北）。康延孝前来投奔，后唐庄宗解下自己的锦袍、玉带赐给他，任命他为招讨指挥使，并向他询问后梁的情况，康延孝说："后梁地盘不算小，兵也不算少。但梁主昏庸懦弱，赵岩、张鼎汉兄弟专权。段凝无智无勇。近来又听说后梁想分兵几路，由董璋赴太原（治晋阳，今山西太原西南），霍彦威袭镇州（治真定，今河北正定）、定州（治安喜，今河北定县），王彦章攻郓州，段凝对抗您，并决定十月开始行动。我看后梁兵力，集中起来不少，分散开则不多。希望您养精蓄锐，等到兵力分散时，率五千精锐骑兵自郓州直逼大梁，捉住伪主，那样的话，十几天内，天下也就平定了！"后唐庄宗十分高兴。

【纲】冬十月，后唐庄宗救援郓州。后梁军溃败，王彦章战死。后唐庄宗进入大梁，后梁帝朱瑱自杀，后唐灭掉了后梁。 【目】后唐庄宗听说后梁要兵分几路，大举进攻，深感忧虑。召郭崇韬询问，郭崇韬回答说："后梁现在将全部精兵都交给了段凝，并使黄河决口以巩固防守，仗着这一着便不再有所防备。段凝不是将材，不足以害怕。投降的敌兵都说大梁空虚，您如果留一部分兵力防卫魏州，固守杨刘（今山东东平北），亲自率精兵与郓州联合，长驱直入，直捣汴梁，伪主自会交出首

吾行决矣！"

王彦章将攻郓州，李嗣源遣从珂逆战，败其前锋，彦章退保中都。捷奏至，唐主喜曰："郓州告捷，足壮吾气。"济河至郓州，中夜进军，以李嗣源为前锋，遇梁兵，一战败之，追至中都，围之。梁兵溃，追击，破之。彦章走，将军李绍奇追之，彦章重伤，马踬，遂擒之，并擒张汉杰等二百余人，斩首数千级。

唐主惜彦章之材，欲用之。彦章曰："余本匹夫，蒙梁恩，位至上将，与皇帝交战十五年；今兵败力穷，死自其分，纵皇帝怜而生我，我何面目见天下之人乎！岂有朝为梁将，暮为唐臣！此我所不为也。"

康延孝请亟取大梁，嗣源曰："兵贵神速。今彦章就擒，段凝必未之知；此去大梁至近，无险，方陈兼程，信宿可至。段凝未离河上，友贞已为吾擒矣。延孝之言是也，请陛下以大军徐进，臣愿以千骑前驱。"唐主从之。令下，诸军踊跃。嗣源是夕遂行。明日，唐主发中都。以王彦章终不为用，斩之。

越二日，至曹州，梁守将降。梁主闻彦章就擒，唐军且至，日夜涕泣，不知所为。置传国宝于卧内，忽失之，已为左右窃之迎唐军矣。梁主谓皇甫麟曰："吾不能自裁，卿可断吾首。"麟泣曰："臣为陛下挥剑死唐军则可矣，不敢奉此诏。"梁主曰："卿欲卖我邪？"麟欲自刭，梁主持之曰："与卿俱死。"麟遂弑梁主，因自杀。

梁主为人温恭俭约，无荒淫之失；但宠信赵、张，使擅威福，疏弃敬、李旧臣，不用其言，以至于亡。

级，诸将自然就投降了。"后唐庄宗说："这正符合我的愿望。大丈夫得天下就当称王，失天下该当为虏，我决心已定了！"

王彦章要进攻郓州，李嗣源派李从珂迎战，打败了王彦章的前锋，王彦章退保中都（今山东汶上）。捷报传来，后唐庄宗大喜，说："郓州告捷，足以鼓舞士气。"渡黄河，到郓州，连夜进军，由李嗣源为前锋，遇到后梁军，一战就将其击败，直追到中都，将后梁军包围了起来。后梁军溃败，后唐军追击，后梁大败。王彦章败逃，后唐将李绍奇在后追赶。王彦章受了伤，马也扑倒在地，于是被活捉，加上被活捉的张汉杰，共二百余人，斩首千余。

后唐庄宗爱惜王彦章的材质，想任用他。王彦章说："我本是一介匹夫，蒙受梁帝的恩德，位至上将军，和皇帝您交战十五年。如今我兵败力竭，死了本也是份内的事，纵使您可怜我放我一条生路，我又有什么脸面去见天下人呢！怎能早上还是梁的大将，晚上就变成唐的大臣？我不能做这样的事。"

康延孝请求赶快攻取大梁，李嗣源说："兵贵神速。现在王彦章被活捉，段凝一定还不知道。这里距大梁很近，中间没有什么险阻，军队列好阵势，昼夜兼程，有两晚时间即可到达。段凝还没有离开黄河，朱友贞就已经被我们活捉了。康延孝说得对，请您率大军慢慢向前推进，我愿率千骑充当前锋。"后唐庄宗听从了他们的意见。命令下达，诸军情绪踊跃。李嗣源当天晚上便出发了。第二天，后唐庄宗自中都出发。由于王彦章始终不肯为己所用，便下令将他杀了。

两天后，后唐军到达曹州（治济阴，今山东曹县西北），后梁守将投降。后梁帝得知王彦章被擒，后唐军队马上就要到了，日夜哭泣，不知所措。传国宝玺本来放在卧室，忽然被窃，原来是身边的近侍窃去迎接后唐军队了。后梁帝对皇甫麟说："我没有勇气自杀，你把我的头砍下来吧。"皇甫麟哭道："我情愿为您挥剑战斗死在唐军手下，不敢接受这个诏命。"后梁帝说："你难道想出卖我吗？"皇甫麟想自刎，后梁帝拉住他哭道："我跟你一块儿死。"皇甫麟便将后梁帝杀掉，然后自杀。

后梁帝朱琪为人温和恭谨、俭朴，没有荒淫无道的过失。但宠信赵岩、张汉鼎等人，使得这些人作威作福，疏远敬翔、李振等老臣，不

李嗣源军行五日，至大梁，王瓒开门出降。是日唐主亦至，入自梁门，嗣源迎贺，唐主喜不自胜，手引嗣源衣，以头触之曰："吾有天下，卿父子之功也，天下与尔共之。"诏漆朱友贞首，函之，藏于太社。

【纲】梁段凝降唐。

【纲】敬翔、李振、赵岩、张汉杰等伏诛，夷其族。

【纲】唐毁梁宗庙，追废朱温、朱友贞为庶人。

【纲】唐以郭崇韬守侍中。

【纲】梁河南尹张宗奭入朝于唐。 【目】宗奭来朝，复名全义。唐主欲发梁太祖墓，斲棺焚尸，全义言："朱温虽国之深雠，然其人已死，刑无可加，屠灭其家，足以为报，乞免焚斲，以存圣恩。"唐主从之，但铲其阙室，削封树而已。

【纲】唐加李嗣源中书令。

【纲】楚王殷遣使入贡于唐。

【纲】吴遣使如唐。

【纲】吴贬钟泰章为饶州刺史。 【目】吴人有告寿州团练使钟泰章侵市官马者，徐知诰遣王稔代之，以泰章为饶州刺史。徐温召至金陵，使陈彦谦诘之三，不对。或问泰章："何以不自辨？"泰章曰："吾在寿州，去淮数里，步骑五千，苟有他志，岂王稔单骑能代之乎！我义不负国，虽黜为县令亦行，况刺史乎！何为自辨，以彰朝廷之失！"

【纲】彗星见。

【纲】十一月，唐以李绍钦为泰宁节度使。 【目】绍钦因伶人景进纳货于宫掖，故有是命。

听取他们的进言,招至亡国。

　　李嗣源行军五天来到大梁,王瓒开门投降。这天,后唐庄宗也到了,从梁门入城。李嗣源上前迎接道贺,后唐庄宗喜不自胜,用手拉着李嗣源的衣服,贴在自己的额头上,说:"我能取得天下,都是你们父子的功劳,要与你们共享天下。"下诏漆黑朱友贞首级,装入匣中,藏在太庙。

　　【纲】后梁段凝投降后唐。

　　【纲】敬翔、李振、赵岩、张汉杰等人被杀,夷灭九族。

　　【纲】后唐毁掉后梁宗庙,追废朱温、朱友贞为庶人。

　　【纲】后唐任郭崇韬为侍中。

　　【纲】后梁河南尹张宗奭等入朝降后唐。 【目】张宗奭入朝投降,恢复原名张全义。后唐庄宗想挖开后梁太祖的墓,剖棺焚尸。张全义说:"朱温虽是国家的深仇大敌,但他人已经死了,无法再施以刑法,屠灭家族,已足以复仇。请不要剖棺焚尸,以显示您的恩德。"后唐庄宗听从了他的话,仅仅铲除宗庙,削夺封号而已。

　　【纲】后唐加封李嗣源为中书令。

　　【纲】楚王马殷派使者向后唐进贡。

　　【纲】吴国派使者到后唐。(吴王杨溥,杨隆演弟,都扬州,今江苏扬州)。

　　【纲】吴国将钟泰章贬为饶州(治鄱阳,今江西波阳)刺使。【目】吴国有人控告寿州团练使钟泰章侵吞变卖官府的马匹,徐知诰派王稔取代他,另任钟泰章为饶州刺史。徐温将他召到金陵,让陈彦谦再三责问他,他都不回答。有人问钟泰章:"为什么不为自己辩护?"钟泰章说:"我在寿州,距淮数千里,有步骑五千,假如我另有企图,难道是王稔单枪匹马就能取代得了的吗!我恪守节义,绝不负国,即使将我贬为县令也会前去上任,何况是刺史呢!为什么要替自己辩解,张扬朝廷的过失呢!"

　　【纲】彗星出现。

　　【纲】十一月,后唐任李绍钦为泰宁(治兖州,今山东滋阳西)节度使。 【目】李绍钦通过伶人景进向皇宫进贡财宝,因此得到任命。

唐主幼善音律，或时自傅粉墨，与优人共戏于庭，以悦刘夫人，优名谓之"李天下"。尝自呼曰"李天下，李天下"，优人敬新磨遽前批其颊。唐主失色，新磨徐曰："理天下者只有一人，尚谁呼邪！"唐主悦，厚赐之。诸伶出入宫掖，侮弄搢绅，群臣愤疾，莫敢出气。

【纲】唐以赵光胤、韦说同平章事，豆卢革判租庸，兼盐铁转运使。【目】唐荆南节度使高季兴入朝。

【纲】十二月，唐迁都洛阳。【目】从张全义之请也。

【纲】甲申，春正月，岐王茂贞遣使入贡于唐。

【纲】二月，唐主祀南郊，大赦。【目】郭崇韬颇受馈遗，所亲谏之，崇韬曰："吾禄赐巨万，岂藉外财！但以伪梁之季，贿赂成风，今河南藩镇皆梁之旧臣，主上之仇雠也，若拒，其意能无惧乎！吾特为国家藏之私室耳。"及将祀南郊，崇韬献钱十万缗。先是，宦官劝唐主分天下财赋为内外府，州县上供者入外府，充经费；方镇贡献者入内府，充宴赐。于是外府常虚竭无余，而内府山积。及是乏劳军钱，崇韬言于上曰："臣已倾家所有以助大礼，愿陛下亦出内府之财以赐有司。"唐主默然久之，曰："晋阳自有储积，可令租庸辇取。"于是军士皆不满望，始怨恨，有离心矣。

【纲】唐以李茂贞为秦王。

【纲】唐立夫人刘氏为后。【目】郭崇韬位兼将相，权侔人主，性刚急，遇事辄发，嬖幸侥求，多所摧抑，宦官朝夕短之，崇韬扼腕不能制。先是，唐主欲以刘夫人为皇后，而有正妃韩夫人在，太后素恶刘夫人，崇韬亦屡谏，唐主以是不果。于是所亲说崇韬曰：

后唐庄宗自幼善长音律，有时便自涂粉墨，和伶人们一块在宫中唱戏，以此取悦刘夫人，优人们称他"李天下"。他曾自己呼喊"李天下"，优人敬新磨冲上去打了他一记耳光。后唐庄宗大惊失色，敬新磨慢慢地说："治理天下的只有一个人，你还在喊谁呢！"后唐庄宗听了很高兴，厚厚地赏赐了他。诸优伶出入宫廷，侮弄朝臣，群臣都很忧愤，但不敢对他们用气动怒。

【纲】后唐任赵光鼎、韦说为同平章事，豆卢革管理租庸，兼任盐铁转运使。　【目】后唐荆南（治荆州，今湖北江陵）节度使高季兴（即高季昌，避唐朝讳，更名季兴）入朝。

【纲】十二月，后唐迁都洛阳。　【目】迁都是听从张全义的请求。

【纲】同光二年（甲申，924），春正月，岐王李茂贞派使臣向后唐进贡。

【纲】二月，后唐庄宗在南郊祭祀，大赦。　【目】郭崇韬接受了很多馈赠，亲近的人规劝他，郭崇韬说："我得到的俸禄、赏赐成千上万，还会看重外财吗！只是因为伪梁一朝，贿赂风行，如今河南一带的藩镇，都是梁的旧臣、主上的仇敌，如果拒绝，他们心里能不害怕吗！我是特意为国家把财宝收藏在个人的府库里罢了。"等到要进行郊祀时，郭崇韬献出十万缗。先前，宦官劝后唐庄宗将天下财赋分为内外两府，州县上贡的归入外府，充当国用。方镇进贡的归入内府，用于宴筵赏赐。因此，外府常常空虚无余，内府却堆积如山。到现在，缺乏犒赏军队的费用，郭崇韬对后唐庄宗说："我已经倾尽家财用以帮助郊祀大礼，希望您也能拿出内府钱财赏赐有司。"后唐庄宗沉默良久，说："晋阳自有积蓄，可以让租庸使派车拉来使用。"因此，士兵们都很不满意，开始产生怨恨，有了背离的情绪。

【纲】后唐封李茂贞为秦王。

【纲】后唐庄宗册立夫人刘氏为皇后。　【目】郭崇韬位兼将相，权敌人主。性情刚烈、急躁，遇事发脾气，投机求宠的人，很多都在他那里碰了钉子。宦官们日夜说他的坏话，郭崇韬感到很气愤但却无力制止。先前，后唐庄宗想立刘夫人为皇后，但已有正妃韩夫人，太后一向

"公若请立刘夫人为皇后,则伶宦辈不能为患矣。"崇韬从之,与宰相帅百官共奏,请立之。

【纲】三月,唐封高季兴为南平王。

【纲】唐以李存贤为卢龙节度使。 【目】初,唐主尝与存贤手搏,存贤不尽其技,唐主曰:"汝能胜我,当授藩镇。"存贤乃仆唐主。至是,以存贤镇幽州,曰:"手搏之约,吾不食言矣。"

【纲】夏四月,唐遣客省使李严如蜀。 【目】唐遣客省使李严使于蜀。严还言:"王衍童骏荒纵,不亲政务,贤愚易位,刑赏紊乱,大兵一临,瓦解土崩可翘足而待也。"唐主然之。

【纲】唐秦王李茂贞卒。

【纲】五月,唐以李继曮为凤翔节度使。

【纲】秋八月,唐以孔谦为租庸使。 【目】谦重敛急征,以充唐主之欲,民不聊生,赐号"丰财赡国功臣"。

【纲】冬十二月,契丹寇蔚州,唐遣李嗣源御之。

【纲】乙酉,春二月,唐以李嗣源为成德节度使。

【纲】三月,唐黜李从珂为突骑指挥使。 【目】唐主性刚好胜,不欲权在臣下,信伶官之谮,颇疏忌宿将。李嗣源家在太原,表从珂为北京内牙指挥使以便其家。唐主怒,黜从珂为突骑指挥使,帅数百人戍石门镇。

【纲】秋七月,唐太后曹氏殂。 【目】唐主哀毁,五日方食。

【纲】八月,唐主杀其河南令罗贯。 【目】贯性强直,为郭崇韬所知,用为河南令。为政不避权豪,伶宦请托,一不报,皆以示崇

讨厌刘夫人，郭崇韬也多次规谏，因此这件事始终没有结果。与郭崇韬关系亲密的人便规劝他说："您假如请求立刘夫人为皇后，那么伶人宦官们就不会成为祸患了。"郭崇韬听取了劝说，和宰相共同上奏，请求立刘夫人为后。

【纲】三月，后唐封高季兴为南平王。

【纲】后唐任李存贤为卢龙节度使。　【目】当初，后唐庄宗曾徒手与李存贤角力，李存贤故意不使用自己的技巧，后唐庄宗说："你要是赢了我，就授给你藩镇。"李存贤便使出技巧将其摔倒。到如今，便派李存贤出镇幽州，说："按照我们徒手角力的约定，我不能食言。"

【纲】夏四月，后唐派客省使李严赴蜀。　【目】后唐派客省使李严出使蜀。李严回来说："王衍像顽童一般荒唐放纵，不亲理政务，贤愚颠倒，刑赏紊乱。大兵临头，土崩瓦解，可翘首以待。"后唐庄宗赞同他的观点。

【纲】后唐秦王李茂贞去世。

【纲】五月，后唐任李继曮为凤翔节度使。

【纲】秋八月，后唐任孔谦为租庸使。　【目】孔谦征敛赋税又急又重，以此满足后唐庄宗的欲望，以至民不聊生，讥称他为"丰财赡国功臣"。

【纲】冬十二月，契丹侵略蔚州，后唐派李嗣源抵御。

【纲】后唐庄宗同光三年（乙酉，925），春季，二月，后唐任李嗣源为成德节度使。

【纲】三月，后唐将李从珂罢黜为突骑指挥使。　【目】后唐庄宗性情刚愎好胜，不愿让臣下掌握权力，听信伶人宦官的谗言，对功臣老将十分疏远忌惮。李嗣源家在太原，上表请求让李从珂担任北京内牙指挥使以方便他回家探望。后唐庄宗很恼怒，将李从珂贬为突骑指挥使，率数百人戍守石门镇（在今洛阳北）。

【纲】秋七月，后唐太后曹氏去世。　【目】后唐庄宗十分哀痛，五天后才进食。

【纲】八月，后唐杀掉河南县（今河南洛阳）县令罗贯。　【目】罗贯性情刚直，郭崇韬很了解他，任用为河南令。他处理政务不回避豪门

韬,崇韬奏之,由是伶宦切齿。张全义亦恶之,遣婢诉于刘后,后与伶宦共毁之,唐主含怒未发。会往视坤陵,道泞,桥坏。怒,下贯狱,明日传诏杀之。崇韬谏曰:"贯法不至死。"唐主怒曰:"太后灵驾将发,天子朝夕往来,桥道不修,卿言无罪,是党也!"崇韬曰:"陛下以万乘之尊,怒一县令,使天下谓陛下用法不平,臣之罪也。"唐主不听。贯竟死,暴尸府门,远近冤之。

【纲】九月,唐遣魏王继岌及郭崇韬将兵伐蜀。 【目】唐主与宰相议伐蜀,以继岌充西川行营都统,郭崇韬充都招讨制置等使,军事悉以委之。又以高季兴充招讨使,李继曮充转运使,李令德、李绍琛、张筠、毛璋、董璋、李严皆为列将,将兵六万伐蜀。工部尚书任圜、翰林学士李愚并参预军机。

【纲】冬十一月,唐师灭蜀,蜀主王衍降。 【目】郭崇韬入散关,倍道而进,蜀王承捷以凤、兴、文、扶四州印节迎降,崇韬曰:"平蜀必矣。"

蜀主命王宗弼守利州。李绍琛昼夜兼行趣利州,继岌至兴州,蜀诸城镇皆望风款附。

高季兴常欲取三峡,畏蜀将张武,不敢进。至是,乘唐兵势,自将水军上峡取施州。武以铁锁断江路,季兴遣勇士乘舟斫之。会风大起,舟挂于锁,不能进退,季兴轻舟遁去。

崇韬遗王宗弼书,为陈利害;宗弼弃城归成都。李绍琛进至绵州,蜀断绵江浮梁,水深,无舟楫,绍琛与李严乘马浮度江,从兵得济者仅千人,溺死者亦千人,遂入鹿头关,据汉州。宗弼遣使劳军,

权贵，伶人宦官有所请求，他一个也不予回答，并全都上报给郭崇韬，郭崇韬则一一上奏，因此，伶人宦官对他切齿痛恨。张全义也很讨厌他，派奴婢向张皇后告状。皇后便和伶人宦官一起诋毁他，后唐庄宗怒而不发。适逢后唐庄宗去察看坤陵，道路泥泞，桥也坏了，后唐庄宗大怒，将其打入监牢，第二天，下诏将其杀掉。郭崇韬规谏说："按法律，罗贯不够死罪。"后唐庄宗恼怒地说："太后灵柩很快就要出殡，天子要经常从这里路过，桥梁、道路却不加修缮，你说他无罪，就是他的同党！"郭崇韬说："您是最尊贵的人，却为一个县令发怒，让天下人说您执法不公平，这是我的罪过。"后唐庄宗不听，罗贯终于被处死，暴尸府门之外，远远近近的人们都说他是冤枉的。

【纲】九月，后唐派魏王李继岌和郭崇韬率兵伐蜀。 【目】后唐庄宗和宰相商议伐蜀，由李继岌充任西川行营都统，郭崇韬为都招讨制置使，将军事大权全部委任给他。又任高季兴为招讨使，李继曮为转运使，李令德、李绍琛、张筠、毛璋、董璋、李严为将，率兵六万伐蜀。工部尚书任圜、翰林学士李愚参预军机大事。

【纲】冬十一月，后唐灭蜀，王衍投降。 【目】郭崇韬进入散关（即大散关，在今陕西宝鸡西南），昼夜兼程，蜀将王承捷带着凤（治梁泉，今陕西凤县东北凤州镇）、兴（治顺政，今陕西略阳）、文（治益水，今甘肃文县）、扶（治同昌，今甘肃文县西）四州官印、节杖投降，郭崇韬说："蜀一定要被灭了。"

蜀主命王宗弼守卫利州（治绵谷，今四川广元）。李绍琛昼夜兼程赶往利州，李继岌至兴州，蜀国诸城都望风归降。

高季兴一直想攻取三峡，但畏惧蜀将张武，不敢动手。到如今，乘着后唐的兵势，亲自带水军进入三峡夺取施州（治清江，今湖北恩施）。张武用铁锁链拦住江上的航道，高季兴派勇士乘船靠上，想用刀砍开铁锁，这时，江上起风，小船挂在铁锁上，无法进退，高季兴只好坐轻便的小船逃走了。

郭崇韬送信给王宗弼，向他陈述利害关系。王宗弼弃城逃回成都。李绍琛进军到绵州（治巴西，今四川绵阳），蜀军切断绵江（即绵阳河，在今四川绵阳西）浮桥，江水很深，却没有可供渡江的船只，李绍

且以蜀主书遗李严曰："公来吾即降。"严驰入成都，蜀主遣兵部侍郎欧阳彬奉降书以迎继岌、崇韬。继岌至成都，李严引蜀主出降。大军入成都，崇韬禁侵掠，市不改肆。自出师至是凡七十日。

高季兴闻蜀亡，方食，失匕箸，曰："是老夫之过也"梁震曰："不足忧也。唐主得蜀益骄，亡无日矣，安知其不为吾福。"

【纲】十二月中，闽王王审知卒，子延翰立。

【纲】唐以孟知祥为西川节度使。

【纲】闰月，唐遣宦者马彦珪使蜀军。　【目】郭崇韬素疾宦者，宦官皆切齿。时蜀中盗贼群起，崇韬恐大军既去，更为后患，命任圜、张筠分道招讨，以是淹留未还。唐主遣宦者向延嗣促之；崇韬不出迎，延嗣怒。李从袭曰："近闻郭廷诲白其父，请表己为蜀帅。诸将皆郭氏之党，王寄身于虎狼之口，一朝有变，吾属不知委骨何地矣。"延嗣归，具以语刘后。后泣诉于唐主，请早救继岌。唐主复遣宦官马彦珪驰诣成都。彦珪说刘后自为教与继岌，令杀崇韬。

【纲】楚铸铅铁钱。

【纲】丙戌，春正月，唐魏王继岌杀郭崇韬。　【目】魏王继岌发成都，马彦珪至，以皇后教示继岌，李从袭等相与巧陈利害，继岌从之。召崇韬计事，从者李环挝碎其首，并杀其子廷诲、廷信。

【纲】二月，唐邺都乱，遣李绍荣招谕之。

【纲】唐李绍荣攻邺都，不克。

琮和李严靠战马泅水渡江，跟从他们渡过绵江的士兵仅千余人，淹死的也有千余人，于是进入鹿头关（在今四川德阳北落凤坡东），占据汉州（治洛县，今四川广汉）。王宗弼派人犒劳后唐军，并带来蜀主书信，说："您来了，我便投降。"李严驰马进入成都，蜀主派兵部侍郎欧阳彬带着降表出迎李继岌、郭崇韬。李继岌来到成都，李严带着蜀主前来投降。后唐军进入成都，郭崇韬禁止士兵抢掠，市肆买卖交易等都像平常一样没有改变。自后唐军出发到现在共七十天。

高季兴得知蜀亡的消息时，正在吃饭，吃惊得连切肉用的小刀和筷子都掉在地上，说："这是老夫的过失。"梁震说："不用担忧。唐主得到蜀地，更加骄傲，灭亡在即了，怎知这不是我们的福运。"

【纲】十二月，闽王王审知去世，子王延翰继立。

【纲】后唐任孟知祥为西川节度使。

【纲】闰月，后唐派宦官马彦珪前往蜀地。【目】郭崇韬一向嫉恨宦官，宦官们对他也切齿痛恨。当时，蜀中盗贼蜂起，郭崇韬担心大军一离开，便会成为后患，便命任圜、张筠分别率兵讨伐，因此滞留蜀地未归。后唐庄宗便派宦官向延嗣去催促。郭崇韬没有出迎，向延嗣很恼怒。李从袭说："近来听闻郭廷诲对他父亲提出要求，要他父亲上表请求任命他为蜀中军队统帅。诸将都是郭氏的同党，魏王好比寄身于虎狼口中，一旦发生变故，我们这些人连尸骨抛在何处都不得而知了！"向延嗣回来，向刘后学说了这些话。刘后便向后唐庄宗哭诉，请他尽早救出李继岌。后唐庄宗便再派宦官马彦珪驰赴成都。马彦珪劝说刘后自己颁下教谕，令李继岌杀掉郭崇韬。

【纲】楚铸铅铁钱。

【纲】同光四年（丙戌，926），春正月，后唐魏王李继岌杀掉郭崇韬。【目】魏王李继岌将要从成都出发时，马彦珪赶到，拿出皇后的教谕给李继岌看，李从袭等在一旁，花言巧语，讲述利害，李继岌听从了他们的劝说。令郭崇韬前来议事，李环上前将郭崇韬脑袋击碎，并将其子郭廷诲、郭廷信也杀掉了。

【纲】二月，后唐邺都发生叛乱，派李绍荣前去招谕安抚。

【纲】后唐李绍荣向邺都进攻，没有攻克。

【纲】唐遣李嗣源将亲军讨邺都。

【纲】唐讨邺兵劫李嗣源入邺都。 【目】李嗣源至邺都城西南,下令,诘旦攻城。是夜,从马直军士张破败作乱,帅众大噪,焚营。嗣源叱而问之,对曰:"将士从主上十年,百战以得天下。今贝州戍卒思归,主上不赦,从马数卒喧竞,遽欲尽诛其众。我辈初无叛心,但畏死耳。今欲与城中合势,请主上帝河南,令公帝河北。"嗣源涕泣谕之,不从。遂拔白刃拥嗣源及李绍真等入城;城中不受外兵,逆击之,皆溃。赵在礼帅诸校迎拜嗣源,泣谢曰:"将士辈负令公,敢不惟命是听!"嗣源诡说在礼曰:"凡举大事,须籍兵力。今外兵流散无所归,我为公出收之。"在礼乃听嗣源、绍真出城,宿魏县,散兵稍有至者。

【纲】唐李嗣源奔相州。 【目】李嗣源之为乱兵所逼也,李绍荣有众万人,营于城南,嗣源遣人召之,欲与共攻乱者。绍荣疑,不应。及嗣源入邺,遂引兵去。嗣源在魏县,众不满百,李绍真所将镇兵五千归之,由是兵稍振。嗣源欲归藩待罪,中门使安重诲曰:"公为元帅,不幸为凶人所劫;李绍荣不战而退,归朝必以公借口。公若归藩,则为据地邀君,适足以实谗慝之口耳。不若星行诣阙,面见天子,庶可自明。"嗣源曰:"善!"南趣相州,遇马坊使康福,得马数千匹,始能成军。

【纲】唐李嗣源引兵向大梁。 【目】李绍荣退保卫州,奏李嗣源已叛,与贼合。嗣源遣使上章自理,一日数辈,皆为绍荣所遏,不得通。嗣源由是疑惧。

石敬瑭曰:"夫事成于果决,而败于犹豫,安有上将与叛卒入贼

【纲】后唐派李嗣源率亲兵征讨邺都。

【纲】后唐征讨邺都的士兵将李嗣源劫入邺都。　【目】李嗣源到达邺都城西南,下令说第二天攻城。当天夜里,从马直军士张破败叛乱,率众鼓噪,焚烧营垒。李嗣源大声责问他们,回答说:"将士们跟从主人十几年,历经百战,夺得天下。如今,贝州(治清河,今河北南宫东南)戍卒思乡盼归,主上却不赦免,从马直多次斥责士兵们骚动喧闹,想赶快把他们都杀掉。我们本来没有叛乱的企图,只不过是害怕被杀。现在,大家想和城中联合,请主上在河南称帝,请您在河北称帝。"李嗣源哭着安抚,士兵们不听。叛乱的士兵拔出刀将李嗣源和李绍真等拥入城中。但城里的人却不让他们进去,将他们击溃。赵在礼率诸将校迎拜李嗣源,哭着向他谢罪说:"将士们背负了您,敢不唯命是听!"李嗣源骗赵在礼说:"凡干大事,都要依靠军队兵力。现在,城外的士兵流离失散,无处可归,我替你出城将他们收拢。"赵在礼便听任李嗣源、李绍真出城,他们便住在魏县(今河北大名西),流散的士兵有一些又回来了。

【纲】后唐李嗣源逃奔相州(治安阳,今河南安阳)。　【目】李嗣源被乱兵逼迫,此时,李绍荣有万余人驻扎在城南。李嗣源派人通知他,想和他联合起来共同对付乱兵。李绍荣心怀疑虑,不予响应。等李嗣源进入邺都,便率兵撤离。李嗣源在魏县,士兵不到百人。李绍真率镇州兵五千人归附他,兵力才开始强盛起来。李嗣源想归回藩镇等待治罪,中门使安重诲说:"您身为元帅,不幸被乱兵劫持,李绍荣不战而退,回到朝中一定会以您为借口。您如果要归回藩镇,就成了占据重地要挟君主,正好成了那些谗佞小人的口实了。不如连夜赶回朝廷,面见天子,这样就可以不辩自明。"李嗣源说:"好!"于是向南奔相州,遇上马坊使康福,得到数千匹马,才组成军队。

【纲】后唐李嗣源率兵奔向大梁。　【目】李绍荣退保卫州(治汲县,今河南汲县),上奏说李嗣源已叛变,与叛兵联合。李嗣源派人上表为自己辩解,一天之内就有几个人去送,都被李绍荣阻拦,不得上通。李嗣源因此十分疑虑害怕。

石敬瑭说:"事情成于果决,败于犹豫,哪有上将和叛兵一起进

城，而他日得保无恙乎！大梁，天下之要会也，愿假三百骑先往取之；公引大军亟进，如此始可自全。"康义诚曰："主上无道，军民怨望，公从众则生，守节必死。"嗣源乃令安重诲移檄会兵。李从珂将所部兵趣镇州，与虞候将王建立合，倍道从嗣源。嗣源分三百骑使石敬瑭将之前驱，李从珂为殿，军势大盛。李绍荣至洛阳，劝唐主幸关东招抚，唐主从之。

【纲】唐主如关东，李嗣源入大梁，唐主乃还。【目】唐主发洛阳，知汴州孔循遣使迎唐主，亦遣使输款于嗣源，曰："先至者得之。"嗣源入大梁。唐主至万胜镇，闻嗣源已据大梁，诸军离叛，神色沮丧，登高叹曰："吾不济矣！"即命旋师。唐主至石桥西，置酒悲涕。晚，入洛城。

【纲】夏四月，唐伶人郭从谦弑其主存勖。李嗣源入洛阳。【目】四月朔，从马直指挥使郭从谦帅所部兵攻兴教门。唐主方食，闻变，帅卫兵击之。乱兵焚兴教门，缘城而入，近臣宿将皆释甲潜遁。俄而唐主为流矢所中，须臾遂殂，左右皆散，鹰坊人善友敛乐器覆尸而焚之。是日，李嗣源至罂子谷，闻之，恸哭，谓诸将曰："主上素得士心，正为群小蔽惑致此，今吾将安归乎！"乃入洛阳，止于私第，禁焚掠，拾庄宗骨于灰烬之中而殡之。是日，豆卢革帅百官上笺劝进，嗣源不许。

【纲】唐李嗣源监国。【目】百官三笺请嗣源监国，嗣源乃许之。

【纲】唐以安重诲为枢密使，张延朗为副使。

【纲】唐张居翰罢，以孔循为枢密使。

【纲】唐魏王继岌至长安，自杀。

入贼城，而他日还能安然无恙的呢！大梁是天下的要害，我愿借您三百骑兵先去攻取，您率大军随后跟进，这样才能保全自己。"康义诚说："主上为政无道，军民百姓怨声载道，您跟从大家就能活，恪守诏命就只有死。"于是李嗣源下令安重诲发布檄文集中部队。李从珂率领所部兵马赶往镇州，同虞侯将王建立会合，日夜兼程，追从李嗣源。李嗣源分出三百骑兵，由石敬瑭率领作为前锋，李从珂殿后，军势大盛。李绍荣到洛阳，劝后唐庄宗到关东进行招抚，后唐庄宗同意了。

【纲】后唐庄宗到关东。李嗣源进入大梁，后唐庄宗才回去。【目】后唐庄宗从洛阳出发。知汴州孔循派人迎接后唐庄宗，同时也派人送钱给李嗣源，说："先到的人得到汴州。"李嗣源进入大梁。后唐庄宗到万胜镇（今河南中牟东），听说李嗣源已经占据大梁，诸军叛离，神色沮丧，登上高处叹息说："我不能成功了！"当即下令回师。后唐庄宗到石桥（在今河南洛阳东）西，设置酒席，悲涕不已。晚上，进入洛城。

【纲】夏四月，后唐伶人郭从谦杀掉了后唐庄宗李存勖。李嗣源进入洛阳。【目】四月初一，从马直指挥使郭从谦率部下进攻兴教门。后唐庄宗正在吃饭，听说发生事变，立即率卫兵前去攻击。叛兵放火焚烧兴教门，沿着城墙进入宫中，近臣和老将们纷纷丢弃兵器盔甲逃走。不一会儿，后唐庄宗被流箭射中，过了一会儿便死了。身边的人都四处逃散，鹰坊人善友将乐器收敛起来，放在尸首上面，将尸首烧掉了。这天，李嗣源到了罂子谷（在今河南荥阳西），闻讯，痛哭，对诸将说："主上一向很得士人拥护，只是因为被一群小人蒙蔽，以至于此，如今，我去哪里呢？"于是进入洛阳，住在自己的宅院里，下令禁止烧杀抢掠。将后唐庄宗的骨灰从灰烬中拣出安葬。这天，豆卢革率百官上表劝其称帝，李嗣源没有应允。

【纲】后唐李嗣源监国。【目】百官再三上表请李嗣源监国，李嗣源才答应了。

【纲】后唐任安重诲为枢密使，张延朗为副使。

【纲】后唐张居翰罢官，任命孔循为枢密使。

【纲】后唐魏王李继岌到长安，自杀。

【纲】唐主嗣源立。 【目】有司议即位礼。李绍真、孔循以为唐运已尽,宜自建国号。监国问左右:"何谓国号?"对曰:"先帝赐姓于唐,为唐复雠,故称唐。今梁朝之人不欲殿下称唐耳。"监国曰:"吾年十三事献祖,献祖以吾宗属,视吾犹子。又事武皇、先帝垂五十年,经纶攻战,未尝不预。武皇之基业,则吾之基业也,先帝之天下,则吾之天下也,安有同家而异国乎!"李琪曰:"若改国号,则先帝遂为路人,梓宫安所托乎!不惟殿下不忘三世旧君,吾曹为人臣者能自安乎!前代以旁支入继多矣,宜用嗣子柩前即位之礼。"众从之。监国服斩衰,于柩前即位,百官缟素。既而御衮冕受册,百官吉服称贺。

【纲】唐以郑珏、任圜同平章事。

【纲】唐初令百官转对。 【目】初令百官正衙常朝外,五日一赴内殿起居,转对奏事。

【纲】唐以冯道、赵凤为端明殿学士。 【目】唐主目不知书,四方奏事皆令安重诲读之;重诲亦不能尽通,乃奏"请选文学之臣与之共事,以备应对。"乃置端明殿学士,以道、凤为之。

【纲】秋七月,契丹阿保机死。

【纲】九月,契丹德光立。 【目】契丹述律后爱中子德光,故立之。

【纲】冬十月,王延翰自称闽王。

【纲】契丹卢龙节度使卢文进奔唐。 【目】文进为契丹守平州,唐主遣人说之,以易代之后,无复嫌怨。文进所部皆华人,思归,乃帅其众十万归唐。

【纲】十二月,闽王延禀弑其君延翰而立其弟延钧。

【纲】后唐李嗣源即位称帝。 【目】有关部门商议举行登基典礼。李绍真、孔循认为唐的运数已尽,应另建国号。李嗣源问身边的人:"什么叫国号?"回答说:"先帝由唐室赐姓,为唐室复仇,因此称唐。如今梁朝人不想让您称唐了。"李嗣源说:"我十三岁就事奉献祖(李国昌),献祖把我当作宗族里的人,待我如同自己的儿子,后来又事奉武皇(李克用)、先帝近五十年,治理国家,征伐攻战,没有不能参与的。武皇的基业,就是我的基业。先帝的天下,就是我的天下。哪有同一家族国号不同的道理呢!"李琪说:"如果改国号,先帝就成为不相干的路人,灵柩如何安放呢!这不只是您忘了三代君主的恩情,我们这些为臣下的难道就能安心吗!前代由旁支入继宗庙的先例也不少了,应该行嗣子在灵柩前即立的大礼。"大家都赞同他的意见。李嗣源穿着粗麻制的重孝服,在灵柩前即位,百官也都穿着白色的孝服。然后换上皇帝的冠、服,接受封册,百官也换上吉祥的服装称贺。

【纲】后唐任郑珏、任圜为同平章事。

【纲】后唐令百官每五天一次入宫问对。 【目】命百官除每月初一、十五正常上朝外,每五天一次去内殿问安一次,问对奏事。

【纲】后唐任冯道、赵凤为端明殿学士。 【目】后唐帝李嗣源目不识丁,各地的奏折都由安重诲读给他听。但安重诲也不能全部通晓,于是上奏说:"请诠选有文化的大臣和我共同处理这些事情,以备应对。"于是设置端明殿学士,任冯道、赵凤为学士。

【纲】秋七月,契丹的耶律阿保机去世。

【纲】九月,契丹人耶律德光继立。 【目】契丹的述律后宠爱中子耶律德光,因此由他继立。

【纲】冬十月,王延翰自称闽王。

【纲】契丹的卢龙节度使卢文进逃奔后唐。 【目】卢文进为契丹人守卫平州(治卢龙,今河北卢龙),后唐帝派人劝说他,说改朝换代以后,双方就不存在嫌隙怨恨了。卢文进统辖的都是汉人,他们思乡盼归,于是卢文进率众十万回归后唐。

【纲】十二月,闽国王延禀杀掉君主王延翰,拥立其弟王延钧。

明宗皇帝

【纲】丁亥，春正月，唐主更名亶。 【目】初，唐主诏："朕二名不连称者勿避。"至是乃改名。

【纲】唐以冯道、崔协同平章事。 【目】安重诲以孔循知朝士行能，多听其言。时议置相，循已荐郑珏，又荐崔协。而任圜欲用李琪；珏素恶琪，故循力沮之，谓重诲曰："李琪非无文学，但不廉耳。"他日议于唐主前，圜曰："重诲未悉朝中人物，为人所卖。协虽名家，识字甚少。臣既以不学忝相位，奈何更益以协，为天下笑乎！"唐主曰："宰相重任，卿辈审之。吾在河东时，见冯书记多才博学，与物无竞，此可相矣。"既退，循不揖，拂衣去，因称疾不朝者数日。重诲谓圜曰："今方乏人，协且备员，可乎？"圜曰："明公舍李琪而相崔协，是犹弃苏合之丸，取蛣蜣之转也。"循与重诲日短琪而誉协，竟以道、协同平章事。

【纲】唐主以其子从厚为河南尹，判六军诸卫事。

【纲】二月，唐主以婿石敬瑭为六军诸卫副使。
【纲】唐郭从谦伏诛，夷其族。
【纲】夏五月，唐任圜罢。
【纲】唐以马殷为楚国王。 【目】殷始建国，立宫殿，置百官，以姚彦章、许德勋为丞相。
【纲】冬十月，吴丞相徐温卒。
【纲】唐以石敬瑭为侍卫亲军都指挥使。
【纲】十一月，吴王杨溥称帝。
【纲】十二月，唐以周玄豹为光禄卿，致仕。 【目】初，晋阳相者周玄豹尝言唐主贵不可言，唐主欲召诣阙。赵凤曰："玄豹言已验

明宗皇帝

【纲】后唐明宗李嗣源天成二年(丁亥,927),春正月,后唐明宗李嗣源改名为亶。 【目】起初,后唐明宗下诏说:"不连称我名字嗣源二字的,无须避讳。"至此才改名。

【纲】后唐任冯道、崔协为同平章事。 【目】安重诲因为孔循熟知朝士的品行、能力,很多事情都听取他的意见。当时议论设立宰相,孔循推荐郑珏,又推举崔协。而任圜想任用李琪。郑珏一向讨厌李琪,因此,孔循竭力阻拦他,对安重诲说:"李琪这人并非没有文学才能,只是不够廉洁罢了。"有一天,在后唐明宗面前议论此事,任圜说:"安重诲不熟悉朝臣,被人所收买。崔协虽是名家,但识字很少。我既然已经因为没有学问而忝居相位,为什么又换上崔协,让天下人笑话呢!"后唐明宗说:"宰相职位重要,你们要仔细慎重。我在河东时,发现冯书记多才博学,与世无争,他可以担任宰相。"退朝后,孔循也没有行礼,一甩袖子就走了,并就势好几天称病不上朝。安重诲对任圜说:"如今正缺乏人才,崔协暂列为备用,行吗?"任圜说:"你舍弃李琪而任崔协为相,好比弃掉苏合丸而选取了屎壳郎推的粪球。"孔循和安重诲每天说李琪的坏话,而赞美崔协,结果,冯道、崔协竟被列为同平章事。

【纲】后唐明宗任命他的儿子李从厚为河南尹,管理六军诸卫事务。

【纲】二月,后唐明宗任女婿石敬瑭为六军诸卫副使。

【纲】后唐郭从谦伏罪被处死,夷灭其族。

【纲】夏五月,后唐任圜被罢官。

【纲】后唐封马殷为楚国王。 【目】马殷开始建国,建立宫殿,设置百官,任姚彦章、许德勋为丞相。

【纲】冬十月,吴国丞相徐温去世。

【纲】后唐任石敬瑭为侍卫亲军都指挥使。

【纲】十一月,吴王杨溥称帝。

【纲】十二月,后唐任周玄豹为光禄卿后退职。 【目】当初,晋阳看相的周玄豹曾说后唐明宗贵不可言。后唐明宗想召他进宫,赵凤说:

矣，无所复询。若置之京师，则轻躁狂险之人必辐凑其门，争问吉凶。自古术士妄言，致人族灭者多矣，非所以靖国家也。"乃就除光禄卿致仕，厚赐金帛而已。

【纲】有年。
【纲】戊子，春三月，唐以孔循为东都留守，王建立同平章事。

【纲】秋七月，唐收曲税。
【纲】八月，唐以王延钧为闽王。
【纲】冬十二月，荆南节度使高季兴卒。　【目】吴立其子从诲代之。
【纲】己丑，春三月，楚王殷以其子希声知政事，总诸军。

【纲】夏四月，唐以赵凤同平章事。
【纲】秋七月，唐以高从诲为荆南节度使。
【纲】有年。　【目】唐主与冯道从容语及年谷屡登，四方无事。道曰："臣昔在先皇幕府，奉使中山，历井陉之险，臣忧马蹶，执辔甚谨，幸而无失；逮至平路，放辔自逸，俄至颠陨。凡为天下者，亦犹是也。"唐主深以为然。又问道："今岁虽丰，百姓赡足否？"道曰："农家岁凶则死于流殍，岁丰则伤于谷贱，丰、凶皆病者，惟农家为然。臣记进士聂夷中诗云：'二月卖新丝，五月粜新谷；医得眼前疮，剜却心头肉。'语虽鄙俚，曲尽田家之情状。农于四民之中最为勤苦，人主不可不知也。"唐主悦，命左右录其诗，常讽诵之。

【纲】冬十月，吴加徐知诰兼中书令。
【纲】庚寅，春三月，唐立淑妃曹氏为后。

"周玄豹的话已经应验,没有什么可询问的了。如果将他安置在京城,那么那些狂躁阴险的人一定会聚集在他门下,争相卜问吉凶。自古以来,因为术士胡说八道,使人遭受灭族灾祸的太多了,这不是使国家安宁的做法。"于是,只授给他光禄卿,并以此职退休,多多赏赐财帛了事。

【纲】收获五谷。

【纲】天成三年(戊子,928),春三月,后唐任孔循为东都留守,王建立为同平章事。

【纲】秋七月,后唐征收麦子税。

【纲】八月,后唐封王延钧为闽王。

【纲】冬十二月,荆南节度使高季兴去世。　【目】吴国任命高从诲为荆南节度使。

【纲】天成四年(己丑,929),春三月,楚王马殷任命儿子马希声管理政事,统领诸军。

【纲】夏四月,后唐任命赵凤为同平章事。

【纲】秋七月,后唐任命高从诲为荆南节度使。

【纲】收获五谷。　【目】后唐明宗和冯道谈起几年来五谷丰登,各地平安无事。冯道说:"我当年在先皇幕府时,曾奉命出使中山(指定州,今河北定县),途经井陉(在今河北石家庄西井陉山上),地形险要,我担心马会摔倒,因此,紧揽鞍辔,小心翼翼,很幸运,没有发生闪失。到了平道,便放开缰绳,任其自由奔跑,不一会,便被摔到马下。大凡治理天下的理,都和这差不多。"后唐明宗深表赞同。又问道:"今年虽然丰收,但百姓的口粮充足吗?"冯道说:"种庄稼的人遇到荒年则会流浪饿死,遇上丰年却又发愁粮价大贱,只有种田人才这样,无论丰年、荒年一样忧愁。我记得进士聂夷中有首诗说'二月卖新丝,五月粜新谷。医得眼前疮,剜却心头肉。'话虽粗俗,却说出了种田人的甘苦。农民是四民中最为勤劳辛苦的,做为君主不能不了解这些。"后唐明宗很高兴,命身边的侍臣抄录下这首诗,时常吟诵自勉。

【纲】冬十月,吴国加封徐知诰兼任中书令。

【纲】后唐明宗长兴元年(庚寅,930),春三月,后唐立淑妃曹氏

【纲】秋八月,唐以张延朗为三司使。

【纲】唐立子从荣为秦王,从厚为宋王。

【纲】九月,唐以范延光为枢密使。

【纲】冬十一月,楚武穆王马殷卒,子希声嗣。 【目】殷遗命诸子,兄弟相继。及卒,希声袭位,去建国之制。希声居丧无戚容,葬殷之日,顿食鸡膌数盘,其臣潘起讥之曰:"昔阮籍居丧食蒸豚,何代无贤!"

【纲】辛卯,春二月,唐以安重诲为护国节度使。

【纲】吴以宋齐丘为右仆射,致仕。 【目】吴徐知诰欲以宋齐丘为相,齐丘自以资望素浅,欲以退让为高,谒归洪州葬父,因入九华山应天寺,启求隐居;吴主下诏征之,不至。知诰遣其子景通入山敦谕,齐丘始还,除右仆射,致仕。

【纲】唐以李愚同平章事。

【纲】夏四月,唐杀其太子太师致仕安重诲。

【纲】秋九月,唐敕解纵五坊鹰隼。 【目】敕解纵鹰隼,内外无得更进。冯道曰:"陛下可谓仁及鸟兽。"唐主曰:"不然。朕昔尝从武皇猎,时秋稼方熟,有兽逸入田中,遣骑取之,比得兽,余稼无几。以是思之,猎有损无益,故不为耳。"

【纲】冬十一月,吴以其中书令徐知诰镇金陵,徐景通为司徒,辅政。 【目】知诰表请归老金陵。以知诰为镇海、宁国节度使,镇金陵,总录朝政;以其子景通为司徒、同平章事,知中外左右诸军事,留江都辅政。以王令谋、宋齐丘为左右仆射,并同平章事,兼内

为皇后。

【纲】秋八月,后唐任命张延朗为三司使。

【纲】后唐立李从容为秦王,李从厚为宋王。

【纲】九月,后唐任命范延光为枢密使。

【纲】冬十一月,楚武穆王马殷去世,其子马希声袭位。 【目】马殷遗命给几个儿子,要他们兄死弟继。马殷死后,马希声即位,抛弃了建国时的制度。马希声居丧期间毫无悲哀的表现,安葬马殷的那天,一顿吃掉了几盘鸡肉,他的臣下潘起讥讽说:"当年阮籍居丧时吃蒸制的猪肉,哪一代没有这样的贤才!"

【纲】长兴二年(辛卯,931),春二月,后唐任命安重诲为护国节度使。

【纲】吴国任命宋齐丘为右仆射,并以此职退休。 【目】吴国徐知诰想用宋齐丘为宰相,宋齐丘自己觉得资历不深,威望不高,想以退让为上策,请假回洪州(治豫章,今江西南昌)安葬父亲,并趁机去了九华山(在今安徽青阳西南)入应天寺,启奏请求隐居。吴主下诏征召,宋齐丘拒绝。徐知诰派他儿子徐景通进山敦促劝说,宋齐丘才回来,升为右仆射,并以此职退休。

【纲】后唐任命李愚为同平章事。

【纲】夏四月,后唐将以太子太师职退休的安重诲杀掉。

【纲】秋九月,后唐将五坊豢养的鹰隼放掉。 【目】后唐明宗下令放掉豢养的鹰隼。冯道说:"您可称得上仁及鸟兽了。"后唐明宗说:"并非如此。我当年曾跟随武皇狩猎。当时正是秋天庄稼成熟季节,有只野兽逃入田间,武皇派骑士进到田间捕捉,等到捉住时,没有被毁坏的庄稼也所剩不多了。从这件事看,狩猎有害无益,所以我不做这种事了。"

【纲】冬十一月,吴国以中书令徐知诰镇守金陵,徐景通任司徒,辅佐政事。 【目】徐知诰上表请求归老金陵。任命徐知诰为镇海、宁国节度使,镇守金陵,总揽朝政。任命其子徐景通为司徒、同平章事,知中外左右诸军事,留在江都(今江苏扬州)辅政。任命王令谋、宋齐丘为左右仆射,并同平章事,兼内枢使,以便辅佐徐景通。徐知诰在府舍

枢使，使以佐景通。知诰作礼贤院于府舍，聚图书，延士大夫，与孙晟、陈觉议时事。

【纲】壬辰，春二月，唐初刻《九经》版，印卖之。

【纲】三月，吴越武肃王钱镠卒，子元瓘嗣。　【目】镠寝疾，谓将吏曰："吾疾必不起，诸儿皆愚懦，谁可为帅者？"众泣曰："两镇令公，仁孝有功，孰不爱戴！"镠乃悉出印钥授传瓘，曰："将吏推尔，宜善守之。"又曰："子孙善事中国，勿以易姓废事大之礼。"卒年八十一。传瓘更名元瓘。

【纲】秋七月，唐武安节度使马希声卒，八月，弟希范嗣。

【纲】唐以李从珂为凤翔节度使。

【纲】吴徐知诰广金陵城。

【纲】九月，唐大理少卿康澄上疏论事，唐主优诏答之。【目】澄上疏曰："国家有不足惧者五，有深可畏者六：阴阳不调不足惧，三辰失行不足惧，小人讹言不足惧，山崩川涸不足惧，蟊贼伤稼不足惧；贤人藏匿深可畏，四民迁业深可畏，上下相徇深可畏，廉耻道消深可畏，毁誉乱真深可畏，直言蔑闻深可畏。不足惧者，愿陛下存而勿问；深可畏者，愿陛下修而靡忒。"唐主优诏奖之。

【纲】冬十一月，唐以石敬瑭为河东节度使。　【目】秦王从荣喜为诗，聚浮华之士高辇等于幕府，与相唱和，颇自矜伐。唐主语之曰："吾虽不知书，然喜闻儒生讲经义，开益人智思。吾见庄宗好为诗，将家子又非素习，徒取人窃笑，汝勿效也。"从荣为人鹰视，轻佻峻急；既参朝政，骄纵不法。石敬瑭兼六军诸卫副使，其妻永宁公主与从荣异母，素相憎疾，故敬瑭不欲与从荣共事，常思外补以避

中建礼贤院，聚集图书，招揽士大夫，和孙晟、陈觉等人议论时事。

【纲】长兴三年（壬辰，932），春二月，后唐首次刊刻《九经》，印制成书出售。

【纲】三月，吴越武肃王钱镠去世，其子钱元瓘继立。【目】钱镠卧病不起，对将士们说："我的病肯定治不好了，几个儿子都很愚笨软弱，谁可以担当统帅呢？"大家哭着说："两镇令公（指钱传瓘）仁义孝顺，且有战功，谁不爱戴！"钱镠便将印绶全部拿出来，交给钱传瓘，说："将士们拥戴你，你要好好地保管它们。"又说："以后子孙们要友好地对待中原，不要因为在位者易姓而废弃事奉大国的礼节！"享年八十一岁。钱传瓘改名为钱元瓘。

【纲】秋七月，后唐武安节度使马希声去世。八月，其弟马希范袭位。

【纲】后唐任命李从珂为凤翔节度使。

【纲】吴国徐知诰扩展金陵城。

【纲】九月，后唐大理少卿康澄上疏议论政事，后唐明宗下诏嘉奖他。【目】康澄说："国家有不足畏惧的五种情况，又有十分可怕的六种情况：阴阳不调不足畏惧，日、月、星运行失常不足畏惧，小人讹言惑众不足畏惧，山崩河涸不足畏惧，害虫伤害了庄稼不足畏惧；贤能的人都躲藏起来十分可怕，士农工商都不安于本业十分可怕，上下相互徇私十分可怕，廉耻之心消失十分可怕，诋毁、赞誉真伪淆乱十分可怕，听不到正直的言论十分可怕。不足畏惧的五种情况，希望您安然处之，不必过问；十分可怕的希望您妥为治理，不要发生差池。"后唐明宗颁下嘉许的诏书鼓励他。

【纲】冬十一月，后唐任命石敬瑭为河东节度使。【目】秦王李从荣好作诗，在幕府中聚集了高辇等一批浮华的文人，相互唱和，标榜自夸。后唐明宗对他说："我虽然不识字，但喜欢听儒士们讲经论道，可以启发人的智慧和思考。我知道庄宗皇帝喜欢作诗，你是将门后代，诗文并非日常研习的，徒然被人取笑，你不要去效法。"李从荣为人贪戾，目光像鹰一般凶狠，轻薄尖刻。参与朝政后，骄横跋扈，不守法纪。石敬瑭兼任六军诸卫副使，妻子永宁公主和李从荣为异母所生，一向相互憎

之。会契丹欲入寇，唐主命择河东帅，枢密使范延光、赵延寿皆曰："今帅臣可往者独石敬瑭、康义诚耳。"枢密直学士李崧以为非石太尉不可，遂以敬瑭镇河东。敬瑭至晋阳，以部将刘知远、周瓌为都押衙，委以心腹；军事委远，帑藏委瓌。

【纲】癸巳，春正月，闽王王延钧称帝，更名璘。

【纲】唐以孟知祥为蜀王。
【纲】三月，唐立子从珂为潞王，从益为许王。
【纲】吴徐知诰营宫城于金陵。【目】宋齐丘劝知诰徙吴主都金陵，知诰乃营宫城于金陵。
【纲】秋七月，唐以钱元瓘为吴王。
【纲】冬十一月，唐主疾病，秦王从荣作乱，伏诛。
【纲】唐主亶殂。【目】明宗性不猜忌，与物无竞，登极之年已踰六十，每夕于宫中焚香祝天，曰："某胡人，因乱为众所推；愿天早生圣人，为生民主。"在位年谷屡丰，兵革罕用，较于五代，粗为小康。

【纲】十二月，唐主从厚立。【目】唐主自终易月之制，即召学士读《贞观政要》《太宗实录》，有致治之志；然不知其要，宽柔少断。李愚私谓同列曰："位高责重，事亦堪忧。"孟知祥闻明宗殂，亦谓僚佐曰："宋王幼弱，为政者皆胥吏小人，其乱可坐而俟也。"

闵帝

【纲】甲午，春正月，唐以高从诲为南平王，马希范为楚王，钱元瓘为吴越王。
【纲】蜀王孟知祥称帝。
【纲】唐以潞王从珂为河东节度使，石敬瑭为成德节度使。从

恨，因此，石敬瑭不想和李从荣共事，常想在藩镇补领一职以避开他。适逢契丹前来寇扰，后唐明宗命令选人担当河东节度使，枢密使范延光、赵延寿都说："如今，做为帅才可以担任此职的只有石敬瑭、康义诚二人而已。"枢密直学士李崧认为非石敬瑭不可，于是命石敬瑭镇守河东。石敬瑭到晋阳，任部将刘知远、周瓌为都押衙，委以心腹重任；刘知远掌军事，周瓌掌握库帑。

【纲】长兴四年（癸巳，933），春正月，闽王王延钧称帝，改名为王璘。

【纲】后唐任命孟知祥为蜀王。

【纲】三月，后唐立李从珂为潞王，李从益为许王。

【纲】吴国徐知诰在金陵营建宫城。　【目】宋齐丘劝徐知诰将吴主迁都金陵，徐知诰便在金陵营建宫城。

【纲】秋七月，后唐封钱元瓘为吴王。

【纲】冬十一月，后唐明宗患病，秦王李从荣作乱，伏罪被杀。

【纲】后唐明宗李宣去世。　【目】后唐明宗生性不好猜忌，与世无争，登极时年已过六十，每天晚上在宫中焚香向天祈祷，说："我是个胡人，因为发生变乱，被众人推戴。愿上天早选出圣人，做百姓的君主。"在位期间，接连几年，五谷丰登，战乱极少，在五代期间，也大略可算作是小康之世。

【纲】十二月，李从厚继立。即后唐闵帝。　【目】后唐闵帝自结束守丧之日，便召学士读《贞观政要》《太宗实录》，有治理天下达到大治的志向；但不知要领，优柔寡断。李愚私下对同僚说："地位高，责任大，事情真是令人担忧。"孟知祥得知明宗去世，也对僚属说："宋王年幼懦弱，当政的都是些掌管文书案牍的小人，可以坐等发生变乱了。"

闵帝

【纲】后唐闵帝应顺元年（甲午，934），春正月，后唐任命高从诲为南平王，马希范为楚王，钱元瓘为吴越王。

【纲】蜀王孟知祥称帝。

【纲】后唐任命潞王李从珂为河东节度使，石敬瑭为成德节度使。

珂举兵凤翔，唐遣兵讨之，官军降溃。

【纲】唐潞王从珂至长安，唐主以康义诚为招讨使，将兵拒之。杀马军指挥使朱洪实。　【目】从珂至长安，副留守刘遂雍迎谒。都监王景从等奔还，中外大骇。唐主不知所为，欲自迎潞王，以大位让之。枢密使朱弘昭、冯赟大惧。唐主遣使召石敬瑭，欲令将兵拒之。康义诚欲悉以宿卫兵迎降为己功，因请自行，唐主乃召将士慰谕，空府库以劳之。马军都指挥使朱洪实请以禁军固守洛阳，曰："如此，彼亦未敢径前，然后徐图进取，可以万全。"义诚怒曰："洪实欲反邪？"洪实曰："公自欲反，乃谓谁反！"其声渐厉。唐主闻，召而讯之，竟不能辨，遂斩洪实。军士益愤。

【纲】唐潞王从珂至陕，诸将及康义诚皆降。

【纲】唐主出奔，夏四月，石敬瑭入朝，遇于卫州，杀其从骑。【目】初，唐主密与慕容迁谋，使帅部兵守玄武门。及是，以五十骑出门，谓曰："朕且幸魏州，徐图兴复。"冯道入朝，及端门，闻变，乃归。至天宫寺，召百官。中书舍人卢导至，冯道曰："劝进文书，宜速具草。"导曰："潞王入朝，百官班迎可也；设有废立，当俟太后教令，岂可遽议劝进乎？"道曰："事当务实。"导曰："安有天子在外，人臣遽以大位劝人者邪！"李愚曰："舍人之言是也。吾辈之罪，擢发不足数矣。"

从珂自陕而东。四月，唐主至卫州东数里，遇石敬瑭；大喜，问以大计。敬瑭闻康义诚叛去，俯首长叹数四。敬瑭牙内指挥使刘知远引兵入，尽杀唐主左右及从骑，独置唐主而去。敬瑭遂趣洛阳。

【纲】唐潞王从珂入洛阳，废其主从厚为鄂王而自立。　【目】从珂至蒋桥，百官班迎，冯道等皆上笺劝进。从珂入谒太后、太妃，

李从珂在凤翔兴兵，后唐派兵征讨，官军溃败。

【纲】李从珂到长安，后唐闵帝任命康义诚为招讨使，率兵抵抗。杀掉马军指挥使朱洪实。　【目】李从珂到长安，副留守刘遂雍前往迎接拜谒。都监王景从逃回，朝廷内外大为惊骇。后唐闵帝不知所措，想亲自迎接潞王，将帝位让给他。枢密使朱弘昭、冯赟大惊。后唐闵帝派使者召石敬瑭，想让他率兵抵抗。康义诚想率全体宿卫兵向李从珂投降，便坚决请求自己前往抵抗，后唐闵帝召集将士进行慰劳，并竭尽府库所有进行犒赏。马军都指挥使朱洪实请求用禁兵固守洛阳，并说："这样一来，李从珂也不敢轻易前来，我们则可以慢慢设法进取，可以求得万全。"康义诚恼怒地说："朱洪实想造反吗？"朱洪实说："你自己想反叛，还说别人要反！"声音渐渐提高。后唐闵帝闻声，将两人召来讯问，竟不能分辨忠奸，将朱洪实斩杀，军士们更加愤恨。

【纲】后唐潞王李从珂至陕（今河南陕县），诸将和康义诚都投降。

【纲】后唐闵帝出逃，夏四月，石敬瑭入朝，与闵帝在卫州相遇，将跟随后唐闵帝的人都杀了。　【目】当初，后唐闵帝和慕容迁密谋，让他率兵守卫玄武门。现在闵帝率五十骑兵出玄武门，对他说："我暂且先去魏州，再慢慢设法复兴。"冯道入朝，刚到端门，闻讯发生变故，当即退回。到天宫寺，召集百官。中书舍人卢导到了，冯道说："劝进的文书，应该尽早起草。"卢导说："潞王入朝，百官班列迎接就行了。假如有所废立，应当等待太后的教令，怎么可以如此匆忙地商议劝进呢？"冯道说："做事应当务实。"卢导说："哪有天子在外，为臣的却急急忙忙地劝别人占据天子地位的事啊！"李愚说："舍人的话很对。我们这些人的罪过，就是拔下头发也数不清了。"

李从珂自陕县向东。四月，后唐闵帝到达卫州以东数里地的地方，遇到了石敬瑭，大喜，向他询问大计方略。石敬瑭得知康义诚反叛离去，低头长叹多次。石敬瑭的牙内指挥使刘知远带兵冲入，将后唐闵帝随从全部杀掉，只留下后唐闵帝一人，不顾而去。石敬瑭便赶往洛阳。

【纲】潞王李从珂进入洛阳，将闵帝废为鄂王，自立为帝。　【目】李从珂来到蒋桥，百官班列迎接，冯道等都上表劝进。李从珂入宫拜见

诣西宫伏梓宫恸哭，自陈诣阙之由。明日，太后下令废少帝为鄂王，以潞王知军国事，又明日，太后令潞王宜即帝位；乃即位于柩前。

【纲】唐王从珂弑鄂王从厚于卫州，磁州刺史宋令询死之。【目】卫州刺史王弘贽迁闵帝于州廨，唐主从珂遣弘贽之子峦往鸩之。闵帝不饮，峦缢杀之。

闵帝之在卫州也，惟磁州刺史宋令询遣使问起居，闻其遇害，恸哭半日，自经死。

【纲】唐康义诚伏诛，夷其族。

【纲】五月，唐以韩昭胤为枢密使，刘延朗为副史。

【纲】唐复以石敬瑭为河东节度使。

【纲】唐以冯道为匡国节度使，范延光为枢密使。

【纲】秋七月，唐以卢文纪、姚顗同平章事。【目】唐主欲命相，问所亲信，皆以尚书左丞姚顗、太常卿卢文纪、秘书监崔居俭对。论其才行，互有优劣。唐主不能决，乃寘其名于琉璃瓶，夜焚香祝天，以箸挟之，得二人，乃有是命。

【纲】蜀主知祥殂，子昶立。

【纲】八月，唐诏蠲逋租三百三十八万。

【纲】冬十一月，吴徐知诰召其子景通还金陵，留景迁江都辅政。

废帝

【纲】乙未，冬十月，闽李仿弑其主璘而立福王继鹏，更名昶。

【纲】荆南梁震退居土洲。【目】荆南节度使高从诲性明达，亲礼贤士，委任梁震，以兄事之。楚王希范好奢靡，游谈者共夸其盛。从诲谓僚佐曰："如马王可谓大丈夫矣。"孙光宪对曰："天子诸侯，礼有等差。彼乳臭子，骄侈僭法，取快一时，不为远虑，危亡无

太后、太妃，又到西宫，伏在明宗的灵柩上痛哭，陈述自己到达朝廷的因由。第二天，太后下令将闵帝废为鄂王，委任潞王主持国政。又过了一天，太后下令由潞王即帝位；于是李从珂在明宗灵柩前即位。

【纲】后唐废帝李从珂将鄂王李从厚杀死在卫州，磁州刺史宋令询为之自尽。 【目】卫州刺史王弘赞将闵帝迁往官舍。后唐废帝派王弘赞的儿子王峦前去用毒酒杀死闵帝。闵帝不肯饮毒酒，王峦将他吊死。

闵帝在卫州时，只有磁州刺史宋令询派人问候起居，得知被害，宋令询痛哭了半天，自缢而死。

【纲】后唐康义诚伏罪被杀，夷灭宗族。

【纲】五月，后唐任韩昭胤为枢密使，刘延朗为副史。

【纲】后唐再次任石敬瑭为河东节度使。

【纲】后唐任命冯道为匡国（治同州，今陕西大荔）节度使，范延光为枢密使。

【纲】秋七月，后唐任命卢文纪、姚顗为同平章事。 【目】后唐废帝想任命一名宰相，向亲信近臣询问，都推举尚书左丞姚顗、太常卿卢文纪、秘书监崔居俭。论品行才贤，他们互有优劣。后唐废帝无法决断，便将他们姓名写好放在琉璃瓶里，夜里，焚香向天祈祷，然后用箸从瓶中挟取二人，产生这次任命。

【纲】蜀主孟知祥去世，其子孟昶袭位。

【纲】八月，后唐废帝下诏，免除拖欠租赋三百三十八万。

【纲】冬十一月，吴国徐知诰将其子徐景通召回金陵，留徐景迁在江都辅政。

废帝

【纲】清泰二年（乙未，935），冬十月，闽李仿杀王璘，拥立福王王继鹏，改名王昶。

【纲】荆南梁震退居土洲（在今湖北江陵江中）。 【目】荆南节度使高从诲性情通达明智，礼贤下士，委任梁震，以兄长之礼对待。楚王马希范喜好奢靡，和他一起谈笑的人都夸耀他的排场盛大。高从诲对僚属说："像马王这样，可称得上是大丈夫了。"孙光宪说："天子和

日,又足慕乎!"从诲悟曰:"公言是也。"他日,谓梁震曰:"吾自念平生奉养,固已过矣。"乃捐去玩好,以经史自娱,省刑薄赋,境内以安。震曰:"先王待我如布衣交,以嗣王属我。今嗣王能自立,不坠其业,吾老矣,不复事人矣。"遂固请退居。从诲不能留,乃为之筑室于土洲。震披鹤氅,自称荆台隐士,每诣府,跨黄牛至听事。从诲时过其家,自是悉以政事属孙光宪。

【纲】吴加徐知诰大元帅,封齐王,备殊礼。

【纲】十二月,唐以冯道为司空。 【目】时久无正拜三公者,朝议拟其职事;卢文纪欲令掌祭祀扫除,道闻之曰:"司空,扫除职也,吾何惮焉。"既而文纪自知不可,乃止。

【纲】丙申,春正月,唐以吕琦为御史中丞。 【目】唐主以千春节置酒,晋国长公主上寿毕,辞归晋阳。唐主醉,曰:"何不且留,遽归,欲与石郎反邪!"石敬瑭闻之,益惧。尽收其货之在洛阳及诸道者归晋阳,托言以助军费,人皆知其有异志。

端明殿学士李崧谓同僚吕琦曰:"吾辈受恩深厚,岂得自同众人,一概观望邪!计将安出?"琦曰:"河东若有异谋,必结契丹为援。若与契丹和亲,彼必骧然承命。如此,则河东虽欲陆梁,无能为矣。"崧曰:"此吾志也。"二人密言其策,唐主大喜。久之,以告枢密直学士薛文遇,文遇对曰:"以天子之尊,屈身夷狄,不亦辱乎!又,虏若徇故事求尚公主,何以拒之?"唐主意遂变。一日,急召崧、琦,盛怒,责之,自是群臣不敢复言和亲之策。遂以琦为御史中丞,盖疏之也。

诸侯，礼节上是有差别的。他一个乳臭未干的小子，骄横奢侈，超越法度，逞一时之快，不做长远打算，危亡不日即将发生，又有什么可美慕的呢！"高从诲醒悟地说："你的话很对。"过了几天，对梁震说："我自己觉得平生所受奉养已经过份了。"于是，舍弃自己爱好和喜爱的东西，以读经读史作为自娱的手段。减省刑罚和赋税，境内因而十分安宁。梁震说："先王待我如同布衣之交，将嗣王托付给我。如今嗣王已经能够自立，不会使先王留下的基业坠落，我老了，不能再事奉人了。"于是坚决请求退职隐居。高从诲留不下他，便在土洲为他造了住处。梁震身披鹤羽大氅，自称荆台隐士，每次去王府，都骑黄牛直至大厅。高从诲也时常去他家看望，从此将政事都托付给了孙光宪。

【纲】吴国加封徐知诰为大元帅，封齐王，为他设置特殊的礼节。

【纲】十二月，后唐任命冯道为司空。 【目】当时已经很久没有正式拜授三公的人，朝班对司空职事议论不定。卢文纪想让他执掌祭祀扫除，冯道听说后说道："司空扫除，也是职事，我怕什么呢！"此后，卢文纪自知这样不妥，便作罢了。

【纲】清泰三年（丙申，936），春正月，后唐任命吕琦为御史中丞。 【目】后唐废帝以生日为千春节，设酒宴，晋国长公主祝寿完毕，告辞返归晋阳。后唐废帝酒醉，说："为什么不暂且留下，匆忙赶回去，是想和石郎造反吗？"石敬瑭闻讯，更加惊惧，把他在洛阳和诸道的财物都收归晋阳，借口用于支付军费，人们都知道他心怀异志。

端明殿学士李崧对同僚吕琦说："我们这些人受恩深厚，怎能把自己等同于一般人，一概采取观望的态度呢！应想些什么办法呢？"吕琦说："河东如果真的心怀异志，一定会结纳契丹作为后援。我们如果主动与契丹和亲，他们肯定会十分高兴地答应。这样，河东即使企图用强，也无能为力了。"李崧说："这也是我的打算。"二人将计策秘密上奏，后唐废帝大喜。过了很久，才告诉枢密直学士薛文遇，薛文遇说："您以天子之尊，屈身俯就于夷狄，不是耻辱吗！再说，那些胡虏如果按照过去的做法请求迎娶公主，如何拒绝？"后唐废帝便又改变了主意。一天，紧急召见李崧、吕琦，恼怒地责备他们，从此，群臣不再敢谈论和亲的计策。于是任命吕琦为御史中丞，疏远他。

【纲】夏五月,唐以石敬瑭为天平节度使;敬瑭拒命,唐发兵讨之。 【目】初,石敬瑭欲尝唐主之意,累表自陈羸疾,乞解兵柄,移他镇;唐主与执政议从其请,移镇郓州。李崧、吕琦等皆力谏,以为不可。五月,薛文遇独直,唐主与之议,文遇曰:"群臣各为身谋,安肯尽言!以臣观之,河东移亦反,不移亦反,在旦暮耳,不若先事图之。"唐主曰:"卿言殊豁吾意。"即命学士草制,徙敬瑭镇天平。制出,两班相顾失色。

敬瑭疑惧,谋于将佐曰:"吾之再来河东也,主上面许终身不除代;今忽有是命,得非如千春节与公主所言乎?我安能束手死于道路!"判官赵莹劝敬瑭赴郓州,刘知远曰:"明公久将兵,得士卒心;今据形胜之地,士马精强,若称兵传檄,帝业可成,奈何以一纸制书自投虎口乎!"掌书记桑维翰曰:"主上初即位,明公入朝,主上岂不知蛟龙不可纵之深渊邪?然则以河东复授公,此乃天意假公以利器也。明宗遗爱在人,主上以庶孽代之,群情不附。公明宗之爱婿,今主上以反逆见待,此非首谢可免,但力为自全之计。契丹主素与明宗约为兄弟,公诚能推心屈节事之,朝呼夕至,何患不成。"敬瑭意遂决。表唐主养子,不应承祀,请传位许王。唐主手裂其表抵地,制削夺敬瑭官爵。以张敬达为太原四面兵马都部署,杨光远为副先锋,将兵讨之。

【纲】秋七月,石敬瑭遣使求救于契丹。 【目】敬瑭令桑维翰草表称臣于契丹主,且请以父礼事之,约事捷之日,割卢龙一道及雁门关以北诸州与之。刘知远谏曰:"称臣可矣,以父事之太过。厚以金帛赂之,自足致其兵,不必许以土田,恐异日大为中国之患,悔

【纲】夏五月，后唐任命石敬瑭为天平（治郓州，今山东东平西北）节度使。石敬瑭拒不受命，后唐发兵征讨。　　【目】当初，石敬瑭想试探后唐废帝的想法，多次上表说自己身体病弱，请求解除兵权，改授别的藩镇。后唐废帝和执政大臣商议打算听取他的请求，将他移镇郓州。李崧、吕琦竭力劝阻，认为这样不行。五月，薛文遇独自当值，后唐废帝便和他商议，薛文遇说："大臣们都为自己打算，怎肯言无不尽！依我看来，河东石敬瑭移镇要反，不移镇也要反，只不过是早晚的事罢了，不如抢先动手把他解决了。"后唐废帝说："你的话令我茅塞顿开，正合我意。"当即命学士起草制书，将石敬瑭移镇天平。制书一出，文武两班大臣都大惊失色。

　　石敬瑭心怀疑惧，和僚属密谋说："我第二次来河东时，主上当面答应，终身不再派人取代我。如今忽然传下这个诏命，难道真像千春节时对公主所说的，对我产生了疑心吗？我怎能甘心束手待毙于道路之间！"判官赵莹劝石敬瑭赴郓州，刘知远说："明公长期带兵，深得士卒拥戴。如今又占据有利的战略要地，兵强马壮，如果想传布檄文兴兵举事，帝业也可成就，为什么凭一纸诏书，就自投虎口呢！"掌书记桑维翰说："主上刚刚即位，您就入朝，主上岂能不懂不可将蛟龙放回深渊的道理？不论如何，河东还是交给您了，这是天意要借给您一柄利刃。先帝明宗德及后人，主上本是旁支庶子，却取代了大位，群情是不依附于他的。您是明宗爱婿，如今主上却将你视为反逆，这不是靠低头俯首就可以免除的罪名，必须努力想办法保全自己。契丹主原来与明宗结为兄弟，您要是能推心置腹，曲意迎合，万一发生紧急情况，早上召唤，晚上就到了，还用担心做不成一番事业吗！"石敬瑭便决意造反，上表称唐主是养子，不应承继皇位，请传位给许王。后唐废帝将表文撕裂扔到地上，下制命削夺石敬瑭的官职爵位。任张敬达为太原四面兵马都部署，杨光远为副先锋，带兵征讨。

　　【纲】秋七月，石敬瑭派使者向契丹求救。　　【目】石敬瑭命桑维翰草拟表文，向契丹称臣，并且以父礼事契丹主。约好事成之日，将卢龙道及雁门关以北诸州割给契丹。刘知远劝谏说："称臣就可以了，用父礼事奉契丹主就太过分了。多出点金帛贿赂，就足以让他们出兵，不

之无及。"敬瑭不从。表至,契丹主大喜,复书许俟仲秋倾国赴援。

【纲】八月,唐张敬达攻晋阳,不克。

【纲】九月,契丹德光将兵救石敬瑭,唐兵大败,契丹围之。唐主自将次怀州。 【目】契丹主将五万骑,至晋阳,陈于虎北口。与唐骑将高行周、符彦卿合战,敬瑭遣刘知远出兵助之。张敬达、杨光远、安审琦以步兵陈于城西北山下,契丹遣轻骑三千直犯其陈。唐兵逐之,至汾曲,契丹伏兵起,冲唐兵断而为二,纵兵乘之,唐兵大败。敬达等收余众保晋安,契丹亦引兵归虎北口。敬瑭出见契丹主。引兵会围晋安寨,敬达等遣使告败。唐主大惧,下诏亲征。发洛阳,遣符彦饶将兵赴潞州,为大军后援。

唐主至河阳,心惮北行,卢文纪希旨,言"国家根本在河南。河阳,天下津要,车驾宜留此镇抚南北,且遣近臣往督战,苟不能解围,进亦未晚。"张延朗曰:"文纪言是也。"唐主议近臣可使北行者,延朗与翰林学士和凝等皆曰:"赵延寿父德钧以卢龙兵来赴难,宜遣延寿会之。"乃遣延寿将兵二万如潞州。唐主至怀州,以晋安为忧,日夕酣饮悲歌。群臣或劝其北行,则曰:"卿勿言,石郎使我心胆堕地!"

【纲】冬十一月,契丹立石敬瑭为晋皇帝,敬瑭割幽、蓟等十六州以赂之。 【目】契丹主谓石敬瑭曰:"吾三千里来赴难,必有成功。观汝器貌识量,真中原之主也。吾欲立汝为天子。"敬瑭辞让数四,将吏复劝进,乃许之。契丹主作策书,命敬瑭为大晋皇帝,筑坛即位。割十六州以与契丹,仍许岁输帛三十万匹。

制改长兴七年为天福元年,以赵莹为翰林学士承旨,桑维翰为翰林学士、权知枢密使事,刘知远为侍卫马军都指挥使,客将景延广为步军都指挥使。立晋国长公主为皇后。

必答应割地，恐怕将来会成为中国的大患，那时就悔之不及了。"石敬瑭不听。表文送到，契丹主大喜，回信说等到中秋，倾全力赴援。

【纲】八月，后唐张敬达进攻晋阳，没有攻克。

【纲】九月，契丹耶律德光率兵救援石敬瑭，后唐兵大败，被契丹围困。后唐废帝亲自率兵宿营于怀州（治河内，今河南沁阳）。【目】契丹主率五万骑兵，到达晋阳，列陈在虎北口（在今山西太原市附近），与后唐骑兵将帅高行周、符彦卿交战，石敬瑭派刘知远出兵助战。张敬达、杨光远、安审琦率步兵在城西北山下布阵，契丹派三千轻骑兵直冲其阵，后唐军在后追赶，到了汾曲，契丹伏兵四起，将后唐军冲为两截，纵兵猛攻，后唐军大败。张敬达等收拢余众退保晋安（在今山西榆次市西），契丹军也返回虎北口。石敬瑭出见契丹主，并率兵与契丹会合，围困晋安寨。张敬达等派人报告兵败，后唐废帝大惊，下诏亲征。自洛阳出发，派符彦饶带兵赴潞州，作为大军后援。

后唐废帝到达河阳（今河南孟县南），心里却害怕北上。卢文纪说："国家的根本在河南。河阳是天下的要冲，车驾应留在这里镇抚南北，并派近臣前往督战。假如还不能解围，再北进也不晚。"张延朗说："文纪的话很对。"后唐废帝与臣僚商议谁可担当北行的使臣，张延朗和翰林学士和凝等都说："赵延寿的父亲赵德钧率卢龙兵奔赴危难，应派赵延寿前去会合。"于是派赵延寿帅兵二万赴潞州。后唐废帝到怀州，担忧晋安，日夜饮酒悲歌。大臣中有人劝他北行，他就说："卿不要说了，石郎让我心胆堕地！"

【纲】冬十一月，契丹立石敬瑭为晋皇帝，石敬瑭割让幽蓟等十六州给契丹。【目】契丹主对石敬瑭说："我奔赴三千里来解救你的危难，一定会取得成功。我观察你的器宇见识，容貌度量，真是中原之主。我想立你为天子。"石敬瑭多次辞让，将士们又多次劝进，这才答应。契丹主发布策书，命石敬瑭为大晋皇帝，筑祭坛，举行典礼、即位。石敬瑭割十六州给契丹，并答应每年给契丹帛三十万匹。

后晋颁布制书改长兴七年为天福元年，任命赵莹为翰林学士承旨，桑维翰为翰林学士，并暂时代理枢密使职事，刘知远为侍卫马军都指挥使，客将景延广为步军都指挥使。立晋国长公主为皇后。

【纲】唐将杨光远杀招讨使张敬达,降于契丹。 【目】晋安被围数月,刍粮俱竭,援兵竟不至。张敬达性刚,时谓之"张生铁"。杨光远、安审琦劝敬达降于契丹,敬达曰:"吾受明宗及今上厚恩,为元帅而败军,其罪已大,况降敌乎!今援兵旦暮至,且当俟之。必若力尽势穷,诸君斩我出降,未为晚也。"光远目审琦,欲斩敬达,审琦未忍。诸将旦集,光远斩敬达首,帅诸将降于契丹。契丹主嘉敬达之忠,命收葬而祭之。谓其下及晋诸将曰:"汝曹为人臣,当效敬达也。"

【纲】晋以赵莹、桑维翰同平章事。

【纲】契丹以晋主南下,破唐兵于团柏。唐主还河阳,赵德钧降契丹。

【纲】晋主发潞州,契丹北还。 【目】晋主将发上党,契丹主举酒属之曰:"我若南向,河南之人必大惊骇;汝宜自引汉兵南下,我令太相温将五千骑卫送汝至河梁。余且留此,俟汝音闻,有急则下山救汝;若洛阳既定,吾即北返矣。"因泣别曰:"世世子孙勿相忘。"又曰:"刘知远、赵莹、桑维翰皆创业功臣,无大故,勿弃也。"

【纲】唐主还洛阳。

【纲】晋主至河阳,节度使苌从简迎降。

【纲】唐主从珂自焚死,晋主入洛阳。 【目】唐主议复向河阳,将校皆已飞状迎晋主。唐主与曹太后、刘皇后、雍王重美及宋审虔等,携传国宝登玄武楼自焚。是日晚,晋主入洛阳。

【纲】十二月,晋追废唐主从珂为庶人,以冯道同平章事。

【纲】晋以周瓌为三司使;不拜。 【目】瓌辞曰:"臣自知才不称职,宁以避事见弃,犹胜冒宠获辜。"许之。

【纲】后唐将领杨光远杀死招讨使张敬达，投降契丹。 【目】晋安被围困数月，粮草都用尽，但援兵始终没到。张敬达性情刚正，时人称他"张生铁"。杨光远、安审琦劝张敬达投降契丹，张敬达说："我领受明宗和当今皇上的恩惠很深，身为元帅而作战失败，罪责已经很大，更何况投降敌人呢！如今援兵很快就到，应当等待。真到了势穷力尽的时候，请你们杀了我去投降，也还不算晚。"杨光远向安审琦使眼色，要他杀掉张敬达，安审琦不忍下手。诸将天亮时聚集在一起，杨光远砍下张敬达首级，率诸将投降契丹。契丹主嘉许张敬达的忠诚，下令将其收葬并祭奠他，并且对部下和后晋将领说："你们作为臣下的应当仿效张敬达。"

【纲】后晋任命赵莹、桑维翰为同平章事。

【纲】后晋和契丹南下，在团柏镇（今山西太谷南）击破后唐军。后唐废帝返回河阳。赵德钧投降契丹。

【纲】后晋主从潞州出发，契丹北还。 【目】后晋主要从上党出发，契丹主举酒嘱咐说："我如果南下，河南军民必定大受震惊。你应该自己带汉兵南下，我让太相温带五千骑兵，护送你到河梁（今河南孟县南）。余众暂且留在此地，等候你的音信，有紧急情况就下山援救你。如果洛阳已经平定，我就立即北还了。"于是洒泪告别说："世世代代，子子孙孙永不相忘。"又说："刘知远、赵莹、桑维翰都是创业功臣，没有大的过失，不要抛弃他们。"

【纲】后唐废帝回洛阳。

【纲】后晋主到河阳，节度使苌从简出迎并投降。

【纲】后唐废帝李从珂自焚而死，后晋主进入洛阳。 【目】后唐废帝还要和诸将商议再向河阳进攻，而诸将都已经在驰书后晋，准备投降了。后唐废帝与曹太后、刘皇后、雍王李重美和宋审虔等，带着传国玺登玄武楼自焚。当天晚上，后晋主进入洛阳。

【纲】十二月，后晋追废后唐废帝为庶人。任命冯道为同平章事。

【纲】后晋任命周瓌为三司使，周瓌拒不接受。 【目】周瓌推辞说："我知道自己的才能不称此职，宁可因躲避事责而被弃，也要比冒特宠幸而获罪要好。"后晋主准许了他的请求。

【纲】唐安远节度使卢文进奔吴。 【目】文进闻晋主为契丹所立,弃镇奔吴。所过镇戍召其主将告之,故皆拜辞而退。

右后唐四主,共十三年。

【纲】后唐安远（治安州，今湖北安陆）节度使卢文进逃奔吴国。

【目】卢文进得知晋主被契丹人推立，便放弃藩镇逃到吴国。路过镇戍之地，便召唤主将，告诉他们缘故，因此，他们也都拜辞而退。

以上后唐四主，共十三年。

纲鉴易知录卷六二

后晋纪

高祖皇帝

【纲】丁酉,春正月,晋以李崧同平章事,充枢密使,桑维翰兼枢密使。 【目】时晋新得天下,藩镇多未服从;或虽服从,反仄不安。兵火之余,府库殚竭,民间困穷,而契丹征求无厌。维翰劝晋主推诚弃怨以抚藩镇,卑辞厚礼以奉契丹,训卒缮兵以修武备,务农桑以实仓廪,通商贾以丰货财。数年之间,中国稍安。

【纲】吴徐知诰建齐国于金陵。 【目】徐知诰始建太庙、社稷,改金陵为江宁府,以宋齐丘、徐玠为左、右丞相,周宗、周廷玉为内枢使。

【纲】夏四月,晋迁都汴州。 【目】天雄范延光聚卒缮兵,将作乱。会晋主谋徙都大梁,桑维翰曰:"大梁北控燕、赵,南通江、淮,水陆都会,资用富饶。今延光反形已露,大梁距魏不过十驿,彼若有变,大军寻至,所谓疾雷不及掩耳也。"下诏托以洛阳漕运有阙,东巡汴州。

【纲】吴徐知诰更名诰。

【纲】五月,吴与契丹通使修好。

【纲】六月,晋范延光举兵反,遣杨光远等讨之。

【纲】晋以和凝为端明殿学士,张谊为左拾遗。

【纲】秋七月,吴徐诰称帝,国号唐。奉吴主为让皇。 【目】吴主下诏禅位于齐。齐王诰即帝位于金陵,国号唐。遣丞相玠奉册诣吴主,称受禅老臣诰谨拜稽首,上尊号曰高尚思玄弘古让皇。立王后宋氏为皇后,以景通为吴王,更名璟。

高祖皇帝

【纲】后晋高祖石敬瑭天福二年（丁酉，937），春正月，后晋任命李崧为同平章事，充任枢密使，桑维翰兼任枢密使。 【目】当时，后晋刚刚夺得天下，藩镇大多不肯臣服，有的暂时表示臣服，但时常反复，不能安定。战乱之余，府库空虚，百姓贫困，可是契丹却仍索要无度，毫不满足。桑维翰劝后晋高祖推诚布公，捐弃旧怨，以安抚藩镇，对契丹要言辞谦卑，并用厚礼与之结好，训练士兵，修整兵甲，完善武装，致力农桑，充实仓储，实行通商，促使货物繁荣。数年的时间，中国稍见安定。

【纲】吴国徐知诰在金陵（今江苏南京）建立齐国。 【目】徐知诰开始建立太庙、社稷，改金陵为江宁府，任命宋齐丘、徐玠为左、右丞相，周宗、周廷玉为内枢使。

【纲】夏四月，后晋迁都汴州（今河南开封）。 【目】天雄（即魏博，治魏州，今河北大名东）范延光招募士兵，修整兵甲，准备叛乱。适逢后晋高祖打算迁都大梁（即汴州）。桑维翰说："大梁向北控制燕、赵，向南通往江、淮，是水路、陆路交汇的都会，物资、财用都很富饶。如今范延光已经显露出反叛的迹象，大梁距魏州不过十个驿站的路程，他若发动变乱，大军立刻就能赶到，这就是人们说的迅雷不及掩耳。"后晋高祖下诏借口洛阳漕运有所缺失，东巡汴州。

【纲】吴国徐知诰改名为徐诰。

【纲】五月，吴国和契丹使者往来，相互结好。

【纲】六月，后晋范延光兴兵反叛，后晋派杨光远等征讨。

【纲】后晋任命和凝为端明殿学士，张谊为左拾遗。

【纲】秋七月，吴国徐诰称帝，国号唐。尊奉吴主为让皇。 【目】吴主杨溥下诏让位于齐。齐王徐诰在金陵即帝位，国号唐。派丞相徐玠奉册去见吴主，自称接受禅让的老臣徐诰恭谨地下拜叩首，上尊号为"高尚思玄弘古让皇"。立王后宋氏为皇后，封徐景通为吴王，改名徐璟。

【纲】契丹改号辽。 【目】是岁，契丹改元会同，国号大辽，公卿庶官皆仿中国，参用中国人，以赵延寿为枢密使，寻兼政事令。

【纲】戊戌，春二月，晋诏求直言。 【目】左散骑常侍张允上《驳赦论》，以为："帝王遇天灾，多肆赦，谓之修德。借有二人坐狱遇赦，则曲者幸免，直者衔冤，冤气升闻，乃所以致灾，非所以弭灾也。"诏褒之。

晋主乐闻谠言，诏百官各上封事，置详定院以考之，无取者留中，可者行之。数月，应诏者无十人，复降御札趣之。

河南奏修洛阳宫。谏议大夫薛融谏曰："今宫室虽经焚毁，犹侈于帝尧之茅茨；所费虽寡，犹多于孝文之露台。请俟海内平宁，营之未晚。"诏褒纳之。

【纲】夏五月，唐主诰迁故吴主于润州。

【纲】秋八月，晋上尊号契丹。 【目】上尊号于契丹主及太后，以冯道、左仆射刘昫为册礼使，契丹主大悦。晋主事契丹甚谨，奉表称臣，谓契丹主为"父皇帝"；其后契丹主屡止晋主上表称臣，但令为书称"儿皇帝"，如家人礼。

【纲】九月，范延光复降于晋，晋以为天平节度使。

【纲】冬十月，契丹加晋主尊号。
【纲】晋停兵部尚书王权官。 【目】晋主遣权使契丹谢尊号，权耻之，谓人曰："吾老矣，安能向穹庐屈膝！"乃辞以老疾。晋主怒，停权官。

【纲】十一月，晋范延光致仕。

【纲】契丹改国号为辽。 【目】这一年，契丹改元会同，国号大辽，公卿庶官设置都仿效中国（汉人），并且选任汉人，任命赵延寿为枢密使，不久又兼任政事令。

【纲】天福三年（戊戌，938），春二月，后晋下诏征求直言。【目】左散骑常侍张允上《驳赦论》，认为："帝王遇到天灾，便任意赦免，并称之为修德。假如有两人坐牢获得赦免，那么那个狡猾有罪的人便因而侥幸逃脱了惩罚，而那个耿直无罪的人就会蒙受冤屈，冤气上升，被上天得知，便会因此而降灾，所以这不能用来消灾免祸。"后晋高祖下诏褒扬他。

后晋高祖爱听正直的言论，下诏命百官上封书言事，设详定院一一考核，不可取的就留下，可取的就加以施行。几个月中，响应诏命的只有不到十个人，便再次下诏督促。

河南上奏修筑洛阳宫。谏议大夫薛融劝谏说："如今宫室虽遭到焚毁，可是奢侈程度仍然超过帝尧的茅屋。花费虽少，可是还要比汉孝文帝的露台要多。请等到天下平定，再行营建也不算晚。"后晋高祖下诏褒扬他。

【纲】夏五月，南唐主徐诰将过去的吴主迁居到润州（治丹徒，今江苏镇江）。

【纲】秋八月，后晋上尊号于契丹。 【目】后晋上尊号于契丹主及太后，以冯道、左仆射刘昫为册礼使，契丹主十分高兴。后晋高祖事奉契丹十分恭谨，上表称臣，称契丹主为"父皇帝"，后来，契丹主屡次制止后晋高祖上表称臣，只让他自称"儿皇帝"，行家人之礼。

【纲】九月，范延光投降后晋，后晋任命他为天平（治郓州，今山东东平西北）节度使。

【纲】冬十月，契丹加封晋高祖尊号。

【纲】后晋罢兵部尚书王权官。 【目】后晋高祖派王权出使契丹，感谢契丹加封尊号，王权认为这很耻辱，对别人说："我老了，怎能向住在帐篷中的契丹人屈膝行礼！"于是推辞年老有病。后晋高祖很恼怒，罢了他的官。

【纲】十一月，范延光退休。

【纲】故吴主杨溥卒。

【纲】己亥,春正月,唐主徐知诰复姓李氏,更名昪。

【纲】三月,晋加刘知远、杜重威同平章事。 【目】知远自以有佐命功,重威起外戚,无大功,耻与之同制,制下数日,杜门不受。晋主怒,谓赵莹曰:"知远坚拒制命!可落军权,令归私第。"莹拜请曰:"陛下昔在晋阳,兵不过五千,为唐兵十余万所攻,危于朝露,非知远心如金石,岂能成大业!奈何以小过弃之!窃恐此语外闻,非所以彰人君之大度也。"晋主意乃解,命和凝诣知远第谕旨;知远惶恐,起受命。

【纲】夏四月,晋废枢密院。

【纲】秋七月,晋以桑维翰为彰德节度使。 【目】杨光远疏平章事桑维翰迁除不公,与民争利;晋主不得已,出维翰镇相州。

【纲】闽王曦弑其主昶而自立,称藩于晋。

【纲】八月,晋以冯道守司徒,兼侍中。 【目】诏中书知印止委上相,由是事无巨细,悉委于道。晋主尝访以军谋,对曰:"征伐大事,在圣心独断。臣书生,惟知谨守历代成规而已。"晋主然之,宠遇无比。

【纲】冬十二月,晋禁造佛寺。

【纲】庚子,秋七月,晋西京留守杨光远杀太子太师范延光。【目】延光请归河阳私第,许之。延光重载而行。光远利其货,且虑为子孙之患,奏:"延光叛臣,恐其逃入敌国,宜早除之!"不许。请敕延光居西京,从之。光远使其子承贵以甲士围其第,逼令自杀。延光曰:"天子赐我铁券,尔父子何得如此?"承贵以白刃驱延光,挤

【纲】原来的吴主杨溥去世。

【纲】天福四年（己亥，939），春正月，南唐主徐知诰恢复姓李，改名为昪。

【纲】三月，后晋加封刘知远、杜重威为同平章事。【目】刘知远认为自己辅佐有功，而杜重威靠外戚起家，没有立下大功，认为和他领受同一加官的制令是件耻辱的事，制令下发已有多日，闭门不肯接受。后晋高祖十分恼怒，对赵莹说："刘知远这样顽固地抗拒制命，应该夺其军权，让他回家。"赵莹拜请说："您当初在晋阳，兵力不过五千，被十余万唐兵围攻，就如同早上的露水，危在旦夕，如果不是刘知远心如铁石一般坚定，怎能成就帝王大业！为什么要因为一个小小的过错就抛弃他呢！我担心这话一旦传扬出去，就无法显示帝王的大度。"后晋高祖这才舒解怒气，命和凝到刘知远府第宣布诏谕，刘知远十分惶恐，起身受命。

【纲】夏四月，后晋废除枢密院。

【纲】秋七月，后晋任命桑维翰为彰德（治相州，今河南安阳）节度使。【目】杨光远上疏说平章事桑维翰调任官吏不公正，与民争利。后晋高祖不得已，令桑维翰出镇相州。

【纲】闽国的王曦杀掉国王王昶自立为王，并向后晋称藩。

【纲】八月，后晋任命冯道为司徒，兼任侍中。【目】后晋高祖下诏，中书省的掌印大权只委任给上相，从此事无巨细，全都委托于冯道。后晋高祖曾向他询问用兵谋略，他回答说："征伐这样的大事，完全由您按照自己的意志独自决定。我是一个书生，只知谨守历代成规而已。"后晋高主十分赞赏，对他宠幸无比。

【纲】冬十二月，后晋高祖下令禁止造佛寺。

【纲】天福五年（庚子，940），秋七月，后晋西京（指洛阳）留守杨光远杀掉太子太师范延光。【目】范延光请求回河阳（今河南孟州市西）自己家中，获准。范延光装载了大批财物上路。杨光远贪图他的财物，并且担心他成为子孙后代的祸患，上奏说："范延光是个叛臣，我担心他会逃到敌国去，应该及早将他除掉！"没有得到准许。又请求下令让范延光居住在西京洛阳，得到准许。杨光远让他的儿子杨承贵

于河，奏云自赴水死。晋主知其故，惮光远之强，不敢诘。

【纲】晋以杨光远为平卢节度使。　【目】光远入朝，帝欲徙之他镇，谓光远曰："围魏之役，卿左右皆有功，尚未之赏，今当各除一州以荣之。"因以其将校数人为刺史。徙光远镇青州。

【纲】辛丑，夏四月，唐遣使如晋。　【目】唐主遣通事舍人欧阳遇如晋，求假道以通契丹，不许。

自黄巢以来，天下血战数十年，然后诸国各有分土，兵革稍息。及唐主即位，江、淮丰稔，兵食有余，群臣争言"北方多难，宜出兵恢复旧疆。"唐主曰："吾少长军旅，见兵之为民害深矣，不忍复言。使彼民安，则吾民亦安矣，又何求焉！"

【纲】六月，晋成德节度使安重荣执契丹使者，上表请伐契丹。　【目】重荣耻臣契丹，见其使者必箕踞慢骂。六月，重荣执契丹使拽剌，上表数千言，大抵斥晋主父事契丹，竭中国以媚无厌之虏。又为书遗朝贵及移藩镇，云已勒兵，必与契丹决战。晋主患之。

时邺都留守刘知远在大梁，泰宁节度使桑维翰密上疏曰："陛下免于晋阳之难而有天下，皆契丹之功，不可负也。今重荣恃勇轻敌，非国家之利，不可听也。议者以岁输缯帛谓之耗蠹，有所卑逊谓之屈辱。殊不知兵连祸结，财力将匮，耗蠹孰甚焉！武吏功臣，过求姑息，屈辱孰大焉！臣愿陛下训农习战，养兵息民，俟国无内忧，民有余力，然后观衅而动，则动必有成矣。又，邺都富盛，国家藩屏，

率武士包围范延光的住宅，逼令他自杀。范延光说："天子赐我免死铁券，你们父子怎么能这样做呢？"杨承贵抽出刀逼着范延光，将他逼入河中，然后上奏说他自己投水而死。后晋高祖明知其中的隐情，但畏惧杨光远势力强大，不敢责问。

【纲】后晋任命杨光远为平卢（治青州，今山东青州市）节度使。
【目】杨光远入朝，后晋高祖想把他迁到别的藩镇，便对他说："围讨魏州范延光一役，你的部下都有战功，还没有赏赐，现在应当各授一州以为表彰。"于是任命他部下数名将校为刺史，并将杨光远迁到青州。

【纲】天福六年（辛丑，941），夏四月，南唐派使者到后晋。
【目】南唐派通事舍人欧阳遇出使后晋，请求借道与契丹通好，没有得到允许。

自从黄巢以来，天下血战数十年，而后各国各占一方，战争才渐渐平息。南唐主即位后，江淮地区丰收，供应军队绰绰有余，大臣们争相对南唐主说："北方多难，应该出兵恢复旧有版图。"南唐主说："我从小就生长在军营中，亲眼所见，战争对百姓损害太深了，不忍心再提战争的话题。如果他们百姓安宁，我们的百姓也就安宁了，还有什么可企求的！"

【纲】六月，后晋成德（治镇州，今河北正定）节度使，安重荣扣押契丹使者，上表要求讨伐契丹。【目】安重荣耻于向契丹称臣，每次见契丹使者都伸开两腿，手按膝盖而坐并大声斥骂。六月，安重荣扣押契丹使者拽剌，上表数千言，指责后晋高祖对契丹称儿皇帝，竭尽中国所有，向贪得无厌的胡虏献媚。又发出书信给朝中显贵和藩镇，声称已经准备好军队，一定要与契丹决战。后晋高祖认为他是祸患。

当时邺都留守刘知远在大梁，泰宁（治兖州，今山东济宁市兖州区西）节度使桑维翰秘密上奏说："您能免于晋阳大难而取得天下，都是契丹人的功劳，不应该背负契丹。现在安重荣仗恃自己的勇猛而轻敌，对国家没有益处，不能听任。有人议论说每年给契丹输送绢帛属于巨大的耗费和损害，认为对契丹人卑辞谦逊十分耻辱。哪里知道兵连祸结，财力匮竭，耗费损害哪个更严重呢！对武将功臣的过分要求姑息迁就，与对契丹卑辞谦逊哪个更加屈辱呢！我希望您能督训农耕，练军

今主帅赴阙,军府无人,乞陛下略加巡幸,以杜奸谋。"晋主谓使者曰:"朕比日以来,烦懑不决,今见卿奏,如醉醒矣。"

【纲】秋七月,晋以刘知远为北京留守。【目】晋主忧安重荣跋扈,以知远为北京留守。知远微时,为晋阳李氏赘婿,尝牧马犯僧田,僧执而笞之。知远至,首召其僧,命之坐,慰谕赠遗,众心大悦。

【纲】八月,晋以杜重威为御营使。【目】冯道、李崧屡荐重威以为御营使,代刘知远,知远由是恨二相。重威所至黩货,民多逃亡,尝出过市,谓左右曰:"人言我驱尽百姓,何市人之多也!"

【纲】晋主如邺都。
【纲】吴越文穆王钱元瓘卒,子弘佐嗣。
【纲】冬十月,闽王曦称帝。
【纲】十二月,汉主龚更名䶮。【目】汉主龚寝疾,有胡僧谓龚名不利;龚乃自造"䶮"字名之,义取"飞龙在天",读若俨。

【纲】壬寅,春正月,晋以杜重威为顺德节度使。【目】晋改镇州成德军为恒州顺德军,以杜重威为节度使。重威表王瑜为副使,瑜为之重敛于民,恒人不胜其苦。

【纲】夏四月,汉主䶮殂,子玢立。
【纲】五月,唐以宋齐丘为镇南节度使。

【纲】六月,晋主敬瑭殂,兄子齐王重贵立。【目】初,刘知远遣亲将郭威,以诏指招纳吐谷浑酋长白承福,契丹遣使来让。晋主忧悒成疾。一旦,冯道独对。晋主命幼子重睿出拜之,又令宦者抱置

备战,养备兵力,与民休息,等到国家没有内忧,百姓有了余力,再伺机而动,才能动必有所成就了。再者,邺都富有繁盛,是国家的屏障,如今主帅赴阙朝见,军府无人主事,请您略作巡查,以杜绝奸谋。"后晋高祖对信使说:"我连日来,烦闷不安,现在见到你们统帅的奏疏,就像是从酒醉中醒来了。"

【纲】秋七月,后晋任命刘知远为北京(指晋阳)留守。 【目】后晋高祖担忧安重荣飞扬跋扈,便任命刘知远为北京留守。刘知远微贱的时候,是晋阳李氏的上门女婿,有一次他放马践踏了僧人种的田,被僧人捉住鞭笞。刘知远到晋阳上任,第一件事就是将僧人请来,让他坐下,对他好言安抚,并有馈赠,众人心里十分高兴。

【纲】八月,后晋任命杜重威为御营使。 【目】冯道、李崧多次推荐杜重威担任御营使,取代刘知远,刘知远因此痛恨两位宰相。杜重威所到之处搜刮财物,百姓多有逃亡。他曾出门来到街市上,对身边的人说:"有人说我把百姓都赶跑了,怎么街市上还这么多人呢!"

【纲】后晋高祖到邺都。

【纲】吴越国文穆王钱元瓘去世,子钱弘佐袭位。

【纲】冬十月,闽主王曦称帝。

【纲】十二月,南汉主刘龚改名为䶮。 【目】南汉主刘龚卧病,有名胡僧说刘龚名字不吉利。刘龚便自己造了一个"䶮"字做自己的名,取《易经》"飞龙在天"之义,读作俨。

【纲】天福七年(壬寅,942),春正月,后晋任命杜重威为顺德节度使。 【目】后晋将镇州成德军改为恒州顺德军,任命杜重威为节度使。杜重威举荐王瑜为副使,王瑜为他搜刮百姓,恒州百姓不胜其苦。

【纲】夏四月,南汉主刘䶮去世,其子刘玢袭位。

【纲】五月,南唐任命宋齐丘为镇南(治洪州,今江西南昌)节度使。

【纲】六月,后晋高祖石敬瑭去世,其侄子齐王石重贵袭位。 【目】当初,刘知远派亲信将领郭威按照朝廷的旨意招抚吐谷浑首长白承福,契丹派使者责备此事。后晋高祖忧郁成病。一天,冯道单独朝见。后晋高祖让小儿子石重睿出来拜见他,又命宦官把石重睿抱到冯道

道怀中，盖欲道辅立之。六月，晋主殂，道与侍卫马步都虞候景延广议，以国家多难，宜立长君，乃奉齐王重贵为嗣。是日，即位。延广始用事，禁人偶语。初，高祖疾亟，有旨召刘知远入辅政，晋主重贵寝之，知远由是怨。

【纲】秋七月，晋以景延广为侍卫都指挥使。

出帝

【纲】癸卯，春二月，晋主还东京。 【目】晋主之初即位也，大臣议奉表称臣告哀于契丹，景延广请致书称孙而不称臣。李崧曰："陛下如此，他日必躬擐甲胄，与契丹战，于时悔无益矣。"延广固争，冯道依违其间。晋主卒从延广议。契丹大怒，遣使来责让，延广复以不逊语答之。契丹卢龙节度使赵延寿，欲代晋帝中国，屡说契丹击晋，契丹主颇然之。晋主谓契丹将入寇，还东京，然犹与契丹问遗相往来，无虚月。

【纲】唐主殂昇。 【目】唐主饵方士丹，浸成躁急。群臣奏事，往往暴怒；然有论辩中理者，亦敛容谢之。问道士王栖霞："何道可致太平？"对曰："王者治心治身，乃治家国。今陛下尚未能去饥瞋、饱喜，何论太平！"凡所赐予皆不受。唐主疽发背，疾亟，太医吴廷裕遣亲信召齐王璟入侍疾。唐主谓曰："吾饵金石，始欲益寿，乃更伤生，汝宜戒之！"是夕，殂。秘不发丧，下制以齐王监国。

【纲】闽富沙王延政称帝于建州，国号殷。 【目】王延政称帝，以潘承祐为吏部尚书，杨思恭为兵部尚书、同平章事。国小民贫，军旅不息。思恭以善聚敛得幸，增田亩山泽之税，至于鱼盐蔬

怀中,意思是想让他拥立并辅佐石重睿。六月,后晋高祖去世。冯道和侍卫马步都虞侯景延广商议,认为国家多难,应该立年长者为君,于是推戴齐王石重贵为嗣,当天,石重贵即位。景延广开始专权,并禁止人们议论是非。当初,后晋高祖病重时,曾有诏旨命刘知远入朝辅政,石重贵将诏旨压了下来,刘知远因此十分怨恨。

【纲】秋七月,后晋任命景延广为侍卫都指挥使。

出帝

【纲】天福八年(癸卯,943),春二月,后晋出帝回东京。【目】后晋出帝刚刚即位,大臣们商议向契丹奉表称臣并报告先帝去世的消息,景延广请求写信称孙而不称臣。李崧说:"您如果这样做,终究会有一天要亲自披甲上阵,和契丹人作战,到那时后悔也没有用了。"景延广竭力坚持己见,冯道在中间含糊其辞。后晋出帝最终采用了景延广的意见。契丹人大怒,派使者前来责问,景延广又以不恭敬的话作了回答。契丹卢龙(治幽州,今北京西南)节度使赵延寿,想取代后晋,称帝于中国,多次劝说契丹进攻后晋,契丹主认为他讲得很对。后晋出帝认为契丹将会大举入侵,便回到东京,但是仍然和契丹互派使者问候,没有一个月间断过。

【纲】南唐主李昪去世。【目】南唐主吃了方士的丹药,性情渐渐急躁,群臣奏事时,常常暴跳如雷。但是论辩得有理有据的,仍能收敛怒容表示感谢。他问道士王栖霞:"用什么办法能取得天下太平?"回答是:"做帝王的首先要修身养性,才能治理国家。如今,您连饿了要嗔怒,饱了就高兴的性情还没能改变,谈什么太平!"凡是有所赏赐,他都不接受。南唐主背上生疮,病重,太医吴廷裕派亲信召齐王李璟入宫侍奉南唐主的病体。南唐主说:"我服用金石丹药,原本是想求得长寿,却反而伤了性命,你应该引以为戒!"当夜便去世了。齐王秘不发表,颁下制命说:"以齐王监国。"

【纲】闽富沙王王延政在建州(治建安,今福建建瓯)称帝,国号殷。【目】王延政称帝,任命潘承祐为吏部尚书,杨思恭为兵部尚书、同平章事。国家弱小,百姓贫困,军事行动却不间断。杨思恭因为善于聚

果，无不倍征，国人谓之"杨剥皮"。

【纲】晋以桑维翰为侍中。

【纲】唐主璟立。

【纲】汉晋王弘熙弑其主玢而自立，更名晟。

【纲】秋九月，晋执契丹回图使乔荣，既而归之。 【目】初，河阳牙将乔荣从赵延寿入契丹，契丹以为回图使。往来贩易于晋，置邸大梁。至是，景延广说晋主囚荣于狱。凡契丹贩易在晋境者，尽杀之，夺其货。大臣皆言契丹不可负，乃释荣，慰赐而归之。契丹主大怒，入寇之志始决。

【纲】冬十月，晋主立其叔母冯氏为后。

【纲】十二月，晋杨光远诱契丹入寇。

【纲】唐以宋齐丘为青阳公，遣归九华。 【目】唐侍中周宗，年老恭谨，中书令宋齐丘树党，倾之。宗泣诉于唐主，唐主由是薄齐丘。齐丘忿怼，表乞归九华旧隐；唐主知其诈，一表即从之，仍赐号九华先生，封青阳公。齐丘乃治大第于青阳，服御将吏，皆如王公，而愤色尤甚。

【纲】甲辰，春正月，契丹陷晋贝州。权知州事吴峦败死。晋遣兵御之。

【纲】唐主敕齐王景遂参决庶政，既而罢之。 【目】唐主决欲传位于齐、燕二王。翰林学士冯延巳等因之欲隔绝中外以擅权，请敕"齐王景遂参决庶政，百官惟魏岑、查文徽白事，余非召对不得见。"唐主从之，国人大骇。给事中萧俨上疏极论，不报。侍卫都虞候贾崇叩阁泣谏，唐主感悟，遽收前敕。

唐主于宫中作高楼，召侍臣观之，众皆欢笑。萧俨曰："恨楼下

敛，很得宠幸，他增加田亩山泽的税额，甚至鱼盐蔬菜也加倍征收，国人称他"杨剥皮"。

【纲】后晋任命桑维翰为侍中。

【纲】南唐李璟袭位。

【纲】南汉晋王刘弘熙杀掉刘玢自立，改名为刘晟。

【纲】秋九月，后晋扣押契丹回图使乔荣，尔后又将他放了。

【目】当初，河阳牙将乔荣跟随赵延寿去契丹，契丹人任命他为回图使，在契丹与后晋之间往来贩运贸易，并在大梁置下府邸。现在，景延广劝说后晋出帝将乔荣囚入狱中。凡在后晋境内作生意的契丹人，一律杀掉，夺走交易的货物。大臣们都说不可以背负契丹，便把乔荣放出来，好言安抚，并加赏赐，放了回去。契丹主大怒，向中原进攻的决心便定了下来。

【纲】冬十月，后晋出帝立叔母冯氏为后。

【纲】十二月，后晋杨光远诱使契丹入寇。

【纲】南唐封宋齐丘为青阳公，将他送回九华山（在今安徽青阳西南）。　【目】南唐侍中周宗年纪很高，为人恭谨，中书令宋齐丘培植党羽排挤他。周宗向南唐主哭诉，南唐主因此很鄙薄宋齐丘。宋齐丘很是怨愤，便上表请求仍归隐九华山。南唐主知道这是他的诈术，一接到上表，便予批准，并赐号九华先生，封青阳公。宋齐丘便在青阳大造府第，服饰车马，文官武将，都如同王公一样，可是却更加忧愤了。

【纲】后晋出帝开运元年（甲辰，944），春正月，契丹攻陷后晋贝州（治清河，今河北南宫东南）。权知州事吴峦战败被杀。后晋派兵抵御。

【纲】南唐主命齐王李景遂参预政事，接着又将他罢免。　【目】南唐主决意传位给齐、燕二王。翰林学士冯延巳等想趁此机会隔断朝廷内外的联系以便专权，便请求下令齐王李景遂参预政事，百官中只有魏岑、查文徽可以上朝奏事，其余人除非召见不得觐见。南唐主准许，国人大为惊骇。给事中萧俨上疏极力争论，却不得上报。侍卫都虞侯贾崇叩首阁门哭着劝谏，南唐主感悟，急忙收回前命。

南唐主在宫中造高楼，召侍臣观看，大家都慨叹赞美。萧俨说：

无井。"唐主问其故。对曰："以此不及景阳楼耳。"唐主怒,贬为舒州观察使。

【纲】晋主自将次澶州,遣刘知远、杜威、张彦泽将兵御契丹。
【纲】二月,契丹度河。晋主自将,及遣李守贞等分道击之,契丹败走。
【纲】晋诏刘知远击契丹,知远屯乐平不进。

【纲】三月,闽指挥使朱文进弑其主曦而自立。
【纲】夏四月,晋主还大梁,以景延广为西京留守。
【纲】晋太尉、侍中冯道罢,以桑维翰为中书令兼枢密使。【目】道虽为首相,依违两可,无所操决。或谓晋主曰:"冯道承平之良相,今艰难之际,譬如使禅僧飞鹰耳。"乃以为匡国节度使。或谓晋主曰:"陛下欲御北狄安天下,非桑维翰不可。"遂复置枢密院,以维翰为中书令兼枢密使,事无大小,悉以委之,数月之间,朝廷差治。

【纲】秋八月,晋以刘知远为行营都统,杜威为招讨使,督十三节度以备契丹。【目】契丹之入寇也,晋主再命刘知远会兵山东,皆不至,晋主疑之,谓所亲曰:"太原殊不助朕,必有异图。"至是,虽为都统而实无临制之权,密谋大计皆不得预知。远亦知见疏,但慎事自守而已。

郭威见知远有忧色,谓知远曰:"河东山河险固,风俗尚武,士多战马,静则勤稼穑,动则习军旅,此霸王之资也,何忧乎!"

【纲】朱文进称藩于晋,晋以为闽国王。冬十二月,殷遣兵讨朱文进,唐遣兵攻殷。

"只恨楼下没有井。"南唐主问为什么。回答说:"这样就比不上陈后主的景阳楼了。"南唐主十分恼怒,将他贬为舒州(治怀宁,今安徽潜山)观察使。

【纲】后晋出帝亲自率兵驻澶州(治濮阳,今河南濮阳),派刘知远、杜威、张彦泽率兵抵御契丹。

【纲】二月,契丹人渡黄河。后晋出帝亲自挂帅,派李守贞等人分兵进攻,契丹败退。

【纲】后晋命刘知远进攻契丹,刘知远在乐平(今山西阳泉南)屯兵不前。

【纲】三月,闽国指挥使朱文进杀死主公王曦自立。

【纲】夏四月,后晋出帝回到大梁。任命景延广为西京留守。

【纲】后晋太尉、侍中冯道被罢官,任命桑维翰为中书令兼枢密使。　【目】冯道虽身为宰相,但是遇事模棱两可,不加决断。有人对后晋出帝说:"冯道是太平时期的好宰相,当今正值国家艰难动荡之际,由他担任宰相,好比让寺院里的僧人去飞鹰搏兔。"于是便将他调任为匡国(治同州,今陕西大荔)节度使。又有人对后晋出帝说:"您若想抵御北狄,安定天下,除非桑维翰不可。"于是恢复设置枢密院,任桑维翰为中书令兼枢密使,事无巨细,全部委托他掌管。几个月时间,朝廷事务已基本条理不紊。

【纲】秋八月,后晋任命刘知远为行营都统,杜威为招讨使,督十三节度使防备契丹。　【目】契丹人入寇,后晋出帝两次命刘知远率兵到山东(指太行山东)会合,刘知远都没有去。后晋出帝心生疑虑,对亲信说:"太原刘知远如此不肯帮助我,恐怕是另有所图。"如今,虽任命他为都统却没有统兵决断的权力,密谋大计,都不能参预。刘知远也知道自己被疏远,只得审慎行事,求得自保而已。

郭威见刘知远面带愁容,便对他说:"河东依山傍水,形势险要,有尚武风俗,又出产战马。天下太平就致力农桑,发生战乱又习惯于军旅生活,这是称霸的资本,有什么可忧愁的呢!"

【纲】朱文进向后晋称藩,后晋封他为闽国王。冬十二月,殷派兵讨朱文进,南唐派兵进攻殷。

【纲】闰月，闽人讨杀朱文进，传首建州。

【纲】契丹复入寇。

【纲】乙巳，春正月，契丹至相州，引还，晋主自将追之。

【纲】殷改国号曰闽。

【纲】二月，晋主至澶州，诸将引军北上。

【纲】契丹陷晋祁州，刺史沈斌死之。【目】契丹以羸兵驱牛羊过祁州城下，晋刺史沈斌出兵击之，契丹以精骑夺其门，州兵不得还。赵延寿引契丹急攻之，斌在城上，延寿语之曰："使君何不早降！"斌曰："侍中父子失计，陷身虏庭，忍帅犬羊以残父母之邦，不自愧耻，更有骄色，何哉？沈斌弓折矢尽，宁为国家死耳，终不效公所为！"明日，城陷，斌自杀。

【纲】晋以冯玉为枢密使。

【纲】闽人及唐人战，闽人败绩。

【纲】三月，契丹还军南下，晋都排陈使符彦卿等击之，契丹败走。夏四月，晋主还大梁。

【纲】秋八月，晋加冯玉同平章事。

【纲】唐兵拔建州，闽主延政出降。

【纲】晋以杜威为天雄节度使。

【纲】晋桑维翰罢。

【纲】丙午，春正月，唐以宋齐丘为太傅。

【纲】冬十月，晋遣杜威将兵伐契丹。

【纲】十一月，契丹大举入寇。十二月，晋将王清战死，杜威等以兵降。契丹遣兵入大梁，执晋主重贵以归。杀桑维翰，囚景延广。【目】契丹主大举入寇，趣恒州。杜威等闻之，将自冀、贝而南。张彦泽时在恒州，引兵会之，言契丹可破之状。威等乃复趣恒州，以彦泽为前锋，与契丹夹滹沱而军。

【纲】闰月，闽人讨伐杀掉朱文进，将首级送到建州。

【纲】契丹再次入寇。

【纲】开运二年（乙巳，945），春正月，契丹到相州，撤回，后晋出帝亲自率兵追击。

【纲】殷改国号为闽。

【纲】二月，后晋出帝到澶州，诸将率兵北上。

【纲】契丹攻陷后晋祁州（治无极，今河北藁城东北），刺史沈斌自杀。　【目】契丹让年老体弱的士兵赶着牛羊路过祁州城下，后晋刺史沈斌出兵攻击。契丹人用精锐骑兵夺取城门，祁州士兵无法回到城中。赵延寿率兵猛攻。沈斌在城墙上，赵延寿对他说："使君为什么不早早投降！"沈斌说："侍中父子失算了，你们身陷胡虏之庭，忍心率犬羊之辈残害父母之邦，自己不觉得羞愧，反而面带骄横的神气，不是令人感到奇怪吗？沈斌弓折箭尽，宁愿为了国家，一死而已，决不效仿您的做为！"第二天，城陷，沈斌自杀。

【纲】后晋任命冯玉为枢密使。

【纲】闽国与南唐交战，闽败。

【纲】三月，契丹军南下，后晋都排阵使符彦卿等追击，契丹败退。夏四月，后晋出帝回大梁。

【纲】秋八月，后晋加封冯玉为同平章事。

【纲】南唐攻克建州，闽主王延政出城投降。

【纲】后晋任命杜威为天雄节度使。

【纲】后晋桑维翰被罢官。

【纲】开运三年（丙午，946），春正月，南唐任命宋齐丘为太傅。

【纲】冬十月，后晋派杜威率兵讨伐契丹。

【纲】十一月，契丹大举入寇。十二月，后晋将领王清战死，杜威等率兵投降。契丹分兵攻入大梁，将后晋出帝石重贵捉住带回。杀掉桑维翰，囚禁景延广。　【目】契丹大举入寇，直奔恒州，杜威等闻讯，准备自冀州、贝州向南。张彦泽当时在恒州，率兵与之会合，描述了契丹军队可以攻破的情况。杜威等便又赶往恒州，以张彦泽为前锋，与契丹隔滹沱河对峙。

开封尹桑维翰以国家危在旦夕,求见言事。晋主方在苑中调鹰,辞不见。又诣执政言之,执政不以为然。退谓所亲曰:"晋氏不血食矣!"

晋主诏以高行周、符彦卿共戍澶州,景延广戍河阳,指挥使王清言于杜威曰:"请以步卒二千为前锋,夺桥开道,公帅诸军继之,得入恒州则无忧矣。"威许诺,遣清与宋彦筠俱进。清战甚锐,契丹小却,诸将请以大军继之,威不许。彦筠败走,清独帅麾下力战,至暮不息。契丹以新兵继之,清及士众尽死。

契丹遥以兵环晋营,军中食尽。威与李守贞、宋彦筠谋降契丹。威潜遣腹心诣契丹牙帐,邀求重赏。契丹主绐之曰:"赵延寿威望素浅,恐不能帝中国。汝果降者,当以汝为之。"威喜,遂定降计。威命军士释甲,军士皆恸哭,声振原野。

契丹主引兵南,杜威将降兵以从。遣张彦泽将二千骑先取大梁。张彦泽倍道疾驱,夜渡白马津。晋主召李崧、冯玉、李彦韬入禁中计事,欲诏刘知远发兵入援。明日,彦泽自封丘门斩关而入,城中大扰。晋主召范质草降表,自称"孙男臣重贵,祸至神惑,运尽天亡。今与太后及妻冯氏,举族面缚待罪。"彦泽迁晋主于开封府,顷刻不得留,见者流涕。

彦泽杀桑维翰,以带加颈,白契丹主,云其自经。契丹主命厚抚其家。遣兵趣河阳捕景延广,延广伏地请死,乃锁之。

右后晋二主,共十一年。

开封尹桑维翰认为国家危在旦夕,请求觐见,议论国事。后晋出帝当时正在宫苑中训鹰,推辞不见。又到执政的宰相那里去议论国事,宰相也不以为然。桑维翰回去对亲信说:"晋室不能血食祭祖了!"

后晋出帝下诏命高行周、符彦卿共同守卫澶州,景延广守河阳。指挥使王清对杜威说:"请用步兵二千为前锋,夺桥开路,您率各军跟进,进入恒州就没有什么可担忧的了。"杜威同意,派王清和宋彦筠一同充任前锋。王清作战锐气很盛,契丹稍稍后退。诸将请求大军跟进,杜威不许。宋彦筠败退。王清独自率部下竭力苦战,直到傍晚,战斗仍未停止。契丹补充了生力军,王清和部下全都战死。

契丹远远地包围后晋军营,后晋军中粮草耗尽,杜威和李守贞、宋彦筠商议投降契丹。杜威派心腹去契丹营帐,邀功请赏。契丹主骗他说:"赵延寿一向没有声望,恐怕无法在中原称帝。你果真投降,就让你称帝。"杜威很高兴,便决定投降。杜威命士兵们解下盔甲,士兵们都大放悲声,哭声响彻野外。

契丹主引兵南下,杜威率降兵跟随。契丹主派张彦泽率二千骑兵先攻取大梁。张彦泽昼夜兼程,夜里渡过白马津(在今河南滑县东北)。后晋出帝召李崧、冯玉、李彦韬到宫中商议,想命刘知远率兵赴援。第二天,张彦泽从封丘门闯入大梁,城中大为惊扰。后晋出帝召范质起草降表,自称:"孙男臣重贵,祸事临头,心神惶惑,运数已尽,天命灭亡。现在和太后及妻冯氏,举族反绑双手,面向前方,等待治罪。"张彦泽将后晋出帝迁往开封,一刻也不停留,见到的人都涕泪俱下。

张彦泽杀了桑维翰,在他颈上套一个绳索,给契丹主看,说他自缢而死。契丹主下令丰厚地抚恤他的家人。派兵去河阳,捕捉景延广,景延广趴在地上请求一死,于是将他套上枷锁。

以上后晋二主,共十一年。

后汉纪

高祖皇帝

【纲】丁未,春正月,契丹德光入大梁,杀张彦泽。景延广自杀。

【纲】契丹封晋主重贵为负义侯,徙之黄龙府。

【纲】契丹以李崧为枢密使,冯道为太傅,晋诸藩镇皆降。
【纲】契丹纵兵大掠,遣使括借士民钱帛。 【目】赵延寿请给上国兵食,契丹主曰:"吾国无此法。"乃纵胡骑四出剽掠,谓之打草谷。丁壮毙于锋刃,老弱委于沟壑,自东、西两畿及郑、滑、曹、濮数百里间,财畜殆尽。契丹主谓判三司刘昫曰:"契丹兵应有优赐,速宜营办。"时府库空竭,昫请括借都城士民钱帛,又分遣使者数十人诣诸州括借。人不聊生,由是内外怨愤,始患苦契丹,皆思逐之矣。

【纲】晋刘知远遣使奉表于契丹。 【目】初,晋主忌河东节度使、北平王刘知远,以为北面行营都统。知远因之广募士卒,又得吐谷浑财畜,由是富强,步骑至五万人。晋主与契丹结怨,知远知其必危,而未尝论谏。契丹屡深入,知远初无邀遮入援之志。及闻契丹入汴,乃分兵守四境,遣客将王峻奉表称臣于契丹。

【纲】二月,晋刘知远称帝于晋阳。 【目】河东将佐劝知远称尊号,以号令四方,知远不许。闻晋主北迁,声言欲出兵井陉,迎归晋阳。命指挥使史弘肇集诸军告以出师之期,军士皆曰:"今天下无主,主天下者非我王而谁?宜先正位号,然后出师。"争呼万岁不已。郭威与都押衙杨邠入说知远曰:"此天意也。王不乘此取之,人

高祖皇帝

【纲】天福十二年（丁未，947），春正月，契丹耶律德光进入大梁，杀掉张彦泽。景延广自杀。

【纲】契丹封后晋出帝石重贵为负义侯，迁往黄龙府（今辽宁朝阳）。

【纲】契丹任命李崧为枢密使，冯道为太傅。后晋的各藩镇都投降契丹。　【目】赵延寿请求供应军队粮饷，契丹主说："我国没有这种做法。"于是放纵胡兵四出抢掠，称为"打草谷"。丁壮都死于刀下，老弱葬身沟壑，从东西两京到郑州（治管城，今河南郑州）、滑州（治白马，今河南滑县东北）、曹州（治济阴，今山东曹县西北）、濮州（治鄄城，今山东鄄城北）几百里之间，牲畜、财物损失殆尽。契丹主对三司刘昫说："契丹兵应加以优厚赏赐，应该赶快想法操办。"当时官府仓库已经空空荡荡，刘昫便向都城士民百姓搜刮征借钱粮布帛，又分别派数十人到各州搜刮征借钱粮布帛，以至民不聊生。因此内外怨恨，开始感到契丹为患的痛苦，都想将他们赶走。

【纲】刘知远派使者上表给契丹。　【目】当初，后晋出帝忌恨悼东节度使、北平王刘知远，任命他为北面行营都统。刘知远趁机大量招募士兵，又得到吐谷浑的财富和牲畜，由此开始富强起来，步兵、骑兵达到五万人。后晋出帝与契丹结仇，刘知远知道他必然会发生危机，但从未进行过劝谏。契丹多次深入进犯，刘知远开始没有拦阻或入朝支援的打算。后来得知契丹进入了汴州，便分兵把守边境，派客将王峻上表向契丹称臣。

【纲】二月，后晋刘知远在晋阳称帝。　【目】河东将领都劝刘知远称帝，以号令天下，刘知远没有同意。听说晋主北迁，便声言要出兵井陉关（在今河北石家庄西井陉山上），将后晋出帝迎回晋阳。命指挥使史弘肇召集诸军宣布出兵日期，士兵们都说："如今天下无主，做天下君主，除了我们的大王还能是谁！应该先确定皇帝名号，然后出兵。"并争

心一移,则反受其咎矣。"知远从之,遂即位。自言未忍改晋国,又恶开运之名,乃重称天福十二年。

【纲】晋主知远自将迎故晋主重贵至寿阳而还。

【纲】晋主知远还晋阳。 【目】知远还至晋阳,议率民财以赏将士,夫人李氏谏曰:"陛下因河东创大业,未有以惠泽其民,而先夺其生生之资,殆非新天子所以救民之意也。请悉出宫中所有以劳军,虽复不厚,人无怨言。"知远从之,中外大悦。

【纲】三月,契丹德光发大梁。 【目】契丹主发大梁,晋文武诸司、诸军、吏卒从者皆数千人,宫女、宦官数百人,尽载府库之实以行。谓宣徽使高勋曰:"吾在上国,以射猎为乐,至此令人悒悒。今得归,死无恨矣!"

【纲】晋主知远以其弟崇为太原尹。

【纲】夏四月,晋以刘信、史弘肇为侍卫指挥使,杨邠为枢密使,郭威为副使,王章为三司使。

【纲】晋以苏逢吉、苏禹珪同平章事。

【纲】契丹耶律德光死于杀狐林。 【目】契丹主至临城,得疾,至杀狐林而卒。国人剖其腹,实盐数斗,载之北去。晋人谓之"帝䘺"。契丹主丧至国,述律太后不哭,曰:"待诸部宁一如故,则葬汝矣。"

【纲】五月,晋以刘崇为北都留守。

【纲】楚文昭王希范卒,弟希广嗣。

【纲】六月,晋主知远入洛阳。

【纲】吴越忠献王弘佐卒,弟弘倧嗣。

【纲】晋主知远入大梁,诸镇多降,始改国号曰汉。 【目】知

相高呼万岁不止。郭威和都押衙杨邠都劝说刘知远说："这是天意。大王如果不乘机取得天下，人心一变，反而要受害了。"刘知远遵从了他们的意见，即位称帝。自己说不忍改晋的国号，又讨厌开运年号，便重又称后晋高祖石敬瑭建国的年号，天福十二年。

【纲】刘知远亲自率兵迎接原晋出帝石重贵，直到寿阳（今山西阳泉西，旧寿阳县）才返回。

【纲】刘知远返回晋阳。 【目】刘知远回到晋阳，商议向百姓募集财物赏赐将士。夫人李氏劝阻说："陛下凭借河东创下大业，还没有让那里的百姓领受到您的恩情，就要先夺取他们生息的资本，这恐怕不是新天子拯救百姓的本意。请竭尽宫中所有用以犒赏士兵，虽不丰厚，人们也不会有怨言。"刘知远遵从，朝廷内外都很高兴。

【纲】三月，契丹耶律德光从大梁出发。 【目】契丹主从大梁出发，后晋原来的文武大臣，官吏有数千人跟随，宫女、宦官有数百人跟随。他们将官府仓库中的财物全部带走。契丹主对宣徽使高勋说："我在辽国，以射猎为乐，来到这里，令人郁郁不乐。今天总算得以回归，死了也没有什么遗憾了！"

【纲】后晋刘知远任命自己的弟弟刘崇为太原尹。

【纲】夏四月，后晋任命刘信、史弘肇为侍卫指挥使；杨邠为枢密使，郭威为副使；王章为三司使。

【纲】后晋任命苏逢吉、苏禹珪为同平章事。

【纲】契丹主耶律德光死在杀狐林（今河北藁城西南）。 【目】契丹主到临城（今河北内丘北），患病，到杀狐林后去世。契丹人把他肚子剖开，里面放入几斗盐，用车拉着北归，后晋人称之为"帝羓"。契丹主尸体运回辽国，述律太后没有哭，说："等到各部落像以前一样安宁时，再将你安葬吧。"

【纲】五月，后晋任命刘崇为北都（太原）留守。

【纲】楚国文昭王马希范去世，弟弟马希广袭位。

【纲】六月，后晋刘知远进入洛阳。

【纲】吴越忠献王钱弘佐去世，弟钱弘倧袭位。

【纲】后晋刘知远进入大梁，很多藩镇归降，开始将国号改为

远发洛阳，枢密院使魏仁浦自契丹逃归，郭威问以兵数及故事，仁浦强记精敏，威由是亲任之。知远至大梁，晋之藩镇相继来降，复以汴州为东京，改国号曰汉。仍称天福年，曰："余未忍亡晋也。"

【纲】秋七月，汉以杜重威为归德节度使，重威拒命，汉发兵讨之。

【纲】汉以窦贞固、李涛同平章事。

【纲】冬十月，汉主如澶、魏劳军。十一月，杜重威出降。

【纲】十二月，汉主还大梁。

【纲】吴越统军使胡思进废其君弘倧而立其弟弘俶。

【纲】戊申，春正月，汉主更名暠。

【纲】汉以冯道为太师。

【纲】汉主暠殂，杜重威伏诛，周王承祐立。　【目】汉主大渐，召苏逢吉、杨邠、史弘肇、郭威入受顾命，曰："承祐幼弱，后事托在卿辈。"又曰："善防重威。"是日殂，逢吉等秘不发丧。下诏称："重威父子因朕小疾，谤议摇众。"皆斩之，磔尸于市，市人争啖其肉。二月，立皇子承祐为周王，有顷，发丧。周王即位，时年十八。

【纲】汉以王景崇为凤翔巡检司。

【纲】三月，汉征凤翔兵诣阙，行至长安，军校赵思绾据城作乱。

【纲】汉护国节度使李守贞反。

【纲】夏四月，汉以杨邠同平章事，郭威为枢密使。

【纲】汉遣郭从义讨赵思绾，白文珂、王峻讨李守贞。

【纲】六月，汉王景崇叛降于蜀。

汉。【目】刘知远从洛阳出发。枢密院使魏仁浦从契丹逃回,郭威向他询问契丹军队数量以及典制方面的情况,魏仁浦为人精明机敏,善于记忆,郭威由此对他十分亲近信任。刘知远到大梁,后晋藩镇相继归降。重又以汴州为东京,改国号为汉,仍称天福年号,并说:"我不忍心亡晋。"

【纲】秋七月,后汉任命杜重威为归德(治宋州,今河南商丘南)节度使,杜重威拒不受命,后汉发兵征讨。

【纲】后汉任命窦贞固、李涛为同平章事。

【纲】冬十月,后汉高祖到澶、魏劳军。十一月,杜重威投降。

【纲】十二月,后汉高祖返回大梁。

【纲】吴越统军使胡思进废掉钱弘倧,拥立他的弟弟钱弘俶。

【纲】后汉高祖乾祐元年(戊申,948),春正月,后汉高祖改名为刘暠。

【纲】后汉任命冯道为太师。

【纲】后汉高祖去世。杜重威伏罪被杀。周王刘承祐继立。
【目】后汉高祖大病,召苏逢吉、杨邠、史弘肇、郭威入朝接受遗命,说:"承祐年幼弱小,以后的事情就托付你们了。"又说:"好好提防杜重威。"当天便去世了。苏逢吉等人秘不发丧,下诏声称:"杜重威父子趁我患小病,便谣言惑众,将他们都杀掉。"将他们碎尸于街市,人们都争着吃他们的肉。二月,立皇子刘承祐为周王。不久,便发丧。周王即位,当时才十八岁。

【纲】后汉任命王景崇为凤翔(在今陕西凤翔南)巡检司。

【纲】三月,后汉征调凤翔军队入朝,走到长安时,军校赵思绾占据长安城叛乱。

【纲】后汉护国节度使(即河中节度使,治蒲州,今山西芮城西北)李守贞反叛。

【纲】夏四月,后汉任命杨邠为同平章事,郭威为枢密使。

【纲】后汉派郭从义讨伐赵思绾,白文珂、王峻讨伐李守贞。

【纲】六月,后汉王景崇叛降后蜀。

【纲】八月，汉河东节度使刘崇表募兵备契丹。

【纲】汉以郭威为西面招慰安抚使。　【目】汉自河中、永兴、凤翔三镇拒命，继遣诸将讨之，久无功，汉主患之，欲遣重臣临督。以郭威为西面军前招慰安抚使，诸军皆受节度。威问策于冯道，道曰："守贞自谓旧将，为士卒所附，愿公勿爱官物以赐士卒，则夺其所恃矣。"威从之，由是众心始附于威。

【纲】郭威督诸将围李守贞于河中。

【纲】冬十月，汉赵晖围王景崇于凤翔，蜀遣兵救之，不克。

【纲】荆南节度使高从诲卒，以其子保融知留后。

隐帝

【纲】己酉，夏四月，太白昼见。

【纲】秋七月，汉郭从义诱赵思绾杀之。

【纲】汉郭威克河中，李守贞自杀。　【目】郭威攻河中，克其外郭。李守贞与妻子自焚。威入城，阅守贞文书，得朝臣藩镇交通书，词意悖逆，欲奏之，秘书郎王溥谏曰："魑魅乘夜争出，见日自消。愿一切焚之以安反仄。"威从之。

【纲】八月，汉郭威以白文珂为西京留守。　【目】西京留守王守恩，性贪鄙，专事聚敛。郭威自河中还，过洛阳，守恩肩舆出迎。威怒，不见，即以头子命白文珂代守恩。守恩犹坐客次，吏白："新留守已视事于府矣。"守恩狼狈而归，见家属已逐出府矣。朝廷不之问。

【纲】九月，汉加郭威侍中。威请加恩将相藩镇，从之。　【目】威至大梁，入见，劳赐甚厚。辞曰："臣将兵在外，凡镇安京师，供

【纲】八月,后汉河东节度使刘崇表募兵防备契丹。

【纲】后汉任命郭威为西面招慰安抚使。 【目】后汉自从河中、永兴(治长安,今陕西西安)、凤翔三镇抗拒朝命以来,相继派诸将征讨,久无建树。后汉高祖十分忧虑,想派朝廷重臣亲临督战。任命郭威为西面军前招慰安抚使,诸军都接受其节制。郭威向冯道询问策略,冯道说:"李守贞自以为长期带兵,士兵们信服依附于他。希望您不要吝惜官府财物,要用以赏赐士兵,那么就可以使他没有可以依仗的了。"郭威采纳了他的意见,从此,军队开始依附于郭威。

【纲】郭威督促诸将把李守贞围困在河中。

【纲】冬十月,后汉赵晖将王景崇围困在凤翔,后蜀派兵救援,没有成功。

【纲】荆南节度使高从诲去世,其子高保融任留后。

隐帝

【纲】乾祐二年(己酉,949),夏四月,金星白天出现。

【纲】秋七月,后汉郭从义将赵思绾诱杀。

【纲】后汉郭威攻克河中,李守贞自杀。 【目】郭威进攻河中,攻克郭城。李守贞和妻子自焚。郭威入城后,检查李守贞往来文书、信件,发现朝臣与藩镇之间往来书信,词意悖逆,郭威想上奏朝廷,秘书郎王溥劝阻道:"妖魔鬼怪都乘黑夜活动,太阳一出自然消失。希望您把这些书信烧掉,以安抚心怀反侧的人。"郭威听从了他的话。

【纲】八月,后汉郭威任白文珂为西京留守。 【目】西京留守王守恩,性情贪婪卑鄙,一心专做聚敛钱财的事。郭威从河中返回,经过洛阳,王守恩坐着轿子出城迎接。郭威很生气,不见他,当即草拟堂帖命白文珂取代王守恩。王守恩还在客座上,官吏告诉他:"新任留守已经在官府开始办公了。"王守恩狼狈而归,见家属已经被赶出府外了。朝廷不过问此事。

【纲】九月,后汉加封郭威为侍中。郭威请求同时加封将相藩镇,隐帝遵从。 【目】郭威到大梁,入宫觐见,得到丰厚的犒劳、赏赐。他推辞说:"臣带兵在外,镇抚安定京城,供应兵饷,都是各位朝中大臣

亿兵食,皆诸大臣居中者之力也,臣安敢独膺此赐!请遍赏之。"乃遍赐宰相、枢密、宣徽、三司、侍卫使九人如一。加威兼侍中。诸大臣议,以"执政既溥加恩,恐藩镇觖望",亦遍加恩有差。

【纲】冬十月,契丹寇河北,汉遣郭威督诸将御之。

【纲】十二月,汉赵晖攻凤翔,王景崇自杀。

【纲】庚戌,春二月,汉汝州防御使刘审交卒。【目】汝州吏民诣阙上书,以审交有仁政,乞留葬汝州,得奉事其丘垄;许之。州人为立祠,岁时享之。冯道曰:"吾尝为刘君僚佐,观其为政,无以逾人,非能减其租赋,除其徭役也,但推公廉慈爱之心以行之耳。此亦众人所能为,但众人不为而刘君独为之,故汝人爱之如此。使天下二千石皆效其所为,何患得民不如刘君哉!"

【纲】夏四月,汉以郭威为邺都留守,枢密使如故。【目】汉朝以契丹入寇,议以郭威镇邺都,使督诸将备契丹。史弘肇欲威仍领枢密使,苏逢吉以为故事无之,弘肇曰:"领枢密使则可以便宜从事,诸军畏服,号令行矣。"汉主从之。弘肇怨逢吉异议,逢吉曰:"以内制外,顺也;今反以外制内,其可乎!"既而朝贵会饮,弘肇举大觥属威,厉声曰:"昨日廷议,一何同异!"逢吉与杨邠亦举觥曰:"是国家之事,何足介意!"弘肇又厉声曰:"安定国家,在长枪大剑,安用毛锥!"王章曰:"无毛锥,则财赋何从可出?"自是将相始有隙。

【纲】汉以郭荣为贵州刺史。【目】荣本姓柴,父守礼,郭威之妻兄也。威未有子,时养以为子。

【纲】五月,郭威赴邺。

【纲】闰月,汉大风。【目】汉宫中数有怪,大风发屋拔木,吹

的努力,我怎敢独自享用这些赏赐!请您遍加赏赐。"于是,遍赏宰相、枢密、宣徽、三司、侍卫使九人,与郭威同样。加封郭威兼任侍中。大臣们议论说,执政大臣遍受恩赏,恐怕藩镇会失望,于是也加以封赏不等。

【纲】冬十月,契丹入寇河北,后汉派郭威督促诸将防御。

【纲】十二月,后汉赵晖进攻凤翔,王景崇自杀。

【纲】乾祐三年(庚戌,950),春二月,后汉汝州(治梁县,今河南临汝)防御使刘审交去世。【目】汝州官民到京城上书,说刘审交为政仁义,请求将他葬在汝州,以便事奉其坟墓。得到准许。汝州人为他立祠堂,按时祭祀。冯道说:"我曾经是刘君的僚佐,我观察他为政的方法,并没有超越别人的地方,没有能给百姓减少租赋,免除徭役,只不过能本着廉洁奉公、仁爱之心行事罢了。这是众人也能做的事情,只不过众人都不这样做,而刘君却这样做了,因此,汝州人这样爱戴他。假使天下刺史都能效仿他的行为,还用担心不能像刘君这样得人心吗!"

【纲】夏四月,后汉任郭威为邺都留守,仍担任枢密使。【目】后汉因为契丹入寇,商议由郭威镇守邺都,让他督促诸将防御契丹。史弘肇想让郭威仍兼任枢密使,苏逢吉认为以前没有先例。史弘肇说:"兼任枢密使就可以相机行事,诸军敬畏服从,号令就会得以执行了!"后汉隐帝采用了他的意见。史弘肇埋怨苏逢吉提出的异议,苏逢吉说:"以内制外,是合乎常理的;如今要以外制内,能行吗!"事后,朝臣显贵在一起饮宴,史弘肇举着大杯向郭威劝酒,并且厉声说:"昨天在朝廷的议论,竟是多么不同!"苏逢吉和杨邠也举杯说:"都是为了国家大事,何必介意!"史弘肇又大声说:"安定国家,要用长枪大剑,哪里用得着毛笔!"王章说:"没有毛笔,财赋从何而来?"从此将相之间开始产生矛盾。

【纲】后汉任命郭荣为贵州(治郁林,今广西贵县西南)刺史。【目】郭荣原本姓柴,父亲柴守礼,是郭威的大舅哥。郭威没有儿子,当时以郭荣为养子。

【纲】五月,郭威赴邺上任。

【纲】闰月,后汉宫中大风为患。【目】后汉宫中数次发生怪事,

掷门扉一十余步而落。汉主召司天监赵延义问以禳祈之术，对曰："王者欲弭灾异，莫如修德。"汉主曰："何谓修德？"对曰："请读贞观政要而法之。"

【纲】冬十一月，汉主承祐杀其枢密使杨邠、侍卫指挥使史弘肇、三司使王章。遣使杀郭威，不克；威举兵反，遂杀其主承祐。【目】汉主自即位以来，杨邠总机政，郭威主征伐，史弘肇典宿卫，王章掌财赋，国家粗安。汉主左右嬖幸浸用事，太后亲戚亦干朝政，邠等屡裁抑之。汉主年益壮，厌为大臣所制。左右因潛之曰："邠等专恣，终当为乱。"苏逢吉与弘肇有隙，屡以言激太后弟李业等，汉主遂与业谋诛邠等。弘肇与邠、章入朝，殿中甲士出而杀之。

汉主遣供奉官孟业赍密诏，令镇宁李洪义杀弘肇党步军指挥使王殷，又令行营指挥使郭崇威、曹威杀郭威及监军王峻。

孟业至澶州，洪义不敢发；殷因业，以诏示郭威。威召郭崇威、曹威及诸将，告以邠等冤死及有密诏之状，且曰："吾与诸公，披荆棘，从先帝取天下，受托孤之任，竭力以卫国家，今诸公已死，吾何心独生！君辈当奉行诏书，取吾首以报天子，庶不相累。"崇威等皆泣曰："天子幼冲，此必左右群小所为，愿从公入朝自诉，荡涤鼠辈以清朝廷。"威乃留其养子荣镇邺都，命崇威前驱，自将大军继之。

威至封丘，人情怞惧，汉主遣慕容彦超等将兵御之。屯七里店，汉主自出劳军。既陈，慕容彦超引轻骑直前奋击，郭威与李荣帅骑兵拒之。彦超引兵退，麾下死者百余人，于是诸军夺气，稍稍降于北军。彦超遂与十余骑奔还，汉主独与从官数十人宿于七里寨。旦日，回辔至赵村，追兵已至，汉主下马入民家，为乱兵所弒。

大风吹坏房屋拔起树木,将房门吹出十余步以外。后汉隐帝召司天监赵延义询问祈祷免灾的办法,回答说:"为君王的,要免灾祸,莫过修行德政。"后汉隐帝又问:"怎样修行德政?"回答说:"请您读《贞观政要》并效法它。"

【纲】冬十一月,后汉隐帝杀枢密使杨邠、侍卫指挥使史弘肇、三司使王章。派人去杀郭威,没有成功。郭威兴兵造反,杀了后汉隐帝刘承祐。　　【目】后汉隐帝自即位以后,杨邠总揽机要大政,郭威主持征伐,史弘肇典掌宿卫,王章掌握财赋,国家大体安定。后汉隐帝身边的佞幸小人逐渐得到任用,太后外戚也干预朝政,杨邠等人多次加以裁减抑制。后汉隐帝年龄越来越大了,便不愿再被大臣所左右。身边的小人趁机进谗言:"杨邠等人专权骄恣,早晚要犯上作乱。"苏逢吉和史弘肇有嫌隙,多次用话激太后弟弟李业,后汉隐帝便和李业商议杀掉杨邠等人。史弘肇和杨邠、王章上朝,殿中埋伏的武士一拥而上将他们杀了。

后汉隐帝派供奉官孟业带着密诏,命镇宁李洪业杀掉史弘肇党羽步军指挥使王殷,又命行营指挥使郭崇威、曹威杀郭威和监军王峻。

孟业到了澶州,李洪业不敢下手。王殷囚押了孟业,并把密诏给郭威看。郭威召来郭崇威、曹威和诸将,告诉他们杨邠冤死和密诏等情况,并且说:"我和诸公披荆斩棘,追随先帝夺取天下,接受托孤的遗命,竭力保卫国家。如今诸公都已死了,我也没有独自活下去的心思!你们应当遵照诏令,取下我的首级回报天子,绝不连累你们。"郭崇威等人都流泪说:"天子年幼,这一定是他身边小人所为。希望您入朝为自己辩解,荡涤鼠辈,清理朝廷。"郭威便将养子郭荣留下镇守邺都,命郭崇威为前锋,自己率大军跟随。

郭威到了封丘(今河南封丘),人心惶惶不安,后汉隐帝派慕容彦超等率兵抵御,屯兵七里店(今河南开封北),后汉隐帝亲自出城劳军。列好阵势,慕容彦超率轻骑兵径直向前猛烈进攻,郭威和李荣率骑兵迎战。慕容彦超败退,麾下死百余人,因此,各路军队士气顿衰,不敌北军。慕容彦超带十几名骑兵逃回。后汉隐帝独自和跟随的官员住宿在七里寨。第二天,回到赵村,追兵赶到,后汉隐帝下马躲入百姓家中,被

威至，自迎春门入，归私第。冯道帅百官谒见郭威，威犹拜之，道受拜如平时，徐曰："侍中此行不易！"

【纲】汉迎武宁节度使刘赟于徐州。　【目】郭威帅百官起居太后，奏请早立嗣君。太后诰曰："河东节度使崇、忠武节度使信，皆高祖之弟，武宁节度使赟、开封尹勋，高祖之子，其令百官议择所宜。"赟，崇之子也，高祖爱之，养视如子。郭威、王峻入见太后，请以勋为嗣。太后曰："勋久羸疾不能起。"于是郭威与峻议立赟。帅百官表请太后诰，遣太师冯道及枢密直学士王度、秘书监赵上交诣徐州奉迎。

威之讨三叛也，见诏书，处分军事皆合机宜，问："谁为之？""使者以范质对。威曰："宰相器也。"至是，令草诰令，具仪注。苍黄之中，讨论撰定，皆得其宜。

【纲】汉太后临朝。汉以王峻为枢密使，王殷为侍卫都指挥使。

【纲】契丹入寇，屠内丘，陷饶阳，汉遣郭威将兵击之。

【纲】汉以范质为枢密副使。
【纲】马希萼陷潭州，杀楚王希广而自立。

【纲】汉刘赟发徐州。
【纲】汉郭威至澶州，自立而还。王峻、王殷遣兵拒刘赟，以太后诰废为湘阴公，令郭威监国。　【目】威至澶州。将发，将士数千人忽大噪曰："天子须侍中自为之，将士已与刘氏为仇，不可立也！"或裂黄旗以被威体，共挟抱之，呼万岁震地，因拥威南行。威乃上太后笺，请奉汉宗庙，事太后为母。下书抚谕大梁士民，勿有忧疑。至七里店，窦贞固帅百官出迎，拜谒，劝进。

乱兵杀死。

郭威赶到大梁，从迎春门入城，回到私宅。冯道率百官谒见郭威，郭威尚且对他下拜。冯道也象平常一样受拜，并慢慢地说："侍中这一路不容易！"

【纲】后汉在徐州迎接武宁节度使刘赟。 【目】郭威率百官向太后问安，上奏请求尽早册立嗣君，太后发诰命："河东节度使刘崇、忠武（治许州，今河南许昌）节度使刘信，都是高祖的弟弟，武宁节度使刘赟、开封尹刘勋，是高祖的儿子，就令百官商议选择吧。"刘赟是刘崇的儿子，高祖刘知远很喜爱他，将他当成自己的儿子看待。郭威、王峻入宫见太后，请求由刘勋为嗣。太后说："刘勋长期患病，卧床不起。"于是郭威和王峻便商议册立刘赟，率百官上表请示太后，请太后发诰命，派太师冯道和枢密直学士王度、秘书监赵上交到徐州迎接。

郭威征讨王景崇、李守贞、赵思绾时，看到诏书和处理军事都很合乎实际，便问："是谁写的？"使者回答说是范质，郭威说："是做宰相的材料。"如今便令他起草诰命，准备迎接新的君主的礼仪。匆匆忙忙，讨论写定，却都很得当。

【纲】后汉太后临朝。任命王峻为枢密使，王殷为侍卫都指挥使。

【纲】契丹入寇，屠杀内丘（今河北内丘）官民，攻陷饶阳（今河北献县西北）。后汉派郭威率兵与之交战。

【纲】后汉任命范质为枢密副使。

【纲】马希萼攻陷潭州（治长沙，今湖南长沙），杀死楚王马希广而自立。

【纲】后汉刘赟自徐州出发。

【纲】后汉郭威到澶州自立为君后返回。王峻、王殷率兵阻拦刘赟，借太后诰命将其废为湘阴公，命郭威监国。 【目】郭威到澶州。要出发了，数千将士忽然大声鼓噪说："天子应由侍中自己来作，将士们已经和刘氏结仇，不可拥立！"有人撕裂黄旗披在郭威身上，并抱扶郭威，呼喊万岁，声震天地，并簇拥郭威南行。郭威便上书太后，请求事奉后汉宗庙，事奉太后为母。下书安抚大梁百姓，不要忧虑怀疑。到七里

赟至宋州，王峻、王殷闻澶州军变，遣郭崇威将七百骑往拒之。郭威召冯道先归。太后诰废赟为湘阴公，以侍中监国，百官藩镇相继上表劝进。

右后汉二主，共四年。

店,窦贞固率百官出迎并拜见郭威,劝说他称帝。

刘赟到宋州,王峻、王殷得知澶州发生的变故,便派郭崇威率七百骑兵前去拦阻。郭威命冯道先返回。太后发诰命:"废刘赟为湘阴公。由侍中监国。"百官和藩镇相继上表劝进。

以上后汉二主,共四年。

后周纪

太祖皇帝

【纲】辛亥,春正月,郭威称皇帝,国号周。

【纲】汉河东节度使刘崇表请湘阴公归晋阳。 【目】初,崇闻隐帝遇害,欲起兵南向,闻迎立湘阴公,乃止,曰:"吾儿为帝,吾又何求!"太原少尹李骧阴说崇曰:"观郭公之心,终欲自取,公不如疾引兵逾太行,据孟津,俟徐州相公即位,然后还镇,则郭公不敢动矣;不然,且为所卖。"崇怒曰:"腐儒,欲离间吾父子!"命左右曳出斩之。及赟废,崇乃遣使请赟归晋阳。周主报曰:"湘阴公比在宋州,今方取归,必令得所,公勿以为忧。"

【纲】周以王殷为邺都留守。

【纲】周主威弑汉湘阴公赟于宋州,汉刘崇称帝于晋阳。【目】刘崇即位于晋阳,仍用乾祐年号。闻湘阴公死,哭曰:"吾不用忠臣之言,以至于此!"为李骧立祠,岁时祭之。

【纲】周罢四方贡献珍食,诏百官上封事。 【目】周主谓王峻曰:"朕起于寒微,备尝艰苦,遭时丧乱,一旦为帝王,岂敢厚自奉养,以病下民乎!"命峻疏四方贡献珍美食物,诏悉罢之。又诏曰:"朕生长军旅,不亲学问,未知治天下之道,文武官有益国利民之术,各具封事以闻。"以苏逢吉之第赐王峻,峻曰:"是逢吉所以族李崧也!"辞而不处。

【纲】二月,周主以其养子荣为镇宁节度使。

【纲】周主毁汉宫宝器。 【目】周主悉出汉宫中宝玉器,碎之

太祖皇帝

【纲】后周太祖广顺元年（辛亥，951），春正月，郭威称帝，国号周。

【纲】后汉河东节度使刘崇上表请湘阴公返回晋阳。【目】当初，刘崇得知后汉隐帝被害，曾想率兵南下。后来又得知湘阴公被立为天子，便停止行动，说："我的儿子做了皇帝，我还有什么可企求的！"太原少尹李骧暗中劝说刘崇："我看郭公的心意，终将自己夺取皇帝的位置。您不如赶快率兵越过太行山，占据孟津（今河南孟州市南），等徐州相公即位后，再归回藩镇，那样，郭公就不敢轻举妄动了。否则，就会被他耍弄。"刘崇恼怒地说："腐儒，想离间我们父子吗！"命左右将其拖出斩首。后来，等到刘赟被废，刘崇便派使者请求让刘赟返回晋阳。后周太祖回答说："湘阴公还在宋州，现在正取道返回，一定会让他得其所宜，您不要担忧。"

【纲】后周任命王殷为邺都留守。

【纲】后周太祖将湘阴公刘赟杀死在宋州。后汉刘崇在晋阳称帝，就是北汉。【目】刘崇在晋阳称帝，仍用乾祐年号。得知湘阴公死讯，哭道："我不听忠臣的劝告，以至于此！"为李骧立祠，按时祭祀。

【纲】后周停止各地进贡珍宝美食，诏命百官上书奏事。【目】后周太祖对王峻说："我出身贫寒，备尝艰辛，遭逢时世动乱，一夜之间成了帝王，怎敢优厚地奉养自己而让天下百姓吃苦呢！"命王峻清理各地的珍宝美味，下诏全部罢免。又下诏说："我生长在军旅中。没有亲自从师学问，不了解治理天下的方法，文武百官有利国利民的办法，各自上书奏报给我。"将苏逢吉府第赐给了王峻，王峻说："这是苏逢吉诛灭李崧家族的起因！"推辞不受。

【纲】二月，后周太祖任命养子周荣为镇宁节度使。

【纲】后周太祖毁掉后汉宫室的珍宝器物。【目】后周太祖将后

于庭，曰："凡为帝王，安用此物！"

【纲】夏四月，周以王峻、范质、李谷同平章事。 【目】初，周主讨河中，已为人望所属；李谷时为转运使，周主数以微言讽之，谷但以人臣尽节为对，周主以是贤之。即位，首用为相。时国家新造，四方多故，王峻夙夜尽心，知无不为，军旅之谋，多所裨益。范质明敏强记，谨守法度。李谷沉毅有器略，议论慷慨，善譬喻以开主意。

【纲】壬子，春二月，唐设科举，既而罢之。 【目】唐主好文学，故韩熙载、冯延巳、延鲁、江文蔚、潘佑、徐铉之徒皆至美官。文雅于诸国为盛，然未尝设科举，多因上书言事拜官。至是，始命文蔚知贡举。执政皆不由科第，相与沮毁，竟罢之。

【纲】三月，唐以冯延巳、孙晟同平章事。 【目】唐以延巳、晟为相。既宣制，户部尚书常梦锡众中大言曰："白麻甚佳，但不及江文蔚疏耳！"晟素轻延巳，谓人曰："金杯玉碗，乃贮狗矢乎！"延巳言于唐主曰："陛下躬亲庶务，故宰相不得尽其才，此治道所以未成也！"唐主乃悉以政事委之，而延巳不能勤事，益不治，唐主乃复自览之。

【纲】夏六月朔，周主如曲阜，谒孔子祠，拜其墓。 【目】周主谒孔子祠，将拜，左右曰："孔子，陪臣也，不当以天子拜之。"周主曰："孔子，百世帝王之师，敢不敬乎！"遂拜。又拜孔子墓，禁樵采。访孔子、颜渊之后，以为曲阜令及主簿。

【纲】冬十月，武平留后刘言遣兵攻潭州，唐节度使边镐弃城走，言遂取湖南。 【目】唐武安节度使边镐，不合众心。吉水人欧

汉宫中的珍宝玉器全部取出,在庭院中砸碎,说:"凡是作帝王的,要这些东西有什么用!"

【纲】夏四月,后周任命王峻、范质、李谷为同平章事。 【目】当初,后周太祖征讨河中,已经是众望所归。李谷当时任转运使,后周太祖多次委婉地劝说他,李谷只是用为臣应尽忠来回答他。后周太祖因此而很敬重他,即位后,首先任用他为宰相。当时,国家刚刚建立,各方面事情很多,王峻夙兴夜寐,操心劳神,凡是自己知道的,都尽力去做,用兵作战,经常献出有益的决策。范质明察机敏,记忆出众,恪守法度。李谷沉稳坚毅,有器识胆略,言辞激昂慷慨,善于运用譬喻启发太祖思路。

【纲】广顺二年(壬子,952),春二月,南唐开科取士,接着又停止。 【目】南唐主喜好文学,因此韩熙载、冯延巳、冯延鲁、江文蔚、潘佑、徐铉之这些人都得到高官。文雅之风在诸国中最盛,但没设科举,多凭上书论事拜官。到现在,才开始命江文蔚掌管贡举。执政大臣都不是科举出身,纷纷攻击科举,终于停止。

【纲】三月,南唐任命冯延巳、孙晟为同平章事。 【目】南唐任命冯延巳、孙晟为宰相。制命宣布后,户部尚书常梦锡当众大声说:"白麻诏书不错,只是不如江文蔚的奏疏呢!"孙晟一向轻视冯延巳,对别人说:"金杯玉碗,却盛着狗屎!"冯延巳对南唐主说:"您事必躬亲,因此宰相无法施展才能,这是没有实现大治的原因。"于是南唐主便将政事都交托给他,可是冯延巳不能勤于政事,国家益发不得治理。南唐主只得再次亲理政务。

【纲】夏季,六月初一,后周太祖到曲阜(今山东曲阜东北),拜谒孔庙以及孔子墓。 【目】后周太祖拜谒孔子祠,就在要行礼下拜时,身边的人说:"孔子不过是诸侯的大夫,不应当以天子的身份对他下拜。"后周太祖说:"孔子是百代帝王的老师,岂敢不尊敬呢!"说着便行拜礼。又拜扫了孔子墓,并禁止在孔林打柴。访问孔子、颜渊的后代,任命他们为曲阜令和主簿。

【纲】冬十月,武平(治朗州,今湖南常德)留后刘言派兵进攻潭州,南唐节度使边镐弃城逃走,刘言便攻取了湖南。 【目】南唐武安节

阳广上书，言"镐非将帅才，必丧湖南。"不报。仍使镐经略朗州，自朗来者，多言刘言忠顺，镐不为备。唐主召言入朝，言不行，谓王逵曰："唐必伐我，奈何？"逵曰："边镐抚御无方，士民不附，可一战擒也。"言乃以逵及周行逢、何敬真、潘叔嗣、张文表等十人皆为指挥使，部分发兵。行逢能谋，文表善战，叔嗣果敢，三人多相须成功，情款甚昵。十月，逵等将兵分道趣长沙，攻潭州，镐弃城走。唐将守湖南者，相继遁去。刘言尽复马氏岭北故地。

【纲】刘言奉表于周。

【纲】唐冯延巳、孙晟罢，削边镐官爵，流饶州。 【目】初，镐从查文徽克建州，凡所俘获皆全之，建人谓之"边佛子"。及克潭州，市不易肆，潭人谓之"边菩萨"。既而政无纲纪，惟日设斋供，盛修佛寺，潭人失望，谓之"边和尚"矣。冯延巳、孙晟上表请罪；皆释之。晟陈情不已，乃与延巳皆罢。唐主思欧阳广之言，拜本县令。

【纲】癸丑，春正月，周以刘言为武平节度使。

【纲】周罢户部营田务，除租牛课。 【目】前世屯田皆在边地，使戍兵佃之。唐末，中原宿兵，所在皆置营田，以耕旷土；其后又募高赀户，使输课佃之，户部别置官司总领，不隶州县，或丁多无役，或容庇奸盗，州县不能诘。梁太祖击淮南，得牛万计，以给农民，使岁输租。牛死而租不除，民甚苦之。周主素知其弊，李谷亦以为言，敕悉罢之，以其民隶州县；田、庐、牛、具并赐见佃者为永业。或言："营田有肥饶者，不若鬻之，可得钱数十万缗以资国。"周主曰："利在于民，犹在国也，朕用此钱何为！"

度使边镐，不能团结众人，凝聚民心。吉水（今江西吉水）人欧阳广上书说："边镐不是将才，必定要丢失湖南。"被压下不予上报，仍然让边镐治理朗州。从朗州来的人，大都说刘言忠诚驯顺，边镐便不加防备。南唐主召刘言入朝，刘言拒不奉命入朝，对王逵说："唐主一定会讨伐我，怎么办？"王逵说："边镐治理无方，士民百姓都不依附他，可以一战就将其擒获。"刘言便任王逵和周行逢、何敬真、潘叔嗣、张文表等十人为指挥使，布署兴兵作战的事。周行逢善于谋划，张文表善于作战，潘叔嗣行动果敢，三人多次相互配合取得胜利，感情十分亲密。十月，王逵等人率兵分道赶往长沙，进攻潭州，边镐弃城逃走。南唐守卫湖南的将领也相继逃走。刘言将楚国马氏的岭北故地全都收复。

【纲】刘言上表于后周。

【纲】南唐冯延巳、孙晟被罢官，削夺边镐的官职爵位，流放到饶州（治鄱阳，今江西鄱阳）。　【目】当初，边镐跟随查文徽攻克建州，凡是被俘获的，都加以保全，建州人称其为"边佛子"。后来又攻克潭州，市肆不惊，谭州人称他为"边菩萨"。但后来当政缺乏纲纪，只是每天斋僧供佛，大修佛寺，潭州人很失望，称他"边和尚"了。冯延巳、孙晟上表请罪，都被南唐主宽恕。孙晟陈情请罪不止，这才将他和冯延巳都罢了官。南唐主想起当初欧阳广的话，便拜他为所在县县令。

【纲】广顺三年（癸丑，953），春正月，后周任命刘言为武平节度使。

【纲】后周取消户部营田事务，免除牛租。　【目】前代屯田都在边地，派戍边的士兵耕种。唐末，中原驻扎的军队，都在驻地置办屯田，开垦荒地。以后又招募富户，让他们出钱助耕，户部设置官署统一管理，而不隶属州县，有的丁壮劳力多余而没有徭役，有的容留包庇强盗，州县都不能过问。后梁太祖进攻淮南时，得到万余耕牛，把它们交给农民，让他们交租。牛死了租子却不免除，百姓深受其苦。后周太祖向来了解其中的弊病，李谷也提出此事，后周太祖便下令全部罢免，屯田百姓都划归各州县管理。田地、房舍、耕牛、农具都赐给佃耕者作为永久的产业。有人说："屯田有的很肥沃，不如卖掉，可得钱数十万缗以资助国用。"后周太祖说："利益在百姓那里，也就是在国家里，我用这些

【纲】三月，周主以郭荣为开封尹，封晋王。

【纲】夏六月，周《九经》版成。　【目】初，唐明宗之世，令国子监较正《九经》，刻版印卖。至是，版成，献之。由是，虽乱世，《九经》传布甚广。是时蜀毋昭裔，亦出私财百万营学馆，且请刻版印九经；蜀主从之。由是蜀中文学亦盛。

【纲】秋八月，唐复置科举。

世宗皇帝

【纲】甲寅。

【纲】春正月，周以晋王荣判内外兵马事。　【目】初，周主疾作，群臣希得见，中外恐惧。闻晋王典兵，人心稍安。

【纲】周主疾笃，诏晋王荣听政。周以王溥同平章事。

【纲】周主威殂，晋王荣立。

【纲】二月，北汉主以契丹兵击周，周昭义节度使李筠逆战，败绩。

【纲】三月，周主自将与汉战于高平，汉兵败绩。周将樊爱能、何徽等伏诛。　【目】世宗欲自将御汉兵，群臣皆谏，冯道固争之，世宗不悦，惟王溥劝行，乃命冯道奉梓宫赴山陵。遂发大梁，至怀州，兼行速进，进宿泽州东北。北汉主军高平南。明日，世宗介马临阵督战，合战未几，周右军将樊爱能、何徽引骑兵先遁，右军溃；步兵千余人解甲降北汉。世宗见军势危，自引亲兵犯矢石督战。我太祖皇帝时为宿卫将，谓同列曰："主危如此，吾属何得不致死！"乃将二千人进战，太祖身先士卒，驰犯其锋，士卒死战，无不一当百，北汉兵披靡。时南风甚盛，周兵争奋，北汉兵大败。是夕，世宗野宿，得步兵之降敌者，皆杀之。爱能、徽闻捷，与士卒稍稍复还。

钱干什么呢!"

【纲】三月,后周太祖任郭荣为开封尹,封为晋王。

【纲】夏六月,后周《九经》书版刻成。 【目】当初,后唐明宗时,曾命国子监校正《九经》,刻版印书出售。现在,书版刻成,献上。从此,即使在战乱动荡时代,《九经》的流传也很广泛。当时,后蜀毋昭裔,也自己出资百万营建学馆,并请求刻印《九经》,得到后蜀主的批准。从此,蜀地文学艺术也很昌盛。

【纲】秋八月,南唐重又设科取士。

世宗皇帝

【纲】后周世宗显德元年(甲寅,954)。

【纲】春正月,后周以晋王郭荣管理内外兵马事务。 【目】起初,后周太祖发病,大臣们难得觐见,朝廷内外都很惊慌。得知由晋王掌握兵权,人心才渐渐稳定。

【纲】后周太祖病重,诏命晋王郭荣执政。后周任命王溥为同平章事。

【纲】后周太祖郭威去世,晋王郭荣继位。

【纲】二月,北汉主率契丹兵进攻后周。后周昭义(治潞州,今山西长治)节度使李筠前往交战,战败。

【纲】三月,后周世宗亲自率兵与北汉在高平(今山西高平)交战,北汉兵败。后周将领樊爱能、何徽等伏罪被杀。 【目】后周世宗想亲自率兵抵御北汉,大臣们纷纷劝阻。冯道也坚持争辩,后周世宗很不高兴,只有王溥劝后周世宗亲征。于是命冯道护送太祖灵柩入葬山陵。后周世宗便从大梁出发,到达怀州,兼程前进,在泽州(治晋城,今山西晋城东北)宿营。北汉主驻军高平以南。第二天,后周世宗披甲骑马来到两军阵前督战。交战不久,后周右军将樊爱能、何徽带骑兵向北逃跑,右军溃乱,步兵千余人解甲投降北汉。后周世宗见形势危急,率领亲兵,冒着飞箭督战。当时,后来的宋太祖赵匡胤任宿卫将,他对同僚说:"主上处境如此危险,我们怎能不拼死作战!"于是率二千人前往交战,并且身先士卒,直冲北汉军前锋,士兵拼死战斗,无不以一当百。

明日，休兵高平。北汉主帅百余骑昼夜北走，仅得入晋阳。世宗收爱能、徽及所部军使以上七十余人，责之曰："汝辈非不能战，正欲以朕为奇货，卖与刘崇耳。"悉斩之。自是骄将惰卒始知所惧，不行姑息之政矣。张永德称我太祖之智勇，世宗擢为殿前都虞候。

【纲】周太师、中书令、瀛王冯道卒。 【目】道少以孝谨知名，唐庄宗世始贵显，自是累朝不离将、相、公、师之位。为人清俭宽弘，人莫测其喜愠。滑稽多智，浮沉取容。尝著《长乐老叙》，自叙累朝荣遇之状，时人往往以德量推之。

【纲】周立后符氏。 【目】初，符彦卿有女，适李守贞之子崇训，相者言其贵当为天下母。守贞喜曰："吾妇犹母天下，况我乎！"反意遂决。及败，崇训先自刃其弟妹，次及符氏；符氏匿帏下，崇训仓猝求之不获，遂自到。乱兵既入，符氏安坐堂上，叱乱兵曰："吾父与郭公为昆弟，汝曹勿无礼！"太祖遣使归之于彦卿，既而为世宗娶之。至是，立为皇后。后性和惠而明决，世宗甚重之。

【纲】夏五月，周主攻晋阳，不克，引军还。
【纲】秋七月，周以魏仁浦为枢密使。
【纲】冬十月，周简阅诸军，募壮士以补宿卫。
【纲】十一月，北汉主旻殂，子钧立。

北汉兵望风披靡。当时，南风很大，后周兵奋勇争先，北汉兵大败。当晚，后周世宗在野外宿营，捉到降敌的步兵全都杀掉。樊爱能、何徽得到捷报，又与士兵逐渐返回。第二天，在高平休整士兵。北汉主率百余骑兵昼夜向北奔逃，勉强逃回晋阳。后周世宗收押樊爱能、何徽以及部下军使以上军官七十多人，斥责说："你们这些人并非不会打仗作战，只不过是想把我当成稀罕的东西卖给刘崇罢了。"将他们全部杀掉。从此骄横的将领、怠惰的士兵都开始知道有所畏惧，姑息养奸的政令无法施行了。张永德称赞赵匡胤的机智勇猛，后周世宗提升他为殿前都虞侯。

【纲】后周太师、中书令、瀛王冯道去世。 【目】冯道自少年时就因孝顺恭谨知名，后唐庄宗时开始显贵，以此历朝都没有离开过将相、三公、三师的职位。为人清廉俭朴，宽容大度，别人无法猜测他的喜怒。诙谐风趣，足智多谋，仕宦沉浮，左右逢源。曾作《长乐老叙》，自叙历朝享有荣宠礼遇的情况，当时人常常因为他的德行度量而推重他。

【纲】后周世宗册立符氏为皇后。 【目】当初，符彦卿有个女儿嫁给了李守贞的儿子李崇训，相面的人说她将贵为天下之母。李守贞高兴地说："我儿媳妇尚且为天下之母，何况我呢！"因此便决意造反。后来，李守贞兵败，李崇训先杀死弟、妹，接着要杀符氏，符氏躲在帏帐里面，匆忙中李崇训没有找到她，便自刎而死。乱兵攻入，符氏泰然地端坐堂上，喝斥乱兵说："我父亲和郭公是兄弟，你们不得无礼！"后周太祖派人将她送回给符彦卿，不久娶为周世宗的妻子。如今便被立为皇后。皇后性情和善贤惠，并且明察果决，后周世宗很看重她。

【纲】夏五月，后周世宗攻打晋阳，没有成功，率兵返回。

【纲】秋七月，后周任命魏仁浦为枢密使。

【纲】冬十月，后周检阅各部军队，招募壮丁补充宿卫兵。

【纲】十一月，北汉主刘旻去世，其子刘钧袭位。

纲鉴易知录卷六三

后周纪

世宗皇帝

【纲】乙卯,春正月,周制举令、录法。【目】初令翰林学士、两省举令、录,除官之日,仍署举者姓名,若贪秽败官,并当连坐。

【纲】夏四月,周以王朴为谏议大夫,知开封府事。【目】世宗谓宰相曰:"朕每思致治之方,未得其要,寝食不忘。又吴、蜀、幽、并皆阻声教,未能混一,宜命近臣著《为君难为臣不易论》及《开边策》各一篇,朕将览焉。"

比部郎中王朴献策曰:"中国之失吴、蜀、幽、并,皆由失道。今必先观所以失之之原,然后知所以取之之术。其始失之也,莫不以君暗臣邪,兵骄民困,奸党内炽,武夫外横,因小致大,积微成著。今欲取之,莫若反其所为而已。进贤退不肖,以收其才;恩德诚信,以结其心;赏功罚罪,以尽其力;去奢节用,以丰其财;时使薄敛,以阜其民。俟群才既集,政事既治,财用既充,士民既附,然后举而用之,功无不成矣!彼之人观我有必取之势,则知其情状者愿为间谍,知其山川者愿为向导,民心既归,天意必从矣。凡攻取之道,必先其易者。唐与吾接境几二千里,其势易扰也。扰之当以无备之处为始,备东则扰西,备西则扰东,彼必奔走而救之。奔走之间,可以知其虚实强弱,然后避实击虚,避强击弱。未须大举,且以轻兵扰之。南人懦怯,闻小有警,必悉师以救之。师数动,则民疲而财竭,不悉师则我可以乘虚取之。如此,江北诸州将悉为我有。既得江北,则用彼之民,行我之法,江南亦易取也。得江南则岭南、巴蜀可传檄而定。南方既定,则燕地必望风内附;若其不至,移兵攻之,席

世宗皇帝

【纲】后周世宗显德二年（乙卯，955），春正月，后周制定推举县令、录事的办法。 【目】后周开始命翰林学士、门下和中书两省推举县令、录事参军，授官的那天，将举荐人的姓名一同记下。如果贪赃枉法，举荐人也要受到连坐的惩罚。

【纲】夏四月，后周任命王朴为谏议大夫，掌管开封府事务。【目】后周世宗对宰相说："我常常思索达到天下大治的方法，但总是不得要领，吃饭、睡觉时都不能忘记。而且，吴、蜀、幽、并地区都阻断了政令教化，没能混为一体，应命朝臣作《为君难为臣不易论》以及《开边策》各一篇，我将一一阅览。"

比部郎中王朴献策说："中原朝廷丧失了吴、蜀、幽、并等地，都是由于统治无道造成的。如今，一定要先察明失掉这些地区的原因，然后才能得知夺取的方法。中原朝廷开始失去这些地区，莫不是由于君主昏昧、臣子奸邪，军队骄横、百姓贫困，奸党在朝中炙手可热，武夫在地方横行无道，从小到大，积微成巨造成的。现在要重新收取，只有反其道而行之而已：进用贤能，驱除奸佞，以此收笼人才；广施恩德，显示诚意信任，以此团结人心；赏赐有功，惩罚有罪，以此使人们尽心竭力；摈弃奢侈，节省用度，以此使财富积聚；依照时令役使百姓，减少赋敛，以此使百姓富足。待到人才齐备，政事得到治理，财富充足，人心所向，然后举事而使用他们，没有不成功的！那里的人看到我们有必定取胜的趋势，那么了解其内情的就愿为我们充当间谍，了解山川地形的就愿为我们充当向导。民心已经归附，天意也必然顺从了。大凡攻击取胜的方法，必定要先从容易的开始。南唐和我们有二千里的边境，从情势上说很容易骚扰对方。扰乱应当从对方没有防范的地方开始，他防范在东，我就扰乱其西，防范在西，就扰乱其东，对方必然会往来奔走救援。在对方奔走的过程中，就可以了解其虚实强弱，然后我方就可

卷可平矣。惟河东必死之寇，不可以恩信诱，必当以强兵制之；然彼自高平之败，力竭气沮，必未能为边患，宜且以为后图，俟天下既平，然后伺间，一举可擒也。"世宗欣然纳之。时群臣多守常偷安，所对少可取者，惟朴神峻气劲，有谋能断，世宗重之，以为谏议大夫，知开封府事。

【纲】秋九月，周始铸钱。　【目】世宗以县官久不铸钱，而民间多销钱为器皿及佛像，钱益少，敕立监采铜铸钱，民间铜器、佛像，五十日内输官受直；过期，匿五斤以上罪死。谓侍臣曰："佛以善道化人，苟志于善，斯奉佛矣。彼铜像岂所谓佛邪！且吾闻佛志在利人，虽头目犹舍以布施，若朕身可以济民，亦非所惜也。"

【纲】冬十一月，周遣李谷督诸军伐唐。　【目】周以李谷为淮南前军部署，王彦超副之，督侍卫都指挥使韩令坤等十二将以伐唐。

【纲】唐遣兵拒周师于寿州，周师击败之。　【目】唐主以刘彦贞为部署，将兵二万趣寿州。皇甫晖、姚凤将兵三万屯定远。召镇南节度使宋齐丘还金陵，谋国难。周李谷等为浮梁，自正阳济淮，王彦超败唐兵二千余人于寿州城下。

以避实击虚，避强击弱。不需要大举进攻，只以小股部队骚扰。南方人生性怯懦，听到小的警报，必定倾全部军事力量救援。军队几番往复行动，百姓就会疲弊不堪，财政就会枯竭。如果对方不动用全部军队，我方就可以乘虚攻取。像这样，江北各州将会全部归我们所有。得到江北以后，就可役使那里的百姓，施行我们的办法，江南也会很容易攻取了。得到江南，那么岭南、巴蜀地区只须发布檄文即可平定。南方安定以后，燕地也会望风披靡。如果对方不肯归附，调兵进攻，就如同卷席子一般将其平定。只有河东都是些亡命之徒，不能用恩德诚信引诱，只能用强大的武力制服。然而对方自从高平之败，力量丧尽，锐气已挫，肯定不会形成边疆的祸患。应该暂且推迟到以后再做打算，等到天下平定，再寻找机会，可以将其一举擒获。"后周世宗高兴地接受了他的建议。当时，大臣们多半墨守常规苟且偷安，所提策略，少有可取。只有王朴神态峻逸、气概刚劲，能谋善断。后周世宗十分看重他，任命他为谏议大夫，掌握开封府事务。

【纲】秋九月，后周开始铸钱。 【目】后周世宗因为官府很久没有铸钱，而民间又大量销毁铜钱铸造佛像以及器皿，钱愈来愈少，便颁布敕命："设立专门机构采铜铸钱，民间的铜器佛像，五十天内交送官府，付给等值的钱加以收买。愈期，藏匿五斤以上的处以死罪。"并对侍臣说："佛以行善教化百姓，如果有向善之心，那么这样做也就如同事奉佛祖一样了。那些铜像哪里是所谓的佛呢！况且我听说佛的宗旨在于利人，即使是头颅、眼睛尚且可以施舍于人。倘若我的身体可以救助百姓，也没有可吝惜的。"

【纲】冬十一月，后周派李谷督率诸军征讨南唐。 【目】后周任命李谷为淮南（治扬州，今江苏扬州）前军部署，王彦超为副将，督率侍卫都指挥使韩令坤等十二名将领征伐南唐。

【纲】南唐派兵在寿州（今安徽寿县）抵抗后周。 【目】南唐主任命刘彦贞为部署，率兵二万赶赴寿州，皇甫晖、姚凤率兵三万屯住定远（今安徽定远）。调镇南（治洪州，今江西南昌）节度使宋齐丘回金陵（今江苏南京），共谋国难。后周李谷等造浮桥，自正阳（今安徽寿县西）渡过淮河，王彦超在寿州城下击败二千南唐军队。

【纲】丙辰，春正月，周主自将伐唐，大败唐兵，斩其将刘彦贞。

【纲】二月，周主命我太祖将兵袭唐滁州。克之，擒其将皇甫晖、姚凤。　【目】下蔡浮梁成，世宗自往视之。命我太祖皇帝倍道袭清流关。皇甫晖等惊走入滁州，断桥自守，太祖跃马麾兵涉水，直抵城下。晖曰："人各为其主，愿容成列而战。"太祖笑而许之。晖整众而出，太祖突阵击晖，擒之。并擒姚凤，遂克滁州。

时宣祖为马军副都指挥使，引兵夜至，传呼开门。太祖曰："父子虽至亲，城门王事也，不敢奉命。"明旦乃得入。

世宗遣翰林学士窦仪籍滁州帑藏，太祖遣亲吏取藏中绢。仪曰："公初克城时，虽倾藏取之，无伤也。今既籍为官物，非有诏书，不可得也。"太祖由是重仪。

初，永兴节度使刘词，遗表荐其幕僚蓟人赵普，至是，范质以为滁州判官，太祖与语，悦之。时获盗百余人，皆应死，普请先讯鞫然后决，所活什七八。太祖益奇之。

太祖威名日盛，每临阵，必以繁缨饰马，铠仗鲜明。或曰："如此，为敌所识。"太祖曰："吾固欲其识之耳。"

【纲】三月，唐遣司空孙晟奉表于周。

【纲】唐主以其弟齐王景达为元帅，将兵拒周师。

【纲】夏四月，唐兵攻六合，我太祖击破之。　【目】唐齐王景达将兵济江，距六合二十余里，设栅不进。诸将欲击之，我太祖曰："吾众不满二千，若往击之，彼必见吾众寡矣；不如俟其来而击之，

【纲】显德三年（丙辰，956），春正月，周世宗亲征南唐，大败南唐军队。斩杀南唐将领刘彦贞。

【纲】二月，后周世宗命赵匡胤率兵袭击南唐滁州（治清流，今安徽滁州）。攻克滁州，擒获守将皇甫晖、姚凤。 【目】下蔡（今安徽凤台）浮桥造成，后周世宗亲自前往察看，命赵匡胤兼程前进，袭击清流关（今安徽滁州西南）。皇甫晖等惊慌失措，逃入滁州，折断桥梁以求自保。赵匡胤跃马挥兵涉水，直抵城下，皇甫晖说："你我都是各为自己的君主，希望你容我摆好阵形后交战。"赵匡胤笑着答应了。皇甫晖整顿好部队出城，赵匡胤猛烈冲击，将皇甫晖活捉，并且捉住姚凤，攻下滁州。

当时，赵匡胤的父亲赵弘殷任马军副都指挥使，率兵夜里赶到，呼喊开门。赵匡胤说："父子是最亲密的人，守城门却是为了君主大事，不敢奉命开门。"第二天，才进了城。

后周世宗派翰林学士窦仪查点登记滁州府库的财物。赵匡胤派亲兵拿取库中的绢。窦仪说："你刚攻下城时，即使全部取用，也没有关系。现今，已经登记为官家财物，没有诏书，不可取用。"赵匡胤因此很看重窦仪。

当初，永兴（治长安城，今陕西西安）节度使刘词，上表举荐幕僚蓟县（今北京西南）人赵普。现在，范质任命他为滁州判官，赵匡胤同他交谈，十分高兴。当时，捉到百余名强盗，都应处死，赵普请求先加以审讯，然后判决，结果，使十分之七、八的人免了死罪，赵匡胤更加认为他是个奇才。

赵匡胤威名日益昭著，每次临阵指挥战斗，必定用很显眼的缨络装饰战马，铠甲兵刃十分鲜明。有人说："这样会被敌人认出来的。"赵匡胤却说："我正是要让敌人认识我。"

【纲】三月，南唐派司空孙晟上表于后周。

【纲】南唐主任命弟弟齐王李景达为元帅，率兵抵抗后周军队。

【纲】夏四月，南唐军进攻六合，被赵匡胤击溃。 【目】南唐齐王李景达率兵渡江，在距六合（今江苏六合）二十余里处，设置栅垒停止前进。诸将想进行攻击，赵匡胤说："我们人数不足二千，若是前去攻

破之必矣！"居数日，唐出兵趣六合，太祖奋击，大破之，杀获近五千人，溺死甚众，于是唐之精卒尽矣。是战也，将士有不致力者，太祖阳为督战，以剑斫其皮笠。明日，遍阅其笠有剑迹者数十人，皆斩之，由是部兵莫敢不尽死。

【纲】周主还大梁，留李重进围寿州。

【纲】秋七月，周以周行逢为武平节度使。

【纲】冬十月，周立二税起征限。　【目】世宗谓侍臣曰："近朝征敛谷、帛，多不俟时收获、纺绩之毕。"乃诏三司，自今夏税以六月，秋税以十月起征，民间便之。

【纲】周以我太祖为定国节度使，兼殿前都指挥使。　【目】太祖表赵普为节度推官。

【纲】十一月，周杀唐使者司空孙晟。　【目】唐使者孙晟从至大梁，世宗待之甚厚，时召见，饮以醇酒，问以唐事。晟但言"臣主畏陛下神武，事陛下无二心。"命都承旨曹翰与之饮酒，从容问以唐虚实，晟终不言。翰乃谓曰："有敕，赐相公死。"晟神色恬然，索靴袍，整衣冠，南向拜曰："臣谨以死报国。"乃就刑。并从者百余人皆杀之。

【纲】周召华山隐士陈抟诣阙，寻遣还山。　【目】世宗召陈抟问以飞升、黄白之术，对曰："陛下为天子，当以治天下为务，安用此为！"乃遣还山，诏州县长吏常存问之。

【纲】丁巳，春正月，唐遣兵救寿州，周师击破之。

【纲】三月，周主复如寿州，大破唐兵，唐元帅景达奔还。

【纲】唐寿州监军周廷构以城降周，唐节度使刘仁赡死之。周

击,他们一定会发现我们人数很少了。不如等他送上门来再攻击,那样,一定会击溃他!"过了几天,南唐军出兵赶到六合,赵匡胤猛烈冲击,大败南唐军,杀死、俘获五千人,南唐军溺水死掉很多,这一战,南唐的精兵损失殆尽了。战斗中,有不拼力作战的,赵匡胤佯装督战,用剑砍其皮笠。第二天,凡检查发现皮笠上有剑砍痕迹的,共有数十人,全都杀掉,从此,赵匡胤部下的士兵没有人敢于不拼死战斗的。

【纲】后周世宗返回大梁,留下李重进围攻寿州。

【纲】秋七月,后周任命周行逢为武平(治朗州城,今湖南常德)节度使。

【纲】冬十月,后周规定夏、秋两税起征时限。 【目】后周世宗对侍臣说:"近代各朝征收谷、帛,大多不等收获、纺织完毕。"于是诏命三司,从今以后,夏税自六月,秋税自十月起征,百姓感到十分方便。

【纲】后周任命赵匡胤为定国(治同州城,今陕西大荔)节度使兼任殿前都指挥使。 【目】赵匡胤上表推举赵普为节度推官。

【纲】十一月,后周杀掉南唐使者司空孙晟。 【目】南唐使者孙晟到大梁,后周世宗很厚待他,不时召见,并给他喝醇美的酒,向他询问南唐的情况。孙晟只是说:"我的主人畏惧您的神威勇武,事奉您并无三心二意。"后周世宗又命承旨郎曹翰同他一块儿喝酒,慢慢地向他套问南唐的虚实,孙晟始终不肯说。曹翰便对他说:"我这里有一道敕命,赐相公死。"孙晟神色泰然自若,要来自己的靴子,整理好衣帽,向南下拜说:"臣只有以死报国。"便去服刑,随从的百余人都给杀了。

【纲】后周召华山隐士陈抟到朝中,不久又将其送回。 【目】后周世宗召陈抟,向他询问升天的仙术以及炼丹制药的法术。陈抟回答说:"您是天子,应当以治理天下为己任,哪里用得着这些!"于是将他送回山中,诏命州县长官常去探问。

【纲】显德四年(丁巳,957),春正月,南唐派兵救援寿州,被后周军队击败。

【纲】三月,后周世宗重返寿州,大败南唐军队,南唐元帅李景达逃回。

【纲】南唐寿州监军周廷构献城投降后周,节度使刘仁赡死。后周

以寿州为忠正军,徙治下蔡。　【目】世宗耀兵于寿春城北。唐清淮节度使刘仁赡病甚,不知人,监军使周廷构等作仁赡表,舁仁赡出城以降于周。仁赡卧不能起,世宗慰劳赐赍,复令入城养疾。徙寿州治下蔡。又制曰:"刘仁赡尽忠所事,抗节无亏,前代名臣,几人堪比! 朕之伐叛,得尔为多。其以为天平节度使,兼中书令。"是日卒。世宗复以清淮军为忠正军,以旌仁赡之节。

　　【纲】周主之父光禄卿致仕柴守礼犯法,周主不问。　【目】守礼及当时将相王溥、王晏、韩令坤之父游处,恃势恣横,洛人畏之,谓之"十阿父"。世宗既为太祖嗣,人无敢言守礼子者,但以元舅处之,优其俸给,未尝至大梁。尝以小忿杀人,有司不敢诘,世宗知而不问。

　　【纲】夏四月,周主还大梁。
　　【纲】六月,周以王祚为颍州团练使。　【目】祚,溥之父也。溥为宰相,祚有宾客,溥常朝服侍立;客坐不安席,祚曰:"独犬不足为起。"

　　【纲】秋九月,周以窦俨为中书舍人。　【目】仪上疏请令有司讨论礼仪,考正钟律,作《通礼》《正乐》。又以为"为政之本,莫大择人;择人之重,莫先宰相。自有唐之末,轻用名器,始为辅弼,即兼三公、仆射之官,故其未得之也,则以趋竞为心;既得之也,则以容默为事。乞令宰相各举所知,且令以本官权知政事。期岁之间,察其职业,若果能堪称,其官已高,则除平章事。未高,则稍更迁官,权知如故。若有不称,则罢其政事,责其举者。又累朝屡诏,听民广耕,止输旧税;及其既种,则有司履亩而增之,故民皆疑惧,而田不加辟。夫为政之先,莫如敦信,信苟著矣,则田无不广,田广则谷多,谷多则藏之民犹藏之官也。"世宗善之。俨,仪之弟也。

以寿州为忠正军，迁治下蔡。　【目】后周世宗在寿春城北显示武力。南唐清淮节度使刘仁赡病重，已经不省人事。监军周廷构等人以刘仁赡名义起草降表，抬着刘仁赡出城投降。刘仁赡卧病不起，后周世宗慰劳赏赐他，并令其入城养病。将寿州治所迁到下蔡。又颁布制命说："刘仁赡对自己事奉的君主竭力尽忠，保持节操没有缺失，前代名臣，有几人可与之相比！我讨伐无道，得到你才是最大收获。任命为天平节度使兼中书令。"当天，刘仁赡去世。后周世宗改清淮军为忠正军，以表彰刘仁赡的节操。

【纲】后周世宗的父亲，以光禄卿职位退休的柴守礼触犯法律，后周世宗不加追究。　【目】柴守礼和当时的将相王溥、王晏、韩令坤的父亲交游相处，仗势骄横跋扈，洛阳百姓畏惧他，称他为"十阿父"，后周世宗成为后周太祖的继承人，别人不敢说他是柴守礼的儿子，只以大舅对待柴守礼，给他优厚的俸禄，不曾到达大梁。柴守礼曾因小事杀人，有关部门也不敢责问，后周世宗知道了也不加追究。

【纲】夏四月，后周世宗返回大梁。

【纲】六月，后周任命王祚为颍州（治汝阳，今安徽阜阳）团练使。　【目】王祚是王溥的父亲。王溥当了宰相，王祚来了客人，王溥常身穿朝服在旁边站着伺候，客人坐着十分不安，王祚说："犬子不足以为他起身。"

【纲】秋九月，后周任命窦俨为中书舍人。　【目】窦仪上疏请求令有关部门讨论礼仪，考究校正音律，作《通礼》《正乐》。又认为："统治的根本，没有比选择人更为重要的。选任人材，没有比选择宰相更重要的。自从唐末，轻易地赐官封爵，刚刚开始辅佐朝政，便兼任三公、仆射官职。因此，没有得到官位时，就一心猎取官位。得到官职以后，就只知容忍沉默。请命令宰相推举所了解的人才，并以原来官职主持政事，用一年的时间，考察他的政绩，如果能够胜任，原有的官位又已经很高了，便提升为同平章事。如果原来的官位不高，就稍加提升，照旧代理政事。如果有不称职的，就令其停止处理政事，并追究推举他的人。再有，历朝多次诏命，听凭农民开垦耕地，而只按原定税额交税。但播种后，官吏就丈量土地，有关部门便按照现在田亩数量增加

【纲】冬十一月,周主自将伐唐,攻濠、泗州。

【纲】十二月,唐泗州降周,周主遣击唐兵,至楚州,大破之。

【纲】唐濠州降周,周主进兵攻楚州,遣兵取扬、泰州。 【目】唐团练使郭廷谓欲以濠州降周,命参军李延邹草降表。延邹责以忠义,廷谓以兵临之,延邹掷笔曰:"大丈夫终不负国为叛臣作降表!"廷谓斩之,举城降。周世宗时攻楚州,遣指挥使武守琦将骑数百取扬州。世宗闻泰州亦无备,遣兵袭取之。

【纲】戊午,春正月,周主克唐楚州,唐防御使张彦卿死之。

【纲】二月,周主至扬州。

【纲】三月,唐以太弟景遂为晋王,燕王弘冀为太子。

【纲】周主临江,遣水军击唐兵,破之。唐主遣使尽献江北地,周主罢兵引还。 【目】世宗如迎銮镇,屡至江口,遣水军击唐兵,破之。唐主恐,遂南渡,又耻降号称藩,乃遣陈觉奉表,请传位于太子弘冀,使听命于中国。时淮南惟庐、舒、蕲、黄未下,觉见周兵之盛,白世宗,请遣人度江取表,献四州之地,画江为境,以求息兵,辞指甚哀。世宗曰:"朕本兴师止取江北,今尔主能举国内附,朕复何求!"赐唐主书称"皇帝恭问江南国主",慰纳之。唐主奉表称"唐国主,请献江北四州,岁输贡物数十万"。于是江北悉平。世宗赐唐主书,谕以"今当罢兵,不必传位。"

税额，因此百姓都心怀疑惧，便不再增加开垦荒地。施行统治头等重要的，莫过于取信于民，信用昭彰了，那么开垦的田地就不会不增加，田地增加，产粮就增加，粮食多了收藏在百姓手中，就如同收藏在官府一样。"后周世宗很赞赏。窦俨是窦仪的弟弟。

【纲】冬十一月，后周世宗亲征南唐，攻克濠州（治钟离，今安徽凤阳东北）、泗州（治临淮，今安徽泗县东南）。

【纲】十二月，南唐泗州投降后周。后周世宗派他们攻击南唐军队，到了楚州（治山阳，今江苏淮安），大败南唐军。

【纲】南唐濠州投降后周。后周世宗进兵攻打楚州，派兵攻取扬州、泰州（治海陵，今江苏泰州）。　【目】南唐团练使郭廷谓想献出濠州投降后周，命参军李延邹起草降表。李延邹用忠义气节的道理斥责他，郭廷谓用兵刃逼迫他，李延邹掷笔于地说："大丈夫绝不肯负国家而去为叛臣作降表！"郭廷谓将他杀了，率濠州投降。后周世宗当时正攻打楚州，派指挥使武守琦率数百骑兵攻取扬州，又听说泰州没有防备，也派兵袭取。

【纲】显德五年（戊午，958），春正月，后周世宗攻克南唐楚州，南唐防御使张彦卿战死。

【纲】二月，后周世宗到达扬州。

【纲】三月，南唐任命太弟李景遂为晋王，燕王李弘冀为太子。

【纲】后周世宗到长江边，派水军进攻南唐，大败南唐军。南唐主将江北土地全部献出，后周世宗停战撤兵。　【目】后周世宗到迎銮镇（今江苏仪征），多次到长江口，派水军进攻南唐，打败南唐兵。南唐主十分害怕，便欲渡长江，但又耻于自贬帝号向后周称藩，便派陈觉奉上表章，请求允许传位给太子李弘冀，让他听命于中原朝廷。当时，南唐只有庐州（治合肥，今安徽合肥）、舒州（治怀宁，今安徽潜山）、蕲州（治蕲春，今湖北蕲春西南）、黄州（治黄冈，今湖北黄冈）尚未被攻陷，陈觉见后周兵势盛大，便对后周世宗说，请求派人渡江取表章，献出四州，划江而治，以求得休兵罢战，言辞意旨十分悲哀。后周世宗说："我兴兵作战本只为得江北地盘，现在你的君主能率国依附，我还能要求什么！"赐给南唐主书信，说"皇帝恭问江南国主"，安慰他并表示接

【纲】夏五月,唐主更名景,去帝号,奉周正朔。 【目】唐主避周讳,更名景。下令去帝号,称国王,去年号,用周正朔。平章事冯延巳、严续、枢密使陈觉皆罢。

初,延巳以取中原之策说唐主,由是有宠。尝笑烈祖龌龊,曰:"安陆所丧才数千兵,为之辍食咨嗟者旬日,此田舍翁识量耳,安足与成大事!岂如今上暴师数万于外,而击毬宴乐无异平日,真英主也!"与其党谈论,常以天下为己任,更相唱和。翰林学士常梦锡屡言延巳等浮诞,不可信;唐主不听,梦锡曰:"奸臣似忠,陛下不悟,国必亡矣!"及是,延巳之党相与言,有谓周为大朝者,梦锡大笑曰:"诸公常欲致君尧、舜,何意今日自为小朝邪!"众默然。

【纲】秋八月,南汉主晟殂,子鋹立。

【纲】周遣阁门使曹彬如吴越。 【目】周遣曹彬以兵器赐吴越,事毕亟还,不受馈遗。吴越人以轻舟追与之,至于数四,彬曰:"吾终不受,是窃名也。"尽籍其数,归而献之。世宗曰:"向之奉使者,乞匄无厌,使四方轻朝命。卿能如是,甚善;然彼以遗卿,卿自取之。"彬始拜受,悉以散于亲识,家无留者。

【纲】冬十月,周遣使均定境内田租。 【目】世宗留心农事,尝刻木为农夫、蚕妇,置之殿庭。欲均定天下租税,先以元稹《均田图》赐诸道。至是,诏散骑常侍艾颖等三十四人分行诸州,均定田租。

受请求。南唐主上表称:"唐国主请求献出江北四州,每年交纳贡物数十万。"于是江北全部平定。后周世宗又赐书南唐主说:"如今我自当休兵罢战,不必传位。"

【纲】夏五月,南唐主改名李景,去掉帝号,奉行后周年号历法。
【目】南唐主避后周世宗祖先名讳,改名为李景。下令去掉帝号,称国王,去掉年号,改行后周年号历法。平章事冯延巳、严续、枢密使陈觉都被罢官。

当初,冯延巳用夺取中原的策略游说南唐主,并因此得宠。他曾嘲笑南唐烈祖李昇局面窘迫,说:"安陆(今湖北安陆)兵败才损失几千军队,就为此连续十几天叹恨不已,饭都不吃,这是种田老农的见识、气量罢了,怎么足以成就大事!怎比当今圣上数万军队在野外风餐露宿,而自己仍打毬宴乐,和平时没有什么两样,真是英明的君主!"他和党羽们谈论时政,总是把治理天下当作自己的责任,相互应和。翰林学士常梦锡多次上言说冯延巳浮华荒诞,不可听信,但南唐主不听。常梦锡说:"奸臣貌似忠诚,您如果不醒悟,国家必然会灭亡了!"到现在,冯延巳党羽们言谈之间,有称后周为大朝廷的,常梦锡大笑说:"诸公常想将君主引导成为尧、舜,哪里想到如今自称小朝廷呢!"众人都默默无语。

【纲】秋八月,南汉主刘晟去世,其子刘𬬮袭位。

【纲】后周派阁门使曹彬出使吴越。【目】后周派曹彬赐兵器给吴越,事情办完就急忙返回,不接受馈赠。吴越人派小船追上赠送礼品,曹彬再三推辞,最后,曹彬说:"我最终也不会接受的,这是沽名钓誉。"将礼品全部登记,回来后献上。后周世宗说:"以前奉命出使的人,索要无度,以至天下四方轻视朝廷命令。你能这样做,很好。但他们既然送给了你,你自己拿去好了。"曹彬这才拜受,然后全部散发亲友,家里一件也没留。

【纲】冬十月,后周派人到各地均衡确定田租。【目】后周世宗很关心农事,曾经用木头刻成农夫、蚕妇放在殿庭当中。他想均衡确定天下的租税,便先把元稹的《均田图》颁赐诸道。到现在,诏命散骑常侍艾颍等三十四人分别到各州,平均确定田租。

【纲】十一月,唐放其太傅宋齐丘于九华山。

恭帝

【纲】己未,春正月,周命王朴作律准,定大乐。

【纲】二月,周淮南饥。 【目】淮南饥,世宗命以米贷之。或曰:"民贫,恐不能偿。"世宗曰:"民,吾子也,安有子倒悬而父不为之解哉!安在责其必偿也!"

【纲】三月,周枢密使王朴卒。 【目】朴刚锐明敏,智略过人。及卒,世宗临其丧,以玉钺卓地,恸哭数四,不能自止。

【纲】夏四月,周主自将伐契丹。五月,取瀛、莫、易,置雄、霸州,遂趣幽州,有疾乃还。 【目】世宗以北鄙未复,下诏亲征,命亲军都虞候韩通等将水陆军先发。四月,通自沧州治水道入契丹境,栅于乾宁军南,补坏防,开游口三十六,遂通瀛、莫。车驾至沧州,即日帅步骑数万直趣契丹之境,非道所从,民间皆不之知。契丹宁州刺史王洪举城降。诏以韩通为陆路都部署,我太祖为水路都部署,自御龙舟沿流而北,舳舻相连数十里。至独流口,溯流而西,至益津关,契丹守将终廷辉以城降。自是水路渐隘,乃登陆而西,宿于野次。我太祖先至瓦桥关,契丹守将姚内斌、莫州刺史刘楚信皆举城降。五月朔,侍卫都指挥使李重进等引兵继至,契丹瀛州刺史高彦晖举城降。于是关南悉平。

【纲】十二月，南唐将太傅宋齐丘流放到九华山（在今安徽青阳西南）。

恭帝

【纲】后周恭帝显德六年（己未，959），春正月，后周命王朴制定十二音律的标准，并颁定大乐。

【纲】二月，后周淮南发生饥荒。 【目】淮南饥荒，后周世宗下令借米给百姓。有人说："百姓很穷，恐怕无法偿还。"后周世宗说："百姓就是我的子女，哪有子女倒吊着而父亲却不去解救的呢！怎能要求一定偿还呢！"

【纲】三月，后周枢密使王朴去世。 【目】王朴刚毅敏锐，机智过人。去世后，后周世宗亲临丧礼，并用玉钺击地，多次痛哭，不能自已。

【纲】夏四月，后周世宗要亲征契丹。五月，攻取瀛州（治河间，今河北河间）、莫州（治莫县，今河北任丘北鄚州镇）、易州（治易县，今河北易县），设雄州（治归义，今河北雄县）、霸州（治永清，今河北霸县）。并趁势进逼幽州。因为生病，只好撤回。 【目】后周世宗因为北部边疆尚未收复，下诏亲征，命亲军都虞侯韩通等率水、陆两路兵马先行。四月，韩通自沧州修治水道进入契丹境内，在乾宁军（治宁州，周克其地，设永安为治，今河北清县）南设置栅垒，修补毁坏的堤防，开三十六个排水口，打通与瀛州、莫州交通。后周世宗到沧州，当天即率步兵、骑兵数万直逼契丹境，没有走大路，所以百姓都不知道。契丹宁州刺史王洪率城投降。下诏任命韩通为陆路都部署，赵匡胤为水路都部署，自己乘船北上，战船首尾相接长达数十里。到独流口（今天津静海独流镇），逆流向西。到益津关（霸州治，今河北霸州），契丹守将终廷辉率城投降。自此向前，水路渐渐狭窄，便弃舟登陆向西，在野外宿营。赵匡胤先到瓦桥关（在易水上，后周改为归义县，即雄州治，今河北雄县），契丹守将姚内斌、莫州刺史刘楚信都率城投降。五月初一，侍卫都指挥使李重进等率兵赶到，契丹瀛州刺史高彦晖率城投降。至此，瓦桥关以南完全平定。

宴诸将于行宫，议取幽州。诸将曰："陛下离京四十二日，兵不血刃，取燕南之地，此不世之功也。今虏骑皆聚幽州之北，未宜深入。"世宗不悦。是日趣先锋都指挥使刘重进先发，据固安。自至安阳水，命作桥，会日暮，还宿瓦桥，是夕不豫而止。

契丹主遣使命北汉发兵挠周边，闻周师还，乃罢。孙行友拔易州，擒契丹刺史李在钦献之，斩于军市。以瓦桥关为雄州，益津关为霸州。

命李重进将兵出土门击北汉，韩令坤戍霸州，陈思让戍雄州，遂还。重进败北汉兵于柏井。车驾至大梁，往还适六十日。

【纲】六月，唐泉州遣使入贡于周；不受。【目】唐清源节度使留从效遣使入贡，请置进奏院于京师。诏报之曰："江南近服，方务绥怀。卿久奉金陵，未可改图；若置邸上都，与彼抗衡，受而有之，罪在于朕。"

【纲】唐城金陵。【目】唐遣钟谟入贡于周，世宗曰："江南亦治兵修守备乎？"对曰："既臣事大国，不敢复尔！"世宗曰："不然，向时则为雠敌，今日则为一家。吾与汝国，大义已定，保无他虞；然人生难期，至于后世，则事不可知。归语汝主，可及吾时，完城郭，缮甲兵，据守要害，为子孙计。"谟归以告，唐主乃城金陵，凡城之不完者葺之，戍兵少者益之。

【纲】周主立其子宗训为梁王。【目】初，宰相屡请王诸皇子，世宗曰："功臣之子，皆未加恩，而独先朕子，能自安乎！"至是不豫，乃封宗训为梁王，生七年矣。

【纲】周以魏仁浦同平章事，我太祖为殿前都点检。【目】世

后周世宗在行宫中设宴款待各位将领，并商议攻取幽州。诸将都说："陛下离开京城四十二天，兵不血刃，就收复燕南地区，已经是匡世之功。如今，胡虏的骑兵都聚集在幽州以北，不应该再深入了。"后周世宗很不高兴。这天，催促先锋都指挥使刘重进先行，占据固安（今河北固安）。自己到安阳水，下令造桥。日落时，回到瓦桥关住宿。当夜，后周世宗身体不适，停止进兵。

契丹主派使者命北汉派兵骚扰后周边境，得知后周撤兵才停止。孙行友攻拔易州，活捉契丹刺史李在钦献上，将其斩杀在军营中。改瓦桥关为雄州，益津关为霸州。

命李重进率兵出土门关（即井陉关，在今河北石家庄西井陉山上），攻击北汉。韩令坤戍守霸州，陈思让戍守雄州。李重进在柏井（今山西平定东）击败北汉兵。后周世宗到大梁，往返正好六十天。

【纲】六月，南唐泉州（治晋江，今福建泉州）派使者向后周进贡，后周不接受。　【目】南唐清源节度使留从效派人进贡，并请求在京城设进奏院。后周下诏回答说："江南近来刚刚归附，正在设法安抚。你长期事奉于金陵，不可改变主意。如果在京城设置进奏院，与金陵抗衡，接受泉州并占有，罪过就在我身上了。"

【纲】南唐建金陵城。　【目】南唐派钟谟向后周进贡，后周世宗说："江南也整治军队，完善守备了吗？"回答说："既然已经称臣归附于大国，是不敢出尔反尔的。"后周世宗说："不是这样。以前彼此为仇敌，如今则是一家人。我和你的国家大义名份已经确定，保证没有其他变故。但人生难以预料，至于后世，事情就更不可知了。回去告诉你的主人，可以在我在世时修建城郭，修缮甲兵，据守要塞，替子孙打算。"钟谟回去将后周世宗的话告诉了南唐主，南唐主便修建金陵城，凡是不完整的地方就加以修葺，戍守的士兵少，就增加。

【纲】后周世宗册立儿子郭（柴）宗训为梁王。　【目】当初，宰相多次请求立诸皇子为王，后周世宗说："功臣的儿子，都还没加恩赏，却单独先加赏我的儿子，自己能安心吗！"到现在，身体不好了，便封宗训为梁王，这时宗训出生已经七年了。

【纲】后周任命魏仁浦为同平章事，赵匡胤为殿前都点检。

宗欲相仁浦，议者以仁浦不由科第为疑。世宗曰："自古用文武才略为辅佐者，岂尽由科第邪！"乃以王溥、范质皆参知枢密院事，仁浦同平章事，枢密使如故。

仁浦为人谦谨，世宗性严急，近职有忤旨者，仁浦多引罪归己以救之，所全活什七八。故虽起刀笔吏，致位宰相，时人不以为忝。又以吴延祚为枢密使，韩通充侍卫亲军副都指挥使，我太祖兼殿前都点检。

世宗尝问相于兵部尚书张昭，昭荐李涛，世宗愕然曰："涛轻薄无大臣体，卿荐之何也？"对曰："陛下所责者，细行也；臣所举者，大节也。昔张彦泽虐杀不辜，涛累疏以为'不杀必为国患'。汉隐帝之世，涛亦上疏请解先帝兵权。夫国家安危未形，而能见之，此真宰相器也。"世宗曰："卿言甚善，然涛终不可置之中书。"涛喜诙谐，不修边幅，与弟浣甚友爱而多谑浪，无长幼体，世宗以是薄之。又以翰林学士王著，幕府旧僚，屡欲相之，亦以其嗜酒无检而罢。

【纲】周主荣殂，梁王宗训立。　【目】世宗大渐，召范质等入受顾命，谓曰："王著藩邸故人，朕若不起，当相之。"质等出，相谓曰："著终日游醉乡，岂堪为相！慎毋泄此言。"是日，世宗殂。

世宗在藩，多务韬晦，及即位，破高平之寇，人始服其英武。其御军，号令严明，人莫敢犯。攻城对敌，矢石落其左右，略不动容。应机决策，出人意表。又勤于为治，发奸擿伏，聪察如神。闲暇则召儒者读前史，商榷大义。性不好丝竹珍玩之物。常言："朕必不因喜赏人，因怒刑人。"又言："太祖养成王峻、王殷之恶，致君臣之

【目】后周世宗想任命魏仁浦为宰相，参加商议的人认为魏仁浦不是科举登第，不适合担任宰相。后周世宗说："自古以来，那些得到任用，有文才武略辅佐君主的人，他们难道都是科举出身吗！"于是命王溥、范质都参预主持枢密院事务，魏仁浦为同平章事，仍担任枢密使。

魏仁浦为人谦和恭谨。后周世宗则性情严厉急躁，身边官员有触犯旨意的，魏仁浦都将罪责揽在自己身上以拯救他们，保全救活的有十分之七、八。因此，虽然出身于整理文书的小吏，官至宰相，当时人却并不以为耻辱。又任命吴延祚为枢密使，韩通充任侍卫亲军副都指挥使，赵匡胤兼任殿前都点检。

后周世宗曾向兵部尚书张昭询问宰相人选，张昭推举了李涛。后周世宗惊愕地说："李涛轻薄，缺乏大臣的仪态，你为什么推举他？"回答说："您所指责的，都是小节。我所推举的是他的大节。当初张彦泽滥杀无辜，李涛多次上疏，认为不杀掉他必将成为国家的祸患。汉隐帝时，李涛也上疏请求解除先帝兵权。国家的安危还没有表现出迹象便能预见，这才真是当宰相的人才。"后周世宗说："你说得很好。但是李涛终究无法安排在中书省。"李涛喜欢诙谐，不修边幅，和弟弟李澣十分友爱却喜欢相互调笑，没有长幼的规矩，后周世宗因此很看不起他。又因为翰林学士王著是幕府资格很老的僚属，多次想提拔为宰相，也因为他嗜酒，行为不检点而作罢。

【纲】后周世宗郭（柴）荣去世，梁王宗训继立。 【目】后周世宗病重，召范质等人入宫接受遗嘱，对他们说："王著是我在藩镇时府邸的老人，我若一病不起，应当用他为宰相。"范质等出来，相互议论说："王著整天喝的醉醺醺，哪能担任宰相！千万不要将此话泄露。"当天，后周世宗去世。

后周世宗在藩镇时，很注意韬晦。即位后，打败入侵高平的北汉军队，人们才开始佩服他的英武气概。他统帅军队，号令严明，没有人敢于违犯。攻城作战，流箭、飞石落在身边，仍神色不变。应付机变、决定策略，常常出人意料。又能勤于政事，发现奸邪隐患，明察如神。闲暇时，召集儒士读前代历史，商榷其中的要旨大义。生性不好音乐和珍宝玩物。常说："我一定不因高兴而赏赐，因愤怒而刑罚。"又说："太祖

分不终。"故群臣有过则面质责之，服则赦之，有功则厚赏之。文武参用，各尽其能，人无不畏其明而怀其惠，故能破敌广地，所向无前。然用法太严，群臣职事小有不举，往往置之极刑，虽素有才干声名，无所开宥；寻亦悔之。末年浸宽。登遐之日，远迩哀慕焉。梁王宗训即皇帝位。

【纲】秋七月，周以我太祖领归德军节度使。

右后周三主，共十年。

养成王峻、王殷这样的大恶,以致君臣的名份有始无终。"因此,大臣们犯了错误就当面质问责备,认错了就原谅,有功就给予丰厚的赏赐。文武人才一齐任用,各尽其能。没有人不畏惧他的明察而怀念他的恩惠,因此能打败敌人,拓展疆土,所向无敌。但使用刑法过于严厉,大臣们份内的事情稍有不妥,便往往处以极刑,即使是一向很有才干名声的,也不加宽容。不久自己也觉后悔。在位的最后几年,便逐渐宽容。去世时,远近四方都哀悼他。梁王宗训即帝位。

【纲】秋七月,后周任命赵匡胤为归德军(治宋州城,今河南商丘南)节度使。

以上后周三主,共十年。

纲鉴易知录卷六四

宋纪

太祖神德皇帝

【纲】庚申，春正月，周殿前都点检赵匡胤称皇帝，国号宋。废周主宗训为郑王，周侍卫副都指挥使韩通死之。 【目】匡胤涿州人，四世祖朓，唐幽都令，生珽，唐御史中丞。珽生敬，涿州刺史。敬生弘殷，周检校司徒岳州防御使。弘殷娶杜氏，生匡胤于洛阳夹马营，赤光绕室，异香经宿不散。及长，容貌雄伟，器度豁如，识者知其非常人。

仕周，补东西班行首，累官殿前都指挥使，掌军政，凡六年，数从世宗征伐，荐立大功，人望归之。世宗尝于文书囊中得木，长三尺余，题云"点检作天子"。时张永德为殿前都点检，乃命匡胤代之。及宗训立，加检校太尉，领归德节度使。时主少国疑，中外密有推戴之意。

显德六年，冬十一月，镇、定二州言："北汉会契丹兵入寇。"正月辛丑朔，遣匡胤率兵御之，殿前副都点检慕容延钊将前军先发，都下諠言："将以出军之日，册点检为天子。"士民恐怖，争为逃匿之计，惟内廷晏然不知。癸卯，大军继出。军校苗训号知天文，见日下复有一日，黑光摩荡者久之，指示匡胤亲吏楚昭辅曰："此天命也。"

是夕次陈桥驿，将士相聚谋曰："主上幼弱，我辈出死力破敌，谁则知之！不如先册点检为天子，然后北征，未晚也。"都押衙李处耘具以事白匡胤弟供奉官都知匡义及归德掌书记赵普。匡义、普部

太祖神德皇帝

【纲】建隆元年（庚申，960），春正月，后周殿前都点检赵匡胤称皇帝，国号宋。废后周恭帝柴宗训为郑王。后周侍卫副都指挥使韩通死于此事。　【目】赵匡胤是涿州（治范阳县，在今河北涿州东北）人。他的四世祖赵朓，任唐朝幽都（在今北京西南）令，生赵珽，任唐朝御史中丞。赵珽生赵敬，任涿州刺史。赵敬生赵弘殷，任后周检校司徒、岳州防御使。赵弘殷娶杜氏为妻，在洛阳夹马营（在今河南洛阳东北）生赵匡胤。赵匡胤出生时，赤光缭绕室间，有一种奇异的香气经宿不散。到成年时，相貌雄伟，器度豁达，有识见的人知道他不是平凡的人。

赵匡胤在后周做官，任东西班行首，累次升迁，官至殿前都指挥使，掌管军政，共计六年，多次跟从后周世宗出兵征伐，屡次建立大功，因此为众望所归。后周世宗曾在文书囊中得到一段木块，长三尺多，上面有题字说："点检作天子"。当时张永德任殿前都点检，于是任命赵匡胤代替张永德为殿前都点检。到柴宗训立为皇帝时，又加检校太尉，兼任归德（治宋州城，在今河南商丘南）节度使。这时皇帝年幼，国内多疑，朝廷内外的人们暗中有推戴他为皇帝的意思。

显德六年（己未，959），冬十一月，镇州（治真定县，今河北正定）、定州（治安喜县，今河北定州）两州都传说："北汉联合契丹的军队入寇"。第二年正月初一，派遣赵匡胤率领军队前去御敌。殿前副都点检慕容延钊带领前锋部队先行出发。京城里的人们喧嚷着说："将要在出军的日子立点检为天子。"士民惊慌恐惧，争着作出逃或躲藏的打算。惟独宫廷之内安然一无所知。初三，大军继续出发。军校苗训号称能识天文，见太阳下面又有一个太阳，黑光摩荡激射，延续了好长时间。他指示着向赵匡胤的亲随吏员楚昭辅说："这是天命啊。"

这天晚间军队到达陈桥驿（在今河南开封市北），将士们聚集在一起商谋说："皇帝年幼弱小，我们拚出死力前去破敌，有谁能知道呢！不如先立点检做天子，然后再出发北征，也不晚啊。"都押衙李处耘把

分都将环列待旦,遣牙队军使郭延赟驰骑入京,报殿前都指挥使石守信、都虞候王审琦,二人皆素归心匡胤者。

甲辰黎明,将士逼匡胤寝所,匡义、普入帐中白之。匡胤时被酒卧,欠伸徐起,将校已露刃列庭曰:"诸将无主,愿册太尉为皇帝。"匡胤未及对,黄袍已加身矣。众即罗拜呼万岁,掖之上马,还汴。匡胤揽辔曰:"汝等贪富贵,能从我命则可,不然我不能为若主矣。"皆下马曰:"愿受命。"匡胤曰:"太后、主上,我北面事者,不得惊犯;公、卿皆我比肩,不得侵陵;朝市府库,不得侵掠。用命有重赏,违不汝贳也。"皆应曰:"诺。"遂肃队而行。乙巳,入汴,先遣楚昭辅慰安家人,又遣客省使潘美见执政谕意。

时早朝未罢,闻变,范质执王溥手曰:"仓卒遣将,吾辈之罪也。"

侍卫亲军副都指挥使韩通自禁中遑遽而归,谋帅众御之,军校王彦昇逐焉,通驰入其第,未及阖门,为彦昇所害,妻子俱死。

匡胤进登明德门,命甲士归营,而自退居公署。将士拥范质等至,匡胤见之流涕曰:"吾受世宗厚恩,为六军所迫,一旦至此,惭负天地,将若之何?"质等未及对,列校罗彦环挺剑厉声曰:"我辈无主,今日必得天子!"质等相顾不知所为。溥降阶先拜,质不得已亦拜,遂请匡胤诣崇元殿行禅代礼,召百官至。晡时班定,犹未有禅诏,翰林承旨陶谷出诸袖中,遂用之。宣徽使引匡胤就庭,北面拜受,已,乃掖升殿,服衮冕,即皇帝位。奉周主为郑王,符太后为

这事全都告诉了赵匡胤的弟弟当时任供奉官都知的赵匡义和当时任归德掌书记的赵普。赵匡义、赵普部署诸将守在赵匡胤住所的周围,等待天亮,派遣牙队军使郭延赟乘马疾驰入京,报告殿前都指挥使石守信、都虞侯王审琦。这两人都是平素诚心归附赵匡胤的。

初四黎明,将士们来到赵匡胤就寝之处逼他做天子,赵匡义、赵普进入赵匡胤的帐中禀告此事。这时赵匡胤正酒后睡卧,打个呵欠慢慢地起来,将校们已手持兵刃,列队于庭前,说:"诸将无主,愿立太尉做皇帝。"赵匡胤还没来得及答话,黄袍已经披在他身上了。众将当即罗列跪拜,高呼万岁,接着扶他上马,返回汴京(汴州,周都,即今河南开封市)。赵匡胤揽着马缰说:"你们贪图富贵,如果能听从我的命令,那我就答应,不然我就不能当你们的君主啦。"众人都下马说:"愿意接受命令。"赵匡胤说:"太后、皇帝,是我北面奉侍过的,不得惊动和冒犯他们;公、卿大臣都是我的平辈,不得侵犯欺凌他们;朝市府库中的东西,不得侵夺和劫掠。服从命令的有重赏;违背命令的决不赦免。"都应声说:"是。"于是整肃队伍前进。初五,进入汴京,先派遣楚昭辅去慰问安顿家中的人们,又派遣客省使潘美去见执政晓谕其意。

当时早朝还没结束,听说发生事变,范质握着王溥的手说:"匆忙之间派遣将领,这是我们的罪过啊。"

侍卫亲军副都指挥使韩通从宫中慌忙返回,打算率众抵御。军校王彦昇在他背后追了上来,韩通跑进他的宅第,还没来得及关闭门时,就被王彦昇杀死。韩通妻子儿女也一同遇害。

赵匡胤登上明德门,命令带甲武士回到军营,自己退居公署。将士们簇拥着范质等来到这里,赵匡胤见了他们,流着泪说:"我受世宗皇帝的厚恩,今为六军所逼迫,一时到了这样地步,愧对天地,将要怎么办呢!"范质等人还没来得及回答,列校罗彦环(宋史为罗彦瓌)挺剑厉声说道:"我们这些人没有君主,今天一定得有个天子!"范质等互相看了看,不知该怎么办。王溥走下台阶先行伏身下拜,范质不得已也只好行了跪拜礼。就请赵匡胤到崇元殿举行禅让典礼,召集百官到来。下午太阳偏西时排班已定,还没有禅让的诏书。翰林承旨陶谷从袖中取出

周太后，迁之西宫。大赦，改元。以所领归德军在宋州，国因号宋。定国运以火德王，色尚赤，腊用戌。华山隐士陈抟闻宋主代周，曰："天下自此定矣！"未几，镇州报北汉兵引还。

【纲】宋赠周韩通为中书令。 【目】宋主赠通以旌其忠，仍诏以礼葬之。欲加王彦昇擅杀之罪；群臣以建国之始，乞贳之。宋主犹怒，故终身不得节钺。

【纲】宋论翊戴功，加石守信等官爵。

【纲】宋遣使分赈诸州。
【纲】宋主以其弟光义为殿前都虞侯，赵普为枢密直学士。

【纲】宋立太庙，追帝其祖考。
【纲】宋主视学。 【目】诏增葺祠宇，塑绘先圣、先贤像，自为赞书于孔、颜座端，令群臣分撰余赞，屡临幸焉。常谓侍臣曰："朕欲尽令武臣读书，知为治之道。"于是臣庶始贵文学。

【纲】二月，宋主尊其母杜氏为太后。 【目】后定州安喜人，治家严而有法。陈桥之变，后闻之曰："吾儿素有大志，今果然矣！"及尊为皇太后，宋主拜于殿上，群臣称贺，后愀然不乐。左右进曰："臣闻母以子贵。今子为天子，胡为不乐？"后曰："吾闻为君难。天子置身兆庶之上，若治得其道，则此位可尊；苟或失驭，求为匹夫不可得：是吾所以忧也。"宋主再拜曰："谨受教。"

诏书，就用了它。宣徽使导引赵匡胤于庭中就位，北面拜受；拜受毕，就扶持他升殿，穿上衮服，戴着冠冕，登上了皇位。奉后周恭帝为郑王，符太后为周太后，让她迁到西宫。大赦天下，改显德七年为建隆元年。因他所领归德军在宋州，所以国号叫宋。定国运以火德王，所以崇尚赤红色，腊祭用戌日。华山（在今陕西渭南县东南）隐士陈抟听说宋太祖代替后周称帝，说道："天下从此定矣！"过了不久，镇州报告说北汉的兵退回去了。

【纲】宋朝廷追赠后周韩通为中书令。　【目】宋太祖追赠韩通用以旌表他的忠贞，仍发下诏书按照礼节安葬他。要加王彦昇以擅杀之罪；群臣因为在建国刚开始，请求赦免他。宋太祖怒犹未息，所以王彦昇终身得不到标志将帅高位的符节和斧钺。

【纲】宋朝按照拥戴功劳大小论功行赏，给石守信等人加官进爵。

【纲】宋朝派遣使者分别赈济各州。

【纲】宋太祖任用他弟弟赵光义为殿前都虞侯，任命赵普为枢密直学士。

【纲】宋朝设立太庙，追尊他的高祖、曾祖、祖父和父亲为皇帝。

【纲】宋太祖亲临国学视察。　【目】朝廷下诏增修祠堂屋宇，雕塑绘制先圣、先贤像，亲自在孔子、颜子像座端处题写了赞词，又命令群臣分别撰写其他先贤的赞词。他屡次到这祠堂里来，常对侍臣们说："朕要让武臣们全都读书，懂得如何治理天下的道理。"从此，臣下开始重文。

【纲】二月，宋太祖尊他母亲杜氏为太后。　【目】太后是定州安喜县人，治家严而有法。太后听说发生陈桥之变，说道："我儿平素就有大志，如今果然如此。"到了尊她为皇太后时，宋太祖在殿上行参拜礼，群臣称颂祝贺，太后脸上表现出忧惧的表情而不欢乐。左右的人们进言说："我们听说母以子贵，现在您儿子成为天子，您为什么不快乐？"太后说："我听说为国君是很难的。天子置身于亿万庶民之上，若治理得法，合乎治国治民之道，那么这个位置是可尊贵的；假若驾驭失当，那时即使想当个百姓也不可能，这就是我所以忧虑的。"宋太祖再

【纲】宋以范质、王溥、魏仁浦同平章事,吴廷祚为枢密使。
【目】旧制,宰臣上殿,命坐而议大政;其进拟差除,但入执状画可,降出奉行而已。质等自以周朝旧臣,稍存形迹,且惮宋主英睿,乃请用劄子,面取旨,退各疏其事,同列书字以志。宋主从之,坐论之礼遂废。

【纲】夏四月,周昭义节度使李筠起兵,会北汉伐宋;宋遣兵击之。【目】宋遣使加筠中书令。使者至潞州,筠欲拒之,宾佐切谏,乃延使者置酒,既而取周太祖画像悬于壁,涕泣不已,宾佐惶骇。北汉主钧闻之,乃以蜡书结筠同举兵。筠长子守节泣谏,筠不听。遂起兵,令幕府为檄,数宋主罪。执监军周光逊等送于北汉以求济师,又遣人杀泽州刺史张福,据其城。

从事闾丘仲卿说筠曰:"公孤军举事,其势甚危,虽倚河东之援,恐亦不得其力,大梁甲兵精锐,难以争锋,不如西下太行,直抵怀孟,塞虎牢,据洛邑,东向而争天下,计之上也。"筠不能用。

北汉主自帅兵赴筠,筠迎谒于太平驿,言受周太祖恩,不敢爱死。北汉主与周世雠,不悦其说,因使其宣徽使卢赞监其军。筠见汉兵弱少,而赞又来监,心甚悔,谋多不协,乃留守节守潞而自引众南向。北汉主闻赞与筠异,复遣其平章事卫融和解之。

拜说:"牢记太后的教导。"

【纲】宋朝任用范质、王溥、魏仁浦同平章事,任用吴廷祚为枢密使。　　【目】旧朝制度,宰辅大臣上殿,让坐下来计议朝廷大政,他们起草的有关官员差遣除授等文书,皇帝照例只是签字批示可行,然后发下去奉行就行了。范质等人因为自己曾是后周的旧臣,所以内心有所顾虑,且又畏惧宋太祖英明睿智,就请求用札记的形式,当面领取旨意,退回去后各自疏奏其事,并由同列朝臣书写成文字记录在案。宋太祖听从了他们的意见。自此坐而议大政的礼节遂即废止。

【纲】夏四月,后周昭义(治潞州城,即今山西长治市)节度使李筠起兵,会同北汉攻伐宋朝;宋朝派遣军队前往迎击。　【目】宋朝派遣使者给李筠加官中书令。使者到达潞州(昭义军治所),李筠想要拒绝他,宾客僚佐都极力劝谏,于是延请使者,设置酒筵,接着又取出周太祖的画像悬挂于墙壁上,哭泣不止,宾客僚佐都十分惊骇。北汉君主刘钧听说这事,就写了一封用蜡丸密封的书信,联络李筠共同举兵。李筠的长子李守节流着泪劝谏,李筠不听。于是起兵,令幕府为他拟定檄文,数说宋太祖的罪状;同时逮捕监军周光逊等人,把他们押送到北汉,请求北汉出兵相助;又派人去杀死泽州(治晋城县,在今山西晋城县东北)刺史张福,占据泽州城。

从事闾丘仲卿劝李筠说:"您孤军起事,形势非常危险。虽然倚恃河东(治太原,北汉都)的援兵,恐怕也得不到他多大的兵力。大梁(即汴州,宋都)甲兵精锐,难以和他争锋,不如西下太行山(在今河南沁阳县西北,北入山西境),直达怀、孟二州(怀州治河内县,即今河南沁阳县。孟州治河阳县,在今河南孟州南),堵塞虎牢关(在今河南荥阳县西北),据守洛邑(即洛阳),东向而争夺天下,这是上计啊。"但李筠不能用闾丘仲卿之计。

北汉君主亲自领兵来与李筠会师,李筠到太平驿(在今山西长治市西北)去迎接、拜谒,诉说自己受周太祖的厚恩,不敢爱惜自己的生命。北汉君主与后周有累世之仇,听到他这样说,很不高兴,于是派遣自己的宣徽使卢赞监督他的军队。李筠见北汉的军队既少且弱,又让卢赞来监视他,心中很后悔,所谋之事多不一致,就留李守节据守潞州,

宋主遣石守信、高怀德、慕容延钊、王全斌分道击之，仍敕守信等曰："勿纵筠下太行，急引兵扼其隘，破之必矣。"守信等败筠兵于长平。

【纲】五月，宋主自将围泽州。六月，克其城，李筠死之。【目】宋主自帅大众讨筠。山路险峻多石，宋主先于马上负数石，将士因争负之，即日平为大道，遂与守信等会，大败筠众于泽州南，杀卢赞。筠走保泽州，宋主列栅围之。六月，宋将马全义帅敢死士数十人攀堞而上，遂入其城。筠赴火死。获卫融，融请死。宋主怒，以铁挝击其首，流血被面。融呼曰："臣得死所矣！"宋主曰："忠臣也！"释之，以为太府卿。

北汉主惧，引师归。宋主进攻潞州，守节以城降，宋主释其罪，以为单州团练使。

【纲】秋七月，宋主还，以赵普为枢密副使。
【纲】荆南节度使高保融卒，弟保勖嗣。
【纲】冬十月，周淮南节度使李重进谋起兵拒宋。十一月，宋主自将击之，重进自焚死。　【目】重进，周太祖之甥，与宋主同事周室，分掌兵权，常心惮宋主。宋主立，加重进中书令，移镇青州。重进心不自安，阴怀异志。及李筠举兵，重进遣亲吏翟守珣往潞阴结筠。守珣素识宋主，乃潜诣京师求见。宋主问曰："我欲赐重进铁券，彼信我乎？"守珣曰："重进终无归顺之志。"宋主厚赐守珣，令说重进缓其谋，无令二凶并作，分我兵势，守珣归，劝重进未可轻发，重进信之。既而宋主遣六宅使陈思诲赐之铁券，重进欲治装，随思诲朝汴，左右沮之，犹豫不决。又自以周室懿亲，恐不得全，遂

而自己率领众军向南。北汉君主听说卢赞与李筠不和，又派遣平章事卫融前去为他们和解。

宋太祖派遣石守信、高怀德、慕容延钊、王全斌等分道迎击，并敕命石守信等说："不要放李筠下太行山，急速领兵扼守他前去的关隘，一定能击败他。"石守信等在长平（在今山西晋城县西北）击败李筠的军队。

【纲】五月，宋太祖亲自带兵围攻泽州。六月，攻克泽州城，李筠败死。　【目】宋太祖亲自带领大军讨伐李筠。山路艰险高峻多石，宋太祖率先在马上背负数块石头，于是将士们都争着背负石头，即日修平成一条大道，就与石守信等人的军队会合了，在泽州以南把李筠的军队打得大败，杀死卢赞。李筠逃走，保守泽州城。宋太祖树列栅栏围困城池。六月，宋朝将领马全义率领敢死兵士数十人攀援城堞登上城墙，攻入城中。李筠赴火而死。俘获卫融，卫融请求杀死他。宋太祖大怒，用铁挝击打他的头，血流满面。卫融高呼着说："我可算死得其所啦。"宋太祖说："这是忠臣啊！"释放了他，任命他为太府卿。

北汉君主害怕，带领军队返回。宋太祖进攻潞州，李守节带领全城投降。宋太祖开释了他的罪，任命他为单州（治单父县，在今山东单县南）团练使。

【纲】秋七月，宋太祖还朝，任命赵普为枢密副使。

【纲】荆南节度使高保融去世，他的弟弟高保勖继任。

【纲】冬十月，后周淮南（治扬州城，即今江苏扬州市）节度使李重进谋划起兵抗拒宋朝。十一月，宋太祖亲自领兵进击，李重进自焚而死。　【目】李重进是周太祖的外甥，与宋太祖一同臣事于后周王室，分别掌管兵权，他常常忌惮宋太祖。宋太祖立为皇帝，给李重进加官中书令，移镇青州（治益都县，即今山东青州市）。李重进感到内心不安，暗中怀有反叛的心志。待到李筠起兵反宋时，李重进派遣亲随吏员翟守珣前往潞州暗中结联李筠。翟守珣平素很了解宋太祖，就偷偷地到京师请求接见。宋太祖问道："我想赐予李重进铁券，他相信我吗？"翟守珣说："李重进终究没有归顺您的心志。"宋太祖厚厚赏赐翟守珣，让他劝说李重进慢些行动，不要让两下的叛军同时并起，分散我的兵力。

拘思诲，治城缮兵，遣人求援于唐。唐主闻于宋，宋遣石守信、王审琦、李处耘、宋偓等分道讨之。赵普劝宋主自行。十月，宋主发汴，十一月至广陵，即日拔之。城将陷，左右欲杀思诲，重进曰："吾将举族赴火死，杀此何益。"即尽室自焚，思诲亦被害。宋主入城，戮同谋者数百人。

【纲】唐主遣子朝宋主于扬州。十二月，宋主还汴。

【纲】宋以窦仪为翰林学士。 【目】翰林学士王著以酒失贬官，宋主谓宰相曰："深严之地，当使宿儒处之。"范质等对曰："窦仪清介重厚，然已自翰林迁端明矣。"宋主曰："非斯人不可。卿当谕以朕意，勉令就职。"即日复入翰林。宋主尝召仪草制，至苑门，仪见宋主岸帻跣足而坐，却立不肯进，宋主遽索冠带而后召入。仪曰："陛下创业垂统，宜以礼示天下，恐豪杰闻而解体。"宋主敛容谢之，自是对近臣未尝不冠带。

【纲】辛酉，春二月，唐徙都洪州。

【纲】夏六月，宋太后杜氏殂。 【目】后疾，宋主侍药饵不离左右。疾革，召赵普入受遗命，且问宋主曰："汝知所以得天下乎？"宋主曰："皆祖考及太后之余庆也。"后曰："不然。正由柴氏使幼儿

翟守珣回去，劝李重进不可轻易起兵。李重进相信了他。不久，宋太祖派遣六宅使陈思诲赐给他铁券，李重进要整束行装，跟随陈思诲到汴州朝见，左右的人们劝阻他，他犹豫不决。又感到自己是周室的亲戚，恐怕不能得到保全，就拘禁了陈思诲，修缮城墙，打造兵器，又派人去南唐（都金陵，今江苏南京市）请求援助。南唐君主将此消息透露给宋朝，宋朝派石守信、王审琦、李处耘、宋偓等分道前往讨伐李重进。赵普劝说宋太祖亲自前去。十月，宋太祖从汴州出发，十一月，到达广陵（淮南治），当天攻下此城。城将要攻破时，左右的人们要杀死陈思诲，李重进说："我将要与全族人一起赴火而死，杀掉他有何益处。"就全家自焚而死，陈思诲也被害身死。宋太祖进入城内，杀戮同谋者数百人。

【纲】南唐君主派遣儿子到扬州朝见宋太祖。十二月，宋太祖返回汴州。

【纲】宋朝任命窦仪为翰林学士。　【目】翰林学士王著因醉酒有过失而贬官，宋太祖对宰相说："极其重要而庄严的地方，应当让老成博学的读书人处在那个位置上。"范质等人回答说："窦仪为人清廉正直庄重敦厚，可是已经从翰林迁升到端明殿了。"宋太祖说："非这人不可。你该把我的意思晓谕他，劝勉他就任这个职务。"窦仪即日重新进入翰林。宋太祖曾召窦仪草拟制文，来到苑门，窦仪见宋太祖没有戴冠冕，衣着随便，赤着双脚坐在那里。窦仪向后退了几步，站在那里不肯前往。宋太祖急忙索取冠冕戴上，束好腰带，然后召窦仪进入。窦仪说："陛下创立大业，传之子孙，应当以礼昭示天下，否则，恐怕豪杰们听说您如此，会人心离散。"宋太祖容貌严肃地向窦仪致谢，从此接见近臣再没有不戴冠束带的情况。

【纲】建隆二年（辛酉，961），春二月，南唐迁都于洪州（治南昌县，即今江西南昌市）。

【纲】夏六月，宋太后杜氏去世。　【目】太后有病，宋太祖侍汤奉药不离左右。太后疾病危急时，召赵普入宫听受遗命，并问宋太祖道："你知道你所以能得天下的原因吗？"宋太祖说："全靠祖先和太后的福庆有馀啊。"太后说："不是这样。正是由于柴氏让一个幼儿做皇帝

主天下尔。若周有长君,汝安得至此!汝百岁后,当传位光义,光义传光美,光美传德昭。夫四海至广,能立长君,社稷之福也。"宋主泣曰:"敢不如教。"后顾谓普曰:"尔同记吾言,不可违也。"普即榻前为誓书于纸尾,署曰:"臣普记",藏之金匮,命谨密宫人掌之,遂殂。

【纲】秋七月,宋罢其侍卫都指挥使石守信等典禁兵。 【目】石守信、王审琦等皆宋主故人,有功,典禁卫兵。普数以为言,宋主曰:"彼等必不吾叛,卿何忧之深邪?"普曰:"臣亦不忧其叛也。然熟观数人者,皆非统御才,恐不能制伏其下。则军伍间万一有作孽者,彼临时亦不能自由尔。"宋主悟。

一日因晚朝与守信等饮,酒酣,屏左右谓曰:"朕非卿等不及此,然天子亦大艰难,殊不若为节度使之乐,朕终夕未尝敢安枕卧也。"守信等请其故,宋主曰:"是不难知,此位谁不欲为。"守信等顿首曰:"陛下何为出此言?今天命已定,谁复有异心。"宋主曰:"卿等固然,其如麾下欲富贵何。一旦有以黄袍加汝身,汝虽欲不为,其可得乎?"守信等泣谢曰:"臣等愚不及此,惟陛下哀矜,指示可生之途。"宋主曰:"人生如白驹过隙,所以好富贵者,不过欲多积金钱,厚自娱乐,使子孙无贫乏尔。卿等何不释去兵权,出守大藩,择便好田宅市之,为子孙立永远不可动之业。多置歌儿舞女,日夕饮酒相欢,以终天年!朕且与卿等约为婚姻,君臣之间,两无猜疑,上下相安,不亦善乎?"守信等皆谢曰:"陛下念臣等至此,所谓生死而肉骨也。"明日皆称疾,乞罢典兵。宋主从之,以守信为天平节度使,高怀德为归德节度使,王审琦为忠正节度使,张令铎为镇宁节度使,皆罢宿卫就镇,赐赍甚厚,唯守信兼职如故,其实兵权不在也。

的原故。假若后周有成年人作君主，你怎么能到此地步！你百岁之后，应当传位给光义，光义传给光美，光美传给德昭。四海之内土地至为广大，能立年长之君，是国家社稷之福啊。"宋太祖流着泪说："怎敢不照太后的教导办。"太后看了看赵普，对他说："你同样要记住我的话，不可违背啊。"赵普就在病榻前立下誓书，在誓书的纸尾处，签署上"臣普记"。誓书藏于金匮之中，命谨慎能守秘密的宫人保存管理。接着，杜太后就去世了。

【纲】秋七月，宋朝罢除其侍卫都指挥使石守信等人典禁兵的职务。 【目】石守信、王审琦等都是宋太祖的老朋友，建立了功勋，掌管禁卫兵。赵普屡次对太祖说应当多加注意之类的话，宋太祖说："他们那些人定然不会背叛我，你为什么忧虑得那么多呢？"赵普说："我也不是担心他们会反叛。但我仔细观察他们这几个人，都没有驾驭别人的才能，恐怕不能制伏他们手下的部将。假若军伍中万一有作孽的人出来起事，那几个人临时也不能自由自主了。"宋太祖恍然大悟。

一天，宋太祖借晚朝与石守信等人饮酒。酒兴正浓的时候，屏退左右，对他们说："朕没有你们这些人，到不了这个位置。然而作天子也实在艰难，真是不如当节度使时快乐，朕每天夜里都不曾敢于安安稳稳地睡个宽心觉。"石守信等请问这是什么缘故，宋太祖说："这并不难理解。试想这天子的位子谁不想坐！"石守信等人叩头说："陛下怎么说出这样的话？如今天命已定，谁还会有二心！"宋太祖说："你们这些人固然不会，无奈你们的部下要贪图富贵可怎么办呢。一旦也有人把黄袍披到你们身上，你们虽然想不做皇帝，能办得到吗？"石守信等边哭泣边叩头说："我们这些人很愚笨，想不到这些，只求陛下哀怜矜悯，给我们指示一条可以安生之路。"宋太祖说："人生短促，有如白驹过隙，那贪图富贵的，不过是想多积攒金钱，自己更好地享乐，使子孙不受贫穷罢了。你们这些人何不解除手中的兵权，出守藩镇，选择好的田宅购买下来，为子孙立下永久不动的产业。多多购置歌儿舞女，日夕饮酒欢乐，痛痛快快过一辈子！朕还要与你们相约结为婚姻，君臣之间，彼此都没有猜疑，上下相安，这样不很好吗？"石守信等都谢恩说："陛下顾念我们这些人，为我们想得很周到。这正是古人所说的让死

【纲】宋主以其弟光义为开封尹,光美为兴元尹。

【纲】八月,唐主景殂,子煜立于金陵。【目】景方议东还,以疾卒于南都,太子煜时留建康,遂即位。遣其户部尚书冯谧奉父遗表于宋,愿追尊帝号,宋主许之。煜初名从嘉,聪悟好学,善属文,工书画,明音律。

【纲】壬戌,春正月,宋广东京城。【目】宋主既广汴城,且命有司画洛阳宫殿,按图修之,以韩重赟董其役。营缮既毕,宋主坐寝殿,令洞开诸门,皆端直轩豁,无有壅蔽,谓左右曰:"此如我心;若有邪曲,人皆见之矣。"

【纲】二月,宋初诏常参官转对。【目】每五日内殿起居,百官以次转对,指陈时政得失。事关急切者,许非时上章。

【纲】宋令大辟,诸州不得专决。【目】宋主谓宰臣曰:"五代诸侯跋扈,有枉法杀人者,朝廷置而不问。人命至重,姑息藩镇,当如是邪!自今诸州决大辟,录案闻奏,付刑部详覆之。"

【纲】冬十月,宋以赵普为枢密使。
【纲】宋主匡胤迁郑王宗训于房州。

人活过来,让白骨长出肉来那种厚恩啊。"第二天都声称有病,请求罢除典兵职务。宋太祖听从他们的请求,任命石守信为天平(治郓州城,在今山东东平县西北)节度使,高怀德为归德(治宋州城,在今河南商丘县南)节度使,王审琦为忠正(治下蔡县,即今安徽凤台县)节度使,张令铎为镇宁(治澶州城,即今河南濮阳县)节度使,全都罢除宿卫之职,到藩镇去就职,赏赐他们的东西甚为丰厚。唯有石守信仍兼任原职如故,其实兵权已不在他手中了。

【纲】宋太祖任用他弟弟赵光义为开封府尹,赵光美为兴元(兴元府即梁州,治南郑县,即今陕西汉中市。时兴元为蜀有,光美遥领是官)府尹。

【纲】八月,南唐君主李景去世,他的儿子李煜在金陵继位。【目】李景正计议返回东方,因病死于南都(洪州,治南昌县,即今江西南昌市),太子李煜当时留在建康(即金陵,今江苏南京市),就在建康继位。派遣他的户部尚书冯谧带着父亲的遗表到宋朝,希望能追尊为皇帝的称号,宋太祖答应了。李煜原名叫李从嘉,聪明颖悟,爱好学习,善于写文章,书画都很工妙,而且懂得音律。

【纲】建隆三年(壬戌,962),春正月,宋朝扩大东京城。【目】宋太祖既扩大汴京城,又命主管者画洛阳宫殿,按照所画之图修建,让韩重赟掌管督察这一工程。修建竣工后,宋太祖坐在寝殿上,下令打开各门,全都端庄笔直,轩敞豁亮,没有壅塞遮蔽之处。他对左右的人们说:"这就像我的心地一样,假若有邪曲之处,人们都可以看见了。"

【纲】二月,宋朝初次下诏,实行常参官转对制。【目】每五日在内殿起居问安,百官按照顺序轮次奏事,陈言时政的得失。遇有关系到紧急的事,准许不定时上奏表章。

【纲】宋朝饬令死刑,各州不得自行专决。【目】宋太祖对宰臣说:"五代时,诸侯专横跋扈,常有枉法杀人的情况,朝廷却置而不问。人命至关重要,姑息藩镇,难道说该这样吗!自今以后各州判决死罪,都要录案奏闻朝廷,交付刑部详细覆核审察。"

【纲】冬十月,宋朝任命赵普为枢密使。

【纲】宋太祖赵匡胤将郑王柴宗训迁于房州(治房陵县,即今湖北

【纲】武平节度使周行逢卒,子保权嗣。

【纲】十一月,荆南节度使高保勖卒,兄子继冲嗣。

【纲】十二月,湖南将张文表袭潭州,据之。 【目】初,周行逢病,亟召将校属其子保权曰:"吾部内凶很者诛之略尽,惟张文表在耳。我若死,文表必乱,诸君善佐吾儿,无失土宇。必不得已,当举族归朝,无令陷于虎口。"及保权嗣位,文表闻之,怒曰:"我与行逢俱起微贱,立功名,今日安能北面事小儿乎!"会保权遣兵代永州戍,道出衡阳,文表遂驱之以袭潭州。知留后廖简素易文表,不设备。文表兵径入府中,简方燕客醉,被杀,文表遂据潭州。又将取朗陵,以灭周氏。保权遣杨师璠击之,且求援于宋。

【纲】癸亥,春正月,宋初以文臣知州事。 【目】五代诸侯强盛,朝廷不能制,每移镇受代,先命近臣谕旨,且发兵备之,尚有不奉诏者。宋初异姓王及带相印者不下数十人,宋主用赵普谋,渐削其权,或因其卒,或因迁徙致仕,或因遥领他职,皆以文臣代之。

【纲】宋遣慕容延钊、李处耘假道荆南讨张文表。二月,周保权执文表诛之。处耘袭江陵,高继冲以荆南降。

【纲】延钊进克潭州,周保权遣兵逆战,败走。延钊遂入朗,执保权以归。

房县)。

【纲】武平(治朗州城,即今湖南常德市)节度使周行逢去世,他的儿子周保权继任。

【纲】十一月,荆南节度使高保勖去世,他哥哥的儿子高继冲继任。

【纲】十二月,湖南将领张文表袭取潭州(治潭州城,即今湖南长沙市),占据该城。　【目】当初,周行逢有病,急忙召集将校们来嘱告,托付他的儿子保权,说:"在我统辖的部下之中,凶恶狂暴的已经差不多杀尽了,只有张文表还在。我若死去,张文表必定作乱,诸君好好辅佐我儿,不要失掉土地。实在不得已时,应当全族归顺朝廷,不要让他们陷于虎口之中。"待到周保权继位,张文表听说这事,生气地说:"我与周行逢都是起于微贱,建立功名,如今怎么能北面侍奉一个小孩子呢!"适逢周保权派遣军队去替代永州(治零陵县,即今湖南零陵县)戍卒,道过衡阳(即今湖南衡阳市),张文表就驱使这些军队袭击潭州。知留后廖简平素轻视张文表,不作防备。张文表的兵士径直进入州府中,这时廖简正在宴请宾客,喝得酒醉,即被杀死。张文表就占据潭州,又要去攻取朗陵(即朗州),以灭亡周氏。周保权派遣杨师璠去抗击,并且向宋朝请求救援。

【纲】乾德元年(癸亥,963),春正月,宋朝初次用文臣执掌州事。　【目】五代时,诸侯强盛,朝廷不能制约,每遇到地方官员改换辖地或任满由新官代替的情况,先让近臣去晓谕旨意,而且要发兵戒备,这样还有不奉诏的。宋朝初期,异姓王以及带相印的不少于数十人。宋太祖用赵普的计谋,逐步把他们的权势削弱,有的是因为他们死去,有的因为升迁调任或退休,有的因为遥领其他职务,全都让文臣代替了他们的职务。

【纲】宋朝派遣慕容延钊、李处耘借道荆南去讨伐张文表。二月,周保权擒捉了张文表,杀了他。李处耘袭击江陵,高继冲奉荆南之地投降。

【纲】慕容延钊进兵攻克潭州,周保权派遣军队迎战,战败逃跑。慕容延钊进入朗州,捉拿周保权返回。

【纲】宋天雄节度使符彦卿入朝。 【目】宋主欲使彦卿典兵,赵普屡谏,不听。宣已出,复怀入,从容言之,宋主曰:"朕待彦卿厚,岂忍相负邪!"普曰:"陛下何以能负周世宗?"宋主默然,事遂寝。

【纲】夏四月,宋初置诸州通判。 【目】诏设通判于诸州,凡军民之政皆统治之,事得专达,与长吏均礼。大州或置二员。又令节镇所领支郡皆直隶京师,得自奏事,不属诸藩。于是节度使之权始轻,用赵普之言也。

【纲】宋初以常参官知县事。 【目】符彦卿久镇大名,专恣不法,属邑颇不治,故特选常参官强干者往莅之,自是遂着为令。

【纲】秋七月,宋主幸武成王庙,毁白起像。 【目】宋主历观武成王庙两庑,指白起曰:"起杀已降,不武之甚,岂宜受享!"命去之。

【纲】八月,宋侵北汉,取乐平;契丹救之,不及。 【目】宋将王全斌攻取北汉乐平,诏以为平晋军。

【纲】宋杀其殿前都虞候张琼。 【目】初,宋主为周将,琼隶帐下,尝以身蔽宋主,中弩矢,死而复苏。及宋主即位,擢典禁兵。会殿前都虞候阙,宋主曰:"殿前卫士如狼虎者,不啻万人,非琼不能统制。"即命琼为之。迁嘉州防御使。时军校史珪、石汉卿以数言外事,得幸于宋主,琼轻侮之,二人因谮琼养部曲百余人,擅威福。宋主召琼面讯之,不伏。宋主怒,令击之,汉卿即奋铁樞击其首,血流气绝,乃曳出下吏。琼自知不免,解所系带以遗母,即自杀。宋主旋闻琼家无余财,甚悔,责汉卿,厚恤其家。

【纲】宋天雄（治魏州城，在今河北大名县东）节度使符彦卿入朝。　【目】宋太祖想要使符彦卿掌管兵权，赵普屡次劝谏，不听。令符彦卿典兵的宣谕已经发出，赵普又把它拿了回来，从容地向宋太祖解释。宋太祖说："朕待符彦卿很厚，难道他能忍心背弃我！"赵普说："陛下怎么能背弃周世宗？"宋太祖默然不语，这事就搁置下来了。

【纲】夏四月，宋朝初次设置各州通判。　【目】朝廷颁诏，于各州设置通判，举凡军民的政务，全由他统管，有事可以直接奏报朝廷，其礼遇与州的长官相同。大州有的设置两名。又下令节镇所兼领支郡都直接隶属京师，可以自行向朝廷奏事，不再隶属于各藩镇。从此，节度使的权限开始削弱，这是采用了赵普的建议。

【纲】宋朝初次任用常参官执掌县事。　【目】符彦卿镇守大名（即魏州，天雄军节度使治）时间很久，专横放恣，不守法纪，所属地方治理得很不好，所以特别选任常参官中精明强干的人前去任职莅视，自此就立为条令。

【纲】秋七月，宋太祖来到武成王庙，毁掉白起的塑像。　【目】宋太祖观看武成王庙两边廊庑时，指着白起的塑像说："白起杀死已投降的士卒，实在是不武之甚，岂能让他受享祀！"下令把他的塑像去掉。

【纲】八月，宋朝侵入北汉，攻取乐平（在今山西阳泉市东南，即今山西昔阳县）；契丹救援北汉，已来不及了。　【目】宋将王全斌攻取北汉乐平，朝廷颁诏，以乐平为平晋军。

【纲】宋朝杀死殿前都虞侯张琼。　【目】当初，宋太祖为后周将领时，张琼隶属于他的帐下，曾用身体蔽护宋太祖，中箭，死去又苏醒过来。到宋太祖即皇帝位时，提拔他掌管禁兵。恰好殿前都虞侯的官位出缺，宋太祖说："殿前如虎似狼般的卫士，不下万人，非张琼不能统率制约他们。"就任命张琼担任此职。升迁嘉州（治龙游县，即今四川乐山市）防御使后，当时军校史珪、石汉卿因常常呈报外事，得到宋太祖的宠幸，张琼却很轻视怠慢他们。这两人就借机诬陷张琼，说他私养军士百余人，擅自作威作福。宋太祖召张琼来当面讯问，张琼不伏。宋太祖大怒，令人打他，石汉卿当即挥动铁鞭击打他的头部，血流气绝，

【纲】九月，宋贬李处耘为淄州刺史。

【纲】北汉以契丹攻宋平晋军，宋将郭进救却之。 【目】进从征泽潞，迁洛州防御使，充西山巡检，御下严毅。宋主遣戍卒，必谕之曰："汝辈谨奉法。我犹贷汝，郭进杀汝矣。"尝有军校自西山诣汴，诬讼进不法事，宋主诘知其情，送进，令杀之。会北汉来伐，进语其人曰："汝敢论我，信有胆气。今贳汝罪，汝能掩杀敌兵，当即荐汝；如败，可自投河东。"其人踊跃赴战，大致克捷，进即以闻，乞还其职，宋主从之。

【纲】甲子，春正月，宋范质、王溥、魏仁浦罢，以赵普同平章事。 【目】普既相，以天下为己任，宋主倚任之，事无大小，悉咨决焉，宋主数微行，过功臣家。普每退朝，不敢去衣冠。一日大雪，向夜，普意宋主不出。久之，闻叩门声，普亟出，宋主立风雪中。普皇恐迎拜。宋主曰："已约光义矣。"已而光义至，设重茵地坐，堂中炽炭烧肉，普妻行酒至，宋主以嫂呼之。因与普计下太原。普曰："太原当西北二面，太原既下，则我独当之。不如姑俟削平诸国，则弹丸黑子之地，将安逃乎？"宋主曰："吾意正如此，特试卿耳。"

宋主又尝以幽、燕地图示普，问进取之策。普曰："图必出曹翰。"宋主曰："然。"因曰："翰可取否？"普曰："翰可取，孰可守？

就把他拖出去,然后交法官审讯。张琼自知不免一死,解下自己系的腰带留给老母,就自杀身死。宋太祖旋即听说张琼家中没有多馀的资财,甚为懊悔,指责石汉卿,并厚厚地抚恤张琼的家属。

【纲】九月,宋朝贬谪李处耘为淄州(治淄川县,即今山东淄博市淄川区)刺史。

【纲】北汉用契丹军攻击宋朝平晋军,宋将郭进救援,击退契丹军。 【目】郭进曾从征泽潞(即昭义军,见前注),后升为洺州(即河南府,治河南县,即今河南洛阳市)防御使,充任西山巡检,对待部下严厉而果毅。宋太祖派遣戍卒时,一定晓谕他们说:"你们要谨慎小心,奉公守法。犯了法,我还能宽恕你们,若是郭进,可就要杀你们啦。"曾有军校自西山来到汴京,诬告郭进做了违法之事。宋太祖问清楚其中的真情,把他送给郭进,让郭进杀他。恰逢北汉来攻,郭进向那个人说:"你敢诬告我,实在是有胆气。现在我暂且饶恕你的罪,你若能杀退敌兵,我立即荐举你;如果被敌人打败,你可自己投奔河东。"那人踊跃前去作战,获得大胜。郭进立即奏闻朝廷,请求恢复他的原职,宋太祖听从了郭进的意见。

【纲】乾德二年(甲子,964),春正月,宋朝范质、王溥、魏仁浦罢官,任用赵普同平章事。 【目】赵普既已为宰相,以治天下为自己的责任,宋太祖很倚重他,事无大小,全都和他商量之后才决定。宋太祖常常微服外出,过访功臣之家。赵普每次退朝回家,都不敢脱去衣冠。一天,下着大雪,快入夜了,赵普估计宋太祖不会再出来了。过了好久,听到有敲门的声音。赵普急忙出来,见宋太祖站立在风雪之中。赵普慌忙迎接叩拜。宋太祖说:"已约好光义啦。"不一会儿,赵光义到了,地上铺两重茵褥而坐,堂中生了炭火在上面烧肉。赵普之妻来劝酒,宋太祖称她为嫂。于是与赵普计议如何攻下太原。赵普说:"太原能当住西、北两面之敌,若攻下了太原,那就靠我们独当这两个方面了。不如等到削平了其他几个国,那时太原这弹丸黑子大的地方,还能逃到哪里去呢!"宋太祖说:"我的意思也正是这样,特来试探试探你罢了。"

宋太祖又曾拿幽州、燕州地图给赵普看,问他进取幽、燕的计策。赵普说:"这地图一定出于曹翰之手。"宋太祖说:"是。"于是又

宋主曰："以翰守之。"普曰："翰死，孰可代？"宋主默然，良久，曰："卿可谓深虑矣。"

普尝荐某人为某官，宋主不许；明日复奏，亦不许；明日又奏，宋主大怒，裂碎奏牍掷地，普颜色不变，跪而拾之以归，他日补缀旧牍，复奏如初，宋主乃悟，卒用其人。又有群臣当迁官，宋主素恶其人，不与。普坚以为请，宋主怒曰："朕固不与迁，卿若之何？"普曰："刑赏天下之刑赏，陛下岂得以喜怒专之。"宋主怒甚，起，普亦随之。宋主入宫，普立宫门，久之不去，竟得俞允。其刚毅果断类如此。然多忌克，屡以微时所不足者为言。宋主曰："若尘埃中可识天子、宰相，则人皆物色之矣。"自是不复敢言。

【纲】夏四月，宋以薛居正、吕余庆参知政事。【目】宋主以赵普独相，欲置副而难其名称，问翰林承旨陶谷曰："下宰相一等有何官？"对曰："唐有参知政事。"乃以枢密直学士薛居正、兵部侍郎吕余庆并以本官参知政事，不押班、宣制、知印，不预奏事，不升政事堂，止令就宣徽使厅上事，殿廷别设砖位，敕尾署衔降宰相，月俸杂给半之，未欲与普齐也。

【纲】六月，宋主以其子德昭为贵州防御使。【目】故事，皇子出阁即封王，宋主以德昭未冠，特杀其礼。

【纲】秋七月，宋颁刑统。

【纲】九月，宋攻南汉郴州，克之。【目】宋潘美、尹崇珂帅兵攻南汉郴州，克之，获其内侍韩延业。宋主访其国政，延业具言其主作烧煮、剥剔、刀山、剑树之刑，或令罪人斗虎、抵象，又赋敛

说："曹翰可不可以去攻取？"赵普说："曹翰可以攻取，谁可以去防守呢？"宋太祖说："让曹翰据守。"赵普说："曹翰死后，谁可代替他？"宋太祖默然无语，过了好久，说道："你可说是虑事深远啊！"

赵普曾荐举某人为某官，宋太祖不答应；第二天，赵普又奏请，还是不许可；过一天，又奏请。宋太祖勃然大怒，将奏牍撕得粉碎掷于地上，赵普面色不变，跪在地上，将碎片拾起回去了。过了几天，将撕碎的旧牍补缀起来，再奏如初，宋太祖终于明白过来，最后还是任用他举荐的那个人。又群臣中有该升迁官职的，宋太祖讨厌那个人，不予以升迁。赵普坚持为那人请求，宋太祖生气地说："朕坚决不给他升迁，看你怎么办！"赵普说："刑罚与奖赏，是行之于整个国家的刑罚与赏赐，陛下岂得以自己的喜怒而专断呢。"宋太祖十分恼怒，站起来，赵普也跟着起来。宋太祖进入宫内，赵普站立在宫门外面，久久不离去，终于得到允准。赵普的刚毅果断大都似这样。但是赵普为人忌刻，常以他人微贱时所不足之处为言。宋太祖说："若是在风尘下层中可以识别出天子、宰相来，那么人人都可以物色到他了。"自此赵普不再敢说了。

【纲】夏四月，宋朝任命薛居正、吕馀庆参知政事。 【目】宋太祖鉴于赵普独自一人为宰相，想要设置副相而难以找到合适的名称，问翰林承旨陶谷说："下于宰相一等的有什么官？"陶谷回答说："唐朝有参知政事。"于是任命枢密直学士薛居正、兵部侍郎吕馀庆并以本官参知政事，在朝会的时候，不领班、宣制、执掌印信，不参预奏事，不升坐于政事堂，只让他们在宣徽使厅上办事，殿廷上另外设置标示群臣次列的砖位，敕书尾签署职衔，列名在宰相的下面。月俸、杂给都按半数发给，这是不让他们在位遇上与赵普平列。

【纲】六月，宋太祖任命他的儿子赵德昭为贵州（治郁林县，在今广西贵港市西南）防御使。 【目】按照旧制先例，皇子离开宫廷，就得封王。宋太祖因为德昭还不满二十岁，尚未举行冠礼，特为减降礼制。

【纲】秋七月，宋朝颁行《刑统》。

【纲】九月，宋朝攻打南汉的郴州（治郴县，即今湖南郴州市），攻克此城。 【目】宋朝潘美、尹崇珂领兵攻打南汉的郴州，攻下此城，俘获南汉的内侍韩延业。宋太祖询问他们国家的政情，韩延业把他君主

繁重，邑民入城者人输一钱。宋主惊骇曰："吾当救此一方民！"时方谋下蜀。未遑也。

【纲】冬十一月宋范质卒。 【目】质遗命其子勿请谥立碑。宋主弟光义尝称之曰："宰辅中能循规矩，慎名器，持廉节，无出质右者，但欠世宗一死，为可惜尔。"

【纲】蜀约北汉侵宋，宋遣忠武节度使王全斌等伐之。 【目】初，宋主欲谋伐蜀，以张晖为凤州团练使，晖尽得蜀虚实、险易以闻，宋主大悦。已而蜀山南节度判官张廷伟，说知枢密院事王昭远曰："公素无勋业，一旦位至枢近，不自建立大功，何以塞时论！莫若通好并州，令发兵南下，我自黄花、子午谷出兵应之，使中原表里受敌，则关右之地可抚而有。"昭远然其言，劝蜀主遣赵彦韬等，以蜡书间行约北汉济河同举兵。至汴，彦韬潜取其书以献宋主。宋主得书笑曰："西讨有名矣。"乃命王全斌为西川行营都部署，刘光义、崔彦进副之，王仁赡、曹彬为都监，将步骑六万分道伐蜀。且谓全斌曰："凡克城寨，止籍其器甲刍粮，悉以财帛分给将士，吾所欲得者其土地耳。"

全斌及彦进等由凤州进，光义及彬等由归州进。蜀主闻之，以王昭远为都统，赵崇韬为都监，韩保正为招讨使，李进副之，帅兵拒宋。命左仆射李昊饯于郊，昭远酒酣，攘臂言曰："吾此行非止克敌，取中原如反掌耳。"手执铁如意指麾军事，自比诸葛亮。

设立烧煮、剥剔、刀山、剑树等等酷刑全说了出来，还说，甚或让罪人与虎搏斗，和大象触抵。还有赋税特别繁重，邕州（治宣化县，即今广西南宁市）百姓进城，每人还要缴纳一钱。宋太祖惊骇地说："我要救这一方百姓！"当时正计划攻蜀，就无暇去顾及南汉了。

【纲】冬十一月，宋朝范质去世。 【目】范质留下遗言，命其子不要为他请求谥号，不要立碑。宋太祖的弟弟赵光义曾经称赞范质说："宰辅之中在遵循规矩，慎重名位，保持廉洁节操等方面，没有再比范质更好的了。只是没有为尽忠于周世宗而死，这是遗憾的事。"

【纲】后蜀约北汉入侵宋朝，宋朝派遣忠武（治许州城，即今河南许昌市）节度使王全斌等前往讨伐。 【目】当初，宋太祖想要攻伐后蜀，任命张晖为凤州（治梁泉县，即今陕西凤县东北凤州镇）团练使，张晖详细探听到后蜀的虚实，地形的险易等，报告给朝廷，宋太祖大为喜悦。不久，后蜀山南（今陕西汉中市）节度判官张廷伟，劝说知枢密院事王昭远说："你素来没立什么功勋，而官位到了皇帝身边的枢密要职，自己再不建立大功，拿什么去堵塞时下人们的议论！不如和北汉通好，让他们发兵南下，我方从黄花（在今陕西凤县东北）、子午谷（在今陕西西安市南，谷口有子午镇）出兵接应，使中原内外受敌，那么关右之地就可以据而有之了。"王昭远赞同这番话，劝说后蜀君主派遣赵彦韬等，带上蜡封的秘密信，抄小道去约北汉过河，共同起兵。到达汴州，赵彦韬暗中把秘密书信取出献给宋太祖。宋太祖得到这封密信，笑着说："现在西讨，师出有名了。"就任命王全斌为西川（即今四川成都市）行营都部署，刘光义、崔彦进为副职，王仁赡、曹彬为都监，带领步兵、骑兵六万分道攻伐后蜀。并且对王全斌说："凡攻克的城寨，只没收兵器、粮草，将财帛全部分发给将士们，我所要得到的，是疆土而已。"

王全斌和崔彦进等从凤州进发，刘光义和曹彬从归州（治秭归县，即今湖北秭归县）进军。后蜀君主听到这消息，任命王昭远为都统，赵崇韬为都监，韩保正为招讨使，李进作他的副使，率领军队抗拒宋军；命左仆射李昊在郊外饯行。王昭远喝醉了酒，挥动着胳膊说："我这次出兵不只是打败敌军，夺取中原也易如反掌！"手拿着铁如意指挥军事，把自己比作诸葛亮。

【纲】十二月，宋王全斌入蜀兴州，擒其招讨使韩保正，蜀兵大溃。

【纲】宋将刘光义、曹彬克蜀夔州，蜀宁江制置使高彦俦死之。

【纲】宋命判太常寺和岘定雅乐。

【纲】乙丑，春正月，宋王全斌攻蜀剑门，克之，获其都统王昭远。

【纲】宋刘光义、曹彬取蜀五州。　【目】光义克蜀万、施、开、忠四州。遂州知州陈愈以城降。时诸将所过咸欲屠戮以逞，独曹彬禁止之，故峡路兵始终秋毫无犯。

【纲】蜀太子玄喆将兵御宋，至绵州遁还。王全斌进次魏城，蜀主昶降。　【目】蜀主闻昭远败，大惧，出金帛募兵，令太子玄喆统之。李廷珪、张惠安等为之副，趋剑门以御宋师。玄喆素不习武，廷珪、惠安皆庸懦无识，至绵州，闻已失剑门，遂遁还东川。蜀主皇骇，已而全斌进次魏城，蜀主命李昊草表请降。全斌受之，遂入城，刘光义等亦引兵来会。

前蜀之亡也，降表亦昊为之，蜀人夜书其门曰"世修降表李家。"宋师自发汴至受降，凡六十六日。

初，全斌之伐蜀也，属汴京大雪，宋主设毡帷于讲武殿，衣紫貂裘帽以视事。忽谓左右曰："我被服如此，体尚觉寒，念西征将士冲冒霜雪，何以堪处！"即解裘帽，遣中使驰赐全斌，仍谕诸将曰："不能遍及也。"全斌拜赐感泣，故所向有功。

【纲】十二月,宋将王全斌进入蜀地兴州(治顺政县,即今陕西略阳县),擒获后蜀招讨使韩保正,后蜀军队大大溃败。

【纲】宋将刘光义、曹彬攻克后蜀的夔州(治奉节县,在今四川奉节县东北),后蜀宁江(在今四川奉节县东北)制置使高彦俦败死。

【纲】宋朝命令判太常寺和岘制定雅乐。

【纲】乾德三年(乙丑,965),春正月,宋将王全斌攻打后蜀的剑门(在今四川剑阁县东北),攻克剑门,俘获其都统王昭远。

【纲】宋将刘光义、曹彬攻取后蜀五个州。【目】刘光义攻克后蜀的万州(治南浦县,今重庆市万州区)、施州(治清江县,即今湖北恩施市)、开州(治开江县,即今重庆市开州区)、忠州(治临江县,即今重庆市忠县)四个州,遂州(治方义县,即今四川遂宁市)知州陈愈献城投降。当时诸将所经过的地方,都想大肆屠杀,以求得一时的痛快,独有曹彬禁止这样做,所以三峡一路的军队始终秋毫无犯。

【纲】后蜀太子孟玄喆领兵抵御宋军,到绵州(治巴西县,即今四川绵阳市)逃回。王全斌进军到达魏城(在今四川绵阳市东北),后蜀君主孟昶归降。【目】后蜀君主听到王昭远失败的消息,十分恐惧,拿出金帛来招募兵丁,令太子玄喆统帅这些兵,以李廷珪、张惠安等为副职,前往剑门去抵御宋军。玄喆平素不习武略,李廷珪、张惠安都是凡庸怯懦没有见识的人,到了绵州,听说剑门已经失守,就后退逃跑到东川(治梓州城,即今四川三台县)。后蜀君主惶恐惊骇,不久王全斌进至魏城,后蜀君主命李昊草拟降表请求投降。王全斌接受了他的投降,随即进入城中;刘光义等也领着军队来会师。

前蜀灭亡的时候,降表也是李昊草拟的,因此,蜀人夜间在他的门上写了这样的字:"世修降表李家"。宋军自汴州出发到受降,共计六十六天。

当初,王全斌将要出兵伐蜀的时候,正遇上汴京下大雪,宋太祖在讲武殿设置毡帷,穿戴着紫貂裘的衣服和帽子来办事,忽然对左右的人们说:"我披着这样的衣服,身体还感到寒冷,想出师西征的战将勇士们,冲霜冒雪,怎么受得了!"当即摘下皮帽子,派中使飞驰去赐与王全斌,并且晓谕众将说:"不能普遍每人都赐与啊。"王全斌拜谢赏

【纲】三月,宋两川军乱。 【目】王全斌、崔彦进、王仁赡等在蜀,昼夜宴饮,不恤军务,纵部下掠女子,夺财物,蜀人苦之。曹彬屡请旋师,全斌等不从。既而宋主诏发蜀兵赴汴,并优给装钱,全斌等擅减其数,仍纵部曲侵扰之。蜀兵愤怨,思乱。三月,蜀兵行至绵州,遂作乱,劫属邑,众至十余万,获蜀文州刺史全师雄,推以为帅,率众攻彭州,据之,自称"兴蜀大王",两川民争应之。全斌等退保成都。

【纲】宋初置诸路转运使。 【目】自唐天宝以来,藩镇屯重兵,租税所入皆以自赡,名曰留使、留州,其上供者甚少。五代藩镇益强,率令部曲主场务,厚敛以入己,而输贡有数。宋主素知其弊,赵普乞命诸州度支经费外,凡金帛悉送汴都,无得占留。每藩镇帅缺,即令文臣权知所在场务。凡一路之财,置转运使掌之,虽节度、防御、团练、观察诸使及刺史皆不预签书金谷之籍。于是,财利尽归于上矣。

【纲】夏六月,宋赐孟昶爵秦国公,寻卒。 【目】蜀主昶举族与官属至汴,率子弟素服待罪阙下。宋主御崇元殿,备礼见之,赐赉甚厚,拜昶检校太师,兼中书令,封秦国公,子玄喆为大宁军节度使。昶寻卒,昶母李氏不肯哭,以酒酹地曰:"汝不死社稷,贪生以至今日。吾所以忍死者,以汝在尔。今汝既死,吾何用生焉!"不食数日亦死。宋主闻而伤之。宋主尝见昶宝装溺器,命撞碎之,曰:"以七宝饰此,当以何器贮食!所为如是,不亡何待!"

【纲】秋八月,宋选诸道兵入补禁卫。

赐，感动得流泪，因此激励得军队所向能建立战功。

【纲】三月，宋两川军队作乱。　【目】王全斌、崔彦进、王仁赡等在蜀地，日夜欢宴饮酒，不考虑军务，放纵部下虏掠妇女，抢夺财物，蜀人为此而苦不堪言。曹彬屡次请求回军返京，王全斌等不肯。后来宋太祖下诏调发蜀兵赴汴京，并给了优厚的行装和钱物，王全斌等擅自减少了钱物的数量，仍然放纵部队侵扰百姓。蜀兵都愤恨怨怒，想要作乱。三月，蜀兵行军到达绵州，就起而作乱，劫掠所属城邑，人数有十余万，找到后蜀文州（治曲水县，即今甘肃文县）刺史全师雄，推他为统帅，率众攻打彭州（治九陇县，即今四川彭州市），占据了彭州，自称"兴蜀大王"，两川的百姓争着响应。王全斌等退回，保守成都。

【纲】宋朝初次设置诸路转运使。　【目】自从唐朝天宝年间以来，藩镇屯扎重兵，租税的收入全都用作本镇军队的供给，名之曰留使、留州，上供给朝廷的甚少。五代期间藩镇势力更加强大，通常由军中人员主管场务，多多征收财物以入自己的私囊，而向朝廷贡纳的为数不多。宋太祖素来知道它的弊端，赵普请求命令诸州除计划经费之外，凡收入的金帛全部送交汴都，不得自行占留。每当藩镇统帅的职位出缺，就令文臣临时掌管所在的场务。凡一路之中的财赋，设置转运使掌管，即使节度使、防御史、团练使、观察使，甚至连刺史，全都不能参预签署有关钱粮的簿籍。自此，财利全都归于朝廷。

【纲】夏六月，宋朝赐孟昶以秦国公的爵位，不久孟昶死去。【目】后蜀君主孟昶带全族与官属来到汴京，率领子弟穿着白色丧服在宫阙之下等待被治罪，宋太祖在崇元殿，备礼相见，赏赐甚厚，拜授孟昶为检校太师，兼中书令，封为秦国公。他的儿子玄喆为大宁（在今重庆市巫溪县）军节度使。孟昶不久去世，孟昶的母亲李氏不肯哭，把酒浇到地上说："你不为社稷而死，贪生以至今日。我之所以忍而不死，只是因为你还在罢了。如今你已经死了，我何必还活着呢？"几天不吃饭，也死了。宋太祖听说，很为她伤心。宋太祖曾见到孟昶的用珠宝装饰的便尿器具，叫人将它撞碎了，说："用七宝装饰这个，那么该用什么器具来盛食物呢！所作所为竟然这样，不灭亡还等待什么！"

【纲】秋八月，宋朝挑选诸道的兵入朝补充禁卫。

【纲】宋置封桩库。 【目】宋主平荆、湖、西蜀,收其金帛,别为内库储之,号封桩,凡岁终用度之余皆入之,以为军旅饥馑之备。宋主尝谕近臣曰:"石晋割幽、燕以赂契丹,使一方独限外境,朕甚悯之。欲俟斯库所蓄满三五万,遣使谋于彼,倘肯以地归于我,则以此酬之;不然朕当散滞财,募勇士,以图攻取也。"寻又凿大池于京城南,号讲武池,选精卒习战池中,宋主常临视之。

【纲】丙寅,夏闰五月,宋求遗书。
【纲】冬十一月,宋窦仪卒。 【目】初,宋主将改元,谕宰相曰:"年号须择前代所未有者。"及蜀平,蜀宫人入内,宋主见其镜背有识"乾德四年铸"者,召仪问之。仪对曰:"此必蜀物,蜀主王衍尝有此号。"宋主大悦曰:"宰相须用读书人。"由是益重儒者。

【纲】十二月,宋两川平。
【纲】鞑靼入贡于宋。
【纲】丁卯,春正月,宋王全斌等有罪,征还,贬官有差。以曹彬为宣徽南院使。 【目】宋主自闻蜀兵乱,凡使者至,各令陈王全斌等不法事,因尽得其状,乃皆征还。以其初立功,不欲属吏,但令中书问状。全斌等具伏黩货杀降之罪,遂责降全斌崇义节度留后,崔彦进昭化节度留后,王仁赡右卫大将军。以刘光义等廉谨,并进爵秩。复召吕余庆参知政事。

仁赡等历诋诸将,冀以自免,独曰"清廉畏慎,不负陛下者,曹彬一人尔。"彬之还也,橐中惟图书衣衾,又能戢下,于是赏彬特优。彬入谢曰:"诸将皆获罪,臣不敢奉诏。"宋主曰:"卿有茂功,

【纲】宋朝设置封桩库。 【目】宋太祖平定荆南、湖南、西蜀,收缴他们的金帛,另置内库来储存,号称封桩,凡是一年终了用度余剩的钱物,全都存入其中,作为供应军事或荒年的储备。宋太祖曾晓谕近臣说:"石晋割让幽州、燕州送给契丹,使这一方百姓限隔于外境,朕甚怜悯他们。想要等到这库中积蓄满三五万,就派遣使者去和他们谈判,倘若肯把土地归还给我,我就把这些储存作为酬谢。不答应的话,朕就散发财物,招募勇士,以图攻取。"不久又在京城南面开凿一个大池,号称讲武池,挑选精壮士卒在池中练习攻战,宋太祖经常亲临视察。

【纲】乾德四年(丙寅,966),夏闰五月,宋朝搜求遗散的籍书。

【纲】冬十一月,宋朝窦仪去世。 【目】当初,宋太祖将要改元,告谕宰相说:"年号必须选择前代所没有用过的。"待到平定后蜀,后蜀的宫人进入宋朝宫内,宋太祖见她们的镜子背后有"乾德四年铸"的字样,召窦仪来问他,窦仪回答说:"这一定是前蜀的器物。前蜀君主王衍曾用过这个年号。"宋太祖很高兴,说道:"宰相必须用读书人。"由此更加重视读书人。

【纲】十二月,宋两川平定下来。

【纲】鞑靼人向宋朝入贡。

【纲】乾德五年(丁卯,967),春正月,宋王全斌等有罪,召回来,给以贬官处分,所降等级不一。任命曹彬为宣徽南院使。 【目】宋太祖自从听说蜀兵作乱的事,凡使者来,就各自让他们陈述王全斌等人不法的事,因此全部得知他们的不法情况,就都把他们召回。因为他们当初立有战功,不愿把他们交有关部门处理,只让中书省讯问其情状。王全斌等全都承认有贪污纳贿、滥杀降卒之罪,于是将王全斌降为崇义(治随州城,即今湖北随县)节度留后,崔彦进为昭化(治金州城,即今陕西安康县)节度留后,王仁赡为右卫大将军。因为刘光义等廉洁谨慎,都给以进爵加禄。又召吕余庆为参知政事。

王仁赡等逐一诋毁诸将,企图借此免除自己罪过,唯独说:"清正廉洁、敬畏谨慎、不辜负陛下的,只有曹彬一个人。"当曹彬还朝时,囊橐中只有图书衣被等物,又善于控驭部下,因此对曹彬赏赐特别优厚。

又不矜伐。惩劝，国之常典，可无逊。"

【纲】二月，宋以沈义伦为枢密副使。　【目】义伦为西川转运使，随军入蜀，独居佛寺蔬食，有以珍异献者，皆却之。及归，箧中惟书数卷而已。宋主尝问曹彬以官吏善否，彬曰："臣止监军旅，至于采察官吏，非所职也。"固问之，曰："义伦可用。"宋主嘉之，故有是命。

【纲】三月，五星聚奎。　【目】周显德中，窦俨与卢多逊、杨徽之同为谏官，俨善步星历，尝谓徽之等曰："丁卯岁五星聚奎，自此天下太平。二拾遗见之，俨不与也。"卒如其言。

【纲】戊辰，春二月，宋主立宋氏为后。　【目】宋主元配贺氏早卒，建隆初册继室王氏为后，乾德元年殂，至是立宋氏为后。后，左卫上将军偓之女也。

【纲】三月，宋覆试贡士。　【目】知贡举王裕上进士合格者十八人，陶谷子邴名在第六。宋主谓左右曰："闻谷不能训子，邴安得登第？"因诏："自今举人，凡关食禄之家，悉委中书覆试。"

【纲】夏六月，宋以董遵诲为通远军使。　【目】遵诲父宗本，仕汉为随州刺史，宋主微时往依焉。遵诲冯藉父势，常侮之。一日，谓宋主曰："每见城上有紫云如盖，又梦登高台遇黑蛇，约长百尺余，俄化龙，飞腾东北去，雷电随之。是何祥也？"宋主皆不对。他日论兵，遵诲理屈，拂衣起，宋主乃辞宗本去。及即位，遵诲被召，伏地请死。宋主谕之曰："卿尚记曩日紫云、黑蛇之事乎？"遵诲再拜呼万岁。俄而部下卒诉其不法十余事，遵诲皇恐待罪。宋主曰："朕方赦过赏功，岂念旧恶邪。"至是以夏州近边，授通远军使。遵诲至镇，召诸族酋长，谕以朝廷威德，众皆感悦。后数月，复来扰边，遵

曹彬入朝谢恩说:"众将都得罪受罚,臣不敢奉诏接受赏赐。"宋太祖说:"你有大功,又不自我夸耀。惩罚有罪的,奖励有功的,这是国家的常典,你就不要谦逊了。"

【纲】二月,宋朝任命沈义伦为枢密副使。 【目】沈义伦为西川转运使,随军进入蜀地,自己单独居住在佛寺中,吃的蔬菜素食,有人拿珍宝异物来进献,他全都拒绝了。到回来时,箱中只有几卷书罢了。宋太祖曾向曹彬问及官吏的好坏,曹彬说:"臣只监视军旅之事,至于搜集观察官吏的事,那就不在我的职务范围之内了。"宋太祖一定要问他,他说:"沈义伦可以任用。"宋太祖赞赏他,所以有这一任命。

【纲】三月,金、木、水、火、土五大行星聚于奎宿之域。 【目】后周显德年间,窦俨与卢多逊、杨徽之同为谏官。窦俨善于推算星历,曾对杨徽之等人说:"丁卯年五大行星聚于奎宿之域,从此天下太平。你们两位拾遗能够见到,我就看不到了。"终于像他说的那样。

【纲】开宝元年(戊辰,968),春二月,宋太祖立宋氏为皇后。【目】宋太祖元配贺氏早年死去。建隆初年,册立继室王氏为皇后;乾德元年去世。到这时立宋氏为皇后。皇后是左卫上将军宋偓的女儿。

【纲】三月,宋朝覆试贡士。 【目】知贡举王裕向朝廷推荐进士合格的有十八人,陶谷的儿子陶邴取在第六名。宋太祖对左右大臣说:"听说陶谷不能教训子女,陶邴怎么能够登第?"于是下诏:"自今以后举荐人,凡关系到食俸禄的官宦之家,全都委中书省覆试。"

【纲】夏六月,宋朝任命董遵诲为通远军(在今陕西米脂县西)使。 【目】董遵诲的父亲董宗本,在汉为官时任随州(治随县,即今湖北随县)刺史,宋太祖微贱时曾前去投靠。董遵诲依仗父亲的权势,常常欺侮他。一天,对宋太祖说:"常见城上有紫云像伞盖一样,又在梦中登上高台,遇到一条黑蛇,身长约有百多尺,一会儿又变成一条龙,往东北飞腾而去,身后有雷电,不知这是什么吉祥的预兆。"宋太祖概不回答。另外有一天,议论兵事,董遵诲理屈辞穷,怒形于色,拂袖而起,宋太祖就辞别董宗本离去了。到即皇帝位后,董遵诲被召见,他跪伏在地上请死。宋太祖说:"你还记得昔日论及紫云、黑蛇这些事吗?"董遵诲再拜,高呼万岁。他的部下诉说他不法之事十余项。董遵

诲率兵深入其境,俘斩甚众,获羊马数万,夷落以定。

【纲】秋七月,北汉主钧殂,养子继恩立。

【纲】八月,宋遣李继勋将兵伐北汉。

【纲】九月,北汉司空郭无为弑其主继恩,而立其弟继元。

【纲】宋李继勋败北汉兵于铜锅河,进薄太原。

【纲】冬十月,宋贬雷德骧为商州司户参军。 【目】德骧判大理寺,寺之官属与堂吏附会宰相赵普,增减刑名。德骧愤惋,求见宋主,面白其事。未及引对,即直诣讲武殿奏,辞气俱厉,并言普强市人第宅,聚敛财贿。宋主怒,叱之曰:"鼎铛尚有耳,汝不闻赵普吾社稷臣乎!"引柱斧击折其上颚二齿,命左右曳出之,诏处以极刑。既而怒解,止,以阑入之罪黜之。

【纲】十一月,契丹救北汉,宋李继勋引还,北汉遂入宋晋、绛州。

【纲】宋主享太庙,翌日郊。 【目】初,宋主入太庙,见其所陈笾豆、簠簋,问曰:"此何物也?"左右以礼器对。宋主曰:"吾祖宗宁识此。"亟命撤去,进常膳如平生。既而曰:"古礼不可废也。"命复设之。判太常寺和岘请遵唐故事,每室加常食一牙盘,从之。自是三年而郊,郊必先享太庙,礼毕加恩肆赦,以为常制。

【纲】己巳,春二月,契丹弑其主兀律于怀州。

诲惶惧惊恐，等待治罪。宋太祖说："朕正在赦免有过错的人，奖赏有事功的人，哪里还记着过去的嫌隙呢。"此时，因为夏州接近边疆，任他为通远军使。董遵诲到达该镇，召集各少数民族的酋长，向他们晓谕朝廷的威力和德政，众酋长全都感激和喜悦。过后数月，又有来扰乱边地的，董遵诲率领军队深入他们的境内，俘虏斩杀很多，获取羊马数万头。边地少数民族部落因而平定下来。

【纲】秋七月，北汉君主刘钧去世，他的养子刘继恩继位。

【纲】八月，宋朝派遣李继勋领兵去攻伐北汉。

【纲】九月，北汉司空郭无为杀死他的君主刘继恩，另立刘继恩的弟弟刘继元为北汉君主。

【纲】宋李继勋在铜锅河打败北汉的军队，进军逼近太原。

【纲】冬十月，宋朝将雷德骧贬为商州（治上洛县，即今陕西商洛市商州区）司户参军。　　【目】雷德骧主管大理寺，大理寺的官属与堂吏依附宰相赵普，任意增减刑名。雷德骧很气愤，请求见宋太祖，当面禀白此事。还没等得及皇帝召见引对，就直接到了讲武殿启奏，言辞气色激烈而严厉，并且说赵普强买人家的宅第，聚敛财物。宋太祖发怒，斥责他说："鼎铛还有耳呢，你不知道赵普是我的社稷之臣吗！"拿起柱斧击断他的两颗上牙，命令左右把他拖出去，诏令处以死刑。后来怒息了，停止死刑，以妄入之罪贬黜他。

【纲】十一月，契丹救北汉，宋李继勋领兵返回，北汉军进入宋朝的晋州（治临汾县，即今山西临汾县）和绛州（治正平县，在今山西侯马市西北）

【纲】宋太祖享祀太庙，次日举行郊祀。　　【目】当初，宋太祖进入太庙，见里面所陈列的笾豆、簠簋时，问道："这是什么器物？"左右的人们回答说是举行祭礼的器物。宋太祖说："我的祖宗岂能认识这些器物。"急忙命令撤去，进献平日所用的膳食。过后又说："古礼不可废除。"命令再把那些礼器陈设上。判太常寺和岘请求依照唐朝的旧制，每室增加常食一牙盘，宋太祖听从了他的建议。自此三年举行一次郊祀，郊祀必定先祭祀太庙，礼毕加恩宽赦罪人，以此定为常制。

【纲】开宝二年（己巳，969），春二月，契丹人在怀州（在今辽宁

【纲】宋主自将击北汉,三月,围太原。

【纲】契丹耶律贤立。

【纲】夏四月,契丹复救北汉,宋韩重赟等击败之。

【纲】闰五月,宋主引还。

【纲】冬十月,宋罢王彦超等节度使。 【目】凤翔节度使王彦超及诸藩镇入朝,宋主宴于后苑,酒酣,从容谓之曰:"卿等皆国家宿旧,久临剧镇,王事鞅掌,非朕所以优贤之意也。"彦超谕意,即前奏曰:"臣本无勋劳,久冒荣宠;今已衰朽,乞骸骨归丘园,臣之愿也。"安远节度使武行德、护国节度使郭从义、定国节度使白重赞、保大节度使杨廷璋,竞自陈攻战阀阅及历履艰苦。宋主曰:"此异代事,何足论!"明日皆罢镇,奉朝请。

【纲】庚午,春正月,宋征处士王昭素为国子博士。 【目】昭素酸枣人,有学行,宋主召见便殿,年已七十余,问以治世养身之术,对曰:"治世莫若爱民,养身莫若寡欲。"宋主爱其言,书于屏几。

【纲】秋七月,宋省州县官,增其俸。 【目】诏曰:"吏员猥多,难以求治;俸禄鲜薄,未可责廉。与其冗员而重费,不若省官而益俸。诸州县宜以户口为率,差减其员,旧俸月增给五千"。

【纲】九月,宋遣潘美将兵伐南汉。冬十月,克贺、昭等州。

【纲】十二月,南汉将李承渥帅兵拒宋;潘美进击,大败之,遂拔韶州。

【纲】辛未,春二月,宋潘美大破南汉兵于马迳,遂克广州。南

境）杀死他的君主兀律。

【纲】宋太祖亲自领兵攻打北汉，三月，兵围太原。

【纲】契丹立耶律贤为君主。

【纲】夏四月，契丹再次援救北汉，宋韩重赟等击败契丹军。

【纲】闰五月，宋太祖引兵返回。

【纲】冬十月，宋罢免王彦超等节度使之职。　【目】凤翔（治岐州城，即今陕西凤翔县）节度使王彦超及诸藩镇入京朝见，宋太祖在后苑设宴，酒兴正浓时，从容对他们说："卿等都是国家的前辈老臣，长期驻守在重要的藩镇，王事烦劳，这不符合朕所以优待贤臣的本意啊。"王彦超明白了话中的意思，立即向前奏道："臣本来就没有功劳，久蒙恩宠；如今已经衰弱老朽，请求退职回归故乡去，这是为臣的愿望。"安远节度使武行德、护国节度使郭从义、定国节度使白重赞、保大节度使杨廷璋，都争着陈述自己在攻战中的功绩及其艰苦经历。宋太祖说："这是过去朝代的事了，有什么值得说的！"次日，都罢除藩镇节度使的官职，只给以奉朝请的名义。

【纲】开宝三年（庚午，970），春正月，宋朝征召处士王昭素为国子博士。　【目】王昭素是酸枣（酸枣县，即今河南延津县）人，有学识，品行好，宋太祖在便殿召见他，已经七十多岁了，向他询问治世之道和养身之术。王昭素回答说："治世莫若爱民，养身莫若寡欲。"宋太祖赏识他的这些话，把它书写在屏几上。

【纲】秋七月，宋朝精简州县官，增加他们的薪俸。　【目】朝廷颁诏说："吏员既多且滥，难以求治；俸禄既微且薄，未可责求清廉。与其冗员过多而加重开支，不如精简官员而增加俸禄。诸州县应当以户口为标准，按照等差减少其官员，旧俸禄每月增加五千。"

【纲】九月，宋朝派遣潘美领兵攻伐南汉。冬十月，攻克贺州（治临贺县，即今广西贺县东南贺街镇）、昭州（治平乐县，在今广西平乐县西南）等城。

【纲】十二月，南汉将领李承渥领兵抗拒宋军；潘美进军攻击，大败南汉军，遂即攻下韶州（治曲江县，即今广东韶关市）

【纲】开宝四年（辛未，971），春二月，宋潘美在马迳（即马鞍山，

汉主鋹降。

【纲】宋加潘美山南东道节度使。

【纲】夏六月，宋诛南汉宦者龚澄枢、李托，赐刘鋹爵恩赦侯。【目】鋹至汴，宋主遣吕余庆问鋹反覆之罪，鋹归罪龚澄枢、李托。明日，宋主命大理卿高继申引澄枢、托斩于千秋门外，释鋹罪，封恩赦侯。

鋹体质丰硕，眉目俱竦，有口辩，性绝巧。尝以珠结鞍勒为戏龙之状，极其精妙，以献，宋主谓左右曰："鋹好工巧，习以成性，倘能移于治国，岂至灭亡哉！"

鋹在国时，多置鸩毒臣下。一日从宋主幸讲武池，从官未集，鋹先至，赐以卮酒，鋹疑有毒，泣曰："臣承祖父基业，违拒朝廷，劳王师致讨，罪固当诛。陛下既待臣以不死，愿为大梁布衣，观太平之盛，未敢饮此酒。"宋主笑曰："朕推赤心于人腹中，安有此事。"命取鋹卮酒自饮，而别酌以赐鋹，鋹大惭谢。

【纲】宋御史中丞刘温叟卒。【目】温叟为中丞十二年，屡求解职，宋主难其代，不许，至是卒。温叟重厚清介，好古执礼。一日晚过明德门西关前，宋主方与中黄门数人登楼，温叟知之，令传呼依常而过。翌日请对，且言"人主非时登楼，则下必希望恩赏。臣所以呵导而过，欲示众以陛下非时不登楼也。"宋主善之。

【纲】冬十一月，唐贬国号曰江南，遣使朝宋。【目】唐主因南汉亡，惧甚，使其弟从善上表于宋，乞去国号，改印文为"江南国主"，且请赐诏呼名。宋主许之。

在今广州市北)大破南汉军,随即攻克广州。南汉君主刘鋹投降。

【纲】宋朝给潘美加官为山南东道(治襄州城,在今湖北襄阳县襄阳镇)节度使。

【纲】夏六月,宋朝诛杀南汉宦者龚澄枢、李托,赐刘鋹爵号为恩赦侯。 【目】刘鋹到达汴京,宋太祖派吕馀庆责问刘鋹反覆之罪,刘鋹把这罪归之于龚澄枢、李托。第二天,宋太祖命大理卿高继申把龚澄枢、李托押到千秋门外斩首,宽释刘鋹之罪,封为恩赦侯。

刘鋹体质肥大,眉目全都竦立,有口才,生性绝巧。曾经用珠子编结鞍勒,编结成戏龙的样子,极其精细巧妙,以此献给宋太祖。宋太祖对左右臣子说:"刘鋹喜好精巧的工艺,习以成性,倘若把这些心思用到治理国家上,哪里至于灭亡呢!"

刘鋹在他的国君位上时,常常设置酖酒,毒死他的臣下。一天,跟从宋太祖来到讲武池,侍从的官员还没到齐,刘鋹先到了,太祖赐他一杯酒。刘鋹怀疑酒中有毒,哭泣着说:"臣承继祖上和父亲的基业,违抗朝廷,有劳王师讨伐,罪本该当杀。陛下既宽赦不处死我,我愿为大梁的布衣百姓,观看太平盛世,不敢饮这杯酒。"宋太祖笑着说:"朕待人一向推心置腹,哪里会有这种事!"命人取过刘鋹的那杯酒自己喝下,又斟了一杯酒赐刘鋹。刘鋹感到十分惭愧,向前谢恩。

【纲】宋朝御史中丞刘温叟去世。 【目】刘温叟任中丞十二年,屡次请求解除职务,宋太祖难于物色到代替他的人,没有准许,至此刘温叟去世。刘温叟持重敦厚,清廉耿介,好古而执守礼制。一天晚间,从明德门西关前经过,宋太祖刚好与中黄门数人登上城楼,刘温叟得知,下令和平常一样传呼呵道而过。第二天,请求奏对,并且说:"国家的君主不按规定的时间登楼,那么下面的人必定希望得到恩赏。臣之所以呵道导引而过,是想要把陛下不按规定的时间不登楼这事昭示大众。"宋太祖认为他做得很好。

【纲】冬十一月,南唐贬低自己的国号叫江南,派遣使者朝见宋帝。 【目】南唐君主因南汉灭亡,十分恐惧,派他弟弟李从善向宋朝上表,请求削去国号,把印文改为"江南国主",并且请赐诏书时直呼其名。宋太祖答应他的请求。

先是，唐主以银五万两遗赵普，普以白宋主，宋主曰："此不可不受，但以书答谢，少赂其使者可也。"普辞。宋主曰："大国之体，不可自为削弱，当使之弗测。"及从善来朝，常赐外，密赉白金如遗普之数。唐君臣皆惊骇，服宋主之伟度。

【纲】壬申，春二月，江南主杀其南都留守林仁肇。【目】初，仁肇密陈："淮南戍兵少，宋前以灭蜀，今又取岭南，道远师疲，愿假臣兵数万，自寿春径渡，复江北旧境。彼纵来援，臣据淮御之，势不能敌，兵起日，请以臣叛闻于北朝。事成，国享其利；败则族臣家，明陛下无二心。"江南主不听。

宋忌仁肇威名，赂其侍者，窃取仁肇画像悬别室，引江南使者观之。问"何人？"使者曰："林仁肇也。"曰："仁肇将来降，先持此为信。"又指空馆曰："将以此赐仁肇。"使者归白江南主，江南主不知其间，鸩杀仁肇。

【纲】夏五月，大雨，河决；宋主出宫人。
【纲】秋九月，宋以辛仲甫为西川兵马都监。【目】宋主问赵普以文臣有武干者，普以左补阙辛仲甫对，宋主遂用之，因谓普曰："五代方镇残虐，民受其祸。朕今用儒臣干事者百余人，分治大藩，纵皆贪浊，亦未及武臣一也。"

【纲】癸酉，春三月，郑王郭宗训卒，宋人葬之，谥曰周恭帝。

【纲】宋初殿试贡士。【目】翰林学士李昉知贡举，有进士徐士廉诉昉用情取舍。宋主乃择终场下第，并已举者，亲御讲武殿，给

此前，南唐君主拿五万两白银送给赵普，赵普把这事告知宋太祖。宋太祖说："这银子不可不接受，只是写封书信答谢，再给使者少许钱就行了。"赵普推辞。宋太祖说："大国之体，不可自己为之削弱，应当作得高深莫测。"到李从善来朝见时，常例赏赐之外，又秘密拿了他们送给赵普白银的同样数目赏赐他。南唐君臣都很惊骇，佩服宋太祖的大度。

【纲】开宝五年（壬申，972），春二月，江南国主杀死他的南都（南唐以洪州为南都，即今江西南昌市）留守林仁肇。　【目】当初，林仁肇秘密陈奏："淮南戍守的军队少，宋朝前些时灭亡了后蜀，如今又攻取岭南，道路遥远，军队疲乏，愿给臣数万军队，从寿春（寿春县，即今安徽寿县）径直渡江，收复江北旧有的境域。他们即使有援兵到来，我据守淮水抵御，势不能敌。待起兵之日，请以我背叛为名报告给北朝。如此，事若成功，国家得其利；事败就族灭我全家，以表明陛下您无有二心。"江南国主不肯听从。

宋朝忌惮林仁肇的威名，贿赂了他的侍从人员，窃取林仁肇的画像，悬挂在另外的房室内，领着江南的使者去观看，问道："他是谁？"使者回答说："是林仁肇。"又对使者说道："林仁肇将要来归降，先拿这像来作为凭信。"又指着这座空馆说："将要把这座馆第赐与林仁肇。"使者回去告诉江南国主，江南国主不知道这是离间计，就用鸩酒毒死林仁肇。

【纲】夏五月，大雨，黄河决口。宋太祖放宫女出宫。

【纲】秋九月，宋朝任命辛仲甫为西川兵马都监。　【目】宋太祖问赵普文臣中谁有武将才干，赵普回答有左补阙辛仲甫，宋太祖就任用了他，借此对赵普说："五代时方镇残暴酷虐，百姓受他们的祸害。朕如今用儒臣干事的有一百多人，让他们分别治理大藩，纵使这些人全都贪赃污浊，其为害也抵不上一个武臣。"

【纲】开宝六年（癸酉，973），春三月，郑王郭宗训去世。宋朝人埋葬他，谥号叫周恭帝。

【纲】宋朝初次殿试贡士。　【目】翰林学士李昉知贡举，有进士徐士廉控告李昉凭人情来取舍，宋太祖就选择终场落第的，连同

纸笔别试，得进士诸科百二十五人；皆赐及第，且赐钱二十万以张宴会。责昉为太常少卿。殿试遂为永制。

【纲】夏五月，宋行开宝通礼。【目】初，宋主命李昉、刘温叟重定开元礼，附以国朝制度损益，为书二百卷，号通礼，至是行之。

【纲】秋八月，宋赵普免。【目】普独相十年，为政颇专，尝以私怨诬冯瓒、李美、李榖，以赃论死，廷臣多忌之。

宋主尝幸其第，会吴越遣使致书于普，及海物十瓶，置于庑下，未及发而宋主至，仓卒不暇屏，宋主顾问："何物？"普以实对。宋主曰："海物必佳。"即命启之，皆瓜子金也。普皇恐谢曰："臣未发书，实不知。"宋主曰："第受之。彼谓国家事，皆由汝书生尔。"

时官禁私贩秦、陇大木，普遣亲吏诣市屋材，联巨筏至汴治第，吏因之窃货大木冒称普市，货鬻都下。三司使赵玭以闻，宋主大怒，即欲逐普，王溥力为救解，得止。卢多逊与普不协，数因入对短普，宋主滋不悦。

初，雷德骧之贬商州也，知州奚屿希普意，奏德骧怨望，坐削籍，流灵武。其子有邻意普害之，击登闻鼓，诉中书不法事。宋主怒，悉下御史狱鞫实。始疑普。诏吕余庆、薛居正与普更知印押班奏事，以分其权。普不自安，求罢政，遂出为河阳三城节度使。以有邻为秘书省正字，召德骧为秘书丞。

普至河阳，上表自诉曰："外人谓臣轻议皇弟开封尹，皇弟忠孝

已经考取了的，亲自到讲武殿，给他们纸笔另行考试，考得进士诸科一百二十五人，全都赐予及第，并且赐钱二十万用以举行宴会。任李昉为太常少卿。殿试于是成为永久的制度。

【纲】夏五月，宋朝颁行《开宝通礼》。　【目】起初，宋太祖命李昉、刘温叟重新制定《开元礼》，附以本朝制度的删削和增益，成书共二百卷，号称《通礼》，至此颁布施行。

【纲】秋八月，宋朝赵普免职。　【目】赵普独自担任宰相十年，处理政务颇为专断，曾因私怨诬陷冯瓒、李美、李檝，以贪污受贿的罪名定以死罪，廷臣大都忌恨他。

宋太祖曾到赵普的宅第，恰好吴越派遣使者给赵普送来书信，还有海物十瓶，放在廊庑之下，还没来得及打开，宋太祖就到了，仓促之间没来得及遮盖。宋太祖看着问道："是什么东西？"赵普如实地回答。宋太祖说："海物一定是佳品。"就命打开，里面全是瓜子金。赵普惶恐谢罪说："我没有拆信，实在是不知道。"宋太祖说："只管接受这些东西，他们以为国家之事，都由你这个书生作主。"

那时官府禁止私家贩卖秦（即今陕西）、陇（指今甘肃）之地的大木，赵普派遣他的亲随吏员去购买建屋的木材，将大木联成巨大的木筏发至汴州盖宅第。吏员借此偷偷地出卖大木，冒称是赵普的货，在京城里卖出。三司使赵玭奏闻朝廷，宋太祖大怒，当即想要放逐赵普。王溥极力为之解救，得以劝止。卢多逊与赵普不和，多次借着入朝奏对的机会说赵普的短处，宋太祖更加不高兴。

当初，雷德骧被谪贬到商州时，知州奚屿迎合赵普的心意，上表奏说雷德骧心怀不满，因此削除其官籍，流放到灵武（灵武军，在今宁夏灵武县西南）。他的儿子雷有邻揣想是赵普害的，击登闻鼓告状，控诉中书省不法之事。宋太祖生气，把他们全都投于御史狱鞫问实情，开始怀疑赵普。下诏让吕余庆、薛居正与赵普轮换着掌印领班奏事，以分散赵普的权力。赵普自己感到不安，请求罢除朝政，于是外出为河阳（在今河南孟州市西南）三城节度使。朝廷任命雷有邻为秘书省正字，召回雷德骧任命为秘书丞。

赵普到了河阳，上表为自己申诉说："外人说我轻易非议皇弟开

全德,岂有间然!矧昭宪皇太后大渐之际,臣实预闻顾命,知臣者君,愿赐昭鉴。"宋主手封其表,藏之金匮。

时吕余庆以疾解职,宋主以薛居正、沈义伦同平章事。余庆,宋主霸府元僚,赵普、李处耘先进用,余庆恬然不以介意。及处耘与普得罪,余庆悉为明辨,时称长者。

【纲】宋主封其弟光义为晋王,班宰相上。 【目】又以弟光美兼侍中,子德昭同平章事。

【纲】冬十二月,宋起复卢多逊参知政事。 【目】多逊敏给任数,谋多奇中,以翰林学士判史馆。宋主好读书,每取书馆中,多逊预戒吏令必白己,知所取书,因通夕阅览。及召对,宋主问书中事,应答无滞,同列皆服,拜参知政事。未几,以父丧去位,诏起复之。多逊父亿有高识,恶其子所为,曰:"赵普,元勋也,而小子毁之。我得早死,不见其败,幸也!"

【纲】甲戌,秋九月,宋遣曹彬将兵伐江南。 【目】宋主欲伐江南而无名,遣知制诰李穆谕江南主入朝。江南主欲从之,其门下侍郎陈乔、内史舍人张洎皆劝其主无入朝,江南主遂称疾固辞,而遣使求封册。宋主不许,命梁迥复使讽之入朝,江南主不答。迥还,宋主乃命曹彬为西南路行营都部署,潘美为都监,曹翰为先锋,将兵十万以伐之。

自王全斌平蜀,多杀降卒,宋主每恨之。至是,彬等入辞,宋主诫彬曰:"江南之事,一以委卿。切勿暴掠生民,务广威信,使自归顺,不烦急击也。"又曰:"城陷之日,慎无杀戮。设若困斗,则李煜一门不可加害。"且以剑授彬曰:"副将而下,不用命者斩之。"潘美等皆失色。

封尹，皇弟为人忠孝全德，哪里有可非议的！更何况昭宪皇太后病危之时，臣实参预听受太后的遗命，知臣者君，恳求明察。"宋太祖亲手封了这一表章，藏于金匮之中。

当时吕余庆因为有病解除职务，宋太祖任命薛居正、沈义伦同平章事。吕余庆是宋太祖称帝前的主要幕僚，宋朝建立后赵普、李处耘反先行提升任用，吕余庆态度恬然，毫不在意。及至李处耘与赵普得罪，吕余庆一一为他们辩解，时人称他为长者。

【纲】宋太祖封其弟赵光义为晋王，朝班的位次列于宰相之上。
【目】又命其弟赵光美兼任侍中，其子赵德昭同平章事。

【纲】冬十二月，宋朝再度起用卢多逊为参知政事。【目】卢多逊思虑敏捷，所谋之事大都极其准确，以翰林学士兼管史馆。宋太祖喜好读书，每次从馆中取书时，卢多逊预先告诫吏员，一定告诉自己。他知道取去什么书，自己就通宵阅读这些书。待到召对时，宋太祖问书中之事，卢多逊对答如流，毫无滞碍，同列的人们都佩服他。拜授参知政事后，不久，因父丧离去职位，又下诏起复其职。卢多逊的父亲卢亿识见高明，厌恶他儿子的所作所为，说："赵普是国家的元勋，你这小子却毁谤他。我得以早死，看不见你的破败，实是幸事！"

【纲】开宝七年（甲戌，974），秋九月，宋朝派遣曹彬领兵讨伐江南。【目】宋太祖想要讨伐江南而师出无名，派遣知制诰李穆去谕示江南国主来入京朝见。江南国主想要依从，他的门下侍郎陈乔、内史舍人张洎都劝说其国主不要入朝，江南国主就推托说有病坚辞不去，却派遣使者去请求封册。宋太祖不答应，命梁迥作为使者再去劝说他入朝，江南主不作回答。梁迥返回，宋太祖就命曹彬为西南路行营都部署，潘美为都监，曹翰为先锋，领兵十万前去讨伐江南。

自王全斌平定后蜀，多杀投降的士卒，宋太祖每提到这事就很痛恨。这时，曹彬等入朝辞行，宋太祖告诫曹彬说："江南之事，全部委托于你。切不可残暴劫掠百姓，要广泛地树立威信，使他们自行归顺，不用急急忙忙地发动攻击。"又说："城池攻下之日，千万不可杀戮。假若出现困兽犹斗的情况，那么李煜一家，不可加害。"并且把剑授与曹彬说："副将以下官员，有不听命令的，即行斩首。"潘美等皆吓得变了脸色。

彬自荆南发战舰东下，江南屯戍皆谓每岁宋所遣巡兵，但闭壁自守，奉牛酒犒师。寻觉异于他日，池州将戈彦弃城走。彬入池州，败江南兵于铜陵，进次采石矶。

【纲】冬十一月，宋潘美渡江，江南将郑彦华等拒战，败走。【目】初，江南池州人樊若水举进士不第，因谋归宋，乃渔钓于采石江上，乘小舟，载丝绳其中，维南岸，疾棹抵北岸，凡十数往返，得其江之广狭。因诣汴上书，言江南可取状，请造浮梁以济师。宋主然之，以为右赞善大夫。遣使往荆、湖造黄黑龙船数千艘，又以大舰载巨竹絙自荆渚而下。或谓江阔水深，古未有浮梁而济者，乃先试于石牌口，移置采石，三日而成，不差尺寸。潘美因帅步兵渡江，若履平地。江南主以镇海节度使、同平章事郑彦华督水军万人，都虞候林真领步军万人，同逆宋师。彦华以战舰鸣鼓溯流而上，急趋浮梁；潘美麾兵击败之。真以所部接战，彦华不能救，亦败。

【纲】宋始修日历。【目】史馆修撰扈蒙请修日历，宋主从之。命宰辅日录时政送史馆，仍以卢多逊专其职。

【纲】乙亥，宋太祖神德皇帝开宝八年，春二月，曹彬大败江南兵于秦淮，进围金陵。【目】彬连破江南兵于白鹭洲、新林港，遣田钦祚攻溧水，江南统军使李雄谓诸子曰："吾必死于国难，尔曹勉之。"父子八人皆没于阵，钦祚遂克溧水。彬大军进次秦淮，江南兵水陆十万陈于城下。时舟楫未具，潘美率兵先赴，令曰："美提骁果数万人，战胜攻取，岂限此一衣带水而不径渡乎！"遂涉水，大军

曹彬自荆南（治荆州城，即今湖北江陵县）乘战舰出发东下，江南的屯戍军队都认为这是宋朝每年照常派遣的巡逻兵，只是紧闭营垒自守，送上牛酒犒劳宋军。很快又觉得这次宋军行动与往日不同，池州（治贵池县，即今安徽池州市贵池区）守将戈彦弃城逃跑。曹彬进入池州，在铜陵（今安徽铜陵市义安区）打败了江南的军队，进军到达采石矶（在今安徽当涂县西北，马鞍山市西）。

【纲】冬十一月，宋潘美渡过长江，江南将领郑彦华等抵御，战败后逃跑。　【目】当初，江南池州人樊若水考进士没考中，就打算归顺宋朝，在采石江上钓鱼，乘坐一叶小舟，舟中载丝线绳，拴系在南岸，急速地划驶到北岸，这样往返十数次，量得江面之宽窄。于是来到汴京上书，说明江南可攻取的情状，建议造作浮桥让军队过江。宋太祖认为他说得对，任命他为右赞善大夫。派遣使者到荆南、湖南地区，制造黄色和黑色的龙船数千艘，又用大舰载着巨大的竹索从荆江岸沿江而下。有人说江宽水深，自古以来没有军队从浮桥上过江的，于是就先在石牌口（即今安徽怀宁县）进行试验，然后移置于采石，三天就完成了，建成的桥与设计的不差尺寸。潘美率领步兵从浮桥渡江，就像在平地上行走一样。江南国主命镇海节度使、同平章事郑彦华督率水军一万人，都虞侯林真率领步军一万人，共同前去迎战宋军。郑彦华乘着战舰，敲响战鼓，逆流而上，急忙赶赴浮桥处，潘美指挥军队击败郑彦华的水军。林真以他的部队接战，郑彦华不能前来救援，也打败了。

【纲】宋朝开始撰写日历。　【目】史馆修撰扈蒙建议撰写日历，宋太祖允准了，命宰辅每日记录时政情况送交史馆，仍命卢多逊专职掌管此事。

【纲】开宝八年（乙亥，975），春二月，曹彬在秦淮河上大败江南军，进兵围攻金陵。　【目】曹彬在白鹭洲、新林港（白鹭洲、新林港俱在今江苏南京市西南）连续打败江南的军队，派遣田钦祚攻打溧水（即今江苏南京市溧水区）。江南统军使李雄对他的几个儿子说："我一定死于国难，你们要各自努力。"父子八人皆死于战阵，田钦祚于是攻克溧水。曹彬大军进至秦淮，江南兵水陆两军十万人列阵于城下。当时舟楫尚未备齐，潘美率领军队先行，下令说："我潘美率领骁勇果敢之兵士

随之,江南兵大败。马军都虞候李汉琼率所部取巨舰,实以葭苇,乘风纵火,拔其城南水寨,又拔关城,守陴者争遁,溺死千计。

【纲】夏四月,彗星见东方。

【纲】冬十月,江南主使徐铉来乞缓师,不许。 【目】江南都虞候刘澄以润州降。江南主危迫,遣学士承旨徐铉求缓师。铉至,言于宋主曰:"李煜无罪,陛下兵出无名。煜以小事大,如子事父,未有过失,奈何见伐?"宋主曰:"尔谓父子为两家可乎?"铉不能对而还。逾月,江南主复遣铉乞缓师,以全一邦之命。铉见宋主,论辩不已,宋主按剑怒曰:"不须多言!江南亦有何罪,但天下一家,卧榻之侧,岂容他人鼾睡邪!"铉惶恐辞归。

【纲】十一月,曹彬克金陵,江南主煜降。门下侍郎陈乔死之。【目】彬遣人谓江南主曰:"事势如此,所惜者一城生聚耳。若能归命,策之上也。某日城必破,宜早为之所。"江南主不听。一日,彬忽称疾不视事,诸将皆来问疾。彬曰:"余之疾,非药石所能愈,惟须诸君诚心自誓,以克城之日,不妄杀一人,则自愈矣。"诸将许诺,共焚香为誓。明日,彬即称愈;又明日,城陷。

初,陈乔、张洎约同死社稷,然洎实无死志,至是乔径入白江南主曰:"今日国亡,愿加显戮以谢国人。"江南主曰:"此乃历数,卿死无益也。"乔曰:"纵不杀臣,臣何面目以见士人乎!"遂自缢死。

勤政殿学士锺倩,朝服坐于家,兵及门,亦举族死之。

数万人，战必胜，攻必取，岂能让这一衣带水挡住而不径直渡过吗！"于是趟着水前进，大军跟在他后面，江南兵大败。马军都虞候李汉琼率领所属部队收取大型舰船，里面装满芦苇茅草之类，乘风放火，攻下城南的水寨，又攻下了关城，城墙上的守军争相逃遁，落水淹死的数以千计。

【纲】夏四月，彗星出现于东方。

【纲】冬十月，江南国主派遣使者徐铉来请求暂缓进军，宋朝不许。　【目】江南都虞候刘澄率领润州（治丹徒县，即今江苏镇江市）全城投降。江南国主感到形势危急，派遣学士承旨徐铉请求缓兵。徐铉到来，对宋太祖说："李煜无罪，陛下兵出无名。李煜以小国侍奉大国，有如儿子侍奉父亲，没有过错，为什么遭到讨伐？"宋太祖说："你说父子成为两家，可以吗？"徐铉不能对答，回去了。过了一个月，江南国主又派徐铉来请求缓兵，以保全江南一邦之命。徐铉见了宋太祖，辩论不休，宋太祖手握着剑生气地说："不须多说！江南也说不上有什么罪，只是天下一家，卧榻的旁边，岂能容许他人在那里睡觉吗？"徐铉惶恐地辞别回去了。

【纲】十一月，曹彬攻克金陵，江南国主李煜投降。门下侍郎陈乔为之而死。　【目】曹彬派人对江南国主说："事势已至如此，所可惜的是一城之中的生命罢了。若能归顺，这是上策。某日，城一定攻破，你应当早作打算。"江南国主不听从。一天，曹彬忽然声称有病，不处理事务。众将都来问疾，曹彬说："我这病不是医药所能治好的，只须各位将领诚心发誓，待攻破城时，不要妄杀一个人，那么我的病也自然就好啦。"众将答应照办，共同焚香设誓。第二天，曹彬即说病已痊愈。又次日，金陵城攻破。

当初，陈乔、张洎相约同为社稷而死；然而张洎实际上没有死的想法。至此，陈乔径直入朝，对江南国主说："今日国家灭亡，情愿将我加以公开处决，以此向国人谢罪。"江南国主说："这是天数，您死了也无益。"陈乔说："您纵然不杀我，我还有什么面目去见士人呢！"于是自己上吊而死。

勤政殿学士钟倩，穿好上朝的礼服坐在家中，宋兵到他家门，也全

江南主率臣僚诣军门请罪，彬慰安之，待以宾礼，煜遂与其宰相汤悦等四十五人赴汴京。

彬自出师至凯旋，士众畏服，无敢轻肆。克城之日，兵不血刃。捷至，群臣称贺。宋主泣曰："宇县分割，民受其祸，攻城之际，必有横罹锋刃者，实可哀也。"命出米十万赈恤之。

【纲】丙子，九年，春正月，曹彬振旅而还。诏赐李煜爵违命侯。　【目】彬俘江南主李煜还汴；帝御明德门，令煜君臣至楼下待罪。诏并释之，封煜违命侯。帝责张洎曰："汝教煜不降，使至今日。"因出洎所草召上江援兵蜡丸书示之。洎谢曰："书实臣所为。犬吠非其主，此其一耳；他尚多。今得死，臣之分也。"帝奇之，以为太子中允。

【纲】二月，以曹彬为枢密使。　【目】初，彬之伐江南也，帝谓曰："俟克李煜，当以卿为使相。"潘美预以为贺，彬曰："不然。夫是行也，仗天威，遵庙谟，乃能成事，吾何功哉，况使相极品乎！"美曰："何谓也？"彬曰："太原未平耳。"及还，帝谓曰："本授卿使相，然刘继元未下，姑少待之。"美视彬微笑，帝诘之，美以实对，帝亦大笑，乃赐彬钱五十万。彬退曰："人生何必使相，好官不过多得钱耳。"未几，乃拜枢密使。

【纲】吴越王俶来朝。　【目】帝谓吴越使者曰："元帅克毗陵，有大功，俟平江南，可暂来与朕一相见，以慰延想，即当复还。朕三执圭币以见上帝，岂食言乎！"至是，俶与妻孙氏、子惟濬入朝。帝赐礼贤宅以居，亲幸宴之，赏赉甚厚。留两月遣还，赐以一黄袱，

族自杀。

江南国主率领臣僚到军门请罪，曹彬慰问他，以宾客礼相待。李煜就与他的宰相汤悦等四十五人前往汴京。

曹彬从出兵到凯旋，士众都畏惧敬服，没有敢轻慢放肆的。攻克城池的时日，兵不血刃。捷报传来，群臣称贺。宋太祖流着泪说："天下分割，百姓受其害，攻城的时候，必有死于刀锋剑刃之下的，实在可哀啊。"下令拨出米粮十万来作为救济抚恤之用。

【纲】开宝九年（丙子，976），春正月，曹彬整顿军队返还。颁诏赐李煜的爵号为违命侯。　【目】曹彬俘获江南国主李煜返回汴京；宋太祖登上明德门，命李煜君臣到楼下等待处理。下诏将他们一并释放，封李煜为违命侯。宋太祖责问张洎说："你教李煜不投降，以致到了今天这样。"于是拿出张洎草拟的关于召集上江（大江，指大江上游）援兵的蜡丸密封书信给他看。张洎谢罪说："书信确实是我所草拟的。不是它的主人，犬都要向他吠叫，这只是其中之一桩事罢了，其他还有很多。现在得死，是我为臣的本分啊。"宋太祖非常赏识他，任命他为太子中允。

【纲】二月，任命曹彬为枢密使。　【目】当初，曹彬讨伐江南的时候，皇帝对他说："待你攻克李煜，当以你为使相。"潘美预先为他祝贺。曹彬说："不是这样。这次出兵，依仗天子之威，遵从朝廷之谋，才能成功，我有什么功劳，更何况使相之官位已到了极品呢！"潘美说："这是怎么说的呢？"曹彬说："太原还没有平定。"等到从金陵回来，皇帝对他说："本来想授你使相之职的，然而刘继元尚未攻下，姑且少加等待。"潘美看着曹彬微笑，皇帝诘问他，潘美把那些话如实地回答，皇帝也大笑起来。于是赐予曹彬钱五十万。曹彬退下后说道："人生何必定要当使相呢，好官也不过是多得钱罢了。"不久，就拜曹彬为枢密使。

【纲】吴越王钱俶来朝见。　【目】当初，皇帝对吴越使者说："元帅攻克毗陵（治晋陵县，即今江苏常州市）有大功，待平定江南之后，可请他暂来与朕相见一面，以安慰我思念之情，见面后即当让他回去。朕三执圭币以朝见上帝，岂能说话不算吗？"到这时，钱俶与其妻孙氏、儿

封识甚固,戒俶曰:"途中宜密观。"及启之,则皆群臣乞留俶章疏也,俶益感惧。

【纲】三月,以子德芳为贵州团练使。

【纲】帝如西京。夏四月,郊,大赦。 【目】帝以江表底定,方内大同,欲西幸以行郊礼。一月,如西京,次巩县,遂拜安陵,至洛阳。四月,祭天地于南郊,都民垂白者相谓曰:"我辈少经乱离,不图今日复观太平天子仪卫。"有泣下者。祭毕,大赦。

【纲】还宫。 【目】帝欲留都洛阳,群臣咸谏,弗听。晋王光义言其非便,帝曰:"迁河南未已,终当居长安耳。"光义问其故,帝曰:"吾欲西迁,据山、河之胜以去冗兵,循周、汉故事以安天下也。"光义曰:"在德不在险。"力请还汴。帝不得已,从之。因叹曰:"不出百年,天下民力殚矣!"

【纲】曹翰屠江州,杀江南守将胡则。 【目】江南州郡皆降,独江州指挥使胡则,杀刺吏谢彦实集众固守。曹翰围之四月余,则力屈被执,翰杀之,因纵兵悉取货财,而屠其民。

【纲】秋八月,遣侍卫都指挥使党进率兵伐汉。九月,败汉兵于太原,契丹救之。

【纲】帝幸晋王光义第。 【目】帝友爱光义,数幸其第,恩礼甚厚。光义尝有疾,亲为灼艾,光义觉痛,帝亦取艾自灸。每对近臣言:"光义龙行虎步,他日必为太平天子,福德非吾所及也。"

子钱惟濬一起入朝。皇帝赐与礼贤宅让他们居住，亲自到那里去摆酒宴请，赏赐甚厚，留住两个月，让他们回去，赐与他一个黄包袱，封裹得甚为牢固，告诫钱俶说："途中你应当秘密地观看其中的物品。"待到他打开看时，里面全是群臣请求留下钱俶的表章。钱俶看后更加感动而惧怕。

【纲】三月，任命儿子赵德芳为贵州（治郁林县，在今广西贵港市西南）团练使。

【纲】皇帝到西京（即洛阳）。夏四月，举行郊祭，大赦天下。
【目】皇帝因为江表一带已经平定，四海之内归于统一，想要西去以行郊祀之礼。一月，往西京，途次巩县（即今河南巩县），于是拜谒安陵，到了洛阳。四月，在南郊举行祭天地的大礼，京都百姓中的白发老人互相说："我们这些人少年时经过离乱之世，没有想到今天又能看到太平天子的仪仗与侍卫！"有的人竟流下眼泪。祭祀完毕，大赦天下。

【纲】回宫。　【目】皇帝想留在洛阳建都，群臣全都劝谏，不听。晋王赵光义说明在洛阳建都的不便之处，皇帝说："迁到河南府（即今河南洛阳市）还不能算完成，终究要居于长安。"赵光义问其原故，皇帝说："我要西迁，据山河之形胜以裁减多余的军队，遵循周朝汉朝的先例以安定天下。"赵光义说："安天下在于德政不在于地势的险要。"极力请求返回汴京。皇帝不得已，听从了他，于是感叹地说："不出百年，天下民力就竭尽了！"

【纲】曹翰在江州（治德化县，即今江西九江市）进行屠杀，杀了江南守将胡则。　【目】江南的州郡都投降了，独有江州指挥使胡则，杀死刺史谢彦实，聚集众人固守。曹翰围困了四个多月，胡则力屈被俘。曹翰杀死他，就放纵兵士全都去劫取财物，又屠杀该城的百姓。

【纲】秋八月，派遣侍卫都指挥使党进领兵攻伐北汉。九月，在太原打败北汉的军队，契丹出兵救援北汉。

【纲】皇帝幸临晋王赵光义的第宅。　【目】皇帝待弟弟赵光义十分友爱，屡次到他的第宅去，对他恩赐赠礼很优厚。有一次赵光义有病，皇帝亲自为他灼艾灸疗。赵光义觉得疼痛，皇帝亦取艾在自己身上灸。常对近臣们说："光义龙行虎步，他日定能成为太平天子，福德之厚是我所不及的。"

【纲】冬十月,帝崩,晋王光义即位。 【目】癸丑,帝崩。甲寅,晋王即位,号宋后为开宝皇后,迁之西宫。

帝享年五十,性孝友,节俭,质任自然,不事矫饰。一日罢朝坐便殿,不乐者久之。左右请其故,曰:"尔谓天子容易为邪!早作,乘快误决一事,故不乐耳。"宫中苇帘,缘用青布。常服之衣,浣濯至再。永康公主常衣贴绣铺翠襦,帝曰:"汝服此,众必相效。"禁之。主一日劝帝以黄金饰肩舆,帝曰:"我以四海之富,宫殿饰以金银,力亦可办,但念我为天下守财耳,岂可妄用。"

初,颇好猎,一日逐兔,马蹶坠地,因引佩刀刺马杀之。既而悔曰:"吾为天下主,轻事田猎,又何罪马哉!"自是不复猎。

尤注意刑辟。尝读二典,叹曰:"尧、舜之罪四凶,止从投窜,何近代法网之密邪!"故定为折杖法,以递减流徒杖笞之刑。自开宝以来,犯大辟,非情理深害者,多得贷死,惟赃吏弃市,则未尝贳。

【纲】以弟廷美为开封尹,封齐王;兄子德昭封武功郡王;德芳为兴元尹。

【纲】以卢多逊同平章事,楚昭辅为枢密使。
【纲】十二月,大赦,改元。
【纲】诏群臣论列者即时引对。
【纲】初诏诸道转运使纠察官吏。
【纲】罢河东兵。

【纲】冬十月，皇帝崩逝，晋王赵光义即帝位。【目】癸丑（二十日）皇帝崩逝。甲寅（二十一日）晋王即帝位，称宋后为开宝皇后，让她迁居于西宫。

皇帝享年五十岁，生性孝友，节省俭约，质朴而任自然，不矫揉造作，也不假意虚饰。一天，罢朝后坐在便殿上，好长时间不快乐。左右的人们请问他有什么事，说："你说天子容易当吗！早起，乘快兴之时错误决断了一件事，所以一直不高兴。"宫中用芦苇编织的帘子，边上用青布条镶饰。平常穿的衣服都洗过好几次还穿。永康公主常穿贴绣铺翠的短袄，皇帝说："你穿这样的衣服，众人必然要仿效。"禁止她这样穿。一天，公主劝皇帝用黄金装饰一下他的轿子，皇帝说："我拥有四海之富，宫殿都用金银装饰，也可以办得到；但想到我是为天下守财，怎么可以随便乱用！"

原先，皇帝很喜欢打猎。有一天，追逐一只兔子，坐下马仆倒，把他摔在地下，就拿起佩刀将马刺杀。后来又懊悔说："我为天下之主，轻易打猎，怎么归罪于马呢！"自此不再打猎。

尤其重视刑法，曾读《二典》，感叹地说："尧、舜加罪于四凶，也只是投窜流放，为什么近代法网却如此之密呢！"所以定折杖之法，以依次减轻流、徒、杖、笞等刑罚。自开宝年间以来，犯有死刑，不是情理深害不可容许的，多数得以宽恕免死，只对赃官斩首示众，不曾宽恕过。

【纲】任命弟弟赵廷美为开封尹，封为齐（齐州，治历城县，即今山东济南市）王；哥哥的儿子赵德昭封为武功（在今陕西兴平县西）郡王；赵德芳为兴元（即今陕西汉中市）尹。

【纲】任命卢多逊同平章事，楚昭辅为枢密使。

【纲】十二月，大赦天下，改开宝九年为太平兴国元年。

【纲】诏告群臣，有论评呈述者，随时召见问对。

【纲】初次诏令诸道转运使纠察官吏。

【纲】罢休河东兵。

太宗皇帝

【纲】丁丑，太宗皇帝太平兴国二年，春二月，赐礼部进士吕蒙正等及第。　【目】初，太祖幸洛阳，张齐贤以布衣献策条陈十事，内四说称旨，齐贤坚执其余策皆善；太祖怒，令武士拽出之。及还，语帝曰："我幸西都，唯得一张齐贤，我不欲爵之以官，异时可使辅汝为相也。"是时，齐贤亦在选中，有司失于抡择，寘于下第；帝不悦，故一榜自吕蒙正以下尽赐及第。

【纲】二月，帝更名炅。

【纲】夏四月，葬永昌陵。

【纲】秋九月，容州初贡珠。

【纲】冬十月，初榷酒酤。

【纲】十一月朔，日食既。

【纲】戊寅，三年，春二月，立崇文院。　【目】初置三馆于长庆门北，谓之西馆。帝临幸，恶甚陋，命有司于升龙门东北创立三馆。至是成，赐名崇文院，迁西馆书贮焉，凡八万卷。

【纲】夏五月，吴越王俶以其地来归，诏封俶为淮海国王。

【纲】秋七月，以孔宜袭封文宣公。　【目】宜知星子县回，献所为文。帝召问孔子世嗣，遂命袭封。宜因言历代以圣人之后，不预庸调。周显德中遣使均田，遂抑为编户。诏特复其家。

【纲】冬十月，置内藏库。　【目】帝幸左藏库，语薛居正曰："此金帛如山，用何能尽。先帝每焦心劳虑，以经费为心，何其过也。"诏改为内藏库，并以封桩库属焉。

【纲】己卯，四年，春正月，以潘美为北路都招讨使。

【纲】新浑仪成。　【目】司天监生张思训本唐李淳风、梁令瓒之法，创式以献，制于禁中，日月行度，成于自然，不假人运，比旧制

太宗皇帝

【纲】太平兴国二年（丁丑，977），春二月，赐礼部进士吕蒙正等及第。　【目】当初，太祖幸临洛阳，张齐贤以平民的身分献策条陈十件事，内中有四件符合旨意，张齐贤坚持他其余的各条都好。太祖生气，令武士拉他出去。待从洛阳回来，对太宗说："我到西都去，只得到一个张齐贤，我不想给他官职爵位，以后可让他辅佐你做宰相。"这时，张齐贤也在应选之中，有司失之于选择，置他于下第，太宗皇帝不高兴，所以这一榜自吕蒙正以下全都赐及第。

【纲】二月，皇帝更改名字，改光义为炅。

【纲】夏四月，葬太祖于永昌陵（在今河南巩县西南）。

【纲】秋九月，容州（治普宁县，即今广西容县）初次进贡珍珠。

【纲】冬十月，初次实行酒业专卖制。

【纲】十一月朔（初一），日食，为时不久而食毕。

【纲】太平兴国三年（戊寅，978），春二月，立崇文院。　【目】当初，在长庆门北设置三馆，叫做西馆。太宗皇帝临幸此馆，嫌它太简陋，命主管部门在升龙门东北创立三馆。至此建成，赐名为崇文院，迁西馆的书籍贮藏于其中，计八万卷。

【纲】夏五月，吴越王钱俶纳土归降。下诏封钱俶为淮海国王。

【纲】秋七月，让孔宜袭封文宣公。　【目】孔宜任星子知县回来，献所作的文章。太宗皇帝召问孔子世嗣，就命他袭封。孔宜借此上言，历代鉴于是圣人的后代，不征收户赋，不服劳役。后周显德年间派遣使者均田，就降为编户。下诏特免除其家的徭役赋税。

【纲】冬十月，设置内藏库。　【目】太宗皇帝临幸左藏库视察，对薛居正说："这金帛堆积如山，怎么用得完。先帝常焦心劳虑，把心思用在经费上，这是做得多么过分啊。"下诏改为内藏库，连同封桩库一并属于内库。

【纲】太平兴国四年（己卯，979），春正月，任命潘美为北路都招讨使。

【纲】新浑仪制成。　【目】司天监生张思训本着唐代李淳风、梁令瓒的方法，创制模式以献于朝廷，在禁中制作，日月行度，自动而成，

尤为精妙。命置文明殿东南鼓楼，擢思训为浑仪丞。

【纲】二月，帝自将伐汉。 【目】帝欲以齐王廷美掌留务。开封判官吕端言于廷美曰："上栉风沐雨以申吊伐，王地处亲贤，当表率扈从；若掌留务，非所宜也。"廷美遂请行，帝许之，以沈伦为东京留守，王仁赡为大内都部署。

【纲】二月，契丹救汉，都部署郭进邀击于白马岭，大败之。

【纲】夏四月，帝至太原，督诸军围城。五月，汉主继元降，诏赐爵彭城郡公。 【目】潘美等屡败汉兵，进筑长连城，围太原，矢石交下如雨。汉外援不至，饷道又绝，城中大惧。帝至，督战益急，城无完堞。帝虑城陷杀伤者众，诏谕继元降。继元率官属缟衣纱帽待罪城台下，帝释之，封彭城郡公。帝作平晋诗，命从臣和。

【纲】徙太原民于并州。 【目】诏毁太原旧城，改为平晋县，以榆次县为并州，遣使分部徙太原民居之。

【纲】帝发太原，六月，遂伐契丹，围幽州。秋七月，与契丹耶律休哥大战于高梁河；败绩，乃还。

【纲】八月，皇子武功王德昭自杀。 【目】初，德昭从帝征幽州，军中尝夜惊，不知帝所在。有谋立德昭者，帝闻不悦。及还，以征北不利，久不行太原之赏，德昭以为言。帝大怒，曰："待汝自为之，赏未晚也。"德昭退而自刎。帝闻之惊悔，往抱其尸哭曰："痴儿，何至此邪！"追封魏王，谥曰懿。

不借人力运转，比旧制之浑仪尤其显得精妙。下令安置在文明殿东南鼓楼内，提升张思训为浑仪丞。

【纲】二月，太宗皇帝亲自领兵攻伐北汉。 【目】太宗皇帝想要让齐王赵廷美执掌留守京都事务。开封尹判官吕端对赵廷美说："皇上奔波劳碌，亲自将兵吊民伐罪，你处在亲贤的地位，应当上表请求率兵扈从车驾前往；你掌留务是不适宜的。"赵廷美于是请求随行，太宗皇帝准许其请，任命沈伦为东京留守，王仁赡为大内都部署。

【纲】二月，契丹救援北汉，都部署郭进在白马岭（在今山西孟县东北）加以截击，大败契丹军。

【纲】夏四月，太宗皇帝到达太原，督促诸路军队围城。五月，北汉君主刘继元投降，下诏赐爵为彭城（即今江苏徐州市）郡公。 【目】潘美等屡次打败北汉的军队，进筑长连城，包围太原，矢石交射，如雨而下。北汉的外援不到，运粮饷的道路又被断绝，城中大为惊惧。太宗皇帝到达后，督战更急，城堞已经没有完好之处。太宗皇帝虑及城陷时杀伤的人太多，诏谕刘继元投降。刘继元率领官属，穿着白衣戴着纱帽，在城台之下等待治罪。太宗皇帝宽释他，封为彭城郡公。太宗皇帝作了一首平晋诗，命随从的臣子们也写诗奉和。

【纲】把太原百姓迁徙到并州。 【目】诏令毁掉太原旧城，改为平晋县；把榆次县（即今山西榆次市）命名为并州，派遣使者分部迁徙太原百姓到并州居住。

【纲】太宗皇帝从太原出发，六月，就攻伐契丹，围困幽州（治蓟县，在今北京市西南）城。秋七月，与契丹耶律休哥在高梁河（在今北京市西直门外）展开大战，作战失败，于是返还。

【纲】八月，皇子武功王赵德昭自杀。 【目】当初，赵德昭跟从皇帝征伐幽州，有一次夜间军中惊慌乱营，不知太宗皇帝之所在。有人谋划立赵德昭为帝，太宗皇帝听说这事，很不高兴。待到回来，因为征北不利，好久不颁发攻下太原之赏赐。赵德昭为这事向太宗皇帝进言。太宗皇帝大怒，说道："等到你当了皇帝，再由你自行赏赐，也不为晚啊！"赵德昭退了回去，即自刎而死。太宗皇帝听说，既惊且悔，前往抱着他的尸体哭着说："痴儿，为何就走到这一步啊！"追封为魏王，谥号为懿。

【纲】九月,以杨业为代州刺史。 【目】业本汉建雄节度使刘继业,帝克太原,闻其勇,召见,复杨姓。以其老于边事,拜代州刺史。业善战,号"杨无敌"。

【纲】冬十月,进封齐王廷美为秦王。 【目】论平汉功也。文武诸臣,进秩有差。

【纲】庚辰,五年,春二月,定差役法。 【目】从京西转运使程能请,定诸州户为九等,上四等充役,下五等免之。

【纲】三月,卫公刘鋹卒。 【目】鋹有口辩,帝之将伐北汉也,宴近臣于禁中,鋹进言曰:"朝廷威灵及远,四方僭伪之主,今日尽在坐中。旦夕平太原,刘继元又至,臣率先来朝,愿得执梃为诸国降王长。"帝大笑。至是卒,追封南越王。

【纲】杨业败契丹于雁门,杀其将萧咄李。 【目】契丹兵十万寇雁门,业领麾下数百骑,自西陉出至雁门北口,南向击之。契丹兵大败,杀其节度使、驸马侍中萧咄李。自是契丹畏业,每望见旌旗即引去。主将多嫉之,或潜上谤书,帝皆不问,封其书付业。

【纲】冬十月,契丹寇瓦桥关。十一月,帝自将御之,次于大名,契丹军退,乃还。 【目】契丹主贤围瓦桥关,耶律休哥帅精骑渡水而战,宋军大败,休哥追至莫州。十一月,帝自将御之。时关南诸将已破契丹,帝次大名,诸将复战于莫州,败绩。会契丹主引去,帝欲遂取幽州,李昉力陈其未可,乃诏曹翰部署诸将而还。

【纲】九月,任命杨业为代州(治雁门县,即今山西代县)刺史。
【目】杨业本来是北汉建雄节度使,名叫刘继业,太宗皇帝攻克太原,闻知他很英勇,召见他,恢复他本来的杨姓,因为他熟悉边事,拜授他为代州刺史。杨业善战,号称"杨无敌"。

【纲】冬十月,进封齐王赵廷美为秦(秦州,治成纪县,即今甘肃天水市)王。 【目】这是按平定北汉的功劳进升的。文武众臣各按等次进升。

【纲】太平兴国五年(庚辰,980),春二月,定差役法。 【目】接受京西转运使程能的奏请,定诸州户为九等,上四等充当徭役,下五等免除。

【纲】三月,卫国公刘鋹去世。 【目】刘鋹很有口才,皇帝将要攻伐北汉的时候,在禁中宴请近臣,刘鋹进言说:"朝廷威灵达于远方,四方僭称伪帝号的人,今天全都在坐。早晚之间就平定太原,刘继元又要来了。臣是率先来朝的,愿得执梃杖为各国降王之长。"太宗皇帝听了哈哈大笑。至此去世,追封为南越王。

【纲】杨业在雁门打败契丹的军队,杀其将萧咄李。 【目】契丹军十万入寇雁门,杨业率领部下数百骑兵,从西陉(在今山西代县西北)出去到达雁门(雁门山,在今山西代县西北)北口,由北向南出击。契丹兵大败,杀死其节度使、驸马侍中萧咄李。自此契丹人畏惧杨业,每当望见他的旌旗就引兵退去。主将多嫉妒杨业,有的暗中上书毁谤杨业,太宗皇帝全都不问,把那些毁谤杨业的书信封好交付给杨业。

【纲】冬十月,契丹军入寇瓦桥关(在今河北雄县南易水上)。十一月,太宗皇帝亲自带兵前去抵御,军队抵达大名(即魏州城,在今河北大名县东),契丹军退去,也就返还。 【目】契丹国主耶律贤围瓦桥关,耶律休哥率领精锐骑兵渡水作战,宋军大败,耶律休哥追赶到莫州(治任丘县,即今河北任丘县)。十一月,太宗皇帝亲自领兵抵御。这时关南(指瓦桥、益津、淤口三关以南地区,在今河北白洋淀以东、大清河以南一带)诸将已打败契丹,太宗皇帝领兵至大名,诸将又在莫州作战,被打败了。恰好契丹国主引兵回去,太宗皇帝想要就此攻取幽州,李昉极力陈说不可,就诏令曹翰部署诸将而返回。

帝既还京，议者皆言宜速取幽、蓟。张齐贤上疏曰："圣人举事，动在万全，百战百胜，不若不战而胜。自古疆场之难，非尽由戎狄，亦多边吏扰而致之；若缘边诸军抚御得人，但使峻垒深沟，畜力养锐，以逸自处，则边鄙宁，而河北之民获休息矣。臣又闻：家六合者，以天下为心，岂止争尺寸之土，角戎狄之势而已。是故圣人先本而后末，安内以养外，尧、舜王道无他，广推恩于天下之民尔。民既安利，则戎狄敛衽而至矣。"

太宗皇帝已回到京城，议论的人都说应当速速攻取幽州、蓟州。张齐贤上疏说："圣人举事，动则在于万全，百战百胜，不如不战而胜。自古以来边疆之地发生战争，并不是全由戎狄之所为，也有许多是边地官吏扰攘之所致；若边缘地区的诸路军队，有适当的人加以抚御，只要使之深沟高垒，蓄精养锐，自处于以逸待劳的地位，则边疆地区自可安宁，这样河北的百姓也可得到休养生息啦。臣又听说，以六合为家的君主，以天下为心，哪里只是为争尺寸之土地，与戎狄较量势力呢。所以圣人先培植根本而后才考虑末节，安定内部以抚养外部，尧舜的王道没有别的，广泛推恩于天下的百姓罢了。百姓安定而获利，那么戎狄之人就会提起衣襟恭敬地来朝见了。"

纲鉴易知录卷六五

宋纪

太宗皇帝

【纲】辛巳,六年,春三月,皇子兴元尹德芳卒。

【纲】夏六月,薛居正卒。 【目】居正辅相十八年,宽简不苛察,众论贤之。因服丹砂遇毒,方奏事疾作,舆归遂卒。帝亲临其丧,为之流涕。居正子惟吉,素无行,帝存问其家,因曰:"不肖子安在?颇改节否?不克负荷先业,奈何!"惟吉伏丧侧,惧赧不敢起。自是,尽革故态,读书,亲贤士,修饬为善。其后帝数委以大藩,所至称治。

【纲】秋九月,罢左拾遗田锡。 【目】时卢多逊专政,群臣章奏必先白多逊,然后敢通。又必于阁门署状,云"不敢妄陈利便,希望恩荣。"锡贻书多逊,乞免署状,多逊不悦,出锡为河北南路转运副使。锡因入辞,直进封事,言朝廷大体者四。其一:乞修德以来远,宜罢交州屯兵。其二言:今谏官不闻廷争,给事中不闻封驳,左右史不闻升陛记言动,御史不敢弹奏,中书舍人未尝访以政事,集贤院虽有书籍而无职官,秘书省虽有职官而无图籍,愿择才任之使各司其局。其三言:辟西苑,广御池,而尚书省湫隘,郎官无本局,尚书无听事,九寺、三监寓天街之两廊,贡院就武成王庙,是岂太平之制度邪!愿别修省寺,用列职官。其四言:按狱官令枷、杻、钳、锁皆有定式,今以铁为枷,于法所无,去之可也。帝览疏,优诏褒答,赐钱五十万。

太宗皇帝

【纲】太平兴国六年（辛巳，981），春三月，皇子兴元府尹赵德芳去世。

【纲】夏六月，薛居正去世。 【目】薛居正为辅相十八年，为人宽和简约而不苛责于人，人们都说他是贤德之人。因服食丹砂中毒，正在朝廷奏事时疾病发作，抬回去就死了。太宗皇帝亲自幸临其丧，为他的死而哭泣流泪。薛居正的儿子薛惟吉，平素品行不端。太宗皇帝慰问薛居正的家属，于是问道："不肖之子在哪里？还能改变节操吗？不能够承继先业，可怎么办？"薛惟吉跪伏于灵丧之侧，又害怕又羞愧不敢起身。自此，完全改变了原来样子，读书，亲近贤士，整饬修养，从事于善。其后太宗皇帝屡次以大藩之事委任于他，所到之处都治理得不错。

【纲】秋九月，左拾遗田锡罢职。 【目】当时卢多逊专擅朝政，群臣向皇帝奏章必须先告诉卢多逊，然后才敢通报。又必定在阁门题署状辞，说："不敢妄自陈说利便，希望恩荣。"田锡写信给卢多逊，请求免除署状，卢多逊很不高兴，外放田锡为河北南路转运副使。田锡借着入朝辞行，直接向朝廷密奏，指出朝廷有关重要的四个方面的事。其一：请求修治德政以使远方之人来归顺，应当罢除交州（治龙编县，在今越南民主共和国河内市境）的屯兵。其二说：如今谏官没听说有在朝廷上向皇帝谏诤的，给事中没听说有封还驳正之事，左右史没有听说他们升陛记录言行，御史不敢弹劾奏请，中书舍人未曾访以政事，集贤院虽有书籍而没有职官，秘书省虽有职官而没有图籍，希望能选择有才能的人员任用他们，使他们各司其职。其三说：开辟西苑，扩展御池，而尚书省地洼狭小，郎官没有自己的官署，尚书没有中庭，九寺、三监寓居于天街的两边廊庑之内，贡院将就于武成王庙之中，这哪里是太平之制度啊！希望另行修建省寺，用以安置职官。其四说：按问的监狱官使用的枷、杻、钳、锁，都有一定的样式，现在用铁做成的枷，这是于法所无的，可以去除。太宗皇帝看了他的奏疏，特降诏褒奖他并给以回答，赏赐

【纲】以赵普为司徒，兼侍中。　【目】普奉朝请累年，卢多逊益毁之，谓普初无立上意，普郁郁不得志。会晋邸旧僚柴禹锡、赵镕、杨守一告秦王廷美骄恣，将有阴谋窃发。帝疑，以问普，普因言"愿备枢轴，以察奸变。"且自陈曰："臣忝旧臣，为权幸所沮。"遂备道预闻昭宪太后顾命，及前朝上表自诉等事。帝发金匮，得誓书，及览普前表，因召见，谓曰："人谁无过，朕不待五十，已知四十九年非矣。"乃拜普司徒，兼侍中，封梁国公。

【纲】以石熙载为枢密使。冬十一月，楚昭辅罢。

【纲】女真遣使入贡。

【纲】壬午，七年，春三月，罢秦王廷美为西京留守。夏四月，以柴禹锡为枢密副使。　【目】或又告廷美欲因帝幸西池为乱，遂罢廷美开封尹。以上变，进禹锡枢密副使，杨守一枢密都承旨，赵镕东上阁门使。初，昭宪太后遗命太祖传位于帝，意欲帝传之廷美以及德昭，故帝即位之初，命廷美尹开封，而德昭、德芳等皆称皇子。及德昭不得其死，德芳相继夭殁，廷美始不自安。他日，帝以传国意访之赵普，普对曰："太祖已误，陛下岂容再误。"廷美遂得罪。

【纲】以窦偁、郭贽参知政事。　【目】初帝尹开封，偁为判官，以推官贾琰佞谀，于坐叱之曰："贾氏子巧言令色，岂不愧于心哉！"众皆失色。帝因重偁之直，至是谓偁曰："赏卿之叱贾琰也。"

【纲】勒秦王廷美就第，流卢多逊于崖州。　【目】赵普复相，多逊不自安，普屡讽令引退，而多逊贪固权位，不能决。会普廉得多

钱五十万。

【纲】任命赵普为司徒,兼侍中。 【目】赵普为奉朝请已有几年,卢多逊更加毁谤他,说赵普本来没有拥立太宗皇帝的意思,赵普郁郁不得志。恰好遇上晋邸的旧同僚柴禹锡、赵镕、杨守一控告赵廷美骄横恣肆,将有阴谋在暗中发动。太宗皇帝生疑,以这事问赵普。赵普借机进言说:"臣希望备位辅相,以查察奸谋。"并且自己陈述说:"我愧为旧臣,被有权势而又得宠之人所沮遏。"接着又详细说出他参预昭宪太后临终授命的情形,以及往前朝上表自己申诉等等事情。太宗皇帝打开金匮,得到誓书,待到看过赵普以前的表章,于是召赵普进见,对他说:"人谁能没有过错!朕不用等到五十岁,就已经知道过去四十几年不对之处啦。"于是拜授赵普为司徒,兼侍中,封梁国公。

【纲】任命石熙载为枢密使。冬十一月,楚昭辅罢职。

【纲】女真人派遣使者来朝入贡。

【纲】太平兴国七年(壬午,982),春三月,秦王赵廷美罢为西京留守。夏四月,任命柴禹锡为枢密副使。 【目】有人又控告赵廷美想要借皇帝临幸西池时作乱,就罢除赵廷美开封尹之职。因为上奏了有关变乱的报告,进升柴禹锡为枢密副使,杨守一为枢密都承旨,赵镕为东上閤门使。当初,昭宪太后临终遗命太祖传位给当今皇帝,想要让皇帝传位给赵廷美以及赵德昭,所以皇帝登位之初,命赵廷美为开封尹,而赵德昭、赵德芳早皆称皇子。到赵德昭非正常死亡,赵德芳也相继夭逝,赵廷美开始感到不安。有一天,太宗皇帝以传国的意思征求赵普的意见,赵普回答说:"太祖已经错了,陛下岂能再错!"赵廷美于是就得罪。

【纲】任命窦偁、郭贽参知政事。 【目】当初,太宗皇帝为开封尹时,窦偁为判官,因为推官贾琰谄佞阿谀,就于坐间叱责他说:"贾氏子花言巧语,一副谄谀的样子,岂不有愧于心吗!"众人听了都变了脸色。太宗皇帝因之看重窦偁的刚直。到这时对窦偁说:"我这是对你当面叱责贾琰的奖赏啊。"

【纲】勒令秦王赵廷美归于第宅,将卢多逊流放到崖州(治宁远县,住今海南省三亚市崖州区)。 【目】赵普恢复相位,卢多逊感到不

逊交通秦王事，帝大怒，责授兵部尚书，越二日下御史狱，命翰林承旨李昉等杂治之。多逊具状："累遣中书守堂官赵白以机事密告廷美。且云：'愿宫车晏驾，尽力事大王。'廷美亦遣小吏樊德明报多逊云：'承旨言，正会我意。'因遗之弓箭，多逊受之。"狱上，诏文武集议，王溥等奏："廷美、多逊诅咒怨望，大逆不道，宜正刑章。"诏削夺多逊官爵，流崖州，并徙其家属期亲于远裔。赵白、樊德明等悉斩于都门外。廷美勒归私第。

【纲】沈伦罢。

【纲】五月，贬秦王廷美为涪陵县公，安置房州。　【目】赵普又以廷美居西京非便，讽知开封府李符上言："廷美不悔过而怨望，乞徙远郡，以防他变。"诏降封廷美为涪陵县公，房州安置。普又恐符言泄，乃坐符他事，贬宁国司马。

【纲】定难留后李继捧入朝，献银、夏、绥、宥四州。六月，继捧弟继迁叛走地斤泽。　【目】夏州自李思恭以来，未尝亲朝中国，至是继捧率其族入朝，帝嘉之，赐赉甚厚。继捧陈其诸父、昆弟多相恕怨，乞纳其境内夏、绥、银、宥四州，留京居之。帝为遣使如夏州护缌麻已上亲赴阙，以曹光实为四州都巡检使。

时继捧族弟定难军都知蕃落使继迁留居银州，闻使至，乃诈言乳母死，出葬于郊，遂与其党数十人奔入地斤泽，出其祖像以示

安，赵普屡次示意让他引退，卢多逊贪图巩固他的权位，不能决断。恰好赵普察知卢多逊与秦王赵廷美交往之事，太宗皇帝大怒，将卢多逊责授兵部尚书，过了两天，将他投于御史狱，命翰林承旨李昉等共同推问惩治。卢多逊供称："屡次派遣中书守堂官赵白以机密之事告知赵廷美。并且说：'希望皇帝晏驾之后，尽全力侍奉大王。'赵廷美也派遣小吏樊德明回答卢多逊说：'承旨所说的，正合我的心意。'于是馈赠给弓箭，卢多逊接受了。"推问的案情上奏朝廷后，下诏让文武官员集议，王溥等奏说："赵廷美、卢多逊诅咒朝廷，心怀怨恨，是大逆不道，应当明正刑章。"诏令削夺卢多逊官爵，流放到崖州，并将他的家属连同有期服的亲属迁徙到边远地区。赵白、樊德明等全都在京都城门外斩首；赵廷美被勒令回私人第宅。

【纲】沈伦罢职。

【纲】五月，贬谪秦王赵廷美为涪陵县（即今四川涪陵县）公，安置于房州（治房陵县，即今湖北房县）。【目】赵普又认为赵廷美居住在西京不合适，暗示开封府李符向朝廷奏言："赵廷美不悔过而心怀怨恨，请求将他徙于边远州郡，以防止发生其他变故。"朝廷下诏降封赵廷美为涪陵县公，于房州安置。赵普又恐怕李符的话泄露出去，就借其他的事把李符贬为宁国（宁国府即宣州，治宣城县，即今安徽宣城县）司马。

【纲】定难（治夏州城，在今陕西横山县西）留后李继捧入朝，进献银州（治儒林县，在今陕西米脂县西北）、夏州（在今陕西横山县西）、绥州（治龙泉，即今陕西绥德县）、宥州（治长泽县，在今陕西靖边县东）四个州。六月，李继捧之弟李继迁叛变逃到地斤泽（在今陕西横山县东北）。【目】夏州自从李思恭以来，未曾亲自来中原朝见，到这时李继捧率领他的家族入朝，太宗皇帝嘉奖他，赏赐甚为丰厚。李继捧陈述他的伯叔、兄弟等多数互相怨恨，请求接纳其境内夏、绥、银、宥四个州，让他留在京内居住。太宗皇帝为他派遣使者到夏州去，保护他有缌麻之亲以上的亲族来京，任命曹光实为四州都巡检使。

当时李继捧的族弟定难军都知蕃落使李继迁留居在银州，听说使者到了，就诈说乳母死，出葬于郊野，遂与其同党数十人一起奔入地斤

戎人，戎人拜泣，从者日众。泽距夏州东北三百里。

【纲】秋九月，契丹耶律贤死，子隆绪立。

【纲】冬十一月，以李继捧为彰德节度使。 【目】帝尝问继捧曰："汝在夏州用何道以制诸部？"对曰："羌人鸷悍，但羁縻而已，非能制也。"

【纲】癸未，八年，春正月，罢枢密使曹彬，以王显、弭德超为枢密副使。 【目】酒坊使弭德超有宠于帝，觊代曹彬之位，乃自镇州乘传以急变闻，曰："彬秉政久，得士心，将为不利。"且诬以事为征，帝信之，郭贽极言救解，不听，遂出彬为天平节度使，而以显、德超并为副使。

【纲】二月，以宋琪参知政事。

【纲】三月，宴进士于琼林苑。 【目】帝亲试礼部贡士于讲武殿，始分三甲，锡宴于琼林苑，宠之以诗，遂为定制。

【纲】夏四月，弭德超有罪，流琼州。 【目】德超以不得枢密使，怨望，居常怏怏。一日诟王显、柴禹锡曰："我言国家大事，有安社稷功，止得线许大官；汝等何人，反在吾上。我实耻之！"言颇侵帝。显奏之，诏鞠问，德超具伏，遂夺官秩，禁锢琼州而死。帝始悟曹彬之诬，待之加厚。

【纲】六月，以王显为枢密使。 【目】帝语显曰："卿世家本儒，少遭兵乱失学，今典机务，无暇博览群书，能熟读军戒三篇，亦可免于面墙。"因取赐之。

【纲】秋七月，郭贽免，以李昉参知政事。八月，石熙载罢。

泽，拿出他祖上的像给戎人看，戎人流着眼泪跪拜，跟从他的人一天比一天多。地斤泽距夏州东北二百里。

【纲】秋九月，契丹耶律贤死，他的儿子耶律隆绪继位。

【纲】冬十一月，任命李继捧为彰德（治相州城，即今河南安阳市）节度使。　　【目】太宗皇帝曾问李继捧道："你在夏州用什么方法制服各部落？"回答说："羌人勇猛慓悍，只是笼络他们罢了，不能制服他们。"

【纲】太平兴国八年（癸未，983），春正月，罢枢密使曹彬，任命王显、弭德超为枢密副使。　　【目】酒坊使弭德超得到太宗皇帝的宠幸，希冀取代曹彬的位子，就从镇州乘坐驿车来京，说是有紧急事变要奏知皇上，说："曹彬秉政时间很久，深得士心，将会做出对朝廷不利之事。"并且诬栽事实作为证明，太宗皇帝听信了他的话。郭贽极力为之辩解，太宗皇帝不听，就将曹彬外放为天平（治郓州城，在今山东东平县西北）节度使。而王显、弭德超并列为副使。

【纲】二月，任命宋琪参加政事。

【纲】三月，在琼林苑召宴进士。　　【目】太宗皇帝亲自在讲武殿考试礼部贡士，开始分为三甲，赐宴于琼林苑，赋诗宠幸之，后来成为定制。

【纲】夏四月，弭德超有罪，流放到琼州（治琼山县，即今海南省海口市琼山区）。　　【目】弭德超因为没得到枢密使之位而怀恨，平时常常表现出怏怏不快。一天，诟骂王显、柴禹锡说："我上言国家大事，有安定社稷的大功，只得到一根线那么大官。你们是什么人，反而位在我上，我实在为之羞耻！"言语之间颇有冒犯皇帝的地方。王显奏知朝廷，诏令审问，弭德超全都招认，就褫夺了他的官秩，禁锢在琼州死去。太宗皇帝这才醒悟到曹彬是受到诬陷，待他更加优厚。

【纲】六月，任命王显为枢密使。　　【目】皇帝对王显说："卿家世代是儒者，少年时遭逢兵乱失学。如今掌管机务，没有时间去博览群书，能熟读《军戒》三篇，也可免于不学之名了。"就取书赏赐他。

【纲】秋七月，郭贽免职，任命李昉参知政事。八月，石熙载罢职。

【纲】冬十月,以姚坦为益王府翊善。 【目】王,帝第五子元杰也。尝作假山,召僚属置酒,众皆褒美,坦独俯首。王强使视之,坦曰:"但见血山,安得假山。"王惊问故,坦曰:"坦在田舍时,见州县督税,上下相急,父子兄弟鞭笞苦楚,血流满身。此假山皆民租所出,非血山而何!"时帝亦为假山未成,闻之亟毁焉。王每有过失,坦辄尽言规正。左右教王称疾,帝忧甚,召乳母问状。乳母曰:"王本无疾,徒以姚坦检束,不得自便耳。"帝怒曰:"吾选端士辅王为善,今乃使我逐正人!王年少,岂解此也,必尔辈教之。"杖乳母于后园,召坦慰谕之。

【纲】赵普罢。 【目】普罢为武胜军节度使,帝作诗饯之,赐宴长春殿。普奉诗泣曰:"陛下赐臣诗,当刻石与臣朽骨同葬泉下。"帝为之动容。翌日,帝谓宰相曰:"普有功国家,朕昔与游,今齿发衰矣,不欲烦以枢务,择善地处之。因诗以导意,普感激泣下,朕亦为之堕泪。"宋琪对曰:"昨普至中书,执御诗涕泣,谓臣曰:'此生余年,无阶上答,庶希来世,得效犬马力。'臣昨闻普言,今复闻宣谕,君臣始终,可谓两全。"

【纲】十一月,以宋琪、李昉同平章事,李穆、吕蒙正、李至参知政事,张齐贤、王沔签书枢密院事。 【目】昉初与卢多逊善,多逊屡谮昉,人或以告,昉曰:"卢与我厚,不当尔。"帝尝语及多逊事,昉颇为解释。帝曰:"多逊居常毁卿不直一钱。"昉始悟。帝由此益重之,遂与琪并相。

帝又谓蒙正曰:"古所谓君臣道合者,情无间耳。凡士未达,

【纲】冬十月,任命姚坦为益(益州,治所即今四川成都市)王府翊善。 【目】益王,是太宗皇帝第五子赵元杰。曾经造了个假山,召僚属来摆酒设宴,众人全都赞美,独有姚坦低下了头。益王强使他观看,姚坦说:"我只看到血山,哪里有什么假山!"益王吃惊地问他为什么。姚坦说:"我姚坦在农村时,看见州县督催租税,上下相通,父子兄弟被鞭打得苦不堪言,血流满身。这假山的造成,都出之于百姓的租税,不是血山又是什么!"当时太宗皇帝也在筑造假山,尚未完成,听到后赶快把它毁掉了。益王每当有过失的时候,姚坦就尽言规劝使之改正。左右的人们教益王假说有病。太宗皇帝听说有病愁得厉害,召乳母来问病情如何。乳母说:"王本来没有病,只不过是被姚坦管束得紧,不得自由随便罢了。"太宗皇帝发怒说:"我选择端正之士辅佐王为善,如今你们想让我驱逐正直的人!王年少,怎么懂得装病这些事,必定是你们这些人教唆他这样做的!"在后园中杖责乳母,召姚坦来安慰他。

【纲】赵普罢职。 【目】赵普罢为武胜军(治邓州城,即今河南邓州市)节度使,太宗皇帝作诗为他钱别,赐宴于长春殿。赵普捧着皇帝写的诗哭泣着说:"陛下赐臣这诗,当刻在石上,与臣的朽骨一同埋葬在九泉之下。"太宗皇帝为他这话而深受感动。第二天,太宗皇帝对宰相说:"赵普对国家有功,朕昔日和他一同游处,如今齿发衰落了,不想再以枢务烦扰他,选择个好地方让他居住,就写了首诗以宣导心意。赵普感激涕零,朕也为之流泪。"宋琪回答说:"昨天赵普来到中书省,捧着御诗流着泪对我说:'此生余年,没有阶梯可以上报朝廷,只希望等到来世,得以效犬马之力。'我昨天听了赵普的话,今天又听到陛下的宣谕,君臣有始有终,可谓两全其美了。"

【纲】十一月,任命宋琪、李昉同平章事,李穆、吕蒙正、李至参知政事,张齐贤、王沔签书枢密院书。 【目】李昉原先与卢多逊友善,卢多逊屡次毁谤李昉,有人把这事告诉李昉,李昉说:"卢多逊与我交厚,不会那样。"太宗皇帝曾说到卢多逊的事,李昉常为他解释。太宗皇帝说:"卢多逊平时常诋毁你不值一文钱。"李昉这才明白。太宗皇帝由此更加看重李昉,后来让他与宋琪一同为相。

太宗皇帝又对吕蒙正说:"古今所谓君臣道合,感情亲密无间罢

见当世之务戾于理者,则怏怏于心;及列于位,得以献可替否,当尽其所蕴。言或未中,亦当佥议而更之,俾协于道。朕固不以崇高自恃,使人不敢言也。"蒙正初入朝堂,有朝士指之曰:"此子亦参政邪?"蒙正佯为不知而过之。同列不能平,诘其姓名,蒙正遽止之曰:"若一知其姓名,则终身不能忘,不若弗知之为愈。"时人服其量。

【纲】以吕文仲为翰林侍读,王著为侍书。 【目】帝勤于读书,自巳至申,然后释卷。诏史馆修太平御览一千卷,日进三卷。宋琪以劳瘁谏,帝曰:"开卷有益,不为劳也。朕欲周岁读遍是书耳。"每暇日则问文仲以经义,著以笔法。

【纲】甲申,雍熙元年,春正月,求遗书。 【目】时三馆所贮遗帙尚多,乃诏募中外,有以书来上,及三百卷,当议甄录酬奖,余第卷帙之数,等级优赐;不愿送官者,借其本写之。由是四方之书间出矣。

【纲】涪陵公廷美以忧卒。 【目】廷美至房州,忧悸成疾,薨,年三十八。追封涪王,谥曰悼,以其子德恭、德隆为刺史。

【纲】李穆卒。 【目】帝临其丧,哭谓侍臣曰:"穆操履纯正,真不易得。朕方倚用,遽尔沦没,非穆之不幸,乃朕之不幸也!"

【纲】夏四月,群臣请封禅,许之。五月,乾元、文明殿灾。六月,诏求直言,罢封禅。 【目】帝既诏以十一月有事于泰山,命翰林学士扈蒙等详定仪注矣;五月,乾元、文明二殿灾,诏求直言,遂罢封禅。

知睦州田锡上疏,略曰:"给事中不得其人,左右补遗不举其职,致陛下有朝令夕改,舍近谋远之事。"又言:"时久升平,天下混

了。大凡士人未发达之时，见到当世事务有不合于事理的，则心中怏怏不快，等到列于官位，能够直言进谏时，应当把心中所积蓄的全都说出来。所建言有时未中，也应从众议而更改之，以便使之符合于道。朕本来就不自恃崇高，使人不敢说话。"吕蒙正初入朝堂时，有朝士指着他说："这人也能参政吗？"吕蒙正假装不知就走过去了。同列们为此而不平，诘问那人的姓名。吕蒙急忙阻止说："假若一旦知道那人的姓名，就终身不能忘记，不如不知道为好。"当时人们都佩服他的度量。

【纲】任命吕文仲为翰林侍读，王著为侍书。　【目】太宗皇帝勤于读书，从巳时读到申时，然后才把书本放下。诏令史馆修《太平御览》一千卷，每天给他送上三卷。宋琪劝谏他不要这样，免得太劳瘁。太宗皇帝说："开卷有益，不觉得疲劳。朕想要在一年里把这书通读一遍呢。"每当有闲暇的时日就向吕文仲请教经义，向王著请教写字作文的方法。

【纲】雍熙元年（甲申，984），春正月，搜求遗散的书籍。　【目】当时三馆所贮存书，缺的卷帙还较多，于是降诏劝募中外，有拿书来来献的，够三百卷的，当给以选官录用作为奖酬，其余则按卷帙之数，分等级从优赏赐；不愿意送官的，可借他的原本抄写。由此四方之书不断献出。

【纲】涪陵公赵廷美因忧惧而死。　【目】赵廷美到了房州，忧愁惊悸，成疾而死，年三十八岁。追封为涪王，谥号曰悼，任命他的儿子赵德恭、赵德隆为刺史。

【纲】李穆去世。　【目】太宗皇帝驾临李穆的丧礼，哭着对侍臣说："李穆操行纯正，真是不易得，朕正要倚用他，没想到他突然去世，这不是李穆的不幸，是朕的不幸啊！"

【纲】夏四月，群臣请求举行封禅礼，准许了。五月，乾元殿、文明殿遭灾。六月，下诏征求直言，罢止封禅。　【目】皇帝已经下诏在十一月到泰山举行封禅礼，令翰林学士扈蒙等详细制定仪式。五月，乾元、文明二殿遭灾，下诏求取直言，即罢止封禅。

知睦州（治建德县，即今浙江建德市东北严州镇）田锡上疏，大略说："给事中不得合适的人，左右补阙、拾遗不胜其职任，致使陛下有

一，故左取右奉，致陛下以功业自多，然临御九年，四方虽宁，而刑罚未甚措，水旱未甚调，陛下谓之太平，谁敢不谓之太平！陛下谓之至理，谁敢不谓之至理！"又言："宰相若贤，当信而用之；宰相非贤，当择而任之。何以置之为具臣，而疑之若众人也。"

【纲】冬十月，华山隐士陈抟入朝。 【目】帝之即位也，召抟入见，待之甚厚，至是复至。帝谓宰臣曰："抟独善其身，不干势利，方外之士也。"遣中使送至中书。宋琪等从容问曰："先生得玄默修养之道，可以教人乎？"抟曰："抟山野之人，于时无用，亦不知神仙黄白之事，吐纳养生之理，非有方术可传。假令白日上升，亦何益于世！今圣上龙颜秀异，有天日之表，博达古今，深究治乱，真有道仁圣之主也。正君臣协心同德、兴化致治之秋，勤行修炼，无出于此。"琪等以闻，帝益重之，赐号希夷先生。还华山，寻卒。

【纲】知夏州尹宪袭李继迁，破走之。

【纲】十二月，立妃李氏为皇后。

【纲】赐京师大酺三日。

【纲】乙酉，二年，春二月，李继迁诱杀都巡检使曹光实，遂袭银州据之。

【纲】遣知秦州田仁朗等将兵讨李继迁。

【纲】夏四月，江南饥。

【纲】宴群臣于后苑。 【目】先是帝召宰相近臣赏花于后苑，谓之曰："春风暄和，万物畅茂，四方无事，朕以天下之乐为乐，宜令侍从词臣赋诗。"至是召辅臣、三司使、翰林、枢密、直学士、尚书省四品、两省五品以上、三馆学士，宴于后苑，赏花钓鱼，命群臣赋诗。因习射水心殿。赏花曲宴自此始。

朝令夕改，舍近谋远之事。"又说："时世升平已久，天下一统，所以左取而右奉，致使陛下以功业盛大而自负。然而在位九年，四方虽然安宁，而刑罚方面并未很好地措置，水旱不很调和，陛下说它太平，谁敢不说它太平！陛下说它是至理，谁敢说它不是至理！"又说："宰相若是贤明，应当相信他，放手使用他；宰相不贤，应当选择贤者而任用。为什么安置他作为备位充数之臣，而怀疑他又像怀疑众人那样呢！"

【纲】冬十月，华山（在今陕西渭南县东南）隐士陈抟入朝。【目】当太宗皇帝即位的时候，召陈抟入见，待他很优厚。到这时他又来了。太宗皇帝对宰辅大臣说："陈抟独善其身，不干求权势与利禄，是超然于世外的人啊。"派遣中使把他送到中书省。宋琪等人从容地向他问道："先生得玄默修养之道，可以教人吗？"陈抟说："我陈抟是山野之人，于时世无所用，也不知道神仙和炼丹方面的事，也不懂得呼吸吐纳的养生之道，没有方术可以传授。即使白日升天，对于世道又有什么补益！当今皇帝龙颜秀异，有青天白日之仪表，博通古今，深明治乱之道，真是有道的仁圣君主啊。正当君臣同心同德、兴教化以达到国家大治的时候，勤行修炼，没有比这更好的啦。"宋琪等把这些话上奏，皇帝更加器重他，赐号希夷先生。陈抟返回华山，不久就去世。

【纲】知夏州尹宪袭击李继迁，把他打得败逃而去。

【纲】十二月，立妃李氏为皇后。

【纲】赐京师臣民大酺（聚饮）三天。

【纲】雍熙二年（乙酉，985），春二月，李继迁诱杀都巡检使曹光实，于是袭取银州，占据该城。

【纲】派遣知秦州（治成纪县，即今甘肃天水市）田仁朗等领兵讨伐李继迁。

【纲】夏四月，江南遭受饥荒。

【纲】在后苑招宴群臣。【目】此前，太宗皇帝召集宰相近臣在后苑赏花，对他们说："春风和暖，万物茂盛，四方无事，朕以天下之乐为乐，应当令侍从词臣赋诗。"至此召集辅臣、三司使、翰林、枢密、直学士、尚书省四品、两省五品以上、三馆学士，在后苑举行宴会，赏花钓鱼，命群臣赋诗。在水心殿练习射箭。赏花曲宴从此开始。

【纲】征田仁朗还。五月,副将王侁击李继迁走之,银、麟、夏州蕃内附。

【纲】秋九月,废楚王元佐为庶人。 【目】元佐,帝长子,少聪警,貌类帝,帝钟爱之。廷美迁房州,元佐尝力救。及廷美死,遂发狂疾,至以小过操梃刃伤侍人。疾少间,帝为赦天下。会重九,诏诸王宴射苑中,元佐以新瘥不预。及诸王宴归,暮过元佐,元佐恚曰:"若等侍上宴,我独不预,是弃我也。"因发愤被酒,夜纵火焚其宫。帝大怒,废为庶人,均州安置。宋琪率百官三上表,请留之京师;帝许之,召还,居于南宫。

【纲】遣使如高丽。 【目】时议伐契丹,以高丽与之接壤,数为所侵,命韩国华贲赍谕令发兵西会。高丽迁延未即奉诏,国华屡移檄督之;得报发兵,乃还。

【纲】冬十二月,宋琪、柴禹锡免。

【纲】丙戌,三年,春正月,以曹彬、田重进、潘美等为都部署,将兵伐契丹。 【目】初,贺怀浦将兵屯三交,好议边事,与其子知雄州令图上言:"契丹主少,母后专政,宠幸用事,请乘其衅以取燕、蓟。"帝信之,以曹彬为幽州道行营都部署,崔彦进副之;米信为西北道都部署,杜彦圭副之,出雄州;田重进为定州路都部署,出飞狐;潘美为云、应、朔等州都部署,杨业副之,出雁门。

【纲】征召田仁朗还朝。五月,副将王侁出击李继迁,李继迁败逃。银州、麟州、夏州的蕃人归附朝廷。

【纲】秋九月,将楚王赵元佐废为庶人。 【目】赵元佐,太宗皇帝的长子,少年时聪明机警,相貌像太宗皇帝,太宗皇帝很喜爱他。赵廷美谪迁房州,赵元佐曾极力救助。及至赵廷美死去,赵元佐就发了狂疾,甚至因小的过错就拿起刀杖来伤害侍从的人。疾病稍有好转,太宗皇帝为此赦免天下罪人。适逢九月九日,诏令诸王在苑中宴饮射猎,赵元佐因为病刚好不久,没参加。待到诸王宴饮回去,日暮时过访元佐,元佐怒恨地说:"你们这些人都去皇帝身边参加宴会,独有我不能参加,这是抛弃我啊!"因发怒喝得酒醉,夜间,放火焚烧他的宫室。皇帝大怒,把他废为庶人,往均州(治武当县,在今湖北丹江口市)安置。宋琪率领百官三次上表,请求留他在京师。皇帝准许了,召回,让他居住在南宫。

【纲】派遣使者往高丽。 【目】当时正商议讨伐契丹,因为高丽与契丹接壤,多次被契丹侵扰,命韩国华带上诏书,谕令高丽发兵往西与宋军会合。高丽拖延时日,没有即刻奉诏。韩国华屡次送檄文去督促他,得到报知发兵的消息,才返回来。

【纲】冬十二月,宋琪、柴禹锡免职。

【纲】雍熙三年(丙戌,986),春正月,任命曹彬、田重进、潘美等为都部署,领兵讨伐契丹。 【目】早先,贺怀浦领兵屯扎在三交(在今山西太原市北),喜好议论边疆之事,与他知雄州(治归信县,即今河北雄县)的儿子贺令图上表奏言:"契丹君主年幼,母后专断朝政,宠幸者当权,请乘他们内部有瑕隙的机会去攻取燕、蓟二州。"太宗皇帝听信了他们的奏言,任命曹彬为幽州道行营都部署,崔彦进为他的副职;任命米信为西北道都部署,杜彦圭为他的副职,从雄州出发;任命田重进为定州(治安喜县,即今河北定州市)路都部署,从飞狐(今名黑石岭,在河北涞源县北)出发;潘美为云(云州治云中县,即今山西大同市)、应(应州治金城县,在今山西山阴县东北)、朔(朔州治鄯阳县,即今山西朔州市朔城区)等州都部署,杨业为他的副职,从雁门(在今山西代县北)出发。

【纲】李至罢。

【纲】二月，李继迁降契丹。 【目】契丹以为定难节度使，都督夏州诸军事。

【纲】三月，曹彬取涿州。

【纲】田重进败契丹兵于飞狐。

【纲】潘美取寰、朔、应、云州。

【纲】夏四月，田重进取蔚州。

【纲】五月，曹彬引兵退，与契丹耶律休哥战于岐沟，败绩。

【纲】契丹复陷蔚、寰州。

【纲】潘美副将杨业进兵击契丹，败绩，转战至陈家谷，死之。契丹复陷云、应、朔诸城。

【纲】六月，以辛仲甫参知政事。

【纲】秋七月，贬曹彬为右骁卫上将军。

【纲】以张齐贤知代州。 【目】帝以杨业死，访近臣可知代州者。时齐贤以言事颇忤帝意，因请行，乃命与潘美同领缘边兵马。

【纲】八月，以王沔、张宏为枢密副使。

【纲】冬十二月，契丹隆绪大举入寇，瀛州部署刘廷让与战，败绩。契丹诱执知雄州贺令图，遂掠邢、深、德州。

【纲】张齐贤败契丹于代州。 【目】契丹薄代州城，副部署卢汉赟畏懦，保壁自固。齐贤选厢军二千出御之，誓众感慨，无不一当百，契丹少却。先是，齐贤遣使约潘美以并师来会战，使为契丹所执，俄而美使至，云："师出至百井，得密诏，云'东路王师败衄，并之全军不许出战'，已还州矣。"

【纲】李至罢职。

【纲】二月，李继迁投降契丹。　【目】契丹任命李继迁为定难节度使，都督夏州诸军事。

【纲】三月，曹彬攻取涿州（治范阳县，即今河北涿州市）。

【纲】田重进在飞狐打败契丹军队。

【纲】潘美攻取寰（寰州治马邑县，在今山西朔州市东北）朔、应、云四州。

【纲】夏四月，田重进攻取蔚州（即今河北蔚县）。

【纲】五月，曹彬领兵撤退，与契丹耶律休哥在岐沟（关名，在今河北涿州市区南）作战，被打败。

【纲】契丹又攻陷蔚、寰二州。

【纲】潘美的副将杨业进兵攻击契丹，被打败，转战到陈家谷（在今山西朔州市南），战死。契丹又攻陷云、应、朔各州城。

【纲】六月，任命辛仲甫为参知政事。

【纲】秋七月，贬曹彬为右骁卫上将军。

【纲】任命张齐贤知代州（治雁门县，即今山西代县）。　【目】太宗皇帝因为杨业战死，询问近臣谁可知代州。当时张齐贤因为言奏之事有些不合皇帝的心意，因此请求前去，就让他与潘美共同统领沿边界地区的军队。

【纲】八月，任命王沔、张宏为枢密副使。

【纲】冬十二月，契丹耶律隆绪大举入寇，瀛州（治河间县，即今河北河间县）部署刘廷让同他作战，被打败。契丹以引诱的手段擒捉了知雄州贺令图，接着寇掠邢州（即今河北邢台市）、深州（在今河北深州市）、德州（即今山东德州市陵城区）等地。

【纲】张齐贤在代州打败契丹军。　【目】契丹军迫近代州城，副部署卢汉赟畏惧怯懦，守壁垒以自固。张齐贤挑选厢军二千出城御敌，当众宣誓慷慨激昂，无不以一当百，契丹军稍微退却。此前，张齐贤派遣使者去约潘美，让他率领并州的军队前来会战，使者被契丹捉去。不久，潘美的使者到来，说："军队已经出发到达百井（镇名，在今山西太原市北），得到密诏，说'东路的本朝军队打了败仗，并州的全部军队不

时契丹兵塞川，齐贤曰："敌知美来而不知美退。"乃闭美使室中。夜发兵二百人持一帜负一束刍，距州西南三十里，列帜然刍。契丹遥见火光中有旗帜，意谓并师至，骇而北走。齐贤先伏步卒二千于土磴砦掩击，大败之，斩首数百，获马二千，器械无算。

【纲】丁亥，四年，夏四月，张宏免，以赵昌言为枢密副使。

【纲】戊子，端拱元年，春正月，亲耕藉田，赦。

【纲】二月，改补阙、拾遗为司谏、正言。【目】旧制，台谏有名而不得行其职，帝以失建官本意，故更以新名。

【纲】李昉罢。【目】布衣翟颖，性险诞，与知制诰胡旦狎，旦为作大言，使颖上之，且改颖名曰马周，以为唐马周复出也。于是颖击登闻鼓，讼"昉居宰相位，当北方有事之时，不为边备，徒知赋诗宴乐。"帝由是厌昉，遂罢为右仆射。

昉和厚多恕，在位小心醇谨，每有求进用者，虽知其材可取，必正色绝之，已而擢用；或不足用，必和颜温语待之。子弟问其故，昉曰："用贤人主之事，若受其请，是市私恩也，故峻绝之，使恩归于上。若不用者，既失所望，又无善辞，取怨之道也。"

【纲】以赵普为太保，兼侍中，吕蒙正同平章事。【目】帝欲相吕蒙正，以其新进，藉赵普旧德为之表率。会普以籍田入朝，帝遂留为太保，兼侍中。蒙正质厚宽简，有重望，以正道自持，遇事敢言。

许出战'。并州军队已经返回并州去了。"

当时契丹的军队众多，塞满川原，张齐贤说："敌人知道潘美的军队来，而不知道潘美的军队已退了回去。"于是留潘美的使者于室中不让他出来。夜间，发兵二百，每人拿一面旗子，背负一束草把，在距离州西南三十里的地方，排列开旗帜，点燃起草把。契丹军远处望见火光中有旗帜，认为并州的军队到了，吓得向北逃跑。张齐贤预先在土镫砦（在今山西宁武县东）埋伏下二千步兵一齐掩杀出来，把契丹军打得大败，斩首数百级，缴获马匹二千，军械无数。

【纲】雍熙四年（丁亥，987），夏四月，张宏免职，任命赵昌言为枢密副使。

【纲】端拱元年（戊子，988）。春正月，太宗皇帝亲耕藉田以劝农，赦免罪人。

【纲】二月，将补阙、拾遗改名为司谏、正言。【目】旧体制，台谏空有其名而不得履行其职责，太宗皇帝因为这样失去设置本官的意义，所以更换以新的名称。

【纲】李昉罢职。【目】布衣翟颖，秉性阴险怪诞，与知制诰胡旦亲昵，胡旦为他讲了些夸张的话，使翟颖上奏朝廷，而且把翟颖的名字改为马周，以为唐朝的马周又重新出世。于是翟颖擂击登闻鼓，讼告"李昉居宰相的官位，当北方有事之时，不做好边防准备，只知道赋诗宴乐。"太宗皇帝由此厌恶李昉，就罢为右仆射。

李昉宽和仁厚以忠恕之道待人，在官位时小心谨慎，每当有人求他提拔任用，虽然知道是可用之材，也必定要严肃地拒绝他，后来再提拔任用他；有的不能任用，一定和颜悦色以温和的语言对待他。子弟们问他这是为什么，李昉说："任用贤材，这是君主的事，若是接受他的请求，这是卖人情求得人家感私恩啊，所以严肃地拒绝他，把恩情归之于皇上。若是不用的人，已经使他失望，又没有好的言辞对待他，那是招人怨恨的做法。"

【纲】任命赵普为太保兼侍中，吕蒙正同平章事。【目】太宗皇帝想要让吕蒙正为宰相，因为他是新进之臣，就借赵普之旧德为他作表率，恰好赵普因皇帝行亲耕籍田之礼入朝，皇帝就留下他，任命他为太

每论时政，有未允者必固称其不可，帝嘉其无隐，故与普并命。普开国元老，蒙正以后进历官一纪，进同相位，普雅重之。

【纲】以王沔参知政事，张宏为枢密副使，杨守一签书枢密院事。

【纲】夏五月，作秘阁。　【目】诏就崇文院中堂建秘阁，分三馆书籍置其中，以吏部侍郎李至兼秘书监。帝谓至曰："人君当淡然无欲，勿使嗜好形见于外，则奸佞无自入。朕无他好，但喜读书，多见古今成败，善者从之，不善者改之，如斯而已矣。"至每与李昉、王化基观书阁下，帝必遣使赐宴，且命三馆学士皆预焉。

【纲】以李继捧为定难节度使，赐名赵保忠。　【目】李继迁侵扰日甚，赵普复请命继捧镇夏州。帝召见，加赐而遣之，且谓曰："若继迁归款，当授以官也。"

【纲】郑州团练使侯莫陈利用有罪，赐死。　【目】利用以幻术得幸，骄恣不法，居处服御僭拟乘舆。赵普按其十罪，既命配商州，普复力请诛之。帝曰："岂有万乘之主，不能庇一人乎。"普曰："陛下不诛，则乱天下法。法可惜，此一竖子何足惜哉！"帝不得已，命诛之，已而复遣使贷之。使至新安，马旋泞而踣，及出泞易马，至商州，已磔于市矣。闻者快之。

【纲】秋八月，邓王钱俶卒。　【目】俶薨，辍朝七日，追封秦国王，谥忠懿，命中使护丧葬洛阳。自镠至俶，世有吴越，而俶任太师、尚书令兼中书令者四十年，为天下兵马大元帅者三十五年。既

保兼侍中。吕蒙正为人质朴敦厚，宽和简约，名望很重，自己守持正道，遇事敢于说话。每当论议时政时，有不妥当的，一定坚持不同意。皇帝赞许他坦诚无隐，所以和赵普一同任命。赵普是开国元老，吕蒙正以后进之员任官十二年，进升得与赵普同居宰相之位，赵普很看重他。

【纲】任命王沔为参知政事，张宏为枢密副使，杨守一为签书枢密院事。

【纲】夏五月，作秘阁。 【目】诏令在崇文院中堂建筑秘阁，分三馆之书籍放置其中，任命吏部侍郎李至兼秘书监。太宗皇帝对李至说："君主应当恬淡无欲，不使自己的嗜好表现在外面，那么奸邪谄佞之人就无隙可入。朕没有其他嗜好，只喜欢读书，多见到些古今成败的情况，好的就照着做，不好的就改正它，也就是这样罢了。"李至每当与李昉、王化基在秘阁看书，太宗皇帝必定派遣使者去赏赐酒宴，并且让三馆学士全都参加。

【纲】任命李继捧为定难节度使，赐姓名为赵保忠。 【目】李继迁的侵扰一天比一天厉害。赵普再次建议命李继捧镇守夏州。太宗皇帝召见李继捧，加以赏赐而派遣他前往，并且对他说："若是李继迁能投诚归顺，定当授他以官职。"

【纲】郑州（治管城县，即今河南郑州市）团练使侯莫陈利用有罪，赐死。 【目】侯莫陈利用以幻术得到皇帝宠幸，骄横恣肆，不守法纪，居住的房舍、穿的衣服、乘坐的车舆等的式样规格都非法比拟于皇帝。赵普查问他有十大罪状。后来下令发配商州（治上洛县，即今陕西商洛市商州区），赵普又极力请求杀掉他。太宗皇帝说："岂有万乘之尊的君主，不能庇护一个人吗！"赵普说："陛下不诛杀他，就乱了天下之法。法应当爱惜，这样一个小人有什么值得可惜的。"太宗皇帝不得已，只好下令杀他，既而又派遣使者去宽赦他。使者到了新安，马陷于泥泞中蹉倒，待走出泥泞更换马匹，到达商州时，侯莫陈利用已经在街市上被凌迟处死了。听到这事的人都感到很痛快。

【纲】秋八月，邓王钱俶去世。 【目】钱俶薨逝，停止视朝七天，追封为秦国王，谥号忠懿，令中使护丧葬于洛阳。自镠鏐到钱俶，世代据有吴越，而钱俶任太师、尚书令兼中书令等官达四十年，任天下兵马

以地归朝,四徙大国,善始令终,穷极富贵,福履之盛,近代无比。

【纲】九月,契丹复陷涿州。冬十一月,遂入祁州。

【纲】己丑,二年,春正月,契丹陷易州,迁其民于燕。【目】时契丹屡寇边,诏群臣上备戎策。张洎言:"中国御戎,惟恃险阻。今自飞狐以东皆为契丹所有,既失地利,而河朔列壁,皆具城自固,莫可出战,此又分兵之过也。请于沿边建三大镇,各统十万之众,鼎峙而守,仍命亲王出临魏府以控其要,则契丹虽有精兵,岂敢越而南侵。制敌之方,尽于此矣。"宋琪言:"兵,凶器,圣人不得已而用之。若选使通好,弭战息民,此亦策之得也。"李昉、王禹偁亦多以修好为言,帝嘉纳之。

【纲】自三月不雨,至于夏五月。【目】诏录系囚,遣使分诸路决狱。

【纲】秋七月,以张齐贤为枢密副使,张逊签书枢密院事。【目】齐贤复入枢密,赵普荐之也。

【纲】彗星出东井。八月,赦。【目】司天言"妖星为灭契丹之象。"赵普上疏谓"此邪佞之言,不足信。"帝避殿减膳,大赦。

【纲】作开宝寺塔。【目】藏佛舍利也。高三百六十尺,费亿万计,逾八年始成。知制诰田锡尝上疏云:"众谓金碧荧煌,臣以为涂膏衅血。"帝亦不怒。

【纲】都巡检使尹继伦袭契丹耶律休哥于徐河,大败之。【目】朝廷闻契丹复至,遣李继隆发镇、定兵万余,护送粮馈数千乘,趋威虏。休哥闻之,帅精骑数万邀诸途。北面都巡检使尹继伦

大元帅达三十五年。他既奉土地归顺朝廷，先后四次迁徙封国，善始善终，富贵穷极，福禄昌盛，近世没有能和他相比的。

【纲】九月，契丹又攻陷涿州。冬十一月，又攻入祁州（治无极县，在今河北藁城县东北）。

【纲】端拱二年（己丑，989），春正月，契丹攻陷易州（治易县，即今河北易县），将易州之民迁到燕州（燕即幽州，治蓟县，在今北京市西南）。　【目】当时契丹屡次入寇边地，下诏令群臣上奏备戎之策。张洎说："中国抵御戎人，只有凭恃险阻之地。现在自飞狐以东，都被契丹所占有，既已失去地利，而河朔（河塑，河北）分列壁垒，都守备城池以自固，没有可以出战的，这又是分兵的过失。请在沿着边地一带建立三个大镇，各镇统领十万兵众，互为鼎足之势而据守，再命亲王亲临魏府（即魏州，治贵县，在今河北大名县）以控制要地，那样的话，契丹虽有精兵，岂能敢越过其地而南下侵扰！制敌之方略，全在于此。"宋琪说："兵是凶器，圣人不得已才用它。若是选择使者前去通好，止息战争，给百姓以休养生息的机会，这也是得当的计策。"李昉、王禹偁也大都认为应当修好。太宗皇帝赞许并采纳了。

【纲】自三月开始没下雨，直到夏五月。　【目】下诏令讯视还关在狱中的囚徒的罪状，派遣使者分别到诸路去判决狱案。

【纲】秋七月，任命张齐贤为枢密副使，张逊签书枢密院事。【目】张齐贤再次入为枢密副使，是赵普推荐他的。

【纲】彗星出现于东井。八月，赦免罪人。　【目】司天言"妖星是灭契丹的征象。"赵普上疏说："这是妖邪奸佞之言，不足置信。"太宗皇帝避居正殿，减少膳食，大赦罪人。

【纲】建筑开宝寺塔。　【目】建塔以藏佛舍利。塔高三百六十尺，耗费以亿万计，八年多才建成。知制告田锡曾上疏说："众人都说金碧辉煌，臣以为是涂膏抹血。"太宗皇帝也不发怒。

【纲】都巡检使尹继伦在徐河（即徐水，在今河北保定市徐水区城北）袭击契丹耶律休哥，把他打得大败。　【目】朝廷听说契丹军又到了，派遣李继隆发镇州、定州兵一万多，护送粮饷数千车，前往威房（威房军，治遂城县，即今河北保定市徐水区西遂城镇）。耶律休哥听

适领兵徼巡路遇之，休哥不顾而南，继伦曰："寇蔑视我耳。彼捷还，则乘胜而驱我北去；不捷，亦且泄怒于我，将无遗类矣。为今日计，发卷兵衔枚以蹑之。彼锐气前趋，不虞我之至，力战而胜，足以自树；纵死，犹不失为忠义，岂可泯然为胡地鬼乎！"众皆愤激从命。继伦令秣马，俟夜，人持短兵潜蹑其后，行数十里，至徐河，天未明。休哥去大军四五里，会食讫，将战，继隆方阵于前以待，继伦从后急击，杀契丹一大将，众皆惊溃。休哥方食，失箸，为短兵中其臂，创甚，乘善马先遁，余众引去。契丹为之夺气，自是不敢大入寇。每相戒曰："当避黑面大王。"以继伦黑面，故云。

【纲】大旱。　【目】自秋徂冬不雨。田锡上言："此实阴阳失和，调燮倒置。上侵下之职，而烛理未尽；下知上之失，而规过未能。"疏入，帝及宰臣皆不悦，出锡知陈州。

【纲】庚寅，淳化元年，春正月，赵普罢。

【纲】夏四月，诏贷江州义门陈兢粟。　【目】兢，陈宜都王叔明之后，九世同居，长幼凡七百口，不畜仆妾，上下姻睦，人无间言。每食必群坐广堂，未成人者别为一席。有犬百余，共一牢食，一犬不至，群犬亦皆不食。唐僖宗及南唐时旌其门，开宝初免徭役。至兢子侄益众，常苦乏食，知州康戬言于朝，诏本州每岁贷粟二千石。

【纲】冬十二月，契丹封李继迁为夏王。

说，率领精锐骑兵数万在路上拦截。北面都巡检使尹继伦恰好领兵巡察此处，路上相遇，耶律休哥没有理睬尹继伦的巡军而一直南去。尹继伦说："敌寇这是蔑视我们。他们要是得胜返回，就乘胜驱赶我们北去；要是打不胜，也会在我们身上发泄怒气，那时我们就活不成了。为当前谋算，应当人衔枚，马去铃，让军队偷偷地从后面跟踪追上去。他正锐气十足往前面赶路，不会防备我们从后面追到，我们拚力作战，打胜了，足以树立我们的威望，纵然战死，也还不失忠义之名，岂可无声无息地成为胡地之鬼吗！"众人都愤怒而又激动地表示愿意听从命令。尹继伦命令用饲料喂饱马匹，待到夜间，每人都持着短兵器暗地里跟在他们的背后，行走数十里，到达徐河，天还未明。耶律休哥离大军有四五里，恰好吃饭完毕，将要作战，李继隆在前面列阵以待。尹继伦从后面急攻，杀死契丹一员大将，众兵惊慌溃逃。耶律休哥正在吃饭，吃惊得筷子掉在地下，被短兵器击中了他的臂膀，伤很重，骑上一匹好马先逃遁了，其余众军也都退去。契丹军为此丧失胆气，从此不敢大举入寇。常常互相告诫说："应当躲避黑面大王。"因为尹继伦是黑脸膛，所以这样说。

【纲】大旱。 【目】自秋季到冬季没下雨。田锡上奏说："这实在是阴阳失和，调和倒置。上面侵夺下面的职责，而不够明理详察；下面知道上面的过失，而不能规劝其改过。"奏疏呈上，太宗皇帝和宰辅大臣都不高兴，于是外放田锡知陈州（治宛丘县，即今河南淮阳县）。

【纲】淳化元年（庚寅，990），春正月，赵普罢职。

【纲】夏四月，诏令给予江州（治德化县，即今江西九江市）义门陈兢以粟米。 【目】陈兢是陈宜都王陈叔明的后代，九世人同居，年长年幼共计七百口，不畜奴仆姬妾，上下和睦，没有人说不满的话。每当吃饭时，必定大家一起坐在宽广的厅堂内进餐，未成年的另设一席。有犬百余只，共在一个食槽里吃食，有一只犬不到，其它许多犬都不吃。唐僖宗及南唐时旌表过他的家门，开宝初年免除他家徭役。至陈兢时子侄更加众多，常为缺乏食物所苦，知州康戬奏知朝廷，诏令本州每年给予粟米二千石。

【纲】冬十二月，契丹封李继迁为夏王。

【纲】辛卯，二年，春，旱，蝗。 【目】时连岁旱、蝗，是年尤甚，祷雩无应，帝手诏宰相曰："朕将自焚以答天谴。"翌日，大雨，蝗尽死。

【纲】闰二月，辛仲甫罢。

【纲】夏四月，以张齐贤、陈恕参知政事，张逊、温仲舒、寇准为枢密副使。 【目】初准为枢密直学士，尝奏事殿中，语不合，帝怒起，准辄引帝衣请复坐，事决乃退，帝嘉之。及旱、蝗，帝召近臣问以得失，众以"天数"对。准曰："洪范天人之际，应若影响，大旱之证，盖刑有所不平也。"帝怒，起入禁中。顷之，复召准，问以不平状。准曰："愿召二府至，臣即言之。"二府入，准乃曰："顷者祖吉、王淮皆侮法受赇，吉赃少，乃伏诛；淮以参政沔之弟，盗主守财至千万，止杖之，仍复其官：非不平而何？"帝以问沔，沔顿首谢。于是切责沔，而以准为可大任，遂有是命。

【纲】张宏罢。

【纲】五月，以谢泌为左司谏。 【目】上修正殿，颇施彩绘。泌为右正言，因对陈其事。即日命代以赭垩，赐泌金紫，拜左司谏。泌入谢曰："陛下从谏如流，故臣得以尽诚。如唐末孟昭图者，朝上谏疏，暮不知所在，如此安得不乱！"帝动容久之。

【纲】置诸路提刑官。

【纲】六月，忠武节度使、韩公潘美卒。

【纲】秋七月，李继迁请降，以为银州观察使，赐姓名赵保吉。

【纲】淳化二年（辛卯，991），春天，旱灾，蝗灾。【目】当时连年有旱灾、蝗灾，这一年尤其厉害。祈祷求雨没有灵应，太宗皇帝亲手写诏告谕宰相说："朕将自焚以答上天的谴责。"第二天，下了大雨，蝗虫全都死了。

【纲】闰二月，辛仲甫罢职。

【纲】夏四月，任命张齐贤、陈恕参知政事，张逊、温仲舒、寇准为枢密副使。【目】起初，寇准为枢密直学士，曾在殿中奏事，言语不合太宗皇帝之意，太宗皇帝发怒站起身来，寇准就扯着皇帝的衣服请他再坐下，事情决定之后他才退下，太宗皇帝称赞他。遇到旱灾、蝗灾，太宗皇帝召集近臣问有何得失，众人都说这是"天数"。寇准说："《洪范》书中关于天与人之间的关系，如影之随形，若响之应声，一点不错。大旱作为事证，大概是刑罚有所不平罢。"太宗皇帝发怒，起身进入禁中。过了一会儿，又召寇准，问他刑罚不平的情状。寇准说："希望把中书、枢密二府大臣都召来，臣就说出来。"二府大臣都进入，寇准就说："不久前祖吉、王淮都枉法受贿。祖吉的受赃少，竟伏法被诛；王淮因为是参政王沔的弟弟，盗窃所守钱财达一千万，只给以杖刑，仍旧恢复他的官位，这不是不平又是什么？"太宗皇帝以这事问王沔，王沔磕头谢罪。于是严厉责备王沔，而认为寇准可以重任，于是有这个任命。

【纲】张宏罢职。

【纲】五月，任命谢泌为左司谏。【目】皇帝修筑正殿，多施以彩色绘画。谢泌为右正言，上朝奏对，陈说此事。当天就下令用赤土和白土代替，赏赐谢泌金鱼袋及紫衣，拜授左司谏。谢泌入朝谢恩说："陛下从谏如流，所以臣才能把真诚的话全都说出来。像唐朝末年孟昭图那样，早上奏上谏疏，晚上就不知在什么地方了，那样的话，怎么能够不乱！"太宗皇帝深受感动。

【纲】设置诸路提刑官。

【纲】六月，忠武（治许州城，即今河南许昌市）节度使、韩公潘美去世。

【纲】秋七月，李继迁请求投降，任命他为银州观察使，赐姓名为赵保吉。

【纲】八月，置审刑院。 【目】帝虑大理刑部吏舞文巧诋，乃置审刑院于禁中，以李昌龄知院事。置详议官六员，凡狱上奏，先达院印讫，付大理刑部断覆以闻，乃下院详议，申覆裁决讫，以付中书省行之；其未允者，宰相覆以闻，始命论决。

【纲】九月，王沔、陈恕、吕蒙正罢。 【目】吕蒙正为首相，以宽简居位，政事多决于沔。沔听察敏辩，有适时材，然性苛刻少诚，谒见者必哕以甘言，既而进退非允，人胥怨之。又素与张齐贤、陈恕不协，及二人参知政事，沔不自安，虑僚属有以中书旧事告齐贤、恕者。会司谏王禹偁言"宰相、枢密不得于本厅见客，许于都堂延接，以杜私请。"沔喜，即奏行之。司谏谢泌以为"如此，是疑大臣以私也"，疏驳之，帝追还前诏，沔遂罢。时帝怒户部使樊知古所部不治，恕闻，密以语之，觊其修举。知古诉于帝，帝怒恕漏言，亦坐免。度支判官宋沆伏阁奏疏，请立太子，词意狂率。帝怒，贬沆，而沆乃蒙正妻族也，遂罢蒙正为吏部尚书。时三日之间，连罢三相，因有奏毁者，帝语之曰："蒙正有大臣体，沔甚明敏。"毁者惭而止。

【纲】以李昉、张齐贤同平章事，贾黄中、李沆参知政事。 【目】初，黄中再典贡部，多拔寒畯，乃掌吏部，选除拟精当。沆尝侍宴，上目送之曰："风度端凝，真贵人也。"至是并拜。

【纲】王显免，以张逊知枢密院事，温仲舒、寇准同知院事。
【纲】冬十月，赵保忠叛降契丹，契丹封为西平王。
【纲】女真请伐契丹，不许。
【纲】十一月，以毕士安为翰林学士。 【目】先是翰林学士承旨苏易简续翰林志二卷以献，帝嘉之，赐诗二章，又飞白书"玉堂

【纲】八月，设置审刑院。【目】太宗皇帝考虑到大理寺和刑部的官吏舞文弄墨，巧言诋欺，于是在禁中设置审刑院，任命李昌龄知院事，设详议官六名。凡有狱事上奏，先送审刑院盖印之后，交付大理寺和刑部判断审察奏闻，再下院详细审议，申报覆核裁决完毕，交付中书省执行。有不允当的，宰相审核后奏闻，这才下令定罪判决。

【纲】九月，王沔、陈恕、吕蒙正罢职。【目】吕蒙正为首相，以宽和简约居于其位，政事多数决之于王沔。王沔听闻观察敏捷而有口才，能顺应时势，但是生性苛刻，缺少诚信。谒见者必用甜言蜜语来讨好他，过后或进或退皆非允当，人们全都怨恨他。又平素与张齐贤、陈恕不和。等到二人参知政事，王沔自己感到不安，顾虑僚属中有人把中书之旧事告诉张齐贤、陈恕。恰好司谏王禹偁说宰相、枢密不得在本厅内会见客人，准许在都堂接待，以杜绝私人的请托。"王沔心喜，就奏请实行。司谏谢泌认为，"这样，是怀疑大臣徇私啊。"上疏驳斥他。太宗皇帝追回前次下的诏书，王沔就罢职了。当时太宗皇帝因为户部使樊知古所属机构管理得不好而发怒，陈恕闻知，秘密地告诉樊知古，希望他治理得好一些。樊知古向太宗皇帝申诉，太宗皇帝恼怒陈恕泄露语言，也因此将他免职。度支判官宋沆跪伏閤上奏，请求立太子，词意狂放轻率，太宗皇帝发怒，贬谪宋沆，而宋沆乃是吕蒙正妻族中人，于是罢吕蒙正为吏部尚书。当时三天之间，连着罢免三个宰相，于是有人上疏毁谤他们的，太宗皇帝对他说："吕蒙正有大臣的气度，王沔甚为明敏。"毁谤他们的人感到惭愧而止。

【纲】任命李昉、张齐贤同平章事，贾黄中、李沆参知政事。【目】当初，贾黄中再次主管贡部，多提拔出身寒微而才能杰出之士，及至掌管吏部，选任除授等都很精当。李沆有一天侍宴帝侧，太宗皇帝目送着他的背影说："风度端庄凝重，真是贵人啊。"至此一并拜官授职。

【纲】王显免职，任命张逊知枢密院事，温仲舒、寇准同知院事。

【纲】冬十月，赵保忠背叛朝廷，投降契丹，契丹封他为西平王。

【纲】女真人请求讨伐契丹，不许。

【纲】十一月，任命毕士安为翰林学士。【目】此前，翰林学士承旨苏易简续修《翰林志》二卷进献，太宗皇帝称赞他，赐诗二章，又

之署"四字,令榜于厅额,曰:"永为翰林美事。"于是知制诰范杲献玉堂记,请备其职。帝恶其躁竞,出知濠州,乃以士安为学士。执政欲用谏议大夫张洎,帝曰:"洎文学、资任不下士安,第德行不及耳。"

【纲】壬辰,三年,夏六月,置常平仓于京师。 【目】先是,旱,大蝗,诏遣使决诸州狱。五月,雨,蝗尽殪。至是京畿谷贱,帝遣使增价籴贮之,俟岁饥则减价粜,名曰"常平仓",遂为永制。

【纲】秋七月,赵普卒。 【目】普卒,年七十一。帝闻之震悼,谓近臣曰:"普能断大事,尽忠国家,真社稷臣也。"普性深沉,有岸谷。少习吏事,寡学术。及为相,太祖劝以读书,遂手不释卷,每归私第,阖户启箧,取书诵之竟日。乃次日临政,处决如流,既卒,家人发箧视之,则论语二十篇也。

【纲】召终南隐士种放,不至。 【目】放,洛人,沉默好学,隐居终南,以讲习为业,从学者众,资以养母。母亦能乐道,薄滋味。放不喜浮图,尝裂佛经以制帐帷。所著有蒙书及嗣禹说。转运使宋惟干言其才行,诏使召之。其母恚曰:"常劝汝勿聚徒讲学,身既隐矣,何用文为?果为人知,而不得安处,我将弃汝深入穷山矣!"放乃称疾不起。其母尽取其笔砚焚之,与放转居穷僻,人迹罕至。帝嘉其节,命有司时加存问。

【纲】癸巳,四年,春二月,置审官院。 【目】初,帝虑中外官吏清浊混淆,命官考课,号磨勘院,至是改为审官院,掌审京朝官;其幕职州县官,别置考课院主之。

以飞白体写了《玉堂之署》四字，令挂于厅额，说："永远成为翰林之美书。"于是知制诰范果献了一篇《玉堂记》，请求充任翰林学士之职。太宗皇帝讨厌他急于与人比高下以争权势，外放他去知濠州（治钟离县，在今安徽凤阳县东北），即以毕士安为学士。执政大臣想用谏议大夫张洎，太宗皇帝说："张洎的文学、资望都不在毕士安之下，只是德行赶不上他。"

【纲】淳化三年（壬辰，992），夏六月，在京师设置常平仓。【目】此前，天旱，发生大蝗灾，诏令派遣使者到各州判决狱讼。五月，下雨，蝗虫尽死。至此，京畿米谷贱，太宗皇帝派遣使节增价籴入贮存起来，等到遇有饥荒之年就减价粜出，起名叫"常平仓"，从此成为永久的制度。

【纲】秋七月，赵普去世。【目】赵普去世，享年七十一岁。皇帝听说他死，为之震惊哀悼，对近臣说："赵普能决断大事，尽忠于国家，真是社稷之臣啊！"赵普性格深沉，态度严峻。少年习学吏事，学术浅薄，及至为宰相，太祖劝他读书，从此之后手不释卷，每当回到私人第宅，即关闭门户，打开书箱，取书诵读竟日，到第二天去处理政事，处决判断，迅速而顺当。既死之后，家人打开书箱看，只是《论语》二十篇。

【纲】召见终南（终南山，在今陕西西安市南）隐士种放，不到。【目】种放是洛阳人，沉默好学，隐居于终南山，以讲习学术为业，跟从他学习的人很多，借此以奉养母亲。他母亲也能安贫乐道，不重享受。种放不喜欢佛教，曾撕裂佛经来制作帐幕帷幔。著作有《蒙书》及《嗣禹说》。转运使宋惟干向朝廷奏言他的才情和品德，下诏派人召他入朝。他母亲生气地说："经常劝你不要聚徒讲学，自己既然隐居了，还要文有何用？果然被人知道了，不得安居。我将要抛下你，进入深山里面去了。"种放就说有病不起床。他母亲把他的笔砚等全找出来焚烧了，与种放转迁到穷乡僻壤，人迹罕到的地方。太宗皇帝嘉许他的节操，命有关官员时时加以存问。

【纲】淳化四年（癸巳，993），春二月，设置审官院。【目】起初，太宗皇帝虑及朝廷内外官员清浊混淆，命官员考察功过善恶，号为磨勘院，至此，改为审官院，掌管审察京朝官吏；幕僚与州县官，另外设置考

【纲】青神民王小波作乱。 【目】初蜀亡,其府库之积悉输汴京,后任事者竞起功利,于常赋外更置博买务,禁商贾不得私市布帛。蜀地狭民稠,耕稼不足以给,由是小民贫困,兼并者益籴贱贩贵以规利。青神民王小波因聚众为乱,且曰:"吾疾贫富不均,今为汝均之!"贫者争附。遂攻青神,掠彭山,杀县令齐元振,剖其腹,实之以钱,恶其诛求无厌也。贼党由是愈炽,旁邑响应。

【纲】三月,以何承矩为河北屯田制置使。

【纲】夏五月,以钱若水为翰林学士。 【目】帝谓侍臣曰:"学士之职,亲切贵重,非他官可比,朕常恨不得为之。"又曰:"士之学古入官,遭时得位,纡朱拖紫,足以为荣矣,得不竭诚以报国乎。"若水对曰:"高尚之士不以名位为光宠,忠正之士不以穷达易志操。其或以爵禄位遇之故,而效忠于上,中人以下者之所为也。"

【纲】六月,张齐贤罢,以吕端参知政事。

【纲】以向敏中、张咏同知银台、通进司。 【目】二司旧隶枢密院,至是始以敏中、咏同知司事,隶门下,主视章奏案牍,以稽出入,盖给事中之职也。

【纲】张逊、寇准免,以柴禹锡知枢密院事,刘昌言同知院事。【目】逊素与准不协。一日,准与温仲舒并辔晚归,有狂民迎马首呼万岁,街使王宾与逊雅相厚,因奏民迎准拜呼万岁。准自辩云:"实与仲舒同行,而逊令宾独奏臣。"因互发其私,帝恶之,乃左降逊为右领军卫将军,出准知青州。准既罢,帝念之不置,语左右曰:"寇准在青州乐乎?"左右揣帝意且复召用,因对曰:"陛下思准不少忘;闻准日纵酒,未知亦念陛下否?"帝默然。

课院主持之。

【纲】青神县（即今四川青神县）平民王小波作乱。【目】当初后蜀灭亡，其府库的积储全部运往汴京，后来任职的官员争着邀功求利，在常赋之外再设置博买务，禁令商人不得私自买卖布帛。蜀中土地狭小人口众多，耕种庄稼不能够自给，因此百姓贫困。兼并者更加用籴贱贩贵的办法获利。青神县平民王小波因此聚众为乱，并且说："我痛恨贫富不均，现在我为你们求得平均。"贫者争相归附于他。于是攻下青神县城，掠取彭山（即今四川彭山县），杀死县令齐元振，剖开他的胸腹，把他腹腔里填满了钱，这是憎恨他勒索无厌。从此跟从王小波的人越来越多，其他地方也都响应。

【纲】三月，任命何承矩为河北屯田制置使。

【纲】夏五月，任命钱若水为翰林学士。【目】太宗皇帝对待臣说："学士这个职位，亲切贵重，非他官可比，朕常恨不得任这官职。"又说："士人之学古，入朝为官，适逢时机，得到官位，纡朱拖紫，地位显贵，足以为荣幸啦，难道还能不竭诚报国吗？"钱若水对答说："高尚之士不因为有名位而感到光宠，忠正之士不因为或穷或达而改变自己的志向与节操。或许也有因为得到爵位奉禄等恩遇的缘故而效忠于君主的，这是中等以下的人的所作所为。"

【纲】六月，张齐贤罢职，任命吕端参知政事。

【纲】任命向敏中、张咏同知银台、通进司。【目】二司过去隶属于枢密院，至此才以向敏中、张咏同知司事，隶属于门下省，掌管章奏案牍，以稽察这些文件的发出和递入，大概相当于给事中的职务。

【纲】张逊、寇准免除职务，任命柴禹锡知枢密院事，刘昌言同知院事。【目】张逊素来与寇准不和。一天，寇准与温仲舒晚间并辔而回，有狂民迎着他们的马头高呼万岁。街使王宾与张逊相交甚厚，因此奏说百姓迎着寇准跪拜高呼万岁。寇准自己辩白说："实在是与温仲舒并辔同行，而张逊让王宾独独劾奏臣。"因而互相揭发对方的私事，太宗皇帝厌恶这么做，就把张逊降职为右领军卫将军，寇准外出知青州（治益都县，即今山东青州市）。寇准既罢官后，太宗皇帝经常怀念他放不下，对左右的人们说："寇准在青州快乐吗？"左右揣测太宗皇帝

【纲】秋九月,大水。冬十月,河决澶州。

【纲】李昉、贾黄中、李沆、温仲舒罢。

【纲】以吕蒙正同平章事,苏易简、赵昌言参知政事,赵镕、向敏中同知枢密院事。 【目】蒙正尝因召对论及征伐,帝曰:"朕比年征讨,盖为民除暴,苟好功黩武,则天下之人燻亡尽矣。"蒙正对曰:"治国之要,在内修政事,则远人来归,自致安静。"帝然之。

易简在翰林八年,帝待之若宾友。旧制,欲授台辅,必使天下稔其名望,而后正位。易简以亲老急于进用,因亟言时政得失,遂入政府。自是帝不复有款接意,但正色责吏事而已,易简悔之。

时西北用兵,枢机之任,专主谋议。敏中明辨,有才略,遇事敏速,凡二边道路、斥候、走集之所,莫不周知。帝器之。

【纲】闰月,以陈恕为三司总计使。 【目】时复置三司使,而罢盐铁、户部、度支三使。分天下郡县为十道,曰河南、河东、关西、剑南、淮南、江南东、西、浙东、西、广南。以京东为左计,西为右计。恕为总计使,魏羽为左计使,董俨为右计使,中分十道以隶焉,而各道则署判官以领其事,凡涉计度者三使通议之。恕言:"官司各建,政令互出,难以经久。"帝不听。

的意思是想要再把他召回起用，因此回答说："陛下思念寇准一会儿也没忘记，可是听说寇准每天放纵自己喝酒享乐，不知道也想念陛下不想？"太宗皇帝默然不语。

【纲】秋九月，发大水。冬十月，黄河澶州（治濮阳县，即今河南濮阳县）一段决口。

【纲】李昉、贾黄中、李沆、温仲舒罢职。

【纲】任命吕蒙正同平章事，苏易简、赵昌言参知政事，赵镕、向敏中同知枢密院事。 【目】吕蒙正曾因召对议论到征伐之事，太宗皇帝说："朕连年征讨，是为民除暴，假若是好功而滥用武力，那么天下的人就灭亡殆尽了。"吕蒙正回答说："治理国家最主要之点，在于对内修明政治，这样远人就会来归顺，自然也就能使国家安静了。"太宗皇帝认为他的话很对。

苏易简在翰林八年，太宗皇帝待他如同宾客朋友，按旧制，想要授予台辅之职，必得使天下人知道他的名望，而后才能正位。苏易简因为双亲年老，急于求得进用，因之屡次进言时政的得失，之后就进入政府。自此之后皇帝对他不再有款待之意了，只是郑重严肃地责问他有关官吏方面的事罢了。苏易简很后悔。

当时西北地区有战事，中枢的责任，专管谋略计议之事。向敏中明辨是非，有才情有谋略，遇事敏捷迅速，凡二边的道路、侦察哨所、边境上的垒壁所在地，全都知道得很详细。太宗皇帝很器重他。

【纲】闰月，任命陈恕为三司总计使。 【目】这时又重新设置三司使，而罢除盐铁、户部、度支三使。分天下郡县为十道，叫河南道（治东京开封府，即今开封市）、河东道（治并州城，今山西太原市）、关西道（治京兆府，即今陕西西安市）、剑南道（治成都府，即今四川成都市）、淮南道（治扬州城，即今江苏扬州市）、江南东道（治苏州城，即今江苏苏州市）、江南西道（治升州城，即今江苏南京市）、浙东道（治越州城，即今浙江绍兴市）、浙西道（治杭州城、即今浙江杭州市）、广南道（治广州城，即今广东广州市）。以京东为左计，京西为右计。陈恕为总计使，魏羽为左计使，董俨为右计使，中分十道以隶属于左右计使，而各个道则署置判官以领其事，凡关涉计度之事由三使通议。陈恕上言："官司各

【纲】十二月,王小波死,其党李顺陷蜀邛州永康军。

【纲】甲午,五年,春正月,李顺陷成都;以宦者王继恩为两川招安使,讨之。

【纲】赵保吉寇灵州,以李继隆为河西都部署,讨之。

【纲】三月,李继隆入夏州,执赵保忠赴京师。

【纲】夏四月,削赵保吉姓名,堕夏州城。

【纲】置起居院。 【目】右谏议大夫张佖请置起居院,修左右史之职为起居注与时政记,逐月终送史馆,以备修日历。上嘉之,乃置院于禁中,命梁周翰等掌其事。周翰请以所撰先进御,后付史馆,从之。起居注进御始此。

【纲】五月,王继恩复成都,获李顺诛之,其党张余复陷嘉、戎诸州。

【纲】秋八月,以王继恩为宣政使。 【目】中书以继恩讨蜀寇功,欲除宣徽使,帝曰:"朕读前代史,不欲令宦官预政。宣徽使,执政之渐也,止可授以他官。"宰相力言继恩有大功,非此不足以赏。帝怒,深责之,乃命学士张洎、钱若水议,别立宣政使以授之。

【纲】以张咏知益州。 【目】王继恩、上官正、宿翰等总兵讨贼,渐有成功,顿师不进,专务饮博;其下恣横剽掠,余寇势复张大。咏至,勉正等亲行,临发举酒属军校曰:"尔曹蒙国家厚恩,此行当平荡丑类;若老师旷日,即此地还为尔死所矣!"正由是决行深入,大致克捷。时寇掠之际,民多胁从,咏谕以恩信,使各归田里。且曰:"前日李顺胁民为贼,今日吾化贼为民,不亦可乎。"其为政恩威并用,蜀民畏而爱之。先是城中屯兵尚三万人,无半月之食,咏知

自建立，政令交互发出，难以经久。"太宗皇帝不听。

【纲】十二月，王小波死，他的党羽李顺攻陷蜀地邛州（治临邛县，即今四川邛崃县）永康军（永康军治灌口镇，即今四川都江堰市）。

【纲】淳化五年（甲午，994），春正月，李顺攻陷成都；任命宦官王继恩为两川招安使，讨伐李顺。

【纲】赵保吉入寇灵州（治回乐县，在今宁夏灵武县西南），任命李继隆为河西（治凉州城，即今甘肃武威市）都部署，讨伐赵保吉。

【纲】三月，李继隆进入夏州，逮捕赵保忠赴京师。

【纲】夏四月，削除赵保吉姓名，堕毁夏州城。

【纲】设置起居院。 【目】右谏议大夫张佖建议设置起居院，执行左右史的职务，撰作《起居注》与《时政记》每月月终送交史馆，以备修记日历。太宗皇帝很赞许，于是设置起居院于禁中，命梁周翰等掌管其事。梁周翰请求将所撰之文字先进呈御览，然后再交付史馆。太宗皇帝听从了这个意见。《起居注》送交皇帝过目自此始。

【纲】五月，王继恩收复成都，俘获李顺，将他杀死。其党羽张余再次攻陷嘉州（治龙游县，即今四川乐山市）、戎州（治僰道县，即今四川宜宾市）等州。

【纲】秋八月，任命王继恩为宣政使。 【目】中书省因为王继恩讨伐蜀寇有功，想要授以宣徽使，太宗皇帝说："朕读前代历史，不愿意让宦官干预朝政。宣徽使是执政的开始啊，只可授以其他官职。"宰相极力说明王继恩有大功，非这样不足以劝赏。太宗皇帝发怒，深加责问，就命学士张洎、钱若水讨论，另外设立宣政使一职以授与他。

【纲】任命张咏知益州（治成都府，即四川成都市）。 【目】王继恩、上官正、宿翰等领兵讨贼，逐步获得成功，即屯兵不进，每天只是饮酒赌博；他们的部下恣肆横暴，到处劫掠，余寇势力又张大起来。张咏到益州，勉励上官正等亲自前行。临出发时举酒对军校们说："你们蒙受国家厚恩，此行应当荡除丑类；若是旷日持久，使军队疲敝，这个地方就会成为你们死的地方啦！"上官正由此坚决前行，深入腹地，大获全胜。当寇盗劫掠的时日，百姓多数胁从而去，张咏以朝廷的恩惠和诚信晓谕他们，使他们各自归还家乡，并且说："前日李顺胁迫百姓为

民间旧苦盐贵,而廪有余积,乃下其估,听民以米易盐。未逾月,得米数十万斛。咏度有二岁备,乃奏罢陕西粮运。帝闻之,喜曰:"此人何事不能了,吾无忧矣!"

【纲】九月,以襄王元侃为开封尹,进封寿王。 【目】帝在位久,储贰未定,冯拯等上疏言之。帝怒,斥之岭南,中外无敢复言者。寇准自青州召还,入见,帝曰:"朕诸子孰可以付神器者?"准曰:"陛下为天下择君,谋及妇人、中官不可也。唯陛下择所以副天下望者。"帝俯首久之,屏左右曰:"襄王可乎?"准曰:"知子莫若父。圣意既以为可,愿即决定。"遂以元侃为开封尹,进封寿王。元侃,帝第三子也。

【纲】以寇准参知政事。

【纲】冬十二月,以陈恕为盐铁使。 【目】总计使果不便,乃罢之。复以三司、两京、十道归三部,各置使,以恕为盐铁使。恕有心计,厘去宿弊,帝深器之,亲题殿柱曰"真盐铁陈恕"。恕每便殿奏事,帝或未察,至形消让;恕踧踖退至殿壁,俟帝意稍解复进,悫执前论,终不易,帝亦多从之。

【纲】乙未,至道元年,春正月,帝观灯于乾元楼。 【目】帝以上元御乾元门楼观灯赐宴,见京师繁盛,谕近臣曰:"五代之际,生灵凋丧,当时谓无复太平之日矣。朕躬览庶政,万事粗理,每念上天之贶,致此繁盛,乃知理乱在人。"吕蒙正避席曰:"乘舆所在,士庶走集,故繁盛如此。臣尝见都城外不数里,饥寒而死者甚众。愿陛下亲近以及远,苍生之幸也。"帝变色不言。蒙正侃然复位,同列

贼,今天我化贼为百姓,不也可以吗?"他为政恩威并用,蜀地百姓既畏惧他又喜爱他。此前,城中屯兵还有三万人,没有半月的存粮,张咏知道民间一向苦于盐价贵,而仓廪中有多余的盐,于是下调盐价,听让百姓以米换盐。不到一个月,得米数十万斛。张咏估计有两年的储备粮了,就奏请朝廷停止陕西粮运。太宗皇帝听说,高兴地说:"有这人什么事不能解决,我不用忧愁了!"

【纲】九月,任命襄王赵元侃为开封尹,进封寿王。 【目】太宗皇帝在位已久,太子尚未定,冯拯等上疏说到这事,太宗皇帝发怒,将他贬斥到岭南,朝廷内外没有敢再谈这事的。寇准自青州召回,入朝进见,太宗皇帝说:"朕几个儿子中,谁可以付托帝位?"寇准说:"陛下为天下选择君主,和妇人、中官谋划,是不可以的;只有请陛下选择够得上全国所期望的人才可。"太宗皇帝低下头想了好久,屏退左右的人,说:"襄王可以吗?"寇准说:"知子莫若父。圣意既然认为可以,希望立即决定。"于是任命赵元侃为开封尹,进封寿王。赵元侃是太宗皇帝的第三子。

【纲】任命寇准参加政事。

【纲】冬十二月,任命陈恕为盐铁使。 【目】设总计使果然不便,于是罢止。又以三司、两京、十道归之三部,各自设使,任命陈恕为盐铁使。陈恕很有心计,革去旧有的弊端,太宗皇帝深为器重他,亲自题写殿柱的字曰:"真盐铁陈恕"。陈恕每当在便殿奏事,太宗皇帝有时尚未弄清楚,以至责备他。陈恕表现出恭敬而不安的样子,退至殿壁,等到皇帝稍微消消气又来进言,坚持他原先的意见,终究不肯更改,太宗皇帝也多数听从他的意见。

【纲】至道元年(乙未,995),春正月,太宗皇帝在乾元楼观灯。【目】太宗皇帝于正月十五日上元节登上乾元门楼,观灯并赏赐酒宴,看到京师繁荣昌盛,告谕近臣说:"五代年间,生民凋敝丧亡,当时以为没有再太平的日子了。朕亲自临视万民政务,万事物粗有治理,每当想到上天的恩赐,致使有此繁盛,这才知道国家的治乱全在于人。"吕蒙正离开座位站起来说:"皇帝所在的京都,是士人庶民集中的地方,所以这样繁盛。臣曾见到都城外面不到数里远的地方,饥寒而死的人很多。

咸多其伉直。

【纲】刘昌言免，以钱若水同知枢密院事。

【纲】二月，四川都监宿翰获张余于嘉州，蜀盗平。

【纲】夏四月，吕蒙正、柴禹锡、苏易简罢。 【目】帝尝欲遣人使朔方，谕中书选可贵以事者，蒙正以名上，帝不许。他日三问，三以其人对。帝怒曰："卿何执邪！"蒙正对曰："臣非执，臣不欲用媚道妄随人主意以害国事。"因称其人可使，余人不及。同列竦息不敢动。帝退谓左右曰："蒙正气量我不如。"既而卒用其人，果称职。至是罢相，判河南。

【纲】以吕端同平章事，张洎参知政事，赵镕知枢密院事。【目】初帝欲相端，或曰："端为人糊涂。"帝曰："端小事糊涂，大事不糊涂。"决意用之。端持重，识大体，时同列奏对多异议，惟端罕所建明，一日内札戒谕："自今中书事，必经吕端参酌，乃得闻奏。"端愈谦让不敢当。

洎博涉经史，善持论，为翰林学士。帝尝谓近臣曰："张洎富有文艺，至今尚苦学，江东士人之冠也。"甚见宠遇。洎初为寇准官属，甚恭谨。每为准规画，准心伏，以兄事之，极荐其才，遂与准同列，奉之愈谨，政事一决于准，无所参预，惟专修时政记，甘言善柔而已。

【纲】开宝皇后宋氏崩，贬翰林学士王禹偁知滁州。 【目】后疾甚，迁于故燕国长公主第，崩，权殡普济佛舍，谥曰孝章皇后，群臣不成服。禹偁对客言："后尝母仪天下，当遵旧礼。"帝不悦，坐谤讪，责知滁州。禹偁立朝敢言，以直躬行道为己任，不为流俗所容，

希望陛下把爱护近处人民之心推广到远处人民的身上，这是苍生百姓的幸福啊。"太宗皇帝变了脸色不说话。吕蒙正理直气壮地在原位坐下，同僚们都称赞他为人刚直。

【纲】刘昌言免职，任命钱若水同知枢密院事。

【纲】二月，四川都监宿翰在嘉州擒获张余，蜀地盗乱平息。

【纲】夏四月，吕蒙正、柴禹锡、苏易简罢职。 【目】太宗皇帝曾想派人出使朔方，告谕中书省选择可期望能胜任此事的人员。吕蒙正提出人选的名字上报，太宗皇帝不同意。过了几天，太宗皇帝问他三次，他三次都以那个人来回答。太宗皇帝发怒说："卿为什么这样固执！"吕蒙正说："臣不是固执，是不愿意用谄媚的态度，不负责任地迎合君主的心意，来危害国家之事。"于是称道那个人可以任用，而其他人都不如他。同僚们都竦惧屏息不敢动。太宗皇帝退朝回去，对左右近臣说："吕蒙正的气量，我都不如。"后来终于任用了那个人，果然很称职。至此时罢除宰相职务，出知河南。

【纲】任命吕端同平章事，张洎参知政事，赵镕知枢密院事。【目】起初，太宗皇帝想任用吕端为宰相，有人说："吕端为人糊涂。"太宗皇帝说："吕端小事糊涂，大事不糊涂。"决意任用他。吕端为人老诚持重，识大体，当时同僚向朝廷奏对，多有不同意见，只有吕端很少有所建议。一天，内廷发出书札告谕说："从现在起，中书省的事，必须经过吕端参酌之后，方可奏知皇帝。"吕端更加谦让不敢当。

张洎广泛涉猎经史书籍，善于提出自己的主张，当了翰林学士。太宗皇帝曾对近臣说："张洎文章才艺很好，至今还在苦学，是江东士人之冠啊。"他很得太宗皇帝宠幸。张洎起初是寇准的属下官员，态度很恭谨，常为寇准谋划。寇准心服，以兄长之礼对待他，极力荐举他，此后就与寇准同列中枢，他的态度越发恭谨，政事全都决断于寇准，不参预意见，只是专修时政记，好言好语，态度柔和而已。

【纲】开宝皇后宋氏去世，贬翰林学士王禹偁知滁州（治清流县，即今安徽滁州市）。 【目】皇后病重，迁居于已故燕国长公主的第宅；崩逝，暂时殡予普济佛舍，谥号叫孝章皇后，群臣不按礼穿丧服。王禹偁对宾客说："皇后曾是天下为母者之典范，应当遵从旧的礼制。"太宗

故屡见斥。

【纲】六月，以李继迁为鄜州节度使；继迁不奉诏。

【纲】秋八月，立元侃为皇太子，更名恒，大赦。 【目】太子既立，庙见还宫，京师民拥道喜跃曰："少年天子也。"帝闻之不怿，召寇准谓曰："人心遽属太子，欲置我何地！"准再拜贺曰："此社稷之福也。"帝悟。入语后嫔，宫中皆前庆；帝喜，复出，延准饮，极醉而罢。以李至、李沆并兼太子宾客，诏太子以师傅礼事之。太子每见至、沆，必先拜；至、沆不敢当，上表辞谢，帝不许。

【纲】丙申，二年，春二月，以李昌龄参知政事。
【纲】以太祖孙惟吉为阆州观察使。 【目】惟吉，魏王德昭长子也。太祖崩时，惟吉才六岁，帝即位，犹在禁中，日侍中食。太平兴国八年始出居东宫，未几授左骁卫大将军，至是授阆州观察使，凡邸第供亿车服赐与，皆与诸王埒。

【纲】夏四月，遣李继隆等分道讨李继迁。
【纲】秋七月，寇准罢。 【目】是岁郊祀，中外官皆进秩，准素所喜者多得台省清要官，所恶及不相知者即序进之。广州通判冯拯上疏极陈准擅权，且条上除拜不平数事；帝不怿。张洎揣知帝嫉准，惧一旦同罢，乃奏准诽谤；帝益不悦。会广东转运使康戬上言："吕端、张洎、李昌龄皆准所引，故准得以任胸臆，乱经制。"帝怒，召端等责之。端对曰："准性刚自任，臣等不欲数争，虑伤国体。"。因再拜请罪。及准入对，帝语及拯事，准力争不已，又持中书簿论曲直于帝前。帝因叹曰："鼠雀尚知人意，况人乎？"遂罢知邓州。

皇帝不高兴，就以犯毁谤讥讪之罪，责罚他知滁州。王禹偁在朝廷上敢于进言，以正直立身行道作为自己的责任，不为流俗所包容，所以屡被斥逐。

【纲】六月，任命李继迁为鄜州（治鄜州城，即今陕西鄜县）节度使，李继迁不奉诏。

【纲】秋八月，立赵元侃为皇太子，改名为赵恒，大赦天下罪人。
【目】太子已立，到宗庙参拜祖先之后回宫，京城民众拥塞于道，欢喜跳跃地说："是少年天子啊！"太宗皇帝听说，很不愉快，召见寇准对他说："人心竟归属于太子，要把我放到何种地位！"寇准再拜祝贺说："这是社稷之福啊。"太宗皇帝醒悟，入宫告诉皇后妃嫔，宫中之人都前来庆贺。太宗皇帝高兴，又出来，延请寇准饮宴。大醉而罢。任命李至、李沆兼任太子宾客，诏令太子以师傅之礼对待他们：太子每见到李至、李沆，必定先下拜，李至、李沆不敢当，上表章辞谢这种礼节，太宗皇帝不许可。

【纲】至道二年（丙申，996），春二月，任命李昌龄参知政事。

【纲】任命太祖之孙赵惟吉为阆州（治阆中县，在今四川阆中市东）观察使。 【目】赵惟吉是魏王赵德昭的长子。太祖去世时，赵惟吉才六岁。太宗皇帝即位，他还在宫禁中，每日侍奉皇帝在宫内进食。太平兴国八年（983）才出居于东宫；不久，授官为左骁卫大将军。至此授阆州观察使，凡官邸住宅供应车服等赐与。全都与诸王相等。

【纲】夏四月，派遣李继隆等分道讨伐李继迁。

【纲】秋七月，寇准罢职。 【目】这一年举行郊外祭祀天地的大礼，京师与外地官员都有进升。寇准平时所喜欢的多数得到台省清要的官职，他所厌恶以及他不相知的就按规定依序而升。广州通判冯拯上疏极力陈述寇准擅自利用职权，而且条陈他在除拜官职方面不公平的事好几桩，太宗皇帝不高兴。张洎揣知太宗皇帝厌恶寇准，怕被一同罢官，就奏言寇准有诽谤之罪，太宗皇帝更加不高兴。适逢广东转运使康戬向朝廷奏言："吕端、张洎、李昌龄都是寇准所引荐的，所以寇准才能够想怎么办就怎么办，乱了国家的制度。"太宗皇帝发怒，召吕端等人责问。吕端回答说："寇准性情刚愎自任，臣等不愿和他多有争执，怕有伤

【纲】八月，李继隆副将范廷召遇李继迁于乌白池，击败之，继隆不见虏而还。

【纲】九月，秦、晋诸州地震。

【纲】大有年。

【纲】丁酉，三年，春正月，张洎罢。

【纲】以温仲舒、王化基参知政事，李惟清同知枢密院事。

【纲】葬孝章皇后。

【纲】分天下州、军为十五路。　【目】京东、京西、河北、河东、陕西、淮南、江南、荆湖南、北、两浙、福建、西川、峡、广南东、西，凡十五路，各置转运使。

【纲】三月，帝崩，太子恒即位。　【目】帝不豫，宣政使王继恩忌太子英明，阴与参知政事李昌龄、知制诰胡旦等谋立楚王元佐。帝崩，皇后令继恩召吕端，端知有变，即绐继恩入书阁，锁闭之。亟入宫，后问曰："宫车已晏驾，立嗣以长，顺也，今将何如？"端曰："先帝立太子，正为今日，岂容更有异议。"后默然，乃奉太子至福宁殿即位，垂帘引见群臣。端平立殿下，不拜，请卷帘升殿审视，然后降阶，率群臣拜焉。

【纲】夏四月，尊皇后为皇太后，赦。以李至、李沆参知政事。

国体。"于是再拜请罪。等到寇准入朝奏对,太宗皇帝说到冯拯所奏之事,寇准力争不肯罢休,又拿着中书省的簿册在太宗皇帝面前辩论曲直是非。太宗皇帝因而感叹地说:"鼠雀还能知道人意,况且是人呢?"于是寇准罢职,出知邓州。

【纲】八月,李继隆的副将范廷召在乌白池(在今宁夏灵武县东南)与李继迁遭遇,把李继迁击败,李继隆不见虏而返回。

【纲】九月,秦(秦,秦州,见前注)、晋(晋,晋州,治临汾县,即今山西临汾市)诸州地震。

【纲】这年大丰收。

【纲】至道三年(丁酉,997),春正月,张洎罢职。

【纲】任命温仲舒、王化基参知政事,李惟清同知枢密院事。

【纲】葬孝章皇后。

【纲】分天下州、军为十五路。 【目】京东(治开封府)、京西(治河南府)、河北(大名府,在今河北大名县东)、河东(治并州城,即今山西太原市)、陕西(治京兆府)、淮南(治扬州城)、江南(治升州城)、荆湖南(治潭州城,即今湖南长沙市)、荆湖北(治江陵府,即今湖北江陵县)、两浙(治杭州城,即今浙江杭州市)、福建(治福州城,即今福建福州市)、西川(治成都府)、峡(即峡西路,治兴元府)、广南东(治广州城)、广南西(广南西路治桂州城,即今广西桂林市),共计十五路,各设转运使。

【纲】三月,皇帝崩逝。太子赵恒即位。 【目】皇帝有病,宣政使王继恩忌惮太子英明,暗中与参知政事李昌龄、知制诰胡旦等谋立楚王赵元佐为皇帝。太宗皇帝逝世,皇后令王继恩去召吕端。吕端知道有变故,就把王继恩骗到书阁中,将他锁在里面,急忙入宫。皇后问道说:"皇上已经去世,立长子为嗣,是顺理的,现在该怎么办呢?"吕端说:"先帝立太子,正是为了今天,岂能容许更有异议!"皇后默然不语,就奉太子到福宁殿即帝位,垂帘引见群臣。吕端平身站立殿下,不跪拜,请求卷起帘子,升殿审视,然后降下殿阶,率领群臣跪拜。

【纲】夏四月,尊皇后为皇太后,赦免罪人。任命李至、李沆参知政事。

【纲】五月,李昌龄有罪,贬忠武行军司马。 【目】讨谋立楚王之罪,贬昌龄为司马;降王继恩为右监门卫将军,均州安置;胡旦除名,长流浔州。

【纲】立郭氏为皇后。

【纲】六月,追复涪王廷美为秦王,复封兄元佐为楚王。

【纲】钱若水请罢,许之。 【目】初,太宗以刘昌言罢,问左右曰:"昌言涕泣否?"及吕蒙正罢,又曰:"望复位目穿矣。"若水因叹曰:"上待辅臣如此,盖无秉节高迈,全进退之道以感动之者耳。"即欲移疾,会西边用兵,不敢言。至是以母老请解枢务,章再上,乃罢为集贤院学士。若水入谢便殿,帝问近臣可大用者,若水以中书舍人王旦对,帝曰:"此固朕所属也。"

【纲】秋八月,赵镕、李惟清罢,以曹彬为枢密使,向敏中、夏侯峤为副使。

【纲】冬十月,葬永熙陵。

【纲】十二月,追尊太宗贤妃李氏为皇太后。

【纲】李继迁请降,以为定难节度使,复姓名赵保吉。

【纲】五月,李昌龄有罪,贬谪为忠武行军司马。 【目】究治谋立楚王为帝之罪,贬李昌龄为司马;降王继恩为右监门卫将军,均州安置;胡旦除名,长期流放于浔州(治桂平县,即今广西桂平县)。

【纲】立郭氏为皇后。

【纲】六月,追复涪王赵廷美为秦王,复封兄长赵元佐为楚王。

【纲】钱若水请求罢职,准许了他的请求。 【目】当初,太宗因刘昌言罢职,问左右道:"刘昌言哭泣了没有?"待到吕蒙正罢职,又说:"盼望复职,两眼都望穿了。"钱若水因之感叹地说:"皇帝对待辅臣这样,大概是因为没有持节高迈,保全进退之道以感动皇帝罢!"就要称疾引退,恰遇西部边疆有战事,没敢说。至此借着母亲年老,请求解除枢密职务,表章再次呈上,于是罢职为集贤院学士。钱若水入朝在便殿谢恩。皇帝问他近臣中可重用之人,钱若水答以中书舍人王旦。皇帝说:"这本来是朕所注意的。"

【纲】秋八月,赵镕、李惟清罢职,任命曹彬为枢密使,向敏中、夏侯峤为副使。

【纲】冬十月,葬太宗皇帝于永熙陵(在今河南巩县西南)。

【纲】十二月,追尊太宗贤妃李氏为皇太后。

【纲】李继迁请求归降,任命他为定难节度使,恢复他赵保吉的姓名。

纲鉴易知录卷六六

宋纪

真宗皇帝

【纲】戊戌,真宗皇帝咸平元年,春正月,彗星见,诏求直言。
【目】彗出营室北,吕端言:"应在齐、鲁分。"帝曰:"朕以天下为忧,岂直一方邪!"诏求直言,避殿减膳。时田锡自知集贤院出知泰州,上疏言:"李继迁不合与夏州,又不合呼之为赵保吉,乃时政舛误之大者。"又言:"枢密公事,宰相不得预闻,中书政事,枢密不得预议,以致兵谋未精,国计未善。"帝嘉纳之。

【纲】夏四月,遣使按诸路逋负,悉除之。【目】除天下逋欠一千余万,释系狱者三千余人,用三司判官王钦若之言也。

【纲】冬十月,吕端、李至、温仲舒、夏侯峤罢。【目】端器量宽恕,知大体。帝深重之,每见其入对,肃然拱揖,不以名呼。又以端姿仪瓌大,宫庭陛峻,特令梓人为纳陛。至是,以疾罢。

【纲】以张齐贤、李沆同平章事,向敏中参知政事,杨砺、宋湜为枢密副使。【目】齐贤慷慨有大略,每以致君自负。尝为帝言皇王之道,帝曰:"皇王之道非有迹,但庶事无挠,则近之矣。"

帝尝问沆治道所宜先,沆对曰:"不用浮薄新进喜事之人,此最为先。"帝问其人,沆曰:"如梅询、曾致尧辈是矣。"帝又语及"唐人树党,遂使王室微弱,盖奸邪难辨耳。"沆曰:"佞言似忠,奸言似信,如卢杞蒙蔽德宗,李泌以为真奸邪是也。"帝曰:"奸邪之迹虽曰难辨,久之自败。"一夕内出手诏,欲以刘美人为贵妃,沆对使者引烛焚之,附奏曰:"但道臣沆以为不可。"其议遂寝。帝尝谓

真宗皇帝

【纲】真宗皇帝咸平元年（戊戌，998），春正月，彗星出现，下诏求直言。　【目】彗星出现在营室北，吕端进言："感应在齐、鲁境内。"真宗皇帝说："朕以天下为忧，岂只在一方呢！"下诏求直言，避居正殿，减少膳食肴馔。当时田锡从知集贤院出知泰州（治海陵县，即今江苏泰州市），上疏奏言："李继迁不该给与夏州，又不该称呼他为赵保吉，这是时政错误之大者。"又言："枢密院的公事，宰相不得参预闻知，中书省的政事，枢密不得参预议论；致使用兵的计划不精密，国家之大计不妥善。"真宗皇帝赞许而采纳了这些意见。

【纲】夏四月，派遣使者审察诸路拖欠赋税，全部免除。　【目】免除天下拖欠赋税钱一千余万，释放拘系在狱中的囚徒三千余人，这是采纳了三司判官王钦若的建言。

【纲】冬十月，吕端、李至、温仲舒、夏侯峤罢职。　【目】吕端器量宽容忠恕，知大体，真宗皇帝深为器重他。每见他入朝奏对，肃然拱手作揖，不呼唤他的名字。又因为吕端姿态仪容魁伟高大，而宫殿台阶高峻，特请木工为他制做纳陛以便于他上下。至此因病罢职。

【纲】任命张齐贤、李沆同平章事，向敏中参知政事，杨砺、宋湜为枢密副使。　【目】张齐贤为人慷慨，有远大谋略，常以尽心致力于君主而自负。曾为皇帝讲述皇王之道，真宗皇帝说："皇王之道没有轨迹可求，只要是办各种事情正而不乱，也就接近皇王之道了。"

真宗皇帝曾问李沆治世之道应当以什么为先，李沆回答说："不任用浮薄轻率、新入仕途、喜欢多事的人，这是最为首要的。"真宗皇帝又问是哪些人，李沆回答说："譬如梅询、曾致尧等就是这样的人。"真宗皇帝又谈到"唐人树立朋党，遂使王室衰弱，大概是奸邪之人不易识别罢。"李沆说："佞言似忠，奸言似信，比如卢杞蒙蔽唐德宗，李泌认为他真是奸邪，就是那样。"真宗皇帝说："奸邪之人的行迹虽说难于辨别，但时间久了自然败露。"一天晚间，禁内发出皇帝手诏，要以刘美

沆曰："人皆有密启，卿独无，何也？"对曰："臣待罪宰相，公事则公言之，何用密启。夫人臣有密启者，非谗即佞，臣常恶之，岂可效尤。"

【纲】己亥，二年，春闰三月，旱，求直言。 【目】转运副使朱台符上言，略曰："陛下践祚以来，彗星一见，时雨再愆。彗星见者，兵之象也。时雨愆者，泽未流也。宜重农以积粟，简卒以省费，专将帅之任以安边，慎守令之选以惠民，舍此数事，虽有智者不能为计矣。"

【纲】夏六月，枢密使兼侍中鲁公曹彬卒。 【目】彬疾，帝临问，因询以契丹事宜，彬对曰："太祖英武定天下，犹经营和好。"帝曰："此事朕当屈节为天下苍生，然须执纲纪，存大体，即久远之利也。"又问以后事，对曰："臣无事可言。臣子璨、玮，材器皆堪为将。"帝问其优劣，对曰："璨不如玮。"及卒，帝哭之恸，赠中书令，追封济阳王，谥武惠。彬在朝廷，未尝忤旨，亦未尝言人过失。位兼将相，不以等威自异，遇士夫于途，必引车避之。不名下吏，每白事，必冠而后见。居官俸入，给宗族，无余积。君子谓彬仁恕清慎，能保功名，守法度，为宋良将第一。

【纲】秋七月，以王显为枢密使。
【纲】以吕文仲等为翰林侍读学士，邢昺为侍讲学士。 【目】初置翰林侍读、侍讲学士，设直庐于秘阁，以杨徽之、夏侯峤及文仲为侍读学士，昺为侍讲学士，更直召对询访，或至中夕。寻诏昺与杜镐、舒雅、孙奭等校定周礼、仪礼、公羊、穀梁春秋传、孝经、论语、

人为贵妃。李沆当着使者的面把手诏就烛上引火烧掉了,让使者向皇帝奏说:"你只说臣李沆认为不可。"这事也就搁置下来。真宗皇帝曾对李沆说:"别人皆有秘密奏启,只有你没有,这是为什么?"李沆回答说:"臣愧任宰相之位。公事就公开奏言,何须秘密启奏!至于人臣有秘密启奏的,不是谗毁之词,便是奸佞之所为,臣讨厌这种人,岂可学他们的样子!"

【纲】咸平二年(己亥,999),春闰三月,天旱,求直言。 【目】转运副使朱台符上言,大致说:"陛下登位以来,彗星出现一次,两次遇到旱灾。彗星出现,是战争的征象,时雨不下,是恩泽未及的结果。应当重视农业以积蓄粮食,精简士卒以节省费用。对将帅的任用要专,以安定边疆;对守令的选用要谨慎,以求惠民。舍却以上几件事,虽智慧之士也不能为之出谋设计了。"

【纲】夏六月,枢密使兼侍中鲁公曹彬去世。 【目】曹彬生病,皇帝亲临问疾,顺便询问他契丹方面的事。曹彬回答说:"太祖英武,平定天下,尚且从事于和睦邦交之事。"皇帝说:"这事朕当为天下苍生万民而屈节,但必须坚持法度,保全大体,即为久远之利啊。"又问身后之事,回答说:"臣没有什么事可说。臣之子璨、玮,按材器说都可以为将。"皇帝问他们两个人的优劣,曹彬回答说:"璨不如玮"。曹彬死,皇帝哭得很悲痛,赠他为中书令,追封济阳王,谥号曰武惠。曹彬在朝廷,未曾违忤过旨意,也不曾议论别人的过失。官至位兼将相,不因将相之威仪而自异于人。在途中遇到士大夫,必定牵着车马避开。对属下吏员不直呼其名,每当来禀事的时候,一定要正冠而后出来相见。居官时俸禄的收入,分给宗族,自己没有多余的积蓄。君子人说曹彬仁爱宽恕,清廉谨慎,能保持功名,守护法度,在宋朝良将中为第一。

【纲】秋七月,任命王显为枢密使。

【纲】任命吕文仲等为翰林侍读学士,邢昺为侍讲学士。 【目】初次置翰林侍读、侍讲学士,把学士值宿的直庐设在秘阁,任命杨徽之、夏侯峤及吕文仲为侍读学士,邢昺为侍讲学士,更换值班,召见对答,询问事宜,有时至中夜。不久又诏令邢昺与杜镐、舒雅、孙奭等校定《周礼》《仪礼》《春秋公羊传》《春秋谷梁传》《孝经》《论语》《尔

尔雅义疏。

【纲】冬十月，契丹隆绪入寇，都部署康保裔与战于瀛州，死之。十二月，帝自将御契丹，次于大名。

【纲】庚子，三年，春正月，契丹引还，范廷召追败之。帝至自大名。

【纲】二月，王显罢，以周莹、王继英知枢密院事，王旦同知院事。【目】初，旦为翰林学士，尝奏事退，帝目送之，曰："为朕致太平者，必此人也。"

【纲】夏四月，太子太保吕端卒。

【纲】冬十一月，张齐贤免。【目】齐贤与李沆不相得。日南至朝会，齐贤被酒失仪，遂坐免。

【纲】辛丑，四年，春二月，诏群臣子弟补京官者试一经。

【纲】三月，以吕蒙正、向敏中同平章事。王化基罢。以王旦参知政事，冯拯、陈尧叟同知枢密院事。

【纲】夏四月，以王钦若参知政事。

【纲】颁九经于州县学校。

【纲】秋八月，以张齐贤为泾原诸路经略使。【目】帝以赵保吉虽入贡，而钞劫益甚，乃遣齐贤行边。齐贤言："灵武孤城，必难固守，徒使军民六七万陷于危亡之地。"通判永兴军何亮复上安边书，言"灵武地方千里，表里山河，决不可舍之以资戎狄。"帝不能决，诏群臣议弃守之宜。杨亿言："弃之便。"辅臣咸以"灵州乃必争之地，苟失之，则缘边诸郡皆不可保。"帝惑之。李沆曰："保吉未死，灵州非朝廷有也。莫若遣使密召州将，使部分军民，空垒而归，如此则关右之民息肩矣。"帝不从，以王超为西面行营都部署，将步骑六万援灵州。齐贤又请募江南丁壮以益戍兵，帝曰："此不惟人心动摇，抑使南方之人远戍西鄙，甚不便也。"寝其奏。

雅义疏》。

【纲】冬十月，契丹耶律隆绪入寇，都部署康保裔在瀛州（治河间县，即今河北河间县）与他作战，战死。十二月，真宗皇帝亲自领兵抵御契丹，军队到达大名（在今河北大名县东）。

【纲】咸平三年（庚子，1000），春正月，契丹引军返还，范廷召追击，把他们打败。真宗皇帝从大名回到汴京。

【纲】二月，王显罢职，任命周莹、王继英知枢密院事，王旦同知院事。　【目】起初，王旦为翰林学士，有一次奏事毕退下，皇帝目送他，说："为朕获致太平的，必定是这个人啊。"

【纲】夏四月，太子太保吕端去世。

【纲】冬十一月，张齐贤免职。　【目】张齐贤与李沆互相不投合。冬至日朝会，张齐贤喝醉酒失态不合礼节，因此被免职。

【纲】咸平四年（辛丑，1001），春二月，诏令群臣子弟补授京官者考试经书一种。

【纲】三月，任命吕蒙正、向敏中同平章事。王化基罢职。任命王旦参知政事，冯拯、陈尧叟同知枢密院事。

【纲】夏四月，任命王钦若参知政事。

【纲】把《九经》颁行到州县学校。

【纲】秋八月，任命张齐贤为泾原诸路经略使。　【目】真宗皇帝以赵保吉虽然入贡，但是抄掠劫夺更加厉害，就派遣张齐贤巡视边地。张齐贤说："灵武（即灵州，治回乐县，在今灵武县西南）是一座孤城，必定难于固守，白白地让六七万军民陷于危亡的境地。"通判永兴军（治长安城，即今西安市）何亮又上呈安边书，说："灵武地面方圆千里，有山河为屏障，决不可舍弃它而给与戎狄。"真宗皇帝决定不下来，诏令群臣议论弃守何者为宜。杨亿说："弃之为便。"辅臣都认为灵武是必争之地，假若失掉它，那么沿边境的几个州郡都不可保。真宗皇帝困惑不知如何是好。李沆说："赵保吉不死，灵州不为朝廷所有。不如派遣使者密召州将，使部署军民，空其营垒而归，这样的话，关右的百姓可以歇息一下了。"真宗皇帝没有听从他的意见，任命王超为西面行营都部署，带领步兵骑兵六万去援助灵州。张齐贤又请求招募江南壮丁以增加戍守

【纲】九月,赵保吉反,陷清远军。

【纲】壬寅,五年,春三月,赵保吉陷灵州,知州事裴济死之。【目】济知灵州,谋辑八镇,兴屯田之科,民甚赖之。保吉大集蕃部来攻,济被围饷绝,刺指血染奏,求救兵,不至,城遂陷,济死焉。保吉以州为西平府,居之。帝得报,悔不用李沆之言,诏王超屯永兴军。

【纲】夏六月,周莹罢。

【纲】秋九月,召种放为左司谏,直昭文馆。 【目】张齐贤言放孝行纯至,简朴退静,可厉风俗。下诏召之,放乃诣京师,对于崇政殿,赐坐,询以民政边事。放对曰:"明王之治,爱民而已,惟徐而化之。"余皆谦让不对。即日授左司谏、直昭文馆。放固让,不许,赐予甚厚,时召对焉。明年请暂还山,许之,迁起居舍人。放既还,后数朝京师,东封、西祀无不预。禄赐既丰,颇饰舆服,置田长安,强市争讼,时议薄之。王嗣宗守京兆,因条上其不法事,极其丑诋,会赦而止。杜镐尝因宴钱赋诗,诵北山移文以讥之,放不之愧。

【纲】冬十月,向敏中免。

【纲】癸卯,六年,夏四月,复以张咏知益州。 【目】帝以咏前在蜀,治政优异,复自永兴徙知益州。民闻咏再至,皆鼓舞相庆。咏威惠并行,政绩益著,下诏褒美,且令巡抚使传谕咏曰:"得卿在蜀,朕无西顾之忧矣。"

士兵。真宗皇帝说："这样不但人心动摇不定,而且使南方之人远道去戍守西部边陲,甚为不便。"把他的奏请搁置起来。

【纲】九月,赵保吉反,攻陷清远军(在今宁夏灵武县东南)。

【纲】咸平五年(壬寅,1002),春三月,赵保吉攻陷灵州,知州事裴济死难。　【目】裴济知灵州,谋划安辑八镇,以戍卒垦种屯田的办法解决军饷,百姓很信赖他。赵保吉集合大量蕃人部伍来攻。裴济被围困粮绝,刺破手指写成血书上奏朝廷,请求救兵。救兵不到,城被攻陷,裴济为此而死。赵保吉以灵州为西平府,居住此城。真宗皇帝得到报告,懊悔没采用李沆之言,诏令王超屯兵永兴军。

【纲】夏六月,周莹罢职。

【纲】秋九月,召种放为左司谏,在昭文馆值班。　【目】张齐贤奏言种放孝行纯真至诚,简朴谦退静穆,可以劝勉社会的风尚习俗。朝廷下诏召见他,种放就来到京师,在崇政殿回答皇帝的询问,赐坐,咨询以民政边疆等方面的事。种放回答说："明君治理天下,不过是爱民罢了,要慢慢地感化他们。"其余的事都谦逊不作回答。当天,授予左司谏之职,在昭文馆值班。种放坚决辞让;真宗皇帝不许可,赏赐很丰厚,时常召见问询对答。第二年,请求暂时回到隐居的地方;答应了他的请求,迁升为起居舍人。种放已经回山,后来几次到京师来上朝,东封禅于泰山,西郊祀天地,他全都参预过。得到的俸禄和赏赐已很丰厚,他就装饰起自己的车马舆服来,又在长安购置田产,由于强买而与人争讼,当时人们在议论中鄙薄他。王嗣宗守京兆,于是列款奏陈他不法之事,极力丑化他、诋毁他,恰好遇到赦罪而中止。杜镐曾借着宴会饯行赋诗,诵读《北山移文》以讥讽他,种放不以为愧。

【纲】冬十月,向敏中免职。

【纲】咸平六年(癸卯,1003),夏四月,再次任命张咏知益州。　【目】真宗皇帝因为张咏以前在蜀的时候,政绩优异,又自永兴徙迁知益州(即成都府,今四川成都市)。百姓听说张咏再次到来,都击鼓舞蹈,互相庆贺。张咏恩威并行,政绩更加显著,下诏对他褒奖称扬,并且令巡抚使把皇帝的话传达给张咏说:"得卿在蜀地,朕没有西顾之忧了。"

【纲】六月,以寇准为三司使,陈恕罢。 【目】恕久领三司。帝初即位,尝命条具中外钱谷,恕久不进,屡诏趣之,恕对曰:"陛下富于春秋,若知府库充实,恐生侈心,是以不敢进也。"帝嘉之。至是以疾固求馆殿之职,帝曰:"卿求一人可代者,听卿去。"恕荐准焉。准至三司,检寻恕前后改创之事类为册,及其所出榜,别用新板,躬至恕第请判押;恕亦不让,一一押之,自是计使无不循其旧贯。恕精于吏理,深刻少恩,人不敢干以私。掌利柄十余年,强力干事,胥吏畏服。

【纲】秋九月,吕蒙正罢。

【纲】冬十二月,右谏议大夫田锡卒。 【目】锡居谏署,直言时政得失,每指斥将相备位,无所筹谋,封疏凡五十二奏,悉焚之。曰:"直谏,臣职也,岂可藏副示后以卖直邪。"及卒,帝谓李沆曰:"田锡,直臣也。朝廷少有阙失,方在思虑,锡之章疏已至矣。"嗟惜久之。

【纲】赵保吉陷西凉,杀丁惟清,潘罗支会蕃部击败之。保吉走死,子德明嗣。 【目】环、庆边臣以德明初立,乞降诏抚之。帝乃诏德明,令审图去就。知镇戎军曹玮上言:"保吉擅河南地二十年,兵不解甲,使中国有西顾之忧。今其国危子弱,不即捕灭,后更强盛,不可制矣。愿假臣精兵,出其不意,擒德明送阙下,复河南为郡县,此其时也。"帝欲以恩致德明,不报。

【纲】甲辰,景德元年,春正月,京师地震。

【纲】三月,皇太后李氏崩。

【纲】六月,任命寇准为三司使,陈恕罢职。　【目】陈恕长期主管三司,真宗皇帝初登位的时候,曾命他详细开列京中和外地的钱谷数目。陈恕好久没有上报。多次下诏催促他,陈恕回答说:"陛下年纪不大,假若知道府库中贮存的钱粮充实,恐怕会产生奢侈之心,所以不敢上报。"真宗皇帝称赞他。至此时因为有病,坚决请求授予馆殿之职务。真宗皇帝说:"你推荐一个可以替代你的人,就让你去。"陈恕推荐了寇准。寇准到了三司,检点寻出陈恕前前后后有关改革创立的事汇编成簿册,和他所出之榜示,另用新板写出,亲自到陈恕的宅第,请他签字押署。陈恕也不推让,一一签署。自此之后,三司使全都沿用陈恕定下的旧例。陈恕精于吏法,严峻刻薄而少恩惠,人们不敢以私事求他。在重要的职位上掌权十多年,办事强力执行,小吏们对他都很畏服。

【纲】秋九月,吕蒙正罢职。

【纲】冬十二月,右谏议大夫田锡去世。　【目】田锡居位谏官,直率地奏言时政的得失,常指斥将相们空据官位,而无所筹划谋略,密封的奏疏五十二起,全都焚烧掉,说:"直言谏诤,是为臣的职责,岂可藏起副本示于后人来卖弄耿直之名吗!"到他去世时,皇帝对李沆说:"田锡是直臣啊,朝廷稍微有缺失之处,正在思虑,田锡的奏章就已经到了。"嗟叹惋惜了好长时间。

【纲】赵保吉攻陷西凉(西凉府,即凉州,治姑臧县,即今甘肃武威市),杀死丁惟清,潘罗支会同蕃部击败赵保吉。赵保吉逃跑死去,他的儿子赵德明继承了他的职位。　【目】环州(治通远县,即今甘肃环县)、庆州(治安化县,即今甘肃庆阳县)的边臣认为赵德明初立,请求降诏抚慰他。真宗皇帝于是下诏,令赵德明好好考虑自己的出路。知镇戎军曹玮上表奏言:"赵保吉据有河南地区(指今黄河河套以南,灵武以东地)二十年,兵不解甲,使中原有西顾之忧。如今他的国家危殆,儿子幼弱,不立即加以捕灭,待到以后更加强盛,就不可制服了。希望给我精兵,出其不意,擒捉赵德明送到阙下,收复河南,恢复为郡县,这正是大好时机啊。"真宗皇帝想要用加恩的作法使赵德明归顺,不作答复。

【纲】景德元年(甲辰,1004),春正月,京师地震。

【纲】三月,皇太后李氏崩逝。

【纲】秋七月,尚书右仆射同平章事李沆卒。 【目】时西北用兵,帝便殿延访,或至旰食,王旦叹曰:"我辈安得坐见太平,优游无事邪!"沆曰:"强敌外患,足为警戒。他日四方宁谧,朝廷未必无事。"

沆又日取四方水旱、盗贼奏之,且以为细事不足烦帝听。沆曰:"人主少年,当使知四方艰难,不然,血气方刚,不留意声色犬马,则土木、甲兵、祷祠之事作矣。吾老不及见,此参政他日之忧也。"

丁谓与寇准善,准屡荐其才于沆,沆不用。准问之,沆曰:"顾其为人,可使之在人上乎?"准曰:"如谓者,相公终能抑之使在人下乎?"沆笑曰:"他日当思吾言。"

沆尝言:"居重位无补,惟中外所陈利害,一切报罢之,少以报国尔。朝廷防制,纤悉备具,或徇所陈请,行一事即所伤多矣,陆象先所谓'庸人扰之'是已。"沆常读论语,或问之,沆曰:"沆为宰相,如'节用而爱人,使民以时',尚未能行。圣人之言,终身诵之可也。"

沆性直谅,内行修谨,居位慎密,不求声誉,遵法度,识大体,人莫能干以私。公退,终日危坐,未尝跛倚。治第封丘门内,厅事前仅容旋马。或言其太隘,沆笑曰:"居第当传子孙。此为宰相厅事诚隘,为太祝奉礼厅事则已宽矣。"

及卒,帝惊恸,谓左右曰:"沆忠良纯厚,始终如一,岂意不享遐寿邪!"赠太尉、中书令,谥文靖。

【纲】以毕士安参知政事。

【纲】秋七月，尚书右仆射、同平章事李沆去世。　**【目】**当时西北地区有战事。真宗皇帝在便殿延请询问，有时忙到很晚才吃饭。王旦慨叹说："我们这些人怎么能够见到太平，优游无事呢？"李沆说："强敌成为外患，足以给我们作为警戒。日后四方安宁，朝廷未必就无事。"

李沆又每天收集四方各地水旱、盗贼等灾害情况奏知皇帝。王旦认为这是些小事，不值得麻烦皇帝听闻。李沆说："君主年少，应当让他知道四方各地的艰难；不然，血气方刚之时，不是留意声色犬马，就是吃喝玩乐，那么，大兴土木、黩武用兵、祈祷祀神等事就会发生了。我已老了，来不及看到，这是参政者他日所忧虑的。"

丁谓与寇准友善，寇准屡次向李沆推荐丁谓的才能，李沆不加任用。寇准问他，李沆说："你看他的为人，可以使之在人上吗？"寇准说："像丁谓这样的人，相公究竟能阻抑他使他在人下吗？"李沆笑着说："以后你会想到我说的话的。"。

李沆曾说："身居重要的职位没有什么补益，只是把朝廷内外陈述利害之事，一概不予采纳，以此来稍微报答国家罢了。朝廷的防范制度，很为详细完备，如或曲从他们所陈请的，即使实行一件事，所伤害的可就多了。陆象先所谓的'庸人扰之'正是这样。"李沆常读《论语》，有人问他，李沆说："我李沆身为宰相，即如'节用而爱人，使民以时'，（节省用度而爱护人民，役使人民要照顾季节）还没能实行。圣人的话，终身记诵它是应当的。"

李沆性格正直诚实，平日家居，在操行修养方面严肃谨慎，居官办事审慎而周密，不追求声望名誉，遵守法度，照顾大局，没有谁能以私事干求他的。公事完毕退归私第，整天端端正正的坐着，从来不斜躺着或倚靠在器物上。在封丘门内修建宅第，厅事前边的空地仅仅能容得马转过身来。有人说地方太狭窄，李沆笑着说："私人住宅当传给子孙。这要作为宰相厅事确实太窄，为太祝奉礼之厅事，还嫌宽了呢。"

及至去世，真宗皇帝吃惊而悲痛，对左右的人们说："李沆忠良纯厚，始终如一，没想到不享高寿啊！"赠他为太尉、中书令，谥号文靖。

【纲】任命毕士安参知政事。

【纲】八月,以毕士安、寇准同平章事,王继英为枢密使,冯拯、陈尧叟签书枢密院事。 【目】初,士安既拜参知政事,入谢,帝曰:"未也,行且相卿。"因问"谁可与卿同进者?"对曰:"寇准兼资忠义,善断大事,臣所不如。"帝曰:"闻其好刚使气。"对曰:"准忘身徇国,秉道疾邪,故不为流俗所喜。今天下之民,虽蒙休德,涵养安佚,而北戎跳梁,为边境患,若准者正宜用也。"帝曰:"然。当藉卿宿德镇之。"准既相,守正疾恶,小人日思所以倾之,士安每为申辨,帝始不疑。

【纲】闰九月,契丹隆绪大举入寇。

【纲】冬十月,契丹来议和,遣阁门祗候曹利用报之。

【纲】置龙图阁。 【目】奉太宗御制文集及典籍图画宝瑞之物,与宗正所进属籍;并置待制学士官。自是,每一帝崩,则置一阁。

【纲】十一月,契丹进寇澶州,帝自将御之。 【目】契丹陷德清军,逼冀州,遂抵澶州。边书告急,一夕五至,寇准不发,饮笑自如。帝闻之大骇,以问准。对曰:"陛下欲了此,不过五日耳。"因请帝幸澶州,同列惧欲退,准止之,令候驾起。帝难之,欲还内,准曰:"陛下入,则臣不得见,大事去矣!请无还。"

毕士安力劝帝如准所请,帝乃议亲征,召群臣问方略。时以虏寇深入,中外震骇,王钦若临江人也,请幸金陵;陈尧叟阆州人也,请幸成都。帝以问准,准心知二人谋,乃阳若不知者,曰:"谁为陛下画此策?罪可斩也!陛下神武,将臣协和,若大驾亲征,敌当自

【纲】八月，任命毕士安、寇准同平章事，王继英为枢密使，冯拯、陈尧叟签书枢密院事。 【目】当初，毕士安既已拜授参知政事，入朝谢恩。真宗皇帝说："先不要谢，很快就要让你做宰相。"就问道："谁可以和你一同进升为宰相的官位？"回答说："寇准秉有忠义的资质，善于谋断大事，臣不如他。"真宗皇帝说："听说他好逞刚强，任性使气。"毕士安回答说："寇准为国事忘记自身，坚守正道痛恨邪恶，所以不为流俗所喜欢。现今天下的百姓，虽说蒙受朝廷的恩德，过着舒适安逸的日子，但北戎还很强暴，成为边境的祸患，像寇准这样的人，正是应该任用的。"真宗皇帝说："好，那就借重你这位年老而有德望的人来镇服他吧。"寇准既任宰相，坚守正道，嫉恨邪恶，小人天天都想找个机会推倒他，毕士安每每为寇准申辩，真宗皇帝这才不怀疑他。

【纲】闰九月，契丹耶律隆绪大举入寇。

【纲】冬十月，契丹来议和，派遣阁门祗候曹利用前去回报。

【纲】设置龙图阁。 【目】供奉太宗御制文集及典籍、图画、珍宝、瑞祥之物与宗正所呈进的皇族名册，并设置待制学士官。自此，每一位皇帝去世，就设置一阁。

【纲】十一月，契丹进寇澶州（治濮阳县，即今河南濮阳县），真宗皇帝亲自领兵前去御敌。 【目】契丹攻陷德清军（在今河南清丰县西北），逼近冀州（治信都，即今河北衡水市冀州区），遂即抵达澶州。边境来书告急，一个晚间就有五次送到，寇准全扣下不发，饮酒谈笑像没事一样。真宗皇帝听说，大为惊骇，以此事询问寇准。寇准回答说："陛下想要解决此事，不过五天罢了。"于是请求真宗皇帝亲自到澶州。同僚都很恐惧，想要往后撤退，寇准加以阻止，命令等候皇帝起驾前行。真宗皇帝很为难，想要回内宫。寇准说："陛下入内，臣不得见面，那样的话，大事就完了！请不要回去。"

毕士安极力劝说真宗皇帝依照寇准的请求去做，真宗皇帝这才商议亲征的事，召群臣来问方略。当时因为敌人深入境内，朝内朝外人士都震惊恐惧。王钦若是临江（临江新喻县，即今江西新余市）人，请皇帝到金陵去；陈尧叟是阆州（阆中县，在今四川阆中市东）人，请皇帝到成都去。皇帝拿这事来问寇准。寇准心中知道是这两人所出之谋，就佯

遁；不然，出奇以挠其谋，坚守以老其师，劳佚之势，我得胜算矣。奈何弃庙社欲幸楚、蜀？所在人心崩溃，敌乘胜深入，天下可复保邪！"帝意乃决。时欲择大臣镇大名，准荐钦若，遂诏判天雄军。盖准以钦若多智，恐妄有所疑沮，故出之。

【纲】李继隆军射杀契丹将萧挞览。　【目】契丹围澶州，李继隆整军御之。会有自虏中回者，言挞览谋以迟明袭寨，继隆伏兵分据要害。顷之，控弦暴至，挞览躬出阵前督战；继隆将张环守床子弩，弩撼机发，射杀之。挞览有机勇，所领皆锐兵，既死，虏大挫衄。

【纲】以王旦为东京留守。
【纲】十二月，帝渡河，次澶州，契丹请盟而退。　【目】帝在道，又有以金陵之谋告者，帝意稍惑，召准问之。准曰："陛下惟可进尺，不可退寸。河北诸军日夜望銮舆至，士气百倍；若回辇数步，则万众瓦解，虏乘其后，金陵亦不可得至也。"殿前都指挥使高琼曰："寇准言是。"准又曰："机不可失，宜趣驾。"帝乃晨发。

至澶州南城，望见契丹军势甚盛，众请驻跸。寇准固请曰："陛下不过河则人心益危，敌气未慑，非所以取威决胜也。且王超领劲兵屯中山以扼其吭，李继隆、石保吉分大阵以扼其左右肘，四方征镇赴援者日至，何疑而不进！"高琼亦固以请，即麾卫士进辇，帝遂渡河。御北城门楼，远近望见御盖，踊跃呼万岁，声闻数十里，契丹相视益怖骇。帝悉以军事付准，准承制专决，号令明肃，士卒畏

装不知道，说："谁为陛下筹划这种计策？他的罪该斩首！陛下神智英武，君臣将相协和一致，若是大驾亲征，敌人会自己逃遁。不然，出奇计以阻挠敌人的谋略，坚守阵地以使敌师疲老，以逸待劳之势，胜利就掌握在我们手中。为什么要抛弃宗庙社稷，要到荆楚、西蜀去呢？如果所在人心崩溃，敌人乘胜深入内地，天下还可保得住吗？"皇帝这才拿定主意。当时想要选择大臣去镇守大名，寇准推荐王钦若，于是下诏让王钦若判天雄军。大概寇准认为王钦若智谋多，恐怕他瞎出主意使皇帝疑惑而不去亲征，所以让他外出任官。

【纲】李继隆军射杀契丹将领萧挞览。　【目】契丹兵围攻澶州，李继隆整顿军队进行抵御。恰好有从敌境中回来的，说萧挞览计划在黎明的时候来偷袭营寨。李继隆埋伏下军队，分别据守要害。不久，敌兵突然而来，萧挞览亲自到阵前督战。李继隆的部将张环（《资治通鉴长编作"张瓌"》）守着床子弩，弓弩撼动，机关发动，射杀萧挞览。萧挞览机智而勇敢，所统领的都是精锐的兵士，他死后，敌军大为挫伤。

【纲】任命王旦为东京（即汴京）留守。

【纲】十二月，真宗皇帝渡过黄河，抵澶州。契丹请立和盟而退军。　【目】真宗皇帝在途中，又有人把退到金陵去的打算告诉他，真宗皇帝听说，主意有些迷惑不定，召寇准来问他。寇准说："陛下只可前进一尺，不可后退一寸。河北诸路军马日夜盼望陛下您到那里，就会士气百倍；假若您回辇退几步，则万众之师全都瓦解了，那时敌人乘机在后面追击，即使金陵也不可到了。"殿前都指挥使高琼说："寇准说得对。"寇准又说："机不可失，应当催促车驾前往。"真宗皇帝这才在清晨出发。

到达澶州南城，望见契丹军势甚为盛大，众人请求皇帝停留下来不再前进。寇准坚持请求说："陛下若不过河，人心就会更加危惧，敌人的气焰未被慑服，这不是我们所用以取得威望决定胜敌的办法。而且王超统领强劲的军队屯扎在中山（即定州，治安喜县，今河北州市），扼住了敌军的喉咙，李继隆、石保吉分别布列大阵以扼住敌军的左右翼，四方应征召的各镇赶来救援的军队不日就到了，还有什么怀疑而不前进的！"高琼也坚决请求前进，当即指挥卫士推动辇车前进，真宗皇

悦。已而契丹数千骑来薄城下，诏士卒迎击，斩获大半，乃引去。

帝还行宫，留准居北城上，徐使人视准何为。准方与知制诰杨亿饮博，歌谑欢呼。帝喜曰："准如是，吾复何忧。"

契丹遣其臣韩杞持书与曹利用俱来请盟，利用言契丹欲得关南地，帝曰："所言归地，事极无名；若必邀求，朕当决战；若欲金帛，朝廷之体，固亦无伤。"准不欲赂以货财，且欲邀其称臣及献幽、蓟之地，因画策以进曰："如此，则可保百年无事；不然，数十年后戎且生心矣。"帝曰："数十年后，当有扞御之者。吾不忍生灵重困，姑听其和可也。"准尚未许，会有谮准幸兵以自取重者，准不得已，乃许其成。复遣曹利用如契丹军，议岁币。帝曰："必不得已，虽百万亦可。"准闻之，召利用至幄谓曰："虽有敕旨，汝所许过三十万，吾斩汝矣！"利用至契丹军，竟以银十万两，绢二十万匹，成约而还。契丹遣其阁门使丁振持誓书来，以兄礼事帝，引兵北归。

【纲】帝至自澶州。

【纲】乙巳，二年，春正月，大赦。　【目】以契丹讲和，大赦天下，放河北诸州强壮归农，罢诸路行营，省河北戍兵十之五，缘边三之二。诏缘边毋出境掠夺，得契丹马牛悉纵还之。通互市，葺城池，招流亡，广储蓄，由是河北民得安业，皆毕士安之谋也。

帝就渡过黄河。登上澶州北城门楼，远处近处望见皇帝的伞盖，跳跃着高呼万岁，声闻数十里。契丹人互相窥视，更加惊怖恐惧。真宗皇帝把军事大权全部交给寇准，寇准秉承皇帝的意旨专断事务，号令明确严肃，士卒既畏惧又喜悦。后来契丹数千骑兵来逼近城下，诏令士卒迎击，斩杀擒获大半，敌人引军退去。

真宗皇帝回到行宫，留寇准在北城上，稍后使人去探看寇准在做什么。寇准正与知制诰杨亿饮酒博戏，唱歌谈笑欢呼。真宗皇帝高兴地说："寇准这样，我还有什么可忧虑的！"

契丹派遣他的臣下韩杞带着书信与曹利用一起来请求订立和盟。曹利用说契丹想要得到关南（指瓦桥、益津、淤口三关以南）一带土地。真宗皇帝说："所说许与土地的事，极没有理由；若是一定这样要求，朕当决以一战。若是想得到黄金玉帛，对朝廷的体面倒也没有损伤。"寇准不愿意送纳财物，而且还想要求契丹向宋朝称臣并且献出幽州、蓟州（晋高祖石敬塘天福元年割与契丹幽、蓟十六州地）之地，于是将谋划好的计策进呈皇帝，说："这样的话，就可以保持百年无事；不然，数十年后，戎人又会生出入侵之心啦。"真宗皇帝说："数十年之后，会有抵抗他的力量了。我不忍心让生灵更加困苦，姑且听从他订立和约算了。"寇准尚未答应，恰好有人暗中毁谤寇准，说他希望利用打仗以提高自己的权位。寇准不得已，就应许达成和约。再次派遣曹利用到契丹军中，商议每年输币之事。真宗皇帝说："实在没有办法，即使每年一百万也可以。"寇准听说，把曹利用召到自己的帐幄中，对他说："虽然有皇帝的敕旨，你所应许的超过三十万，我就砍下你的头！"曹利用到契丹军营，竟以银十万两、绢二十万匹，达成了和约而还。契丹派遣阁门使丁振带着订盟誓书前来，以兄长之礼对待真宗皇帝，领兵回北方去了。

【纲】真宗皇帝从澶州回至汴京。

【纲】景德二年（乙巳，1005），春正月，大赦罪人。　【目】因为契丹讲和，大赦天下罪人，放河北诸州强壮之丁回去务农，罢除诸路行营，减省河北戍守的兵士十分之五，沿边戍卒三分之二。诏令沿边军队不要出境掠夺，所得契丹的马牛，全部放还。互通贸易，修葺城池，招

【纲】夏四月,王钦若罢,以冯拯参知政事。 【目】钦若与寇准不协,累表愿解政事,特置资政殿学士授之。

【纲】秋七月,增置制举六科。 【目】贤良方正等三科久不行,至是增置为六科:曰贤良方正能直言极谏,博通坟、典达于教化,才识兼茂明于体用,详明吏理可使从政,识洞韬、略运筹决胜,军谋宏远材任边寄,凡六科,诏中书门下试察其才,具名闻奏,临轩亲策之。

【纲】归币于契丹。 【目】自是岁以为常。

【纲】八月,以向敏中知延州。 【目】先是赵德明以父有遗命,遣使乞归顺,诏以敏中为缘边安抚使,受其降。至是,以德明誓约未定,徙敏中为都部署,兼知延州,委以经略。

【纲】冬十月,吏部侍郎同平章事毕士安卒。 【目】帝谓辅臣曰:"士安饬躬畏谨,有古人之风,遽此沦没,深可悼惜。"王旦等对曰:"士安官至辅相,而四方无田园居第。没未终丧,家用已屈,真不负陛下之所知矣。"帝感叹,赐其家白金五千两,谥文简。

【纲】十一月,契丹遣使来聘。

【纲】丙午,三年,春二月,罢寇准知陕州。 【目】准为相,用人不以次,同列颇不悦。他日除官,同列目吏持例簿以进,准曰:"宰相所以进贤退不肖,若用例,一吏职耳。"自澶渊还,颇矜其功。

帝待准甚厚,王钦若深嫉之。一日会朝,准先退,帝目送之,

回流亡的人，广为储蓄，由此，河北百姓得以安其生业，这些都是毕士安的谋划。

【纲】夏四月，王钦若罢职。任命冯拯参知政事。【目】王钦若与寇准不和，屡次上表说，愿意解除政事，特设置资政殿学士之职授与他。

【纲】秋七月，增置制举六科。【目】贤良方正等三科久已不实行，至此增置为六科，叫作贤良方正，能直言极谏；博通坟典（坟，三坟，三皇之书；典，五典，五帝之书），达于教化；才识兼优，明于体用；说明吏理，可使从政；通晓韬略，运筹决胜；军谋宏远，胜任防守边疆的任务，计为六科。诏令中书门下试察他们的才干，具名奏闻朝廷，皇帝临轩亲自策试之。

【纲】送货币给契丹。【目】自此每岁送纳以为常制。

【纲】八月，任命向敏中知延州（治延州城，在今陕西延安市东）。【目】此前，赵德明因为他父亲临死有遗命，派遣使者请求归顺。下诏任命向敏中为缘边安抚使，接受他的投降。至此，因为赵德明誓约未定，改向敏中为都部署，兼知延州，委以经略之责。

【纲】冬十月，吏部侍郎、同平章事毕士安去世。【目】真宗皇帝对辅臣说："毕士安注意自身修养，敬畏谨慎，有古人之风范，匆促离开人间，深可悼惜！"王旦等回答说："毕士安官至辅相之高位，而四方没有他的田园住宅。死后丧事还没办完，家中用度已经竭尽，真是没有辜负陛下对他的知遇啊。"真宗皇帝感慨叹息，赐其家银五千两，谥以文简。

【纲】十一月，契丹派遣使者来朝聘问致意。

【纲】景德三年（丙午，1006），春二月，寇准罢职，出知陕州（治陕县，即今河南三门峡市陕州区）。【目】寇准为宰相，用人不按资历先后进升，同僚很不高兴。某一天除授官职，同列大臣示意下吏拿着例簿递了上来，寇准说："宰相，由他来推荐贤人，黜退品行不好的人，若是按照例簿来任用人的话，只是一个小吏的职责罢了。"寇准自澶渊回来，颇有些夸伐自己的功劳。

真宗皇帝对待寇准甚厚，王钦若十分嫉妒他。有一天，群臣朝会，

钦若因进曰:"陛下敬准,为其有社稷功邪?"帝曰:"然。"钦若曰:"澶渊之役,陛下不以为耻,而谓准有社稷功何也?"帝愕然,曰:"何故?"钦若曰:"城下之盟,春秋耻之。澶渊之举,以万乘之贵,而为城下之盟,何耻如之!"帝愀然不悦。钦若曰:"陛下知博乎?博者输钱欲尽,乃罄所有出之,谓之孤注。陛下,寇准之孤注也,斯亦危矣!"由是帝顾准浸衰,竟罢为刑部尚书,出知陕州。

初,张咏在成都,闻准入相,谓僚属曰:"寇公奇材,惜学术不足耳。"及准知陕,咏适自成都还,准送之郊,问曰:"何以教准?"咏徐曰:"霍光传不可不读也。"准莫谕其意,归取其传读之,至"不学无术",笑曰:"此张公谓我也。"

未几,移准知天雄军,契丹使过大名谓准曰:相公望重,何故不在中书?"准曰:"主上以朝廷无事,北门锁钥,非准不可耳。"

【纲】以王旦同平章事,赵安仁参知政事。又王钦若、陈尧叟知枢密院事,韩崇训、马知节签书院事。
【纲】置诸州常平仓。
【纲】冬十月,赵德明请降,诏以为定难节度使。
【纲】丁未,四年,春正月,契丹城辽西为中京。

【纲】夏四月,皇后郭氏崩。
【纲】五月,增孔子守茔户。
【纲】秋八月,权三司使丁谓上景德会计录。
【纲】戊申,大中祥符元年,春正月,有天书见于承天门,大赦,改元。 【目】帝自闻王钦若言,深以澶州之盟为辱,怏怏不乐。

寇准先退朝，皇帝目送他退去。王钦若借这机会向皇帝进言说："陛下敬重寇准，是因为他有社稷之功吗？"真宗皇帝说："是。"王钦若说："澶渊那一次战役，陛下不认为是耻辱，而认为寇准有社稷之功，这是为什么？"真宗皇帝听了这话，显出吃惊的样子，问道："这是怎么回事？"王钦若说："城下之盟，《春秋》认为是耻辱。澶渊这一次举动，以万乘大国君主的尊贵，而订立城下之盟，没有比这更耻辱的！"真宗皇帝听了，脸上变色，很不高兴。王钦若说："陛下知道赌博吗？赌博的人钱快要输光的时候，就拿出所有的钱作为赌注，这叫孤注一掷。陛下，您成了寇准的孤注，这也就够危险的了！"由此，真宗皇帝对寇准的顾念之情便渐渐减弱了，终于罢为刑部尚书，出知陕州。

起初，张咏在成都，听说寇准入朝为宰相，对他的僚属说："寇公是个奇材，只可惜学术不足。"待到寇准知陕州，张咏恰好从成都回来，寇准送他到郊外，问道："您有什么可教导我寇准的？"张咏从容地说："《霍光传》，不可不读啊。"寇准一时没明白他的意思，同去取出那篇传来读，读到"不学无术"，笑着说："这是张公说的我啊。"

不久，寇准移知天雄军（即大名府），契丹的使者经过大名，对寇准说："相公威望重，为什么不在中书省？"寇准说："主上认为朝廷无事，北大门是如同锁钥一般的重地，非我寇准来防守不可。"

【纲】任命王旦同平章事，赵安仁参知政事。任命王钦若、陈尧叟知枢密院事，韩崇训、马知节签书院事。

【纲】设置诸州常平仓。

【纲】冬十月，赵德明请求投降，下诏任命他为定难节度使。

【纲】景德四年（丁未，1007），春正月，契丹筑城于辽西（在今河北平泉县东北），作为中京。

【纲】夏四月，皇后郭氏崩逝。

【纲】五月，增加孔子守茔户。

【纲】秋八月，代理三司使丁谓呈上《景德会计录》。

【纲】大中祥符元年（戊申，1008），春正月，有天书出现于承天门，大赦天下，更改纪元。　【目】真宗皇帝自从听了王钦若的话，深以澶州之盟为耻辱，常怏怏不乐。王钦若猜度皇帝厌恶战争，于是谬妄

钦若度帝厌兵，因谬进曰："陛下以兵取幽、蓟，乃可涤此耻。"帝曰："河朔生灵，始免兵革，朕安忍为此！可思其次。"钦若曰："惟封禅可以镇服四海，夸示外国。然自古封禅，当得天瑞希世绝伦之事乃可尔。"既而又曰："天瑞安可必得，前代盖有以人力为之者。惟人主深信而崇奉之，以明示天下，则与天瑞无异也。陛下谓《河图》《洛书》果有邪？圣人以神道设教耳。"帝沉思久之，曰："王旦得无不可乎？"钦若曰："臣论以圣意，宜无不可。"钦若乃乘间为旦言，旦黾勉从之。帝尚犹豫，会幸秘阁，骤问直学士杜镐曰："古所谓河出图、洛出书，果何事邪？"镐老儒，不测上旨，漫应之曰："此圣人以神道设教耳。"帝意乃决，遂召旦饮，欢甚，赐以樽酒曰："归与妻孥共之。"既归，发封，则皆美珠也。旦悟帝旨，自是不敢有异议。

正月乙丑，帝谓群臣曰："去冬十一月庚寅，夜将半，朕方就寝，忽室中光曜，见神人星冠绛衣，告曰：'来月宜于正殿建黄箓道场一月，当降天书大中祥符三篇。'朕竦然起对，已复无见。自十二月朔，即斋戒于朝元殿，建道场以伫神贶。适皇城司奏有黄帛曳左承天门南鸱尾上，令中使视之，帛长二丈许，缄物如书卷，缠以青缕，封处隐隐有字，盖神人所谓天降之书也。"旦等皆再拜称贺。

帝即步至承天门，瞻望再拜，遣二内侍升屋奉之下。旦跪进，帝再拜受之，亲置舆中，导至道场，授陈尧叟启封，复命尧叟读之。其书黄字三幅，词类洪范、道德经，始言帝能以至孝至道绍世，次谕以清净简俭，终述世祚延永之意。读讫，盛以金匮。群臣入贺于崇政殿，赐宴，遣官告天地、宗庙、社稷，大赦，改元。

地向真宗皇帝奏言:"陛下用兵攻取下幽州、蓟州,才可洗涤去这个耻辱。"真宗皇帝说:"河朔一带的百姓,才免除兵革之苦,朕怎么能忍心这样做!可想另外的办法。"王钦若说:"惟有到泰山举行封禅之礼可以镇服四海,夸耀显示于外国。然而自古封禅,应当得到上天降下祥瑞,有希世绝伦之事才可以。"过了一会儿又说:"天瑞哪里就一定可以得到,前代大概有用人力去做出来的。只要君主深信而且崇奉它,以明示天下,这就和天瑞没有什么两样了。陛下认为《河图》《洛书》果然有吗?圣人以神道设施教化罢了。"真宗皇帝沉思了好长时间,说:"王旦会不同意吗?"王钦若说:"我把圣上的意思晓谕他,想来他该不会不同意。"王钦若找个机会对王旦说知此事,王旦勉力地听从了。真宗皇帝还在犹豫,恰好有一次到秘阁去,骤然问直学士杜镐说:"古代所谓河出图、洛出书,到底是怎么回事?"杜镐是位老儒,没揣测出皇帝的意思,随便回答说:"这是圣人用神道设教罢了。"真宗皇帝的主意就决定了,于是召王旦饮酒,甚为欢欣,赐予一樽酒说:"回去与你的妻子儿女共饮。"王旦回家后,打开封盖,里面全都是珍美的珠子。王旦领悟到真宗皇帝的意思,自此不敢再有异议。

正月乙丑这天,真宗皇帝对群臣说:"去冬十一月庚寅这天,将近半夜时候,朕刚要睡觉,忽然室中发出光亮,见一个神人戴着星冠,穿着绛色衣服,告诉说:'下月,应当在正殿建黄箓道场一个月,当降天书《大中祥符》三篇。'朕竦然起身回话,忽然又不见了。"自十二月初一,即斋戒以表示虔诚,在朝元殿建起道场,以等待神的贶赐。适逢皇城司启奏,有黄色缣帛拖挂在左承天门南面的鸱尾上。真宗皇帝令中使去看,帛长约有二丈,缄封的物品像是书卷,用青线缠扎,封缄之处隐隐有字迹,大概就是神人所谓天降之书。王旦等都再拜称颂祝贺。

真宗皇帝立即步行来到承天门,瞻望着拜了两拜,派遣两个内侍登上屋顶将它恭敬地捧下来。王旦跪着呈献上去,真宗皇帝再拜后接受了,亲自把它放在乘舆中,在前面导引着来到道场,授与陈尧叟开启缄封,又命陈尧叟朗读。其书黄字共三幅,言词类似《洪范》《道德经》,开始说皇帝能以至孝至道继承世代基业,接着晓谕以要清净简约俭朴,最后述说国祚帛系延永久之意。读罢,把它盛在金匮之内。群臣入

钦若之计既行，陈尧叟、陈彭年、丁谓、杜镐益以经义附和，而天下争言祥符矣。独龙图阁待制孙奭言于帝曰："以臣愚所闻，'天何言哉'，岂有书也！"帝默然。

【纲】三月，诏议封禅。夏四月，以王旦兼封禅大礼使。

【纲】六月，得天书于泰山。群臣上帝尊号。

【纲】作玉清昭应宫。
【纲】冬十月，帝封泰山。禅社首。大赦。

【纲】十一月，帝过曲阜，谒孔子，加谥玄圣文宣王。
【纲】还宫。　【目】帝还，群臣争颂功德，惟进士孙籍献书，言："封禅，帝王之盛事，愿陛下谨于盈成，不可遂自满假。"知制诰周起亦上言："天下之势，常患恬于逸安，而忽于兢畏。愿毋以告成为恃。"帝皆纳之。

【纲】己酉，二年，春二月，以方士王中正为左武卫将军。
【目】先是汀州人王捷言："于南康遇道人，姓赵氏，授以丹术及小镮神剑。盖司命真君也，是为圣祖。"宦者刘承珪以闻，赐捷名中正，得对龙图阁。既东封，加圣祖为司命天尊，授中正以官，恩遇甚厚。

【纲】夏四月，升州大火，陕西旱、蝗。
【纲】三司使丁谓上封禅祥瑞图。　【目】丁谓上封禅祥瑞图，示百官于朝堂。自封禅之后，士大夫争奏符瑞，献赞颂。崔立独言："水发徐、兖，旱连江、淮，无为烈风，金陵大火，是天所以戒骄矜也。而中外多上云雾草木之瑞，此何足为治道言哉！"不省。

朝在崇政殿祝贺，赐酒宴庆祝，派遣官员祭告天地、宗庙、社稷。大赦天下，更改纪元。

王钦若的计既已实行，陈尧叟、陈彭年、丁谓、杜镐更加用经义来加以附和，从而天下的人们都争着言说祥符啦。独有龙图阁待制孙奭对真宗皇帝说："以臣愚陋所闻，'天何言哉'，上天既不曾说过什么话，岂会有书！"真宗皇帝默然不语。

【纲】三月，下诏商议封禅之事。夏四月，任命王旦兼封禅大礼使。

【纲】六月，在泰山（在今山东泰安市北）得到了天书，群臣向皇帝奉上尊号。

【纲】建造玉清昭应宫。

【纲】冬十月，皇帝登上泰山祭天，在社首（在今山东泰安市西南）祭地。大赦天下。

【纲】十一月，皇帝过曲阜，拜谒孔子，加谥为玄圣文宣王。

【纲】还宫。　【目】真宗皇帝回来，群臣争着歌颂功德，只有进士孙籍献书说："封禅是帝王的盛事，愿陛下在盈满成就之时要谨慎，不可因之自满。"知制诰周起也上奏说："天下之势，常令人忧患的是沉浸在安逸之中而忽略了兢兢业业和小心敬慎。愿陛下不要以封禅告成而自恃。"真宗皇帝对这些意见都采纳了。

【纲】大中祥符二年（己酉，1009）春二月，任命方士王中正为左武卫将军。　【目】这以前，汀州（治长汀县，即今福建长汀县）人王捷言："在南康遇到一位道人，姓赵氏，教授以炼丹术及小镮神剑。盖即司命真君，是为圣祖。"宦者刘承珪将这事奏知真宗皇帝，赐王捷名为中正，得以在龙图阁应对。既东封泰山，加圣祖为司命天尊，授予王中正以左武卫将军之官职，恩赐待遇甚为优厚。

【纲】夏四月，升州（即今江苏南京市）大火灾，陕西旱灾，蝗灾。

【纲】三司使丁谓呈上《封禅祥瑞图》。　【目】丁谓呈上《封禅祥瑞图》，在朝堂之上展示给百官看。自从封禅之后，士大夫争着上奏符瑞，呈献赞颂。独有崔立一个人说："徐州（治彭城县，即今江苏徐州市）、兖州（治瑕阳县，在今山东济宁市兖州区）发大水，江、淮地区旱

【纲】庚戌,三年,春二月,赎吕端第赐其家。 【目】端诸子多不同处,旧第已质于人。帝闻之,出内库钱赎还之,令其聚居。端长子蕃言负人息钱甚多,帝别赐内库金帛,俾偿之。蕃弟荀与西京差遣,仍令内侍省置簿为掌俶课,给其家。王旦曰:"陛下推思旧臣,始终委曲至矣。"

【纲】秋,旱、蝗。

【纲】九月,内侍江守恩有罪,诛。 【目】守恩擅取民麦穗,杖杀军士,狱成抵法。太常博士俞献卿抗章论救,坐贬。帝尝谓辅臣曰:"前代内臣恃恩恣横,蠹政害物,朕深以为戒,故于班秩赐予不使过分,有罪未尝矜贷。"王旦等曰:"前代事迹昭然,足为龟鉴。陛下言及此,社稷之福也。"

【纲】冬十二月,夏州饥。 【目】西夏管内饥,赵德明表求粟百万,朝议不知所出。或言德明方纳款,而敢渝誓,请降诏责之。王旦曰:"第诏德明云:'已敕有司具粟百万于京师,其遣众来取。'"德明得诏惭曰:"朝廷有人。"

【纲】辛亥,四年,春二月,帝祭后土于汾阴,大赦。 【目】先是群臣上表请祀汾阴,帝从之,以王旦兼大礼使,王钦若为礼仪使,陈尧叟为经度使。正月,奉天书发京师,是月至宝鼎县,祀后土地祇,大赦天下。建宝鼎县为庆成军,大宴群臣于穆清宫而还。

初,将祀汾阴,会岁旱,龙图阁待制孙奭上疏,陈不可者十,且

灾连成一片，无为（治无为县，即今安徽无为县）地区暴风成灾，金陵遭受大火灾，这是上天用来警戒骄傲矜夸的。然而中外多来呈上云雾草木之祥瑞，这哪里可以作为治国之道来说呢！"对这些话真宗皇帝不加省察。

【纲】大中祥符三年（庚戌，1010），春二月，赎回吕端宅第，赏赐其家。　【目】吕端的几个儿子多数不住在一起，旧宅已典质给别人。皇帝听说，拿出内库的钱赎回还给他家，让他们聚居在一起。吕端的长子吕蕃说欠人家的钱及利息很多，真宗皇帝另外赐与内库金帛，让他偿还债务。吕蕃的弟弟吕荀差遣到西京（即洛阳）任官，仍令内侍省置簿，为他掌管租赁课税，供给他家。王旦说："陛下推恩，思念旧臣有始有终，真可以说无微不至了。"

【纲】秋季，旱灾，蝗灾。

【纲】九月，内侍江守恩有罪，处死。　【目】江守恩擅自攫取民人的麦穗，以杖击杀军士，狱成按法当诛。太常博士俞献卿抗奏表章上章直言，辩护以救他，因此被贬官。真宗皇帝曾经对宰辅大臣们说："前代内臣凭借恩宠，恣肆横暴，败政害物，朕深以为戒，所以对于官秩的赐予不使过分，对有罪的人未曾宽恕赦免。"王旦等说："前代的事迹很明白，足可作为借鉴。陛下注意到这方面，真是社稷之福啊。"

【纲】冬十二月，夏州发生饥荒。　【目】西夏管辖地区内发生饥荒，赵德明上表请求给粟百万，朝廷议论不知该怎么办。有人说赵德明才纳款归顺不久，而敢于背弃誓言，请降诏责问他。王旦说："只要下诏对赵德明说：'已令有关部门准备下粟米百万于京师，可派遣人来取。'"赵德明接到诏书，惭愧地说："朝廷有人才。"

【纲】大中祥符四年（辛亥，1011），春二月，真宗皇帝在汾阴（在今山西万荣县荣河镇北）祭礼后土，大赦天下。　【目】在这以前，群臣上表请求祭祀汾阴，真宗皇帝听从了这个请求，任命王旦兼大礼使，王钦若为礼仪使，陈尧叟为经度使。正月，奉天书从京师出发；这月，到达宝鼎县（即汾阴），祭祀后土地祇，大赦天下。建宝鼎县为庆成军，在穆清宫大宴群臣而后返回。

起初，将要去祭祀汾阴，正遇这年旱灾，龙图阁待制孙奭上疏，

曰:"陛下才毕东封,又议西幸,非先王五年卜征重谨之意。今国家土木之功,累年不息,水旱作沴,饥馑居多,乃欲劳民事神,神其飨之乎!"时群臣争奏祥瑞,奭复上言:"方今野雕、山鹿,并形奏简;秋旱、冬雷,率皆称贺。将以欺上天,则上天不可欺;将以愚下民,则下民不可愚;将以惑后世,则后世不可惑。夫'国将兴听于民,将亡听于神',陛下何为而不思也!"帝嘉其忠而不能从。

【纲】三月,召陕州隐士魏野,不至。 【目】野不求闻达,居陕之东郊,为诗精苦。帝自汾阴还,次陕州,遣陕令王希召之,不起,命工图其所居观之。

【纲】帝过西京,遂谒诸陵。夏四月,还宫。

【纲】太子太师吕蒙正卒。

【纲】壬子,五年,夏四月,复以向敏中同平章事。 【目】时旧相出镇,不以吏事为意,惟敏中尽心民事,帝由是有复用之意。及东封、西祀,皆以敏中留守,厚重镇静,人情帖然,遂复拜相。

【纲】五月,赐杭州隐士林逋粟帛。 【目】逋力学,善诗,不趋荣利。家贫,衣食不足,晏如也。结庐杭州西湖之孤山。帝闻其名,赐以粟帛。

【纲】秋八月,作会灵观。

【纲】九月,罢参知政事赵安仁。 【目】初,议立后,安仁谓:"刘德妃家世寒微,不如沈才人出于相门。"帝不悦。他日,与王钦若从容论方今大臣谁为长者,钦若欲排安仁,乃誉之曰:"无若赵安

陈说不可去祀汾阴的理由有十条，并且说："陛下刚刚到东方泰山封禅完毕，又议西去祭祀汾阴，这不符合先王五年占卜五年皆吉才出外巡狩的那种敬重谨慎作法的意思。现在国家大兴土木之功，连年不停，水旱不调，荒年饥岁居多，还要劳民祀神，神能享用吗！"当时群臣争着奏闻祥瑞之事，孙奭又上言："当今野雕、山鹿一类东西，也要形诸奏简，称作祥瑞，秋旱冬雷一些不正常现象，也全都上表称贺。如果用来欺骗上天的话，那么上天是不可欺的；如果是用来愚弄下民，那么下民是不可愚弄的；如果是用来迷惑后世之人，那么后世之人也是不可以迷惑的。至于'国将兴，听于民，国将亡，听于神'的话，陛下为什么就不想一想呢！"真宗皇帝赞许他的忠心而不能依从。

【纲】三月，召请陕州隐士魏野，不来。　【目】魏野不求闻达，居住在陕州的东郊，做诗精工而用功很勤。真宗皇帝自汾阴回京，途中到陕州，派遣陕县令王希去召他，他不出，真宗皇帝命画工把他的居处画成图拿来观看。

【纲】真宗皇帝路过西京（即河南府，今河南洛阳市），拜谒了各陵寝。夏四月，回宫。

【纲】太子太师吕蒙正去世。

【纲】大中祥符五年（壬子，1012）夏四月，又任命向敏中同平章事。　【目】当时前任宰相出朝到外地镇守，不把吏事放在心上，惟有向敏中尽心于理民之事，真宗皇帝由此有再度起用他的意思。到东封泰山西祀汾阴之时，都让向敏中留守。向敏中敦厚持重，遇事镇静，人情帖然安定，后来就又拜授他为宰相。

【纲】五月，赐与杭州隐士林逋粟米布帛。　【目】林逋致力学问，善于写诗，不追逐荣华名利。家贫，衣食不足，还是安然处之。在杭州西湖的孤山上结了个草庐居住。真宗皇帝听说他的名望，赐与他粟米布帛。

【纲】秋八月，建造会灵观。

【纲】九月，参知政事赵安仁罢职。　【目】当初，议立皇后，赵安仁说："刘德妃家世贫寒微贱，不如沈才人出身于相门。"真宗皇帝不高兴。某一天，真宗皇帝与王钦若从容议论当今大臣谁是长者，王钦若想

仁。安仁昔为沈伦所知，常欲报之。"帝默然，未几罢。安仁虽贵，简俭若贫素，喜诲诱后进，时以重德推焉。

【纲】以王钦若、陈尧叟为枢密使，丁谓参知政事，马知节为枢密副使。　【目】时天下又安，王钦若、丁谓导帝以封祀，眷遇日隆。钦若自以深达道教，多所建明，而谓附会之，与陈彭年、刘承珪等搜讲坠典，大修宫观。以林特有心计，使为三司使以干财利。五人交通，纵迹诡秘，时号"五鬼"。王旦欲谏，则业已同之；欲去，则上遇之厚，追思李沆之先识，叹曰："李文靖真圣人也！"

钦若状貌短小，颈有附疣，时目为"瘿相"。性倾巧，敢为矫诞。知节以众方竞言祥瑞，深不然之，每言于帝曰："天下虽安，不可忘战去兵也。"

【纲】冬十月，帝言圣祖降于延恩殿。　【目】帝语辅臣曰："朕梦神人传玉皇之命云：'先令汝祖赵玄朗授汝天书，今令再见汝。'翌日，复梦神人传圣祖言：'吾座西，斜设六位以候。'是日即于延恩殿设道场。五鼓一筹，先闻异香，顷之，圣祖至，朕再拜殿下，俄有六人至，揖圣祖，皆就坐。圣祖命朕前曰：'吾人皇九人中一人也，是赵之始祖。'即离座乘云而去。"王旦等皆再拜称贺。诏告天下，肆赦加恩。闰月，上圣祖及圣母尊号。

【纲】十一月，以王旦兼玉清昭应宫使。
【纲】作景灵宫。
【纲】改孔子谥。　【目】以"玄"字犯圣祖讳，改"玄圣"为"至圣"。

排挤赵安仁,就故意赞誉他说:"没有能和赵安仁相比的。赵安仁从前为沈伦所知遇,常想要报答他。"真宗皇帝默然不语,不久就罢了赵安仁的职。赵安仁虽处富贵之位,却简约俭朴就像贫穷寒素时一样。喜欢奖掖后进,当时人们都以他德高望重而推崇他。

【纲】任命王钦若、陈尧叟为枢密使,丁谓参知政事,马知节为枢密副使。 【目】当时天下安定,王钦若、丁谓引导皇帝去举行封禅祭礼的事,皇帝对他们的眷顾恩遇一天比一天优厚。王钦若自己认为深深了解道教,对道教有不少建树和阐明,而丁谓附会他的说法,与陈彭年、刘承珪等搜集讲述已经失落的道教经典,大修道教宫观。因为林特会心算,让他当三司使,以任财利之事。这五个人互相勾结,行踪诡秘,当时号称"五鬼"。王旦想要劝谏皇帝,则已经和这些人共同干过一些事,想要离去,又觉得皇帝厚待自己,回想起李沆对人有先见之明,感叹地说:"李文靖真是圣人啊!"

王钦若身材短小,脖颈上有个肉瘤,当时人们把他叫作"瘿相"。他性情邪巧,敢做矫饰怪诞的事。因为众人正争着进言祥瑞,马知节深不以为然,常对皇帝说:"天下虽然安定,但不可忘记战争,废弃武事啊。"

【纲】冬十月,真宗皇帝说圣祖降临于延恩殿。 【目】真宗皇帝对辅臣说:"朕梦见神人传达玉皇之命说:'先前让你祖先赵玄朗授你天书,如今叫他再去见你。'第二天,又梦到神人传达圣祖的话:'我的座位在西,斜设六个座位等候着。'这一天,当即在延恩殿设立道场。五鼓一筹时,先闻到一股异香;一会儿,圣祖到了,朕再拜于殿下。不一会儿有六人来到,向圣祖作揖行礼,全都坐在座位上。圣祖命朕向前说:'我是人皇九人中的一人,是赵氏的始祖。'说完就离开座位乘云而去。"王旦等全都再拜,称颂祝贺。下诏告示天下,大赦加恩。闰月,给圣祖及圣母奉上尊号。

【纲】十一月,任命王旦兼玉清昭应宫使。

【纲】建造景灵宫。

【纲】改孔子谥号。 【目】因为"玄"字犯圣祖名讳,改"玄圣"为"至圣"。

【纲】十二月，立德妃刘氏为皇后。 【目】后父通为虎捷都指挥使，从征太原，道卒。后在襁褓而孤，鞠于外氏，善播鼗。蜀人龚美者以锻银为业，携之至京师，年十五入襄邸。帝即位，自美人进位德妃，专宠后宫。郭氏崩，帝欲立之，翰林学士李迪言"妃起于寒微，不可以母天下。"帝不从。欲得杨亿草制，使丁谓谕旨。亿难之，谓曰："勉为此，不忧不富贵。"亿曰："如此富贵，亦非所愿也。"乃命他学士焉。后既立，以无宗族，更以美为兄，改其姓为刘。闻李迪之谏，大恨之。后性警敏，晓书史，闻朝廷事，能记其本末。帝退朝，阅天下封奏，多至中夜，后皆预闻。宫闱事有问，辄援引故实以对。帝深重之，由是渐干外政。

【纲】癸丑，六年，春正月，禁内臣出使干预公事。

【纲】秋七月，除农器税。 【目】知滨州吕夷简请免税河北农器。帝曰："务穑劝农，古之道也，岂独河北哉！"诏诸路并除之。

【纲】冬十二月，献天书于朝元殿。 【目】先是，帝享玉皇于朝元殿，判亳州丁谓献芝草三万七千本，遂诏扶侍使赵安仁等奉献天书于朝元殿。

【纲】甲寅，七年，春正月，帝如亳州，谒老子于太清宫。【目】先是，诏亲谒太清宫，命王旦兼大礼使，丁谓兼奉祀经度制置使，陈彭年副之，加号太上老君混元上德皇帝。孙奭上言："陛下事事慕效唐明皇，岂以明皇为令德之主邪？"帝曰："东封、祀汾、谒陵寝、享老子，非始于明皇。且开元礼今世所循用，不可以天宝之乱而非之。"作解疑论以示群臣。是月，奉天书发京师，遂朝谒太清宫。

【纲】十二月，立德妃刘氏为皇后。 【目】皇后的父亲刘通为虎捷都指挥使，从征太原，在途中去世。皇后在襁褓中就成了孤儿，由外祖父母家鞠养。她善于摇播两边有小耳的小鼓，蜀人龚美，以锻制银器为业，把她带到京城。十五岁那年进入襄王府。真宗皇帝登帝位时，她从美人进位为德妃，在后宫中她独得真宗皇帝的宠幸。郭氏去世，真宗皇帝想立她为皇后，翰林学士李迪进言："皇妃出身寒微，不可以奉为天下之母仪。"真宗皇帝不听从。想要让杨亿起草立后的制书，使丁谓去晓谕旨意。杨亿感到为难。丁谓说："你勉为其难，不愁不富贵。"杨亿说："这样的富贵，也不是我所愿意要的。"于是就命别的学士草拟。刘氏既立为皇后，因为自己没宗族，更以龚美为兄，改他的姓为刘。听说李迪有那样的劝谏阻挠，非常痛恨他。皇后性格机警敏捷，懂得书史，听闻朝廷之事，能从头至尾记得清楚。真宗皇帝退朝，阅批天下的封奏，多数要到深夜，皇后都预闻其事。宫闱中的事问她时，她常常援引旧例来回答。真宗皇帝深为器重她，由此渐渐干预宫廷外的政事。

【纲】大中祥符六年（癸丑，1013），春正月，禁止内臣出使干预公事。

【纲】秋七月，免除农器税。 【目】知滨州（治渤海县，即今山东滨州市）吕夷简请求免除河北农器税。真宗皇帝说："勉励人们务农，这是自古以来的正道，岂独河北呢！"诏令诸路一并免除。

【纲】冬十二月，奉献天书于朝元殿。 【目】在这以前，真宗皇帝在朝元殿享祭玉皇。判亳州（即今安徽亳县）丁谓献上灵芝草三万七千株。于是诏令扶侍使赵安仁等奉献天书于朝元殿。

【纲】大中祥符七年（甲寅，1014），春正月，真宗皇帝到亳州，在太清宫拜谒老子。 【目】此前，下诏亲自拜谒太清宫，命王旦兼大礼使，丁谓兼奉祀经度制置使，陈彭年为他的副职。给老子加号为太上老君混元上德皇帝。孙奭上言："陛下事事学习倾慕模仿唐明皇，莫非以为唐明皇是有美德的人主吗？"真宗皇帝说："东封泰山、西祀汾阴、拜谒陵寝、享祭老子，并非开始于唐明皇。而且《开元礼》，今世也还沿用，不可因为有天宝之乱而完全否定他。"作了一篇《解疑论》以昭示群臣。这月，奉天书从京师出发，前去朝拜太清宫。

【纲】以应天府为南京。 【目】国初因五代之旧，以大梁为东京开封府，洛阳为西京河南府，后以太祖旧藩归德军在宋州，改宋州为应天府，至是建为南京。作鸿庆宫，以奉太祖、太宗圣像。

【纲】二月，还宫，大赦。

【纲】夏六月，王钦若、陈尧叟、马知节免。 【目】知节素恶钦若之为人，议论未尝少屈。钦若每奏事，必怀数奏，但出一二，匿其余，退则以己意称上旨行之。知节尝于帝前顾钦若曰："怀中奏，何不尽出之？"钦若不悦。会泸州都巡检王怀信等上平蛮功，钦若久不决，既而擅超擢之；知节因面诋其短，争于帝前。帝召王旦质之。旦至，钦若犹哗不已，知节流涕曰："愿与钦若同下御史府。"旦叱钦若使退。帝大怒，命付狱。旦从容曰："钦若等当黜，未知坐以何罪？"帝曰："忿争无礼。"旦曰："陛下奄有天下，使大臣坐忿争无礼之罪，或闻外国，无以威远。愿至中书召钦若等，宣示陛下含容之意，且戒约之，俟少间罢未晚也。"帝曰："非卿言，朕固难忍。"月余，始罢钦若、知节，并及尧叟。

【纲】司空张齐贤卒。

【纲】以寇准为枢密使。

【纲】秋七月，以王嗣宗、曹利用为枢密副使。八月，以向敏中兼景灵宫使。

【纲】冬十二月朔，司天监奏日食，不应。 【目】群臣表贺。

【纲】乙卯，八年，春二月，加楚王元佐天策上将军，赐剑履上殿，诏书不名。

【纲】夏四月，寇准罢。 【目】准以三司使林特附会邪险，恶

【纲】以应天府（即宋州，治宋城县，在今河南商丘市南）作为南京。　【目】开国之初，沿袭五代之旧制，以大梁为东京开封府，洛阳为西京河南府。后来因为宋太祖之旧藩归德军在宋州，改宋州为应天府，至此时建为南京。建造鸿庆宫，以供奉太祖、太宗圣像。

【纲】二月，返还皇宫，大赦天下。

【纲】夏六月，王钦若、陈尧叟、马知节免官。　【目】马知节素来厌恶王钦若的为人，与之议论时一点也不屈服。王钦若每当向皇帝奏事时，必定在怀中揣有好几份奏章，只拿出一二份来，其余的藏起来，退朝后就把自己的意思说成是皇帝的意旨去执行。马知节曾在皇帝面前看着王钦若说："怀中的奏折，为什么不全拿出来？"王钦若不高兴。适逢泸州（治泸川县，即今四川泸州市）都巡检王怀信等上报平蛮功，王钦若久久不决，过了不久又擅自越级提拔了他。马知节于是当面揭发他的短处，在真宗皇帝面前争论起来。真宗皇帝召王旦来质询这事。王旦来到，王钦若还是喧哗不停。马知节流着眼泪说："我愿意与王钦若一同下御史府受审。"王旦喝叱王钦若让他退下。真宗皇帝勃然大怒，下令把他们投入狱中。王旦从容地说："王钦若等应当黜免，不知道定以何罪？"皇帝说："忿詈争吵没有礼数。"王旦说："陛下拥有天下，使大臣因忿争无礼的罪名下狱，倘或被国外闻知，无法以威望服远人。希望到中书省召王钦若等，宣示陛下包容之意，并且警戒约束他们，等稍微过些时候，再罢免也不为晚啊。"真宗皇帝说："要不是你说这话，朕实在是难于容忍。"一月余，才罢免王钦若、马知节，并把陈尧叟也免职了。

【纲】司空张齐贤去世。

【纲】任命寇准为枢密使。

【纲】秋七月，任命王嗣宗、曹利用为枢密副使。八月，任命向敏中兼景灵宫使。

【纲】冬十二月朔（初一）司天监奏称将出现日食，没有应验。　【目】群臣上表称贺。

【纲】大中祥符八年（乙卯，1015），春二月，加封楚王赵元佐天策上将军，赐予他特殊待遇，可以佩剑空履朝见皇帝，诏书不称名。

【纲】夏四月，寇准罢职。　【目】寇准因为三司使林特附会奸邪

之，每事沮抑。帝方宠特，闻之不悦，谓王旦曰："准刚忿如昔。"旦曰："准，好人怀惠，又欲人畏威，皆大臣所当避，而准乃以为己任，此其所短也。非至仁之主，孰能容之！"准竟以是罢。

初，准数短旦于帝，而旦专称准。帝谓旦曰："卿虽称其美，彼专谈卿恶。"旦曰："理固当然。臣在相位久，政事缺失必多，准对陛下无隐，益见其忠直，此臣所以重准也。"帝由是益贤旦。

中书有事送枢密院，违诏格，准以上闻。旦被责，拜谢，堂吏皆坐罚。不逾月，枢密有事送中书亦违诏格，堂吏欣然呈旦，旦令送还枢密而已。准大惭谢。

及罢，准托人语旦，求为使相。旦惊曰："将相之任，岂可求邪！吾不受私请也。"准深憾之。已而除准武胜军节度使、同平章事、判河南府。准入见，谢曰："非陛下知臣，安能至此。"帝具道旦所以荐者，准愧叹，以为不可及。

【纲】以王钦若、陈尧叟为枢密使。
【纲】朝元殿火。
【纲】秋九月，王嗣宗罢。
【纲】枢密直学士知陈州张咏卒。 【目】咏临卒上疏言："不当造宫观，竭天下之财，伤生民之命。此皆贼臣丁谓诳惑陛下；乞斩谓头置国门以谢天下，然后斩咏头置丁氏之门以谢谓。"帝叹其忠，谥忠定。

【纲】赐信州道士张正随号真静先生。 【目】初，汉张鲁子自

险诈,讨厌他,遇事每加沮抑。真宗皇帝正宠幸林特,听到后很不高兴,对王旦说:"寇准的刚强忿急和从前一样。"王旦说:"寇准,喜欢人们怀念他的好处,又想要人们畏惧他的威严,这些都是为大臣的应当避忌的,而寇准竟认为自己应当如此,这是他的短处。不是至为仁爱的君主,谁能容得下他!"寇准终于因此而被罢职。

起初,寇准屡次在真宗皇帝面前说王旦的短处,而王旦在真宗皇帝面前只称扬寇准的长处。真宗皇帝对王旦说:"你虽然称扬他好的地方,他可是专谈你的坏处。"王旦说:"按理本来应当这样。我在相位的时间长,政事上缺失之处必然很多。寇准对陛下直言无隐,更显出他的忠诚正直来,这就是我所以推重寇准的理由。"真宗皇帝从此更加认为王旦是贤臣。

中书省有公事送枢密院,违背诏定的格式,寇准以此奏知皇帝。王旦被责罚,拜谢,中书省的属吏皆因此而受责罚。不出一个月,枢密院有公事送中书省,也违背诏定的格式,中书省的属吏欣喜地呈送给王旦,王旦令送还枢密院算完。寇准十分惭愧地来道谢。

待到罢职,寇准托人对王旦说,求王旦帮助他担任使相也就是节度使兼同平章事。王旦吃惊说:"将相之任,岂可求而得之吗!我不受私人的请托。"寇准深恨王旦。后来除授寇准为武胜军(治邓州,即今河南邓州市)节度使、同平章事、判河南府。寇准入朝参见,谢恩说:"要不是陛下了解我,怎么能够这样安排我!"真宗皇帝把王旦推荐他的情况都告诉了他。寇准惭愧地感叹,认为自己远不及王旦。

【纲】任命王钦若、陈尧叟为枢密使。

【纲】朝元殿失火。

【纲】秋九月,王嗣宗罢职。

【纲】枢密直学士、知陈州(治宛丘县,即今河南周口市淮阳区)张咏去世。 【目】张咏临去世的时候上疏言:"不应当修造道教宫观,以致竭尽天下的财物,损伤百姓的生命。这都是贼臣丁谓欺惑陛下的结果,请求斩丁谓的头悬之国门以谢天下,然后斩我张咏的头悬在丁氏之门以谢丁谓。"皇帝感叹他的忠诚,谥以忠定。

【纲】赐信州道士张正随号为真静先生。 【目】起初,汉代张鲁

汉川徙居信州龙虎山，世以鬼道惑众，正随其后也。至是，召赴阙，赐号。王钦若为奏立授箓院及上清观，蠲其田租。自是凡嗣世者皆赐号。

【纲】丙辰，九年，春正月，以张旻为枢密副使。 【目】先是旻为马军副都指挥使，被旨选兵，下令太峻，兵惧，谋欲为变。上召二府议之，王旦曰："若罪旻，则自今帅臣何以御众，捕谋者则震惊都邑。今但擢旻，使解兵柄，反侧者当自安矣。"帝从其言，兵果无他。帝语左右曰："王旦善处大事，真宰相也。"

【纲】夏六月，畿内蝗。 【目】帝遣人出郊，得死蝗以献，因以示大臣。明日执政遂袖死蝗进曰："蝗尽死矣，请示于朝，率百官贺。"王旦曰："蝗出为灾。灾弭，幸也，又何贺。"固称不可，后数日二府方奏事，飞蝗忽蔽天，帝顾旦曰："使百官方贺而蝗如此，岂不为天下笑邪！"

【纲】秋八月，知秦州曹玮败吐蕃于伏羌砦。 【目】玮在秦州，屡请益兵。帝不悦，问李迪"边将谁可代玮者？"迪曰："玮知唃厮啰欲窥关中，故请益兵为备，非怯也。"乃诏发关内羡兵赴玮。未几，唃厮啰与宗哥族连结入寇；使谍者声言以某日下秦州会食，以激怒玮。玮勒兵不动，坐俟其至，大破之，夷其族帐，斩首千余级。自是唃厮啰势蹙，退保碛中不出。

【纲】九月，丁谓、陈尧叟免，以陈彭年、王曾、张知白参知政事，任中正为枢密副使。 【目】彭年初入翰林为学士，尝谒王旦，旦辞不见。翌日，向敏中以彭年所上文字示旦，旦瞑目不览曰："是不过兴建符瑞，图进取耳。"已而彭年附王钦若、丁谓，朝廷典礼，

之子从汉川（即汉中，在今陕西汉中市东）迁居到信州龙虎山（在今江西贵溪县西南象山西南），世代以鬼道欺惑众人。张正随是他的后代，至此时召他赴朝廷，赐号。王钦若为他奏请建立授箓院及上清观，蠲免他的田租。从这时起，凡是嗣世的全都赐号。

【纲】大中祥符九年（丙辰，1016），春正月，任命张旻为枢密副使。　【目】这之前，张旻为马军副都指挥使，奉旨选兵，下令太严刻，兵士恐惧，谋划要为变乱。真宗皇帝召集中书、枢密二府来讨论这件事，王旦说："若加罪于张旻的话，那么自今以后帅臣怎么能控驭兵众！要是逮捕谋变者，就会使都邑震惊。现在只可提拔张旻，使他解除兵权，反侧不安的人自会安宁了。"真宗皇帝听从他的话，兵士果然没有发生什么事。真宗皇帝对左右说："王旦善于处理大事，是真正的宰相啊！"

【纲】夏六月，京畿之内发生蝗灾。　【目】真宗皇帝派人到郊外去，捉得死蝗虫回来献上朝廷，把它展示给大臣看。第二天，执政大臣就袖带着死蝗虫向皇帝进言："蝗虫全部死了，请求在朝廷上展示，率领百官庆贺。"王旦说："蝗虫出来是为灾害，灾害消失了，是幸运，有什么好庆贺的！"坚持认为不可这样做。过了几天，中书、枢密二府正在奏事，飞蝗忽然遮天蔽日地飞来，真宗皇帝看着王旦说："假使百官正在这里庆贺，而蝗虫这样飞来，岂不被天下人笑话吗！"

【纲】秋八月，知秦州（治成纪县，今甘肃天水市）曹玮在伏羌砦（在今天水市西北）打败吐蕃。　【目】曹玮在秦州，屡次请求增加兵力，真宗皇帝很不高兴，问李迪："边将中有谁可以代替曹玮的？"李迪说："曹玮知道唃厮啰想伺机进攻关中，所以请求增兵以备防守，并不是胆怯。"于是下诏发关内多余的兵到曹玮那里去。不久，唃厮啰与宗哥族连结在一起入寇，使间谍扬言，在某一天攻下秦州会餐，用以激怒曹玮。曹玮勒兵不动，坐待他们到来，把他们打得大败，扫平了他们的族帐，斩首千余级。自此唃厮啰的势力缩弱，退保沙漠不出。

【纲】九月，丁谓、陈尧叟免职。任命陈彭年、王曾、张知白参知政事，任中正为枢密副使。　【目】陈彭年初入翰林为学士，曾拜谒王旦，王旦推辞不见。一天，向敏中把陈彭年所上奏的文字拿给王旦看，王旦闭着眼睛不看，说："这不过是兴建符瑞，贪图进取罢了。"后来陈彭年

无不参预,帝甚宠遇。及升内阁,而李宗谔卒,杨亿罢,彭年独任,事务丛委,形神皆耗,举止失措,至家人有不记其名者。

【纲】罢诸营建。 【目】李迪言:"陛下土木之役过甚,蝗旱之灾,殆天意以警陛下也。"帝深然之,遂罢诸营造,禁天下贡瑞物。诏民能赈贫者,官之。未几得雨,青州飞蝗多赴海死。

依附王钦若、丁谓，朝廷举行典礼，没有他不参预的。真宗皇帝很宠信他。到升内阁时，李宗谔去世，杨亿罢职，陈彭年独任，事务繁忙，形神皆被消耗，举止失措，以至于对家人有不记得名字的。

【纲】停止各种营建工程。　【目】李迪言："陛下土木之役太多，发生蝗虫与旱灾，大概是天意用来示警于陛下的。"皇帝认为很对，于是罢止各种营造建筑，禁止天下进贡祥瑞之物。下诏令平民百姓能赈济贫穷者，给他官做。不久降了雨，青州（治益都县，即今山东青州市）一带飞蝗多数飞到海里而死。

纲鉴易知录卷六七

宋纪

真宗皇帝

【纲】丁巳，天禧元年，春二月，陈彭年卒。 【目】彭年敏给强记，尤好刑名之学，性奸谄，时号"九尾狐"。张齐贤谓人曰："彭年在位，必乱国政。"或疑齐贤过甚，后乃服其知人。

【纲】三月，以王曾兼会灵观使，曾辞不受。 【目】王钦若方挟符瑞以固宠位，阴排异己者。会有诏以曾为会灵观使，曾以推钦若，帝不悦，谓曾曰："大臣宜傅会国事，何遽自异邪？"曾顿首曰："君从谏谓明，臣尽忠谓义。陛下不知臣驽病，使待罪宰府，臣知义而已，不知异也。"

【纲】夏五月，以王旦为太尉、侍中，参决军国重事。旦固辞，许之。

【纲】秋七月，王旦罢。 【目】旦疾甚，引对滋福殿，力求避位。帝悯其形瘁，许之。复问曰："卿万一有不讳，朕以天下付之谁乎？"旦谢曰："知臣莫若君，惟明主择之。"固问之，旦举笏曰："以臣之愚，莫如寇准。"帝曰："准性刚褊，更思其次。"旦曰："他人臣所不知也。"

【纲】八月，以王钦若同平章事。 【目】帝久欲相钦若，王旦曰："钦若遭逢陛下，恩礼已隆，且乞留之枢密，两府亦均。臣见祖宗朝，未尝有南人当国者。虽古称立贤无方，然须贤士乃可。臣为宰相，不敢沮抑人，此亦公议也。"乃止。及旦罢，钦若遂相。钦若语人曰："为王子明，迟我十年作宰相。"

真宗皇帝

【纲】天禧元年（丁巳，1017），春二月，陈彭年去世。 【目】陈彭年思虑敏捷，记忆力强，尤其喜好刑名之学，性情奸诈诡谲，当时号为"九尾狐"。张齐贤对人说："陈彭年在相位，一定会扰乱国政。"有人怀疑张齐贤说得太过分了，后来才佩服他有知人之明。

【纲】三月，任命王曾兼会灵观使，王曾推辞不受命。 【目】王钦若正凭借着符瑞来巩固自己受宠信的地位，暗中排除异己。恰好有诏任命王曾为会灵观使，王曾把此任推给王钦若。真宗皇帝不高兴，对王曾说："大臣应当与国事协调一致，你为什么自居于立异的地位呢？"王曾叩头回答说："君主听从劝谏叫做明，臣子尽忠叫做义。陛下不知臣驽钝且有许多毛病，让我在宰相府任职，臣只知道尽义而已，而不知什么立异。"

【纲】夏五月，任命王旦为太尉、侍中，参与决断军国重事。王旦坚决推辞，答应了他。

【纲】秋七月，王旦罢职。 【目】王旦病重，引对于滋福殿，竭力请求离开自己的职位。真宗皇帝怜悯他形容憔悴，准许了他的请求，又问道："卿万一有个好歹，朕以天下托付给谁呢？"王旦辞谢说："知臣莫若君，只有由明主自己来抉择。"皇帝坚持问他，王旦举起朝笏说："以臣的愚见，没有比寇准再合适的了。"真宗皇帝说："寇准性格刚猛褊急，你再想一想另外的人。"王旦说："别的人，臣不了解啊。"

【纲】八月，任命王钦若同平章事。 【目】真宗皇帝很久就想让王钦若为相，王旦说："王钦若遇到陛下，得到的恩宠礼遇已经很隆重了，暂且请求让他留在枢密，枢密和中书两府也是一样的。臣见祖宗朝未曾有南人当国执政的。虽然古人说立贤无方，但必须是贤士才可以。臣为宰相，不敢阻止遏抑人才，这也是公议啊。"王钦若为相之事就搁止下来了。到王旦罢职，王钦若就成为宰相。王钦若对人说："由于王子明，使我晚十年作宰相。"

【纲】九月,王曾罢。 【目】曾既不受会灵观使,上意不怿,王钦若数谮之。会曾市贺皇后家旧第,其家未徙,而曾令人舁土置其门。贺氏诉于朝,遂罢曾政事。王旦在告,闻之曰:"王君介然,他日德望勋业甚大,顾予不得见尔。"或请其故,曰:"王君昨让观使,虽佛上旨,而辞直气和,了无所慑。且始被进用,已能若是。我自任政事二十年,每进对稍忤,即蹙缩不能自容,以是知其伟度矣。"

【纲】以李迪参知政事,马知节知枢密院事,曹利用、任中正、周起同知院事。

【纲】太尉玉清昭应宫使王旦卒。 【目】旦为首相,会天下无事,慎守祖宗法度,无所变改。帝久益信,言无不从,凡大臣有所奏请,必问曰:"王旦以为如何?"

旦与人寡言笑,及奏事,群臣异同,旦徐一言以定。

居家宾客满堂,察可与言及素知名者,数日后召与语,询访四方利病,或使疏其言而献之,以观其所长,密籍其名荐之,人未尝知。谏议大夫张师德两诣旦门,不得见,意为人所毁,以告向敏中。敏中从容为旦言之,旦曰:"旦处安得有毁人者。"及议知制诰,旦曰:"可惜张师德。"敏中问之,旦曰:"师德名家子,有士行,不意两及吾门。状元及第,荣进素定,当静以待之;若复奔竞,使无阶而入者当如何也!"

薛奎发运江、淮,辞旦,旦无他语,但云"东南民力竭矣。"奎退叹曰:"真宰相之言也!"

【纲】九月，王曾罢职。 【目】王曾既不接受会灵观使之职，真宗皇帝心里很不喜欢，王钦若又多次毁谤他。恰巧王曾买了贺皇后家的旧宅第，贺家还没有搬迁，而王曾让人抬土放置在他家门前。贺家向朝廷控诉，就罢除了王曾的政事。王旦此时正在休假，听说这事，说："王君很耿直，以后德行威望功勋事业都会有很大成就，只是我来不及见到罢了。"有人请问这是为什么，王旦说："王君前不久辞让会灵观使，虽然违背了皇上的旨意，但言辞正直，心平气和，一点也不为所畏慑。而且刚开始被进用，就已经能做到这样。我自任政事已二十年，每当进对稍有违忤皇上的心意，就感到进退不能自容，从这些情况看，就可以知道他的宏伟大度啦。"

【纲】任命李迪参知政事，马知节知枢密院事，曹利用、任中正、周起同知院事。

【纲】太尉、玉清昭应宫使王旦去世。 【目】王旦为首相，适逢天下无事，谨慎奉守祖宗法度，无所改变。时间一久，真宗皇帝对他更加信任，言无不从，凡大臣有奏请之事，一定要问："王旦认为怎么样？"

王旦与人很少谈笑，待到奏事的时候，群臣意见不一，王旦从容地一句话就能定下来。

王旦在家的时候，宾客满堂，留心观察可以与之言谈以及平素知名的，过几天之后，召来谈话，访问四方有何利病，或者让他写成文字献上，借以观其所长，暗中记下他的名字予以推荐，而别人没有知道的。谏议大夫张师德两次登王旦之门，没有能见到王旦，他认为是被人毁谤了，把这事告诉向敏中。向敏中把这事从容地向王旦说了，王旦说："我王旦这里怎么会有毁谤人的！"待到讨论任用知制诰时，王旦说："可惜张师德！"向敏中问他，王旦说："张师德是名家子弟，有士人的品行，没想到他竟两次来到我的门上！状元及第，荣进之事，素来已定，当静静地等待；若是再竞相奔走寻找门路，那些没有门路可以进入的人该怎么办！"

薛奎发运江、淮，向王旦辞行。王旦没有其他的话，只是说："东南民力消耗净尽啦。"薛奎回去，感叹地说："这真是宰相说的话啊！"

内臣刘承珪以忠谨得幸，既病，求节度使。帝谓旦曰："承珪待此以瞑目。"旦执不可，曰："他日求为枢密使，此其阶也。"遂止。自是内臣不过留后。旦任事久，有谤之者辄引咎不辨；至人有过失，虽人主盛怒，可辨者辨之，必得而后已。

至是疾笃，帝临问，亲调药并薯蓣粥赐之。及薨，痛悼不已。且遗令削发披缁以敛，盖悔其不谏"天书"之失也。诸子欲奉遗令，杨亿以为不可，乃止。

【纲】戊午，二年，夏闰四月，马知节罢。六月，以曹利用知枢密院事。

【纲】彗星出北斗。

【纲】秋八月，立子受益为皇太子，更名祯，赦。 【目】受益，司寝李氏所生，皇后养以为子，与杨淑妃同抚育之。祥符九年，封寿春郡王，就学于资善堂，以张士逊、崔遵度为王友。未几进封升王，至是立为皇太子。

【纲】冬十二月，张知白罢。

【纲】己未，三年，春三月，得天书于乾佑山。夏六月，王钦若有罪，免；以寇准同平章事。 【目】巡检朱能，挟内侍都知周怀政，诈为天书。时寇准判永兴军，以闻，诏迎入禁中。中外皆识其诈，帝独信之。谕德鲁宗道言："奸臣诞妄，以惑圣听。"知河阳孙奭言："乞斩朱能，以谢天下。"皆不听。准由是得召用矣。时钦若恩礼衰，商州捕得道士谯文易，畜禁书，能以术使六丁、六甲神。钦若坐与之出入，遂免，以准代相。准之始召也，门生有劝准者曰："公若至河阳称疾，坚求外补，此为上策；倘入见，即发乾佑天书之诈，斯为次也；最下则再入中书耳。"准不怿。

内臣刘承珪因为忠诚谨慎得到皇帝的宠信,已经病了,请求任为节度使。真宗皇帝对王旦说:"刘承珪等待这个职任,死才瞑目。"王旦坚决不同意,说:"过后求为枢密使,这是他的阶梯啊。"于是就搁置下来。自此内臣任职不过节度留后。王旦任职时间久,有毁谤他的,他常常引咎自责,不作辩白。至于别人有过失,尽管皇帝很生气,只要是可以辩白的他就为之辩白,一定要弄得明明白白才罢休。

至此时病重,真宗皇帝来慰问,亲自调药连同薯蓣粥赐他。到去世时,皇帝痛悼不已。王旦留下遗言要削去头发、披上黑色衣入殓,大概是追悔他当年不劝谏天书之事的过失。他的几个儿子要按照遗言办,杨亿认为不可这样,事遂停止。

【纲】天禧二年(戊午,1018),夏闰四月,马知节罢职。六月,任命曹利用知枢密院事。

【纲】彗星出现于北斗间。

【纲】秋八月,立子赵受益为皇太子,改名为赵祯,赦免罪人。
【目】赵受益是司寝李氏所生,皇后养之以为子,与杨淑妃共同抚育之。大中祥符九年,封为寿春郡(即寿州,即今安徽凤台县)王,在资善堂就学,以张士逊、崔遵度为王友。不久,进封为升(升州治江宁县,即今江苏南京市)王,至此立为皇太子。

【纲】冬十二月,张知白罢职。

【纲】天禧三年(己未,1019),春三月,在乾佑山(在今陕西镇安县北)得到天书。夏六月,王钦若有罪,免职;任命寇准同平章事。
【目】巡检朱能,挟制内侍都知周怀政,假做了天书。当时寇准知永兴军(治长安,今陕西西安市),将此事奏闻,皇帝下诏将天书迎入禁中。朝内外的人们都识破其诈伪,真宗皇帝独自信以为真。谕德鲁宗道奏言:"奸臣荒诞妄为,以迷惑圣上之听闻。"知河阳(治河阳城,在今河南孟州市南)孙奭奏言:"请斩朱能,以谢天下。"皇帝都不听从。寇准由此得以召用。这时王钦若的恩宠已衰减,商州(治上洛县,即今陕西商洛市商州区)捕得道士谯文易,藏有禁书,能用其术遣使六丁、六甲神,王钦若因与他有来往受到牵连,于是免职,以寇准代之为相。寇准开始被召的时候,门生中有人劝说寇准说:"公若到河阳就说有病,坚决请求外

【纲】以丁谓参知政事。 【目】谓因准称誉得致通显,虽同列,而事之甚谨。尝会食中书,羹污准须,谓徐起拂之。准笑曰:"参政国之大臣,乃为官长拂须邪!"谓大惭恨,遂成雠隙。

【纲】秋八月,大会道、释于大安殿。
【纲】冬十一月,帝谒景灵宫,享太庙,祀天地于圜丘,大赦。 【目】自是每三岁行礼,宫庙、圜丘必同举,为永制。向敏中、寇准并加仆射。麻下,帝以即位未尝除左仆射,意敏中应甚喜,贺客必多,使人密觇之,云:"敏中方谢客,门阑悄然,瞯其庖中,亦寂无一人。"帝大笑曰:"向敏中大耐官职!"

【纲】十二月,以曹利用、丁谓为枢密使,任中正、周起为副使。
【纲】庚申,四年,春正月,以曹玮签书枢密院事。 【目】玮沉勇有谋,驭军严明,自少捍御西陲,熟知羌情,每以奇计用兵,所向克捷。善抚士卒,绥怀边人,羌戎畏怀之。

【纲】二月,帝有疾,不视朝。
【纲】三月,尚书左仆射、同平章事、兼景灵宫使向敏中卒。
【纲】夏四月,有两月并见西南。
【纲】六月,寇准罢。 【目】时帝得风疾,事多决于皇后,寇准、李迪以为忧。一日准请间曰:"皇太子人所属望,愿陛下思宗庙之重,传以神器,择方正大臣羽翼之。丁谓、钱惟演,佞人也,不可以辅少主。"帝然之。准密令杨亿草表,请太子监国,且欲援亿辅政。已而准被酒,漏言,谓闻之曰:"即日上体平,朝廷何以处此?"李迪曰:"太子监国,古制也,何不可之有?"谓力潛准,请罢其政事。帝

补，这是上策；倘若入朝见到皇上，立即揭发乾佑天书之诈伪，这是中策；最下策就是再次进入中书省了。"寇准听了不快。

【纲】任命丁谓参知政事。 【目】丁谓因为寇准的称许赞誉，才得位致通显，虽然与寇准同列为执政大臣，而侍奉寇准很恭谨。曾在中书省会食，羹汤沾污寇准的胡须，丁谓慢慢起身替他揩去。寇准笑着说："参政是国家的大臣，竟为官长揩胡须啊！"丁谓大为羞愧而又痛恨，因此就成了仇隙。

【纲】秋八月，召集道士、僧人在大安殿上举行盛大的集会。

【纲】冬十一月，真宗皇帝拜谒景灵宫，享祭太庙，在圜丘祭祀天地，大赦天下。 【目】自此每三年举行一次祭礼，宫庙、圜丘必须同时举行，成为永久的制度。向敏中、寇准一并加为仆射。制书下达，真宗皇帝因为自即位以来不曾任命左仆射的官职，认为向敏中应该为此而很高兴，贺客一定会很多。派人暗中去探视，那人回报说："向敏中正谢绝宾客，门庭静悄悄的，窥视他家庖厨中也寂无一人。"真宗皇帝大笑说："向敏中极能忍任官职！"

【纲】十二月，任命曹利用、丁谓为枢密使，任中正、周起为副使。

【纲】天禧四年（庚申，1020），春正月，任命曹玮签书枢密院事。【目】曹玮沉着勇敢有谋略，驭军严明，自少年时就捍卫西部边境，熟悉羌人的情形，常常以奇计用兵，所向克捷。善于安抚士卒，抚慰边人，羌戎人对他既畏惧而又怀念其恩德。

【纲】二月，真宗皇帝有病，不临朝听政。

【纲】三月，尚书左仆射、同平章事兼景灵宫使向敏中去世。

【纲】夏季四月，有两个月亮同时出现在西南方。

【纲】六月，寇准罢职。 【目】当时真宗皇帝得了风疾，事情多数取决于皇后，寇准、李迪以此为忧虑。有一天，寇准请求真宗皇帝找个时间单独奏言："皇太子是人们所仰望的，希望陛下想到宗庙之重要，把帝位传给他，选择正派大臣来辅佐他。丁谓、钱惟演都是奸佞之人，不可让他们辅佐少主。"真宗皇帝同意他的意见。寇准秘密令杨亿草拟表章，请太子监国，代管国事，而且想援引杨亿辅佐朝政。后来寇准吃醉酒泄露秘密，丁谓听到这事，说："近日内皇帝身体康复了，朝廷如

不记与准有成言，竟罢为太子太傅，封莱国公。

【纲】秋七月，以李迪、丁谓同平章事，冯拯为枢密使。

【纲】贬寇准知相州。【目】帝始得疾，自疑不起，尝卧宦者周怀政股，与之谋，欲命太子监国。怀政，东宫官也，出告寇准。已而事泄，准罢，丁谓等因疏斥之，使不得亲近。怀政忧惧不自安，阴谋奉帝为太上皇，而传位太子，罢皇后预政，杀丁谓而复相准。客省使杨崇勋等以其谋告谓，谓即微服夜乘犊车，挟崇勋诣曹利用议。明日以闻，诏命曹玮讯之；怀政具服。帝怒甚，欲责及太子。群臣莫敢言，李迪从容奏曰："陛下有几子，乃欲如是！"帝悟，乃止，诛怀政。谓与皇后谋，并发朱能天书妖妄事，遂贬准为太常卿，知相州。

【纲】八月，以任中正、王曾参知政事，钱惟演为枢密副使。周起、曹玮罢。

【纲】贬寇准为道州司马。【目】时遣使捕朱能，能拥众叛，未几众溃，自杀。准坐是，再贬道州。既至，晨具朝服如常时，对宾客言笑自若，初无廊庙之贵者。自罢相三绌，皆非帝意。岁余，帝问左右曰："吾目中何久不见寇准？"群臣畏谓威，莫敢对。

【纲】九月，帝疾瘳。

【纲】冬十一月，李迪、丁谓罢；翌日谓复留视事。罢翰林学士刘筠。【目】丁谓擅权用事，至除吏不以闻，迪愤然谓同列曰："迪起布衣至宰相，有以报国，死犹不恨，安能附权幸为自安计邪！"会

何安排这事？"李迪说："太子监国，这是古已有之的制度，有什么不可以？"丁谓竭力毁谤寇准，请求罢除他的政事。真宗皇帝不记得与寇有过成言，竟将寇准罢为太子太傅，封莱（莱即莱州，治掖县，即今山东莱州市）国公。

【纲】秋七月，任命李迪、丁谓同平章事，冯拯为枢密使。

【纲】贬谪寇准知相州（治安阳县，即今河南安阳市）。 【目】真宗皇帝初得病时，自己怀疑会一病不起，曾经卧在宦者周怀政的大腿上，与他谋划，想让太子监国，代管国事。周怀政是东宫的官，出来告知寇准。后来事情泄露，寇准罢职，丁谓等借此上疏斥责周怀政，使他不得与皇帝亲近。周怀政担忧害怕，十分不安，暗中谋划奉真宗皇帝为太上皇，而传位给太子，罢止皇后干预朝政，杀丁谓而再让寇准为宰相。客省使杨崇勋等人把他的谋划告诉丁谓，丁谓即穿着便衣，夜间乘上牛车，挟制杨崇勋去曹利用处计议。第二天把这事奏知皇帝，下诏令曹玮审讯；周怀政全都承认。真宗皇帝大为愤怒，要责罚及太子。群臣没有一个敢进言的，李迪从容奏道："陛下有几个儿子，竟要这样！"真宗皇帝醒悟过来，才作罢，诛杀周怀政。丁谓与皇后谋划，连朱能所作天书妖妄之事一并告发，于是贬寇准为太常卿，知相州。

【纲】八月，任命任中正、王曾参知政事，钱惟演为枢密副使。周起、曹玮罢职。

【纲】贬谪寇准为道州（治营道县，即今湖南道县）司马。 【目】当时派遣使者逮捕朱能，朱能带领众人反叛，不久众人溃散，朱能自杀。寇准因事受牵连，再次贬往道州。既已到达，早晨穿着朝服和平常时一样，对宾客谈笑自若，一点也没有朝廷贵官的习气。自罢相之后三次贬黜，都不是真宗皇帝的本意。一年多后，真宗皇帝问左右的人们说："我眼目中为什么好久看不到寇准？"群臣都畏惧丁谓的威势，没有谁敢回答。

【纲】九月，皇帝病愈。

【纲】冬十一月，李迪、丁谓罢职；第二天，丁谓又留用任职。罢翰林学士刘筠之职。 【目】丁谓专权独断，甚至除授官吏都不奏知皇帝。李迪生气地对同僚说："我李迪起自布衣，官至宰相，对国家有所报

议二府皆进秩兼东宫官，迪以为不可。谓又欲引林特为枢副，迪复沮之。谓积怒。既而谓加门下侍郎兼太子太傅，迪加尚书左丞，仍兼太子少傅。故事，宰相无兼左丞者，及入对长春殿，内出制书置榻前，帝谓辅臣曰："此卿等兼东宫官制也。"迪进曰："东宫官属不当增置，臣不敢受命。丁谓罔上弄权，私林特、钱惟演而嫉寇准。特子杀人，事寝不治；准无罪远谪；惟演以皇后姻家使预朝政；曹利用、冯拯相为朋党。臣愿与谓俱罢，付御史台劾正。"帝怒，留制不下，左迁迪知郓州，谓知河南府。明日，谓入谢，帝诘所争状，谓对曰："非臣敢争，乃迪詈臣尔。愿复留。"遂自出传口诏，复入中书视事。

时刘筠已草迪、谓同罢制，既而谓复留，命草制，筠不奉诏，乃更召学士晏殊草之。筠自院出遇殊，殊皇愧侧面，不敢与揖。谓既复位，益擅权专恣。筠曰："奸人用事，安可一日居此！"力请补外，遂知庐州，筠初为杨亿所识拔，后遂与亿齐名，时号"杨、刘"。

【纲】诏太子参议朝政。 【目】诏："自今军国大事，取旨如故，余皆委皇太子同宰相、枢密等参议施行。"太子固让不允，遂开资善堂亲政，皇后裁决于内，而丁谓用事，中外以为忧。王曾谓钱惟演曰："太子幼，非中宫不能立；中宫非倚太子，则人心亦不附。后若加恩太子则太子安，太子安则刘氏安矣。"惟演乘间言之，后深纳焉。

【纲】以冯拯同平章事。

效，死也不恨，怎么能依附擅权幸进之徒为自己的安危打算呢！"适逢讨论中书、枢密二府都进级兼任东宫官的事，李迪认为不可以。丁谓又想要引荐林特为枢密副使，李迪又阻止他。丁谓胸中积满了愤怒。后来丁谓加官门下侍郎兼太子太傅，李迪加官尚书左丞，仍兼太子少傅。按照旧制，宰相没有兼任左丞的，待到入朝在长春殿奏对，内侍拿出制书放在几案前面，真宗皇帝对辅臣说："这就是任命卿等兼任东宫官的制书。"李迪进言："东宫的官属不应当增置，臣不敢受命。丁谓欺蒙皇上玩弄权势；私结林特、钱惟演而嫉恨寇准。林特之子杀人，事件搁置下来，不予处治，寇准无罪而贬谪到远方；钱惟演因为与皇后有姻亲关系，使他参预朝政；曹利用、冯拯相结为朋党。臣愿意与丁谓都罢官，交付御史台弹劾，定其是非。"真宗皇帝发怒，留制书不下达，降李迪知郓州（治须城县，即今山东东平县），丁谓知河南府（今河南洛阳市）。第二天，丁谓入朝谢恩，真宗皇帝诘问他们争论的情状，丁谓回答说："不是臣敢于争论，是李迪斥骂我罢了。我愿意再留下来。"于是自己出去传达口诏，又入中书省任职。

这时刘筠已经草拟李迪、丁谓一同罢职的制书，后来丁谓又留任，令刘筠草拟制书，刘筠不奉诏，只好另召学士晏殊草拟。刘筠从翰林院中出来遇到晏殊，晏殊惶恐惭愧，侧过脸去，不敢与刘筠拱手作揖。丁谓既已官复原位，更加专权恣肆，为所欲为。刘筠说："奸人当权，岂可在此呆上一天！"竭力请求出任外官，于是就让他知庐州（治合肥县，即今安徽合肥市）。刘筠起初为杨亿所赏识、提拔，后来与杨亿齐名，当时并称杨、刘。

【纲】诏令太子参议朝政。 【目】诏曰："自现在起，军国大事，听取皇帝旨意和从前一样，其余的事皆委皇太子，同宰相、枢密等参酌商议施行。"太子坚决辞让，皇帝没有应允。于是开资善堂亲政，皇后裁决于内，而丁谓当权，朝内外的人们都以此为忧。王曾对钱惟演说："太子年幼，没有中宫皇后不能有所树立，中宫皇后不倚仗太子，那么人心也不会归附。皇后若是加恩于太子，太子就会安全，太子安全了那么刘氏也就安全了。"钱惟演找个机会对皇后说了，皇后深为采纳。

【纲】任命冯拯同平章事。

【纲】辛酉，五年，春五月，以张士逊为枢密副使。

【纲】冬十一月，贬王钦若为司农卿，分司南京。 【目】钦若判河南，有疾，表乞就医京师。丁谓使人绐之曰："上甚思一见君也。"钦若信之，即舆疾至京。谓因言："钦若擅去官守，无人臣礼。"命御史就第按问，钦若惶恐伏罪，故贬。

【纲】壬戌，乾兴元年，春二月，帝崩。遗诏皇后权处分军国事。太子祯即位，尊皇后为皇太后，赦。 【目】王曾奉遗诏入殿庐草制，命皇后权处分军国事，辅太子听政。太子即位，年十三矣，尊皇后为皇太后，淑妃杨氏为皇太妃。两府议太后临朝仪，曾请如东汉故事，太后与帝五日一御承明殿，太后坐右，垂帘听政。丁谓欲擅权，不欲同列与闻机政，潜结入内押班雷允恭，密请太后降手书云："帝朔望见群臣，大事则太后召对，辅臣决之；非大事则令允恭传奏禁中，画可以下。"曾曰："两宫异处，而柄归宦官，祸端兆矣。"于是允恭恃势专恣，而谓权倾中外，众莫敢抗，独曾正色立朝，时倚为重。

【纲】夏四月，贬寇准为雷州司户参军，李迪为衡州团练副使。 【目】帝临崩，惟言寇准、李迪可托。丁谓怨准，而太后憾迪尝谏立己，遂诬以朋党，贬之。连坐者甚众，曹玮亦谪知莱州。初议窜逐，王曾疑责太重，谓熟视曾曰："居停主人恐亦未免耳。"盖曾尝以第舍假准，曾遂不复争。学士呈制草，谓改曰："当丑徒干纪之际，属先帝违豫之初，罹此震惊，遂致沉剧。"且使人迫迪行。或语谓曰："迪若贬死，公如士论何！"谓曰："异日诸生记事，不过曰'天下惜之，而已。"谓必欲令二人死，遣中使赍敕就赐，以锦囊贮剑，揭于马前，示将诛戮状。至道州，众皆皇恐，不知所为。准方与郡官宴饮，神色自若，使人谓之曰："朝廷若赐准死，愿见敕书。"中使不得已，乃授敕。准拜于庭，升阶，复宴，至暮乃罢。

【纲】天禧五年（辛酉，1021），春正月，任命张士逊为枢密副使。

【纲】冬十一月，贬王钦若为司农卿，分司南京（即宋州，在今河南商丘县南）。 【目】王钦若签判河南，有病，上表请求在京师就医。丁谓派人欺骗他说："皇帝很想见一见您。"王钦若相信了他的话，就带病乘舆来到京师。丁谓借此向皇帝奏言："王钦若擅自离开职守，无人臣之礼。"皇帝命御史就其宅第审讯，王钦若惶恐认罪，因此贬职。

【纲】乾兴元年（壬戌，1022），春二月，皇帝崩逝。遗诏由皇后权且处理军国大事。太子赵祯即皇帝位，尊皇后为皇太后，赦免罪人。 【目】王曾奉遗诏入殿庐草拟制书，命皇后权且处理军国大事，辅助太子听政。太子即帝位，年满十三岁了，尊皇后为皇太后，淑妃杨氏为皇太妃。中书、枢密两府议太后临朝仪节，王曾请求沿用东汉的旧制，太后与皇帝每五天一次来到承明殿，太后坐在右边，垂帘听政。丁谓想要擅权，不愿意让同列诸臣预闻机要的政事，暗中勾结入内押班雷允恭，秘密地请求太后降下手书说："皇帝于初一、十五召见群臣，大事，则由太后召见奏对，辅臣决定，非关重大事务，则令雷允恭传奏皇帝于禁中，画可后下达。"王曾说："皇帝与太后两宫不在一起，而权柄归于宦官，祸端已有预兆了。"从此雷允恭倚恃权势专横恣肆，而丁谓权倾内外，众人没有谁敢违抗的，独有王曾正色立朝，时人都倚重于他。

【纲】夏四月，贬寇准为雷州（治海康县，即今广东海康县）司户参军，李迪为衡州（治衡阳县，即今湖南衡阳市）团练副使。 【目】真宗皇帝临崩逝之时，只说寇准、李迪可托以后事。丁谓怨恨寇准，而太后恨李迪，因为李迪曾劝谏真宗皇帝不要立她为皇后。就诬蔑以结成朋党，贬谪他们。因此而受牵连的人很多，曹玮也贬谪知莱州。起初议论要把寇准放逐到边远之地，王曾怀疑责罚得过重，丁谓两眼盯视着王曾说："居停主人恐怕也未能免除罢。"大概因为王曾曾经把宅舍借给寇准住过。王曾也就不再争了。学士呈上制书的草稿，丁谓作了这样的修改："当丑徒干犯国纪期间，正是先帝有病之初，遭受这样的震惊，就导致病情加剧。"并且使人迫促李迪起行。有人对丁谓说："李迪若被贬身死，您如何面对士论呢！"丁谓说："他日诸生记事，不过说'天下惜之'而已。"丁谓一定要这两人死，派遣中使带上敕令前去赐予，用

【纲】六月，内侍雷允恭伏诛，丁谓、任中正免。 【目】谓为山陵使，允恭为都监判，司天监邢中和言于允恭曰："今山陵上百步，法宜子孙，但恐下有石与水耳。"允恭曰："上无子，何不可。"中和曰："山陵事重，踏行覆按，动经月日，恐不及七月之期耳。"允恭曰："第移就上穴，我走马入见太后言之。"允恭素骄横，人不敢违，即改穿上穴，乃入白。太后曰："此大事，何轻易如此！"允恭曰："使先帝宜子孙，何为不可？"太后意不然，曰："出与山陵使议可否。"允恭出与谓言，谓唯唯。遂命夏守恩领工徒数万穿地，土石相半，继之以水，众议日喧，奏请待命。谓芘允恭，依违不决。内侍毛昌达自陵下还，以其事闻。诏问谓，谓始请遣使按视。既而咸请复用旧地，乃诏遣王曾复视，曾还，请独对，因言"谓包藏祸心，令允恭移皇堂于绝地。"太后大惊，怒甚，欲并诛谓。冯拯进曰："谓固有罪，然帝新即位，亟诛大臣，骇天下耳目。"后怒稍解，遂止诛允恭等。任中正进曰："谓被先帝顾托，虽有罪，请如律议功。"曾曰："谓以不忠得罪宗庙，尚可议邪！"乃降授谓太子少保，分司西京，并罢中正出知郓州。

【纲】秋七月朔，日食几尽。

【纲】以王曾同平章事，吕夷简、鲁宗道参知政事，钱惟演为枢密使。 【目】曾方严持重，每进见言利害事，审而中理。多所拔荐，尤恶侥幸。帝尝问曾曰："比臣僚请对多求进者。"曾对曰："惟陛下

锦囊装着剑,在马前揭开着,作出将有诛杀的样子。中使到道州,众人都很惊恐,不知该怎么办。寇准正与郡官宴会饮酒,神色很自然,使人去对来人说:"朝廷若是赐寇准死,希望拿出敕书来。"中使不得已,只好把敕书交给他。寇准在庭中拜受敕书,升阶,又接着宴饮,至晚间才罢。

【纲】六月,内侍雷允恭伏诛,丁谓、任中正免职。 【目】丁谓为山陵使,雷允恭为都监。判司天监邢中和向雷允恭说:"现在的山陵向上移百步,法宜子孙,但恐怕下面有石和水。"雷允恭说:"皇上没有儿子,有何不可?"邢中和说:"建造山陵是大事,踏勘覆察,一动就要好些时日,恐怕赶不上七月的限期了。"雷允恭说:"只管移到上面墓穴去,我乘马快行,就入宫见太后说知此事。"雷允恭素来骄慢横行,人们不敢违抗他,立即改凿上面的墓穴,他这才入宫禀明。太后说:"这是大事,怎么可以轻易这样做呢!"雷允恭说:"使先帝宜子孙,有什么不可以的?"太后认为不对,说:"出去与山陵使商量是否可行。"雷允恭出去与丁谓说知此事,丁谓只唯唯地应诺了,于是就令夏守恩带领工徒数万人去动工开凿墓地。地中土石相半,接着就涌出水来,众人议论一天比一天多,奏请停工待命。丁谓庇护雷允恭,迟疑不决。内侍毛昌达自陵下回来,把这事奏闻太后,下诏问丁谓,丁谓这才请求派遣使者去查问视察。后来大家全都请求仍用旧地,于是下诏派遣王曾再去视察。王曾回来,请求单独奏对,从而进言:"丁谓包藏祸心,令雷允恭将皇堂移于绝地。"太后大为吃惊,十分愤怒,想要连丁谓一并诛杀。冯拯劝道:"丁谓固然有罪,但是皇帝新即位,就急忙诛杀大臣,会使天下人受惊骇。"太后怒气稍微消了一点,就只诛杀雷允恭等人。任中正进言:"丁谓受先帝顾托,虽有罪,请求按照律令论功。"王曾说:"丁谓以不忠得罪宗庙,还可议其功吗?"就降职授丁谓为太子太保、分司西京,并罢任中正原职,让他出知郓州。

【纲】秋七月朔(初一)出现日食,几乎全食。

【纲】任命王曾同平章事,吕夷简、鲁宗道参知政事,钱惟演为枢密使。 【目】王曾为人方正严明,老成持重。每次进见,言及利害之事,审慎而合理,提拔引荐的人才很多,特别憎恶那些希图侥幸的人。真

抑奔竞，崇恬静，庶几有难进易退之人矣。"

初，真宗封岱祀汾，两过洛阳，皆幸吕蒙正第，问曰："卿诸子孰可用？"蒙正对曰："臣诸子皆不足用，侄夷简宰相材也。"夷简由是进用，累擢知开封府，严辨有声，真宗识其姓名于屏风，将大任之，不果。

宗道尝为右正言，论列无所畏避，真宗书殿壁曰："鲁直"，盖思念之也。

【纲】丁谓有罪，贬崖州司户参军。 【目】初女道士刘德妙常以巫师出入谓家。谓败，逮系德妙，内鞫问之。德妙具言谓尝教之曰："汝所为不过巫事，不若托老君言祸福，足以动人。"谓又作颂，题曰"混元皇帝赐德妙"，语涉妖诞。遂贬谓崖州司户参军。谓赴崖州，道出雷州，寇准使人以一蒸羊逆诸境上。谓欲见准，准固辞之。准闻家僮谋欲报仇，乃杜门使纵博，毋得出，候谓行远乃已。

【纲】八月，太后同御承明殿听政。
【纲】冬十月，葬永定陵，以天书殉。

【纲】十一月，钱惟演罢。 【目】初，惟演见丁谓当国，权势薰灼，因附之，与为婚姻，寇准之斥，惟演有力焉。及序枢密题名，独削去准姓氏，云"逆准不书"。御史中丞蔡齐言于帝曰："寇准忠义闻天下，社稷之臣也，岂可为奸党所诬哉！"帝遽令磨去之。谓得罪，惟演虑将及己，因挤谓以自解。冯拯以是恶其为人，因言惟演以妹妻刘美，乃太后姻家，不可与机政，以废祖宗之法，请罢之。乃以保大节度使知河阳府。逾年入朝，意图执政，御史鞫咏上疏论之，太

宗皇帝曾经问王曾说："近来臣僚请对时多有请求进升的。"王曾回答说："只要陛下抑制奔竞，崇尚恬淡安静，差不多就会有难进易退的人啦。"

当初，真宗封禅泰山祭祀汾阴的时候，曾两度经过洛阳，都到过吕蒙正的宅第，问道："卿诸子谁可以任用？"吕蒙正回答说："臣几个儿子都不足以任用，侄儿夷简是宰相之材。"吕夷简由此进用，经累次提拔，知开封府，严明能辨是非，很有声望。真宗把他的姓名记在屏风上，准备委以大任，没有实行。

鲁宗道曾为右正言，评议是非无所畏惧与避忌，真宗在殿壁上写上"鲁直"两字，大概是思念他。

【纲】丁谓有罪，贬为崖州（治宁远县，即今海南省三亚市崖州区）司户参军。　【目】起初，女道士刘德妙经常以巫师的身份出入丁谓家，丁谓垮台，逮捕刘德妙，在内庭审问她。刘德妙供言，丁谓曾经教她说："你所作的不过是巫祝之事，不如假托老君来讲说祸福，足可以打动人心。"丁谓又作颂赞，题字称"混元皇帝赐德妙"，词语涉及妖邪怪诞之类。于是就贬丁谓为崖州司户参军。丁谓前往崖州，途经雷州，寇准派人带上一只蒸羊在雷州的边境上迎接他。丁谓想见一见寇准，寇准坚辞不见。寇准听说家僮打算要找丁谓报仇，就关起门来让家僮们在家博戏，不得出门。等到丁谓已经走远了才罢。

【纲】八月，太后与皇帝同到承明殿听政。

【纲】冬十月，葬真宗皇帝于永定陵（在今河南巩义市西南），用天书作为殉葬品。

【纲】十一月，钱惟演罢职。　【目】当初，钱惟演见丁谓掌握朝政，权势很大，就依附于他，与他结为婚姻。寇准之被斥逐，钱惟演是出了力的。待到按照次序题写枢密的名姓时，唯独削去了寇准的姓氏，说："叛逆寇准不写"。御史中丞蔡齐向真宗皇帝奏言："寇准忠义闻名于天下，是社稷之臣，岂可被奸党所诬蔑吗！"真宗皇帝急忙命令把诬蔑寇准的字磨去。丁谓得罪，钱惟演怕牵连到自己，于是排挤丁谓来解脱自己。冯拯因此厌恶他的为人，因而奏言："钱惟演把妹妹嫁给刘美，是太后的姻家，不可参与要政，以废弃祖宗之法，请罢除他的职务。"就

后遣内使持奏示惟演。惟演犹顾望不行，咏语右司谏刘随曰："若相惟演，当取白麻庭毁之。"惟演始亟去。

【纲】以张知白为枢密副使。

【纲】给兖州学田。　【目】判国子监孙奭上言："知兖州日，建立学舍以延生徒，至数百人。臣虽以俸赡之，然常不给，乞给田十顷为学粮。"从之。诸州给学田始此。

【纲】帝初御经筵。　【目】王曾以帝初即位，宜近师儒，乃请御崇政殿西阁，召侍讲学士孙奭、直学士冯元讲论语。初诏双日御经筵，自是虽只日亦召侍臣讲读。帝在经筵，或左右瞻瞩及容体不正，奭即拱立不讲，帝为竦然改听。

仁宗皇帝

【纲】癸亥，仁宗皇帝天圣元年，秋九月，冯拯罢。　【目】拯气貌严重，而乏风节，议论多迎合上意。平居自奉侈靡，外示俭陋，人不能知。至是，以疾罢。

【纲】以王钦若同平章事。　【目】钦若再相，以帝初临政，谓百官叙进皆有常法，为图以献，然亦不能大用事如真宗朝矣。

【纲】闰月，故相寇准卒于雷州。　【目】诏许归葬西京。

【纲】冬十一月，置益州交子务。　【目】初，张咏知益州，患蜀人铁钱重，不便贸易，设质剂之法，一交一缗，以三年为一界而换之，六十五年为二十二界，谓之交子，使富民主之。后富民稍衰，不能偿所负，争讼不息。转运使薛田、张若谷请置交子务，以权其出入，禁私造者。帝从其议，立务于益州界，以百二十五万六千三百缗

任命他为保大节度使知河阳府。一年后入朝，谋图为执政大臣，御史鞫咏上疏评论此事。太后派遣内侍拿着奏疏给钱惟演看，钱惟演还等待观望不肯走。鞫咏对右司谏刘随说："假若任命钱惟演为相，我就把任命他的白麻制书当众撕毁。"钱惟演这才急忙离去。

【纲】任命张知白为枢密副使。

【纲】给兖州（治嵫阳县，在今山东济宁市兖州区）学田。 【目】判国子监孙奭上疏说："知兖州的日子里，建立学校房舍以接待生徒，已达到数百人。臣虽然用自己的俸禄供应他们，但是常常不足，请求给田十顷以作为学粮。"听从了他的请求。诸州给学田开始于此。

【纲】仁宗皇帝初次到经筵听讲。 【目】王曾因为皇帝初即位，应当接近师儒，就请皇帝到崇政殿西阁，召侍讲学士孙奭、直学士冯元讲《论语》。起初，诏告逢双日御经筵，自此，虽单日也召侍臣讲读。皇帝在经筵，间或有左顾右盼及容体不正的时候，孙奭就拱手立在那里不讲，皇帝为之竦然改变态度用心听讲。

仁宗皇帝

【纲】天圣元年（癸亥，1023），秋九月，冯拯罢职。 【目】冯拯气度相貌严肃稳重，而缺乏高风亮节，议论时多数迎合皇帝的心意。平素起居，自己的用度奢侈靡费，表面上显得俭陋，人们不能知其真相。至此，因病罢职。

【纲】任命王钦若同平章事。 【目】王钦若再度为相，因为皇帝初临朝政，为了百官叙进皆有正常的法度，画制了百官叙进图进献，但是也不能像真宗朝时那样掌握大权了。

【纲】闰月，故相寇准在雷州去世。 【目】下诏允许寇准归葬西京。

【纲】冬十一月，设置益州（治成都县，即今四川成都市）交子务。【目】起初，张咏知益州，忧虑蜀地人用的铁钱太重，贸易不方便，采用了票券之法，一交为钱一缗，限以三年为一界而兑换成现金，六十五年为二十二界，称之为交子，使富民掌管之。后来富民稍有衰落，不能偿还所负之数，争执狱讼时有发生。转运使薛田、张若谷请求设置交子

为额。

【纲】甲子,二年,夏五月朔,司天监奏日食,不应。 【目】中书奏表称贺。

【纲】秋八月,帝临国子监,谒孔子。

【纲】冬十一月,立皇后郭氏。 【目】后,平卢节度使崇之孙女。时张美人有宠,帝欲立之,太后不可而止,故后虽立而颇见疏。

【纲】乙丑,三年,冬十月,以晏殊为枢密副使。

【纲】十一月,王钦若卒。 【目】帝谓辅臣曰:"钦若久在政府,观其所为,真奸邪也。"王曾对曰:"钦若与丁谓、林特、陈彭年、刘承珪同恶,时人目为'五鬼',奸邪憸伪,诚如圣谕。"

【纲】十二月,以张知白同平章事,张旻为枢密使。 【目】太后微时尝寓旻家,旻事之甚谨,后德之,故自河阳召还长枢府。晏殊言:"旻无勋劳,徒以恩幸被宠,天下已有非才之议,奈何复用为枢密使也!"后不悦。旻寻更名耆。

【纲】丙寅,四年,夏六月,大水。 【目】京师大雨,平地水数尺,坏民舍,压死数百人。京东、西及河北、江、淮以南皆大水。帝避殿,减膳,肆赦,蠲民租,抚流民。方水之作也,宰执晨朝、未入,有旨放朝,王曾附中使奏曰:"天变甚异,乃臣等燮理无状,岂可退安私室。"亟请入见,陈所以备御之道。同列有先归者,皆愧服焉。

【纲】丁卯,五年,春正月朔,帝率群臣朝太后于会庆殿。

【纲】晏殊罢,以夏竦为枢密副使。 【目】殊从幸玉清昭应宫,从者持笏后至,殊怒,以笏击之,折齿,为御史所论,出知宣州,

务，以专门管理交子的出入，禁止私自制造。皇帝听从了他们的建议，在益州设立交子务，以钱一百二十五万六千三百缗为限额。

【纲】天圣二年（甲子，1024），夏五月朔（初一），司天监奏言将出现日食，没有应验。　【目】中书奉表称贺。

【纲】秋八月，仁宗皇帝到国子监，拜谒孔子。

【纲】冬十一月，立郭氏为皇后。　【目】皇后是平卢（治青州城，即今山东青州市）节度使郭崇的孙女。当时张美人得到宠幸，仁宗皇帝想立她为皇后，太后不同意而作罢，所以郭氏虽立为皇后却颇被疏远。

【纲】天圣三年（乙丑，1025），冬十月，任命晏殊为枢密副使。

【纲】十一月，王钦若去世。　【目】仁宗皇帝对辅臣说："王钦若久在政府，观察他的所作所为，真是个奸邪之人啊。"王曾回答说："王钦若与丁谓、林特、陈彭年、刘承珪共同为恶，时人把他们看成'五鬼'，奸邪憸佞伪诈，确实像陛下所说的。"

【纲】十二月，任命张知白同平章事，张旻为枢密使。　【目】太后微贱时曾寓居张旻家，张旻侍奉她很恭谨，太后感激他，所以从河阳召回为枢府长官，晏殊说："张旻没有勋劳，只是因为恩幸被宠信，天下已经有议论，说他没有才能，为什么又任命他为枢密使呢！"太后不高兴。张旻不久改名为张耆。

【纲】天圣四年（丙寅，1026），夏六月，发大水。　【目】京师下大雨，平地水深数尺，浸坏平民房，压死数百人。京东、京西以及河北、江、淮以南都发大水。仁宗皇帝避居正殿，减少膳食，赦免罪人，蠲免民人租税，抚慰流亡的难民。当发大水的时候，宰相执政大臣们早朝，尚未进入，有旨放朝。王曾让中使附带奏说："天变甚为异常，这是臣等治理不好，怎么可以退居私室偷安呢。"急请入朝，陈述应该如何防灾的办法。同列朝臣有先回的，都感到惭愧而佩服他。

【纲】天圣五年（丁卯，1027），春正月朔（初一），皇帝率领群臣在会庆殿朝见太后。

【纲】晏殊罢职，任命夏竦为枢密副使。　【目】晏殊跟从皇帝来到玉清昭应宫，侍从的人持笏迟到，晏殊发怒，用笏击打他，打折了他的

寻改应天。自五代以来，天下学校废坏，殊始兴建，为诸州倡，且延范仲淹以教生徒，仲淹敦尚风节，每感激论天下事，殊深器之。

竦明敏博学，文章典雅，材术过人，但急于进取，喜交结，任数倾侧，世以奸邪目之。

【纲】夏五月，楚王元佐卒。

【纲】秋九月，以程琳为御史中丞。　【目】张知白最器琳，当除命，喜曰："不辱吾笔。"琳上疏请罢诸土木营造，蠲被灾郡县逋租，帝嘉纳之。未几除知开封府。

【纲】戊辰，六年，春二月，工部尚书、同平章事张知白卒。【目】知白为相，慎名器，抑侥幸，每以盛满为戒；虽贵显，清约如寒士。卒，谥文节。

【纲】三月，以张士逊同平章事，姜遵、范雍为枢密副使。

【纲】夏五月，赵德明使其子元昊袭回鹘甘州，取之。　【目】元昊小字嵬理，性雄毅，多大略，善绘画，能创制物始。圆面高准，晓浮图学，通蕃、汉文字。德明虽臣事中国及契丹，然于本国则称帝，至是以元昊袭破回鹘，夺甘州，遂立为皇太子。

【纲】秋八月，水。

【纲】己巳，七年，春正月，曹利用罢。

【纲】二月，参知政事鲁宗道卒。　【目】太后临朝，宗道屡有献替。后尝问"唐武后何如主？"对曰："唐之罪人也，几危社稷。"后默然。有小臣方仲弓请立刘氏七庙，后问诸辅臣，众不敢对。宗道独进曰："若立刘氏七庙，如嗣君何！"乃止。后尝与帝同幸慈孝寺，欲乘辇先行，宗道以夫死从子之义争之，后遽命辇后乘舆。宗道刚

牙齿,为御史所论罪,出知宣州(治宣城县,即今安徽宣城县),不久改知应天(即宋州,治宋城县,在今河南商丘县南)。自从五代以来,天下学校废弃破坏,晏殊开始兴建,成为诸州的倡导者,并且延请范仲淹教授生徒。范仲淹崇尚风骨气节,常感动激发地议论天下之事,晏殊深为器重他。

夏竦聪明敏捷博学,文章风格典雅,材术超过常人;但急于仕进,喜欢交结,用计害人,世人把他看成奸邪之辈。

【纲】夏五月,楚王赵元佐去世。

【纲】秋九月,任命程琳为御使中丞。【目】张知白最器重程琳,当授任官职时,欣喜地说:"没有玷辱了我的笔。"程琳上疏请求罢止各种土木营造,蠲免受灾郡县的欠租,仁宗皇帝赞许并采纳了这些建议。不久,任命知开封府。

【纲】天圣六年(戊辰,1028),春二月,工部尚书、同平章事张知白去世。【目】张知白为相,慎于秩爵仪制等名器的给与,抑制侥幸求进的人,常常以盛满则倾覆为戒;虽处显贵之位,清苦节约有如贫寒之士。死,谥以文节。

【纲】三月,任命张士逊同平章事,姜遵、范雍为枢密副使。

【纲】夏五月,赵德明使其子赵元昊袭击回鹘于甘州(治张掖县,即今甘肃张掖县,时为回鹘所据),攻取甘州。【目】赵元昊小字叫嵬理,性雄健刚毅,多有大谋略,善于绘画,富有独创性。圆面孔,高鼻梁,懂得佛学,通蕃、汉文字。赵德明虽然向中国及契丹称臣,但是在本国之内则称皇帝。至此以赵元昊袭破回鹘,夺取甘州,就立他为皇太子。

【纲】秋八月,水灾。

【纲】天圣七年(己巳,1029),春正月,曹利用罢职。

【纲】二月,参知政事鲁宗道去世。【目】太后临朝听政,鲁宗道屡次有诤言进谏。皇后曾问:"唐朝武则天是位怎样的君主?"回答说:"是唐朝的罪人,几乎使社稷倾危。"太后默然不语。有小臣请求立刘氏七庙,太后问众位辅臣,众人都不敢回答。鲁宗道独自进言:"若立刘氏七庙,把嗣位的皇帝怎么办呢!"就停止了这事。太后曾与皇帝一同到

正嫉恶，遇事敢言，贵戚用事者皆惮之，目为"鱼头参政"，因其姓，且言骨鲠也。卒，谥简肃。

【纲】张士逊罢。　【目】士逊之相，曹利用荐之也。利用凭宠自恣，而士逊依违其间，时人目之为"和鼓"。利用既斥，士逊亦罢。

【纲】以吕夷简同平章事，夏竦、薛奎参知政事，陈尧佐为枢密副使。　【目】初奎知开封府时，真宗数宴大臣，至有沾醉者，奎谏曰："今天下诚无事，然宴乐无度，大臣数被酒失仪，非所以重朝廷也。"真宗善其言。乃拜参政，入谢，帝曰："先帝常以卿可大任；今用卿，先帝意也。"他日帝谕辅臣曰："臣事君鲜有克终者。"奎对曰："保终之道，匪独臣下然也。"因历数唐开元、天宝时事以闻，帝然之。

【纲】复制举诸科。　【目】诏复贤良方正等六科，以待京朝官之被举及应选者；增置书判拔萃科，以待选人之应书者；高蹈丘园、沉沦草泽、茂材异等三科，以待布衣之被举者。又置武举，以待方略智勇之士。

【纲】三月，给契丹流民田。　【目】契丹饥，流民至境上，帝曰："皆吾赤子也。"诏给以唐、邓州闲田，仍令所过给食。

【纲】夏六月，玉清昭应宫灾。罢王曾知兖州。　【目】初太后受册，将御大安殿，曾执不可；及长宁节上寿，又执不可；皆供帐便殿。太后左右姻家稍通请谒，曾多裁抑之。太后滋不悦，会玉清昭应宫灾，曾以首相罢，出知兖州。

【纲】秋八月，以陈尧佐、王曙参知政事，夏竦为枢密副使。

慈孝寺，太后的乘辇想要走在前面，鲁宗道拿夫死从子的道理进行诤谏。太后急忙命令自己的乘辇走在皇帝的乘舆后面。鲁宗道刚直强正，嫉恶如仇，遇事敢于直言，贵戚当权者都怕他，把他叫做"鱼头参政"，因为他性"鲁"，也是说骨鲠。死后谥为简肃。

【纲】张士逊罢职。　【目】张士逊任宰相是曹利用推荐的。曹利用凭借宠幸，为所欲为，而张士逊遇事模棱两可，时人称之为"和鼓"。曹利用既被贬斥，张士逊也罢职。

【纲】任命吕夷简同平章事，夏竦、薛奎参知政事，陈尧佐为枢密副使。　【目】起初，薛奎知开封府时，真宗屡次宴请大臣，竟至有吃醉酒的。薛奎进谏说："如今天下确实承平无事，然而宴乐没有节制，大臣屡有酒醉失去礼仪的事发生，这不是用以尊重朝廷的做法。"真宗认为他的话很好。待到拜为参政之职，入朝谢恩，仁宗皇帝说："先帝常认为卿可以担当大任，现在任用卿，是先帝的意思。"后来有一天，仁宗皇帝告谕辅臣说："臣下侍奉君主很少有能善始善终的。"薛奎回答道："保终之道，不单单臣下要这样。"于是列举了唐代开元、天宝年间的事例，说给仁宗皇帝听。仁宗皇帝认为他说得对。

【纲】恢复制举诸科。　【目】诏令恢复贤良方正等六科，以接待京朝官中被举荐及应选者；增置书判拔萃科，以接待选人中的应书者；高蹈丘园、沉沦草泽、茂材异等三科，以接待平民中被举荐者。又设置武举，以接待方略智勇之士。

【纲】三月，给契丹流民田地。　【目】契丹发生饥荒，流民来到边境上，仁宗皇帝说："都是我的子民百姓啊。"下诏给他们以唐州（治泌阳县，即今河南唐河县）、邓州（治穰县，即今河南邓州市）之间的田地，仍令所过之处给以食物。

【纲】夏六月，玉清昭应宫遭灾，王曾罢首相职，出知兖州。　【目】当初，太后受册封，将要到大安殿，王曾坚持不可，到长宁节上寿，又执意不同意，皆供帐于便殿。太后左右姻家稍有请托告求之事，王曾多数都予以裁除或抑制，太后更加不高兴。恰遇玉清昭应宫遭灾，王曾以首相罢职，出知兖州。

【纲】秋八月，任命陈尧佐、王曙参知政事，夏竦为枢密副使。

【纲】冬十月，京师地震。

【纲】十一月，出秘阁校理范仲淹通判河中。 【目】时帝每以岁旦冬至，率百官上太后寿于会宁殿，遂同御大安殿以受朝。秘阁校理范仲淹上疏曰："天子奉亲于内，自有家人礼。今顾与百官同列北面而朝，亏君体，损主威，非所以垂法后世也。"疏入，不报。既而又疏请太后还政，亦不报。遂乞补外，出为河中府通判。

【纲】庚午，八年，秋九月，姜遵卒，以赵稹为枢密副使。【目】时政出宫掖，稹厚结刘美家婢以干进用。命未下，有驰告者，稹问："东头，西头？"盖意在中书也，闻者以为笑谈。

【纲】辛未，九年，夏六月，契丹隆绪死，子宗真立，其母萧耨斤治国事。

【纲】秋七月，遣龙图阁待制孔道辅等使契丹。 【目】契丹来告哀，帝遣道辅及王随等充贺册及吊祭等使。初，道辅使契丹，契丹燕使者，优人以文宣王为戏，道辅艴然径出。虏使主客者邀还坐，且令谢。道辅正色曰："中国与北朝通好，以礼文相接。今俳优之徒侮慢先圣，而不之禁，北朝之过也，何谢为！"至是益加礼重。道辅，孔子四十五世孙也。

【纲】冬十月，罢翰林学士宋绶。 【目】时太后专政，而帝未始独对群臣，绶请令群臣对前殿，非军国大事及除拜皆前殿取旨。书上，忤太后意，出知应天府。

【纲】壬申，明道元年，春二月，以张士逊同平章事。

【纲】真宗宸妃李氏卒。 【目】李氏，杭州人，实生帝，太后既取帝为己子，与杨太妃保护之，李氏默然处先朝嫔御中，未尝自异。人畏太后，亦无敢言者，以是帝虽春秋长，不自知为李氏出也。至是

【纲】冬十月,京师地震。

【纲】十一月,出秘阁校理范仲淹为河中(治河东县,即今山西永济县西蒲州镇)通判。 【目】当时皇帝每逢元旦、冬至,率领百官在会宁殿给太后上寿,接着就一同到大安殿去接受朝拜。秘阁校理范仲淹上疏说:"天子奉侍母亲于宫内,自有家人的礼节。现在与百官同列面向北方而朝拜太后,有亏于君体,有损于主威,这不是可以用来垂范后世的。"疏奏入,没有回答。后来又上疏请求太后还政于皇帝,也没有回答。于是乞求补外,出为河中府通判。

【纲】天圣八年(庚午,1030),秋九月,姜遵去世。任命赵稹为枢密副使。 【目】当时朝政决定于内宫,赵稹用厚赂结交刘美家的婢女以求得进用。任命还没下来,有人快驰来告,赵稹问道:"东头还是西头?"大概认为在中书省,听说这事的人都传为笑谈。

【纲】天圣九年(辛未,1031),夏六月,契丹耶律隆绪死去,他的儿子宗真继位,宗真之母萧耨斤治理国事。

【纲】秋七月,派遣龙图阁待制孔道辅等出使契丹。 【目】契丹来告哀,仁宗皇帝派遣孔道辅及王随等充任祝贺册立及吊祭的使者。早先,孔道辅出使契丹,契丹设宴款待使者,优伶拿文宣王孔子做戏,孔道辅发怒退出宴会。契丹方面让主客者邀他返回坐席,并且命令他谢罪道歉。孔道辅严正地说:"中国与北朝通好,应当以礼文相接待。现在俳优之徒诲慢先圣,而你们不禁止,这是你们北朝的过错,我有什么可道歉的!"到这次他来,更为加礼敬重他。孔道辅是孔子的四十五世孙。

【纲】冬十月,翰林学士宋绶罢职。 【目】当时太后专擅国政,而仁宗皇帝从来没有单独召群臣奏对。宋绶请求让群臣在前殿奏对,非军国大事以及除拜官职,皆在前殿取旨。奏书呈上,违忤太后的心意,罢职,出知应天府。

【纲】明道元年(壬申,1032),春二月,任命张士逊同平章事。

【纲】真宗宸妃李氏去世。 【目】李氏,杭州人,实为仁宗皇帝之生母。太后既已取皇帝作为自己的儿子,与杨太妃保护着他。李氏默默无闻地处于先朝嫔御行列中,未曾表现出自己有什么特殊之处。人们畏

疾革，乃自顺容进位宸妃。薨，太后欲以宫人礼治丧于外，吕夷简奏："礼宜从厚。"太后遽引帝起；有顷，复独立帘下，召夷简问曰："一宫人死，相公云云何也？"夷简对曰："臣待罪宰相，事无内外，皆当预也。"后怒曰："相公欲离间吾母子邪！"夷简对曰："陛下不以刘氏为念，臣不敢言。尚念刘氏，则丧礼宜从厚。"后悟，乃以一品礼殡于洪福院。夷简又谓入内都知罗崇勋曰："宸妃当以后服殓，用水银实棺，异时勿谓夷简不道及也。"崇勋惧，驰告太后，乃许之。

【纲】秋七月，王曙罢。八月，以晏殊参知政事，杨崇勋为枢密副使。

【纲】宫中火，诏群臣言阙失。

【纲】九月，复作受命宝。

【纲】冬十一月，夏王赵德明卒，子元昊嗣。

【纲】癸酉，二年，春二月，彗星见于东北。【日】光芒长二尺，司天言含誉星见，然观者皆以为彗。

【纲】太后有事于太庙。【目】太后欲被服天子衮冕以享太庙，薛奎力谏，且曰："必御此，若何为拜！"后不听，服仪天冠衮衣初献，皇太妃亚献，皇后终献。礼毕，群臣上太后尊号。

【纲】帝耕藉田。【目】命宰相张士逊撰《谒太庙及躬耕藉田记》。检讨宋祁言："皇太后谒庙，非后世法。"乃止撰《藉田记》。

【纲】三月，皇太后刘氏崩，尊太妃杨氏为皇太后，帝始亲政。【目】后称制十一年，至是后崩，谥曰庄献明肃。旧制后皆二谥，称制加四谥，自此始。遵太后遗诰，尊太妃为皇太后。帝始亲政，罢创修寺观，裁抑侥幸。召宋绶、范仲淹而黜内侍罗崇勋等，中外大悦。刘太后爱帝如己出，帝亦尽孝，故始终无毫发间隙。及帝亲庶务，言

惧太后,也没有敢说这事的,因此皇帝虽然年龄大了,也不知道自己是李氏生的。至此病危急,才从顺容进位为宸妃。去世后,太后想要以宫人的礼节在外面治丧。吕夷简奏:"葬礼应当从厚。"太后急忙领着仁宗皇帝起身出去。过了一会,又独自立于帘下,召吕夷简问道:"一个宫人死了,相公说那些话是什么意思?"吕夷简说:"臣虚占宰相之位,事情不分内外,都应当预闻。"太后发怒说:"相公想要离间我母子的关系吗!"吕夷简回答说:"陛下如果不以刘氏家族为念的话,臣就不敢再说什么;如果还顾念刘氏,那么丧礼应当从厚。"太后醒悟,就以一品的礼节殡葬宸妃于洪福院。吕夷简又向入内都知罗崇勋说:"宸妃应当以皇后服入殓,用水银充实棺内,到时候可不要说我吕夷简没说到这事。"罗崇勋害怕,跑去告诉太后,太后答应了。

【纲】秋七月,王曙罢职。八月,任命晏殊参知政事,杨崇勋为枢密副使。

【纲】宫中发生火灾。诏令群臣言缺失。

【纲】九月,重新制作受命宝。

【纲】冬十一月,夏王赵德明去世,他的儿子赵元昊嗣立。

【纲】明道二年(癸酉,1033),春二月,彗星在东北方出现。【目】光芒长二尺,司天言含誉星出现,但是观看的人都认为是彗星。

【纲】太后拜谒太庙。 【目】太后想要穿戴天子的衣冕享祭太庙。薛奎极力劝谏,并且说:"一定要穿这样的礼服的话,行什么样的拜礼呢?"太后不听,穿戴仪天冠、衮衣行礼,为初献,接着皇太妃为亚献,最后皇后为终献。礼毕,群臣上太后尊号。

【纲】仁宗皇帝耕藉田。 【目】命宰相张士逊撰写《谒太庙及躬耕藉田记》。检讨宋祁上言:"皇太后拜谒宗庙,不是后世可取法的。"于是只撰写《藉田记》。

【纲】三月,皇太后刘氏去世,尊太妃杨氏为皇太后。皇帝开始亲政。 【目】太后称制行使皇帝权力十一年,至此崩逝,谥曰庄献明肃。按旧的制度,皇后都是两个字的谥号。称制则加四字的谥号,自此开始。遵守太后的遗诰,尊太妃为皇太后。皇帝开始亲自处理政务。罢止创修寺观,裁抑侥幸。召回宋绶、范仲淹而黜退内侍罗崇勋等人,朝

者多追诋太后时事,仲淹言于帝曰:"太后受遗先帝,调护陛下者十余年,今宜掩其小故,以全大德。"帝曰:"此亦朕所不忍闻也。"遂下诏戒饬中外,毋得辄言皇太后垂帘日事。

【纲】夏四月,吕夷简、张耆、夏竦、陈尧佐、范雍、赵稹、晏殊罢。 【目】帝与吕夷简谋,以张耆等皆附太后,欲悉罢之,夷简以为然。帝退,以语皇后,后曰:"夷简独不附太后邪?但多机巧,善应变耳。"由是夷简亦罢。制下,夷简方押班,闻唱名,大骇,不知其故。因令素所厚内侍都知阎文应调之,乃知事由郭后也,于是深憾后,思有以倾之。

【纲】以李迪同平章事,王随参知政事,李谘为枢密副使,王德用签书枢密院事。 【目】迪自太后崩,召还,未几复相。

德用初为殿前都虞候,有求太后内降补军吏者,德用曰:"补吏,军政也,不可与。"太后固欲与之,德用卒不奉诏。至是,帝阅太后阁中,得德用所奏事,奇之,以为可大用,遂拜签枢。

【纲】追尊母宸妃李氏为皇太后。 【目】左右有为帝言"陛下乃李宸妃所生,妃死以非命"者。帝号恸累日,下诏自责,追尊为皇太后,谥庄懿,幸洪福寺祭告,易梓宫,亲启视之。妃以水银故,玉色如生,冠服如皇后。帝叹曰:"人言其可信哉!"待刘氏加厚。

【纲】秋七月,旱、蝗,诏求直言。

【纲】冬十月,张士逊、杨崇勋免,以吕夷简同平章事,宋绶参知政事,王曙为枢密使,王德用、蔡齐为副使。

【纲】十一月,赠寇准中书令。 【目】复莱国公,谥忠愍。

廷内外大为高兴。刘太后慈爱皇帝如同自己亲生的一般，皇帝也很尽孝道，所以自始至终没有一点不和之处。待到仁宗皇帝亲自处理各种事务，进言的人多有诋毁太后在世时的事，范仲淹向仁宗皇帝进言："太后受先帝之遗命，调理照顾陛下十多年，现在应当掩盖她小的过错，以保全她的大德。"仁宗皇帝说："这也正是朕所以不忍心听那些话的缘故。"就下诏告诫中外，不得随便谈论皇太后垂帘听政时候的事情。

【纲】夏四月，吕夷简、张耆、夏竦、陈尧佐、范雍、赵稹、晏殊罢职。 【目】仁宗皇帝与吕夷简商谋，因为张耆等皆曾依附太后，想要全都罢除他们的职务。吕夷简认为对。皇帝退朝，把这话告诉皇后，皇后说："吕夷简就没依附太后吗？只不过他多有机巧，善于应变罢了。"因此吕夷简也罢职。下达制令时，吕夷简正领班，听到宣布他也在罢职名单中，大为惊骇，不知是什么原因。就让平时与他交厚的内侍都知阎文应去探听，这才知道这事在于郭皇后，于是深恨皇后，想找个机会倾覆她。

【纲】任命李迪同平章事，王随参知政事，李谘为枢密副使，王德用签书枢密院事。 【目】李迪自太后去世后召回，不久，恢复相位。

王德用初为殿前都虞侯时，有请求太后从宫内降旨补为军吏的，王德用说："补吏，这是军政之事，不可给与。"太后坚决要给与，王德用终于不奉诏。至此，仁宗皇帝阅看太后阁中的文件，看到王德用当时所奏之事，感到他异于众人，认为他可以大用，就拜授他签书枢密院事。

【纲】追尊母亲宸妃李氏为皇太后。 【目】左右的人有向皇帝说："陛下是李宸妃所生，宸妃死得不正常"之类的话，皇帝号哭悲痛好几天，下诏自责，追尊为皇太后，谥号庄懿。到洪福寺去祭祀祷告，更换梓木棺椁，亲自开棺瞻视。宸妃因为有水银的原故，颜色像活着时一样，服饰冠戴完全像皇后一样。皇帝感叹地说："别人的话可以相信吗！"对待刘氏更加优厚。

【纲】秋七月，旱灾、蝗灾，下诏求直言。

【纲】冬十月，张士逊、杨崇勋免职。任命吕夷简同平章事，宋绶参知政事，王曙为枢密使，王德用、蔡齐为副使。

【纲】十一月，追赠寇准中书令。 【纲】恢复莱国公，谥号忠愍。

【纲】薛奎罢。 【目】奎以疾罢，逾年卒。奎谋议正直，或志不伸，归辄叹咤不食。家人笑曰："何必如是。"奎曰："吾仰惭古人，俯愧后世尔。"尤能知人，范仲淹、庞籍、明镐自为吏部选人，皆以公辅许之，卒如其言。

【纲】诏宰相毋得进用台官。 【目】言者谓台官必由中旨，乃祖宗法也。帝曰："祖宗法不可坏。宰相自用台官，则宰相过失无敢言者矣。"故诏："自今台官，非中丞、知杂保荐者，毋得除授。"

【纲】废皇后郭氏，谪御史中丞孔道辅、右司谏范仲淹。【目】时尚美人、杨美人俱得幸，数与皇后忿争。一日，尚氏于帝前有侵后语，后不胜忿，批其颊；帝自起救之，误批帝颈。帝大怒，内侍阎文应因与帝谋废后，且劝以爪痕示执政。帝以示吕夷简，告之故。夷简有憾于后，遂主废黜之议。帝犹疑之，夷简曰："光武，汉之明主也，郭后止以怨怼坐废，况伤陛下颈乎！"帝意遂决。

夷简先敕有司毋得受台谏章奏，乃诏称皇后愿入道，封净妃、玉京冲妙仙师，居长宁宫。台谏章疏果不得入。于是中丞孔道辅率谏官范仲淹、孙祖德、宋庠、刘涣、御史蒋堂、郭劝、杨偕、马绛、段少连十人，诣垂拱殿伏奏："皇后，天下之母，不当轻废。愿赐对，尽所言。"殿门阖，不为通。道辅扣镮大呼曰："皇后被废，奈何不听台臣言！"寻有诏，令夷简谕以皇后当废状。道辅等至中书语夷简曰："大臣之于帝后，犹子事父母也。父母不和，可以谏止，奈何顺父出母乎！"夷简曰："废后有汉、唐故事。"道辅曰："人臣当道君以尧、舜，岂得引汉、唐失德为法邪？"夷简不能答。即奏言"伏阁请对，非太平美事"，遂黜道辅知泰州，仲淹知睦州，祖德等罚金。道辅鲠挺特达，遇事弹劾无所避，天下皆以直道许之。签书河阳判官富弼言：

【纲】薛奎罢职。　【目】薛奎因病罢职,过了一年去世。薛奎谋议事情正直不阿,有时心志受抑,回家后常常叹息不吃饭。家中人笑着说:"何必这样?"薛奎说:"我是感到上愧古人,下愧后世罢了。"尤其善于知人,范仲淹、庞籍、明镐在作为吏部所推人选时,薛奎都预许他们以后可以做公辅大臣,结果都如他说的那样。

【纲】诏令宰相不得进用台官。　【目】进言者说,御史台官必须由宫中直接发皇帝的诏旨决定,这是祖宗的成法。仁宗皇帝说:"祖宗的法,不可破坏。宰相自己选用台官,那么宰相的过失就没有敢说的了。"因此下诏:"自现在起,台官非中丞、知杂保荐的,不得除授。"

【纲】废除皇后郭氏,贬谪御史中丞孔道辅、右司谏范仲淹。【目】当时尚美人、杨美人都得到皇帝的宠幸,她们好几次同皇后怒骂争论。一天,尚氏在皇帝面前说了侵犯皇后的话,皇后气忿不过,打了她一个耳光。皇帝亲自起身救她,误打在皇帝的脖颈上,仁宗皇帝大怒,内侍阎文应借此与皇帝商量废除皇后,并且劝皇帝把颈上的爪痕给执政者看。仁宗皇帝就叫吕夷简看,并告诉他事情的经过。吕夷简本来就恨皇后,就主张废除皇后。仁宗皇帝还在犹豫,吕夷简说:"光武帝是汉代的明主,光武帝的郭后只因发怒言就被废掉,何况打伤了陛下的颈项呢!"仁宗皇帝于是下了决心。

吕夷简先行下令告诫有关部门不得收受台谏章奏,于是下诏说:"皇后愿意入道,封为净妃、玉京冲妙仙师,居长宁宫。"台谏章疏果然不得递入。于是中丞孔道辅率领谏官范仲淹、孙祖德、宋庠、刘涣、御史蒋堂、郭劝、杨偕、马绛、段少连十人,到垂拱殿跪奏:"皇后,为天下之母,不应当轻易废除。希望赐予臣等奏对的机会,让臣等说出所有想说的话。"殿门紧闭,不给传达。孔道辅扣击着门环大呼道:"皇后被废,为什么不听台臣的奏言!"不久有诏下达,令吕夷简告谕关于皇后应当废除的情状。孔道辅等人到中书省对吕夷简说:"大臣对待皇帝皇后,就像儿子侍奉父母一样。父母不和,可以劝止,为什么要顺从父亲休弃母亲呢!"吕夷简说:"废除皇后有汉、唐的旧例。"孔道辅说:"人臣应当引导皇帝效法尧、舜,岂能以汉、唐失德之事作为成法呢!"吕夷简不能回答,立即奏言:"跪伏在阁上请求奏对,不是太平之世的美

"朝廷一举而两失,纵不能复后,宜还仲淹等。"不听。

【纲】甲戌,景祐元年,春正月,置崇政殿说书。 【目】侍讲学士孙奭年老乞外,因荐贾昌朝、赵希言、王宗道、杨安国等自代,遂置说书,日轮二人祗候。昌朝诵说明白,帝多所质问。

【纲】秋七月,赵元昊反,寇环、庆。

【纲】八月,有星孛于张、翼。 【目】帝以星变避殿,减膳。寻诏净妃郭氏出居瑶华宫,美人尚氏入道,杨氏安置别宅。"

【纲】王曙卒,以王曾为枢密使。

【纲】九月,立曹氏为皇后。 【目】后,彬之孙女也。御史里行孙沔请终庄献丧制而后行,秘书丞余靖亦以为言,不报。

【纲】乙亥,二年,春正月,作迩英、延义二阁。 【目】孙奭尝上无逸图,帝命施于讲读阁,至是又诏蔡襄写无逸篇于阁屏。

【纲】贬御史里行孙沔监永州酒务。 【目】沔上言:"自孔道辅、范仲淹被黜,凡在缙绅,尽怀缄默。乞少霁天威,用存国体。"疏入,责知衡山县。沔未知有责命,复上书曰:"深宫之中,侍左右者,刀锯之余;悦耳目者,艳冶之色。宸禁昼严,乘舆天远,未见款召名臣,清问外事,询祖宗之纪纲,质朝廷之得失,徒修简易之名,未益承平之化。"又曰:"愿推择大臣,讲求古道,极论精思,品藻贤哲。逐刺史、县令老懦、贪残之辈,以利于民。罢公卿、大夫谄佞、诡诞之士,以肃于朝。简掖庭之幽旷,以求锡羡之庆。抑宦侍之重任,以防昵近之私。"书奏,再责监永州酒务。

事",遂贬谪孔道辅知泰州,范仲淹知睦州,孙祖德等罚金。孔道辅鲠直不屈,独出于众,遇事弹劾,无所避忌,天下都称许他正直之道。签书河阳判官富弼说:"朝廷一举而有两项失误,纵然不能复皇后之位,也应当召还范仲淹等。"皇帝不听。

【纲】景祐元年,(甲戌,1034),春正月,置崇政殿说书。 【目】侍讲学士孙奭年老请求外放,就推荐贾昌朝、赵希言、王宗道、杨安国等代替自己,于是设置说书之职,每日由两人敬候。贾昌朝诵说得明白,仁宗皇帝多多向他质难问学。

【纲】秋七月,赵元昊反,入寇环州、庆州(环州治通远县,即今甘肃环县。庆州治安化县,即今甘肃庆阳县)。

【纲】八月,有彗星出现在张、翼的星域之内。 【目】皇帝因为有星宿的变异避居正殿、减少膳食。不久降诏:"净妃郭氏出居瑶华宫,美人尚氏入道,杨氏安置于别宅。"

【纲】王曙去世,任命王曾为枢密使。

【纲】九月,立曹氏为皇后。 【目】皇后是曹彬的孙女。御史里行孙沔请求待庄献太后的丧制结束而后再施行,秘书丞余靖也有这样的奏言,没有批复。

【纲】景祐二年(乙亥,1035),春正月,建造迩英、延义二阁。【目】孙奭曾呈献《无逸图》,皇帝命布置于讲读阁,至此又诏蔡襄将《无逸篇》书写在阁屏上。

【纲】贬御史里行孙沔监永州(治零陵县,即今湖南零陵县)酒务。 【目】孙沔上言:"自从孔道辅、范仲淹被罢黜之后,凡是为官的,遇事全都缄默不言。请求皇帝对待臣下稍微温和一些,以存国家之大体。"此疏奏入,责罚他知衡山县(即今湖南衡山县)。孙沔还不知道有责罚的制命,又上书说:"深宫之中,侍奉皇帝左右的,是刀锯之馀的宦者;娱悦皇帝耳目的,是修饰妖艳的女色。帝居禁戒森严,人们与皇帝如同隔的天那么远,不曾见到款接召见名臣,问及外事,询问祖宗纲纪之事,也不曾见询问朝廷得失之事,空修简易之名,对国家的太平之治没有什么补益。"又说:"希望推选大臣,讲求古代治世之道,详细讨论,仔细研究,品评鉴定贤哲之士。驱逐刺史、县令中老懦、贪残之

【纲】二月，育宗室允让子宗实于宫中。 【目】宗实，太宗之曾孙，商王元份之孙，江宁节度使允让之子也。帝未有储嗣，取入宫，命皇后拊鞠之；生四年矣。

【纲】李迪罢。

【纲】以王曾同平章事，蔡齐、盛度参知政事，王随、李咨知枢密院事，王德用、韩亿同知院事。

【纲】命集贤校理李照重定雅乐。

【纲】冬十一月，故后郭氏暴卒，诏窜内侍阎文应于岭南。【目】后居瑶华，帝颇念之，遣使存问，赐以乐府；后和答之，辞意凄惋，帝亦悔焉。尝密遣人召之，后辞曰："若再见召，须百官立班受册方可。"文应以尝谮后，惧其复立。属后小疾，帝遣文应挟医诊视，数日，言后暴崩。中外疑文应进毒，而不得其实。帝深悼之，追复后号，以礼敛葬，而停谥册祔庙之礼。知开封府范仲淹劾奏文应之罪，窜之岭南，死于道。

【纲】诏录五代及诸国后。 【目】御史台辟石介为主簿，介未至，论不当求诸伪国后，坐罢。馆阁校勘欧阳修贻书责中丞杜衍曰："主簿于台中非言事官，介足未履台门之阈，已用言事见罢，可谓正直刚明，不畏避矣。度介之才不止为主簿，直可为御史。今斥介而他举，亦必择贤。夫贤者固好辩，又有言，则又斥而他举乎？如此，则必得愚闇懦默者而后止也。"衍不能用。

辈，以利于百性；罢免公卿、大夫中谄佞、诡辩荒诞之士，以整肃朝廷。简拔宫中幽旷之妃嫔，以求得天赐之福延及后昆；抑止对宦官的重任，以防备因亲昵接近而用私情。"奏疏呈上，再次责处，贬为监永州酒务。

【纲】二月，将宗室赵允让之子赵宗实养育在宫中。　【目】赵宗实，是太宗的曾孙，商王赵元份（bīn）之孙，江宁节度使赵允让的儿子。皇帝没有子嗣，取入宫中，命皇后抚育之，宗实已出生四年。

【纲】李迪罢职。

【纲】任命王曾同平章事，蔡齐、盛度参知政事，王随、李谘知枢密院事，王德用、韩亿同知院事。

【纲】命集贤校理李照重定雅乐。

【纲】冬十一月，故皇后郭氏突然死亡，下诏将内侍阎文应流放于岭南（指今广东）。　【目】皇后居于瑶华宫，仁宗皇帝相当怀念她，派遣使者去问候，赐她乐府曲词；皇后撰作曲词来和答，辞意悲凄而婉转。仁宗皇帝懊悔废后的事，曾经暗中派人召她，皇后辞谢说："要是再被召，必须百官立班受册才可以。"阎文应因为曾经暗中毁谤皇后，怕她再被册立。正遇皇后有小病，仁宗皇帝派遣阎文应带着医生去诊治，过了几天，说皇后暴病身亡。朝内外人士怀疑阎文应进了毒药，但不知实情。仁宗皇帝深为哀悼，追复她皇后的称号，以皇后之礼成殓殡葬，但不行谥册、祔庙之礼。知开封府范仲淹劾奏阎文应的罪行，流放他到岭南。阎文应死于途中。

【纲】颁诏登录五代及诸国君主的后人。　【目】御史台推举石介为主簿，石介没到，就上言论不应当访求诸伪国的后代，因此罢职。馆阁校勘欧阳修致书责备中丞杜衍说："主簿在台中不是言事之官，石介的脚还没踏到御史台的门坎儿，已经因为言事而被罢职，可以说是正直刚明，不畏怕避忌。度量石介的才能不只可任为主簿，简直可以任为御史。如今斥石介不用而另外推举，也一定要选择贤者。而贤者必然好辩论是非，再有进言，那末又排斥不用而另推举别人吗？要是这样的话，则一定要找愚昧懦弱默默而不语的人然后才罢休。"杜衍不能接受他的意见。

【纲】丙子,三年,夏五月,贬知开封府范仲淹及集贤校理余靖、馆阁校勘尹洙、欧阳修于外。诏戒群臣越职言事。 【目】仲淹以吕夷简执政,进用多出其门,上百官图,指其次第曰:"如此为序迁,如此为不次,如此则公,如此则私,况进退近臣凡超格者,不宜全委之宰相。"夷简不悦。他日论建都之事,仲淹进曰:"洛阳险固,而汴为四战之地,太平宜居汴,即有事必居洛阳。当渐广储蓄,缮宫室。"帝以问夷简,夷简对曰:"仲淹迂阔,务名无实。"仲淹闻之,乃为四论以献,大抵讥切时弊,且曰:"汉成帝信张禹不疑舅家,故有新莽之祸。臣恐今日亦有张禹坏陛下家法。"夷简诉仲淹越职言事,离间君臣,引用朋党。仲淹对益切,由是落职,知饶州。

集贤校理余靖上言:"仲淹以讥刺大臣,重加谴谪。倘其言未合圣虑,在陛下听与不听尔,安可以为罪乎!陛下自亲政以来,屡逐言事者,恐钳天下口。请改前命。"疏入,坐落职,监筠州酒税。

馆阁校勘尹洙上疏曰:"仲淹忠亮有素,臣与之义兼师友,则是仲淹之党也。臣不可苟免。"夷简怒,斥监郢州酒税。

馆阁校勘欧阳修贻书责司谏高若讷曰:"仲淹以非辜逐,君不能辨,犹以面目见士大夫,出入朝中,是不复知人间有羞耻事!"若讷怒,上其书,修坐贬夷陵令。

时朝士畏宰相,无敢送仲淹者,独龙图直学士李纮、集贤校理王质出郊饮饯之。或以诮质,质曰:"希文贤者,得为朋党,幸矣。"馆阁校勘蔡襄作四贤一不肖诗以誉仲淹、靖、洙、修而讥若讷,都人

【纲】景祐三年（丙子，1036），夏五月，贬谪知开封府范仲淹及集贤校理余靖、馆阁校勘尹洙、欧阳修于外地，下诏戒群臣越职言事。

【目】范仲淹因为吕夷简执政，进用的官员多数出于他的门下，上《百官图》，指示出它的次第说："这样就算按次序升迁，这样就为不合乎次序，这样做就算公，这样做就算私；况且进用黜退近臣，凡是超格的，不应当全委之于宰相。"吕夷简很不高兴。某一天，议论建都之事，范仲淹进言："洛阳形势险固，而汴京（即东京开封府，宋都，今河南开封市）为四战之地，太平岁月适宜居住汴京，若要有战事，一定要居于洛阳。应当逐步扩大储蓄，修缮宫室。"仁宗皇帝拿这事问吕夷简，吕夷简回答说："范仲淹为人迂阔，务名而无实。"范仲淹听说，就作了四论献给朝廷，大抵是讥切时弊，并且说："汉成帝信任张禹，不怀疑舅家，所以有新朝王莽之祸。我恐怕今天也有像张禹样的人败坏陛下的家法。"吕夷简控诉范仲淹越职言事，离间君臣之间的关系，引用朋党。范仲淹奏对更加激切，因此落职，知饶州（治鄱阳县，即今江西鄱阳县）。

集贤校理余靖上言："范仲淹因为讥刺大臣，重加谴责贬谪。倘若他的话不合皇上的心意，在于陛下听与不听罢了，怎么可以把这个作为罪状呢！陛下自亲政以来，屡次斥逐言事的人，恐怕这样会钳制天下人之口使不敢言。请求改变前所下达的制命。"疏奏入，因此落职，贬为监筠州（治高安县，即今江西高安县）酒税。

馆阁校勘尹洙上疏说："范仲淹素来忠诚正直，臣与他兼有师友之义，那么是范仲淹的同党了。臣也不可以苟免于罪。"吕夷简大怒，斥贬为监郢州（治长寿县，即今湖北钟祥县）酒税。

馆阁校勘欧阳修致书指责司谏高若讷说："范仲淹没有罪而被斥逐，您不能辨明是非，还有脸面见士大夫，出入于朝中，真是不复知人间还有羞耻之事！"高若讷恼怒，把他的书信上呈给朝廷，欧阳修因此贬为夷陵县（即今湖北宜昌市）令。

当时朝士都畏惧宰相，没有敢去送范仲淹的，独有龙图学士李纮、集贤校理王质出郊设酒为范仲淹饯行。有人讥诮王质，王质说："范希文是贤者，能和他为朋党，是很荣幸的。"馆阁校勘蔡襄作《四

相传写，鬻书者市之得厚利。御史韩缜希夷简旨，请以仲淹朋党牓朝堂，戒百官越职言事者，从之。

【纲】冬十月，契丹初殿试进士。

【纲】十一月，皇太后杨氏崩。

【纲】李谘卒，以王德用知枢密院事，章得象同知院事。

【纲】丁丑，四年，夏四月，吕夷简、王曾、宋绶、蔡齐罢。【目】初，夷简事曾甚谨，曾力荐为相。及曾复入中书，位反居下。而夷简任事久，多所专决，曾不能堪，议论间有异同，遂力求罢。帝疑之，问曾曰："卿亦有所不足邪？"时外传夷简纳赂，曾因及之。帝以问夷简，夷简乞置对，遂交论帝前，而曾语亦有失实者，求去益力，夷简亦乞罢。时曾与蔡齐善，而夷简善宋绶，惟盛度不得志于二人，而性猜险，每有所议，依违其间。及是，帝问度曰："曾、夷简力求退，何也？"度对曰："二人心事，臣不得知。陛下询二人以孰可代者，则其情可察矣。"帝从之。曾荐齐，夷简荐绶；于是四人俱罢，而度独留。

【纲】以王随、陈尧佐同平章事，韩亿、程琳、石中立参知政事，盛度知枢密院事，王鬷同知院事。

【纲】冬十二月，地震。【目】京师及并、代、忻州皆震，而并、代、忻尤甚，坏民庐舍，压死者二万二千余人，伤者五千六百人。

【纲】戊寅，宝元元年，春正月，求直言。【目】时有众星西北流，雷发不时。下诏求直言，大理评事苏舜钦言："臣观国史，见祖宗

贤一不肖诗》以赞誉范仲淹、余靖、尹洙、欧阳修，而讥刺高若讷，京都里的人们互相传写，卖书的抄诗出卖，获得厚利。御史韩缜迎合吕夷简的心意，奏请把范仲淹朋党张榜贴在朝堂之上，让百官中那些越职言事者引以为戒；朝廷采纳了他的建议。

【纲】冬十月，契丹初次殿试进士。

【纲】十一月，皇太后杨氏去世。

【纲】李谘去世，任命王德用知枢密院事，章得象同知院事。

【纲】景祐四年（丁丑，1037），夏四月，吕夷简、王曾、宋绶、蔡齐罢职。 【目】起初，吕夷简侍奉王曾甚为恭谨，王曾竭力推荐他为宰相。待到王曾再次进入中书，其位反居于吕夷简之下。而吕夷简任事时间一久，遇事多所专断，王曾感到受不了，讨论事情间或有不同看法，就竭力请求罢职。仁宗皇帝怀疑，问王曾说："卿还有什么不满足吗？"当时外面传说吕夷简收受贿赂，王曾因而谈及这事。仁宗皇帝以此来问吕夷简，吕夷简请求当面对质。于是在皇帝面前互相争论起来，而王曾所说的也有失实的地方，请求罢职更加坚决，吕夷简也请求罢职。当时王曾与蔡齐友善，而吕夷简与宋绶交好，只有盛度不见重于他们两人。盛度性多猜忌而阴险，每有所商论，他就依违其间，两边都不能犯。到这时，仁宗皇帝问盛度说："王曾、吕夷简都力求退职，是怎么回事？"盛度回答说："他们两人的心事，臣不得而知。陛下可询问他们两人，问他们去职后谁可代替，那么他们的心意就可以觉察出来了。"仁宗皇帝听从了他的话。王曾推举蔡齐，吕夷简推荐宋绶；于是四人全都罢职，而盛度独留在原位上。

【纲】任命王随、陈尧佐同平章事，韩亿、程琳、石中立参知政事，盛度知枢密院事，王鬷同知院事。

【纲】冬十二月，地震。 【目】京师及并州（治阳曲县，即今山西太原市）、代州（治雁门县，即今山西代县）、忻州（治秀容县，即今山西忻州市）皆有地震，而并州、代州、忻州尤其剧烈，毁坏民间房屋，压死者二万二千多人，受伤者五千六百人。

【纲】宝元元年（戊寅，1038），春正月，求直言。 【目】当时有众星流于西北，不是打雷的季节而打雷，下诏求直言。大理评事苏舜钦进

日日视朝，旰昃方罢。今陛下春秋鼎盛，实宵旰求治之秋，乃隔日御殿，此政事不亲也。三司计度经费，二十倍于祖宗之时，府库匮竭，敛科无虚日，此用度不足也。二者诚国大忧。愿陛下因此灾变，修己以御人，洗心以鉴物，勤听断，舍燕安，放优谐近习之纤人，亲刚明鲠直之良士，以思永图。"疏入，诏复日御前殿。

【纲】三月，王随、陈尧佐、韩亿、石中立免。 【目】随为相无所建明，而数与尧佐、亿、中立争事。会灾异屡见，右司谏韩琦言："随、尧佐、中立非辅弼才，亿不当以子纲为众牧判官。"遂皆免。琦遇事敢言，切而不迂，在谏垣前后凡七十余疏。

【纲】以张士逊、章得象同平章事，王鬷、李若谷参知政事，王博文、陈执中同知枢密院事。夏四月，王博文卒，以张观同知枢密院事。

【纲】冬十月，赵元昊称帝于夏州。

【纲】十一月，沂公王曾卒。 【目】赠侍中，谥文正。曾性资端厚，在朝廷进止有常处，平居寡言笑，人不敢干以私。进退士人，莫有知者。范仲淹尝谓曾曰："明扬士类，宰相任也，公之盛德独少此尔。"曾曰："恩欲归己，怨将谁归邪？"仲淹服其言。

【纲】十二月，京师地震。

【纲】以夏竦为泾原、秦、凤安抚使，范雍为鄜、延、环、庆安抚使，经略夏州。

【纲】己卯，二年，夏四月，募民入粟实边。

言:"臣阅读国史,见祖宗每天入朝处理事务,直至日晚方罢。现在陛下年富力强,正是早起晚睡以求治理好国家的年龄,竟隔日升殿,这是政事没有亲自处理的表现。三司计划经费,比祖宗时多二十倍,府库的储积已经用尽,征收赋税无虚日,这是用度不足的表现。这两者实在是国家的大忧。希望陛下因此次灾变,加强自身修养以统御万人,涤荡心中的杂念以明鉴万物,勤于听取,妥为决断,舍弃安乐,放出优谐近习之小人,亲近刚明鲠直的贤良之士,以考虑永久的谋略。"疏呈入,下诏恢复每日御前殿的制度。

【纲】三月,王随、陈尧佐、韩亿、石中立免职。【目】王随为相期间无所建树与阐明,而屡次与陈尧佐、韩亿、石中立因事争执。适逢灾异屡次出现,右司谏韩琦进言:"王随、陈尧佐、石中立不是辅佐大臣之才,韩亿不应当以儿子韩纲为众牧判官。"于是全都免职。韩琦遇事敢说话,虽激切但不迂阔,在司谏的位置上前后共奏七十余疏。

【纲】任命张士逊、章得象同平章事,王鬷、李若谷参知政事,王博文、陈执中同知枢密院事。夏四月,王博文去世,任合张观同知枢密院事。

【纲】冬十月,赵元昊在夏州称帝。

【纲】十一月,沂(沂即沂州,治临沂县,即今山东临沂市)公王曾去世。【目】追赠为侍中,谥号文正。王曾品性资质端庄敦厚,在朝廷,走动时向前或停下来,有一定的地方。平时很少说笑,人们不敢以私事于求他。他推荐进拔或黜退士人,别人没有知道的。范仲淹曾对王曾说:"显扬士人,是宰相的职责,公之盛德只少了这一点。"王曾说:"把恩德归于自己,那么嫌怨归于谁呢?"范仲淹佩服他的话。

【纲】十二月,京师发生地震。

【纲】任命夏竦为泾原(治泾州城,在今甘肃泾川县北)、秦风(治秦州城,即今甘肃天水市)、凤(治梁泉县,即今陕西凤县)安抚使,范雍为鄜延(治延州城,在今陕西延安县东)、环庆(环州治通远县,即今甘肃环县。庆州治安化县,即今甘肃庆阳县)安抚使,经略夏州。

【纲】宝元二年(己卯,1039),夏四月,招募民众交纳粮食充实边地。

【纲】五月,罢王德用,以夏守赟知枢密院事。 【目】赵元昊反,德用请自将讨之,不许。德用状貌雄毅,面黑,颈以下白皙,人皆异之。言者论其貌类艺祖,且得士心,不宜久典机密,遂罢。言者犹不已,遂降知随州。家人惶惧,而德用举止言笑自若,惟不接宾客而已。

【纲】六月,削赵元昊赐姓、官爵。

【纲】冬十一月,盛度、程琳罢。

【纲】以王鬷知枢密院事,宋庠参知政事。

【纲】夏人寇保安军,巡检指挥使狄青击败之。 【目】青初以善骑射为骑御散直,从西征,战安远诸砦,皆克捷。临敌,披发带铜面具,出入贼中,皆披靡,莫敢当。至是元昊寇保安军,钤辖卢守懃使青击走之,以功加秦州刺史。帝欲召见,问以方略,会贼寇渭州,命图形以进。

【纲】五月,罢除王德用职务,任命夏守赟知枢密院事。 【目】赵元昊反,王德用请求自己带领军队去讨伐他,没有批准。王德用状貌雄伟刚毅,脸黑,脖颈以下白皙,人们都感到奇异。进言的人说他长得像太阻,而且又得士心,不应当让他长期主管机密,于是就罢除他的职务。进言者还不算完,又贬降为知随州(即今湖北随县)。家中的人都惶恐惊惧,而王德用行动说笑和从前一样,只是不接待宾客罢了。

【纲】六月,削去赵元昊的赐姓、官爵。

【纲】冬十一月,盛度、程琳罢职。

【纲】任命王鬷知枢密院事,宋庠参知政事。

【纲】夏人寇掠保安军(即今陕西志丹县),巡检指挥使狄青击败入寇的夏人。 【目】狄青起初因善于骑射授为骑御散直,跟从西征,在安远诸砦作战,都获得胜利。临敌时披散开头发,戴铜面具,出入敌人阵中,所向披靡,没有谁敢阻当他。至此元昊入寇保安军,铃辖卢守勲派狄青去把他击败逃跑,狄青因立有战功加为秦州刺史。仁宗皇帝想要召见他,问他有关方略,遇上贼兵入寇渭州(治平凉县,在今甘肃平凉市西),命画狄青的图形呈进。

纲鉴易知录卷六八

宋纪

仁宗皇帝

【纲】庚辰,康定元年,春正月朔,日食。 【目】先是司天杨惟德请移闰于庚辰岁,则日食在正月之晦。帝曰:"闰,所以正天时而授民事,其可曲避乎!"不许。至是知谏院富弼请"罢宴、彻乐,就馆赐北使酒食。"执政不可,弼曰:"万一契丹行之,岂不为朝廷羞。"既而闻契丹罢宴,帝深悔之。

【纲】元昊寇延州,副总管刘平、石元孙战没。二月,贬范雍知安州。

【纲】以夏守赟为陕西经略安抚招讨使,内侍王守忠为都钤辖。

【纲】除越职言事之禁。

【纲】命知制诰韩琦安抚陕西。 【目】初,琦使蜀归,论西师形势甚悉,即命安抚陕西。琦言:"范雍节制无状,宜召知越州范仲淹委任之。方陛下焦劳之际,臣岂敢避形迹不言,若涉朋比误国家,当族。"帝从之,召仲淹知永兴军。

【纲】三月,王鬷、陈执中、张观免。 【目】天圣中,鬷使河北,过真定,时曹玮为总管,鬷见之,玮谓曰:"君异日当柄用,愿留意边防。"鬷曰:"何以教之?"玮曰:"吾尝使人觇赵元昊,状貌异常,他日必为边患。"鬷未以为然。比再入枢密,元昊果反。帝数问边事,鬷不能对。及刘平败,议刺乡兵久未决,帝怒,遂与执中、观同免,鬷始叹玮之明识。

【纲】以晏殊、宋绶知枢密院事,王贻永同知院事。

仁宗皇帝

【纲】康定元年（庚辰，1040），春正月朔（初一），出现日食。
【目】此前，司天监杨惟德请求把闰月移到庚辰这年来，这样日食就在正月之晦日（三十日）。仁宗皇帝说："闰月是为了正天时而传授民事，哪里可以为避忌而曲改呢！"不许。至此知谏院富弼请求罢宴撤乐，就驿馆内赐北朝使者酒食，执政不加许可。富弼说："万一契丹这样做了，岂不是成为朝廷的羞辱。"后来听说契丹罢宴，皇帝深以为悔。

【纲】赵元昊寇掠延州（在今陕西延安县东），副总管刘平、石元孙战死。二月，贬范雍知安州（治安陆县，即今湖北安陆县）。

【纲】任命夏守赟为陕西经略安抚招讨使（治京兆府，即今陕西西安市），内侍王守忠为都钤辖。

【纲】废除越职言事的禁令。

【纲】命知制诰韩琦安抚陕西。【目】当初，韩琦出使蜀地归来，论说西方军队形势甚为详悉，就命他安抚陕西。韩琦说："范雍调度管束得不恰当，应当召知越州（治会稽县，即今浙江绍兴市）范仲淹委任他这个职务，现在正是陛下焦劳用心的时候，我哪里敢避讳嫌疑而不进言！若有涉及到结党营私贻误国事，当族灭我全家。"仁宗皇帝听从了他的建议，召范仲淹知永兴军（治长安县，即今陕西西安市）。

【纲】三月，王鬷、陈执中、张观免职。【目】天圣年间，王鬷出使河北，路过真定（即今河北正定县）。当时曹玮为总管，王鬷去见他，曹玮对他说："您以后会受到信任而掌握权柄，希望多留意边防之事。"王鬷说："有何教导？"曹玮说："我曾使人密察元昊，这人状貌不寻常，以后必然会成为边地之患。"王鬷不以为然。待到再次进入枢密院，元昊果然反叛。仁宗皇帝多次以边事问王鬷，王鬷回答不出来。到刘平兵败战死，议论组建乡兵，久未决定下来。仁宗皇帝发怒，就与陈执中、张观一同免职。王鬷这才感叹曹玮的识见高明。

【纲】任命晏殊、宋绶知枢密院事，王贻永同知院事。

【纲】夏五月,张士逊致仕,以吕夷简同平章事。

【纲】以夏竦为陕西经略安抚招讨使,韩琦、范仲淹副之;召夏守赟、王守忠还。

【纲】元昊陷塞门诸砦。 【目】执砦主高延德以去。又陷安远、承平砦。时著作佐郎张方平上《平戎十策》,其略以为:"宜屯重兵河东,示以形势。贼入寇必自延、渭,而兴州巢穴之守必虚,我师自麟、府渡河,不十日可至。此所谓攻其所必救,形格势禁之道也。"宰臣吕夷简见之,谓知枢密院宋绶曰:"大科得人矣。"

【纲】六月,以夏守赟同知枢密院事。秋八月,守赟罢,以杜衍同知枢密院事。

【纲】以范仲淹兼知延州。 【目】延州诸砦多失守,仲淹请自行,诏兼知延州。仲淹大阅州兵,得万八千人,分六将领之,日夜训练。量敌众寡,使更出御。敌人闻之相戒曰:"无以延州为意,今小范老子腹中自有数万甲兵,不比大范老子可欺也。"大范盖指雍也。仲淹以民远输劳苦,请建鄜城为军,以河中府、同、华州中下户租税就输之,春夏徙兵就食,可省籴十之三,他所减不与。诏以为康定军。仲淹又修承平、永平等砦,稍招还流亡,定堡障,通斥堠,城十二砦,于是羌、汉之民相踵归业。

【纲】九月,李若谷罢,以宋绶、晁宗悫参知政事。以晏殊为枢密使,王贻永、杜衍、郑戬为副使。

【纲】元昊寇三川诸砦,环庆副总管任福攻其白豹城,克之。

【纲】夏五月，张士逊退休，任命吕夷简同平章事。

【纲】任命夏竦为陕西经略安抚招讨使，韩琦、范仲淹为他的副职；召还夏守赟、王守忠。

【纲】元昊攻陷塞门诸砦（塞门砦在今陕西榆林市横山区）。
【目】元昊擒获砦主高延德而去。又攻陷了安远、承平砦（两砦俱在今甘肃通渭县东南）。当时著作佐郎张方平上《平戎十策》，其大略认为："应当在河东（河东路治并州城，即今山西太原市）屯扎重兵，示之以军事阵势。敌人入寇必然自延州、渭州（渭州治平凉县，在今甘肃平凉市西）而来，而敌方兴州（即今宁夏银川市）巢穴的守卫必然空虚。我军从麟州（在今陕西绥德县西北）、府州（即今陕西府谷县）过河，用不上十天即可到达，这就是所谓攻其所必救之处，使其迫于形势的道理。"宰臣吕夷简见到这篇《平戎十策》，对知枢密院宋绶说："这次大科考试得到人才啦！"

【纲】六月，任命夏守赟同知枢密院事。秋八月，夏守赟罢职，任命杜衍同知枢密院事。

【纲】任命范仲淹兼知延州。　【目】延州诸砦多数失守，范仲淹自己请求前往，下诏令他兼知延州。范仲淹检阅州兵，计有一万八千人，分属六位将领统率之，日夜训练，计量敌人的多少，使他们轮流出去抵御。敌人听说这事，互相告诫说："不要把延州放在心上，现在小范老子胸中就有数万甲兵，不比大范老子可欺啊。"大范指的是范雍。范仲淹因为老百姓远道运输太劳苦，上表请求："把鄜城（在今陕西洛川县西北）立之为军，把河中府（即今山西永济市西蒲州镇）、同州（即今陕西大荔县）、华州（即今陕西华县）之中下户的租税就近输送到那里，春季夏季迁徙军队来就食，可减省籴粮费的十分之三，还不包括其费用所减少的。"朝廷下诏以鄜城为康定军。范仲淹又修承平、永平等砦，逐渐招还流亡之民，筑起堡障，彼此间有望烽台可以通消息，筑城于十二砦，自此羌、汉之百姓相继回来从事本业。

【纲】九月，李若谷罢职，任命宋绶、晁宗悫参知政事。任命晏殊为枢密使，王贻永、杜衍、郑戬为副使。

【纲】元昊寇掠三川（三川砦，在今宁夏固原县西北）诸砦，环庆

【目】元昊之寇三川也，韩琦使任福等领兵七千声言巡边，部分诸将，夜趋七十里至白豹城，平明克之，破四十族，焚其积聚而还。

【纲】鄜州将种世衡城青涧。　【目】时塞门诸砦既陷，鄜州判官种世衡言："延安东北二百里有故宽州，请因废垒而兴之以当寇冲。右可固延安之势，左可致河东之粟，北可图银、夏之旧。"朝廷从之，命世衡董其役。夏人屡来争，世衡且战且城。然处险无泉，议不可守，凿地百五十尺至石不及泉，工辞不可穿。世衡命屑石一畚，酬百钱，卒得泉以济。城成，赐名青涧，以世衡知城事。世衡开营田，募商贾，通货利，城遂富实。

【纲】冬十二月，宋绶卒。
【纲】铸当十钱。
【纲】辛巳，庆历元年，春正月，诏鄜、延、泾原会兵讨李元昊，不果行。
【纲】元昊遣人至延州议和，范仲淹以书谕之。　【目】元昊遣高延德还延州，与范仲淹约和。仲淹自为书遗元昊，反覆戒谕，令去帝号尽臣节，以报累朝厚待之恩。韩琦闻之曰："无约而请和者，谋也。"命诸将戒严，而自行边。

【纲】二月，元昊寇渭州，任福与战于好水川，败死。贬韩琦知秦州。　【目】韩琦行边至高平，元昊果遣众寇渭州，薄怀远城，琦乃趋镇戎军，尽出其兵，又募勇士万八千人，命环庆副总管任福将之，以耿傅参军事，泾原都监桑怿为先锋，朱观、武英、王珪各以所部从福。将行，琦令福并兵自怀远趋德胜砦，至羊牧隆城，出敌之

（环庆总管府，治环州城，即今甘肃环县）副总管任福攻打他的白豹城（在今甘肃庆阳县北），攻克此城。【目】元昊入寇三川的时候，韩琦使任福等领兵七千声称巡边，部署诸将，夜间急行军七十里到达白豹城，天微明时攻克了此城，击破四十族，烧掉他的积聚而回。

【纲】鄜州将种世衡在青涧（即今陕西清涧县）筑城。【目】当时塞门诸砦已经陷落，鄜州判官种世衡上言："延安东北二百里处有座故宽州城，请求借着城的废垒再兴建起来，以当敌人入寇之要冲。右面可以强固延安的形势，左面可得到河东的粮食，北面可以图谋收复银州（治儒林县，在今陕西米脂县西北）、夏州（治朔方县，在今陕西横山县西，时为西夏所据）之旧地。"朝廷采纳了他的建议，命种世衡督察这项工程。夏人屡次来争夺，种世衡一边作战，一边筑城。但是城处于险要之地，没有泉水，无法防守，凿地一百五十尺深，碰到了石头，而够不到地下泉水，工人推辞说这地挖不穿了。种世衡下令凿碎一畚箕石头，酬劳一百钱，终于凿出泉水以济饮用。城筑成后，赐名为青涧，任命种世衡知城事。种世衡开垦营田，招募商人，运通财货，该城逐渐富裕起来。

【纲】冬十二月，宋绶去世。

【纲】铸当十钱。

【纲】庆历元年（辛巳，1041），春正月，诏鄜州、延州、泾原会兵讨伐李元昊，终于没有实行。

【纲】李元昊派人到延州议和，范仲淹写信告谕他。【目】李元昊派遣高延德回延州，与范仲淹相约讲和。范仲淹自己写信给元昊，反覆告诫他，令他除去皇帝的称号，尽人臣之节，用以报答历朝厚待他的恩典。韩琦听说这事，说："无约而请求讲和的，是阴谋啊。"命令诸将加强戒备严加防守，自己亲到边境巡视。

【纲】二月，李元昊入寇渭州，任福与他在好水川（今名甜水河，在今宁夏隆德县东）开战，战败而死。贬谪韩琦知秦州（治成纪县，即今甘肃天水市）。【目】韩琦往边境巡视到达高平（砦名，在今宁夏固原县北），李元昊果然发众兵寇掠渭州，迫近怀远城（在今宁夏固原县南）。韩琦就直趋镇戎军（即今甘肃固原县），全部出动他的军队，又

后，诸砦相距才四十里，道近，粮饷便；度势未可战，即据险置伏，要其归路。戒之再三，且曰："苟违节制，有功亦斩！"

福引轻骑数千趋怀远捺龙川，遇镇戎西路巡检常鼎、刘肃与敌战于张家堡南，斩首数百，敌弃马羊橐驼佯北，桑怿引骑趋之，福踵其后。谍传敌兵少，福等颇易之。薄暮，与怿合军屯好水川，观、英屯笼给川，相距五里，约翌日会兵川口，必使夏人匹骑不还，然不知已陷其伏中矣。路既远，刍饷不继，士马乏食者三日。

时元昊自将精兵十万营于川口。候者言："夏人有砦不多。"诘旦，福与怿循好水川西行，出六盘山下，距羊牧隆城五里与夏军遇；诸将方知坠敌计，势不可留，遂前格战。怿于道傍得数银泥合，封袭谨密，中有动跃声，疑莫敢发。福至，发之，乃悬哨家鸽百余，自中起盘飞军上，于是夏兵四合。怿驰犯其锋，福阵未成列，贼纵铁骑突之。自辰至午，阵动，众欲据胜地，忽夏人阵中树鲍老旗，怿等莫测。既而旗左麾，左伏起；右麾，右伏起；自山背下击，士卒多坠崖堑相覆压，怿、肃战死。敌分兵数千断官军后，福力战，身被十余矢。有小校刘进劝福自免，福曰："吾为大将，兵败，以死报国尔。"挥四刃铁简，挺身决斗，枪中左颊，绝其喉而死。子怀亮亦死之。英、珪、傅皆死，士卒死者万三百人。惟观以兵千余保民垣，会暮，敌引去，得还。关右大震。

招募勇士一万八千人，命环庆副总管任福带领，命耿傅参预军事，泾原都监桑怿为先锋，朱观、武英、王珪各自带领自己所属部队听从任福指挥。将要出发时，韩琦命令任福集中军队从怀远赶赴德胜砦（在今甘肃静宁县境），到达羊牧隆城（在今宁夏隆德县北），出敌军之后，诸砦之间的距离只有四十里，道路近，粮饷方便；度量形势如不可作战，就据守险隘，设置伏兵，以便截住敌人的归路。再三告诫他们，并且说："假若违背命令，即使有功也要斩首。"

任福带领轻装骑兵数千快速开往怀远捺龙川，遇到镇戎西路巡检常鼎、刘肃与敌人在张家堡南作战，斩敌首数百级，敌人丢弃了马羊橐驼等物假装战败逃跑。桑怿带领骑兵前去追赶，任福也跟在他的后面追去。谍报兵报告说敌人兵少，任福等轻敌，认为容易打败。傍晚，与桑怿合军一处屯驻在好水川。朱观、武英军队屯驻在笼给川，相距五里，约定第二天在川口会师，一定要使夏人一匹马也回不去。但是他们却不知已经陷在敌人的埋伏之中了。路既遥远，粮饷运不到，兵士马匹缺少食物已经三天了。

当时李元昊自己带领十万精兵在川口扎营；侦察敌情的人说："夏人有砦不多。"第二天早晨，任福与桑怿沿着好水川往西行军，出于六盘山下，距离羊牧隆城五里，与夏军相遇；诸将这才知道中了敌人之计，当时的形势不允许停留，就向前进行战斗。桑怿在道傍得到了几个银泥盒，护封得很谨密，里面有跳动的声音，他心中疑惑没敢打开。任福来到，打开它，里面原来是一百多只带有响哨的家鸽。家鸽从盒中飞起，在军队的上空盘旋飞行，于是夏兵从四面包围了上来。桑怿驱马与敌之前锋接战，任福的战阵尚未布好，敌人的铁骑队就冲了过来。自辰时至午时，军阵移动，众人想去占据有利的地势，忽见夏人阵中树起一面"鲍老旗"，桑怿等猜不透这是什么意思。后来又见旗向左挥，左面的伏兵出动，旗向右挥，右面的埋伏齐起，从山背往下攻击，士卒多有坠于崖谷互相覆压的。桑怿、刘肃战死。敌人分出数千军队截断官军的后路，任福拚力死战，身中十余箭。有个小校刘进劝任福想法自免于难，任福说："我为大将，兵败，要以死报国！"挥动四刃铁简，挺身决斗，左颊被枪刺中，刺断了他的咽喉而死。他的儿子任怀亮也死于战斗中。武

奏至，帝震悼，为之旰食。夏竦使人收散兵，得琦檄于福衣带间，言罪不在琦，琦亦上书自劾，徙知秦州。

【纲】三月，贬仲淹知耀州。【目】元昊答仲淹书，语多不逊，仲淹对来使焚之。朝议以仲淹不当擅通书，又不当擅焚之。宋庠请斩仲淹，杜衍曰："仲淹志在招纳，盖忠于朝廷也，何可深罪。"帝悟，乃降户部员外郎，徙知耀州。

【纲】夏四月，以陈执中同陕西安抚经略招讨使。【目】时夏竦判永兴军，执中知军事议多异同，故分命竦屯鄜州，执中屯泾州。竦雅意在朝廷，及任以西事，颇依违顾避。尝出巡边，置侍婢中军帐下，几至兵变。元昊命募得竦首者，与钱三千，其见轻侮如此。

【纲】五月，宋庠、郑戬罢。
【纲】以王举正参知政事，任中师、任布为枢密副使。
【纲】秋八月，元昊陷丰州。冬十月，夏竦、陈执中免。

【纲】分陕西为四路，以韩琦、王沿、范仲淹、庞籍兼经略安抚招讨使。【目】分秦凤、泾原、环庆、鄜延为四路，各置使。时琦知泰州，沿知渭州，仲淹知庆州，籍知延州，诏分领之。

自元昊反，延州城砦焚掠殆尽，籍至，稍葺治之。戍兵十万无壁垒，皆散处城中，畏籍莫敢犯法。籍命部将狄青将万人筑招安砦于桥子谷旁，以断寇出入之路。又使周美袭取承平砦，王信筑龙安砦。悉复所亡地，筑十一城，延民以安。

英、王纮、耿傅全都战死，士卒死亡一万零三百人。只有朱观领一千余兵据守民间垣墙，恰好天快黑了，敌兵离去，得以活着回来。关右为此大为震恐。

奏书到达朝廷，仁宗皇帝震惊悲悼，为之晚食。夏竦派人去收集散兵，从任福韵衣带中得到韩琦给他的檄书，奏言罪不在韩琦，韩琦也上奏表章，自己劾奏自己的罪状。韩琦徙知秦州。

【纲】三月，贬范仲淹知耀州（治华原县，即今陕西铜州市耀州区）。 【目】李元昊回答范仲淹的书信，语言多有傲慢无理之处，范仲淹面对着来使烧掉了。朝廷议者认为范仲淹不应当擅自与李元昊通信，又不应当擅自焚烧信件。宋庠请求处斩范仲淹，杜衍说："范仲淹本意在于招降敌人，是忠于朝廷的，怎么可以深加罪责！"仁宗皇帝领悟过来，就降范仲淹为户部员外郎，贬知耀州。

【纲】夏四月，任命陈执中同陕西安抚经略招讨使。 【目】当时夏竦判永兴军，陈执中知军事，议论时意见多不一致，所以分别命夏竦屯驻鄜州，陈执中屯驻泾州。夏竦本意想留在朝廷，及至任命他以西方边地之职，他遇事依违两可，有所顾虑或回避。曾在外出巡边时，将侍婢置于中军帐下，几乎引起兵变。李元昊下令有取得夏竦头的，给三千钱，以见得出夏竦被轻慢到什么程度。

【纲】五月，宋庠、郑戬罢职。

【纲】任命王举正参知政事，任中师、任布为枢密副使。

【纲】秋八月，李元昊攻陷丰州（在今陕西府谷县北）。冬十月，夏竦、陈执中免职。

【纲】分陕西为四路，任命韩琦、王沿、范仲淹、庞籍兼经略安抚招讨使。 【目】分秦凤、泾原、环庆、鄜延为四路，各路设置经略安抚招讨使。当时韩琦知秦州，王沿知渭州，范仲淹知庆州，庞籍知延州，下诏让他们分别兼领上述职务。

自从李元昊反叛朝廷之后，延州城砦几乎被焚烧净尽。庞籍来到这里，稍加修葺整理。戍守的十万兵士没有壁垒，全都散处在城中，畏惧庞籍，没有敢犯法的。庞籍命令部将狄青带领一万人在桥子谷（在今陕西安塞县西北）旁修筑招安砦，以隔断敌人出入之路。又使周美去

初，元昊阴诱属羌为助，而环庆酋长六百余人，约为乡导。事寻露，仲淹以其反覆不常，至部即奏行边，以诏书犒赏诸羌，阅其人马，为立条约；诸羌皆受命，自是为中国用。羌人亲爱之，呼为"龙图老子"。

仲淹以庆州西北马铺砦当后桥川口，在贼腹中，欲城之，度贼必争，密遣其子纯佑与蕃将赵明先据其地，引兵随之。诸将不知所向，行至柔远，版筑皆具，旬日城成，即大顺城也。贼觉，以三万骑来战，佯北；仲淹戒勿追，已而果有伏。大顺既成，而白豹、金汤皆不敢犯，环庆自此寇盗益少。

仲淹在边，纯佑年方冠，与将卒错处，钩深摘隐，得其材否，由是仲淹任无失，所向有功矣。

【纲】壬午，二年，春二月，置义勇保捷军。【目】诏选河北诸州强壮者为军，刺手背为"义勇"字。各营于其州给以俸廪，分番训练，不愿者释之。寻又刺陕西秦凤路义勇为保捷军。

【纲】三月，晁宗悫罢。
【纲】契丹来求关南之地；夏四月，遣知制诰富弼报之。【目】契丹主有南侵意，会元昊反，欲乘衅取瓦桥关以南十县地，乃遣南院宣徽使萧特末、翰林学士刘六符来致书取故地。帝唯许增岁币，或以宗室女嫁其子，且令吕夷简择报聘者。夷简不悦弼，因荐之。弼得命，即入对，叩头曰："主忧臣辱，臣不敢爱其死。"帝为动色。进弼枢密直学士，弼辞曰："国家有急，义不惮劳，奈何逆以官爵

袭取承平砦，王信去修筑龙安砦（在今陕西安塞县境），全部收回所丢失的土地，修筑了十一座城，延州的百姓得以安定下来。

起初，李元昊暗中引诱所属羌人来帮助他，而环庆的酋长六百余人，约好为他作向导，这事不久就暴露了。范仲淹因为他们反复无常，一到治地，即奏请巡视边地，以诏书之名去犒赏众羌，检阅他们的人马，和他们立下条约；众羌全都接受命令，自此为中国所用。羌人喜爱范仲淹，称呼他为"龙图老子"。

范仲淹因为庆州西北马铺砦地当后桥川口，在敌人的腹地之中，想要在那里筑城，估计敌人必定来争夺。暗中派遣他儿子范纯佑与蕃将赵明事先占据了那块地方，自己领兵随后跟着前去。诸将不知开往何处，行到柔远（寨名，在今甘肃庆阳县北），版筑的工具全都准备好了，十天时间，城就筑成了，这就是大顺城。敌人发觉后，以三万骑兵来作战，佯作败逃。范仲淹戒令将士不要去追，不久果然发现有伏兵。大顺城筑成后，而白豹（在今甘肃庆阳县北）、金汤（在今陕西志丹县西北）诸处敌人都不敢来进犯，环庆从此寇盗更加少了。

范仲淹在边地时，范纯佑刚满二十岁，与将士相处在一起，了解其内情，得知谁是不是人才，因此范仲淹任用部下没有缺失，军队所向有功。

【纲】庆历二年（壬午，1042），春二月，设置义勇保捷军。 【目】颁诏选拔河北诸州身体强壮者为兵，在其手背上刺上"义勇"字样。各立军营于其州内，发给俸金和粮米，轮番训练，不愿意的释放出去。不久又刺陕西秦凤路义勇兵为保捷军。

【纲】三月，晁宗悫罢职。

【纲】契丹来要求关南一带土地（指瓦桥关以南十县地）；夏四月，派遣知制诰富弼去回报契丹。 【目】契丹主耶律宗真有南侵的意图，适逢李元昊反叛，想乘这个衅隙夺取瓦桥关（在今河北雄县南易水上）以南十县的地方，就派遣南院宣徽使萧特末、翰林学士刘六符来送达书信，求取旧时的土地。仁宗皇帝只许增加每岁所给的货币，或者可以让宗室之女嫁给他的儿子，并且令吕夷简挑选前去报聘的使者。吕夷简不喜欢富弼，因此就推荐了他。富弼得到任命，当即入朝奏对，叩头说：

赂之！"遂往。

【纲】五月，以大名府为北京。

【纲】六月，以王德用判定州。

【纲】秋七月，任布罢。以吕夷简、章得象兼枢密使，加晏殊同平章事。

【纲】富弼还，复如契丹。　【目】弼至契丹，见契丹主宗真言曰："两朝人主，父子继好垂四十年，一旦求割地，何也？"契丹主曰："南朝违约，塞雁门，增塘水，治城隍，籍民兵，将以何为？群臣请举兵而南，吾谓不若遣使求地；求而不获，举兵未晚。"弼曰："北朝忘章圣皇帝之大德乎？澶渊之役，苟从诸将言，北兵无得脱者。且北朝与中国通好，则人主专其利，而臣下无所获；若用兵，则利归臣下，而人主任其祸。故劝用兵者，皆为身谋尔。"契丹主惊曰："何谓也？"弼曰："晋高祖欺天叛君，末帝昏乱，土宇狭小，上下离叛，故契丹全师独克。然虏获金币充牣诸臣之家，而壮士健马，物故大半。今中国提封万里，精兵百万，法令修明，上下一心，北朝欲用兵，能保其必胜乎！就使其胜，所亡士马，群臣当之欤，抑人主当之欤？若通好不绝，岁币尽归人主，群臣何利焉。"契丹主大悟，首肯者久之。弼又曰："塞雁门者，备元昊也。塘水始于何承矩，事在通好前。城隍皆修旧；民兵亦补阙，非违约也。"契丹主曰："微卿言，吾不知其详。虽然，吾祖宗故地当见还也。"弼曰："晋以卢龙赂契丹，周世宗复取关南地，皆异代事；若各求地，岂北朝之利哉。"既退，刘六符曰："吾主耻受金币，坚欲十县何如？"弼曰："本朝皇帝尝言：'为祖宗守国，岂敢妄以土地与人！北朝所欲，不过租赋尔，朕不忍多杀两朝赤子，故屈己增币以代之；若必欲得地，是志在败盟，假此为辞尔。澶渊之盟，天地、鬼神实临之。北朝首发兵端，过不在我，天地、鬼神，其可欺乎！'"六符谓其介曰："南朝皇帝存

"让君主担忧是为臣的耻辱,臣不敢爱生怕死。"仁宗皇帝听了很受感动,进升富弼为枢密直学士,富弼推辞说:"国家有急难,于义不应惧惮劳苦,为什么还要赂之以官爵!"于是前往。

【纲】五月,把大名府(在今河北大名县东)作为北京。

【纲】六月,任命王德用判定州(治安喜县,即今河北定州市)。

【纲】秋七月,任布罢职。任命吕夷简、章得象兼枢密使,加晏殊同平章事。

【纲】富弼回来,再次往契丹。 【目】富弼到达契丹,见契丹主耶律宗真说道:"两朝的君主,父子相继友好近四十年,忽然要求割地,这是为什么?"契丹主说:"南朝违背盟约,修筑雁门要塞(雁门关,在今山西代县西北),增浚塘水,治理城池,征收民兵,将要干什么?群臣都请求举兵南下,我说不如派遣使者去求割地;如果求而不获,再兴兵也还不晚。"富弼说:"北朝忘记了章圣皇帝的大德吗?澶渊之役(澶渊在澶州,今河南濮阳县西南),要是真宗听从诸将的话,北朝的军队没有一个能逃脱得了的。而且北朝与中国通好,是君主专得其利,臣下却没有得到什么;若是用兵打仗,那时利归臣下,而君主却受其祸。所以劝您用兵的人,都是为他自身打算的。"契丹主惊问道:"这话是什么意思?"富弼说:"晋高祖(即石敬瑭)欺天理背君主,末帝(即李从珂)昏聩糊涂,土地狭小,上下叛离,所以契丹能够取得胜利。但是虏获的金币财物,都成了诸臣家的财产,而壮士健马,死却大半。当今中国封疆万里,精兵百万,法令严明,上下一心,北朝想要用兵打仗,能保证一定能取胜吗?即使打了胜仗,所损失的壮士健马,是群臣担当的呢,还是君主担当的呢?若是两国通好不绝,每岁送来的钱币全都归于君主,群臣有什么利益!"契丹主听了这话恍然大悟,点头说是。富弼又说:"在雁门修筑要塞,是为了防备李元昊的。塘水疏浚始于何承矩,这是在两国通好之前的事。城池全都是对旧的加以修补,民兵也只是补充缺额,这并非违背盟约。"契丹主说:"没有您的说明,我不知道这么详细。虽是这样,我祖宗的故地应当还给我们啊。"富弼说:"晋时拿卢龙(治幽州城,在今北京市西南)贿赂契丹,周世宗又取回关南之地,这都是过去朝代的事了;若是各自都提出土地要求,难道说只对北朝有利吗!"

心如此,大善,当共奏使两主意通。"

明日,契丹主召弼同猎,引弼马自近,谓曰:"得地则欢好可久。"弼反覆陈其不可状,且言:"北朝既以得地为荣,南朝必以失地为辱,兄弟之国,岂可使一荣一辱哉!"猎罢,六符曰:"吾主闻公荣辱之言,意甚感悟。今惟有结昏可议尔。"弼曰:"结昏易生嫌隙,本朝长公主出降,赍送不过十万缗,岂若岁币无穷之利哉!"契丹主谕弼使还曰:"俟卿再至,当择一事受之,卿其遂以誓书来。"弼还,具以白帝。

帝复使弼持和亲、增币二议及誓书往契丹,且命受口传之辞于政府。既行,次乐寿,谓副使张茂实曰:"吾为使而不见国书,脱书辞与口传异,吾事败矣。"启视,果不同。驰还都,以晡时入见,曰:"政府故为此以陷臣,臣死不足惜,如国事何!"帝以问晏殊,殊曰:"吕夷简决不为此,诚恐误尔。"弼曰:"晏殊奸邪,党夷简以欺陛下!"遂易书而行。

【纲】九月,暨契丹平。 【目】弼至,契丹不复议昏,专欲增币,且曰:"南朝既增我岁币,其遗我之辞当曰:'献'。"弼曰:"南朝为兄,岂有兄献于弟乎!"契丹主曰:"然则为'纳'字。"弼曰:"亦不可。"契丹主曰:"南朝既以厚币遗我,是惧我矣,于一字何有?若我拥兵而南,得无悔乎!"弼曰:"本朝兼爱南北之民,故屈

既已退下，刘六符说："我们君主耻于收受金币，坚决要那十个县，怎么办？"富弼说："本朝皇帝曾经说过：'为祖宗守国，岂敢随便将土给与人！北朝想要的，不过是租赋罢了。皇上不忍心多杀两朝的赤子百姓，所以才委屈自己用增加钱币的办法代替。若是一定要得到土地的话，那是有心在破坏盟约，拿这个作为藉口罢了。澶渊的盟约，天地鬼神实为监临。北朝如首先发动战争，过错不在我朝，天地鬼神难道说是可以欺骗的吗！'"刘六符对他的副手说："南朝皇帝存心这样，很好。应当共同奏知，使两朝君主心意相通。"

第二天，契丹主召富弼一同打猎，牵着富弼的马到自己跟前，对他说："得地则两朝的欢好可以长久。"富弼反复陈述其不可的理由，并且说："北朝既然把得到土地作为荣耀，南朝必定把失去土地看作耻辱。兄弟之国，岂可使一荣一辱吗！"猎罢，刘六符说："我们君主听到您的那番荣辱之论，心中很受感动而有所感悟。现今惟有结为婚姻一项可以讨论了。"富弼说："结为婚姻也容易产生嫌隙，本朝长公主出嫁，陪送妆奁钱不过十万缗，哪里赶得上岁币有无穷之利呢！"契丹主晓谕富弼还朝，说："待您再来，我当从中选择一项接受，您下次来时可带着誓书来！"富弼回来，把详情全都向仁宗作了禀明。

仁宗皇帝又使富弼带着和亲、增币两项议事以及誓书前往契丹，并且命他从执政大臣那里听受口头传达的话。既已出发，到了乐寿县（即今河北献县），对副使张茂实说："我为使者而不见国书，倘若国书上的文辞与口头传达的不一样，我们的事就失败了。"打开国书一看，里面写的果然与口头传达的不一样。急驰回到京都，以申时入朝参见，说："政府故意拿这个来陷害臣，臣死不足惜，国家大事怎么办呢！"仁宗皇帝以此问晏殊，晏殊说："吕夷简决不会这样做，只怕是弄错了。"富弼说："晏殊奸邪，勾结吕夷简来欺骗陛下！"因此换了国书才出发。

【纲】九月与契丹签订了和约。　　【目】富弼到达，契丹不再议婚事，专想增加岁币，并且说："南朝既已增加了我的岁币，其馈赠我的文辞应当叫做'献'。"富弼说："南朝为兄长，哪有兄长献于弟的道理呢！"契丹主说："那样的话应当写成'纳'字。"富弼说："也不可。"契丹主说："南朝既然拿厚币馈赠我，是怕我啦，这一个字又有什么不可？若是

已增币，何名为惧？或不得已而用兵，则当以曲直为胜负，非使臣之所知也。"契丹主曰："卿勿固执，古有之矣。"弼曰："自古惟唐高祖借兵突厥，当时赠遗或称献纳，然后颉利为太宗所擒，岂复有此礼哉！"声色俱厉。契丹主知不可夺，乃曰："吾当自遣人议之。"乃留增币誓书，而使其北院枢密副使耶律仁先及刘六符，持誓书与弼偕来，且议"献纳"二字。弼至，入对曰："二字臣以死拒之，虏气折矣，可勿许也。"帝用晏殊议，竟以"纳"字许之。于是岁增银、绢各十万匹、两，送至白沟，自是通好如故。

【纲】元昊寇镇戎军，副总管葛怀敏会兵御之，败死；元昊遂大掠渭州。

【纲】冬十一月，以韩琦、范仲淹、庞籍为陕西安抚经略招讨使，置司泾州。【目】初，翰林学士王尧臣，体量安抚陕西归，上疏论兵，因言："韩琦、范仲淹皆忠义智勇，不当置之散地。"及葛怀敏败死，中外震惧，帝思尧臣之言，乃复置陕西路经略安抚招讨使，总四路之事，置府泾州，益屯兵三万，以琦、仲淹、籍分领之。复以尧臣为体量安抚使，以文彦博帅秦州，滕宗谅帅庆州，张亢帅渭州。尧臣复言："琦等既为陕西四路招讨等使，则四路当禀节制，不当复带使名，各置司行事，使所禀不一。"于是诸路并罢经略使。

琦与仲淹在兵间久，名重一时，人心归之，朝廷倚以为重。二人号令严明，爱抚士卒，诸羌来者推诚抚接，咸感恩畏威，不敢辄犯边境。边人为之谣曰："军中有一韩，西贼闻之心胆寒，军中有一范，西贼闻之惊破胆。"

我带兵南下,当不会后悔吧!"富弼说:"本朝兼爱南北两朝的人民,所以委屈自己增加岁币,怎么能说是害怕呢?假若不得已而用兵的话,那就用是非曲直来决定胜负了,这就不是我使臣所知道的了。"契丹主说:"您不要固执,此例古已有之。"富弼说:"自古以来惟有唐高祖向突厥借兵,当时的馈赠或称做'献'、'纳',然而后来颉利被唐太宗擒获,难道说还能再沿用这个礼吗!"富弼说时声色俱厉。契丹主知道富弼之志不可夺,就说:"我自当另外派人去讨论此事。"就把增加岁币的誓书留下,派他的北院枢密副使耶律仁先及刘六符带着誓书与富弼一起来,并且讨论"献"、"纳"二字。富弼回来,入朝奏对说:"那两个字,臣以死拒绝了他们的要求,他们的气焰已经挫折了,可以不要应许。"仁宗皇帝还是采用晏殊的意见,竟然应许使用"纳"字。从这年起,每年增银十万两、绢十万匹,送至白沟(河名,在今河北涿县东南,当时宋与契丹分界处),自此通好如旧时一样。

【纲】李元昊寇掠镇戎军,副总管葛怀敏会集众兵抵御,兵败身死;李元昊即大肆劫掠渭州。

【纲】冬十一月,任命韩琦、范仲淹、庞籍为陕西安抚经略招讨使,设官衙于泾州(治保定县,在今甘肃泾川县北)。 【目】起初,翰林学士王尧臣考察安抚陕西军民归来,上疏论兵事,因便进言说:"韩琦、范仲淹都是忠义智勇之士,不应当把他们置之闲散之地。"待到葛怀敏战败身死,朝内外震惊恐惧,仁宗皇帝想起王尧臣的话,就再次设置陕西路经略安抚招讨使,总领四路之事,置府于泾州,增加屯兵三万人,韩琦、范仲淹、庞籍分别统领。再次任命王尧臣为体量安抚使,以文彦博统帅秦州,滕宗谅统帅庆州,张亢统帅渭州。王尧臣又说:"韩琦等既为陕西四路招讨等使,那么四路当蒙受节制,不应当再带有使的名义,各置司行事,使所受命令不统一。"于是诸路一并罢除经略使。

韩琦与范仲淹在军队期间很久,名重一时,人心都归附于他们,朝廷也倚重他们。他们两人号令严明,爱抚士卒,诸羌人来归顺的,推诚心加以抚慰接待,羌人全都感他们的厚恩,畏惧他们的威严,不敢随便侵犯边境。边地人们为他们编了个歌谣说:"军中有一韩,西贼闻之心胆寒。军中有一范,西贼闻之惊破胆。"

【纲】征处士孙复为国子监直讲。 【目】复,晋州平阳人,举进士不第,退居泰山,著春秋尊王发微十二篇。国子直讲石介尝师事之,语人曰:"孙先生非隐者也。"于是范仲淹、富弼皆言复有经术,宜在朝廷,故召用之。

【纲】以富弼为翰林学士,辞不拜。 【目】弼始受命使契丹,闻一女卒;再往,闻一男生,皆不顾。得家书未尝发,辄焚之,曰:"徒乱人意。"于是帝复申枢密直学士之命,弼辞。又除翰林学士,弼恳辞曰:"增岁币,非臣本意,特以方讨元昊,未暇与角,故不敢以死争,安敢受赏乎!"

【纲】癸未,三年,春正月,元昊上书请和。
【纲】二月,立四门学。
【纲】三月,以吕夷简为司徒,同议军国大事。 【目】先是,夷简感风眩,诏拜司空、平章军国重事。疾稍愈,命数日一至中书,裁决可否。夷简力辞,帝降手诏曰:"古谓髭可疗疾,今剪以赐卿。"至是帝御延和殿召见,敕乘马至殿门,命内侍取兀子舆以前。夷简辞避久之,诏给扶,毋拜。乃罢相,改授司徒,同议军国大事。

【纲】以晏殊同平章事兼枢密使,贾昌朝参知政事,富弼为枢密副使。弼固辞,不拜。
【纲】召夏竦为枢密使。
【纲】以欧阳修、王素、蔡襄知谏院,余靖为右正言。 【目】增置谏官,以修等为之。襄喜言路开而虑正人难久立,乃上疏曰:"任谏非难,听谏为难。听谏非难,用谏为难。修等三人,忠诚刚正,必能尽言。臣恐邪人不利,必造为御之之说。其御之不过有三:曰好名,好进,彰君过尔。愿陛下察之,毋使有好谏之名,而无其实。"

【纲】征聘处士孙复为国子监直讲。　【目】孙复,晋州平阳(治临汾县,即今山西临汾市)人,考进士没考中,退居泰山(在今山东泰安市北),著《春秋尊王发微》十二篇。国子直讲石介曾拜他为师,对人说:"孙先生不是隐者。"于是范仲淹、富弼都说孙复有经术,应当在朝廷,所以召用他。

【纲】任命富弼为翰林学士,推辞不接受任命。　【目】富弼受命出使契丹,听说一个女儿死去,再次出使,听说一个男儿降生,他皆不顾及;得到家信,还不曾拆封,就烧掉了,说:"白白地使人心乱。"于是仁宗皇帝重提枢密直学士之任命,富弼辞不受命。又任命为翰林学士,富弼诚恳地推辞说:"增岁币,不是臣的本意,只是因为正在讨伐李元昊,没有时间与契丹较量,所以不敢以死来争,怎么敢受赏呢!"

【纲】庆历三年(癸未,1043),春正月,李元昊上书请求讲和。

【纲】二月,立四门学。

【纲】三月,任命吕夷简为司徒,同议军国大事。　【目】这以前,吕夷简患风眩疾,下诏拜授司空、平章军国大事。病稍微好些,命数日到中书一次,裁决事之可否,吕夷简极力推辞。仁宗皇帝降手诏说:"古时说髭须可以治疗疾病,现在我剪下来赐卿。"至此,仁宗皇帝在延和殿召见,敕令吕夷简乘马到殿门,命内侍取机子抬着上前。吕夷简辞让好久,下诏给搀扶,不用跪拜。于是罢相,改任为司徒,同议军国大事。

【纲】任命晏殊同平章事兼枢密使,贾昌朝参知政事,富弼为枢密副使。富弼坚决推辞,不接受任命。

【纲】召夏竦为枢密使。

【纲】任命欧阳修、王素、蔡襄知谏院,余靖为右正言。　【目】增置谏官,以欧阳修等担任。蔡襄对广开言路很高兴,但忧虑正直之人难于久任,就上疏说:"任命谏官并不难,听劝谏的话就难了;听劝谏的话也还不难,采用劝谏的话就难了。欧阳修等三人,忠诚刚正,一定能够尽其所言,臣恐奸邪之人感到不利,必然会制造出舆论来对付。他们的对付之词不过有三点:说他们好名,说他们贪图升官,说他们宣扬君主的过错。希望陛下详察,不要使得空有喜好进谏之名而没有听谏用谏之实。"

修每入对,帝必延问执政,咨所宜行。既多所张弛,小人潝潝不便;修虑善人必不胜,数为帝分别言之。

初,范仲淹之贬饶州,修及尹洙、余靖皆以直仲淹见退,群邪目之曰:"党人",于是朋党之论起。修乃进朋党论,以为:"君子以同道为朋,小人以同利为朋,皆自然之理也。然小人无朋,惟君子则有之。盖小人所好者利禄,所贪者财货,当其同利之时,暂相党引以为朋者,伪也;及其见利而争先,或利尽而反相贼害,虽兄弟亲戚不能相保。君子则不然,所守者道义,所行者忠信,所惜者名节,以之修身则同道而相益,以之事国则同心而共济,终始如一。故为君者但当退小人之伪朋,用君子之真朋,则天下治矣。"修论事切直,人视之如仇,帝独奖其敢言,顾侍臣曰:"如欧阳修者何处得来。"

【纲】夏四月,以韩琦、范仲淹为枢密副使。

【纲】夏竦至京师,罢之,以杜衍为枢密使。 【目】初召竦,谏官欧阳修、蔡襄等交章论:"竦在陕西,畏懦不肯尽力,兼之挟诈任数,奸邪倾险。陛下孜孜政事,首用怀诈不忠之臣,何以求治!"中丞王拱宸亦言:"竦经略西师,无功而归。今置诸二府,何以厉世!"因对极论之,帝未省,遽起;拱宸前引裾毕其说,帝乃悟。会竦已至国门,言者论益力,即日诏竦归镇;拜杜衍为枢密使。竦亦自请还节钺,徙知亳州。竦至亳上书万言自辨,乃徙判并州。

蔡襄言于帝曰:"陛下罢竦而用琦、仲淹,士大夫贺于朝,庶民

欧阳修每当入朝奏对，皇帝定要询问一些有关执政方面的事，问其是否宜行。他既多有兴废建议，小人共相诋毁，以为不合适；欧阳修顾虑到善人必然难以获胜，就常常向皇帝分别进言。

起初，范仲淹被贬往饶州（治鄱阳县，即今江西波阳县）的时候，欧阳修及尹洙、余靖都因为为范仲淹伸屈而被黜退，一群奸邪之人把他们看成是"党人"，从此朋党之论就传开了。欧阳修就写了一篇《朋党论》进呈朝廷，他认为："君子人是以同道为朋，小人是以同利为朋，这都是自然的道理。然而小人并没有朋，只有君子人才有朋。大致因为小人所喜好的是利禄，所贪图的是财物。当他们利益相同的时候，暂时把同伙党引以为朋，这是虚假的，待到见利而争先得到，或利尽之后反而互相加害，虽是兄弟亲戚都不能相保。君子人则不是这样。所守的是道义，所行的是忠信，所爱惜的是名节；用以修身，则同道而互有助益，用以为国出力，则同心而共济，始终如一。所以作为君主只应当黜退小人的伪朋，而用君子的真朋，这样天下就安治了。"欧阳修论事切要率直，有人把他看成仇人，仁宗皇帝独奖励他敢说话，曾对侍臣说："像欧阳修这样的人，到哪里去找得来！"

【纲】夏四月，任命韩琦、范仲淹为枢密使。

【纲】夏竦到京师，罢除他的职务，任命杜衍为枢密使。 【目】当初召夏竦回京，谏官欧阳修、蔡襄等交互上章论道："夏竦在陕西（治京兆府，即今陕西西安市），畏惧怯懦不肯尽力，兼之内怀欺诈，任用权术，奸邪阴险。陛下为政事勤勉不倦，却重用心怀奸诈不忠之臣，怎么能治好国家呢！"中丞王拱宸也说："夏竦治理西境的军队，无功而回，现在把他置之于中书、枢密二府，如何激励世人。"借着奏对的机会谈论了他许多，仁宗皇帝没有省察，遽然起身；王拱宸走上前去牵着仁宗皇帝的衣后裾把要说的话说完。仁宗皇帝这才理会。恰好夏竦已来到京师，进谏的人对他议论得更加起劲，当天即降诏让夏竦归还本镇；拜杜衍为枢密使。夏竦也请求交还符节，徙知亳州（治谯县，即今安徽亳州市）。夏竦到了亳州，上万言书为自己辩白，于是徙判并州（治阳曲县，即今山西太原市）。

蔡襄向皇帝上言说："陛下罢免夏竦而用韩琦、范仲淹，士大夫祝

歌于路，至饮酒叫号以为欢。且退一邪进一贤，岂能关天下轻重哉？盖一邪退则其类退，一贤进则其类进，众邪并退众贤并进，海内有不泰乎！虽然，臣窃忧之。天下之势，譬犹病者，陛下既得良医矣，信任不疑，非徒愈病而又寿民；医虽良，术不得尽用，则病且日深，虽有和、扁，难责效矣。"

国子监直讲石介，笃学尚志，乐善嫉恶，喜声名，遇事奋然敢为。会吕夷简罢相，章得象、晏殊、贾昌朝、韩琦、范仲淹、富弼同时执政，而欧阳修、蔡襄、王素、余靖并为谏官，夏竦既拜，复夺之，以衍代，因大喜曰："此盛事也！歌颂，吾职，其可已乎？"作庆历圣德诗，有曰："众贤之进，如茅斯拔。大奸之去，如距斯脱。"其言大奸，盖斥竦也。诗且出，孙复闻之曰："介祸始于此矣！"范仲淹亦谓韩琦曰："为此鬼怪辈坏事也。"

【纲】自正月不雨至于是月。帝祷于西太乙宫，是日雨。

【纲】吕夷简罢。 【目】先是陕西转运使孙沔上书，言自夷简当国，黜忠良，废直道，以姑息为安，以避谤为智，柔而易制者升为心腹，奸而可使者保为羽翼，是张禹不独生于汉，而李林甫之复见于今也。"书上，帝不之罪。夷简见书谓人曰："元规药石之言，但恨闻此迟十年尔！"至是蔡襄复言："夷简被病以来，两府大臣并笏受事于门，贪尚权势，病不知止。"乃罢同议军国大事，未几以太尉致仕。

贺于朝廷，百姓歌颂于道路，甚至饮酒高呼以表达欢乐的心情。而且仅仅黜退一个奸邪之人，进用一个贤能之士，难道说能够关涉到天下的轻重吗？大致说来一个奸邪的人被黜退就是这一类被黜退，一位贤者进用就意味着这一类贤者的进用。众奸邪全都黜退，众贤能一并进用，四海之内有不安泰的吗！尽管如此，臣还是有些担忧。天下之势，譬如一个有病的人，陛下既然已经得到良医，对他信任不疑，不但能治好病，而且能使人们长寿；医生虽好，他的医术得不到充分发挥，那么病还会一日比一日加深，如此虽有医和、扁鹊那样的高手，也难于奏效啊。"

　　国子监直讲石介，笃好学习，心志高尚，乐善嫉恶，喜爱声名，遇事敢作敢为。适逢吕夷简罢相，章得象、晏殊、贾昌朝、韩琦、范仲淹、富弼同时执政，而欧阳修、蔡襄、王素、余靖并为谏官，夏竦刚授职，又剥夺了职务，以杜衍代替了他，因此十分高兴，说："这是盛事！歌颂善事，是我的职责，难道可以停止吗？"作了一首《庆历圣德诗》，中有这样的句子："众贤之进用，就像拔茅茹连其根一并带起一样，相连而进。大奸之除去，如同脱掉了钩距一般，不能为恶。"他所说的"大奸"，大概是指斥夏竦。诗才写出来，孙复听说这事，就说道："石介遇祸就要从这里开始啦。"范仲淹也对韩琦说："被这些像鬼怪一样的人坏了事。"

　　【纲】自从正月没下雨直到这个月。仁宗皇帝在西太乙宫祈祷，这天下了雨。

　　【纲】吕夷简罢职。　　【目】此前，陕西转运使孙沔上书说："自从吕夷简掌管朝廷大权，黜退忠良之士，废除直道之人，以姑息纵容为安，以逃避谤言为智，柔顺而容易制驭的，升为心腹，奸邪可以供他遣使的，保为羽翼，这是佞臣张禹（汉成帝朝佞臣）不单单生于汉代，奸相李林甫（唐玄宗朝奸相）又见于当今了。"奏书呈上，仁宗皇帝没有加罪于他。吕夷简见到这一奏书，对人说："孙沔的话是治病的药石之言，但遗憾的是听到这话迟了十年！"至此，蔡襄又进言："吕夷简得病以来，两府大臣全都手持笏版到他的门上去接受职事，他贪图权势，病中尚不知止。"于是罢除其同议军国大事之职。不久，以太尉退休。

【纲】秋七月,王举正罢。八月,以范仲淹参知政事,富弼为枢密副使。 【目】帝方锐意太平,数问仲淹以当世事,又为之开天章阁,召辅臣条对。仲淹退而上十事,曰"明黜陟,抑侥幸,精贡举,择长官,均公田,厚农桑,修武备,推恩信,重命令,减徭役",悉采用之。

帝以平治责成辅相,命弼主北事,仲淹主西事。弼上当世之务十余条及安边十三策,大略以进贤、退不肖,止侥幸,去宿弊,欲渐易监司之不才者,使澄汰所部吏,于是小人始不悦矣。

【纲】以韩琦为陕西宣抚使。
【纲】九月,任中师罢。
【纲】冬十月,以张昷之、王素等为都转运按察使。 【目】先是知谏院欧阳修言:"天下官吏既多,朝廷无由遍知其贤愚善恶,乞立按察之法。于内外朝官三丞郎官中,选强干廉明者为之,使至州县遍见官吏,其公廉无状皆以朱书于名之下,其中材之人以墨书之,岁具以闻。"诏从之。富弼、范仲淹复请诏中书、枢密通选逐路转运按察使,即委使自择知州,知州择知县,不任事者皆罢之。于是昷之等首被兹选,昷之河北,王素淮南,沈邈京东,施昌言河东,李绚京西。

仲淹之选监司也,取班簿视不才者一笔勾之。弼曰:"一笔勾之甚易,焉知一家哭矣。"仲淹曰:"一家哭,何如一路哭邪!"遂悉罢之。

【纲】十二月,河北雨赤雪,河东地震。
【纲】甲申,四年,春正月,帝复御经筵。 【目】自元昊反,罢

【纲】秋七月，王举正罢职。八月，任命范仲淹参知政事，富弼为枢密副使。 【目】仁宗皇帝正专心致意地想求得太平，屡次以当世之事问范仲淹，又为此开了天章阁，召集辅臣逐条问答。范仲淹退回后奏上十件事，它们是："明于黜退和升迁，抑制侥幸，精于贡举，选择长官，平均公田，重视农桑，修练武备，推广恩信，严肃命令，减轻徭役"；仁宗皇帝全部采用了。

仁宗皇帝把平治天下之事责成辅相去实行，命富弼主管有关北朝契丹之事，范仲淹主管有关西夏之事。富弼奏上当世之急务十余条以及安边十三策，大致是以进用贤能、黜退不肖，抑止侥幸，除去宿弊，想要逐渐更换监司中那些没有才能的，使之澄清淘汰所属部吏，于是小人开始不高兴了。

【纲】任命韩琦为陕西宣抚使。

【纲】九月，任中师罢职。

【纲】冬十月，任命张昷之、王素等为都转运按察使。 【目】此前，知谏院欧阳修上言："天下官吏已很多，朝廷没法全都知道他们的贤愚和善恶，请求建立按察之法。在朝廷内外官员三丞郎官中，选择坚强干练廉洁精明的人员充当，使他们到州县去普遍会见官吏，将公正廉明和没有成绩的都用朱色写在他们的名字之下，中材之人用墨色书写，每岁具文呈报朝廷。"下诏按此实行。富弼、范仲淹又请求下诏令中书、枢密通选逐路转运按察使，即委任诸使自行选择知州，知州选择知县，不胜任的全都罢免。于是张昷之等首批被提选：张昷之为河北（治大名府，在今河北大名县东）都转运按察使；王素为淮南（治扬州，即今江苏扬州市）都转运按察使；沈邈为京东（治开封府，即今河南开封市）都转运按察使；施昌言为河东（治并州，即今山西太原市）都转运按察使；李绚为京西（治河南府，即今河南洛阳市）都转运按察使。

范仲淹在选监司的时候，取班簿看到没有才能的人，一笔将其名字勾销。富弼说："一笔勾掉很容易，怎知那一家在哭泣呢！"范仲淹说："一家哭，总比一路的人都哭好！"于是全都罢免了。

【纲】十二月，河北降赤雪，河东发生地震。

【纲】庆历四年（甲申，1044），春正月，皇帝再次到经筵听讲经。

进讲。崇政殿说书赵师民言:"帝王治经与品庶异,不独玩空文、占古语也。今方外小有事,臣等即不复进见,是以为先王遗籍可以讲无事之朝,不足赞有为之世,臣愚以为过矣。"又献劝讲箴,帝嘉纳之,于是复命曾公亮等讲读经史。尝谓公亮等曰:"卿等宿儒博学,多所发明;朕虽盛暑,亦未尝倦,但恐卿等劳尔。"

【纲】三月,诏天下州县立学,行科举新法。 【目】时范仲淹意欲复古劝学,数言兴学校,本行实。诏近臣议,于是宋祁等奏:"教不本于学校,士不察于乡里,则不能核名实。有司束以声病,学者专于记诵,则不足尽人材。参考众说,择其便今者,莫若使士皆土著而教之于学校,然后州县察其履行,则学者修饬矣。先策论,则文词者留心于治乱矣。简程式,则闳博者得以驰骋矣。问大义,则执经者不专于记诵矣。"帝从之,乃诏天下州县皆立学,本道使者选部属官为教授;员不足,取于乡里宿学有道业者。士须在学三百日乃听预秋赋;旧尝充赋者,百日而止。试于州者令相保任,有匿服、犯刑、亏行、冒名等禁。三场,先策,次论,次诗赋,通考为去取,而罢帖经墨义。士通经术愿对大义者,试十道。

【纲】夏四月,作太学。五月,帝谒孔子。 【目】判国子监王拱辰、田况、王洙、余靖等言:"汉太学二百四十房,千八百室,生徒三万人,唐学舍亦千二百间。今取才养士之法盛矣,而国子监才二百楹,制度狭小,不足以容。"诏以锡庆院为太学,置内舍生二百人。讲殿既备,帝谒孔子,故事止肃揖,帝特再拜,赐直讲孙复五品服。

初,海陵人胡瑗为湖州教授,训人有法,科条纤悉备具。以身

【目】自从李元昊反叛,停止进讲。崇政殿说书赵师民进言:"帝王研究经书,与众人不一样,不独赏玩文字、口述古语啊。如今外界一有小事,我们这些人就不再进见讲书,这是认为先王所遗经籍只能在太平无事的时候讲,不能对有为之世起助益的作用,以臣愚见,这是不对的。"又献《劝讲箴》,仁宗皇帝高兴地采纳了,从此又命曾公亮等人讲读经史。曾经对曾公亮等说:"你们都是宿儒博学之士,多有阐述发挥;朕虽在盛暑,也不曾倦怠,只是恐怕你们太劳累罢了。"

【纲】三月,诏令天下州县立学,施行科举新法。 【目】当时范仲淹想要复古劝学,多次上言兴办学校,选士要本于行实。下诏令近臣商议。于是宋祁等奏言:"教化不本于学校,士人不详察于乡里,就不能考核其名与实。有关部门只是以四声八病来束缚他们。学者只是靠死记硬背,就不能做到人尽其材。参考各种主张,选择其中便于现在应用的,最好的办法是使士人在当地学校中受教育,然后由州县详察他的履历行为,那样的话,学习的就整饬了。策论放在首位,那么学习文词者就会留心于国家治乱之事。程式简化,那么学问博者就可以得到展才的机会了。问以大义,那么研读经书的也就不专于死记硬背了。"仁宗皇帝从其议,于是下诏令天下州县皆立学校,由本道使者选择属官为教授;教授员额不足的,在乡里选择宿学有道业的人担任。士人须要在学修业三百天,才听任参预选拔贡士的秋赋;过去曾充任贡士的,百天即可。在州内考试的,令其互相担保,有隐匿丧服期、犯罪受过刑的、德行有亏的、冒名顶替等情的,禁止参加考试。考三场,先试对策,次试论议,再次为诗赋,以三者通考决定去取,废除帖经墨义、注重记诵的考试方式。士人通经术,愿意对大义的,考试十道。

【纲】夏四月,建造太学。五月,仁宗皇帝拜谒孔子。 【目】判国子监王拱宸、田况、王洙、余靖等奏言:"汉代太学二百四十房,一千八百室,生徒三万人,唐代学舍也有一千二百间。现今取才养士之法更盛大了,而国子监才有房舍二百楹,规模狭小,容纳不下。"下诏以锡庆院为太学,安排内舍生二百人。讲殿既已修备,仁宗皇帝拜谒孔子。按照旧例,只是肃敬作揖,仁宗皇帝特意再拜。赐直讲孙复五品官服。

起初,海陵人胡瑗为湖州教授,训导人有法,科令条规订立得很

率先，虽盛暑必公服坐堂上，严师弟子之礼，视诸生如其子弟，诸生亦信爱如其父兄，从之游者常数百人。时方尚词赋，湖学独立经义、治事斋以敦实学。及兴太学，诏下湖州取其法，著为令式。

【纲】元昊复遣使来上表。

【纲】六月，以范仲淹为陕西、河东宣抚使。 【目】初，仲淹以忤吕夷简放逐者数年，及陕西用兵，帝以其士望所属，拔用护边。及夷简罢，召还，倚以为治。中外想望其功业，仲淹亦以天下为己任，与富弼日夜谋虑，兴致太平；然更张无渐，规模阔大，论者籍籍，由是谤毁稍行。先是石介奏记于弼，责以行伊、周之事。夏竦怨介，又欲因以倾弼等，乃使女奴阴习介书，久之习成，遂改"伊、周"曰"伊、霍"，且伪作介为弼撰废立诏草，飞语上闻。帝虽不信，而弼与仲淹恐惧不自安，适闻契丹伐夏，遂请行边。

【纲】秋七月，大封宗室。

【纲】八月，以富弼为河北宣抚使。 【目】从弼请也。弼及范仲淹既去，石介不自安，亦请外，得濮州通判。

【纲】许公吕夷简卒。 【目】谥文靖。自庄献太后临朝，十余年间，天下晏然，夷简之力为多。及西夏用师，契丹求地，夷简选将命使，二边以宁。独成郭后之废，逐孔道辅、范仲淹于外，时论少之；然所斥士，旋复收用，亦不终废。其于天下之事，屈伸舒卷，动有操术，故当国最久，虽数为言者所诋，而帝眷倚不衰。

详细。自己率先实行,虽大热天气,一定穿着公服坐在堂上,严格施行师弟子之间的礼节,对待诸生如对待自己的子弟,诸生也像对待父兄一样信爱他,跟他学习的经常有数百人。当时正崇尚词赋,湖州学内独独设立经义、治事斋以敦尚实学。待到兴办太学,诏令到湖州取其教学之法,作为法定的教学法。

【纲】李元昊又派使者来上表。

【纲】六月,任命范仲淹为陕西、河东宣抚使。 【目】起初,范仲淹因为不顺从吕夷简被放逐了数年,待到陕西发生战事,仁宗皇帝因为他士望所归,又选拔任用他守护边防。到吕夷简罢职,召回,倚重他治理国家。朝内外的人们都盼望他建立功业,范仲淹也把天下之事作为自己的责任,与富弼日夜为国家操心,谋致太平。但是改革设施过急,规模铺得太大,不同的议论纷纷而起,由此毁谤的言论也开始在流传。这以前,石介向富弼上书,要求他行伊、周之事。夏竦怨恨石介,又想借着他倾覆富弼等人,就让他的女奴暗中学习石介的字体,时间久了,模仿得像了,就改"伊、周"二字为"伊、霍",并且伪造了石介替富弼撰写废立诏书的草稿,将恶语诽谤之词使皇帝闻知。仁宗皇帝虽然不信,但富弼与范仲淹却感到恐惧不安。恰好听说契丹讨伐西夏,就请求去巡视边地。

【纲】秋七月,大封宗室。

【纲】八月,任命富弼为河北(治大名府,在今河北大名县东)宣抚使。 【目】答应了富弼的请求。富弼及范仲淹离去后,石介感到不安,也请求外放,得濮州(治鄄城县,在今山东鄄城县北)通判之职。

【纲】许公吕夷简去世(许即许州,治长社县,即今河南许昌市)。 【目】谥号文靖。自从庄献太后临朝当政,十余年间,天下安定,吕夷简出的力为多。到西夏入侵,契丹要求割地,吕夷简选派边将任用使者,两处的边境得以安宁。独有促成皇帝废除郭氏,将孔道辅、范仲淹放逐于外,时人对他有所谴责;然而被斥逐之士,不久又被收用,也是没有废逐到底。他对于天下国家之事,或伸或屈,运用自如,举动很有操持的办法。所以他掌握朝政时间最久,虽然多次被言者所诋毁,而皇帝对他的眷顾倚重没有衰减。

【纲】九月,晏殊罢。 【目】殊刚简清俭,博学洽闻,文章赡丽,为世推重。

【纲】以杜衍同平章事兼枢密使,贾昌朝为枢密使,陈执中参知政事。 【目】衍务裁侥幸,每有内降,率寝格不行。积诏旨至十数,辄纳帝前。帝尝语欧阳修曰:"外人知杜衍封还内降邪?凡有求于朕,每以衍不可告之而止者,多于所封还也。"

【纲】冬十一月,诏戒朋党相讦。

【纲】契丹以云州为西京。

【纲】十二月,册元昊为夏国王。

【纲】乙酉,五年,春正月,罢杜衍、范仲淹、富弼,以贾昌朝同平章事兼枢密使,宋庠参知政事,王贻永为枢密使,吴育、庞籍为副使。 【目】仲淹、弼既出宣抚,攻者益众,二人在朝所为亦稍沮止,衍独左右之。衍好荐引贤士而抑侥幸,群小咸怨。衍婿苏舜钦,易简子也,能文章,论议稍侵权贵。时监进奏院,循例祠神以伎乐娱宾,集贤校理王益柔,曙之子也,于席上戏作傲歌。御史中丞王拱辰闻之,以二人皆仲淹所荐,而舜钦又衍婿,欲因是倾衍及仲淹,乃讽御史鱼周询、刘元瑜举劾其事。拱辰及张方平列状请诛益柔,章得象无所可否,贾昌朝阴主之。韩琦言于帝曰:"益柔狂语,何足深计。方平等皆陛下近臣,今西陲用兵,大事何限,俱不为陛下论列,而同状攻一王益柔,此其意可见矣。"帝感悟,乃止黜益柔监复州酒税,而除舜钦名,同席被斥者十余人,皆知名之士。拱辰喜曰:"吾一举网尽矣。"舜钦既得罪,衍由是不安,求去不许,会谏官钱明逸论"仲淹、弼更张纲纪,纷扰国经,凡所推荐,多挟朋党。"陈执中复谮衍庇二人。帝不悦,遂并黜之。衍罢知兖州,仲淹知邠州,弼知郓州。衍清介有大节,其去也君子惜之。

【纲】九月，晏殊罢职。　　【目】晏殊刚直简约清正俭朴，博学多闻，文章富丽，被世人所推重。

【纲】任命杜衍同平章事兼枢密使，贾昌朝为枢密使，陈执中参知政事。　　【目】杜衍致力于裁除侥幸得官之人，每当有皇帝直接下达的任命，通常是搁置起来，拒不执行，积压的诏旨十数件，就纳还皇帝面前。仁宗皇帝曾对欧阳修说："外人知道杜衍封还我内降的诏旨吗？凡有求于朕的，常常因为杜衍不答应而告诉他们停止的，比他封还给我的还多得多呢。"

【纲】冬十一月，下诏戒止结成朋党，互相攻讦。

【纲】契丹把云州定为西京（云州治云中县，即今山西大同市）。

【纲】十二月，册封李元昊为夏国王。

【纲】庆历五年（乙酉，1045），春正月，罢杜衍、范仲淹、富弼职务，任命贾昌朝同平章事兼枢密使，宋庠参知政事，王贻永为枢密使，吴育、庞籍为副使。　　【目】范仲淹、富弼既出为宣抚使，攻击他们的人更多了，他们在朝廷中所兴建之事，也有些被阻滞或停止的，独有杜衍在其中为之帮助。杜衍喜欢推荐贤能之士而抑止那些侥幸得官者，小人们都怨恨他。杜衍之婿苏舜钦，是苏易简的儿子，长于文章，议论中对权贵稍有触犯。当时官为监进奏院，依旧例祠神，用伎乐娱乐宾客。集贤院校理王益柔，是王曙的儿子，在宴席上戏作了一首词意傲慢之歌。御史中丞王拱宸听说了，因为苏、王两人都是范仲淹所引荐的，而苏舜钦又是杜衍之婿，想借着这件事来倾覆杜衍及范仲淹，就用暗示的形式让御史鱼周询、刘元瑜检举弹劾这事。王拱辰及张方平列举罪状请求诛杀王益柔，章得象不表示可否，贾昌朝暗中主张诛杀他。韩琦向皇帝进言说："王益柔是一时的狂语，不值得深为计较。张方平等都是陛下的近臣，现在西方边境上有战事，重大的事情很多，都不为陛下论次评定，而共同具状攻击一个王益柔，他们的这种用意是可以看得出的！"仁宗皇帝受感动而醒悟，就只黜退王益柔令监复州（治玉沙县，在今湖北仙桃市东南）酒税，而苏舜钦被削除名籍，同席被斥逐的十余人，都是知名之士。王拱辰高兴地说："我这一举全被打进网里去了。"苏舜钦既已得罪，杜衍由此而感到不安，请求去职，不准许。适逢谏官

【纲】三月,罢枢密副使韩琦。 【目】范仲淹、富弼罢去,琦不能独居,上疏辨析,且言"近日臣僚多务攻击忠良,取快私忿",不报。琦乃请外,遂出知扬州。

河东转运使欧阳修上疏曰:"杜衍、范仲淹、韩琦、富弼,天下皆知其有可用之贤,而不闻其有可罢之罪。夫正士在朝,群邪所忌;谋臣不用,敌国之福也。窃为陛下惜之。"群邪益忌修。因傅致修罪,左迁知滁州。

知庆州尹洙,博学有识度,以为自唐以来文格卑弱,至柳开始为古文,而世未知宗尚,乃与穆修复振起之,为文简而有法。元昊反,洙未尝不在兵间,故于西事尤为练习。未几卒。

【纲】罢科举新法。 【目】范仲淹既去,执政以新定科举,入学预试为不便。且言:"诗赋声病易考,而策论汗漫难知,祖宗以来莫之有改,且得人尝多矣。"帝下其议,有司请如旧法,乃诏前所更令悉罢之。

【纲】夏五月,章得象罢。
【纲】以陈执中同平章事兼枢密使,吴育参知政事,丁度为枢密副使。
【纲】冬十一月,罢京东安抚使富弼。 【目】滁州狂人孔直温谋反,伏诛。搜其家,得石介书。时介已死,宣徽南院使夏竦言:"介

钱明逸论议"范仲淹、富弼改变朝廷纲纪,扰乱国家的法度,凡是他们所推荐的,多数是他朋党中的人"。陈执中又毁谤杜衍包庇这两个人,仁宗皇帝不高兴,就把他们一并罢黜了。杜衍罢职知兖州(治嵫阳县,在今山东济宁市兖州区),范仲淹知邠州(治新平县,即今陕西邠县),富弼知郓州(治须城县,即今山东东平县)。杜衍清正耿介,注重大节,他的去职,君子人都为之惋惜。

【纲】三月,枢密副使韩琦罢职。 【目】范仲淹、富弼罢去,韩琦不能独居于朝廷,上疏辨析,并且说:"近来臣僚中多有专力于攻击忠良,泄私忿以求快意。"奏疏上呈后没有回音。韩琦就请求外放,于是出知扬州。

河东转运使欧阳修上疏说:"杜衍、范仲淹、韩琦、富弼,天下人都知道他们具有可以任用之贤能,而没有听说他们有可以罢职的罪行。正直之士在朝,是会被一群邪恶之人所忌恨的;谋臣不被任用,是对敌国有利。我为陛下感到惋惜!"一群邪恶之人更加忌恨欧阳修,因而罗致欧阳修的罪状。欧阳修被降职出知滁州(治清流县,即今安徽滁州市)。

知庆州尹洙,博学多闻,有识见,有气度,认为自唐代以来文章格调卑弱,到柳开才开始为古文,而世人不知学习和崇尚,就与穆修再次使之振起,作文简而有章法。李元昊反,尹洙一直在军中,所以对于西部边境之事尤为熟习。不久,去世。

【纲】废止科举新法。 【目】范仲淹既已罢去,执政者认为新定科举入学预试的方法不便,并且说:"诗赋之声病方面容易考查,而策论汗漫无边际,难以知晓,自祖宗以来,没有谁改变过,而得到的人才已很多。"仁宗皇帝将这建议发下让大臣讨论,有关部门请求仍按旧法考试。于是下诏:"以前所改变的条令全都废止。"

【纲】夏五月,章得象罢职。

【纲】任命陈执中同平章事兼枢密使,吴育参知政事,丁度为枢密副使。

【纲】、冬十一月,罢京东安抚使富弼之职。 【目】滁州狂人孔直温阴谋造反,被诛杀。搜索其家,得到石介的书信。当时石介已死,宣

诈死,乃弼遣介结契丹起兵,期以一路兵为内应,请发介棺验之。"诏下兖州访介存亡,杜衍以阖族保介必死,提刑吕居简亦言"无故发棺,何以示后?"始获免,遂罢弼安抚使,贬孙复监虔州税,介子孙羁管他州。

【纲】丙戌,六年,秋八月,以吴育为枢密副使,丁度参知政事。

【纲】丁亥,七年,春二月,大旱,诏求直言。三月,贾昌朝、吴育免。

【纲】以夏竦同平章事,寻改授枢密使。 【目】竦制下,谏官、御史交章言:"大臣和则政事修。竦前在关中与首相陈执中论议不合,今不可使共事。"故改之。

【纲】以文彦博参知政事,高若讷为枢密副使。

【纲】帝祷于西太乙宫,是日雨。 【目】帝出祷雨于太乙宫,日方炎赫,帝却盖不御,及还而雨大浃。

【纲】冬十一月,贝州卒王则据城反。以明镐为河北安抚使。

【纲】太子太傅致仕李迪卒。

【纲】戊子,八年,春正月,以文彦博为河北宣抚使,明镐副之。闰月,执王则,槛送京师,诛之。以彦博同平章事。

【纲】夏元昊卒。 【目】年四十六。子谅祚方期岁,没藏氏所生也,养于母族讹庞。讹庞因以三大将分治国政,谥元昊曰武烈皇帝,庙号景宗,尊没藏氏为皇太后。

【纲】三月,诏众臣言时政阙失。 【目】帝幸龙图、天章阁,以手诏问辅臣及御史中丞以上时政阙失,皆给笔札,令即坐以对。时陈执中不学少文,固辞不对,宋庠亦请至中书合议修奏,乃听两府归而

徽南院使夏竦上言："石介诈死,是富弼派遣石介去结连契丹起兵,打算以一路兵作为内应。请求打开石介的棺材验看。"诏令派人到兖州去访查石介的死活。杜衍用全族人的生命担保石介确实是死了。提刑吕居简也说:"无故打开棺材,用什么来昭示后人?"这才免于开棺。于是罢富弼安抚使之职,贬孙复监虔州(治赣县,即今江西赣州市)税,石介的子孙拘留于他州管制。

【纲】庆历六年(丙戌,1046),秋八月,任命吴育为枢密副使,丁度参知政事。

【纲】庆历七年(丁亥,1047),春二月,大旱,下诏求直言。三月,贾昌朝、吴育免职。

【纲】任命夏竦同平章事,不久改授枢密使。　【目】任命夏竦的制命下达,谏官、御史交相上章说:"大臣和睦则国家政事得以修治,夏竦以前在关中时与首相陈执中论议不合,现在不可使他们一起共事。"所以改授职务。

【纲】任命文彦博为参知政事,高若讷为枢密副使。

【纲】仁宗皇帝在西太乙宫祈祷求雨,这一天下了雨。　【目】仁宗皇帝出朝在太乙宫祈祷求雨,太阳正炎热酷烈,仁宗皇帝撤去伞盖不用,待到祈祷返还,雨就大下起来。

【纲】冬十一月,贝州(治清河县,即今河北清河县西旧清河城)士卒王则据城而反。任命明镐为河北安抚使。

【纲】退休的太子太傅李迪去世。

【纲】庆历八年(戊子,1048),春正月,任命文彦博为河北宣抚使,明镐为他的副职。闰月,擒获王则,用槛车送到京师,杀死。任命文彦博同平章事。

【纲】夏主李元昊去世。　【目】李元昊死时年四十六。他的儿子谅祚刚满周岁,是没藏氏所生,养于母族讹庞。讹庞因之以三大将分治国政,谥李元昊为武烈皇帝,庙号为景宗,尊没藏氏为皇太后。

【纲】三月,下诏命众臣言时政缺失之处。　【目】仁宗皇帝到龙图、天章阁,以手诏问辅臣及御史中丞以上官员有关时政之缺失,全都发给纸笔,让他们就在坐间当场回答。当时陈执中不学少文,坚决推辞

上之。翰林学士张方平方锁院草制，夜半与所条对俱上，言汰冗兵、退剩员、慎磨勘、择将帅四事。帝览奏惊异，诘旦更赐手札问诏所不及者，方平复上备边、恤刑二事。

【纲】夏四月，册谅祚为夏国王。 【目】夏遣使来告哀，朝廷及契丹皆遣使慰奠。议者请因谅祚幼弱，母族专国，以节钺啖其三大将，使各有所部分以披其势，可以得志。陕西安抚使程琳曰："幸人之丧，非所以柔远人，不如因而抚之。"帝乃遣使册谅祚为夏国王，议者深惜朝廷之失机会。

【纲】罢丁度为观文殿学士，以明镐参知政事。 【目】度以与夏竦议事不合，求解政事，乃置观文殿学士以授之。度性淳质，在翰林十五年，数论天下事，未尝及私，帝雅重之。文彦博数推镐贝州之功，且荐其才可大用，帝遂以代度。

【纲】五月，无云而震。夏竦免，以宋庠为枢密使，庞籍参知政事。 【目】殿中侍御史何郯论竦奸邪，不可任枢要。会京师一日无云而震者五，帝方坐便殿，趣召翰林学士张方平至，谓曰："夏竦奸邪，以致天变如此，宜免之！"乃出知河南。

【纲】六月，明镐卒。
【纲】河北、京东大水。
【纲】冬十月，以美人张氏为贵妃。
【纲】己丑，皇祐元年，春正月朔，日食。
【纲】二月，彗星见。
【纲】夏五月，加知青州富弼礼部侍郎，辞不受。 【目】河北、京东大水，民流就食青州，富弼劝所部民出粟益以官廪，得公私庐

不肯回答，宋庠也请求到中书集合众议写成条陈上奏，因此就听任两府官员回去后再上奏。翰林学士张方平正锁院起草制书，夜半，与他所条陈回答之事一起上奏，说应当汰除多余的军队、减退剩余的官员、慎重勘验官员之政绩、选择适当的将帅等四个方面的事。仁宗皇帝看了他的奏对很惊异，天一亮，又赐手札问他诏书所没有询及的事，张方平又上奏言防备边患、慎用刑罚两件事。

【纲】夏四月，册封谅祚为夏国主。【目】夏国派遣使者来告哀，朝廷及契丹都派遣使者去慰问祭奠。议论的人请求乘谅祚幼弱，他母族未擅国政的机会，用将帅高位诱他的三员大将，使他们各自有其军队，以分散他们的势力，可以达到我们的目的。陕西安抚使程琳说："乘人死丧之机，不是用来怀柔远人的作法，不如借此而去抚慰他们。"仁宗皇帝就派遣使者册封谅祚为夏国王。议者为朝廷失去这次机会而深深地惋惜。

【纲】罢丁度为观文殿学士，任命明镐参知政事。【目】丁度因为与夏竦议事不合，请求解除政事，于是设置观文殿学士之职以授与他。丁度性淳厚质朴，在翰林十五年，屡次议论天下大事，从来不曾涉及到私事，皇帝十分器重他。文彦博多次推重明镐平定贝州之功劳，而且推荐他可任大事，皇帝就以他代替了丁度。

【纲】五月，没有云而响起震雷。夏竦免职，任命宋庠为枢密使，庞籍参知政事。【目】殿中侍御史何郯奏论夏竦奸邪，不可任枢要之职。适遇京师一日没有云而响震雷五次，仁宗皇帝方坐在便殿，急忙召翰林学士张方平，张方平到来，说："夏竦为人奸邪，致使天变这样，应当免去其职。"就让他出知河南。

【纲】六月，明镐去世。

【纲】河北、京东大水灾。

【纲】冬十月，以美人张氏为贵妃。

【纲】皇祐元年（己丑，1049），春正月朔（初一），日食。

【纲】二月，彗星出现。

【纲】夏五月，知青州富弼加衔礼部侍郎；富弼辞不受命。【目】河北、京东遭大水灾，灾民流亡就食于青州。富弼劝说所管辖地区的民

舍十余万区，散处其人，以便薪水。官吏自前资待缺寄居者，皆给其禄，使即民所聚，选老弱病瘠者廪之。仍书其劳，约他日为奏请受赏，率五日辄遣人持酒肉饭糗慰藉，出于至诚，人人为尽力。山林陂泽之利，可资以生者，听民擅取。死者为大冢葬之，目曰丛冢。及麦大熟，民各以远近受粮而归。凡活五十余万人，募为兵者万计。前此救灾者皆聚民城郭中，为粥食之，蒸为疾疫，及相蹈藉，或待哺数日不得粥而仆，名为救之，而实杀之。自弼立法，简便周尽，天下传以为式。帝闻，遣使褒劳，加拜礼部侍郎。弼曰："救灾，守臣职也。"固辞不受。

【纲】帝幸后苑观刈麦。【目】帝御宝岐殿观之，谓辅臣曰："朕作此殿，不欲植花卉而岁以种麦，庶如稼穑之不易也。"

【纲】六月，以贾昌朝为观文殿大学士，判尚书都省。【目】帝以昌朝旧学，特置观文殿大学士以宠之，仍兼判尚书都省。诏："自今非尝为相者毋得除。"后昌朝以山南东道节度使同平章事入见，召赴迩英阁讲乾卦，帝曰："将相侍讲，天下盛事。"昌朝顿首谢。

【纲】秋八月，陈执中罢。
【纲】以宋庠同平章事，高若讷参知政事，庞籍为枢密使，梁适为副使。【目】庠初执政，遇事辄分别可否；及再登用，遂浮沉自安，然天资忠厚，尝曰："逆诈恃明，残人矜才，吾终身不为也。"

【纲】汰诸路兵。
【纲】九月，广源州蛮侬智高反，寇邕州。

众拿出粮食,加以官府的仓廪,得公私房舍十余万间,让他们分散居住在里面,以便于发给薪水。官吏中以过去资历等待出缺补官而寄居在这里的,都给予俸禄,使他们就民所积聚之处,选择年老病弱者供以粮食。仍记下他们的劳苦,约好以后为他们奏请受赏。每隔五天,就派人带上酒肉饭食去慰问,由于出于至诚之心,人人都为之尽力。山林湖泽之利,可借以谋生的,听任难民随便去取。死者做大坟冢埋葬他们,称这种坟冢为丛冢。待到麦子成熟,难民各按其远近分得粮食回去,计救活五十余万人,招募为兵士的以万数计算。以前救灾的,都是把难民们聚集在城郭之中,为他们煮粥给他们吃,因染患疾病而死的很多。有的饿着肚子等待数日,得不到吃的而饿死,名义上说是救济他们,而实际上是杀害他们。自从富弼创立这种济灾办法,简便周到,全国传播开去,成为救灾的范式。仁宗皇帝听说,派遣使者去褒奖慰劳富弼,加拜礼部侍郎。富弼说:"救灾,是守臣的职责。"坚决辞而不受。

【纲】仁宗皇帝到后苑观看割麦。 【目】仁宗皇帝登上宝岐殿观看,对辅臣说:"朕作此殿,不愿意栽植花卉而每年都种植麦子,为的是知道稼穑是不容易的。"

【纲】六月,任命贾昌朝为观文殿大学士,判尚书都省。 【目】仁宗皇帝因为贾昌朝是饱学之士,特为置观文殿大学士作为他的光宠,仍让他兼判尚书都省。诏曰:"自今起未曾为宰相的,不得除受此职。"后来贾昌朝以山南东道(治襄州城,即今湖北襄阳市襄州区)节度使、同平章事入朝进见,召赴迩英阁讲《乾卦》,皇帝说:"将相侍讲,实为天下之盛事。"贾昌朝顿首称谢。

【纲】秋八月,陈执中罢职。

【纲】任命宋庠同平章事,高若讷参知政事,庞籍为枢密使,梁适为副使。 【纲】宋庠初执政时,遇事就要分别什么事可,什么事不可;到再次进用为相,就随波逐流而自安了。但宋庠天资忠厚,曾说:"横逆奸诈,恃弄聪明,害人而自矜其才,我终身不这么干。"

【纲】裁汰诸路兵。

【纲】九月,广源州(在今广西凭祥市南,越南民主共和国谅山境)蛮人侬智高反,寇掠邕州(治宣化县,即今广西南宁市)。

【纲】罢武举。

【纲】庚寅,二年,秋九月,大享天地于明堂,赦。

【纲】冬十一月,诏外戚毋得任二府。 【目】时张贵妃宠冠后庭,尧佐其伯父也,骤除宣徽、节度、景灵、群牧四使。殿中侍御史唐介与知谏院包拯、吴奎等力争之,中丞王举正又留百官班廷论,故有是诏,且罢尧佐宣徽、景灵二使。

【纲】闰月,诏太子中舍致仕胡瑗定雅乐。

【纲】辛卯,三年,春三月,宋庠免,以刘沆参知政事。

【纲】夏六月,诏州郡勿献瑞物。 【目】知无为军茹孝标献芝草,帝曰:"朕以丰年为瑞,贤臣为宝,草木之异焉足尚哉!"免孝标罪,而戒州郡勿复献。

【纲】冬十月,以张尧佐为宣徽南院使,贬殿中侍御史里行唐介为英州别驾,文彦博免。 【目】尧佐复除宣徽使,知河阳。命下,介谓同列曰:"是欲与宣徽而假河阳为名耳。"独抗言之。帝谓曰:"除拟本出中书。"介遂劾文彦博知益州日,造间金奇锦,缘阉侍通宫掖,以得执政。今显用尧佐,益自固结。请罢之而相富弼。语甚切直,帝怒,却其奏不视,且曰:"将远窜。"介徐读疏毕,曰:"臣忠愤所激,鼎镬不避,何辞于谪。"帝急召执政示之曰:"介论事是其职,至以彦博由妃嫔致宰相,此何言也?进用冢司,岂应得预,而乃荐弼!"时彦博在帝前,介责之曰:"彦博宜自省,即有之不可隐。"彦博拜谢不已,帝怒益甚,梁适叱介使下殿,修起居注蔡襄趋进救之,贬春州别驾。王举正言其太重,帝亦悟,明日取其疏入,改英州,而罢彦博知许州。吴奎亦以介党出知密州。帝虑介或道死,有杀直臣名,命中使护之。由是介直声闻天下,然彦博事之有无,卒莫能辨。

【纲】罢止武举考试。

【纲】皇祐二年（庚寅，1050），秋九月，在明堂举行大祭天地之礼。赦免罪人。

【纲】冬十月，下诏外戚不得在中书枢密二府任职。【目】当时张贵妃宠冠后宫，张尧佐是她的伯父。突然被任命为宣徽、节度、景灵、群牧四使。殿中侍御史唐介与知谏院包拯、吴奎等竭力谏阻，中丞王举正又留下列班百官在朝廷上辩论，所以有这样的诏令，并且罢张尧佐宣徽、景灵二使。

【纲】闰月，下诏令以太子中舍退休的胡瑗定雅乐。

【纲】皇祐三年，（辛卯，1051），春三月，宋庠免职，任命刘沆参知政事。

【纲】夏六月，下诏令州郡不要贡献祥瑞物。【目】知无为军（即今安徽无为县）茹孝标献灵芝草。仁宗皇帝说："朕以丰年为瑞，贤臣为宝，草木之奇异，有什么可贵的呢！"免除茹孝标之罪，而告诫州郡不要再献祥瑞物。

【纲】冬十月，任命张尧佐为宣徽南院使，贬殿中侍御史里行唐介为英州（治贞阳县，即今广东英德县）别驾，文彦博免职。【目】张尧佐又被任命为宣徽使，知河阳（在今河南孟州市南）。制命下达，唐介向同列官员说："这是想要给宣徽使而假借河阳为名罢了。"特为高声讲出来。仁宗皇帝对他说："除授官职，草拟制命，本出自中书省。"唐介于是弹劾文彦博："知益州（治成都，即今四川成都市）期间，制造杂金错银的奇异锦缎，凭借宦官打通了内宫的关系，以得执政之位。现在重用张尧佐，是想进一步拉拢人以巩固自己的地位。请求罢除他的官职而任用富弼为宰相。"语言甚为切直。仁宗皇帝发怒，退还他的奏章不看，并且说"将要放逐他到边远地方去。"唐介从容地把奏疏读完，说："臣激于忠愤，即使放到鼎镬中煎熬都不肯躲避，哪里还怕贬谪！"仁宗皇帝急召执政大臣，昭示他们说："唐介奏言论事，是他的职责。至于认为文彦博是由妃嫔的关系而获致宰相，这是什么话！进用冢宰之类的官职，唐介岂得参预，竟还荐举富弼！"当时文彦博就在仁宗皇帝面前，唐介责备他说："彦博应当自己省察，要是有的话，不可隐瞒！"文

【纲】夏竦卒。以庞籍同平章事,高若讷为枢密使,梁适参知政事,王尧臣为枢密副使。

【纲】壬辰,四年,夏五月,资政殿学士汝南公范仲淹卒。【目】赠兵部尚书,谥文正。仲淹为政忠厚,所至有恩,邠、庆二州之民与属羌皆画像立生祠,其卒也哀号如父。

【纲】侬智高陷邕、横诸州,遂围广州;诏钤辖陈曙等发兵讨之。

【纲】以狄青为枢密副使。【目】初,尹洙与青谈兵,善之,荐于韩琦、范仲淹曰:"此良将材也。"二人待之甚厚。仲淹授以左氏春秋,且曰:"将不知古今,匹夫勇耳。"青由是折节读书,悉通秦、汉以来将帅兵法,累进马军副都指挥使。青起行伍,十余年而显贵,面涅犹存。帝尝敕青傅药除之,青指其面曰:"陛下以功擢臣,不问门地。臣所以有今日,由此涅耳,臣愿留以劝军中,不敢奉诏。"帝益重之。至是,自知延州召拜副使,台谏王举正等谏其不可,帝不听。

【纲】秋七月,侬智高陷昭州。九月,以孙沔为广南安抚使。

彦博拜谢不已；仁宗皇帝更加生气。梁适喝叱唐介叫他下殿，修起居注蔡襄急忙上前解劝，唐介贬为春州（治阳春县，即今广东阳春县）别驾。王举正上言，说对他处分太重，仁宗皇帝也有些悔悟，第二天取其奏疏入内，改为英州别驾，而罢文彦博知许州。吴奎也因为是唐介同党出知密州（治诸城县，即今山东诸城市）。仁宗皇帝考虑到唐介有可能死于途中，这样会使他有杀直臣之名，于是令中使去护送他。由此，唐介忠直的名声闻于天下。但是文彦博的那些事是有是无，终于没有能够弄清楚。

【纲】夏竦去世。任命庞籍同平章事，高若讷为枢密使，梁适参知政事，王尧臣为枢密副使。

【纲】皇祐四年（壬辰，1052），夏五月，资政殿学士汝南（汝南郡即蔡州，治汝阳县，即今河南汝南县）公范仲淹去世。【目】赠兵部尚书，谥号文正。范仲淹为政忠诚笃厚，所到之处都能给人民以恩惠，邠、庆二州之民与所属之羌人都画了他的像为他建立生祠；他去世时，百姓悲哀号哭就像死了父亲。

【纲】侬智高攻陷邕、横（横州治宁蒲县，即今广西横县）诸州，随即又进围广州（治南海县，即今广东广州市）。下诏令钤辖陈曙等发兵讨伐。

【纲】任命狄青为枢密副使。【目】当初，尹洙与狄青谈论军事，认为狄青很有见解，将他推荐给韩琦、范仲淹，说："这是良将之材啊。"两人待狄青很厚。范仲淹给他讲授《左氏春秋》，并且说："为将不了解古今之事，那只不过是匹夫之勇罢了。"狄青由此强自克制，认真读书，全部通晓秦、汉以来将帅用兵之法，累次升迁为马军副都指挥使。狄青出身于军队的卒伍之间，十余年来升到了显贵之位，脸上被刺字时染的青还在。仁宗皇帝曾经令狄青敷药除掉青涅的痕迹，狄青指着自己的脸说："陛下按照功劳提拔臣下，不计较门第和出身。臣所以有今天，是由于有这青涅罢了。臣愿意留着它用来劝勉军中将士，所以不敢奉诏傅药。"仁宗皇帝更加看重他。至此，自知延州召拜枢密副使，台谏王举正等进谏，不同意这样任命，仁宗皇帝不听。

【纲】秋七月，侬智高攻陷昭州（治平乐县，即今广西平乐县）。九

【纲】以狄青为荆湖宣抚使,督诸军讨侬智高。 【目】智高寇扰日甚,帝以为忧。智高移书行营求邕、桂节度使,帝将受其降,梁适曰:"若尔,则岭表非朝廷有矣。"会狄青上表请行,遂以为宣抚使,提举广南经制盗贼事。谏官韩绛言青武人,不宜专任。帝以问庞籍,籍力赞青可用,且言:"号令不专,不如不遣。"乃诏岭南诸军皆受青节度。

【纲】冬十月,以胡瑗为国子监直讲。 【目】瑗既居太学,其徒至不能容,取旁官舍处之。礼部所得士,瑗弟子十常居四五,随材高下,喜自修饬,衣服容止,往往相类,人遇之不问可知为瑗弟子也。时与孙复同为直讲,复教养不及瑗而治经过之。然二人论见多不合,常相避不见。

【纲】侬智高陷宾州,复入于邕。

【纲】十二月,狄青勒兵宾州;陈曙兵败,青斩之以徇。 【目】青行军立行伍,明约束,野宿皆成营栅。至广南,合孙沔、余靖之兵进次宾州,戒诸将无得妄与贼斗,听吾所为。广西钤辖陈曙乘青未至,辄以步兵八千击贼,溃于昆仑关,殿直袁用等皆遁。青曰:"令之不齐,兵所以败。"晨会诸将堂上,揖曙起,并召用等三十二人,按以败亡状,驱出军门斩之。沔、靖相顾愕眙,诸将股栗,莫敢仰视。

【纲】癸巳,五年,春正月,狄青夜度昆仑关,大败侬智高于邕州。智高走大理,广南平。 【目】青既诛陈曙,因按兵止营,令军休十日,众莫测;贼觇者还言军未即进。青明日即整兵,自将前军,孙

月,任命孙沔为广南(治广州城)安抚使。

【纲】任命狄青为荆湖宣抚使,督率诸军讨伐侬智高。 【目】侬智高的寇扰一天比一天厉害,仁宗皇帝为此忧虑。侬智高移送文书于行营,请求获得邕、桂(桂州治临桂县,即今广西桂林市)节度使之职。仁宗皇帝将要接受他的投降条件,梁适说:"若是那样的话,则岭南地方就不为朝廷所有啦。"恰好狄青上表请求前往,就任命他为宣抚使,提举广南经制盗贼事。谏官韩绛进言,说狄青是个武人,不应当让他独当此任。仁宗皇帝以此事问庞籍,庞籍竭力称赞狄青可以任用,并且说:"号令不专一,不如不派遣。"于是下诏令岭南诸军都受狄青节制与调度。

【纲】冬十月,任命胡瑗为国子监直讲。 【目】胡瑗既在太学,其生徒多到容纳不下,取旁边的官舍让他们居处。礼部所得之士,胡瑗的弟子常占十之四五,随材高下,喜好自行修养整饬,其衣服容止,往往相类似,人们遇到,不问也可以知道是胡瑗的弟子。当时胡瑗与孙复同是直讲,孙复在教养方面不及胡瑗而在治经方面超过他。但他们两人论见多不相合,常常互相避而不见。

【纲】侬智高攻陷宾州(治领方县,即今广西宾阳县东北宾州镇),又攻入邕州。

【纲】十二月,狄青统领军队在宾州。陈曙兵败,狄青斩其首以示众。 【目】狄青行军时,排列行伍,约束严明,野外宿营都布成营栅。到了广南,与孙沔、余靖之兵合在一起,进至宾州,戒令诸将:"不得随便与敌人作战,听从我的部署。"广西钤辖陈曙趁着狄青没到,就以步兵八千去攻击敌人,在昆仑关(在今广西南宁市东北)溃败,殿直袁用等全都遁逃。狄青说:"命令不统一,是兵败的原因。"清晨,在堂上会集诸将,向陈曙作揖示意他起身,连同召集袁用等三十二人,按问他们败逃的情状,之后驱出军门外斩首。孙沔、余靖相顾惊视,诸将吓得股栗,没有谁敢抬头看的。

【纲】皇祐五年(癸巳,1053),春正月,狄青夜度昆仑关,在邕州大败侬智高。侬智高逃到大理(即今云南大理市),广南平定了。
【目】狄青既已诛斩陈曙,于是按兵不动,停于军营,令军士休整十日,

沔将次军，余靖为殿，夕次昆仑关。黎明，整大将旗鼓，诸将环立帐前，待令乃发，而青已微服与先锋度关，趣诸将会食关外。贼方觉，悉出逆战。青执白旗麾蕃落骑兵，从左右翼击之，纵横开合，部伍不乱。贼不知所为，大败，走，追奔五十里，斩首数千级，生擒贼五百余，死者万计。智高夜纵火烧城遁去，由合江口入大理。迟明，青按兵入城，敛尸筑京观于城北隅，时贼尸有衣金龙衣者，众谓智高已死，欲以上闻。青曰："安知其非诈邪！宁失智高，不敢诬朝廷以贪功也。"广南悉平，捷至，帝喜曰："青破贼，庞籍之力也。"又曰："向非梁适言，南方安危未可知也。"诏余靖经制广西，追捕智高，而召青、沔还朝。后二年，靖募死士使大理求智高，会智高已死于大理，函首至京师。

【纲】夏五月，高若讷罢。以狄青为枢密使，孙沔为副使。

【纲】以孙抃为御史中丞。　【目】韩绛奏抃非纠绳才，抃即手疏曰："臣观方今士人，趋进者多，廉退者少。以善求事为精神，以能讦人为风采，捷给者谓之有议论，刻深者谓之有政事，谏官所谓才者，无乃谓是乎？若然，臣诚不能也。"上察其言，趣令视事。未几，抃举吴中复为监察御史，抃未始识其面，或问之，抃曰："昔人耻为呈身御史，今岂荐识面台官邪。"

【纲】秋七月，庞籍罢。八月，以陈执中、梁适同平章事。

众人猜不出是什么意思。敌人的暗探回去报告，说官军没有再往前进。狄青第二天就整点军队，自己带领前军，孙沔带领第二军，余靖为后军，夜间抵达昆仑关。黎明时，整备大将旗鼓，众将领环立于帐前，等待下令，然后出发，而狄青已经换上普通服装，与先锋度过关口，促令诸将到关外会食。敌人刚发觉，全部出来迎战。狄青手执白旗指挥蕃人部落的骑兵，从左右两翼夹击敌人，纵横开合，队伍不乱。敌人不知该怎么办，大败逃跑；狄青的军队追赶五十里，斩首数千级，生擒敌五百余人，敌死者以万数计算。侬智高夜间放火烧掉城中房舍，逃遁而去，由合江口（在今云南开远县东）进入大理。黎明时狄青整军入城，收敛死尸在城北隅封土筑为京观。当时敌人尸首中有个穿金龙衣服的，众人都说是侬智高之尸，想要上报朝廷。狄青说："怎知这不是诈的！宁肯失却侬智高，不敢谎报朝廷以贪功。"广南全部平定。捷报送到朝廷，仁宗皇帝高兴地说："用狄青击破贼兵，是庞籍之力啊。"又说："当时要不是梁适进言，南方的安危还未可知呢。"下诏令余靖经制广西，追捕侬智高，而召狄青、孙沔还朝。后二年，余靖招募敢死之士使往大理求取侬智高。恰好侬智高已经死于大理，用木函盛其首级送至京师。

【纲】夏五月，高若讷罢职。任命狄青为枢密使，孙沔为副使。

【纲】任命孙抃为御史中丞。　【目】韩绛奏孙抃不是作纠察绳治之事的人才。孙抃即用手疏的形式奏说："臣观看当今的士人，趋奉以求进取的人多，廉洁谦退的人少；以善于求事端为精神，以能攻讦别人为风采，应对敏疾的说他有议论之才，严酷苛刻的说他有政事之绩。谏官所谓有才的，莫非是指这些吗？若是那样的话，臣实在是不能做到。"仁宗皇帝审察了他的话，促令他就职视事。不久，孙抃荐举吴中复为监察御史。孙抃并没见过吴中复的面。有人问他，孙抃说："从前有人耻于为毛遂自荐式的呈身御史，我今岂能荐举识面的台官吗！"

【纲】秋七月，庞籍罢职。八月，任命陈执中、梁适同平章事。

纲鉴易知录卷六九

宋纪

仁宗皇帝

【纲】甲午,至和元年,春正月,贵妃张氏卒,追册为温成皇后。二月,孙沔罢。 【目】贵妃卒,帝忧悼甚,追册为皇后。知制诰王洙阴与内侍石全斌附会,欲令孙沔读册,帝从之。沔曰:"陛下若以臣沔读册则可,以枢密副使读册则不可。"遂求罢,乃知杭州。

【纲】京师疫。 【目】内出犀角二,令太医和药以疗民。其一通天犀也,左右请留供服御,帝曰:"吾岂贵异物而贱百姓哉!"立命碎之。

【纲】以田况为枢密副使。

【纲】三月,王贻永罢,以王德用为枢密使。 【目】贻永尚真宗女郑国公主,自以祖宗来无外姻辅政者,恒惧宠禄过盛,故于枢府十五年,能远权势,帝由是益加尊礼;至是,以疾罢。

德用时以太子太师致仕,会乾元节上寿,立班廷中,契丹使语译者曰:"黑王相公乃复起邪!"帝闻之,遂拜枢使。

【纲】夏四月,朔,日食,用牲于社。

【纲】秋七月,以程戡参知政事。

【纲】梁适免。八月,以刘沆同平章事。冬十月,葬温成皇后,祔其主于太庙。

【纲】乙未,二年,春三月,改封孔子后世愿为衍圣公。 【目】世愿,孔子四十七代孙,袭封文宣公。太常博士祖无择言"祖谥不可加后嗣",乃诏改封,仍令世袭。

【纲】夏四月,以赵抃为殿中侍御史。 【目】抃弹劾不避权

宋纪仁宗皇帝

【纲】至和元年（甲午，1054），春正月，贵妃张氏去世，追册为温成皇后。二月，孙沔罢职。　【目】贵妃去世，皇帝忧伤悲痛得很，追册为皇后。知制诰王洙暗中与内侍石全斌相依附，想要令孙沔读册文，仁宗皇帝听从了他们的建议。孙沔说："陛下若是以臣沔读册是可以的，以枢密副使读册就不可以。"于是请求罢职，就罢知杭州（治钱塘县，即今浙江杭州市）。

【纲】京师流行瘟疫。　【目】宫内拿出两枚犀角，令太医和药以治疗民间疾病。其中有一枚是通天犀，左右侍从请求留下来供御用，仁宗皇帝说："我岂能贵异物而贱百姓吗？"立即命人砸碎它。

【纲】任命田况为枢密副使。

【纲】三月，王贻永罢职，任命王德用为枢密使。　【目】王贻永娶真宗之女郑国公主为妻，自己认为从祖宗以来没有外戚姻亲辅政的，常害怕宠禄过盛，所以在枢密府十五年，能够疏远权势，仁宗皇帝由此更加尊重他；至此，因为疾病罢职。

王德用当时以太子大师之职退休，适逢乾元节上寿，立于班列中，契丹的使者对翻译人员说："黑王相公又重新起用啦！"皇帝听说这话，就拜授他为枢密使。

【纲】夏四月，朔（初一日），日食，在社庙用牲礼祭祀。

【纲】秋七月，任命程戡参知政事。

【纲】梁适免职。八月，任命刘沆同平章事。冬十月，葬温成皇后，祔祭其神主于太庙。

【纲】至和二年（乙未，1055），春三月，改封孔子之后代孔世愿为衍圣公。　【目】孔世愿，是孔子四十七代孙，袭封文宣公。太常博士祖无择进言："祖宗的谥号不可加于后嗣"，于是下诏改封，仍然令其世袭。

【纲】夏四月，任命赵抃为殿中侍御史。　【目】赵抃弹劾官员的罪

幸，声称凛然，京师目为"铁面御史"。其言务欲朝廷别白君子、小人。以为小人虽小过，当力遏而绝之；君子不幸诖误，当保全爱惜，以成就其德。时吴充、鞠真卿、马遵、吴中复等，皆以直言居外，欧阳修、贾黯复求郡，抃言："近日正人端士纷纷引去者，以正色立朝，不能谄事权要，伤之者众耳。"由是充等悉得召还。

【纲】六月，陈执中免。　【目】知谏院范镇论执中无学术，非宰相器。孙抃复论奏执中过失，执中竟免。然执中在中书八年，人莫敢干以私。

【纲】以文彦博、富弼同平章事。　【目】帝尝问置相于王素，素对曰："惟宦官宫妾不知姓名者可充其选。"帝曰："如是则富弼耳。"至是，彦博与弼同召，至郊，诏百官迎之。范镇言曰："隆之以虚礼，不若推之以至诚。"及宣制，士大夫相庆于朝，帝遣小黄门觇知之，语翰林学士欧阳修曰："古之命相，或得诸梦卜。今朕用二相，人情如此，岂不贤于梦卜哉。"修顿首贺。会契丹使者耶律防至，王德用与射于玉津园，防曰："天子以公典枢密，而用富公为相，将相皆得人矣。"

【纲】以张昪为御史中丞。　【目】昪指切时政，无所避畏，帝谓之曰："卿孤立，乃能如是。"昪对曰："臣仰托圣主致位侍从，是为不孤。今陛下之臣持禄养望者多，而赤心谋国者少，窃以为陛下乃孤立耳。"帝为感动。

【纲】秋八月，契丹宗真死，子洪基立。

【纲】冬十二月，修六塔河。　【目】时河决大名、馆陶，殿中丞李仲昌请自澶州商胡河穿六塔渠入横陇故道，以披其势，富弼是其策。诏发三十万丁修六塔河以回河道，以仲昌提举河渠。翰林学士欧阳修三上书，力谏其不可行，帝不听。

状,不避有权势而得皇帝宠幸的人,名声凛然,令人敬畏,京师中都目之为"铁面御史"。其所进言,一定要朝廷分清君子小人。认为小人虽是有小过,应当尽力遏止杜绝;君子不慎,偶有过失,应当保全爱惜,以成就他的美德。当时吴充、鞫真卿、马遵、吴中复等,都因为直言而为外官,欧阳修、贾黯又求到外郡任职,赵抃上言:"近日以来正直之人、端庄之士纷纷要求离去的原因是,因为正色立朝,不能以谄媚之态奉承权贵,伤害他们的人太多了。"由此吴充等全都得以召还。

【纲】六月,陈执中免职。 【目】知谏院范镇论奏陈执中不学无术,不是宰相之才,孙抃又论奏陈执中所犯过失,陈执中竟被免职。但是,陈执中在中书八年,没有谁敢以私事干求他的。

【纲】任命文彦博、富弼同平章事。 【目】仁宗皇帝曾以设置宰相之事问王素,王素回答说:"只有宦官、宫妾不知其姓名的人,可以充当宰相的人选。"仁宗皇帝说:"要是这样的话,那就只有富弼啦。"至此,文彦博与富弼一同召回,至郊,下诏令百官去迎接他们。范镇说:"用虚礼来尊隆他们,不如推至诚之心来对待他们。"待到宣读制令时,士大夫互相庆贺于朝,仁宗皇帝派遣小黄门去探知,对翰林学士欧阳修说:"古时任命宰相,有的得之于梦或占卜,现在朕用这两位宰相,人情如此,岂不比梦卜更好吗!"欧阳修叩头称贺。适逢契丹使者耶律防到达,王德用和他在玉津园(在今河南开封市南)射箭,耶律防说:"天子让您典管枢密,而用富公为相,可以说将相皆得其人了。"

【纲】任命张昇为御史中丞。 【目】张昇指切时政,毫无避忌畏惧,仁宗皇帝对他说:"卿孤立,竟能这样。"张昇回答说:"臣上赖圣明的君主,得备位为陛下左右以侍从,这就是不孤立。如今陛下的臣下寄望于禄养的人多,而赤心谋国的人少。臣私意以为陛下倒是孤立的。"仁宗皇帝听了为之感动。

【纲】秋八月,契丹宗真死去,其子洪基继位。

【纲】冬十二月,修治六塔河(在今河南清丰县东南六塔镇,今堙)。 【目】当时黄河大名(在今河北大名县东)、馆陶(在今山东馆陶县东北)一带决口,殿中丞李仲昌建议自澶州(治濮阳县,即今河南濮阳市)商胡河(在今濮阳市东北)穿凿六塔渠引入横陇旧河道,以分散

【纲】丙申，嘉祐元年，春正月，帝有疾，文彦博等宿卫禁中。二月，帝疾瘳。

【纲】闰三月，以王尧臣参知政事，程戡为枢密副使。

【纲】以唐介知谏院。　【目】御史吴中复请召还唐介，文彦博因言于帝曰："介顷言臣事，多中臣病，其间虽有风闻之误，然当时责之太深，请如中复奏。"乃召介知谏院，时称彦博长者。

【纲】夏四月，河决六塔，流殿中丞李仲昌于英州。

【纲】五月，罢知谏院范镇。　【目】帝性宽仁，言事者竞为激讦，镇独务引大体，非关朝廷安危，生民利疾，则未尝言。及帝暴疾，文彦博因请帝建储，帝许之，会疾瘳而止。至是镇奋然曰："天下事尚有大于此者乎！"即上疏曰："置谏官者，为宗庙、社稷计也。谏官而不以宗庙、社稷计事陛下，是爱死嗜利之人，臣不为也。方陛下不豫，海内皇皇，莫知所为。陛下独以祖宗后裔为念，是为宗庙、社稷之虑至深且明也。昔太祖舍其子而立太宗，天下之大公也；真宗以周王蒬养宗子于宫中，天下之大虑也。愿以太祖之心，行真宗故事，拔近属贤者，优其礼秩而试以政事，俟有圣嗣，复遣还邸。"章累上，不报。执政论之曰："奈何效希名干进之人！"镇贻书曰："比天象见变，当有急兵。镇义当死职，不可死乱兵之下。此乃镇择死之时，尚何顾希名干进之嫌哉！"因复上疏，言之愈切。除兼侍御史知杂事，镇以言不从固辞。凡见帝面陈者三，因泣下，帝亦泣谓曰"朕知卿忠，当更俟二、三年。"镇前后章凡十九上，待命百余日，须发皆白，朝廷知不可夺，乃罢知谏院，改纠察在京刑狱。时并州通判司马光亦言建储事，且劝镇以死争之。翰林学士欧阳修、殿中侍御

水势。富弼同意这个方案。下诏征发三十万民丁修六塔河使黄河回到故道，任命李仲昌主管河渠工程。翰林学士欧阳修三次上疏力谏，认为这工程不可行。仁宗皇帝不听。

【纲】嘉祐元年（丙申，1056），春正月，仁宗皇帝有病，文彦博等就宿并侍卫于宫禁中。二月，皇帝病愈。

【纲】闰三月，任命王尧臣参知政事，程戡为枢密副使。

【纲】任命唐介知谏院。 【目】御史吴中复奏请召还唐介，文彦博乘机向皇帝奏言道："唐介从前所说关于我的事，多有切中我的毛病之处，其间虽然不免有风闻之误，但当时对他的处分太重，请求照吴中复的奏请办。"于是召还唐介知谏院，时人称颂文彦博为长者。

【纲】夏四月，黄河在六塔决口，殿中丞李仲昌被流放于英州（治贞阳县，即今广东英德县）。

【纲】五月，知谏院范镇罢职。 【目】仁宗皇帝性格宽和仁慈，言事的人争着激烈地攻讦，独有范镇注重事关大体者，不关涉到朝廷的安危，人民的利病，就不曾进言。及至皇帝突然得了病，文彦博请求皇帝建立储君，皇帝允许了，适逢病愈而停止了。至此范镇奋然而起，说："天下之事还有比这更大的吗！"立即上疏说："设置谏官，是为宗庙社稷而计虑的，谏官而不把宗庙、社稷之大计为陛下筹划，是怕死贪嗜名利之人，我不作那样的人。当陛下身体欠安时，国内人心惶惶不安，不知该怎么办才好，陛下能以祖宗后裔为念，这是对宗庙、社稷之事考虑得至为深切至为圣明的地方。昔日太祖皇帝舍却自己的儿子而立太宗，这是天下最大的公心；真宗皇帝因为周王去世，将同宗之子养育在宫中，这是天下最大的谋虑啦，希望陛下以太祖之公心，行真宗之旧事，选拔近属中的贤者，优其礼仪秩禄而以政事试之，待到有了圣嗣，再遣回本邸。"表章累次奉上，没得到回答。执政评论他说："为什么要学那些图名干进的人！"范镇给以书信说："近来天象出现变异，可能会有突然的兵事发生。我范镇按理当死于职守，不该死于乱兵之下。这是我范镇选择如何死的时候，哪里还顾及什么图名干进的嫌疑呢！"因又上疏，言说此事愈加急切。除授为兼侍御史、知杂事，范镇因为不能从其言，坚辞不受。他进见皇帝当面陈述自己见解有三次，因之涕泪俱下。仁宗

史包拯、吕景初、赵抃、知制诰吴奎、刘敞等皆上疏力请，于是文彦博、富弼、王尧臣等相继劝帝早定大计，皆不见听。

【纲】六月，大水，社稷坛坏。诏求直言。

【纲】彗出紫微垣。

【纲】秋八月，罢狄青判陈州，以韩琦为枢密使。　【目】青在枢府，每出入，士卒辄指目以相矜夸，至壅马足不得行；又其家数有光怪。会大水，青避于相国寺，行止殿上，人情颇疑。翰林学士欧阳修言"青掌国机密，而得军情，非国家之利。"知制诰刘敞出知扬州，陛辞，亦言"陛下幸爱青，不如出之以全其终。"帝然之，乃以使相判陈州。

【纲】冬十一月，王德用罢，以贾昌朝为枢密使。　【目】德用将家子，习知军中情伪，善以恩抚下，故多得士心，虽屡临边境，未尝亲矢石，督攻战，而名闻四夷，闾阎妇女、小儿亦呼为"黑王相公"。

【纲】十一月，刘沆免，以曾公亮参知政事。

【纲】以包拯知开封府。　【目】拯立朝刚毅，责戚宦官为之敛手，闻者皆惮之，以其笑比黄河清。童穉妇女亦知其名，呼曰"包待制"，京师为之语曰："关节不到，有阎罗包老。"

【纲】丁酉，二年，春二月，祁公杜衍卒。　【目】衍临终作遗疏，略曰："无以久安而忽边防，无以既富而轻财用，宜早建储副以

皇帝也流着泪，对他说："朕知道卿是一片忠心，当再待二三年再考虑这事。"范镇前后共上奏表章十九次，待命一百余天，须发全都变白了。朝廷知道他的意志不可改变，就罢他的知谏院之职，改任纠察在京刑狱。当时并州（治阳曲县，即今山西太原市）通判司马光也上言建立储君之事，并且劝范镇以死相争。翰林学士欧阳修、殿中侍御史包拯、吕景初、赵抃、知制诰吴奎、刘敞等都上疏极力请求，于是文彦博、富弼、王尧臣等相继劝皇帝早定大计，全都不听从。

【纲】六月，大水灾，社稷坛塌坏。下昭求取直言。

【纲】彗星出现于紫微垣。

【纲】秋八月，狄青罢职，判陈州（治宛丘县，即今河南淮阳县），任命韩琦为枢密使。【目】狄青在枢密府，每当出入的时候，士卒常常手指目视地借着他来互相夸耀，有时甚至人多得堵塞道路不得通行。还有，他家中常常出现异光为怪。有一次遇到大水灾，狄青避于相国寺，行走或息在殿上，引起人们的猜疑。翰林学士欧阳修进言："狄青掌管国家机密，而得知军情，非国家之利。"知制诰刘敞出知扬州（治江都县，即今江苏扬州市），向皇帝辞行，也说："陛下如爱护狄青，不如让他外出以保全他的晚节。"仁宗皇帝认为很对，就让狄青以使相之身份兼判陈州（节度使兼同平章事曰使相）。

【纲】冬十一月，王德用罢职，任命贾昌朝为枢密使。【目】王德用，是将家之子，熟悉军队中的情形，善于用恩惠来安抚部下，所以能得兵心。虽然屡次到边境巡视，未曾亲冒矢石，临阵督战，但他的名望闻于边地名族，民间妇女、小孩也都称呼他为"黑王相公"。

【纲】十一月，（月份重见，与史例不合。据《宋史·仁宗本纪》乃十二月。）刘沆免职，任命曾公亮参知政事。

【纲】任命包拯知开封府（即京师，今河南开封市）。【目】包拯在朝廷中刚强坚毅，贵戚、宦官在他面前也不敢姿意妄为，听到他名声的都怕他，把他的笑比做黄河清。儿童妇女也都知他的名，称呼他"包待制"。京师的人为之语曰："关节不到，有阎罗包老。"

【纲】嘉祐二年（丁酉，1057），春二月，祁（祁州，治蒲阴县，即今河北安国市）公杜衍去世。【目】杜衍临终时写了一道遗疏，大略

安人心。"语不及私，谥正献。

【纲】以翰林学士欧阳修知贡举。【目】帝切于求士，进士诸科一举而获选者至千三百余人。士子习尚险怪奇涩之文，号"太学体"。张方平尝言："文章之变与政通。迩来文格日失其旧，各出新意，相胜为奇，驱扇浮薄，重亏雅俗，非取贤敛才备治具之意。"虽下诏揭示，而士习不改。翰林学士欧阳修知贡举，痛抑新体，凡为时所推誉者皆被黜。榜出，浇薄之士俟修晨朝聚噪于马首，街司逻卒不能禁止，然自是场屋之习遂为之变。

【纲】二月，护国节度使、同平章事狄青卒。【目】青为人慎密寡言，其计事必审中机会而后发。行师，先正部伍，明赏罚，与士卒同饥寒、劳苦，虽敌猝犯之，无一士敢后先者，故数有功。尝有持狄梁公画像及告身诣青献之，以为青之远祖。青谢之曰："一时遭际，安敢自附梁公。"厚赠其人而遣之。卒谥武襄。

【纲】秋八月，诏诸州置广惠仓。【目】初，天下没入户绝田，官自粥之。至是韩琦请留勿粥，募人耕而收其租，别为仓贮之，以给州县之老幼贫疾不能自存者，谓之"广惠仓"。

【纲】冬十二月，诏间岁一举士，置明经科。

【纲】戊戌，三年，夏六月，文彦博、贾昌朝罢。【目】彦博以老求罢，以使相判河南，封潞国公。知谏院陈旭等恐昌朝遂代为相，乃率僚属上言昌朝交通女谒，昌朝竟出判许州。

是说:"不要因为长期安定而忽略边防,不要因为已经富足就滥用财物,应当早建立储君以安定人心。"疏中言语没有涉及一点私事,谥号正献。

【纲】任命翰林学士欧阳修知贡举。　　【目】仁宗皇帝急切于求士,进士诸科,一次所推举而获选的达到一千三百余人。士人崇尚险怪奇特艰涩的文章,号称"太学体"。张方平曾说:"文章风格的变化与政治是相通的。近来文章格调一天一天地失其旧貌,各出新意,斗胜争奇,煽动浮薄之风,使雅正之习大有亏缺,这都不是取贤士、聚人才、采取治国措施的本意。"虽下诏揭示其意,而士子风气不改。翰林学士欧阳修知贡举,痛加贬抑新文体,凡被时尚所推崇赞誉的皆被黜退。榜张出后,一些浇薄之士等到欧阳修早晨上朝时,聚集起来拦住他的马头呼喊,街上巡逻的士卒都禁止不住。但是从此之后考场的风气为之改变了。

【纲】二月,护国节度使、同平章事狄青去世。(护国节度使治河中府,即今山西永济市西蒲州镇)　　【目】狄青为人,慎密寡言,他考虑计划的事,一定要看准机会以后才行动。行军,先整顿队伍,讲明赏罚,自己与士卒同饥寒、同劳苦,虽然敌人突然来犯,也没有一个士卒敢于随便前进和后退的。所以他屡次师出有功。曾经有人拿着狄梁公(狄仁杰)的画像和他的授职官诰来献给狄青,认为他是狄青的远祖。狄青向他辞谢说:"我只不过是一时的遭际,哪里敢自附于梁公!"厚赠了那个人打发他走了,狄青去世,谥号武襄。

【纲】秋八月,下诏令诸州设置广惠仓。　　【目】起初,天下没收的户绝田,由官府自行出售。至此,韩琦请求留下来不要卖掉,招募人来耕种而收取租赋,将这些租粮贮藏在另外的仓廪中,以便供给州县中老幼贫弱不能自己养活自己的人,称这种仓为"广惠仓"。

【纲】冬十二月,下诏举士隔一年进行一次。设置明经科。

【纲】嘉祐三年(戊戌,1058),夏六月,文彦博、贾昌朝罢职。【目】文彦博因为年老请求罢职,以使相身份兼判河南,封潞(潞即潞州,治上党县,即今山西长治市)国公。知谏院陈旭等人怕贾昌朝会代替他为相,就率领同僚官员上言,说他结交内眷通过妇人请谒,贾昌朝

【纲】以韩琦同平章事,宋庠、田况为枢密使,张昪为副使。

【纲】以包拯为御史中丞。 【目】拯言:"东宫虚位日久,天下以为忧。夫万物皆有根本,而太子者天下之根本也,根本不立,祸孰大焉。"帝曰:"卿欲谁立?"拯曰:"臣非才备位,所以乞豫建太子者,为宗庙万世计尔。陛下问臣欲谁立,是疑臣也。臣年七十且无子,非邀后福者。"帝喜曰:"徐当议之。"

【纲】秋八月,王尧臣卒。

【纲】己亥,四年,春正月朔,日食,用牲于社。 【目】知制诰刘敞言:"社者,上公之神,群阴之长,故日食则伐鼓于社,所以责上公,退群阴。今反祠而请之,是屈天子之礼,从诸侯之制,抑阳扶阴,降尊贬重,非承天戒尊朝廷之义也。"

【纲】夏四月,封周世宗后柴咏为崇义公。 【目】给田十顷,以奉周祀,从著作佐郎何鬲请也。

【纲】秋七月,放宫人。

【纲】田况罢。

【纲】冬十一月,汝南王允让卒,追封濮王。 【目】允让天资浑厚,内宽外庄,知大宗正寺二十年。宗子有好学者,勉进之以善;若不率教,则劝戒之;至不变,始正其罪,故皆畏服。及薨,谥安懿,以其子宗实育宫中,故恤典有加。

【纲】召河南处士邵雍,不至。 【目】雍,河南人,少时自雄其才,慷慨欲树功名,于书无所不读。始为学即坚苦刻励,寒不炉,暑不扇,夜不就枕者数年。既而逾河、汾,涉淮、汉,周流齐、鲁、宋、郑,久之,幡然来归,曰:"道在是矣。"遂不复出。

竟因此出判许州（治长社县，即今河南许昌市）。

【纲】任命韩琦同平章事，宋庠、田况为枢密使，张昇为副使。

【纲】任命包拯为御史中丞。　【目】包拯上言："东宫太子之位空着的日子太久了，天下为此感到忧虑。世间万物都有根本，而太子是天下的根本啊，根本不树立，祸害哪有比这更大的！"仁宗皇帝说："卿想要立谁？"包拯说："臣无才而居于这个职位，之所以请求预先立太子，是为宗庙万世之事而考虑罢了。陛下问臣想要立谁，这是怀疑我啊。臣年届七十，而且没有子嗣，不是邀求后福的人。"仁宗皇帝喜欢地说："慢慢地会计议这事的。"

【纲】秋八月，王尧臣去世。

【纲】嘉祐四年（己亥，1059），春正月朔（初一），日食，在社庙里用牲礼祭祀。　【目】知制诰刘敞进言："社庙，是上公之神，群阴之尊长，所以出现日食时，就要在社庙之内击鼓，这是用来责上公，退群阴。如今反而祭祀而敬请他们，这是屈挠天子之礼节，依从诸侯之制度，抑阳而扶阴，降低尊严，贬抑庄重，这不合乎顺承天戒、尊崇朝廷的大义啊。"

【纲】夏四月，封周世宗的后嗣柴咏为崇义公。　【目】给予田地十顷，用以供奉周之祀祭，这是依从著作佐郎何鬲之请求而来的。

【纲】秋七月，放宫女出官。

【纲】田况罢职。

【纲】冬十一月，汝南（即今河南汝南县）王赵允让去世。追封为濮（濮即濮州，在今山东鄄城县北）王。　【目】赵允让天资浑厚，内心宽和，外表端庄，知大宗正寺二十年。宗室子弟有喜好学习的，勉力他们做善事；若是有不遵奉教诲的，就劝诫他；经教育劝诫不肯改好的，这才根据其犯罪轻重加以惩处，所以全都畏服他。到他去世，赐谥安懿，将他的儿子赵宗实养育在宫中，所以他的丧葬善后礼式有所增重。

【纲】召见河南处士邵雍，邵雍不到。　【目】邵雍，是河南人，少年时自认为是雄才，慷慨激昂，想要树立功名，于书无所不读。开始治学，就能刻苦地磨炼自己，严寒的冬季不生火炉，炎热的盛暑不用打扇子，常常彻夜读书不肯就寝，这样苦读数年。后来渡过黄河、汾水，

初，北海李之才受易于河南穆修，修受于种放，而放受之于陈抟，源流最远。之才摄共城令，雍时居母忧于苏门山，躬爨以养父，之才叩门来谒，劳苦之曰："好学笃志，果何似？"雍曰："简策迹外，未有适也。"之才曰："君非迹简策者，其如物理之学问。"他日则又曰："物理之学学矣，不有性命之学乎。"雍再拜愿受业，之才遂授以河图、洛书、伏羲八卦六十四卦图象。雍由是探赜索隐，妙悟神契，玩心高明，深造曲畅，遂衍伏羲先天之旨，著书十余万言。富弼、司马光、吕公著诸贤居洛中，雅敬雍，恒相从游，为市园宅。雍德气粹然，望之知其贤，群居燕笑终日，不为甚异，人无贵贱少长一接以诚，故贤者悦其德，不贤者服其化。留守王拱辰荐雍遗逸，授将作主簿，后复举逸士，补颍州团练推官，皆固辞乃受命，竟称疾不之官。

【纲】庚子，五年，夏四月，程戡免，以孙抃为枢密副使。

【纲】五月，召王安石为三司度支判官。　【目】安石，临川人，好读书，善属文，曾巩携其所撰以示欧阳修，修为之延誉；擢进士上第，授淮南判官。故事，秩满许献文求试馆职，安石独否，调知鄞县，通判舒州。文彦博为相，荐其恬退，乞不次进用，以激奔竞之风；欧阳修荐为谏官；安石皆以祖母年高辞。修以其须禄养，复言于

又过淮水、汉水,遍游齐(齐,齐州,治历城县,即今山东济南市)、鲁(鲁,谓曲阜县,即今山东曲阜市)、宋(宋,宋州,治宋城县,在今河南商丘市南)、郑(郑,郑州,治管城县,即今河南郑州市)等地,很久之后,又幡然回到河南,说:"所求之道全在这里了。"从此就不再出去。

起初,北海(即青州,治益都县,即今山东青州市)人李之才向河南人穆修学习《易经》,得到穆修的传授,穆修的《易》学得到种放的传授,种放的《易》学得到陈抟的传授,源流最为久远。李之才代理共城县(即今河南辉县)令,这时邵雍为母亲守丧,居住在苏门山,亲自烧火煮饭奉养父亲。李之才叩门前来拜谒,慰问他说:"这样专心致志地为学,究竟学得怎么样呢?"邵雍说:"书籍简策之外,未有所适。李之才说:"您不是只从书籍简策中求学问的。对于格物穷理之学又怎么样呢?"他日,李之才又说:"学了格物穷理之学,不是还有天人性命之学吗?"邵雍再拜,愿意向他学习这门学问。李之才就传授他《河图》《洛书》、伏羲《八卦》六十四卦图象。邵雍由此深入研究,领会到其中之奥妙。心领神会其高明之处,达到幽深的境界,于是推演伏羲先天卦图的旨意,著书十余万言。富弼、司马光、吕公著等贤士居住在洛中时,素来敬重邵雍,常常和他相交游,为他购置园宅。邵雍品德高尚纯粹,望之知其为贤者,同大家在一起,燕乐喜笑终日,没有什么特殊的地方。对人不论贵贱老少,全都以诚心相待,所以贤者喜悦他的品德,不贤者服从他的教化。留守王拱辰把邵雍作为遗逸之士推荐,授为将作主簿;后来再次以隐逸之士推举,补为颍州(治汝阴县,即今安徽阜阳市)团练推官,全都坚决推辞,后来到受命时,竟称有病,不到官赴任。

【纲】嘉祐五年(庚子,1060),夏四月,程戡免职,任命孙抃为枢密副使。

【纲】五月,召王安石为三司度支判官。 【目】王安石,是临川县(即今江西抚州市)人,好读书,善于写文章。曾巩带着他所撰写的文章给欧阳修看,欧阳修为他播扬名誉;以优等擢拔为进士,授任淮南(治扬州城,即今江苏扬州市)判官。按照旧例,官员任期届满,准许献文请求考试馆职。王安石独不肯这样,调知鄞县(即今浙江宁波市),通判舒州(治怀宁县,即今安徽潜山县)。文彦博为相时,推荐他恬淡退让,

朝,召为群牧判官,改度支判官。

安石议论高奇,能以辨博济其说,果于自用,慨然有矫世变俗之志。于是上万言书,其大要以为:"今天下之财力日以困穷,风俗日以衰坏,患在不知法度,不法先王之政故也。法先王之政者,法其意而已。法其意,则吾所改易更革,不至乎倾骇天下之耳目,嚣天下之口,而固已合先王之政矣。因天下之力以生天下之财,取天下之财以供天下之费;自古治世,未尝以财不足为患也,患在治财无其道耳。"

先是,馆阁之命屡下,安石辄辞不起,士大夫谓其无意于世,恨不识其面;朝廷每欲畀以美官,惟患其不就也。及赴是职,闻者莫不喜悦。

【纲】六月,契丹新置国子监。

【纲】欧阳修等上新唐书。 【目】先是帝以刘昫等所撰唐史卑弱浅陋,命翰林学士欧阳修、端明殿学士宋祁刊修之,曾公亮提举其事,十有七年而成,凡二百二十五卷。事增于前,文省于旧,修撰纪、志、表,祁撰传。

【纲】冬十一月,宋庠免,以曾公亮为枢密使。以张昪、孙抃参知政事,欧阳修、陈旭、赵概为枢密副使。

【纲】辛丑,六年,春三月,起复富弼同平章事,弼固辞,许之。【目】弼以母丧去位,诏为罢春宴。故事,执政遭丧皆起复,帝虚位五起之,弼固请终制,且曰:"起复,金革之变礼,不可施于平世。"帝乃许之。

请求不按次序进用他,用以激劝改变为名利而奔竞的风气;欧阳修荐举他为谏官。王安石都以祖母年高为理由加以推辞。欧阳修因为他需要俸禄养家,再次向朝廷进言,召为群牧判官,改任度支判官。

王安石议论高奇,能够用善于辨析和博学多知来贯通他的学说,敢于自行其是,慷慨有改变世俗之大志。于是上奏万言书,书中内容大致认为:"如今天下的财力一天比一天困穷,风俗一天比一天败坏,毛病在于不知法度,不效法先王之政所致。所谓法先王之政,是效法其精神而已。效法其精神,那么我们所变更改革的,就不至于使天下人听到看到后感到惊骇诧异,也不至因此而引起众人的喧嚣,这样就符合先王之政。依靠天下之力而生天下之财,取天下之财以供天下之用;自古以来治理世务,没有因为财用不足而忧患的,所忧患的是理财没有好的办法罢了。"

这以前,馆阁之任命屡次下达,王安石总是推辞不赴任,士大夫都说他无意于出仕治世,以不识其面而感到遗憾;朝廷常想给他以美好的官职,就是怕他不肯就职。待到他赴任就职,听说的人没有不高兴的。

【纲】六月,契丹新设置国子监。

【纲】欧阳修等进献《新唐书》。(据《宋史·仁宗本纪》,"欧阳修"上有"七月"二字。) 【目】这以前,仁宗皇帝认为刘昫等所撰写的唐史卑弱浅陋,命翰林学士欧阳修、端明殿学士宋祁刊削修改,曾公亮主管其事。十七年完成这书,共二百二十五卷,所记述之事比以前有增加,文字却比旧作省减。欧阳修撰写纪、志、表,宋祁撰写传。

【纲】冬十一月,宋庠免职,任命曾公亮为枢密使,任命张昇、孙抃参知政事,欧阳修、陈旭、赵概为枢密副使。

【纲】嘉祐六年(辛丑,1061),春三月,起复富弼同平章事,富弼坚决推辞,准许了他。 【目】富弼因母亲去世守丧而去职,下诏为此罢止春宴。按照旧制,执政大臣遭丧离位,皆起复原职。仁宗皇帝虚其位,五次要他起而复职,富弼坚决请求守其丧制至终,并且说:"起复之制,是遇兵战之时的变礼,不可施之于太平时世。"仁宗皇帝就准许了他。

【纲】夏四月，陈旭罢。

【纲】以包拯为枢密副使。

【纲】六月朔，日食。 【目】司天言："当食六分之半。"食四分而雨。群臣欲援例称贺，同判尚书礼部司马光言："日之所照，周遍华夷，云之所蔽，至为近狭，虽京师不见，四方必有见者。天意若曰'人君为阴邪所蔽'，灾應甚明，天下皆知其忧危，而朝廷独不知也。食不满分者，乃历官术数不精，当治其罪，亦非所以为贺也。"帝从之。

【纲】以司马光知谏院。 【目】光入对，首言："臣昔通判并州，所言三章，愿陛下果断力行。"帝沉思久之，曰："得非欲选宗室为继嗣者乎？此忠臣之言，但人不敢及耳。"光对曰："臣言此，自谓必死，不意陛下开纳。"帝曰："此何害！古今皆有之。"

光复以三劄子上，其一论"君德有三：曰仁、曰明、曰武。仁者，非姁煦姑息之谓；兴教化，修政治，养百姓，利万物，此人君之仁也。明者，非烦苛伺察之谓；知道谊，识安危，别贤愚，辨是非，此人君之明也。武者，非强亢暴戾之谓；唯道所在，断之不疑，奸不能惑，佞不能移，此人君之武也。陛下天性慈惠，谨微接下，子育元元，泛爱群生，虽古先圣王之仁殆无以过。然践祚垂四十年，而朝廷纪纲犹有亏缺，间里穷民犹有怨叹，意者群臣不能宣扬圣化，将陛下之于三德万分一亦有所未尽欤？臣伏见陛下推心御物。端拱渊默，群臣各以其意有所敷奏，陛下不复询访利害，一皆可之，诚使陛下左右前后之臣皆忠实正人则善矣，或有一奸邪在焉，则岂可不为之寒心哉！"

【纲】夏四月，陈旭罢职。

【纲】任命包拯为枢密副使。

【纲】六月朔（初一），出现日食。　【目】司天监奏言："此次日食该食去六分之半。"食到四分之时就下起雨来。群臣想要援引旧例来上朝称贺，同判尚书礼部司马光说："太阳所照耀到的，遍及华夷各地。云所遮蔽的地区，至为狭小，虽然在京师见不到日食继续下去的情形，四方之地必定会有见到的。天意似乎是说：'为人君者被阴邪所障蔽'，灾害甚为明显，天下人都知忧虑危惧，而朝廷独不知道。若是日食不满分的情况出现，乃是历官计算得不精确，应当治他们的罪，也不可以为此而称贺啊。"仁宗皇帝听从了他的建议。

【纲】任命司马光知谏院。　【目】司马光入朝奏对，首先进言："臣从前通判并州时，所奏言三章，希望陛下能果断地实行。"仁宗皇帝沉思了好久，说："莫不是想要选宗室为继嗣那件事吗？这是忠臣之言，但是一般人不敢提及罢了。"司马光回答说："臣说这话时，自己认为一定要处死，没有想到陛下竟然采纳！"仁宗皇帝说："这有什么关系，古今都是有的。"

司马光又上了三道箚子，其一，论"君主之德有三：曰仁、曰明、曰武。所谓仁，不是指小恩小惠姑息苟安；兴办教化，修明政治，教养百姓，以利于天下万物，这是人君的仁。所谓明，不是指烦琐苛刻，伺机察视；懂得道义，认清安危，分清贤愚，辨明是非，这是人君的明。所谓武，不是指强横亢厉，暴虐乖张；只依据道之所在，决断而不疑，奸邪不能惑，佞巧不能使之改移，这是人君之武。陛下天性慈惠，谨慎谦虚地接待臣下，抚育百姓，泛爱一切生物，虽古代圣王之仁德，大概也没有超过的。但是陛下登上帝位将近四十年了，而朝廷的纲纪犹有亏缺，闾里间的穷苦百姓也还有怨叹之声，也许是群臣不能宣扬圣上的教化，对陛下之于仁、明、武三德的万分之一也没有尽力吧？臣见陛下推诚心以对待万物，无为而治，深沉静默，群臣各以自己的心意有所陈述奏进，陛下不再查问其利害所在，一概都准许他们的奏章。要真是陛下前后左右之臣都是忠臣正人，那当然很好，倘或有一个奸邪在里面，那怎么能不让人为之寒心呢！"

其二论："致治之道有三：曰任官、曰信赏、曰必罚。国家御群臣之道，累日月以进秩，循资涂而授任。苟日月积久，则不问其人之贤愚而置高位；资涂相值，则不问其人之能否而居重职。非特如是而已，国家采名不采实，诛文不诛意。夫以名行赏，则天下饰名以求功；以文行罚，则天下巧文以逃罪。陛下诚能慎选在位之士而用之，有功则增秩加赏，而勿徙其官；无功，则降黜废弃，而更求能者；有罪，则流窜刑诛而勿加宽贷。"

其三言："养兵之术，务精不务多。赦书害多而利少，非国家之善政。"

又进五规：曰保业、惜时、远谋、谨微、务实。又言："故事，凡臣僚上殿奏事，悉屏左右内臣。今内臣不过去御坐数步，君臣对问之言皆可听闻，恐漏泄机事，非便。"帝皆嘉纳之，诏："自今止令御药侍臣及扶侍四人立殿角以备宣唤，余悉屏之。"

【纲】以王安石知制诰。　【目】安石自度支判官改同修起居注，辞之累日，阁门吏赍敕就付之，拒不受。吏随而拜之，则避于厕。吏置敕于案而去，又遣还之。上章至八九，乃受。及径除知制诰，安石遂不复辞矣。

【纲】秋八月，以曾公亮同平章事，张昇为枢密使，胡宿为副使。　【目】宿为人清慎忠实，临事不妄发，既发亦不可回止。其当重任，尤能顾惜大体。群臣多务更张革弊，宿曰："变法，古人所难，不务守祖宗成法而徒纷纷，无益于治也。"

【纲】闰月，策贤良方正直言极谏之士。　【目】王介、苏轼、苏辙皆在举中。辙对切直，胡宿力请黜之，帝不许，曰："以直言召人，奈何以直弃之！"乃收入第四等。王安石意辙右宰相，专攻人主，比

其二，论"达到治理之道有三：一是善于任用官吏，一是有功者必定要赏，一是有罪者必定要罚。国家使用群臣之道，累计日月进升官阶，按照资历而任命职务。假若日月积累得久了，就不问那人的贤愚而把他置之高位；资历相当的，就不问那人的能力如何而让他担任重要职务。不仅仅这样，国家采其名而不采其实，责其文而不责其意。大致说来，以其名来行赏，那么天下的人们就会修饰虚名以求得功赏，以文辞来行罚，那么天下的人就会巧饰文辞以逃避罪责。陛下真正能够谨慎地选择在位之士而任用他们，有功，就增其官秩加其赏赐，而不要迁徙其官；没有功劳，就降职废黜而再选求有能力的人；有罪，就流放刑诛。而不要宽赦。"

其三，言"养兵之法，求其精而不求其多。赦书害多而利少，不是国家善政。"

又进言五规，这五规是：保业、惜时、远谋、谨微、务实。又言："按照旧的制度，凡是臣僚上殿奏事时，全部屏退左右内臣。如今内臣不过离御坐才数步之远，君臣问答的话他们全可以听到，恐怕会漏泄机密之事，不便。"仁宗皇帝都赞许而采纳了，下诏："自现在起，只让御药侍臣及扶侍四人立于殿角以备宣唤，其余的人全部屏退。"

【纲】任命王安石知制诰。 【目】王安石自度支判官改任同修起居注，他推辞了多日；阁门吏持着敕书就其居处交付给他，他拒不接受。阁门吏跟随着拜他，他就到厕间去躲避起来。阁门吏将敕书放置在他的几案上回去了。他又派人将敕书送还。上奏表章至八九次，才接受。待到直接任命为知制诰，王安石就不再推辞了。

【纲】秋八月，任命曾公亮同平章事，张昇为枢密使，胡宿为副使。 【目】胡宿为人清廉谨慎，忠厚诚实，遇事不随便发落，既已发落也不可再改回或停下来。他担当重任，尤其能顾全大体。群臣多数致力于革新除弊，胡宿说："变法之事，古人都感到困难，不致力于守祖宗之成法而徒然纷乱地改革，是无益于治的。"

【纲】闰月，策试贤良方正直言极谏之士。 【目】王介、苏轼、苏辙都在被荐举应试的士子之中。苏辙对策时言语急切直率，胡宿力请黜弃他。仁宗皇帝不许，说："以直言的名义召人，为什么因为直而舍弃

之谷永，不肯撰词，韩琦曰："此人谓宰相不足用，欲得娄师德、郝处俊而用之，尚以谷永疑之乎？"改命沈遘为之词。

【纲】以欧阳修参知政事。【目】时韩琦为首相，法令典故问曾公亮，文学之事问修，三人同心辅政，百官奉法循理，朝廷称治。修以兵民、官吏、财利之要，中书所当知者集为总目，遇事取视之，不复求诸有司。

【纲】冬十月，起复宗实知宗正寺，固辞不拜。【目】群臣以储位未建为忧，言者虽切，而帝未之允。司马光上疏曰："向者臣进豫建太子之说，意谓即行；今寂无所闻，此必有小人言'陛下春秋鼎盛，何遽为此不祥之事！'小人无远虑，特欲仓卒之际，援立其所厚善者耳。'定策国老、门生天子'之祸，可胜言哉！"帝大感动曰："送中书。"光见韩琦等曰："诸公不及今定议，异日禁中夜半出寸纸，以某人为嗣，则天下莫敢违。"琦等拱手曰："敢不尽力。"时知江州吕诲亦上疏言之。及琦入对，以光、诲二疏进读，帝遽曰："朕有意久矣，谁可者？"琦皇恐对曰："此非臣辈所可议，当出自圣择。"帝曰："宫中尝养二子，小者甚纯，近不慧；大者可也。"琦请其名，帝曰："宗实。"琦等遂力赞之。议乃定。

宗实天性笃孝，好读书，不为燕嬉亵慢，服御俭素如儒者。时

他呢！"就把他录取于第四等。王安石认为苏辙袒护宰相，专门抨击君主，比之于汉代的谷永（谷永，汉成帝时光禄大夫，前后上章专攻成帝及后宫，而党于王氏五侯），不肯撰写录取苏辙的词语。韩琦说："这人认为宰相不足以任用，想求得唐代的娄师德、郝处俊那样的贤相而用之，还能怀疑他是谷永那样的人吗！"改命沈遘为他撰写词语。

【纲】任命欧阳修参知政事。　【目】当时韩琦为首相，有关法令典故方面的事问曾公亮，有关文学方面的事问欧阳修。三人同心辅佐朝政，百官奉法，按照道理办事，朝廷治理得很好。欧阳修把有关兵民、官吏、财利方面的要理，中书所应当知道的，编集成一个总目，遇到事情取来翻阅，不再求之于有关部门了。

【纲】冬十月，起复赵宗实知宗正寺；赵宗实坚决辞谢不肯接受任命。　【目】群臣都因为尚未立太子而担忧，进言的人虽然很急切，而仁宗皇帝并未应允。司马光上疏说："前些时臣进言请求预为立太子之事，内心认为即将实行。至今却寂无所闻，这必定有小人说'陛下年龄正在盛壮时期，为什么急着办这些不祥之事'。小人没有长远的考虑，他们特别希望在仓卒之际，援立他们所亲厚的人罢了。历史上'定策国老'、'门生天子'（唐昭宗初为寿王，杨复恭立之。后复恭出为凤翔监军，恨之曰："废定策国老，有如此负心门生天子！"后谋反，兵败伏诛。）之祸，能说得完吗！"仁宗皇帝大为感动，说："把奏疏送中书。"司马光见到韩琦等说："诸公不趁着在今日把这事定下来，他日宫禁中夜半时送出一张小纸条来，写着以某人为嗣，那么，天下人就没有谁敢违背。"韩琦等拱拱手说："怎敢不尽力！"当时知江州（治德化县，即今江西九江市）吕诲也上疏奏言这件事。待到韩琦入朝奏对时，以司马光、吕诲两人的奏疏进上诵读。仁宗皇帝急忙说："朕有立储的想法已经很久了，谁是可立之人呢？"韩琦诚惶诚恐地回答说："这就不是我们这些为臣下的人所可议论的了，应当由圣上选择决定。"仁宗皇帝说："宫中曾养育二子，年龄小的那个很纯朴，但近于愚笨；年龄大的那个可以。"韩琦请问他的名字，皇帝说："名叫宗实。"韩琦等人极力赞成，立太子之事就定下来了。

赵宗实天性笃厚顺孝，喜好读书，不为燕乐嬉戏亵渎简慢之事，衣

居濮王丧，乃起复知宗正寺。

琦曰："事若行，不可中止。陛下断自不疑，乞内中批出。"帝意不欲宫人知，曰："只中书行足矣。"命下，宗实固辞，乞终丧。帝复以问琦，琦对曰："陛下既知其贤而选之，今不敢遽当，盖器识远大，所以为贤也。愿固起之。"帝曰："然。"

【纲】壬寅，七年，春三月，孙抃罢，以赵概参知政事，吴奎为枢密副使。

【纲】夏四月，枢密副使包拯卒。 【目】拯性峭直耿介，与人不苟合，不一毫妄取，平居无私书，故人亲党干谒一切绝之，然恶吏苛刻，务敦厚，于人未尝不恕。其饮食服用喜俭朴，虽贵，如布衣时，卒赠礼部尚书，谥孝肃。

【纲】秋八月，立宗实为皇子，赐名曙；九月，进封钜鹿郡公。【目】宗实既终丧，韩琦曰："宗正之命初出，外人皆知必为皇子，不若遂正其名。"帝从之。琦至中书，召翰林学士王珪草诏，珪曰："此大事也，非面受旨不可。"明日请对，曰："海内望此举久矣，果出自圣意乎？"帝曰："朕意决矣。"珪再拜贺，始退而草诏。诏下，宗实复称疾固辞，章十余上。记室周孟阳请其故，宗实曰："非敢徼福，以避祸也。"孟阳曰："今已有此迹，设固辞不受，中人别有所奉，遂得燕然无患乎！"宗实始悟。司马光言于帝曰："皇子辞不赀之富，至于旬月，其贤于人远矣。然'父召无诺，君命召不俟驾'，愿以臣子大义责之，宜必入。"帝从之，宗实遂受命。将入宫，戒其舍人曰："谨守吾舍，上有适嗣，吾归矣。"因肩舆赴召，良贱不满三十人，行李萧然，唯书数厨而已。中外相贺。

服器用勤俭朴素和儒生一样。当时正在濮王之丧期（濮王允让，宗实之父），就起复他知宗正寺。

韩琦说："这事若是可行的话，不可中止。陛下的决断自不待怀疑，请求由内中批出来。"仁宗皇帝的意思是不想让宫人知道，说："只由中书行文，就行了。"任命下达，赵宗实坚决推辞，请求守完丧期。仁宗皇帝又以这事问韩琦，韩琦回答说："陛下既知其贤而选择了他，如今他不敢突然担当此任，这是他器识远大，这也就是他贤明的地方，希望坚决起复他。"仁宗皇帝说："对。"

【纲】嘉祐七年（壬寅，1062），春三月，孙抃罢职，任命赵概参知政事，吴奎为枢密副使。

【纲】夏四月，枢密副使包拯去世。（《宋史·仁宗本纪》作"五月"）　【目】包拯性格严峻刚直，与人交往不随便附合，不取一丝一毫不该取的东西，平素没有私人的书信，老朋友、亲戚、同乡等来求情的，一概拒绝。他痛恨官吏的苛酷，努力以敦厚待人，对人未曾不宽恕。他的饮食衣服用具，喜欢俭朴，虽居贵位，仍像平民时一样。去世后追赠礼部尚书，谥号孝肃。

【纲】秋八月，立宗实为皇子，赐名曙；九月，进封钜鹿（在今河北巨鹿县南）郡公。　【目】赵宗实服丧期已满，韩琦进言："知宗正寺之任命发出之初，外人都知道他必然会成为皇子，不如就正其名分。"仁宗皇帝听从了他的话。韩琦来到中书，召翰林学士王珪草拟诏书。王珪说："这是大事，非当面受旨不可。"第二天，请求奏对，说："海内仰望这事已很久了，真的是出自陛下的本意吗？"仁宗皇帝说："朕对此事已下了决心。"王珪再拜称贺，这才退回去起草诏书。诏书下达后，赵宗实又说有病坚决推辞，推辞的表章上了十余道。记室周孟阳请问他为什么，赵宗实说："我不敢要求得福，是想避祸啊。"周孟阳说："如今已有了这事，假若你坚决推辞不受命的话，宫中宦官另奉别人，那时你就能安然无恙吗？"赵宗实这才明白过来。司马光向皇帝奏道："皇子辞却数不清的财富，以至于推辞了整整一个月，可见比一般的人贤明得多了。但是'父亲召唤，不可缓缓地应诺，君主下令召见，等不得驾车就要起行'，这是古礼，我愿用臣子应守的大义去责备他，他一定会入朝的。"

【纲】癸卯，八年，春三月，帝崩。钜鹿公曙即位，尊皇后为皇太后，赦。

【纲】帝有疾，诏请皇太后权同听政。 【目】帝得暴疾，诏请皇太后权同处分军国事；后乃御内东门小殿垂帘，宰臣日奏事。后性慈俭，颇涉经史，多援以决事。中外章奏日数十上，一一能记纲要。有疑未决者，则曰"公辈更议之"，未尝出己意简柅，曹氏及左右臣仆毫分不以假借，宫省肃然。

【纲】立皇后高氏。

【纲】五月，以富弼为枢密使。

【纲】秋七月，帝疾瘳。 【目】帝疾甚，举措或改常度，遇宦者尤少恩，左右多不悦，乃共为谗间，两宫遂成隙，内外汹惧。知谏院吕诲上书两宫，开陈大义，词旨深切，多人所难言者；然两宫犹未释然。

一日，韩琦、欧阳修奏事帘前，太后呜咽流涕，且道所以。琦曰："此病故尔，疾已必不然。子疾，母可不容之乎？"后意不解。修进曰："太后事先帝数十年，仁德著于天下。昔温成之宠，太后处之裕如，今母子间反不能容邪！"后意稍和。修复曰："先帝在位久，德泽在人，故一日晏驾，天下奉戴嗣君无敢异同者。今太后一妇人，臣等五六书生耳，非先帝遗意，天下谁肯听从。"后默然久之。琦进曰："臣等在外，圣躬若失调护，太后不得辞其责。"后惊曰："是何

仁宗皇帝听从了他的意见，宗实也就受命。将要进入皇宫时，告诫其舍人说："小心看守我的住舍，等到陛下有了嫡嗣，我就回来。"于是乘肩舆入朝赴召，家中所有的人总共不满三十名，行李很简单，只有书籍数厨而已。朝内外的人们互相庆贺。

【纲】嘉祐八年（癸卯，1063），春三月，仁宗皇帝去世。，钜鹿公赵曙即皇帝位，尊皇后为皇太后，赦免罪人。

【纲】英宗皇帝有病，诏请皇太后权且共同听政。　【目】英宗皇帝得了急病，诏请皇太后权且共同处理军国大事；太后就到内东门小殿，垂帘听政，宰相大臣每天前来奏事。太后，性情慈和俭朴，读过一些经史典籍，常常援引经史来决断事务。朝内外的章表奏文每天有数十件进上，她能一件一件的提纲挈领地记其要点。有疑问不能决断的，就对大臣说："诸公再去斟酌计议一番"，未曾有出于自己的心意随便就决定的，对待曹氏家族（太后家）及左右臣仆，一点也不宽容，宫中和省中都严正恭肃。

【纲】立高氏为皇后。

【纲】五月，任命富弼为枢密使。

【纲】秋七月，英宗皇帝病愈。　【目】英宗皇帝病得厉害，行动举止有时改变了平常的仪态，对待宦者尤其少恩，左右的人们大都不高兴，于是共同制造谗言离间他与太后的关系，两宫就有了嫌隙，宫廷内外的人们担惊恐惧。知谏院吕诲给两宫即太后和皇帝上书，从大义方面予以陈述开导，旨意深刻切要，多有人们所难于进言的；但是两宫的嫌隙仍未消释。

一天，韩琦、欧阳修在帘前奏事，太后低声哭泣，声泪俱下地讲述了两宫为什么成隙。韩琦说："这是皇帝有病的缘故，病好之后，定然不会这样。儿子有病，做母亲的能不包容他吗！"太后的内心仍没有释然而解。欧阳修进言："太后事奉先帝数十年，仁德著闻于天下，从前温成皇后受到宠幸之时，太后您从容对待此事，现在与皇帝是母子间的关系，反倒不能容忍了吗？"太后之意稍微和缓了些。欧阳修又说："先帝在位时间长久，德望恩泽遍布人间，所以一旦崩逝，天下的人都奉戴嗣位的君主，没有敢表示不同意见的。如今太后您是个妇人，臣等执政

言！我心更切也。"同列闻者莫不流汗。

后数日，琦独见帝，帝曰："太后待我少恩。"琦对曰："自古圣帝明王不为少矣，独称舜为大孝，岂其余尽不孝哉！父母慈而子孝，此常事，不足道；惟父母不慈而子不失孝，乃为可称。但恐陛下事之未至耳，父母岂有不慈者哉！"帝大感悟。

帝自六月不御殿，至是初御紫宸殿，见百官，琦因请乘舆祷雨，具素服以出，人情大安。
【纲】冬十月，葬永昭陵。

英宗皇帝

【纲】甲辰，英宗皇帝治平元年，夏五月，太后还政于帝。加韩琦尚书右仆射。 【目】帝疾大瘳，琦欲太后撤帘还政，乃取十余事禀帝，帝裁决悉当，琦即诣太后覆奏，后每事称善。琦因白后求去，后曰："相公不可去，我当居深宫耳。"遂起，琦即厉声命撤帘；帘既落，犹于御屏后见后衣也。帝亲政，加琦右仆射。

【纲】秋八月，内侍任守忠有罪，窜蕲州。 【目】初，庄献太后临朝，守忠与都知江德明等交通请谒，权宠过盛，累迁宣政使入内都知。仁宗以未有储嗣，属意于帝，守忠建议欲援立昏弱以邀大利。及帝即位，又乘帝疾交构两宫。知谏院司马光论守忠离间之罪，国之大贼，乞斩于都市。吕诲亦上疏论之。帝纳其言，翌日，韩琦出

者也不过五六个书生罢了，要不是先帝的遗意，天下之人谁肯听从！"太后默然好久，没说什么。韩琦又进言："臣等在宫禁之外，皇上的身体若是失却调护，太后您可推辞不了责任。"太后吃惊地说："这是什么话！对皇帝的身体，我的心更加着急啊。"同列诸臣听了这些话，没有不吃惊得汗流浃背的。

几天之后，韩琦单独去见英宗皇帝，英宗皇帝说："太后待我少恩。"韩琦说："自古以来圣帝明王不算少了，人们唯独称赞舜是大孝之人，难道说其余的都不孝吗！父母慈爱而儿子孝顺，这是很平常的事，不值得称道；惟有父母不慈而儿子仍不失为孝，这才值得称颂。只怕陛下对太后侍奉得还不够吧！父母哪里有不慈的呢！"英宗皇帝大为感动并且醒悟过来。

英宗皇帝自从六月没有登殿，至此初次到紫宸殿，与百官相见，韩琦借此请求他乘舆前去祷求降雨，穿上素服出朝，人情大为安定。

【纲】冬十月，葬仁宗皇帝于永昭陵。

英宗皇帝

【纲】英宗皇帝治平元年（甲辰，1064），夏五月，太后还政于皇帝。加授韩琦为尚书右仆射。 【目】英宗皇帝的病完全好了，韩琦想要让太后撤去殿前之帘还政于皇帝，于是取十余件事情禀告英宗皇帝，英宗皇帝裁决处理得都很恰当。韩琦立即到太后跟前将这些事的处置奏知太后，太后对每件事都说处理得好。韩琦因之向太后请求去职，太后说："相公不可去，我应当回居深宫。"说完起身。韩琦当即大声命令撤帘；帘子已落，还能在御屏风后面看见太后的衣裳呢。英宗皇帝亲自处理政务，加授韩琦为右仆射。

【纲】秋八月，内侍任守忠有罪，流放到蕲州（治蕲春县，在今湖北蕲春县西南）。 【目】起初，庄献太后临朝听政时，任守忠与都知江德明等人互相勾结向太后告求，权宠很盛，屡次升迁，任为宣徽使、入内都知。仁宗皇帝因为没有子嗣，想要以英宗皇帝为储嗣。任守忠的建议想立一个昏弱的以便自己从中获大利。待到英宗皇帝继承帝位，他又趁英宗皇帝有病的机会挑拨两宫之间的关系。知谏院司马光论任守忠

空头敕一道，欧阳修已签，赵概难之，修曰："第书之，韩公必自有说。"既而琦坐政事堂，召守忠立庭下曰："汝罪当死！"遂责蕲州安置，取空头敕填与之，即日押行，琦意以为少缓则中变也。其党史昭锡等悉窜南方，中外快之。

【纲】诏日开经筵。　【目】重阳节当罢讲，吕公著、司马光言"先帝时无事常开经筵。近以圣体不安，遂于端午及冬至后盛暑、盛寒权罢数月。今陛下始初清明，宜亲近儒雅，讲求治术，愿不惜顷刻之间，日御讲筵。"从之。

【纲】九月，复武举。

【纲】冬十一月，刺陕西民为义勇军。　【目】韩琦言："唐置府兵，最为近古。今之义勇，河北几十五万，河东几八万，勇悍纯实，若稍加简练，亦唐之府兵也。河东、北、陕西三路当西、北控御之地，事当一体。今若于陕西诸州刺手背以为义勇，甚便。"乃命徐亿等往籍陕西主户三丁之一刺之，凡十五万六千余人，人赐钱二千；民情惊扰，而纪律疏略，不可用。知谏院司马光上疏力谏，不听。光至中书与韩琦辨，琦曰："兵贵先声，谅祚方桀骜，使骤闻益兵二十万，岂不震慑！"光曰："兵贵先声，为其无实也，独可欺于一日之间耳。今吾虽益兵，实不可用，不过十日，彼将知其详，尚何惧？"琦曰："君但见庆历间乡兵刺为'保捷'，忧今复然。已降敕与民约，永不充军戍边矣。"光曰："朝廷尝失信于民，未敢以为然。"琦曰："吾在此，君无忧。"光曰："公长在此地可也。异日他人当位，用以运粮戍边，反掌间耳。"琦不从，竟为陕西之患。

离间之罪,是国家之大害,请求斩于都市。吕诲也上疏论其罪状,英宗皇帝采纳了他们的意见。第二天,韩琦取出空头敕令一道,欧阳修已经签署了,赵概有点作难。欧阳修说:"你只管签署,韩公必定有他的理由。"过了一会韩琦坐在政事堂上,召任守忠站立在阶庭之下,宣布说:"你的罪应当处死!"于是责令于蕲州安置,取空头敕令填写发给,当日就押赴前往。韩琦认为处理得稍微慢一些中途就会变卦了。任守忠的同党史昭锡等人都流放到南方,朝内外的人们都为之称快。

【纲】下诏令每日开经筵。 【目】重阳节应当停止讲经,吕公著、司马光进言:"先帝在世时,无事时常开经筵。近来因为皇上身体欠安,就在端午节及冬至节后盛暑盛寒时,暂且停止数月。如今陛下身体康复精神清明,应当亲近儒雅之士,讲求治世之道。希望不惜片刻之闲,每天到讲筵去。"英宗皇帝从其言。

【纲】九月,恢复武举科考试。

【纲】冬十一月,在陕西选强壮百姓,在手背上刺"义勇"二字,为义勇军。 【目】韩琦上言:"唐朝设置府兵,最为接近古制。现在的义勇军,河北(河北道治大名府,在今河北大名县东)将近十五万,河东(河东道治并州城,即今山西太原市)将近八万,他们勇猛强悍,纯朴诚实,假如稍加训练,也就相当于唐朝的府兵。河东、河北、陕西三路,正是西、北(西谓西夏,北谓契丹)两面重要的防守要地,行事应当视为一体。如今若是在陕西诸州选壮丁刺字手背以为义勇军,甚为合适。"就命徐亿等前往陕西(治京兆府,即今陕西西安市)登记注册,世居当地的,每户有三个壮丁的刺一个,共计十五万六千余人,每人赐钱二千;民情惊恐扰乱,而义勇兵的纪律疏略松弛,不可用。知谏院司马光上疏极力劝谏,不听。司马光到中书与韩琦辩论,韩琦说:"用兵贵乎先声夺人,西夏主谅祚正强横不驯,假使他骤然听说我们增兵二十万,岂不骇惧!"司马光说:"所谓兵贵先声夺人,为的是他没有实力,只可欺骗于一日之间罢了。如今我们虽然增加了兵的数目,实际上不可用于作战。不过十日,他们就会知道详细情形,还有什么可惧怕的!"韩琦说:"您只看到庆历年间乡兵刺为'保捷'的情形,担忧今天又和那时差不多。如今已发下敕令与百姓约定,永远不会充军戍边。"司马光说:"朝廷曾经

【纲】十二月，吴奎罢，以王畴为枢密副使。

【纲】以内侍为陕西诸路钤辖。

【纲】乙巳，二年，春二月，罢三司使蔡襄。【目】帝自濮邸立为皇子，闻近臣中有异议；人疑为襄。及即位，数问"襄何如人？"韩琦等为救解，帝意不回，襄请罢，遂命出知杭州。

【纲】王畴卒。

【纲】夏四月，诏议崇奉濮王典礼。【目】初，知谏院司马光以帝必将追隆所生，尝因奏事言："汉宣帝为孝昭后，终不追尊卫太子、史皇孙，光武上继元帝，亦不追尊钜鹿、南顿君，此万世法也。"既而韩琦等言："礼不忘本，濮安懿王德盛位隆，所宜尊礼，请下有司议。王及夫人王氏、韩氏、仙游县君任氏，合行典礼，用宜称情。"帝令"须大祥后议之"。至是，诏"礼官与待制以上议。"翰林学士王珪等相视莫敢先发，司马光独奋笔立议，略云："为人后者为之子，不得顾私亲。若恭爱之心分于彼，则不得专于此。秦、汉以来帝王有自傍支入承大统者，或推尊其父、母以为帝、后，皆见非当时，取讥后世，臣等不敢引以为圣朝法。况前代入继者多宫车晏驾之后，援立之策，或出臣下，非如仁宗皇帝年龄未衰，深惟宗庙之重，于宗室中简推圣明，授以大业。陛下亲为先帝之子，然后继体承祧，光有天下。濮安懿王虽于陛下有天性之亲，顾复之恩，然陛下所以负扆端冕，子孙万世相承，皆先帝德也。臣等窃以为濮王宜准先朝封赠期亲尊属故事，尊以高官大国，谯国、襄国、仙游并封太夫人，考之古今为宜称。"于是珪即命吏具以光手稿为按，议上。中书奏："珪等所议未见详定，濮王当称何亲？名与不名？"珪等议："濮

失信于民，不敢相信像您说的那样。"韩琦说："有我在这里，您不用忧虑。"司马光说："您长在此地，那是可以的；若是过些时日另外的人在这个位置上，用义勇军来运粮戍边，那是很容易发生的。"韩琦没有听从司马光的话，这事竟成为陕西之患。

【纲】十二月，吴奎罢职，任命王畴为枢密副使。

【纲】任命内侍为陕西诸路钤辖。

【纲】治平二年（乙巳，1065），春二月，罢除三司使蔡襄。 【目】英宗皇帝从濮邸立为皇子，听说近臣中有人持有不同的意见，人们怀疑是蔡襄。待到即皇帝位后，常常询问蔡襄是什么样的人。韩琦等为他劝说解释，英宗皇帝的想法没有回转。蔡襄请求罢职，就命他出知杭州。

【纲】王畴去世。

【纲】夏四月，下诏议论崇奉濮王的典礼。 【目】起初，知谏院司马光鉴于皇帝必定要追尊亲生父母，曾借着奏事进言："汉宣帝为孝昭皇帝之后，最后也没追尊卫太子（汉宣帝之祖父）、史皇孙（宣帝之父），光武帝上继元帝，也不追尊钜鹿（光武帝祖）、南顿君（光武帝父），这是万世之法度。"后来韩琦等进言："礼不忘本，濮安懿王德盛位隆，应当尊礼，请下诏让有司讨论。濮王和夫人王氏、韩氏、仙游县君任氏，都应当举行一定的典礼，以求合乎情理。"英宗皇帝下令："待两周年举行大祥祭礼之后讨论。"至此，下诏："礼官与待制以上官讨论。"翰林学士王珪等互相观望，谁也不敢先发表见解。独有司马光一个人奋笔立议，大略说："为人后嗣的人作为他的儿子，不得顾念自己之亲生父母，若是恭敬亲爱之心分之于彼，就不可能专注于此。自秦、汉以来，帝王有从旁支入承帝位大统的，或有推尊其亲生父母为帝、为后的，都被当时人所非议，被后世人所讥笑，臣等不敢把这些引以为本朝之法。况且前代入朝继位的，多数是在皇帝崩逝之后，援立之策，或出于臣下，不像仁宗皇帝年龄未衰老，深思宗庙之重要，从宗室中选择圣明之人，授以天下之大业。陛下亲为先帝之子，然后继位承奉祖宗的祭祀，广有天下。濮安懿王虽然对陛下有天性之亲，养育之恩，但陛下之所以能服端冕南面称帝，子孙万世相承，这都是先帝之德。臣等都认为濮王应当遵照先朝封赠有期服的上辈亲属的旧制，尊之以高官大国，

王于仁宗为兄，于皇帝宜称皇伯而不名。"欧阳修引丧服大记，以为"为人后者，为其父母降服三年为期，而不没父母之名，以见服可降而名不可没也。若本生之亲，改称皇伯，历考前世皆无典据。进封大国，则又礼无加爵之道。请下尚书集三省御史台议。"而太后手诏诘责执政，帝乃诏曰："如闻集议不一，权宜罢之，令有司博求典故以闻。"

【纲】五月，以陈旭为枢密副使。

【纲】秋七月，富弼、张昇罢。　【目】嘉祐中，韩琦与弼同相，或中书有疑事，往往与枢密谋之；自弼使枢密，非得旨合议者，琦未尝询弼，弼颇不怿。及太后还政，弼大惊曰："弼备位辅佐，他事固不可预闻，此事韩公独不能共之邪！"或以咎琦，琦曰："此事当如出太后意，安可显言于众。"弼愈不怿。帝亲政，加弼户部尚书，弼辞曰："制词：'取嘉祐中尝议建储推恩。'此特丝发之劳，何足加赏。仁宗、太后于陛下有天地之恩，尚未闻所以为报，可谓倒置。"再奏，不听，乃受。至是以足疾力求解政，遂以使相、郑国公判扬州。未几徙判汝州。

昇请老，帝曰："太尉勤劳王家，讵可遽去。"但命五日一至院，进见毋蹈舞。司马光亦疏昇忠谨清直，请留于朝，而昇求去益力，乃判许州。

【纲】以文彦博为枢密使，吕公弼为副使。　【目】彦博自河南入觐，帝曰："朕之立，卿之功也。"彦博悚然对曰："陛下入继大统，乃先帝意，皇太后协赞之力，臣何功之有！且其时臣方在外，皆

谯国、襄国、仙游都封为太夫人,考察古今之制这样为合适。"于是王珪就命书吏将司马光的手稿作为依据,奏议呈上。中书奏:"王珪等人所议,未见详细议定濮王应当称为什么亲,称名还是不称名。"王珪等议:"濮王于仁宗为兄,皇帝应当称为皇伯而不称名。"欧阳修援引《丧服大记》,认为:"为人后嗣者,为自己的父母服丧,从三年降为服丧一年,而并不去掉父母之名,以此可以看出丧服期可以减降而父母之名是不可去掉的。至若本生之亲,改称皇伯,历考前世,都没有旧典可作依据。进封大国,于礼又没有加爵的道理。请发下到尚书省,召集三省、御史台讨论。"而太后发下手诏诘责执政,英宗皇帝就下诏说:"如果议论时意见不一致,权且罢止不议,令有司广泛搜求旧时典故奏闻。"

【纲】五月,任命陈旭为枢密副使。

【纲】秋七月,富弼、张昇罢职。 【目】嘉祐年间,韩琦与富弼同为宰相,有时中书有疑难之事,往往与枢密商议。自从富弼为枢密使,非是得到圣旨让他们合议的事,韩琦未曾询问过富弼。富弼颇为不快。到太后还政,富弼大惊道:"我富弼备位为辅佐大臣,别的事可以不让我预闻,这件事韩公为什么就不能和我一起商量呢!"有人以此事怪责韩琦,韩琦说:"这事应当做得如出自太后之意,怎么可以在大众中明说呢!"富弼更加不快。英宗皇帝亲政,加富弼为户部尚书,富弼辞却说:"制词说:'取嘉祐年间曾经建议建立储君,以此推恩。'这不过是丝发那样细微之劳,哪里值得加赏!仁宗和太后对于陛下有天高地厚之恩,还没听说有以报答,可谓本末倒置。"两次奏请,不听,就接受了。至此因为脚病,力求解除政务,就以使相、郑(郑,郑州,今河南郑州市)国公判扬州。不久,徙判汝州(治梁县,即今河南临汝县)。

张昇请求归乡养老,英宗皇帝说:"太尉为王家勤劳,岂可这样急忙就离去!"只命他五日到院一次,进见时可以不拜舞。司马光亦上疏,言张昇忠诚谨慎,清廉正直,请留在朝中,而张昇更加极力请求离去,就命判许州。

【纲】任命文彦博为枢密使,吕公弼为副使。 【目】文彦博自河南入朝觐见,英宗皇帝说:"朕立为帝,是卿的功劳。"文彦博惶恐地回答说:"陛下入继帝位,是先帝之意,是皇太后赞助之力,臣有什么功

韩琦等承圣志,受顾命,臣无预焉。"因避谢不敢当。帝曰:"暂烦卿西行,即召还矣。"乃改判永兴军,遂召为枢密使。

【纲】八月,京师大水,诏求直言。 【目】京师大雨,平地涌水,坏官私庐舍,漂人民畜产,不可胜计。帝下诏责躬求言。司马光上疏,略云:"陛下即位以来,灾异甚众:日有黑子;江、淮之水或溢或涸;去夏霖雨,涉秋不止,老弱流离,积尸成丘;今夏疫疠大作,弥数千里,秋收未获,暴雨大至,都城之内,道路乘桴,官府民居,覆没殆尽,死于压溺者不可胜纪。陛下安得不侧身恐惧,思其所以致此者乎!"又曰:"先帝擢陛下于众人中,升为天子,惟以一后数公主托陛下,而梓宫在殡,已失太后欢心,长公主数人屏居闲宫,此陛下所以失人心之始也。"又曰:"凡百奏请,不肯与夺;知人之贤不能举,知人不肖不能去,知事之非不能改,知事之是不能从,此天下所以重失望也。"又曰:"台谏,天子之耳目,其有所言,当以圣意察其是非,不宜一付之大臣。"帝嘉纳之。

【纲】丙午,三年,春正月,翰林学士范镇罢。 【目】韩琦求去,镇草批答,引"周公不之鲁"为辞,帝不悦。镇遂请外,罢知陈州。时论或谓镇以议濮王追崇事忤欧阳修,修为帝言"镇以周公待琦,是以孺子待陛下",镇之出,修为之也。

【纲】契丹复改国号曰辽。
【纲】诏称濮王为亲,立园庙。谪侍御史吕诲等于州县。【目】濮王崇奉之议久而未定,侍御史吕诲、范纯仁、监察御史吕大防引义固争,以为王珪议是,乞从之。章七上而不报,遂劾韩琦专权

劳!而且那时我正在外地,都是韩琦等秉承圣上的志意,受顾命之托,臣没有参预其事。"因而避谢不敢当。英宗皇帝说:"暂时烦卿到西方一行,就会召还的。"就改判永兴军(治京兆府,即今陕西西安市),不久就召为枢密使。

【纲】八月,京师大水灾,下诏求直言。 【目】京师下了大雨,平地涌出水来,冲坏官府和私人的住宅庐舍,漂流去人民的牲畜财产,其数目无法计算。皇帝下诏自责并求直言。司马光上疏,大略说:"陛下自即位以来,灾异甚多。日中有黑子;长江、淮河中的水有时溢出,有时干涸;去年夏天连绵大雨,入秋不止,老弱流离失所,死尸积成山丘;今年夏天瘟疫等疾病大发,漫延数千里;秋禾还未收割,暴雨大至,都城之内,道路行走都得乘坐木筏,官府和百姓的住宅,几乎全都倒塌,被压死溺死的人多得无法统计。陛下怎么能不侧身恐惧,反思所以有此灾祸之原因呢!"又说:"先帝从众多的人选中将陛下选拔出来,升为天子,只把一位皇后、几位公主托于陛下,而皇帝的棺材尚在殡而未葬,陛下就失去太后的欢心,长公主数人被屏居于闲宫,这是陛下所以失去人心的开始啊。"又说:"举凡一切奏请,不肯答复,知人之贤而不能举用,知人之不肖而不能斥去,知道事情做得不对而不能改正,知道事情那样做对而不能听从,这是天下人所以更为失望的啊。"又说:"台谏是天子的耳目,他们有所进言,应当以圣上的心意察看其是非,不应该一概付之大臣了事。"英宗皇帝赞许并采纳了他的意见。

【纲】治平三年(丙午,1066),春正月,翰林学士范镇罢职。【目】韩琦请求去职,范镇草拟批答的文书,在文中引用"周公不到鲁国"这样的词句,英宗皇帝看了不高兴。范镇就请求外放,于是,罢去原职,命知陈州。当时议论者有人说:"范镇因为议濮王追崇之事触犯了欧阳修,欧阳修向皇帝说:'范镇以周公看待韩琦,就是以小孩子来看待陛下。'范镇之外放,是欧阳修所为之事。"

【纲】契丹又改国号叫辽。

【纲】下诏称濮王为亲,建立园庙。贬谪侍御史吕诲等于州县。【目】关于濮王崇奉的讨论好久没有定议,侍御史吕诲、范纯仁、监察御史吕大防援引大义坚持争论,认为王珪所议为是,请求依从之。前后

导谀罪，曰："昭陵之土未干，遽欲追崇濮王，使陛下厚所生而薄所继，隆小宗而绝大宗。"又共劾欧阳修"首开邪议，以枉道说人主，以近利负先帝，陷陛下于过举，而韩琦、曾公亮、赵概附会不正，乞皆贬黜。"不报。

时中书亦上言："请明诏中外，以皇伯无稽，决不可称。今所欲定者正名号耳，至于立庙京师，干乱统纪之事，皆非朝廷本意。"帝意不能不向中书，然未即下诏也。既而皇太后手诏中书："宜尊濮王为皇，夫人为后，皇帝称亲。"帝下诏谦让，不受尊号，但称亲，即园立庙，以王子宗朴为濮国公，奉祠事，仍令臣民避王讳。

时论以为太后之追崇及帝之谦让，皆中书之谋也。于是吕诲等以所论奏不见听用，缴纳御史敕告，家居待罪。帝命阁门以告还之。诲力辞台职，且言"与辅臣势难两立"。帝以问执政，琦、修等对曰："御史以为理难并立，若臣等有罪，当留御史。"帝犹豫久之，命出御史，乃下迁诲知蕲州，纯仁通判安州，大防知休宁县。

时赵鼎、赵瞻、傅尧俞使契丹还，以尝与吕诲言濮王事，即上疏乞同贬；乃出鼎通判淄州，瞻通判汾州。帝眷注尧俞，独进除侍御史。尧俞曰："诲等已逐，臣义不当止。"帝不得已，命知和州。

知制诰韩维及司马光皆上疏乞留诲等，不报；遂请与俱贬，亦不许。侍读吕公著言："陛下即位以来，纳谏之风未彰，而屡诎言者，何以风天下！"帝不听。公著乞补外，乃出知蔡州。

七次上奏表章而得不到回答,于是弹劾韩琦专权,引导阿谀之罪,说:"仁宗昭陵之土还未干,就急着要追崇濮王,使陛下厚待生身父母而薄待所继之父,尊隆小宗而弃绝大宗。"又共同弹劾欧阳修:"首开邪僻之议论,以不正直之道来劝说君主,以谋求近利而辜负先帝,陷陛下于错误举动之中,而韩琦、曾公亮、赵概附会不正之道,请求皆予贬黜。"没有得到回答。

当时中书也上言:"请求明白诏告中外,以皇伯之称没有根据,决不可这样称呼。现在所要定的,是正名号罢了;至于在京师立庙,干犯扰乱统纪的那些事,都不是朝廷的本意。"英宗皇帝的心意不能不向着中书,但是没有立即下诏。后来皇太后写手诏给中书:"应当尊濮王为皇,夫人为后,皇帝称濮王为亲。"皇帝下诏谦让,不受尊号,只称亲,就在园中立庙,以濮王之子赵宗朴为濮国公,奉祠事,仍令臣民避王的名讳。

当时的舆论认为太后的追崇以及皇帝的谦让,都是中书之谋。于是吕诲等因为所论奏不被采纳,即缴回任命他们为御史的敕告,家居等待治罪。英宗皇帝命令阁门把敕告还给他们。吕诲极力辞却台职,并且说:"与辅臣势难并立于朝。"英宗皇帝拿这事询问执政,韩琦、欧阳修等对答说:"御史认为于理难于并立于朝,若是臣等有罪的话,就应当留御史。"皇帝犹豫了好久,命御史出朝,于是贬谪吕诲知蕲州,范纯仁通判安州(治安陆县,即今湖北安陆县),吕大防知休宁县(即今安徽休宁县)。

当时赵鼎、赵瞻、傅尧俞出使契丹回来,因为曾经与吕诲说过有关濮王之事,即上疏请求一同外贬;就出赵鼎通判淄州(治淄川县,即今山东淄博市淄川区),赵瞻通判汾州(治西河县,即今山西汾阳县)。英宗皇帝对傅尧俞垂爱关注,独将他进升为侍御史。傅尧俞说:"吕诲等已被逐出,臣于义也不应当留下来。"英宗皇帝不得已,命他知和州(治历阳县,即今安徽和县)。

知制诰韩维及司马光皆上疏请求留吕诲等,不予答复;于是他们请求与他们一起贬谪,也没有准许。侍读吕公著进言:"陛下即位以来,纳谏的风气没有彰明,而屡次黜退进言的人,怎么能教化天下呢!"英

诲等既出，濮议亦寝。

【纲】三月，彗星见西方。 【目】如太白，长丈有五尺；又孛于毕。如月。

【纲】夏四月，胡宿罢，以郭逵同签书枢密院事。

【纲】夏人寇边，环庆经略使蔡挺击走之。

【纲】秋九月，诏宰臣举馆职。 【目】帝谓中书曰："水潦为灾，言事者多言不进贤，何也？"欧阳修曰："近年进贤路狭。往时进士五人以上，皆得试馆职；第一人及第，不十年即至辅相。今第一人两任方得试，而第二人以下无复得试。往时大臣荐举即召试，今止令上簿，候阙人乃试。唯有因差遣例除者，半是年劳老病之人，此所谓进贤路狭也。"帝嘉纳之。因命韩琦等四人举士，得二十人，皆令召试。琦等以人多难之，帝曰："苟贤，岂患多也。"乃先召试十人，余须后试。时士人以登台阁、升禁从为显官，而不以官之迟速为荣滞，故为之语曰："宁登瀛，不为卿；宁抱椠，不为监。"

【纲】冬十月，以郭逵为陕西四路宣抚使。

【纲】诏礼部三岁一贡举。

【纲】十一月，帝有疾。十二月，立子顼为皇太子，大赦。 【目】时帝久疾，韩琦入问起居，因进言曰："陛下久不视朝，愿早建储以安社稷。"帝颔之。琦请帝亲笔指麾，帝乃书曰："立大王为皇太子。"琦曰："必颍王也，烦圣躬更亲书之。"帝又批于后曰"颍王顼"。琦即召学士承旨张方平至福宁殿草制，帝凭几言，言不可辨；方平复进笔请书其名，帝力疾书之。太子既立，帝因泫然下泪。文彦

宗皇帝不听。吕公著请求外放，就命出知蔡州（治汝阳县，即今河南汝南县）。

吕诲等既已被外放，关于崇奉濮王之争议也就停息了。

【纲】三月，彗星出现于西方。　【目】像太白星，长一丈五尺；又有彗星出现于毕，像月亮。

【纲】夏四月，胡宿罢职，任命郭逵同签书枢密院事。

【纲】夏人入寇边地，环庆经略使蔡挺出击，敌人逃跑。

【纲】秋九月，下诏令宰臣举荐馆职。　【目】英宗皇帝对中书说："水涝成灾，言事的人多说是由于不进贤，这是为什么？"欧阳修说："近年来进贤之路狭窄。以往进士第五名以上，都可以考试馆职；进士及第一人，不用十年，就位至辅相。现在第一人两任期满才得到考试馆职，而第二人以下的不再得试。以往大臣荐举，即行召来考试；现在只是把他登名于簿上报，候馆职出缺才得考试。只有因差遣之例除授的，有一半是年老多病之人。这就是所说的进贤之路狭窄。"英宗皇帝对这意见赞许并采纳了，于是命韩琦等四人举荐士人，得二十人，全都令召来考试。韩琦等因为人数太多而感到为难，英宗皇帝说："假如是贤士，还怕多么！"就先召试十人，其余的等着以后再试。当时士人把位登台阁、升为皇帝侍从之臣作为显达的官职，而不把做官的迟速作为光荣与否的标准，所以有这样的俗语："宁登瀛，不为卿；宁抱椠，不为监。"意思是，"宁肯登瀛为学士，也不肯为九卿；宁肯为学士抱版牍，不肯为监司。"

【纲】冬十月，任命郭逵为陕西四路宣抚使。

【纲】下诏礼部每三年贡举一次。

【纲】十一月，英宗皇帝有病，十二月，立子赵顼为皇太子，大赦天下罪人。　【目】当时英宗皇帝病得时间很久，韩琦入宫问候皇上身体安否，借此机会进言道："陛下好久没有临朝处理政事了，希望早立储君以安定社稷。"英宗皇帝点头答应。韩琦请皇帝亲笔写下来，英宗皇帝就写道："立大王为皇太子。"韩琦说："一定是指颍王了，烦请陛下再亲笔书写明白。"皇帝又批在后面说："颍王顼。"韩琦立即召学士承旨张方平到福宁殿草拟制书，英宗皇帝依凭于几榻上说话，说的话已分

博退谓琦曰:"见上颜色否？人生至此,虽父子亦不能不动也。"

【纲】丁未,四年,春正月,帝崩,太子即位,大赦。

【纲】尊皇太后曰太皇太后,皇后曰皇太后。以吴奎为枢密副使,以韩琦为司空兼侍中。

【纲】二月,立皇后向氏。 【目】后,太尉敏中之曾孙,定国留后经之女,帝为颖王时纳焉,至是册为后。

【纲】始命公主行见舅姑礼。

【纲】三月,欧阳修罢。 【目】修既以议濮王典礼为吕诲所诋,惟蒋之奇以修为是。及诲等斥,而修荐之奇为御史,众因目为奸邪。之奇患焉,思所以自解。会修妇弟薛良孺有憾于修,诬修以帷薄不根之谤,达于中丞彭思永,思永以告之奇,之奇即上章劾修。修杜门请推治,帝使诘所从来,皆辞穷;乃黜思永知黄州,之奇监道州酒税。修因力求退,乃以观文殿学士知亳州。

【纲】以吴奎参知政事。 【目】奎入谢,进治说三篇。又尝言:"帝王所职惟在判正邪。使君子常居要近,小人不得以害之,则自治矣。"帝因言:"尧时四凶犹在朝。"奎曰:"四凶虽在,不能惑尧之聪明。圣人以天下为度,未有显过,固宜包容,但不可使居近要地耳。"帝然之。

【纲】以司马光为翰林学士;固辞,不许。 【目】光力辞,帝曰:"古之君子或学而不文,或文而不学,惟董仲舒、扬雄兼之。卿有文学,何辞焉？"光对曰:"臣不能为四六。"帝曰:"如两汉制诰可

辨不清；张方平又呈上笔请求书写其名字，英宗皇帝极力撑持着写了下来。太子既立，英宗皇帝因之泫然下泪。文彦博退下后对韩琦说："你看到皇上的脸色吗？人生到了这地步，虽然是父子也不能不动心啊！"

【纲】治平四年（丁未，1067），春正月，英宗皇帝崩逝，太子即皇帝位，大赦天下。

【纲】尊皇太后为太皇太后，尊皇后为皇太后。任命吴奎为枢密副使，任命韩琦为司空兼侍中。

【纲】二月，立向氏为皇后。　【目】皇后，是太尉向敏中之曾孙，定国留后向经之女，皇帝为颍王时纳为王妃，至此册封为皇后。

【纲】命公主行见舅姑之礼自此开始。

【纲】三月，欧阳修罢职。　【目】欧阳修既因议濮王典礼之事被吕诲所诋毁，惟有蒋之奇认为欧阳修的议论是正确的。待到吕诲等被斥逐，而欧阳修推荐蒋之奇为御史，众人因此把他看成是奸邪之人。蒋之奇为此而感到忧虑，想找个机会以自我辩解。恰巧欧阳修的妻弟薛良孺对欧阳修有所怀恨，制造流言，诬蔑欧阳修有帷薄不修的污行。流言谤语传到中丞彭永思那里，彭永思告诉了蒋之奇，蒋之奇就上章弹劾欧阳修。欧阳修杜门不出，请求推问处治。皇帝派人诘问流言从何而来，全都辞穷，无法回答；就罢黜彭思永知黄州（治黄冈县，即今湖北黄冈市），蒋之奇监道州（治营道县，即今湖北道县）酒税。欧阳修因此极力请求退职，就以观文殿学士知亳州（治谯县，即今安徽亳州市）。

【纲】任命吴奎参知政事。　【目】吴奎入朝谢恩，进呈《治说》三篇。又曾说："帝王所职掌的，只是在于判别正直和邪恶。使君子人常居于重要的、皇帝亲近的职位，小人不能加害于他，这样国家自然就平治了。"神宗皇帝因而说："尧之时尚有四凶在朝廷之内呢。"吴奎说："四凶虽然在朝，但不能惑乱尧帝之聪明。圣人以天下为衡量事物的标准，没有明显的过错，当然应该包容，但不可使之居于亲近重要之地位罢了。"神宗皇帝认为这话很对。

【纲】任命司马光为翰林学士；司马光坚决推辞，不准许。　【目】司马光极力推辞，神宗皇帝说："古时的君子有的学识丰富而不能为文，有的人能文而学识不够，惟有董仲舒、扬雄能兼而有之。卿有文有

也。且卿能（举）进士，取高第，而云不能四六，何邪？"光乃就职。

【纲】闰月，以王安石知江宁府。 【目】终英宗之世，安石被召未尝起，韩维、吕公著兄弟更称扬之。帝在颍邸，维为记室，每讲说见称，辄曰："此非维之说，维友王安石之说也。"维迁庶子，又荐安石自代。帝由是想见其人。及即位，召之，安石不至。帝谓辅臣曰："安石历先帝朝召不赴，颇以为不恭。今又不至，果病邪？有所要邪？"曾公亮曰："安石真辅相材，必不欺罔。"吴奎曰："臣尝与安石同领群牧，见其护非自用，所为迂阔，万一用之，必紊纲纪。"帝不听，命知江宁府。众谓安石必辞；及诏至，即起视事。

【纲】夏四月，以司马光为御史中丞。
【纲】秋八月，葬永厚陵。
【纲】京师地震。
【纲】九月，召王安石为翰林学士，罢司空侍中韩琦。 【目】琦执政三朝，或言其专，帝颇不悦。曾公亮因力荐安石，觊以间琦。琦求去益力，帝不得已，以琦为镇安、武胜军节度使、司徒兼侍中，判相州。入对，帝泣曰："侍中必欲去，今日已降制矣。然卿去，谁可属国者？王安石何如？"琦对曰："安石为翰林学士则有余，处辅弼之地则不可。"帝不答。

琦早有盛名，识量英伟，临事喜愠不见于色。居相位，再决大策，以安社稷。当是时朝廷多故，琦处危疑之际，知无不为。或曰："公所为诚善，万一磋跌，岂惟身不自保，恐家无处所矣。"琦叹曰：

学,为什么还推辞呢?"司马光回答说:"臣不能作四六字为句的骈体文字。"神宗皇帝说:"文体就像两汉时的制诰就可以了。而且卿能中进士,取于高等名次,而说不能为四六体的骈文,这是怎么回事?"司马光只好就职。

【纲】闰月,任命王安石知江宁府(治江宁县,即今江苏南京市)。
【目】整个英宗的年代,王安石被召未曾起赴。韩维、吕公著兄弟相继称赞他。神宗皇帝还在颍邸之时,韩维为记室,每当讲说受到称赞时,常说:"这不是我韩维的见解,是我好友王安石的说法。"韩维升迁为庶子,又荐王安石代替自己的职务。神宗皇帝由此想要见一见王安石本人。待到即皇帝位,召见王安石,王安石不到。神宗皇帝对辅臣说:"王安石历经先帝朝,召不赴命,被认为对朝廷不恭敬。现在又不到,果真是有病呢,还是有所要求呢?"曾公亮说:"王安石真是辅相之材,一定不会欺蒙陛下。"吴奎说:"臣曾与王安石一同领任州郡之牧守,见其所维护的非为自用,所作所为有些迂阔。万一任用了他,必然会紊乱纲纪。"神宗皇帝不听,任命他知江宁府。众人都认为王安石一定会推辞不受命;待诏命一到,王安石即起而接受任命到职视事。

【纲】夏四月,任命司马光为御史中丞。
【纲】秋八月,葬英宗于永厚陵(在今河南巩县西南)。
【纲】京师地震。
【纲】九月,召王安石为翰林学士,罢免司空、侍中韩琦。【目】韩琦执政三朝,有人说他专断,神宗皇帝颇为不快。曾公亮因之极力推荐王安石,希冀因此离间韩琦。韩琦更加力求辞去职务,神宗皇帝不得已,只好让韩琦以镇安、武胜军节度使、司徒兼侍书之身份,判相州(治安阳县,即河南安阳县)。韩琦入朝奏对,神宗皇帝哭泣着说:"侍中一定要去,今天已经下达制书了。然而卿一去,谁是可以属托国家的?王安石怎么样?"韩琦回答说:"王安石为翰林学士其才绰绰有余,使之处于辅弼之地就不可以。"神宗皇帝没再说话。

韩琦很早就负有盛名,识见气量英明远大,遇到事情时喜怒不形于色。居于相位时,两次决断大策,以安社稷。在那个时期,朝廷多次发生事故,韩琦处于危难之际,知道该做之事没有不去做的。有人说:

"是何言邪！人臣当尽力事君，死生以之。至于成败，天也，岂可豫忧其不济，遂辍不为哉。"闻者愧服。

【纲】吴奎、陈升之罢。

【纲】以吕公弼为枢密使，张方平、赵抃参知政事，韩绛、邵亢为枢密副使。　【目】抃自知成都召知谏院。故事，近臣召自外州将大用者，必更省府。及命下，大臣以为疑。帝曰："吾赖其言耳。苟欲用之，无伤也。"及入谢，帝曰："闻卿匹马入蜀，以一琴一鹤自随，为治简易，亦称是乎？"遂拜参知政事。抃感顾知遇，朝政有未便者必密启闻，帝嘉其忠，恒褒答之。

【纲】复以司马光为翰林学士。冬十月，张方平罢。

【纲】青涧守将种谔，袭虏夏监军嵬名山，遂复绥州。

【纲】十一月，夏人诱杀知保安军杨定等。诏韩琦经略陕西，窜种谔于随州。　【目】种谔既受嵬名山降，夏主谅祚乃诈为会议，诱知保安军杨定等杀之，边衅复起。朝议以谔生事，欲弃绥诛谔。陕西宣抚主管机宜文字赵禼言："虏既杀王官，而又弃绥不守，示弱已甚。且名山举族来归，当何以处？"又移书执政，请存绥以张兵势，规度大理河川建堡，画稼穑之地三十里以处降者。不从，乃命琦判永兴军，经略陕西。琦初言绥不当取，及定等被杀，复言绥不可弃。枢密以初议诘之，琦具论其故，卒存绥州。时言者交论种谔，乃下吏，贬其官，安置随州。

"您所做的确实非常好,但是万一有什么失误,不但您自身不能保全,恐怕连全家也都没处可存身了!"韩琦长叹一声说:"这是什么话呢!人臣应当尽力事君,是死是生就随它去了,至于成败,在于天命。岂可预先忧虑到事之不济,就停下来不去干呢!"听到这话的人既感到惭愧,又对他佩服。

【纲】吴奎、陈升之罢职。

【纲】任命吕公弼为枢密使,张方平、赵抃参知政事,韩绛、邵亢为枢密副使。【目】赵抃自知成都(今四川成都市)召来任知谏院。按照旧例,近臣自外州召来将有重大任用的,必须经过省府。待到任命下达,大臣们对此有些疑问。神宗皇帝说:"我信赖他的言论罢。假若想要用他的话,这样也无伤大体。"待到他入朝谢恩,神宗皇帝说:"听说卿单人匹马入蜀,随身携带的只有一张琴一只鹤,治理州郡简单平易,也和这相称吗?"于是拜授为参知政事。赵抃感念皇帝知遇之恩,朝政中有不便的,一定要密奏使皇帝知闻。神宗皇帝赞许他忠诚,常常在答复中褒扬他。

【纲】又任命司马光为翰林学士。冬十月,张方平罢职。

【纲】青涧(青涧城,即今陕西清涧县)守将种谔袭击夏人的监军嵬名山,收复绥州(治龙泉县,即今陕西绥德县)。

【纲】十一月,夏人诱杀知保安军(保安军,即今陕西志丹县)杨定等人。下诏令韩琦经略陕西,将种谔贬逐于随州(即今湖北随县)。【目】种谔既已接受嵬名山的投降,夏主谅祚就诈称举行会议,引诱知保安军杨定等人,将他们杀死。边境上的战事又再次被挑起。朝廷议论认为是种谔无故生事,想要丢弃绥州诛杀种谔。陕西宣抚主管机宜文字赵卨进言:"夏人既已杀死朝廷的命官,我方又弃绥州不守,是示弱过甚。而且嵬名山率领全族来归顺时,应当怎么办?"又移送书信给执政,建议存留绥州以张大兵势,规划治理河川,建立堡垒,划出种庄稼的土地三十里以便安置来降顺的人们。皇帝没有听从他的建议,却命令韩琦判永兴军,经略陕西。韩琦起初上言绥州不该去攻取,待到杨定等被杀,又上言绥州不可丢弃。枢密拿他当初不可取的议论来诘问他,韩琦把前时不可取此时不可弃的理由全都论述得很充分,终于保存了绥州。当时的

【纲】十二月,夏主谅祚卒,子秉常立。

言者交相议论种谔，就下吏交法官审问，贬谪其官职，安置随州。

【纲】十二月，夏主谅祚去世，他的儿子秉常继位。